区域治安防控技术综述

张　震　朱爽爽　李　倩　编　著

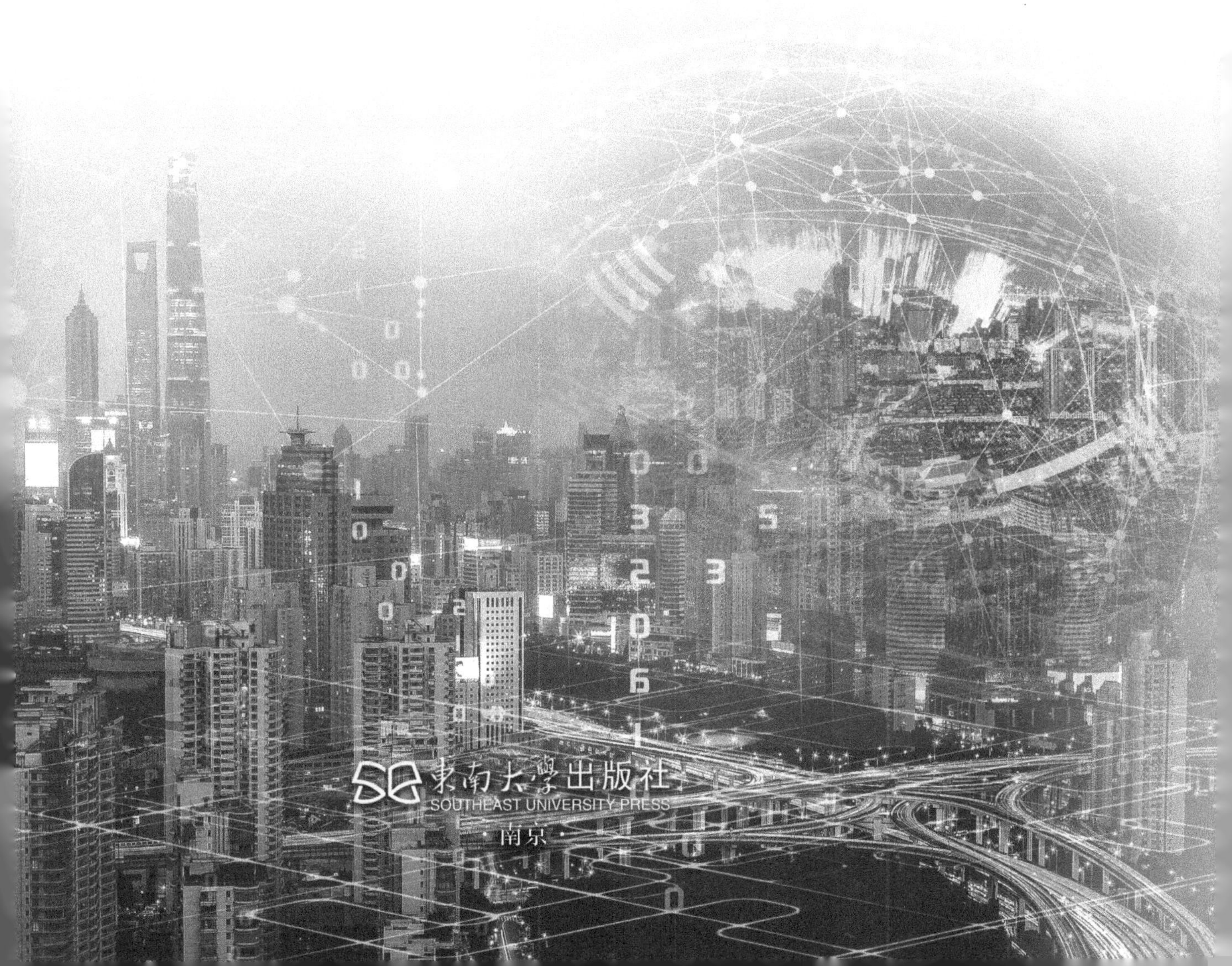

东南大学出版社
SOUTHEAST UNIVERSITY PRESS
南京

内 容 提 要

本书由治安防控领域的专家学者共同完成，旨在全面介绍区域治安防控技术领域的最新研究成果和实践案例，为政府机构、公共安全管理人员及相关领域的研究者提供一个全面、系统的参考指南。内容涵盖了区域治安防控的背景与现状、治安防控体系构建、关键技术及系统（包括物联网、云计算、大数据、移动互联网、人工智能等前沿技术）、平台建设需求分析及方案、应急响应处置机制及区域治安防控的发展趋势。本书深入探讨了治安防控技术及其实践，可以帮助读者更好地理解现代安防技术在区域治安防控管理中的应用价值。

图书在版编目(CIP)数据

区域治安防控技术综述 / 张震，朱爽爽，李倩编著.
南京：东南大学出版社，2025.6. -- ISBN 978-7-5766-2205-8

Ⅰ．D035.34

中国国家版本馆 CIP 数据核字第 2025KZ7325 号

责任编辑：马 伟　责任校对：韩小亮　封面设计：余武莉　责任印制：周荣虎

区域治安防控技术综述
Quyu zhi'an Fangkong Jishu Zongshu

编　　著	张　震　朱爽爽　李　倩
出版发行	东南大学出版社
出 版 人	白云飞
社　　址	南京市四牌楼 2 号　邮编：210096
网　　址	http://www.seupress.com
电子邮箱	press@seupress.com
经　　销	全国各地新华书店
印　　刷	广东虎彩云印刷有限公司
开　　本	880 mm × 1 230 mm　1/16
印　　张	24
字　　数	644 千字
版　　次	2025 年 6 月第 1 版
印　　次	2025 年 6 月第 1 次印刷
书　　号	ISBN 978-7-5766-2205-8
定　　价	98.00 元

本社图书若有印装质量问题，请直接与营销部联系。电话：025 - 83791830

《区域治安防控技术综述》

编委会

编　著：张　震　朱爽爽　李　倩

副主编：刁春燕　赵昕宇　肖常青

参　编：胡志博　田鸿朋　宋　超　张华琦　李　卓　郭宇杰
　　　　吴国豪　张佑爽　张新芳　高思涵　春美洁　刘　博
　　　　刘建昌　席亚凯　宋佳恒　司耀琦　刁立嵩　宁晓龙
　　　　杜育萌　卢云聪

序 言
PREFACE

随着城市化进程的加快和社会经济的快速发展,区域治安问题日益成为社会各界关注的焦点。区域治安不仅关系到民众的生命财产安全,更是社会稳定和经济发展的重要保障。然而,随着社会结构的变化和信息技术的进步,传统的治安防控方式已经难以满足当前的需求。如何运用先进的技术手段提高治安防控效能,成为当前亟须解决的关键问题之一。

我国政府高度重视区域治安防控问题,并通过制定多项政策文件进行规范和指导。近年来,公安部及相关部门陆续发布了一系列文件,明确了加强区域治安防控技术改造和安全保障的目标,旨在全面提升区域治安防控能力和服务质量。在这样的政策背景下,《区域治安防控技术综述》一书的编撰显得尤为重要和迫切。

本书由多位治安防控领域的专家学者共同完成,旨在全面介绍区域治安防控技术领域的最新研究成果和实践案例,为政府机构、公共安全管理人员及相关领域的研究者提供一份全面、系统的参考指南。内容涵盖了区域治安防控的背景与现状、治安防控体系构建、关键技术(包括物联网、云计算、大数据、移动互联网、人工智能等前沿技术)及系统、平台建设需求分析及方案、应急响应处置机制及区域治安防控的发展趋势。本书深入探讨了治安防控技术及其实践,可以帮助读者更好地理解现代安防技术在区域治安防控管理中具有的重要应用价值。

本书的编写得到了国家重点研发计划项目(物流集散中心××××与××××技术及应用示范,No.2018YFC×××××××)、河南省重大公益项目(区域治安防控与打击处置技术综合应用示范,No.201300311200)和河南省重点研发专项(燃气管网安全运营监测关键技术研究及示范应用,No.231111211600)的资助和支持。项目负责人张震教授亲自策划、组织、审核和统稿,其他作者来自信息技术领域,为项目主要参与人员,他们拥有深厚的学术研究积累,在治安防控技术和实践方面有着扎实的专业知识。本书编写人员结合理论与实践,提供了切实可行的治安防控解决方案和实施案例,为治安防控领域的专业人士提供了宝贵的参考和有益的借鉴。

通过阅读本书,读者可了解区域治安防控技术的发展现状、应用前景,以及其对提升安全管理效率的重要意义。本书的出版将推动区域治安防控朝着更安全、智能、高效的方向发展,为社会的和谐稳定和经济发展提供强大的技术支撑。

我相信,《区域治安防控技术综述》一书的出版,必将为推动区域治安防控技术的创新与发展注入新的动力。同时,我也期待更多的专业人士能够关注并参与到这一领域的研究与实践中来,共同为构建更加安全、和谐的社会环境贡献自己的力量。让我们携手共进,共同开启区域治安防控技术的新篇章!

公安部第三研究所原所长,郑州大学公共安全研究院院长

2024 年 8 月

前言

在快速发展的现代社会,区域治安防控的重要性日益凸显。随着城市化进程的加快和人口流动性的增强,安全风险也随之上升。从居民社区到工业园区,从学校到商业综合体,再到公共交通枢纽,各种潜在威胁都可能对社会秩序和个人安全造成严重损害。近年来,国内外发生的多起治安事件不断提醒我们,区域治安防控措施亟待加强和完善。例如,2018年10月27日在美国匹兹堡发生的枪击案,造成11人死亡和6人受伤;2019年3月15日在新西兰克赖斯特彻奇发生的恐怖袭击事件,造成51人死亡和数十人受伤;2019年8月3日在美国得克萨斯州发生的枪击案,导致23人死亡和26人受伤。这些事件不仅影响了人们的日常生活,还直接威胁到了社会的安全稳定。

区域治安防控是保障社会和谐与人民生命财产安全的重要手段。它不仅涵盖了传统的治安管理措施,还融合了现代科技手段,以适应日益复杂的治安环境。随着物联网、云计算、大数据、人工智能等技术的发展,治安防控正朝着更加智能化、精准化的方向发展。然而,当前的治安防控仍面临着诸多挑战,比如突发事件的快速响应能力不足、治安信息的集成与共享机制不完善、治安防控体系的综合协同能力有待提高等。

《区域治安防控技术综述》一书,全面、详尽地介绍了区域治安防控的各个方面,包括治安防控的基本概念、系统构建、关键技术、平台建设、应急响应处置机制及未来发展趋势等内容,旨在为从事治安防控工作的管理者、技术人员、研究学者提供一份实用指南。

第1章:区域治安防控的背景与现状。本章首先定义了区域治安的概念,并阐述了其在维护社会稳定和公民安全等方面的重要性。其次回顾了区域治安防控的发展历史,展示了不同时期采取的不同措施及其演变过程。最后深入分析了当前区域治安防控的总体现状,指出了现阶段区域治安防控面临的挑战。

第2章:区域治安防控体系。本章概述了治安防控的基本原则,如预防为主、全面覆盖等,并介绍了区域治安防控体系的构建,涵盖从概念到规划与设计的过程,强调技术应用和社会协同的重要性,分析了成效与挑战。针对学校、商业超市、工业园区等不同区域类型提出了具体防控策略,并阐述了国家及公安部的政策与标准,为实际工作提供指导。

第3章:区域治安防控关键技术及系统。本章介绍了区域治安防控中的关键技术,包括物联网、云计算、大数据、移动互联网、人工智能等,每项技术都阐述了其基本原理、架构特点及应用场景。同时也涵盖了数字孪生、北斗与GIS、生物特征识别、视频监控、入侵检测与报警系统、智能交通管理、无人机巡逻监控、移动警务等系统与方法,并强调了网络安全与数据保护的重要性。

第4章:区域治安防控平台建设需求分析。本章详细探讨了建立区域治安防控平台的多方面需求,包括政府管理、社区治安管控、物业管理、便民惠民措施、智慧街面巡逻等。通过对这些需求的分析,为构建以问题为导向的全面、高效的区域治安防控体系提供了坚实的需求基础。

第5章:区域治安防控平台建设方案。本章概述了建设区域治安防控平台的目标和原则,介绍了总体、业务、逻辑和数据架构、网络部署等核心要素,并全面阐述了中台、前端感知设备、基础设施、数据库的设计思想。针对社区、校园、商业超市、工业园区等不同场景提供了具体的管控方案,同时也涵盖了大型活动安保、娱乐场所治安管控等内容,并提及备份运维、系统对接及信息资源共享,为构建高效的区域治安防控体系提供了指导。

第6章:区域治安事件应急响应与处置。本章概述了区域治安事件的应急响应与处置,包括治安风险的感知与预警机制、理论基础、热线应用及多维度协同实践。讨论了风险管理策略、应急预案的制定与演练,并通过案例分析总结经验。接着探讨了快速响应和应急处置机制,确保迅速、有效地应对突发事件。最后介绍了应急救援与恢复机制,旨在及时救援并恢复正常秩序。

第7章:区域治安防控的发展趋势。本章介绍了新技术如区块链、5G、人工智能和量子计算在治安防控中的应用前景,强调其智能化转型的作用。讨论了区域治安防控的未来发展方向,包括智能化升级、协同作战、法治保障和精准防控,并提出加强国际化合作以应对跨国犯罪,为区域治安防控的未来发展提供战略指导。

本书的附录部分详细介绍了相关政策法规和标准,为读者提供了更加详尽的信息支持。包括:附录A　治安防控相关政策法规,对国内各级政府发布的治安防控相关政策进行了梳理和解读。附录B　治安防控相关标准规范,提供了一些国内常用的安全防范类的标准和规范。

本书旨在为读者提供一个全面的视角,使其深入了解区域治安防控技术的现状与未来。无论是国家机关、管理部门、高等院校,还是行业协会、规划设计单位、建设单位和行业公司,都可以从本书中获得相关参考。

在编写本书的过程中,我们得到了相关领导及行业内专家的慷慨帮助和支持,在此对他们表示衷心感谢。同时,我们也诚挚地希望读者能够针对本书提出宝贵的意见和建议,以便我们在后续版本中不断改进和完善。

愿本书能为促进区域治安防控技术的发展贡献力量,为构建更加安全和谐的社会环境奠定坚实的基础。

目录 CONTENTS

第1章 区域治安防控的背景与现状 ······ 001
- 1.1 区域治安的定义与重要性 ······ 001
- 1.2 区域治安防控的发展历史 ······ 002
- 1.3 当前区域治安防控的现状与面临的挑战 ······ 005

第2章 区域治安防控体系 ······ 008
- 2.1 治安防控的基本原则 ······ 008
- 2.2 区域治安防控体系的构建 ······ 017
- 2.3 不同类型区域的治安防控策略 ······ 024
- 2.4 公安部及其他部委关于区域治安防控工作的政策、标准 ······ 031

第3章 区域治安防控关键技术及系统 ······ 039
- 3.1 物联网 ······ 039
- 3.2 云计算 ······ 049
- 3.3 大数据 ······ 060
- 3.4 移动互联网 ······ 069
- 3.5 人工智能 ······ 078
- 3.6 数字孪生 ······ 087
- 3.7 北斗卫星导航系统与地理信息系统 ······ 094
- 3.8 生物特征识别 ······ 105
- 3.9 视频监控技术 ······ 118
- 3.10 入侵检测与报警系统 ······ 127
- 3.11 智能交通管理系统 ······ 138
- 3.12 人员与车辆识别技术 ······ 144
- 3.13 无人机巡逻与监控 ······ 153
- 3.14 移动警务与巡逻管理 ······ 164
- 3.15 网络安全与数据保护 ······ 173

第4章 区域治安防控平台建设需求分析 ······ 190
- 4.1 政府管理需求 ······ 190
- 4.2 社区治安管控需求 ······ 190
- 4.3 物业管理需求 ······ 195
- 4.4 便民惠民需求 ······ 199
- 4.5 智慧街面巡逻需求 ······ 203
- 4.6 防控圈(智慧检查站)需求 ······ 203
- 4.7 智慧内部保卫建设需求 ······ 206

4.8 大型活动安保建设需求	210
4.9 娱乐场所和特种行业治安管控需求	212
4.10 公交防控需求	215
4.11 备份和运维需求	215
4.12 重点区域管控需求	218

第5章 区域治安防控平台建设方案 … 230

- 5.1 建设目标 … 230
- 5.2 建设原则 … 231
- 5.3 总体架构 … 231
- 5.4 业务架构 … 233
- 5.5 逻辑架构 … 234
- 5.6 数据架构 … 235
- 5.7 网络部署 … 237
- 5.8 中台架构 … 238
- 5.9 前端感知设备建设（科学布建） … 239
- 5.10 基础设施建设 … 243
- 5.11 数据库设计 … 249
- 5.12 智慧安防社区建设 … 253
- 5.13 智慧安防校园建设 … 257
- 5.14 商业超市管控方案 … 271
- 5.15 工业园区管控方案 … 282
- 5.16 公共交通枢纽管控方案 … 288
- 5.17 旅游景区的管控方案 … 290
- 5.18 大型活动安保系统 … 301
- 5.19 娱乐场所和特种行业治安管控系统 … 305
- 5.20 备份和运维系统 … 309
- 5.21 系统对接 … 313
- 5.22 信息资源共享开放 … 317

第6章 区域治安事件应急响应与处置 … 324

- 6.1 区域治安风险感知与预警 … 324
- 6.2 治安事件应急预案的制定与演练 … 328
- 6.3 快速响应与应急处置 … 335
- 6.4 应急救援与恢复机制 … 341

第7章 区域治安防控的发展趋势 … 347

- 7.1 新技术在治安防控中的应用前景 … 347
- 7.2 治安防控体系的未来发展方向 … 355

参考文献 … 363

附录 区域治安防控相关政策法规和标准 … 370

- 附录A 治安防控相关政策法规 … 370
- 附录B 安全防控相关标准规范 … 371

第1章 区域治安防控的背景与现状

1.1 区域治安的定义与重要性

1.1.1 区域治安的定义

社会治安和综合治理作为两个交错互融的范畴,是融贯社会治安、社会综合治理、社会治安综合治理及社会治安防控等诸多同类概念的主线,区域治安防控的相关概念也由此展开[1]。区域治安的定义涉及对特定区域内社会公共秩序的维护,以及对各种违法犯罪活动的打击和处理。简而言之,区域治安是指在一个特定的地理区域内,通过综合运用法律、行政、技术、教育等手段,维护和保障该区域内社会治安秩序和公共安全的总体状况。它涉及多个方面,包括预防、打击犯罪活动,处理社会矛盾与纠纷,保护公民人身财产安全,以及维护社会稳定与和谐等。

具体来说,区域治安的定义(如图1-1所示)可以从以下几个维度来理解。

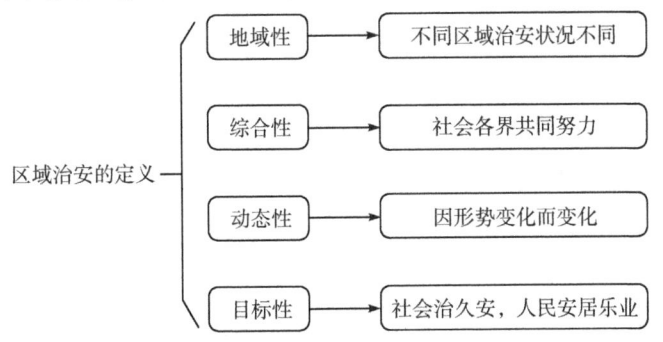

图1-1 区域治安的定义

地域性:区域治安是限定在某一特定区域内的社会治安状况,这个特定区域可以是城市、乡村、社区、工业园区等。不同的区域因其经济、文化、人口结构等差异,治安状况也会有所不同。

综合性:区域治安的维护不是只依靠单一的警力或法律手段,而是需要政府各部门、社会组织、企事业单位及广大市民共同努力和协作。它涵盖了立法、执法、司法及社会监督、公众参与等多个方面,是全方位、多层次的社会治理体系。

动态性:社会治安状况是随着社会的发展变化而不断变化的。因此,区域治安也需要根据社会形势的变化及时调整策略和方法,以应对新出现的治安问题和挑战。

目标性:区域治安的最终目标是社会长治久安和人民安居乐业。这要求我们在维护治安的过程中,既要注重打击犯罪、惩治违法行为,又要注重预防犯罪、化解矛盾纠纷;既要关注社会治安的短期效果,又要考虑其长远影响。

区域治安是一个复杂而系统的概念,它要求我们在实际工作中坚持依法治理、源头治理、系统治理和综合治理的原则,不断提升社会治理能力和水平,以维护社会的和谐稳定与人民的幸福生活。

1.1.2 区域治安的重要性

区域治安的重要性不言而喻,它对于社会稳定、经济发展及人民的安宁生活都至关重要。社会治安防控是国家管理与社会建设的重要组成部分，社会治安良好作为社会和谐、城市发展的重要指标，越来越受到社会公众的重视。如果社会治安状况不能得到有效改善，政府的社会管理能力也将受到人民群众的质疑。具体来说，区域治安的重要性主要体现在以下几个方面。

1. 维护社会稳定和安全

区域治安的稳定是整体社会稳定的基础，对于保障人民群众的生命财产安全具有至关重要的意义。良好的治安环境能够有效预防和减少犯罪活动，保护人民群众的生命财产安全，降低社会冲突和矛盾的发生率。通过打击违法犯罪活动，可以有效减少特定区域中的不稳定因素，为人民群众提供一个安全、和谐的生活环境。这种稳定的社会环境为经济发展提供了有力的保障，使得各项社会事业能够顺利进行。

2. 促进经济发展

区域治安状况直接关系到当地的经济发展。良好的区域治安环境能够吸引更多的投资、人才和技术资源，极大地促进区域内的经济发展。企业在安全性高的环境中运营和发展，有助于提高区域内的整体经济活力，改善营商环境，使得商业活动有序、规范开展。同时，良好的治安环境还能够提高消费者的信心，促进消费市场的活跃和繁荣。

3. 保障公民的权利

区域治安直接关系到人民群众的切身利益。良好的治安环境可以保护公民的合法权益不受侵犯，保障人民群众的基本权利和自由，维护国家政权和社会主义制度。这种安全感是人民群众对美好生活向往的重要组成部分，也是衡量一个地区社会治理水平高低的重要标准。

4. 提升区域的整体形象

良好的治安状况可以提高区域的形象和声誉，对于开展交流和合作具有重要意义。一个治安评价良好的区域更容易得到区域内外的青睐，为区域整体的发展创造有利的外部环境。

5. 增强区域内部凝聚力

加强区域内部治安管理，可以有效增强人民群众的归属感和安全感，能够极大地促进区域内部的和谐，推动区域全面发展进步，从而增强区域内部的整体凝聚力。

6. 提升政府公信力

区域治安状况的好坏，直接关系到政府的形象和公信力。一个能够有效维护社会治安、保障人民安全的政府，更容易赢得人民群众的信任和支持。这种信任和支持是政府开展工作的重要动力源泉，也是推动社会治理创新、提升社会治理效能的重要基础。

7. 推动精神文明建设

治安管理是社会主义精神文明建设的重要组成部分，通过综合治理和依法治理，可以将各项管理工作纳入法治轨道，使区域治安越来越有法可依，进而推动社会主义精神文明建设。

综上所述，区域治安的重要性不仅体现在区域内部的稳定和发展上，也体现在社会的和谐发展方面。因此，我们必须高度重视区域治安工作，采取有效措施加强治安防控体系建设，不断提升社会治理能力和水平。

1.2 区域治安防控的发展历史

区域治安防控的发展历史可追溯至古代的治安管理。随着社会的进步和科技的发展，区域治安防控不断演变升级，如图 1-2 所示为治安防控发展历程。

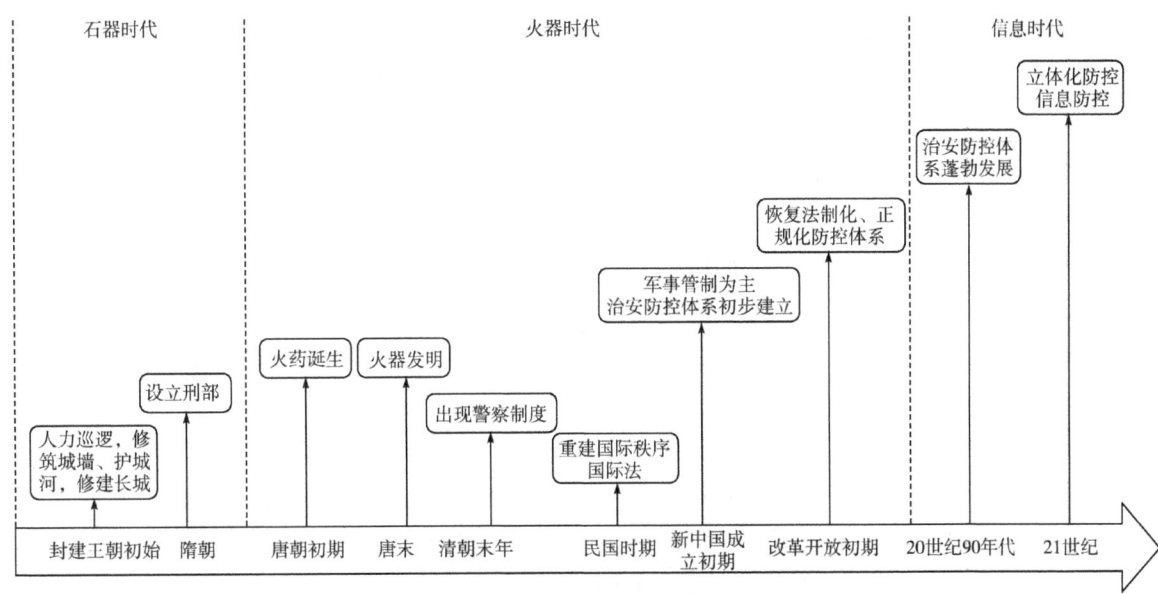

图1-2 治安防控发展历程

在古代，社会治安主要依靠人力巡逻和简单的防范措施。为了抵御外部入侵，保证城内人民的安全，通常会修筑高高的城墙并在城外修建护城河。中华民族为了抵御游牧民族的入侵，早在秦朝就开始修筑长城，筑起国家的边疆壁垒，维护内部稳定。这些宏大的防御工程，既彰显了国力的强盛，也反映出古人对于治安防控的原始需求。可以说，当时的治安，更多的是依赖军事力量和法律制度的雏形。

早在唐朝以前，中国的炼丹师在无意中发现了火药，此后中国乃至全世界逐渐进入火器时代。各种各样的火器的诞生使得冷兵器时代逐渐退出历史舞台，也使得传统的实体防护无法满足社会治安的需求。进入近代，国外逐渐有思想家提出"法的精神"，法律成为维系社会秩序的重要工具。工业革命带来的城市化浪潮，加快了城市化进程，传统的治安管理方法已经无法满足复杂多变的社会治安需求，导致治安问题愈发复杂，犯罪率上升。于是，出现了更加现代化的治安防控手段，现代警察制度也由此诞生。

进入20世纪，两次世界大战给全球治安体系带来了巨大的冲击。战后，国际秩序的重建、联合国的成立、国际法的完善，为全球治安构建了新的框架。冷战期间，东西方阵营相互对峙，核威胁下的"和平"，让国家安全的概念突破了传统治安的范畴。这一时期，我国的区域治安防控的发展历史大致可以分为以下几个阶段，这些阶段反映了我国社会治安管理理念和实践的不断演化。

新中国成立初期至"文革"前：新中国成立以后，面临着巩固政权、完成生产资料的社会主义改造等任务，社会治安状况复杂，破坏活动和犯罪活动猖獗。这个时期，社会治安防控体系主要以军事管制为主[2]。各地军事管制部门会行使部分职能，军队也起着维护社会治安的作用。但对于一个政权来说，军事管制只能是一种临时性措施，不可能成为一种长期政策，更不可能成为常态。因此，军事管制型的社会治安防控体系在完成其稳固政权的任务后就需要进行转型，从战争状态的"军管"转变为和平时期的治理。政府通过严厉措施维护社会秩序，同时初步建立公安、司法等部门，但这些部门的建设尚不健全。总体来说，在新中国成立初期，军事管制型的防控体系是适应当时的历史条件的，完成了我国处于过渡时期的主要治安任务。

社会主义改造完成后：随着我国社会主义改造的完成，新中国的政权逐渐稳固，中国开启了法制化建设的进程，行政管理体制、司法体制都逐步走上法制化、正规化的建设道路。"文革"前，随着社会主义建设的全面展开,社会治安防控体系逐渐由军事管制型向行政治理型转变。这一阶段,公安、司法等部门在各自领域发挥着社会治安防控作用,防控体系初步法制化、正规化。虽然在防控体系建设起步阶段,数次政治运动对社会秩序造成了冲击,但政府在这一过程中及时调整政策,使社会治安状况得以恢复。法制化、正规化建设虽出现反复,但依然在曲折中前进。

"文革"期间:这一阶段,公检法机关遭到严重破坏,社会治安防控体系近乎全面瘫痪,治安防控管理一度退回到军事管制型。法制化、正规化建设在这一时期被彻底摧毁,公安、司法等部门遭受重创。这致使社会治安防控水平大幅下降,社会治安状况急剧恶化。"文革"结束后,我国社会治安防控体系重新走上法制化、正规化建设道路,防控体系的工作重心从以斗争为主转变为以治理为主。

改革开放阶段:在改革开放初期,社会治安状况稳定成为经济社会发展的重要保障。在这一阶段,我国的社会治安防控体系得到恢复和重建,政府加大了对公安、司法等部门的投入并加强建设,逐步使防控体系恢复到法制化、正规化轨道。在这一阶段,我国学者们根据治安形势的变化,不断总结全国各地警务活动的经验,成为我国对社会治安防控体系构建最初的思考。我国理论界对治安防控的研究主要集中在20世纪90年代以后,当时,我国治安防控体系的构建研究已取得了长足发展[3]。

20世纪90年代初:随着社会经济的快速发展和城市化进程的加快,社会治安问题日益复杂,社会治安防控体系构建的重要性愈发受到政府的关注。各地政府积极构建以公安机关为主导的社会治安防控体系,对社会治安问题进行综合治理。这一时期,涌现出大量学者围绕社会治安防控体系的概念、属性进行系统论述,从理论层面探讨治安防控体系的构建。其中,有学者提出公安机关应运用社会控制理论,采用系统工程方法,充分对警力资源和社会资源进行整合,以社区警务模式为基础,借助巡逻防控这一基本勤务方式,遵循统一指挥、信息共享、互相配合的原则,打造实施社会治安综合性控制的警务工作机制;也有学者认为治安防控体系是以治安规律为依据,以科学发展观为指导,以信息化为手段,通过构建实体和虚拟相结合的防控网,建立科学的调度机制和多元化的打击模式,对影响社会治安的各类要素实行全方位防范控制的现代警务模式。在这一时期,学者们普遍认为治安防控的主体是公安机关,社会治安防控是一种警务活动。

21世纪以来:随着计算机技术的发展,人工智能、大数据等技术的广泛应用,区域治安防控进入智能化阶段。借助大数据分析,可以对犯罪趋势进行预测,进而提前采取防范措施。人工智能等技术也被应用于视频监控领域,以此提高对犯罪嫌疑人的识别效率和对案件的处理效率。此外,社区警务的概念也被提出并付诸实施,强调警察与社区居民合作,共同维护社区治安,保障人民群众的生命财产安全。与此同时,社会各界对区域治安防控的参与度不断提高,逐步形成了全社会共同参与的治安防控体系。这一时期,有学者认为,社会治安防控体系的定义应该为,以提升公众对社会治安的满意度和安全感为目标,在政府领导下,以公安机关为主导力量,广泛依靠社会力量,充分调动各类资源,通过防控网络和运行机制的建设,形成预防、控制违法犯罪的系统工程。他们认为治安防控主体不应该局限于公安部门,而需拓展到政府和社会各个层面,治安防控体系建设的核心内容是各类防控网的建设,并确保其正常运行。

区域治安防控体系的发展史是一部从简单到复杂、从粗放到精细、从单一到多元的演变史。随着社会的不断发展和进步,治安防控体系也在不断创新和完善,以便能够更好地适应时代的需求、应对时代的挑战。我国在治安防控体系方面的研究和实践,从打击违法犯罪、形成警务工作模式到构建社会治安防控体系,内容得到了极大丰富,治安防控体系建设已经发展成为国家治理能力现代化的重要战略之一。

1.3 当前区域治安防控的现状与面临的挑战

1.3.1 区域治安防控现状

当前区域治安的现状可以从多个维度来阐述。

1. 治安状况总体稳定

在全国大多数地区,治安状况总体良好,社会大局稳定,犯罪率有所下降,社会治安环境有一定改善。2023年全球法律与秩序指数报告公布的结果显示,中国排名第三;公安部公布的最新数据显示,2023年全国群众安全指数达98.2%,已连续四年保持在98%以上的高水平。很多来华旅居的外国人称赞中国是世界上最安全的国家之一。这得益于政府和社会各界的共同努力,包括加强警务工作、推进法治建设、提高公众安全意识等。

2. 科技持续赋能警务工作

公安机关不断创新警务运行机制,如推行网格化巡防、社区警务、技防建设等措施,提高了治安防控的效率和水平。大数据、人工智能、视频监控等现代信息技术手段在治安防控中的广泛应用,增强了治安预警和防控能力。这些技术手段有助于及时发现和打击犯罪活动,提高治安管理的精准性和智能化水平。

3. 群防群治格局形成

各个地区积极推动群防群治工作,形成了专防、协防、群防、自防、技防相结合的防控体系。社区警务、治安志愿者队伍等群防群治力量不断壮大,提高了社会治安的覆盖面和针对性。

4. 社会治理能力提升

随着社会治理体系的不断完善,公安机关在打击犯罪、维护社会稳定、化解矛盾纠纷等方面取得了显著成效。同时,通过加强与其他部门的协作配合,形成了社会治安综合治理的合力,推动区域治理能力不断提升。

1.3.2 区域治安防控面临的挑战

尽管当前区域治安防控工作取得了显著成效,但是仍然面临诸多挑战。例如,犯罪手段日益多样化、智能化,社会治安问题复杂化,人口流动加剧等。这些挑战不仅要求公安机关必须不断创新警务机制,强化科技应用,而且要求社会各阶层相互配合、协调,构建更加完善的社会治安防控体系,提高全社会治理能力,以便更好地维护社会治安稳定。我国的社会治安防控体系建设无论是在理论层面还是在实践层面,都处于不断完善的过程中。因此,在社会治安防控体系建设过程中,难免会出现这样或者那样的问题,且这些暴露出来的问题大多具有一定的共性[4]。所以,本书在后面章节关于区域治安防控关键技术的介绍,不区分农村、城市和城乡接合部等不同区域,而是从整体上进行概述性的介绍。当然,由于我国地域辽阔,区域经济发展不平衡,所以社会治安防控体系建设中存在的问题不能一概而论,应该结合各个区域的主要矛盾选择适合的技术和方法。

当前区域治安防控面临的挑战主要包括以下几个方面。

1. 犯罪手段多样化与智能化

随着高新科技的快速发展,犯罪分子的作案手段日益多样化、智能化。网络犯罪、电信诈骗、金融诈骗等新型犯罪手段层出不穷,给治安防控工作增添了新难度。这些犯罪活动往往具有跨地域、隐蔽性强、证据难以收集等特点,使得公安机关在侦查和打击过程中困难重重。

2. 各地区区域治安防控存在差异化

在我国,各个地区的治安防控体系建设普遍展开。但我国是一个幅员辽阔、人口众多的国家,且实行政府层级管理,每层政府有着自己的管辖区域,客观上存在地域性的空白,这就使得区域治安防控面临整体协调的挑战,对区域治安提出了更高的要求。"不谋全局者,不足以谋一域",如果各地区只考虑自身治安防控体系的建设,而忽略全国的安全,那么全国的政治稳定和社会治安就无法得到保障[5]。

3. 社会治安问题复杂化

当前,社会治安问题日益复杂,涉及领域广泛。除了传统的盗窃、抢劫、故意伤害等犯罪活动外,还出现了涉黑涉恶、毒品犯罪、经济犯罪、环境犯罪等多种类型的犯罪活动。这些犯罪活动往往与社会矛盾、经济纠纷等问题相互交织,给治安防控工作带来了更大的压力。社会治安问题的复杂性要求治安防控工作必须更加全面、深入和细致。

4. 人口流动加剧

在城市化进程中,大量务工人口涌入城市,致使城市人口密集、流动性大。这种人口流动不仅给治安管理带来巨大压力,还容易引发各类治安问题。例如,外来人口犯罪问题、流动人口管理问题等,这些问题成为当前治安防控的重要挑战。

5. 技术与资源投入不足

尽管现代信息技术在治安防控中得到了广泛应用,但部分地区在技术投入方面仍显不足。一些基层公安机关在视频监控、大数据分析等技防建设方面,面临资金短缺、技术落后等困难,导致治安防控的智能化水平难以提升。此外,警力资源不足也是当前治安防控面临的重要挑战之一。

6. 法律法规与制度建设有待完善

法治是社会治安防控体系建设的根本保障,没有法治保障的治安防控体系难以实现长远、稳定发展。现有法律法规在某些方面存在不完善之处,给不法分子留下了可乘之机。同时,在制度建设方面也存在一定的滞后性,难以契合当前社会治安形势的变化。因此,完善法律法规、加强制度建设是当前治安防控工作的重要举措。

7. 公众安全意识与参与度有待提高

公众安全意识的提高和参与度的增强是治安防控工作的重要支撑。然而,当前部分公众对治安防控工作的认识还不够深入,安全意识有待提高。同时,公众参与治安防控的积极性和主动性也有待加强。因此,加强宣传教育、提高公众安全意识和参与度是当前治安防控工作的重要任务之一。

8. 偏重于硬性治安防控

我国不少地区的治安防控体系建设多采用硬性的治安防控措施,例如设置封闭式小区,安装防盗门、防盗窗、门禁设施、视频监控等。这些措施的确能有效防控侵财类案件发生,但也有很多弊端,有些措施甚至对居民生活的便利造成了影响,侵犯了公民的权利。视频监控在当前社会治安防控体系建设中发挥了极为重要的作用,但是不少地区的治安防控过分依赖视频监控,把社会治安防控体系建设简单理解为建设视频监控网,这些地区没有正确理解立体化社会治安防控的含义,也未朝着信息防控的方向推进。

综上所述,当前区域治安防控能力虽有所提升,但治安防控工作还是面临诸多困难和挑战。为了进一步提升治安防控能力、完善治安防控体系建设,需要政府、社会、学者和公众共同努力,加强协作配合,在警务工作创新、完善相关法律法规、加大技术投入、提升公众的安全意识与参与程度等方面下功夫。本书在后面的章节对不同区域的治安防控策略、区域治安防控的关键技术、区域治安防控的信息化应用、应急响应、系统构建及区域治安防控的未来发展趋势进行了详细的介绍，旨在为我国立体化社会治安防控体系研究积累宝贵经验，推动传统治安防控向全民治安共治模式转变，从而更好地化解社会不同区域的风险，防范公共危机，维护社会稳定，促进各区域之间和谐发展。

第 2 章 区域治安防控体系

2.1 治安防控的基本原则

治安防控是指国家机关、司法行政等多个部门,综合运用各种手段对户籍、交通、消防、秩序、危险品等方面进行管理,维护社会稳定,防止违法犯罪行为发生[6]。治安防控体系的有效运行依赖于一系列经过长期实践检验的基本原则,这些原则不仅为防控策略的制定提供了理论指导,也在实践中确保了治安防控的科学性、适应性和可持续性。以下是治安防控的六个核心原则,如图 2-1 所示。

治安防控的六个核心原则
1. 预防为主,防治结合
2. 全面覆盖,重点突出
3. 多元协同,联防联控
4. 技术驱动,智能管理
5. 依法依规,程序正义
6. 灵活应对,动态调整

图 2-1 治安防控的六个核心原则

2.1.1 预防为主,防治结合

预防为主是治安防控工作的重要原则,旨在通过一系列的综合预防措施来降低犯罪和治安事件的发生率。这一原则强调要未雨绸缪,通过科学的手段减少潜在的治安风险,从而有效保障社会的安全与稳定。预防措施种类多样,包括但不限于治安巡逻、社区警务、风险评估、技防系统建设和公共安全教育等。这些措施的核心在于构建一个多层次、多方位的防控网络,以实现对社会治安问题的全面防范。

治安巡逻是一种传统而有效的预防手段,通过定期或不定期的巡逻活动,可以提高警察的可见性,震慑潜在犯罪分子,从而在一定程度上降低犯罪发生率。巡逻不仅包括在街区、社区的巡查,还包括对重要场所如商场、车站、学校等的巡查。此外,固定的岗亭和警亭也是巡逻防控体系中不可或缺的组成部分。这些固定岗亭和警亭不仅为警察巡逻提供了中转站和指挥点,还可以作为处理紧急情况的应急响应点,提升对高风险地区的监控和响应能力。巡逻的频次和范围应根据具体区域的治安状况和风险评估结果进行调整,而岗亭、警亭的设置则需结合治安热点和人流密集度来布局,从而达到提高防控效率和效果的目的。治安警亭如图 2-2 所示。

图 2-2 治安警亭

社区警务是一种基于社区的治安防控模式,通过建立密切的警民关系,实现信息共享和协同防控。社区警务的实施包括警务人员常驻社区、定期访问、与居民互动,以建立良好的社区关系,提升居民的安全感。通过社区警务,警察可以及时了解社区内的治安问题和居民的安全需求,同时动员社区居民积极参与治安防控,提升整个社区的安全意识和自我防护能力。

风险评估是预防性措施的核心环节,即通过对潜在风险源的科学分析和评估,准确识别和预测治安威胁。风险评估通常依赖于大数据分析、行为预测和舆情监控等现代技术手段。大数据分析可以整合和分析来自各类渠道的信息,识别出高风险区域和潜在的犯罪趋势。行为预测则通过对个人行为模式的分析,预测可能的犯罪行为,提供预警信息。舆情监控则关注公众舆论和社会动态,通过对网络信息的实时监测,识别潜在的社会不稳定因素。

技防系统建设是现代化治安防控的重要组成部分,包括监控摄像头、报警系统、智能门禁等技术手段的应用。通过布设全面的技防系统,可以实现对重点区域的实时监控和数据采集,提高对异常情况的敏感度和响应速度。智能化的技防系统不仅能够提升发现治安事件的能力,还能通过数据分析和自动报警功能,减少人为操作的滞后性,提高防控的效率和准确性。智能门禁如图2-3所示。

图2-3 智能门禁

公共安全教育则通过对公众进行安全知识普及,提高其自我保护意识和能力。安全教育的形式多样,包括安全讲座、宣传活动、应急演练等,可以通过多渠道、多方式的教育,增强公众对常见治安问题的识别能力和应对能力。例如,学校和社区组织可以定期开展防诈骗、火灾安全等专题讲座和培训,帮助居民掌握必要的安全知识和应急技能。

防治结合原则更多强调在治安事件发生后迅速采取应对措施的必要性。具体措施包括对事件的紧急处置、现场控制、对犯罪分子的追捕以及对受害者的救助等。防治结合的目标是在不可避免的治安事件发生后,通过高效的应对手段将损害和影响降到最低。

紧急处置是指在事件发生后的初期阶段,迅速采取行动控制局势,防止事态恶化。具体包括对现场进行封锁、疏散人员、控制现场秩序等措施。在处理紧急事件时,必须遵循预定的应急预案,合理调动相关资源,确保现场的安全和秩序。

现场控制涉及对事件现场的有效管理,包括封锁现场、设置警戒线、管理人流等。通过控制现场,可以保护犯罪现场的证据,防止信息泄露和污染,并保障应急处置的顺利进行。同时,现场控制也有助于对事件的后续调查和处理提供支持。

对犯罪分子的追捕是防治结合中的一个重要环节,在事件发生后,迅速追捕犯罪分子,防止其逃脱,对维护社会安全至关重要。追捕工作需要依靠刑侦技术和团队合作,通常包括对犯罪嫌疑人的追踪、调查和抓捕等步骤。追捕过程中的高效配合和准确判断,对案件的解决和社会的安全具有直接影响。

对受害者的救助则是指对事件中受害者的救助和支持,如提供医疗援助、心理辅导等。这不仅有助于缓解受害者的痛苦,还能够为他们提供必要的法律援助和保护,帮助他们尽快恢复正常生活。

在实际操作中,预防和防治并非相互独立,而是一个有机的整体。在规划和实施治安防控体系时,既要充分考虑到预防措施的全面性和针对性,也要设计好应急预案,确保在事件发生后能够迅速反应、有效处置。预防与防治有机结合,可以实现治安管理的科学化、系统化和高效化,为社会提供更加安全和稳定的环境。

2.1.2　全面覆盖,重点突出

全面覆盖和重点突出是治安防控体系设计和实施中的基本原则,它们在确保区域安全和防控效率方面发挥着至关重要的作用。这两个原则相辅相成,旨在通过综合部署和精准防控,最大限度降低治安风险,保障社会的安全与稳定。

全面覆盖原则要求治安防控体系在地理空间和风险类型上进行全方位的覆盖。这不仅仅意味着在地理上对所有区域进行覆盖,更包括对不同类型风险的综合防控。例如,在一个城市中,治安风险的分布具有明显的区域性特征,商业区、交通枢纽、学校和居民区的治安问题各有特点,需要采取不同的防控措施。因此,治安防控体系必须确保这些区域得到充分的关注和保护。

在地理空间上,全面覆盖意味着在城市的每个角落都应布置防控措施,包括主要的交通干道、重要的商业区域、各类公共场所以及住宅区等。比如在一个大城市中,公共交通枢纽(如火车站、地铁站)应配备足够的警力和监控设备,确保对人员流动的有效监控和管理;商业区(如购物中心、超市)应安装完善的监控系统,并配置专门的安保人员;学校则应在校园内外布置监控设备,确保校内外环境的安全。

在风险类型上,全面覆盖要求对各种潜在的风险点进行监控。例如,在商业区,除了传统的防盗措施,还应重点关注火灾安全、人员疏散通道等方面;在学校,除了关注校园内的安全,还需对校外的潜在威胁如电信诈骗进行防范。通过对这些不同风险点的全面覆盖,可以有效防止治安问题的发生,降低治安事件的发生率。

在全面覆盖的基础上,重点突出则要求根据实际情况对特定区域和高危场所进行特别的防护。这意味着在各个防控区域中,应该对那些风险更高、影响更大的地方给予更多的关注和资源。重点突出不仅体现在具体区域的选择上,也包括对不同时间段内的风险进行动态调整。

以学校为例,学校作为集聚大量青少年学生的特殊场所,其防控重点应包括但不限于以下几个方面:加强出入口的安全管理,这需要在学校门口设置专门的安保人员或监控设备,防止外部不明人员进入校园;加强校内巡逻,以保障校园内部的安全;对于电信诈骗等新型犯罪,学校应开展专门的宣传活动,增强学生的防范意识。学校的防控措施不仅要关注日常的安全管理,还需根据实际情况进行动态调整,例如在重要考试或大型活动期间增加安保力量。校园监控设备如图2-4所示。

图 2-4　校园监控设备

在商业综合体中,防控的重点则侧重于消防安全、人员疏散通道的畅通及防盗措施的落实。商业综合体通常有大量的人流和复杂的建筑结构,消防安全至关重要,因此需定期进行消防演练,并配备完善的灭火设备。同时,应确保人员疏散通道畅通无阻,以便在紧急情况下迅速安全疏散人群。防盗措施则包括监控设备的布置、防盗报警系统的安装等,旨在减少商业区内的盗窃行为。

重点突出还涉及对特定时间段的针对性布防。不同区域在不同时间段内的治安风险可能会有很大变化。例如,夜间的居民区通常面临更高的安全风险,可能需要增加巡逻频次,或者在特定区域部署更多的监控设备和安保人员;节假日期间,旅游景点和商场等地由于人流密集,易发生踩踏事件或盗窃行为,需要根据时空特点进行重点防控。通过对特定时间段的重点布防,可以有效应对可能的治安风险,确保公共安全。

总之,全面覆盖与重点突出的原则,结合了广泛的防控布局和精准的风险防护,旨在通过综合措施有效提升治安防控的能力和水平。这两个原则不仅确保了防控措施的全面性和细致性,还提高了防控工作的针对性和实效性,是治安防控体系建设的核心指导思想。

2.1.3　多元协同,联防联控

治安防控是一项复杂且多层次的系统工程,需要多个部门、多个主体广泛参与。要实现有效的治安防控,单靠某一个部门或组织的力量往往难以奏效。因此,多元协同和联防联控的原则显得尤为重要。多元协同强调了在治安防控中,不同主体之间必须进行紧密的协作,形成合力,以应对日益复杂和多变的治安挑战。

多元协同不只是一个口号,更是在实际操作中需要被深入落实的工作方针。首先,在治安防控中,公安机关作为核心力量,承担了指挥调度、犯罪打击、应急处置等重要职责。然而,治安问题往往涉及多个领域,仅凭公安机关一己之力难以覆盖所有防控需求。因此,社区、企业、志愿者、技术服务提供商及普通市民等各方力量的参与显得至关重要。这种多元主体的协作不仅扩大了治安防控的覆盖面,也提升了防控措施的科学性和实效性。

信息共享是多元协同的关键环节。公安机关掌握着大量的治安信息和犯罪数据,而社区、企业、志愿者则处于社会的"毛细血管"中,能够第一时间捕捉到基层的动态信息。例如,社区民警和物业管理人员经常在一线工作,能够及时发现和反馈潜在的安全隐患。通过定期召开治安防控会议,各方可以分享这些信息,形成全面而准确的治安态势分析。这种信息共享不仅有助于及时发现和预防犯罪,还可以为制定防控策略提供依据。企业,尤其是涉及公共安全的企业,如银行、商场、交通运输公司等,也应当在信息共享中发挥作用。通过与公安机关和社区合作,企业可以将自身掌握的安全数据、监控录像等信息纳入治安防控体系,形成更为全面的防控网络。

资源整合是多元协同的另一重要方面。在治安防控中,资源的有效配置和利用直接影响到防控的效果。不同的主体拥有不同的资源优势,例如公安机关拥有专业的执法力量和技术设备,社区组织具有广泛的群众基础,企业则具备财力和技术支持。因此,通过资源整合,可以弥补各方的短板,形成优势互补。例如,社区和企业可以为公安机关提供场地和物资支持,公安机关则可以为社区和企业提供专业的安全培训和技术指导,志愿者组织则可以协助公安机关和社区,开展巡逻、宣传等治安活动,扩大防控覆盖面。

合理的任务分配和明确的责任划分是确保多元协同有效运转的重要保障。在多元协同框架下,每个主体都有其特定的角色和任务。例如,公安机关负责打击犯罪、处理突发事件、提供技术支持;社区组织负责落实日常防控措施,管理社区治安巡逻队;企业负责提供安全设施,配合治安检查;志愿者则负责协助社区开展安全宣传、参与防控等活动。明确各方的任务和责任,能够避免各方在工作中推诿扯皮,确保治安防控措施顺利实施。同时,明确的责任分工也有助于在突发事件发生时,各方能够迅速做出反应,采取有效的应对措施。

联防联控是多元协同的具体表现形式。它要求各方不仅在常态下保持协作,还要在突发事件或重大治安威胁出现时形成联动机制,共同应对。例如,在一个大型社区内,社区民警、物业管理人员、社区志愿者和居民之间应形成良好的互动机制,定期召开治安防控会议,分享信息和资源。在会议中,各方可以报告当前的治安形势,协调防控资源,并制定应对突发事件的预案。对于可能发生的治安事件,如社区内的盗窃或恶性事件,各方应迅速沟通、统一行动,形成有效的联防联控格局。

这种多元协同的联防联控模式还可扩展到跨区域、跨部门的合作。在实际操作中,治安问题往往跨越地域和部门的界限,例如跨区域的犯罪团伙、涉及多部门的安全隐患等。在这种情况下,单一部门或地区的力量难以有效应对。公安机关需要加强与相邻地区、不同部门之间的信息共享和联合打击力度。例如,多个地区的公安机关可以通过建立联合指挥部、共享情报信息、开展联合行动等方式,形成覆盖面更广的治安防控网络。同样,在涉及多个部门的安全隐患排查中,公安机关可以联合消防、交通、卫生等部门,形成协作机制,确保隐患得到全面排查和及时处置。

总的来说,多元协同和联防联控不仅是治安防控的基本原则,更是保障社会稳定、维护公共安全的重要手段。通过多方力量的协作,治安防控体系能够更加全面、科学和高效地应对各种挑战,确保社会的和谐与安宁。这种合作模式的成功实施,不仅提高了治安防控的整体效能,也为未来的社会治理提供了丰富的经验和借鉴。

2.1.4 技术驱动,智能管理

技术驱动已成为现代治安防控不可或缺的核心环节。信息技术的迅猛发展,物联网、人工智能、大数据、云计算、区块链等高新技术手段的广泛应用,正在深刻地改变着治安防控的方式与效果。技术变革不仅大幅提高了治安工作的效率、精确性和响应速度,还使得防控措施更加智能化和系统化。通过对海量数据的实时分析与处理,治安部门可以更加准确地预测风险、定位潜在威胁,并采取针对性的防控措施。此外,技术的进步也为治安防控体系的构建和管理带来了全新的理念和工具,使得整体防控策略更加科学、系统,有效提升了社会安全感。

以物联网技术为基础的治安防控系统实现了对治安防控点的实时监控与数据采集。借助传感器、摄像头、智能终端等硬件设施,物联网设备能够对社区、公共场所等的治安状况进行全天候、全方位的监控。通过实时采集视频、音频及温度、湿度等环境数据,可以及时发现异常情况,第一时间发出预警信号。此外,物联网还能够与其他系统,如消防、交通管理系统等,进行数据交互与共享,从而形成一个跨部门、跨领域的综合安全管理平台。这种多层次、多维度的监控手段,大大提升了治安防控的全面性和反应速度,能够更有效地预防和应对各类突发事件。

互联网技术逐步走向成熟,人工智能与各行业深度融合,推动着我国社会的发展。如今,城市化进程不断加快,预计未来80%的人口将聚集于城市。带来的是社会治理风险增加,再加上治安防控工作中还存在诸多问题,难以满足今后城市治安防控工作的需求。因此需要积极引入先进的科学技术,促进治安防控和人工智能的高效融合,以实现风险预测、危险预警、安全防控等目标,进而助力新型智慧城市的构建。人工智能治安系统如图2-5所示。

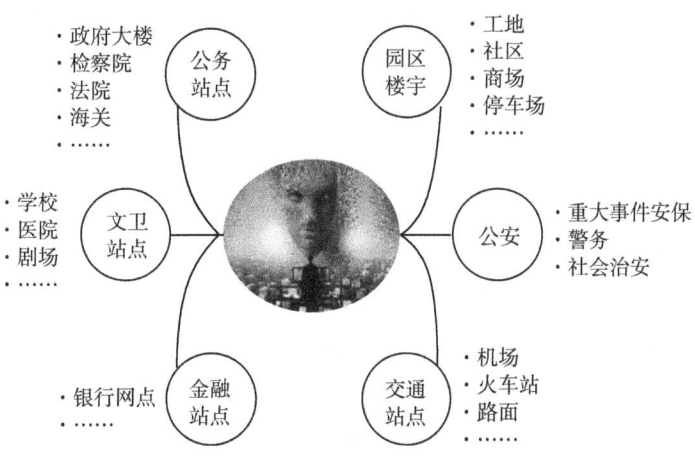

图2-5 人工智能治安系统

大数据技术能够从海量、繁杂的社会治安数据中提取出可以利用的有效信息,这不仅可以提高公安部门的情报收集和研判分析能力,提升战斗力,还可以使治安部门在信息化社会中占据主导地位。在宏观层面,通过数据洞察、数据决策可以制定更加合理的防控方案,有利于优化调度和部署警力资源,提前消除危险隐患;在微观层面,通过数据分析和数据预测能够及时发现危害社会治安的线索和规律,将警务工作模式由案后查处向事前应对转变。同时,社会治安防控体系建设有力推动了治安数据资源库的构建和治安大数据的采集积累,丰富了公安数据的广度、维度和价值内涵。在大数据编织的社会治安网络下,嫌疑人时刻处于公安部门的掌控之中,难逃法律的制裁,这让预谋者不敢违法[7]。大数据技术在治安防控中发挥着不可替代的作用。它不仅能够存储和处理海量的历史治安数据,还能通过数据挖掘和分析,发现潜在的治安隐患和趋势。例如,通过分析一段时间内某个地区的治安案件数据,可以识别出该地区的高危时间段和案件高发地点,从而有针对性地部署警力和制定防控措施。更为重要的是,大数据技术还可以进行预测分析,基于对历史数据、实时数据、社会舆情等多种数据源的综合分析,预测未来可能发生的治安事件,并提前制定应对措施。这样的预测能力,使得治安防控从被动应对转向主动预防,大大提高了防控工作的前瞻性和准确性。如图2-6所示为数据分析挖掘模型。

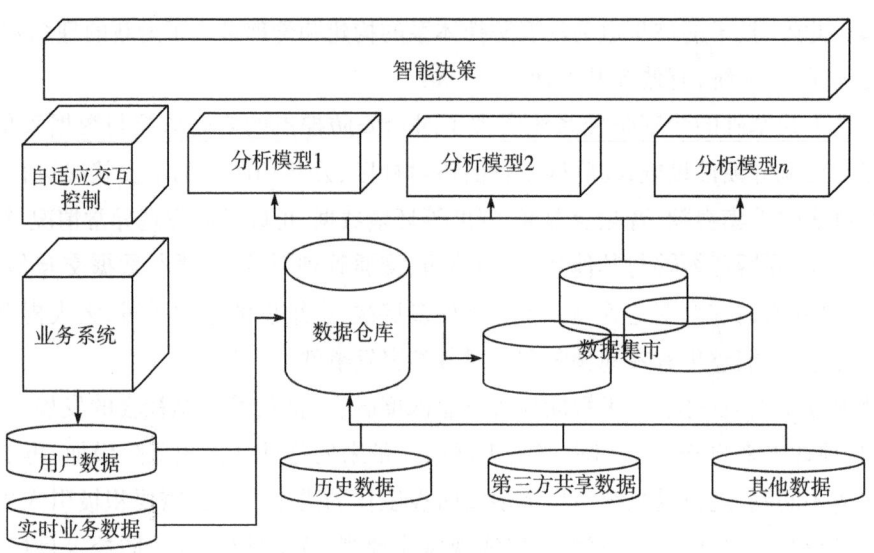

图2-6 数据分析挖掘模型

云计算为治安防控系统提供了强大的计算和存储能力,使得大规模数据处理和复杂算法运算成为可能。通过云计算技术,治安防控系统能够实现分布式处理,将大量的监控数据、传感器数据上传至云端,进行集中分析和处理。这种集中化处理不仅提高了数据处理的速度和效率,还实现了跨区域、跨部门的数据共享与协同,为治安防控提供了更广阔的视野和更深入的洞察。例如,当某个地区发生突发治安事件后,云计算平台能够立即将该地区的监控数据、报警信息与周边地区的数据进行关联分析,从而快速定位嫌疑人和涉事车辆,提高破案效率。

区块链技术在治安防控中的应用还处于探索阶段,但其数据不可篡改性和分布式存储的特点,使其在信息安全和隐私保护方面具有独特优势。治安防控涉及大量的敏感数据,如个人身份信息、犯罪记录、监控视频等,这些数据一旦遭到篡改或泄露,将会对公众安全和隐私保护造成严重威胁。区块链技术能够通过加密算法和共识机制,确保数据在传输和存储过程中的完整性和安全性,同时还可以实现数据访问的可追溯性,确保只有授权用户才能访问敏感信息。随着区块链技术的进一步发展,其有望为治安防控的数据安全提供更加可靠的技术保障。

在技术驱动的背景下,智能管理成为治安防控的核心目标。智能管理不仅要求系统能够实时监控、自动识别和预警,还要求系统具备自我学习和自我优化的能力。通过不断积累经验数据和优化算法模型,系统可以逐步提高识别的准确率和决策能力。例如,智能管理系统可以根据历史事件的处理结果,不断调整和优化自身的预警算法,从而降低误报率和漏报率。同时,智能管理系统还应具备应急响应能力,以便能够在突发事件发生时,迅速调用相关数据和资源,协调各方力量,实施有效的应对措施。

然而,随着技术手段在治安防控领域的广泛应用,信息安全和隐私保护问题也日益突出。在治安防控工作中,大量的个人信息、行为数据被采集和存储,如果这些信息被不当使用或泄露,将会对个人隐私造成严重威胁。因此,在推动技术驱动和智能管理的同时,必须严格遵守信息安全和隐私保护方面的法律法规,构建完善的数据保护机制。例如,运用数据加密、访问控制、日志审计等技术手段,防止数据在传输和存储过程中被篡改或泄露。同时,还应制定明确的数据使用政策,规范数据的采集、存储、共享和销毁流程,确保数据使用合法、合规。

总之,技术驱动和智能管理在现代治安防控中发挥着越来越重要的作用。借助高新技术手段的运用,治安防控体系能够更加精准、高效、智能地应对复杂多变的治安形势。然而,在推进技术应用的同时,必须高度重视信息安全和隐私保护,确保技术手段在提升安全效益的同时,不会对公众权益造成侵害。未来,随着技术的进一步发展和完善,技术驱动的智能管理模式将会为治安防控提供更加坚实的保障和更加广阔的发展空间。

2.1.5 依法依规,程序正义

依法依规和程序正义是治安防控工作的重要原则,保障了治安防控措施在法律和程序的框架内实施,确保了其合法性、公正性和公信力。这一原则不仅是治安防控体系得以有效运作的基本要求,也是维护社会秩序与公民权益的根本保障。

依法依规是治安防控工作的首要原则,它确保所有措施的实施都是在法律法规的框架内进行的。国家的法律法规为治安防控提供了明确的行为准则和权责界限,所有的治安防控活动都必须严格遵守法律规定。例如,公安机关在进行治安巡逻、实施监控、开展突击检查等工作时,必须遵守《中华人民共和国刑法》《中华人民共和国治安管理处罚法》《中华人民共和国人民警察法》等相关法律条文的规定。通过法律的规范,治安防控工作不仅有了明确的操作指引,工作中的各类活动也有了法律保障,有效防止了超越权限或滥用权力的情况发生。

在治安防控过程中,程序正义是依法依规的延伸,强调了执法人员在执法和执行各项措施时,必须遵循既定的程序,确保每一项措施的实施都是公平公正的。程序正义不仅仅是指法律上的正当程序,还包括了在执行过程中对公民权利的尊重和保护。在具体操作中,程序正义要求执法者在进行搜查、逮捕、审讯等行为时,必须严格遵守法律程序,如出示合法证件、告知被搜查者其所享有的权利、对审讯过程进行记录等,由此避免因程序不当而引发的法律纠纷或公众不满。

信息公开和公众参与也是程序正义的重要组成部分。在治安防控中,信息公开能够增强工作的透明度,让公众了解治安防控的目的、手段和成果,从而增强对治安工作的信任感。例如,公安机关可以通过新闻发布会、社交媒体等平台,向公众公开治安形势、案件处理进展及防控措施等信息。同时,公众参与能够使治安防控工作更贴近实际需求,如在社区治安防控中,通过让居民代表参与治安会议,收集和反映居民的安全需求,可以更有针对性地制定防控措施。这种信息公开与公众参与相结合的方式,不仅提升了治安防控工作的透明度和合法性,还有助于促进警民合作,共同维护社会治安。

在技术手段的应用方面,程序正义同样至关重要。随着大数据、人工智能等技术在治安防控中的广泛应用,信息采集和处理的正当性成为公众关注的焦点。比如,视频监控和数据采集作为治安防控的重要手段,必须严格遵循隐私保护方面的法律法规。未经授权,个人隐私数据不得泄露、滥用或用于非防控目的。此外,监控数据的保存期限、访问权限、处理流程等都应当有明确的法律依据和程序规定,确保技术手段的应用不会侵犯公民的合法权益。

在突发事件的应对中,依法依规和程序正义也是不可或缺的。面对突发的治安事件,如大规模骚乱、恐怖袭击等,公安机关在采取紧急措施时必须快速、果断,但仍需遵守法律规定和既定程序。例如,实施大规模人员疏散、封锁现场或限制人员出入时,必须有明确的法律依据,并通过合法程序执行,以避免不必要的法律纠纷。此外,在应对过程中,应及时向公众公布事件的相关信息,并提供必要的法律援助,确保公众的知情权和参与权得到尊重。

依法依规和程序正义相结合,能够有效防止权力的滥用,避免因措施不当而引发社会矛盾。在治安防控体系中,公安机关等执法主体必须明确自身的权力与责任,严格按照法律规定履行职责,防止因程序缺失或操作违法而损害执法公信力。例如,在社区治安防控中,如果没有合法依据就进行突击检查或采取强制性措施,可能会引发居民的不满和抵触情绪,进而影响到治安工作的开展。因此,每一次行动都必须遵循依法依规的原则,以程序正义为保障,确保执法过程合法、正当。

持续开展法律培训并构建监督机制,也是保障依法依规和程序正义的重要手段。公安机关和其他执法机构应定期进行法律法规培训,提高执法人员的法律意识和业务能力。同时,要建立健全监督机制,对执法行为进行全程监督和问责,确保所有治安防控措施的实施都符合法律规定和程序要求。通过内部监督与外部监督的双重保障,可以有效防止执法过程中出现程序性问题,维护执法工作的公正性和透明度。

总之,依法依规和程序正义不仅是治安防控工作的基本原则,也是维护社会公平正义的根本保障。通过严格遵守法律法规和程序规定,治安防控工作能够在合法合规的框架内顺利进行,同时有效保护公民的合法权益,提升公众对治安工作的信任度和支持度。未来,随着法治建设的不断推进,依法依规和程序正义将继续发挥其重要作用,为治安防控工作提供更加坚实的法律保障。

2.1.6 灵活应对,动态调整

灵活应对和动态调整是治安防控体系中极其重要的原则,特别是在面对不断变化的治安形势和复杂的社会环境时。这一原则要求治安防控系统具备强大的适应能力和快速反应能力,以便在遇到突发事件或新兴治安挑战时迅速做出响应并及时调整策略,从而有效预防和控制风险。

灵活应对的核心在于对治安形势的实时监控和对突发事件的快速反应。在当今社会,治安形势日益复杂多变,突发性、偶发性事件时有发生,这对治安防控的灵活性提出了更高的要求。例如,在大型群众活动期间,公安机关需要针对人群密集的特点,迅速调整警力部署,加强现场安全管理,防止踩踏事件发生。同样,在突发性治安事件如群体性事件或重大交通事故中,需要立即启动应急预案,协调各方力量进行快速响应,最大限度减少人员伤亡和财产损失。治安突发事件演练如图2-7所示。

图2-7 治安突发事件演练

为了实现灵活应对,必须借助信息技术建立完善的预警机制。通过对日常治安信息的收集、整理和分析,可以提前发现潜在的治安隐患,从而为灵活应对提供基础数据支持。例如,通过大数据分析技术,公安机关可以及时掌握某一地区的犯罪高发时段和高发地点,进而合理安排警力和巡逻路线,实现精准防控。

动态调整是灵活应对的延续,它要求治安防控工作能够根据治安形势的变化,及时调整防控策略和措施。治安形势并非静态不变,不同时间、不同行业、不同区域的治安风险随时会发生变化。例如,节假日和重大活动期间,旅游景点、商业区等人流密集场所的治安风险会大幅增加,这就需要动态调整警力部署,加强对重点区域的监控和巡逻,预防和处置可能出现的安全隐患。

动态调整还包括对长期治安防控策略的调整。随着社会经济的发展和人们生活方式的改变,某些治安风险可能逐渐消失,而新的风险可能逐步显现。例如,随着网络购物的普及,传统的实体店盗窃案件可能会减少,但网络诈骗和电信诈骗案件可能会增加。此时,需要及时调整治安防控策略,增加对网络犯罪的打击力度,并加强公众的防骗意识,从而有效应对新型治安风险。

治安防控体系的动态调整不仅依赖于管理者的决策,还需要信息技术的支持。现代信息技术,如大数据、人工智能和物联网技术的应用,可以极大提高治安防控体系的动态调整能力。通过对治安形势的实时监控和智能分析,系统可以自动生成风险评估报告,帮助决策者快速判断形势并做出相应的调整。例如,物联网技术可以借助大量传感器实时采集治安信息,并将这些信息上传到云端,供人工智能系统分析,从而为治安决策提供精准的数据支持。这样,管理者可以根据实际情况的变化,及时调整防控策略,确保治安防控体系始终处于最佳状态。

在动态调整的过程中,信息畅通和决策高效尤为重要。治安防控体系必须建立完善的信息共享机制,让各级执法人员能够及时获取最新的治安信息,并根据上级指示快速调整行动策略。例如,在城市交通管理中,当发生大规模交通拥堵或突发性交通事故时,交通管理部门需要与公安机关、急救中心等多个部门实现信息共享并展开协调配合,快速调控交通流量,疏导拥堵,保障救援车辆顺利通行。通过信息共享和协调配合,可以有效提升动态调整的速度和效率,确保治安防控措施及时、准确地实施。

灵活应对和动态调整的有效结合,能够使治安防控体系具备极强的适应能力和抗风险能力。在日益复杂的治安形势下,只有通过灵活的应对策略和不断调整防控措施,才能有效应对各种突发治安事件和新型治安挑战,维护社会的稳定与安全。未来,随着信息技术的进一步发展和社会环境的不断变化,灵活应对和动态调整在治安防控中的作用将愈发凸显,成为维护社会治安不可或缺的核心策略之一。

2.2 区域治安防控体系的构建

2.2.1 区域治安防控体系的基本概念

区域治安防控体系是指为了维护特定区域内的社会治安稳定,综合运用各种资源和手段,对可能发生的违法犯罪行为进行预防、控制和打击的系统化管理模式。这一体系不仅涵盖传统的警务工作,还融入了现代科技手段,同时依靠社会力量协同参与,并依托政策法规给予支持。建立一个多层次、多元化的防控网络,可以有效提升区域的治安水平。

区域治安防控体系的构建不仅仅是警务部门的责任,还需要各级政府、社区、企业、居民共同参与。其核心在于通过科学的规划和技术手段的应用,建立一个动态化、全方位的治安防控网络,从而实现对区域内各类治安问题的有效预防和快速响应。

2.2.2 规划与设计

2.2.2.1 总体规划的制定

区域治安防控体系的构建是一个复杂而系统的工程,需要在科学合理的总体规划指导下进行。这一总体规划的制定不仅要充分考虑区域的地理环境、人口密度、经济状况和犯罪率等基础因素,还需要结合当地的历史治安状况、居民的安全感及未来发展趋势,以确保防控体系的覆盖范围和应对能力能够满足区域内的实际需求,有效应对潜在挑战。

在具体的规划过程中,必须秉持以下几项重要原则。

1. 全覆盖原则

区域治安防控体系的建设必须做到全方位覆盖,无死角地涵盖区域内的每一个角落。无论是人口稠密的城市中心,还是相对偏远的乡村地带,都应纳入防控体系范围内。尤其是在资源有限的情况下,全覆盖原则确保了即使在相对偏远和资源匮乏的地区,也能实现基本的治安防控,避免因防控空白而致使治安问题扩散。这不仅有助于维护整体社会秩序,还能够提升居民的安全感和满意度,助力营造和谐稳定的社会环境。

2. 重点突出原则

尽管全覆盖是防控体系建设的基础,但这并不意味着资源的平均分配。在治安形势较为复杂、犯罪率较高的重点区域,应当集中投入更多的资源和力量进行重点防控。重点区域可能包括繁华的商业街区、大型交通枢纽、治安问题多发的社区等。在这些区域,治安防控的密度和力度都应明显高于其他地区,通过强化巡逻、视频监控、完善快速反应机制等措施,有效遏制犯罪行为的发生,维护区域的安全和秩序。

3. 动态调整原则

治安防控体系不是一成不变的,它需要随着社会的发展、人口的流动及治安形势的变化而不断调整优化。例如,随着新兴商业区的形成或城市规模扩张,原有的治安防控体系可能无法完全满足新的需求,此时就需要根据实际情况对防控规划进行动态调整。这种调整不仅体现在防控范围的扩大和资源的重新配置上,还包括技术手段的升级、人员培训的加强及新型防控措施的引入,以确保防控体系始终保持其有效性和针对性。

4. 资源整合原则

区域治安防控是一项涉及多个部门和层级的综合性工作,单靠某一部门的力量难以全面覆盖和有效应对。因此,资源整合显得尤为重要。通过整合公安、社区、志愿者、安保公司等资源,可以实现资源的最优配置和高效利用,形成合力,增强整体防控效果。例如,在治安形势较为复杂的区域,可以通过警民联防、技防与人防相结合的方式,充分利用视频监控、智能安防系统等现代技术手段,构建一个立体化、全方位的治安防控网络。此外,资源整合还可以提高信息的共享程度和流通效率,确保各部门之间的协调与配合更加紧密,从而提高整个防控体系的反应速度和应急处理能力。

2.2.2.2 区域划分与功能定位

在总体规划的指导下,区域治安防控体系的建设不仅需要宏观层面的布局,还需要进行更加精细化的区域划分,以确保每个子区域的安全问题都能得到有效解决。由于不同区域在地理位置、经济活动、人口结构等方面存在显著差异,所面临的治安挑战也各不相同,因此,科学划分区域并明确各个子区域的功能定位是构建有效防控体系的关键。在此基础上,可针对每个子区域的具体情况量身定制防控措施,确保防控的精确性和针对性。

1. 城市中心区

城市中心区通常是一个区域内的经济、文化和交通枢纽,汇聚了大量的人口,承载着各类复杂的社会活动。这类区域由于人员流动性强、经济活动频繁,治安问题相对复杂,可能会出现盗窃、抢劫、诈骗及公共安全事件等。在城市中心区,应加强公共安全监控系统建设,充分利用现代科技手段,如高清摄像头、智能视频分析系统、面部识别技术等,实现全天候、全覆盖的安全监控。同时,城市中心区应增加警力布控,尤其是在高峰时段和人流密集区域,加强巡逻和定点值守,确保能够在第一时间发现并应对各种突发事件。此外,还需建立快速反应机制,与紧急救援、医疗等相关部门形成高效联动,确保一旦发生治安事件或安全事故,能够迅速组织力量进行处置,最大限度降低损失和风险。

2. 居民社区

居民社区作为人们日常生活的主要场所,也是治安防控的重点区域之一。由于人口密集,居民社区的治安问题主要集中在入室盗窃、诈骗、邻里纠纷等方面。因此,在居民社区的治安防控中,应加强社区警务力量,推动落实警民联动机制,确保社区内始终有足够的警务人员进行巡逻和应对突发情况。社区巡逻队伍可以由专职警察和志愿者共同组成,通过定期巡逻、不定期抽查等方式,震慑潜在犯罪分子,减少犯罪活动的发生。与此同时,应鼓励居民积极参与治安防控工作,构建邻里互助网络,推广"守望相助"的理念,通过邻里间的相互照应和信息共享,提高社区的整体安全感。此外,还可以在社区内推广智能安防系统,如家庭防盗报警器、智能门禁系统等,进一步增强居民的安全保障程度。

3. 商业区和工业区

商业区和工业区作为区域内经济活动的核心地带,是治安防控需要重点关注的区域。商业区由于经济活动频繁、人员流动性大,容易成为商业欺诈、盗窃、敲诈勒索等经济犯罪的高发地。在商业区,首先要加强治安巡逻,确保商业活动能够有序进行;其次,应在商业区内推广视频监控系统和防盗设备,帮助商户提高自我防范能力;最后,还应加强对经营者和消费者的法治宣传教育,提高他们的法律意识和自我保护能力,减少因信息不对称而产生的经济犯罪行为。在工业区,治安防控的重点则是保护关键生产设备和原材料,减少破坏行为、偷窃事件及工业间谍活动发生。为此,工业区应构建完善的安保系统,包括24小时监控、定期巡检以及对重点部位安排专人值守。同时,针对涉及易燃易爆、有毒有害物质的企业,必须制定严格的安全管理制度,防止因管理漏洞而引发重大治安和安全事件。

4. 交通枢纽与公共场所

火车站、机场、地铁站等交通枢纽,以及广场、体育场等公共场所,因其人流密集、情况复杂,是恐怖袭击和大规模暴力事件的高危区,由此成为治安防控的重点区域。在这些区域,必须加强安检措施,增设监控设备,如安检门、X光机、爆炸物检测仪等,对进出人员及其携带物品进行严格检查。同时,应增加警力部署,尤其是在高峰时段和重大活动期间,加强巡逻,确保一旦发现异常情况,能够迅速做出响应。此外,这些区域还应与当地政府和相关部门建立联动机制,一旦发生紧急情况,能够快速启动应急预案,及时疏散人群、控制局势,避免事态恶化。通过这些措施,可以有效保障交通枢纽和公共场所的安全,维护社会的公共秩序。

5. 学校

学校作为重要的教育场所,必须受到特别关注。学校面临的治安挑战主要包括校园暴力、欺凌、外来人员侵扰及安全事故等。为此,应建立完善的校园安全管理机制,配置专职保安人员,定期组织安全培训,提高师生的安全意识。同时,学校应安装监控设备,实现对关键区域的全天候监控。此外,还应开展安全演练,如火灾、地震及突发事件的应急演练,以增强师生的应变能力。在家校联动方面,应鼓励家长积极参与安全管理,共同构建安全的校园环境,通过信息共享和社区资源整合,提高学校的整体安全防控水平。

2.2.3 技术手段的应用

2.2.3.1 视频监控系统全面覆盖

视频监控系统是区域治安防控体系中最基础且最重要的技术手段之一。通过在关键区域和敏感场所安装高质量的监控摄像头,可以实时监控区域内的情况,及时发现和记录可疑活动,为事后调查提供重要证据。

随着科技的发展,视频监控技术也在不断进步。高清摄像头、夜视设备、远程监控技术的应用,使得监控系统的效能大大提升。尤其是在大数据和人工智能技术的助力下,视频监控系统可以实现智能化分析,如人脸识别、车牌识别、异常行为检测等,为治安防控提供了强有力的技术支持。视频监控系统如图2-8所示。

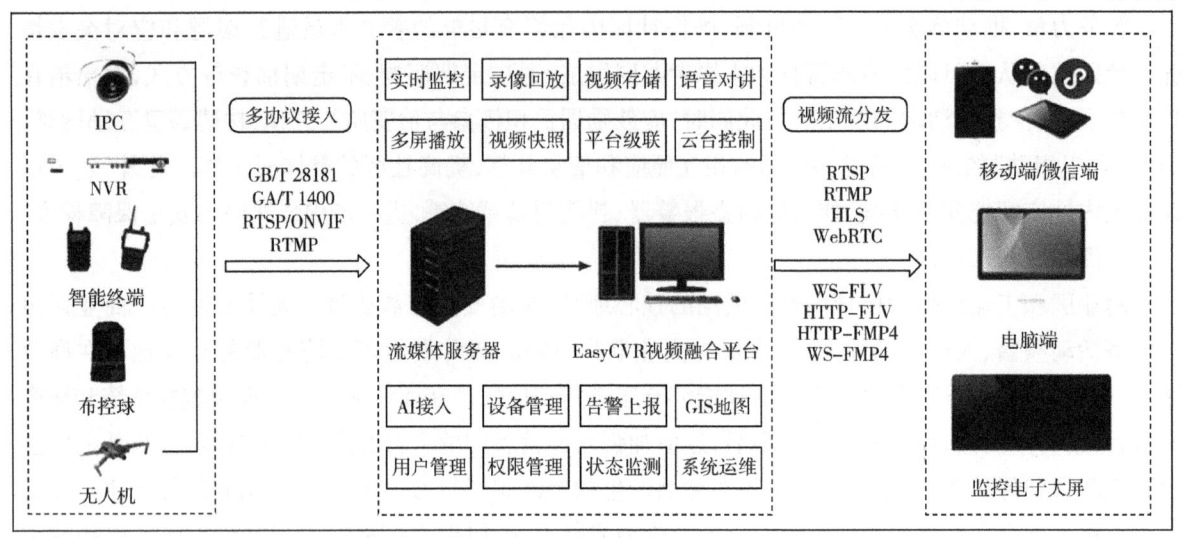

图2-8 视频监控系统

2.2.3.2 大数据分析与犯罪预测

大数据技术在治安防控中的应用正在改变传统的警务工作模式。警方通过对历史犯罪数据、人口流动数据、社会经济数据等进行大规模分析和处理,可以预测犯罪活动的高发区域和时间段,从而有针对性地部署警力,进行预防性巡逻。

犯罪预测技术不仅提高了防控工作的效率,也减少了不必要的资源浪费。例如,通过分析某一区域内的犯罪趋势,警方可以预测出下一个可能的犯罪地点和时间,从而提前防控,大大降低了犯罪率。

2.2.3.3 智能巡逻与无人机应用

智能巡逻是现代区域治安防控体系中的重要组成部分。通过配备智能巡逻车和无人机,警方可以实现全天候、不间断的区域巡逻,特别是在一些传统巡逻手段难以覆盖的区域,如偏远的山区、环境复杂的城市等。

无人机在警务实战中被广泛应用,成为推动公安工作转型升级、跨越式发展的重要力量。公安机关通过"空地联勤"和"3D实景建模"等创新做法,以"无人机+警务"化解基层治安防控难题,将警用无人机运用于安保维稳、社会面巡逻管控、侦查破案、道路交通管理、应急救援等工作中,切实提高了公安机关立体化作战能力[8]。可以说,无人机的应用为治安防控提供了新的视角和手段。通过其高度灵活和机动性的特点,无人机能够在短时间内覆盖大片区域,这是传统的地面巡逻难以实现的。无人机不仅可以灵活调整巡逻路线,还能够根据实时需求改变飞行轨迹,从而提高巡逻效率,扩大巡逻覆盖范围。其实时传输的高清巡逻视频,能够使警方在第一时间掌握现场动态,快速发现并应对异常情况,显著提升了预警与应急反应能力。无人机在应对突发事件时更是有着不可替代的作用。无论是在大型活动中进行空中监控,防止意外事件发生,还是在自然灾害后进行搜救工作,无人机都展现了其独特的优势。此外,在复杂的地形或危险的环境中,无人机能够到达传统救援方式无法覆盖的区域,提供关键的实时信息,帮助救援人员做出更为准确和及时的决策,极大地提高了救援工作的效率和成功率。警用无人机如图2-9所示。

图2-9　警用无人机

2.2.3.4　应急指挥系统与信息化平台建设

应急指挥系统是区域治安防控体系的中枢神经。当突发事件发生时，应急指挥系统可以迅速调度各类资源，指挥警力进行应急处置，确保事件得到快速控制和解决。

随着信息化技术的发展，现代应急指挥系统已经从传统的电话指挥转向了信息化平台指挥。通过信息化平台，指挥中心可以实时掌握各类信息，如现场视频、地理位置信息、警力部署情况等，并根据实际情况做出最优的决策。此外，信息化平台还可以实现多部门之间的信息共享，促进警务、消防、医疗等多个部门协同合作。

2.2.4　社会力量的动员与协同

2.2.4.1　社区参与居民自治

社区是区域治安防控力量的重要组成部分。动员社区力量，推广居民自治，能够大大增强治安防控效果。社区参与的形式多种多样，包括组织社区巡逻队、设立社区安全委员会、推广邻里互助计划等。

社区巡逻队是社区治安防控的一支重要力量。由社区志愿者组成的巡逻队可以在日常生活中巡查社区内的治安情况，发现并报告可疑行为，协助警方开展工作。这不仅提高了社区的安全性，还增强了居民之间的信任。

此外，社区安全委员会可以定期召开会议，讨论社区内的治安问题，制定防控措施。通过居民的广泛参与，能够有效解决部分治安问题，提升社区居民的安全感。

2.2.4.2　企业与社会组织的参与

企业和社会组织也是区域治安防控的重要力量。企业可以通过资助治安项目、提供技术支持、组织员工参与社区治安活动等方式，积极参与到治安防控工作中来。尤其是大型企业集聚的区域，企业的参与能够为防控体系提供大量资源和支持。

例如，一些科技企业可以提供先进的监控设备和技术支持，帮助警方建立更为完善的监控网络；一些公益组织则可以通过组织志愿者活动，推动社会治安状况的改善。在此过程中，政府应加强与企业和社会组织的合作，建立起稳定的合作机制，确保各方能够协同工作，共同维护区域的治安稳定。

2.2.4.3　跨部门协同与联合执法

区域治安防控体系的构建不仅仅是公安部门的任务，还涉及多个政府部门和机构的合作。例如，消防部门负责火灾防控，交通管理部门负责道路安全，卫生部门负责突发公共卫生事件等。因此，跨部门协同和联合执法对于防控体系的有效运行至关重要。

在实际操作中，各部门可以通过定期召开协调会议，实现信息共享，制订联合行动计划，共同应对区域内的治安问题。此外,还可以通过建立联合指挥中心,在突发事件发生时,快速调度各类资源,确保各部门之间高效协同运作。

2.2.5 成效与挑战

2.2.5.1 构建区域治安防控体系的成效

1. 犯罪率得以下降

通过构建科学、系统的区域治安防控体系,区域内的犯罪率大幅下降。这主要得益于以下几个方面的改变:精准打击,借助大数据分析和犯罪预测技术,警方可以更精准地打击犯罪,降低犯罪的发生率;高效监控,通过全面覆盖的视频监控系统和智能巡逻设备,警方能够实时监控区域内的情况,及时发现并处理犯罪活动;公众参与,社区巡逻队的组建和居民自治的推广,使得治安防控工作得到了全社会的支持,形成了一个多层次、全方位的治安防控网络。

2. 公众安全感得到提升

随着防控体系的建设和完善,公众的安全感显著提升,尤其是在居民社区和公共场所。良好的治安防控措施有效改善了居民的生活质量,使得他们在日常活动中更加安心。例如,曾经治安状况较差的社区,在构建防控体系后,通过加强巡逻、增设监控设备和推动警民互动,居民的安全感得到了极大提升。这不仅减少了犯罪事件的发生,还增强了居民对社区的归属感和参与感。

在安全感提升的过程中,社区内部的互动变得更加频繁,居民主动参与安全巡逻和邻里互助活动,形成了良好的互信关系。尤其是在安全宣传活动的推动下,居民对安全知识的了解增加,防范意识明显增强。公共场所的安全措施同样得到了大幅改进,商场、广场等地的安检和监控系统有效降低了犯罪风险,增强了公众出行的安全感。这一系列的变化使得居民不仅在生活中感受到了安全保障,还对社区的治安管理能力充满了信心,形成了积极向上的社区氛围。

3. 治安资源得到高效配置

防控体系的构建使得治安资源得到了科学配置,通过应用现代技术手段,警务工作的效率显著提高。利用大数据分析和犯罪预测技术,警方能够提前识别潜在的风险区域,合理部署警力,进行有针对性的预防巡逻,避免了不必要的资源浪费。信息化平台的建设不仅提升了警务工作的响应速度,也增强了信息的共享与交流,使各部门之间的合作更加顺畅,资源的利用更加高效。

例如,在部分地区,利用智能监控系统和数据分析技术,警方可以实时监控关键区域的治安状况,及时调整警力部署,确保资源得到最优配置。同时,通过与社会各界的合作,警务工作者能够获取更多的情报和反馈,进一步优化防控策略。这种科学合理的资源配置不仅提升了治安防控的效果,也为公众营造了更安全的生活环境。

4. 社会协同成功实践

在区域治安防控体系的构建过程中,社会协同成为成功的关键。通过动员社会各界力量,尤其是社区居民、企业和社会组织的积极参与,防控体系得到了广泛的支持和认同。在一些社区,通过建立居民参与的治安巡逻队和安全宣传小组,邻里之间的关系得到了显著改善,社区的治安状况也大为好转。例如,一些社区定期组织安全知识讲座和防范演练活动,鼓励居民主动参与到治安防控中,形成了人人关注安全的良好氛围。此外,企业的参与也至关重要,它们通过与地方政府合作,提供技术支持和资金资助,推动了防控设施的建设与升级。社会协同的成功实践不仅提升了区域的治安水平,还为其他区域的防控体系建设提供了宝贵的经验和可复制的模式,显示了社会各界力量在治安防控中的重要作用。

2.2.5.2 构建区域治安防控体系所面临的挑战

1. 资源短缺

构建一个完善的区域治安防控体系需要投入大量的资源,尤其是在一些经济欠发达地区,资源不足很可能会成为体系建设的阻碍。尽管技术手段的运用可以提高资源的利用效率,但在一些基础设施相对落后的地区,仍然需要克服资源短缺这一难题。

2. 社会协同情况复杂

虽然社会协同是防控体系成功的关键,但在实际操作中,如何有效地动员和协调各方力量,尤其是在利益分配和责任划分方面,可能会遇到一些困难。例如,在一些多元化社区,不同群体之间的利益诉求差异较大,使得协调工作需要投入大量的时间和精力。

3. 技术更新快

随着科技的快速发展,治安防控体系中所使用的技术也在不断更新。如何及时跟上技术发展的步伐,并确保技术应用的可靠性和安全性,是一个需要持续关注的问题。例如,视频监控系统的更新换代、无人机技术的快速发展,都对现有的防控体系提出了新的要求。

4. 需加强应对突发事件的能力

尽管防控体系可以大幅度提高区域的治安水平,但面对一些突发事件,如恐怖袭击、大规模暴力事件等,如何在短时间内做出有效应对,仍然是体系建设过程中的一大挑战。例如,在突发公共安全事件中,如何迅速调集警力、协调各部门行动,是防控体系需要不断完善的方面。

2.2.6　国际经验的借鉴

在区域治安防控体系的构建过程中,借鉴国际经验可以为我国的体系建设提供有益参考。许多国家在治安防控方面已经积累了丰富的经验,通过分析和学习这些经验,可以帮助我们更好地应对自身面临的挑战。

2.2.6.1　新加坡的社区警务模式

新加坡是世界上治安状况最好的国家之一,其成功的治安防控经验值得借鉴。新加坡采用了社区警务模式,通过在社区内设立警务站,推行"警民合作"计划,成功将居民纳入治安防控体系。警务人员通过与社区居民密切联系,及时获取治安信息,开展预防性巡逻,大大提高了社区的安全性。

2.2.6.2　美国的情报主导警务模式

美国的情报主导警务模式强调通过收集、分析和利用犯罪情报,进行精准打击。这种模式在美国的多个大城市得到了成功应用,有效降低了犯罪率。借鉴美国的这一经验,我国在区域治安防控体系中也可以加强情报收集和分析工作,通过大数据技术提高警务工作的精准度。

2.2.6.3　日本的防灾社区建设

日本的防灾社区建设经验对我国的治安防控体系建设具有借鉴价值。日本在社区中建立了完善的防灾系统,包括设置紧急避难所、组建社区巡逻队、开展防灾培训等。这种防灾社区建设不仅提高了居民应对自然灾害的能力,也提升了社区的整体治安水平。我国可以参考日本的做法,将防灾与治安防控结合起来,构建更加全面的区域防控体系。

2.2.7　总结

区域治安防控体系的构建是一个复杂而系统的工程,涉及规划、资源整合、技术应用、社会动员等多个方面。在实际推进过程中,需要根据区域的具体情况,灵活运用各种防控手段,确保体系的科学性和有效性。

通过科学的规划设计,结合现代科技手段和社会力量的协同参与,可以有效提升区域的治安水平。虽然在建设过程中可能会遇到一些挑战,但通过不断的实践和探索,可以逐步建立起一个适应社会发展需求的现代化治安防控体系,为区域的长治久安提供有力保障。

区域治安防控体系的构建不仅关乎公共安全,更关系到社会的和谐与稳定。在此过程中,政府、企业、社会组织和居民要共同努力,形成合力。通过多方合作、资源共享、科技创新,最终实现区域治安的全面提升,确保人民群众的生命财产安全,促进社会的可持续发展。

2.3 不同类型区域的治安防控策略

城市是一个统一的有机体,由丰富多彩的功能分区构成,如学校、商业超市、工业园区、社区、大型活动场所、公共交通枢纽、旅游景区等。在区域治安防控体系的构建中,不同类型区域因其功能和特点的差异,面临的安全威胁也有所不同。因此,不同类型区域的治安防控策略必须在充分考虑这些差异的基础上进行设计与实施,以确保防控工作的有效性和针对性。

2.3.1 学校的治安防控策略

学校作为一个特殊的教育场所,聚集了大量青少年学生,承担着教育与培养未来公民的责任,因此其治安防控工作具有独特的重要性。以下是学校治安防控的主要内容。

1. 出入口安全管理

学校的出入口是校园与外界的连接点,也是安全管理的首要关注点。对于学校出入口的安全管理,首先要设置专门的安保人员,对进出校园的人员身份进行严格核实,防止无关人员或潜在威胁者进入校园。其次,学校应在主要出入口安装监控设备,并与公安部门的监控系统联网,以便在发生紧急情况时能够及时调取监控录像,辅助调查。此外,出入口的安全管理还应根据学校的具体情况进行动态调整。例如,在上下学的高峰时段,应加强出入口的安保力量,确保学生安全有序地出入校园;在重要考试或大型活动期间,应设置临时安全检查措施,以防止不法分子趁机制造事端。学校智能门禁如图2-10所示。

图2-10 学校智能门禁

2. 校内巡逻与安全检查

校内巡逻是确保校园内部安全的有效手段之一。学校应建立一支专门的巡逻队伍,定期对校园进行巡逻,及时发现并处理可能存在的安全隐患。巡逻的重点区域应包括教学楼、宿舍区、实验室、图书馆等人员密集或易发生安全事故的场所。特别是在夜间,巡逻队伍应加大巡逻频次,确保校园内的安全。除此之外,学校还应定期进行安全检查,尤其是对实验室内的化学药品、教学楼的电路设施等易发生事故的设备和物品,进行详细的检查与维护,避免因设备故障或管理不当引发安全事故。

3. 新型犯罪防范

随着信息技术的发展,电信诈骗等新型犯罪悄然渗透进校园,给学生带来了新的安全威胁。为防范这类新型犯罪,学校应开展专门的防范教育活动,通过举行讲座、发放宣传手册、进行案例分析等多种形式,向学生普及防范电信诈骗的知识,增强学生的防范意识和辨别能力。学校还可以通过与公安机关合作,定期发布最新的诈骗手段和防范提示,帮助学生及时了解潜在威胁。此外,学校还应加强对校园网的管理,防止不良信息的传播,以及防范一些人员利用校园网实施违法犯罪活动。

4. 特殊时段安全保障

学校除日常的安全管理之外,还应根据实际情况进行动态调整,特别是在重要考试、大型活动或节假日等特殊时段。比如,在高考期间,学校应加强考场周围的安全保障,防止因考生紧张情绪而引发意外状况;在校庆或运动会等大型活动期间,学校应设立临时安全指挥中心,统筹协调各部门的工作,确保活动顺利进行。对于节假日,学校应提醒学生提高安全防范意识,避免因外出或聚会而发生安全事故。

2.3.2 商业超市的治安防控策略

商业超市是社会生活的重要组成部分,由于其人流量大、商品种类繁多,成了治安防控的重点区域。以下是商业超市治安防控的主要内容。

1. 消防安全管理

消防安全是商业超市治安防控的重中之重。超市内的商品种类繁多,特别是存在一些易燃物品,极易引发火灾事故。为此,超市应制定严格的消防安全管理制度,定期对消防设备进行检查与维护,确保其在紧急情况下能够正常使用。疏散通道的设置也应符合消防安全标准,确保人员在紧急情况下能够迅速、有序地撤离。此外,超市的员工应接受消防安全培训,熟练掌握基本的灭火技能和应急处理办法,在火灾发生时能够迅速有效地应对。商场中的自动消防水炮如图2-11所示。

图2-11 自动消防水炮

2. 防范扒窃行为

由于超市的人流量大,扒窃行为时有发生。为防范此类犯罪行为,超市应在重点区域如收银台、出口等处安装高清监控设备,并安排安保人员定时巡逻,特别是在节假日或促销活动期间,应加大巡逻力度。超市还可以借助广播、张贴海报等方式提醒顾客提高防范意识,注意保管好个人财物,防止被盗。对于已经发生的扒窃案件,超市应积极配合警方进行调查,提供监控录像和相关证据,帮助警方尽快破案,避免此类事件再次发生。

3. 应急事件处理

在商业超市中,不仅需要防范火灾和扒窃行为,还需要制定详细的应急事件处理预案,以应对可能发生的其他突发事件,如食物中毒、顾客冲突等。超市应组建一支应急处理小组,负责突发事件的处理和协调工作。对于食物中毒等涉及公共卫生安全的事件,应立即停止涉事食品的销售,封锁现场,通知相关部门前来调查处理;对于顾客冲突等治安事件,应迅速采取措施平息事态,并及时报警,配合警方后续处置。

4.顾客安全教育

为了提高顾客的安全意识,超市可以定期举办安全教育活动,如消防演练、防盗防骗宣传等。通过这些活动,不仅可以增强顾客的安全防范意识,还能提高其应对突发事件的能力。超市还可以通过微信公众号、手机App等渠道,向顾客发布安全提示和防范信息,帮助顾客掌握必要的安全知识,降低安全事故的发生率。

2.3.3 工业园区的治安防控策略

工业园区是经济发展的重要载体,集中了一大批生产型企业,其治安防控具有一定的复杂性和特殊性。以下是工业园区治安防控的主要内容。

1.出入口安全管理

工业园区的出入口是整个园区的安全屏障,因此对于人员和车辆的出入管理至关重要。园区应制定严格的出入口管理制度,对进入园区的人员和车辆进行严格的核查和检查,杜绝未经许可的人员和车辆进入园区。特别是对运送易燃、易爆物品的车辆,应进行详细检查,确保其符合安全标准,并按照规定的路线和速度行驶,以减少安全隐患。

2.危险品安全管理

工业园区内往往存在大量的易燃、易爆、剧毒物品,若管理不当则可能引发严重的安全事故。为此,园区应建立完善的危险品管理制度,严格控制危险品的采购、储存、运输和使用。园区内应设立专门的危险品存储仓库,并配备必要的消防设施和应急处理设备。同时,对涉及危险品作业的员工进行专业培训,确保其具备处理危险品的技能和应急处置能力。此外,园区还应定期开展危险品管理的检查与评估工作,一旦发现问题,即刻整改,以防安全事故发生。

3.安全生产与应急预案

安全生产是工业园区治安防控的重要内容之一。园区应严格遵守国家和地方政府的安全生产法律法规,督促企业落实安全生产责任制,确保生产过程的安全性。对于可能引发火灾、爆炸、中毒等重大安全事故的生产环节,园区应制定详细的安全操作规程,并对企业的安全生产进行定期检查。此外,园区还应制定突发事件应急预案,包括火灾、爆炸、泄漏等可能发生的安全事故,并定期组织应急演练,提升员工的应急反应能力和自救、互救技能。

4.园区环境与公共安全

工业园区的环境和公共安全同样需要关注。园区内的道路、照明、绿化等基础设施应符合安全标准,确保员工出行安全。园区应定期清理废弃物,避免垃圾堆积引发火灾或造成污染环境。对于园区内的公共场所,如员工宿舍、食堂、会议室等,园区应加强管理,防止不法分子混入其中。此外,园区还应设立警务室或派出所,配备足够的安保人员,确保园区内的治安环境良好。工业园区警务室如图2-12所示。

图 2-12　工业园区警务室

2.3.4　社区的治安防控策略

社区是居民生活的重要场所,其安全稳定对于社会的和谐发展至关重要。社区的治安防控工作应以保障居民安全、维护社会秩序为核心,采取多种措施来提高社区的安全防控能力。以下是社区治安防控的主要内容。

1. 视频监控系统

社区治安防控的基础设施之一是视频监控系统。通过在社区出入口、停车场、楼道、电梯等重要区域安装监控摄像头和人脸识别系统,可以有效预防犯罪行为的发生,并在事发后为案件调查提供重要证据。监控系统应全天候运行,监控数据应保存足够长的时间,以供事后调查取证。社区应与当地公安机关联网,确保在紧急情况下能够迅速调取监控视频,协助执法。

2. 安保人员巡逻

在社区内部,开展安保人员巡逻工作是防止犯罪行为发生的重要措施。社区应根据其规模和人口密度,合理配置安保人员,并制订详细的巡逻计划,确保重点时段和重点区域都能实现巡逻覆盖。尤其要强化夜间巡逻力度,防范盗窃、破坏等犯罪行为发生。安保人员在巡逻中应携带通信设备,与社区管理中心保持联系,以便在发生紧急情况时能够迅速通知管理中心,调动力量。

3. 居民安全教育

社区的安全不仅依赖于设施和管理,还需要居民的积极参与和配合。通过定期举办居民安全教育活动,如防盗、防火、防诈骗等主题讲座,可以提高居民的安全防范意识和自我保护能力。此外,社区还可以利用宣传栏、微信群、短信等渠道,及时向居民发布安全提示和信息,提醒他们注意防范潜在的安全威胁。

4. 邻里守望与社区联动

邻里守望是一种切实有效的社区安全防控方式。通过鼓励居民之间相互关心和帮助,社区可以形成一种良好的治安氛围,从而有效预防犯罪行为的发生。居民可以通过微信群、邻里守望群等渠道,及时分享和交流安全信息,相互提醒留意安全事项。此外,社区应与当地公安机关保持密切联系,构建联动机制,确保在发生突发事件时迅速响应并妥善处置。

5. 社区应急管理

社区应急管理是保障居民安全的重要环节。社区应根据可能发生的自然灾害、公共卫生事件、突发治安事件等,制定相应的应急预案,并定期组织居民进行应急演练,提高他们的应急反应能力。社区应急管理小组应由社区干部、安保人员和志愿者组成,在突发事件发生时负责协调和指挥应急救援工作。

2.3.5 大型活动场所的治安防控策略

大型活动场所如体育场、展览中心、演唱会场地等,由于人员高度集中,治安防控的难度较大。针对这些场所的特殊性,必须制定科学、合理的治安防控策略,确保活动能够顺利进行以及保障人员安全。以下是大型活动场所治安防控的主要内容。

1. 人流控制与疏散通道

在人流密集的大型活动场所,人流的控制和疏散通道的设计至关重要。首先,场馆的出入口应合理分布,避免人流在某一时段集中于一个区域,导致拥堵或踩踏事故发生。其次,场馆内应设置清晰明确的指示标志,引导观众有序入场和离场。疏散通道应符合安全标准,确保在紧急情况下观众能够迅速、安全地撤离。对于大型活动,如演唱会或体育比赛,主办方还应提前预估参与人数,并采取限流措施,避免因超员带来的安全隐患。

2. 安全检查与安保力量

在大型活动开始前,对观众及其携带的物品进行安全检查,是防止危险物品进入场馆的有效措施。安保人员应使用金属探测器、X光机等设备对入场观众进行检查,防止其携带刀具、爆炸物等危险品入场。同时,应根据活动的规模和风险等级,合理配置安保力量,在场馆内外进行不间断的巡逻,及时处理可能出现的治安问题。针对高风险活动,如涉及政治敏感话题的集会,应让安保力量提前介入,并制订详细的安保计划,且与公安机关紧密配合,确保活动安全、有序进行。

3. 突发事件应急预案

大型活动场所由于人员高度集中,一旦发生突发事件,可能会造成严重的后果。为此,主办方应制定详细的突发事件应急预案,以应对火灾、恐怖袭击、设备故障等多种可能的突发事件。应急预案应包括报警机制、疏散指挥、应急救援等内容,并明确各部门和人员的职责与分工。主办方应定期对工作人员进行应急培训,并在活动前进行应急演练,确保一旦发生紧急情况,能够迅速、有效地进行处置。

4. 信息发布与应急指挥

在大型活动中,信息的及时发布和应急指挥的有效性对安全防控至关重要。主办方应设立专门的信息发布系统,通过广播、显示屏、手机短信等多种渠道,向观众发布重要信息,如入场指引、天气预警、安全提示等。在突发事件发生时,信息发布系统还应及时向观众通报情况,并引导他们有序疏散。同时,主办方应设立应急指挥中心,配备专业的应急指挥人员和设备,一旦出现紧急情况,迅速启动应急预案,协调各方力量进行救援。

5. 后续安保与舆情管理

大型活动结束后,主办方仍需加强场馆周边的安保工作,防止观众在离场过程中发生冲突或出现其他安全问题。同时,对于活动期间发生的任何治安事件,主办方应与公安机关密切合作,尽快处理并消除不良影响。此外,舆情管理也是大型活动后续工作的重点之一。主办方应及时监测和应对网络舆情,避免因不实信息扩散而引发社会恐慌或公众误解。对于活动期间的安全事件,主办方应及时发布官方声明,解释事件的原因和处理措施,确保公众能够理解并予以信任。

总之,只有不断拓展公共场所日常治安检查的新思路,才能使安保工作更好地顺应时代的变化。"关联检查"的理念源自各项被检查内容之间有千丝万缕的关联关系,虽然这对实施检查的安保人员的业务素质提出了一定的要求,但却能够得到更加客观、公正的检查结论,帮助提高公共场所治安管理的效率,开创公共场所日常治安管理工作新的局面[9]。

2.3.6 公共交通枢纽的治安防控策略

公共交通枢纽如火车站、机场、地铁站等，是城市交通的核心节点，汇聚了大量的流动人口，治安防控难度较大。这些场所不仅是人们日常出行的重要设施，也是治安事件易发的区域，因此，必须制定并实施严密的治安防控策略。以下是公共交通枢纽治安防控的主要内容。

1. 进出口管理与安全检查

公共交通枢纽的进出口管理是治安防控的第一道防线。枢纽内的安保人员应对进出人员进行严格的身份核查，杜绝潜在的犯罪分子混入。此外，针对火车站、机场等重要枢纽，应设置安检通道，对旅客及其行李进行详细检查，严禁携带危险物品进入站内或登上交通工具。在节假日或高峰时段，应加派人手进行安检工作，缩短旅客的等待时间，同时确保安检的严密性和有效性。

2. 视频监控与智能化管理

公共交通枢纽人流量大，视频监控系统在治安防控中发挥着至关重要的作用。枢纽管理方通过在站内外安装高清监控摄像头和人脸抓拍系统，并与智能化管理系统相结合，可以实时监控站内的治安状况，及时发现并处置异常行为或突发事件。视频监控系统应与公安机关联网，确保在紧急情况下能够调取监控录像，辅助案件侦破。智能化管理系统还可以通过人脸识别、行为分析等技术，提前预警可能发生的安全威胁，提高治安防控的效率。

3. 应急预案与多部门联动

公共交通枢纽应制定多种应急预案，以应对火灾、爆炸、恐怖袭击、传染病暴发等可能发生的突发事件。在制定应急预案时，应考虑枢纽内外的人员疏散、交通工具的紧急停运或调度，以及受伤人员的救援与转移等多个方面。为了提高应急处置的效率，枢纽管理方应与公安、消防、医疗、交通等多个部门建立联动机制，确保在突发事件发生时，各部门能够迅速协同作战，最大限度减少人员伤亡和财产损失。

4. 防范恐怖袭击

公共交通枢纽人流密集，且承担着重要的社会功能，极易成为恐怖分子的攻击目标。为有效防范恐怖袭击，枢纽管理方应加强与国家安全部门的合作，建立情报共享机制，及时获取可能的恐怖威胁信息。在枢纽内外，应设置明显的安全标识，并加强对可疑人员和可疑物品的监控与处置。一旦发现疑似爆炸物或其他危险品，安保人员应立即封锁现场，并通知专业人员进行排查和处理。此外，枢纽管理方还应定期进行反恐演练，提高工作人员和旅客的反恐意识和应对能力。

5. 旅客安全教育与服务保障

旅客的安全教育也是公共交通枢纽治安防控工作的重要组成部分。枢纽管理方通过在站内设置安全提示牌、播放安全宣传片，以及利用广播、手机 App 等渠道向旅客传递安全信息，可以有效提高其安全意识和防范能力。对于特殊人群，如老年人、残疾人、儿童等，枢纽管理方应提供专门的安全服务和保障措施，确保他们出行的安全与便利。

2.3.7 旅游景区的治安防控策略

旅游景区是游客聚集的场所，尤其在节假日和旅游旺季，游客数量激增，治安防控的难度和重要性随之增加。因此，加强对旅游景区的治安防控问题的研究是十分必要的。通过综合吸收和借鉴社会治理与治安治理中既有的相关理论成果，如治理理论、风险社会理论、犯罪预防理论等，能够充实旅游景区治安治理研究的理论基础。研究旅游景区治安治理问题不但能够丰富我国社会治理中旅游业治理、旅游景区治理方面的理论内容，同时也能够为世界各国解决当地旅游景区的治安问题、有效维护景区治安秩序提供中国化的理论成果[10]。通过研究,我们认为,旅游景区治安治理的主要内容包括及时有效化解民众在景区所产生的矛盾纠纷、科学依法办理治安案件,同时也包括对违法犯罪行为进行有效预防和管控。以下是旅游景区治安防控的主要内容。

1. 景区出入口管理

旅游景区的出入口是游客流动的主要通道,也是治安防控的重点区域。景区管理方应设置多个出入口,并对游客进行合理分流,避免因集中入园或出园而导致拥堵。对于重要景区,应在出入口设置安检通道,对游客及其随身物品进行安全检查,防止危险物品带入景区。在旅游旺季,景区还可以采取预约制,限制每日入园人数,消除因游客过度集中带来的安全隐患。

2. 景区内视频监控与巡逻

景区内的视频监控系统可以实时监控游客的活动情况,及时发现并处理异常状况。监控摄像头应覆盖景区的主要景点、游客集散地、停车场等重点区域,并与景区管理中心联网,确保在发生突发事件时能够迅速响应。除了视频监控,景区还应配备安保人员进行巡逻,特别是在夜间或游客相对较少的区域,巡逻工作应更加频繁,以防止发生盗窃、抢劫等犯罪行为。

3. 游客安全提示与应急救援

为了确保游客在游览过程中的安全,景区管理方应通过多种途径向游客提供安全提示,如在景区内设置安全标志、发布安全指南、提供安全信息手册等。对于可能存在危险的区域,如悬崖、河流、瀑布等地段,景区应设置明显的警示标志,并安排专人值守,以防止游客发生意外。针对突发事件,景区应组建专门的应急救援队伍,负责游客的救援和疏散工作。救援队伍应配备必要的急救设备和通信工具,确保在紧急情况下能够迅速展开救援。

4. 景区环境与设施安全管理

景区的环境和设施安全管理是治安防控的基础。景区应定期对道路、桥梁、游乐设施等进行检查与维护,确保其符合安全标准。对于临时搭建的设施,如节庆活动中的舞台、帐篷等,景区管理方应严格把关,确保其稳定性和安全性。此外,景区应配备齐全的消防设施,并定期进行检查和维护,防止因游客疏忽大意或设施出现故障而引发火灾等安全事故。

5. 与当地公安机关的合作

旅游景区的治安防控离不开与当地公安机关的紧密合作。景区管理方应与公安机关建立联动机制,及时共享治安信息,协同处置突发事件。在重要节假日或大型活动期间,景区可以邀请公安机关派遣警力进驻,协助维持秩序和处理治安事件。此外,景区还可以与公安机关共同开展安全宣传活动,向游客普及治安防范知识,提高游客的安全意识。

不同类型区域的治安防控策略必须根据各自的特点和面临的安全威胁来制定。学校、商业超市、工业园区、社区、大型活动场所、公共交通枢纽、旅游景区等都是社会运行的重要组成部分,其安全防控工作对于维护社会稳定、保障人民生命财产安全具有重要意义。在治安防控工作中,既要加强基础设施防控措施,如视频监控、出入口管理、安全检查等,也要注重人员管理和安全教育,如安保人员的巡逻、居民和游客的安全教育等。同时,突发事件的应急预案和多部门联动机制也是治安防控工作的重要组成部分,必须在实际操作中不断完善和落实。综合运用这些策略,可以有效提高各类区域的治安防控能力,维护社会的和谐与稳定。

2.4 公安部及其他部委关于区域治安防控工作的政策、标准

2.4.1 公安部及其他部委对区域治安防控工作的政策支持

社会治安防控体系建设是更高水平平安中国建设的基础性工程。党中央、国务院高度重视社会治安防控工作，出台了一系列加强社会治安防控工作的政策文件、标准，持续推动和深化社会治安防控体系建设，取得了丰硕果实。近年来，公安部及其他部委制定的相关政策如下。

(1)《关于加强社会治安防控体系建设的意见》(中办发〔2015〕12号)。

(2)《关于加强公共安全视频监控建设联网应用工作的若干意见》(发改高技〔2015〕996号)。

(3)《关于印发加强公共安全视频监控建设联网应用工作方案(2015—2020年)的通知》(发改办高技〔2015〕2056号)。

(4)《安全防范工程技术标准(GB 55029—2022)》(中华人民共和国住房和城乡建设部〔2022〕48号)。

2023年以来，公安部部署全国公安机关开展首批社会治安防控体系"示范城市"创建活动，全面加强"圈层查控、单元防控、要素管控"，有效牵引带动社会治安防控体系建设提档升级，社会治安防控整体水平显著提高，人民群众安全感更加充实、更有保障、更可持续。

各地公安机关在党委、政府领导下，积极参与"示范城市"创建活动，不断增强治安管理能力。截至2023年3月，全国共建成5 026个公安检查站，建成2.1万个街面警务站，日均投入74万社会面巡防力量开展巡逻防控，最大限度提高街面见警率、管事率，让人民群众感受到安全就在身边。全国已建成智能安防小区近30万个，社会治安环境明显改善。2022年，共有21.8万个小区实现了"零发案"。

工作中，公安机关不断健全完善跨区域、跨警种、跨部门协作机制，聚焦京津冀协同发展、粤港澳大湾区建设、长江经济带发展、长三角一体化发展等区域重大战略，高效联动开展安全防范，精准服务区域协调发展，治安防控的整体性、协同性、精准性明显增强。同时，各相关部门坚持和发展新时代"枫桥经验"，坚持专群结合、群防群治，充分调动各方面力量共同参与社会治安防控体系建设，群众参与社会治安防控工作的途径和渠道进一步拓宽，涌现出"朝阳群众""杭州义警""厦门百姓"等一大批群防群治品牌，全民参与的整体防控格局基本形成。各相关部门积极培育平安类社会组织，鼓励吸纳公交驾驶员、快递员、外卖员以及民兵等以个人身份参与群防群治，大力推广上海"平安屋"、杭州"物联会"、南京"平安守望点"、广东"最小应急单元"等多种形式的群防群治队伍建设，共同绘就了基层治理"同心圆"。

2023年，全国社会治安防控体系建设不断提档升级。自"示范城市"创建活动开展以来，社会治安防控体系建设步入发展快车道，在护航发展、社会治理、平安建设等方面取得显著成效。2023年11月，公安部印发《关于命名首批全国社会治安防控体系建设示范城市的决定》，命名北京市海淀区等59个城市(含直辖市辖区)为首批全国社会治安防控体系建设示范城市。

工作中，公安机关在党委、政府领导下立足各地社会治安实际，深化社会面防控机制建设，强化企事业单位、学校、医院、水电油气热等重点单位安全防范，打造立体化、信息化、智能化社会治安防控体系。

与此同时，积极推行基层派出所"两队一室""一村(格)一警"建设，推动"重心下移、警力下沉、保障下倾"，推进智能安防小区建设，全面提升基础防范和基层治理水平。截至2024年2月，全国已建成智慧安防小区33.6万个，社会治安环境明显改善，小区居民生活幸福感、安全感有效提升。

公安机关深入学习贯彻党的二十大精神，全面贯彻落实总体国家安全观，以"示范城市"创建活

动为牵引,在更大范围、更宽领域、更深层次推进社会治安防控体系建设,持续推进防控体系现代化建设,不断增强治安防控的整体性、协同性、精准性,认真抓好防风险、保安全、护稳定、促发展各项措施落实,为我国经济社会健康发展和人民群众安居乐业创造安全稳定的社会治安环境。

2.4.2 政策解读

2.4.2.1 对区域治安的重视程度

我国政府对区域治安防控的重视程度可以说是前所未有的,尤其在当今复杂多变的国际国内形势下,治安防控已经成为国家安全体系中至关重要的一环。治安防控不仅关系到社会的安定与和谐,更是维护国家长治久安、推动经济社会平稳发展的基石。

1. 治安防控在国家安全中的重要地位

治安防控工作涵盖了预防犯罪、维护社会秩序、应对突发事件等诸多方面。我国政府认识到,只有通过建立完善的治安防控体系,才能有效应对各种治安风险,防止社会动荡和重大突发事件发生。因此,治安防控被放在了国家安全的关键位置,成为整体国家安全战略的重要组成部分。这不仅仅是为了处理日常治安问题,更是为了在复杂的国内外形势下,保障社会的整体安全和稳定。

2. 面临复杂的国内外形势

在当前国际形势日趋复杂、国内社会结构快速变化的背景下,治安防控的任务显得尤为紧迫。全球化带来了经济的迅速发展,但也带来了诸多新挑战,如恐怖主义威胁、跨国犯罪、网络安全风险等。这些新型威胁给传统的治安防控模式带来了严峻考验。与此同时,国内经济社会的高速发展致使人口流动性增强、城市化进程加速、社会矛盾多样,这些都增加了治安防控的难度。

鉴于此,我国政府明确提出,必须构建一个科学、严密、高效的治安防控体系,以应对日益复杂的治安形势。这一体系不仅要在技术和装备方面不断升级,还要在组织管理、人员培训、社会动员等方面实现全方位优化。只有这样,才能确保在面对各种复杂情况时,治安防控体系能够迅速响应、有效应对,保障社会的安全稳定。

3. 加强法治建设

法治建设是治安防控体系的重要支撑。我国政府深知,只有在法治的框架下,治安防控工作才能做到依法有据、规范有序。近年来,我国不断加强治安领域的立法工作,制定并完善了一系列相关法律法规,如《中华人民共和国治安管理处罚法》《中华人民共和国反恐怖主义法》《中华人民共和国网络安全法》等。这些法律法规为治安防控工作提供了坚实的法律基础,确保各项治安措施的实施都有法可依、有章可循。

此外,政府还强调要提高执法部门的法治意识和执法能力,通过培训和教育,提高警察、安保人员的法治素养,确保在处理各类治安事件时,能够做到公正、规范、依法办事。

4. 推进基层治理

基层治理是治安防控的前沿阵地。我国政府高度重视基层治理,认为基层的稳定是整个社会稳定的基石。为此,政府大力推进社区警务工作,通过警务室、社区警察等方式,加强社区的治安防控。同时,政府还推广网格化管理模式,将区域划分为若干网格,每个网格都由专门的管理人员负责,这样不仅能提高治安防控的精确性,还能确保问题在萌芽状态就能得到及时处理。

社区的治安防控还强调居民的参与。政府鼓励社区居民通过成立自治组织、参与巡逻等方式,积极参与到治安防控工作中来。这种"警民共治"的模式,不仅增强了社区的凝聚力,也提升了居民的安全感。

5. 加大科技投入

随着科技的不断进步，治安防控已经从传统的仅依靠人力防控逐步向依赖现代科技手段转变。我国政府在治安防控科技领域的投入逐年增加，推动了视频监控、大数据分析、人工智能、物联网等高科技在治安防控中的广泛应用。智慧城市的建设也是其中的重要一环，通过智能监控系统、电子围栏、交通管理系统等技术手段，城市的治安管理效率得到了大幅提升。

例如，近年来在全国范围内推广的"天网工程"，通过在公共场所、交通要道、重点区域等地安装高清摄像头，构建了一个覆盖广泛、实时监控的治安防控网络。这不仅增强了犯罪预防的成效，还大大提高了案件侦破的速度。

总的来说，我国政府对区域治安防控的重视程度与日俱增，通过实施一系列政策措施，不断提升治安防控的整体能力和水平。无论是在法治建设、基层治理，还是在科技投入方面，政府都投入了大量资源和精力，力求构建一个科学、严密、高效的治安防控体系，以应对当下和未来可能面临的各种治安挑战，确保社会长治久安，人民安居乐业。

2.4.2.2 政策要求

我国对区域治安防控的政策要求广泛而具体，旨在构建一个科学、全面、有效的治安防控体系，以应对复杂多变的社会治安形势。下面对我国在这一领域的主要政策要求进行详细阐述。

1. 全覆盖防控

我国政府明确要求，区域治安防控必须实现"全覆盖"，确保无论是繁华的城市中心还是偏远的农村地区，都被纳入治安防控体系。这一要求不仅仅是指地理上的全覆盖，更强调了防控内容和措施的全面性。

城市与农村的双重覆盖：城市作为经济、文化的中心，人口密集、流动性大，治安问题相对复杂，因此需要更为细致和密集的防控措施。政府要求在城市构建完善的公共安全监控系统，安排足够的警力进行常态化巡逻和防控，确保能够及时发现和处理潜在的治安问题。而农村地区，虽然人口密度相对较低，但地域广袤，治安防控资源有限，因此要求加强农村警务室建设，推动警务下沉，利用现代通信手段和乡村治安组织，实现对农村地区的有效管理。

不留治安漏洞：在实施全覆盖防控的过程中，政府特别强调不能留有治安漏洞。为了避免存在"盲点"和"死角"，要求各地在部署治安防控措施时，充分考虑区域的实际情况，制定符合本地特点的防控方案。例如，在城乡接合部和城中村这些治安风险较高的区域，要加大巡查力度，实施重点防控。此外，还要求利用科技手段，如无人机、移动监控车等，对一些难以覆盖的区域进行监控，确保防控网络的全方位覆盖。

2. 重点区域防控

针对治安形势严峻的重点区域，我国政府强调要采取"重点突出"的防控策略。这些区域通常包括大城市的中心区、繁华的商业区、大型交通枢纽等，这些地方不仅是经济和社会活动的集聚地，也是犯罪活动和治安事件的高发区。

加强防控力量投入：在重点区域，政府要求投入更多的防控资源，包括增加警力部署、加强治安巡逻、强化应急处置力量等。对于大城市的中心区和繁华的商业区，通常会24小时不间断巡逻，特别是在夜间和节假日等治安风险较高的时段，警力部署应更加密集。此外，还要求这些区域内的公安机关与社区、商家建立密切的协作机制，形成联动防控网络，以应对可能出现的突发治安事件。

严格治安管理措施：在重点区域，除了人力资源的投入外，政府还强调治安管理措施的严格性。

例如,在大型交通枢纽(如机场、火车站、地铁站等地),要求实施严格的安检制度,配备先进的安全检查设备,确保人员、行李的安全检查不留死角。同时,政府还要求在这些区域内加强视频监控和信息采集,利用智能监控系统实时监控人流、物流动态,及时发现并处理异常情况。

3. 科技助力防控

随着科技的发展,治安防控的手段也在不断升级。我国政府高度重视科技在治安防控中的作用,明确要求各地加快现代科技手段的应用,通过科技创新提升防控的精准性和效率。

大数据与人工智能的应用:政府鼓励各地公安部门搭建大数据平台,通过收集、分析来自不同渠道的数据,如视频监控、互联网信息等,构建起全面的治安态势感知系统。借助大数据分析,可以预测和预警潜在的治安风险,提前部署防控力量。此外,人工智能技术也被广泛应用于治安防控领域,例如通过智能视频分析技术,自动识别异常行为、可疑人物,从而实现快速反应和精准打击。

云计算与物联网的融合:云计算为治安防控提供了强大的数据处理支持,使大量治安数据能够被实时处理和分析。通过将云计算与物联网技术相结合,政府推动建设了许多智慧城市项目。在这些项目中,治安防控系统与城市的各类公共设施、交通系统、应急救援系统等紧密联通,形成了一个智能化的治安防控网络。例如,在某些城市,智能路灯不仅具备照明功能,还配备了摄像头、环境监测传感器,成为治安防控网络的重要组成部分。

4. 基层治理与社区共治

我国政府高度重视基层治理,将其视为治安防控的基础和前沿阵地。基层治理的成效直接影响整个社会的安全与稳定。政府要求各地加强社区警务建设,推广网格化管理模式,鼓励居民广泛参与到治安防控中来。

社区警务与网格化管理:加强社区警务建设是基层治安防控的重要手段。政府推动在每个社区设立警务室,并配备专职社区警察,负责社区的日常治安管理以及应对突发事件。通过社区警务,居民可以直接与警务人员沟通交流,报告治安隐患和问题,从而提升治安管理的及时性和针对性。网格化管理把社区划分为若干网格,每个网格由专门的管理人员负责,进行精细化管理和防控。这种管理模式不仅提高了治安管理的效率,还确保了社区内的每一个角落都在治安防控的覆盖范围内。

鼓励居民参与与社会共治:政府倡导治安防控不仅是公安机关的职责,更是全社会共同的责任。为此,政府大力推行"群防群治"理念,鼓励居民积极参与治安防控工作。例如,组织社区居民开展治安巡逻,成立"邻里守望"志愿者队伍,构建起一个自下而上的治安防控网络。政府还支持社会组织、企业和志愿者等力量参与治安防控工作,通过多方合作,共同维护社会的安全与稳定。

我国政府通过制定这些明确而具体的政策要求,推动区域治安防控工作全面落实。无论是在全覆盖的治安网络建设、重点区域的强化防控方面,还是在科技手段的应用与基层治理的推进方面,这些政策都旨在保障社会长治久安和人民安居乐业。未来,随着形势的变化和科技的进步,我国的治安防控体系将继续完善,为应对新的挑战做好充分准备。

2.4.2.3 政策发展

我国的区域治安防控政策在未来将不断完善,以应对社会发展过程中日益复杂的治安挑战。下面对未来政策发展的几个关键方向进行详细阐述。

1. 智能化与科技化

随着信息技术的飞速发展,智能化和科技化将成为我国治安防控政策的重要发展方向。在这一趋势下,治安防控将越来越依赖高科技手段,借助科技的力量提升防控的精准度、效率和覆盖面。

智慧警务的深化发展：智慧警务是未来治安防控智能化的重要体现。未来，我国将在全国范围内推广智慧警务系统，借助人工智能、大数据、云计算等先进技术，实现对治安形势的实时感知和动态分析。例如，警务人员可以通过智能设备实时接入治安防控系统，精准掌握辖区内的治安态势，并利用智能化分析工具，预测可能发生的治安事件，从而提前部署防控力量，做到防患于未然。此外，智慧警务还将大大提高警务工作的信息化水平，实现警力的合理配置和高效管理。

智慧城市的全面推进：智慧城市建设将进一步推动治安防控向智能化方向迈进。通过在城市部署智能监控系统、智慧交通管理系统、智能安防设备等，城市的治安防控体系将更加立体化、精细化。例如，智慧监控系统可以自动识别并报告异常行为，智慧交通管理系统能够实时监控和疏导交通流量，防止因交通拥堵引发治安问题。此外，通过智慧城市中的数据共享平台，治安信息可以在不同部门、区域之间实现高效流通，确保防控体系的联动性和应对效率。

大数据与人工智能的深度融合：未来，大数据和人工智能技术将在治安防控中扮演更加重要的角色。通过深度融合大数据与人工智能技术，治安防控系统能够处理海量信息，进行复杂的数据分析，预测犯罪趋势和潜在威胁。例如，利用大数据分析犯罪分子的行为模式，利用人工智能识别出潜在的高危区域和人员，帮助警务人员制定精准的防控策略。同时，人工智能技术还可以应用于视频监控系统，通过图像识别，实时监控公共场所，快速发现异常行为和人物，提高对突发事件的响应速度。

2. 法治化与规范化

在未来，我国的治安防控政策将更加注重法治化和规范化，通过完善法律法规和工作流程，确保治安防控的合法性、科学性和权威性。

法律法规的完善与更新：随着治安形势的不断变化，我国将继续完善相关法律法规，确保治安防控工作有法可依、有章可循。未来，针对新型犯罪（如网络犯罪、恐怖主义、跨国犯罪等），政府将出台更加具体和严谨的法律法规，明确相关行为的界定标准和处罚标准。此外，针对治安防控措施的实施，如监控设备的安装、数据的采集和使用等，也将制定详细的法律法规，确保防控工作严格遵循法律规则，充分尊重公民权利。

工作流程的规范化：在治安防控具体实施环节，未来将进一步规范各项工作流程，确保各级执法部门在执行任务时能够统一标准、规范操作。例如，在应对突发事件时，政府将制定详细的应急预案，明确各部门的职责分工，确保应急响应高效有序。此外，执法部门在日常巡查、案件处理、社区防控等工作中，同样要严格按照规定流程操作，确保每一环节既合法又科学。

法规执行力度的强化：未来，我国政府将加大法规执行力度，确保各项治安防控措施能够有效落实。通过强化执法监督，建立严格的问责机制，确保执法人员在治安防控工作中依法履职，杜绝滥用职权和执法不当等行为。同时，政府还将通过公众教育、法律宣传等方式，提高社会各界对治安防控工作相关法规的认知，形成全社会尊法、守法的良好氛围。

3. 区域协作与联动

随着我国区域一体化进程的加快，跨区域的治安防控协作将成为未来政策发展的重要方向。区域协作与联动能够有效应对跨区域犯罪和治安问题，提升整体防控水平。

跨区域协作机制的建立：未来，政府将推动各地建立更加紧密的治安防控协作机制，打破区域之间的信息壁垒，实现治安信息的跨区域共享。例如，建立全国统一的治安信息数据库，各地公安部门可以实时查询和更新治安信息，避免因信息不对称而产生防控盲点。此外，政府还将推动建立跨区域的联动响应机制，当发生重大治安事件时，不同区域的执法部门能够迅速协同行动，联手应对。

区域资源的整合与共享:为了提高防控效率,政府将推动区域间的资源整合与共享。例如,在治安防控资源配置方面,鼓励发达地区与欠发达地区进行资源共享,发达地区可以通过技术支持、设备共享、人员培训等方式,帮助欠发达地区提升治安防控能力。此外,政府还将推动区域间的执法合作,通过联合执法、跨区域打击犯罪等方式,提高整体防控能力。

一体化的治安防控网络:随着区域一体化的发展,未来的治安防控将更加注重整体协同。政府将推动建立一体化的治安防控网络,将不同区域的防控系统无缝连接起来,形成一个统一协调的防控体系。例如,在长三角、京津冀、粤港澳大湾区等重点区域,推动公安部门紧密合作,制定统一的治安防控标准和应急预案,实现跨区域的联防联控,确保区域内安全稳定。

4. 社会化与共治化

未来的治安防控政策将更加注重社会化和共治化,政府将继续推动社会力量广泛参与治安防控工作,构建一个全民参与、共治共享的治安防控格局。

社区居民的广泛参与:政府将继续倡导"群防群治"理念,鼓励社区居民积极参与治安防控工作。通过推广邻里互助、社区巡逻等方式,形成一个由居民自发组织的治安防控网络。例如,政府将支持社区成立治安志愿者队伍,定期开展巡逻活动,及时发现和上报治安隐患。此外,政府还将通过居民会议、治安宣传等形式,增强社区居民的安全意识,动员更多人参与到治安防控工作中来。

企业与社会组织的参与:未来,治安防控将更加注重社会各界的广泛参与。政府将鼓励企业和社会组织积极履行社会责任,参与治安防控工作。例如,大型企业可以在做好自身安全管理的基础上,参与到所在区域的治安防控工作中,共享安防资源,提供技术支持。社会组织和非政府组织(NGO)则可以通过提供志愿服务、开展安全教育等方式,协助政府维护社会治安。

共治共享的治安防控格局:政府将推动构建"共治共享"的治安防控新格局,整合政府、企业、社会组织和公众的力量,共同应对治安挑战。在这一格局中,各方将形成良性互动,政府通过政策引导和资源支持,企业和社会组织通过参与和合作,公众通过积极参与和自我管理,共同维护社会的安全与稳定。这种多元共治的模式不仅能提高治安防控的整体水平,还能增强社会的凝聚力和安全感。

总的来说,我国的区域治安防控政策将朝着智能化、法治化、区域协作化和社会化的方向发展。通过不断创新和完善,我国的治安防控体系将会更加适应社会发展的需要,为维护国家长治久安和社会和谐稳定提供坚实的保障。

2.4.2.4 政策走向

当前,我国的区域治安形势总体保持稳定,社会大局总体可控,人民生活安定祥和。然而,随着经济社会的快速发展和国际形势的演变,区域治安防控面临着诸多新挑战,传统的治安防控模式正在经受考验。依法治国,建设社会主义法治国家,就是要把国家的一切管理活动都纳入社会主义法治轨道。作为整个社会系统中的一个子系统,社会治安综合治理也必然要实现法治化。我们认为,社会治安综合治理法治化的动力不仅源于外在的环境要求,而且从社会治安综合治理自身发展来看,法治化也是十分必要的[11]。

1. 人口流动性加大与治安挑战

随着城镇化进程的推进和区域经济的不均衡发展,大规模的人口流动已经成为当今中国社会的一大特征。大量人口从农村流向城市,从经济欠发达地区流向经济发达地区,这种人口的流动性给区域治安防控带来了新的挑战。流动人口的激增导致城市中心区和经济发达地区的人口密度急剧上升,人员构成更加复杂,治安管理难度也随之增大。

流动人口的管理与服务难度：流动人口通常没有固定住所，生活相对不稳定，这使得他们在社会交往和经济活动中容易受到不法分子的侵害，同时也增加了治安管理的难度。例如，在一些大城市的城乡接合部，流动人口密集，治安事件频繁发生。对此，政府必须加强对流动人口的管理工作，可通过建立流动人口信息管理系统，开展定期排查和服务，确保流动人口的合法权益得到保障，同时防范可能出现的治安隐患。

治安问题的复杂化与犯罪手段的多样化：随着人口流动性的增强，社会矛盾也更加复杂。不同地区、不同文化背景的人在城市中汇聚，产生了多样化的社会需求和利益冲突，这些矛盾若得不到有效化解，极有可能演变为治安问题。此外，犯罪分子利用人口流动的特点，采用更加隐蔽和复杂的手段实施犯罪活动。盗窃、抢劫、诈骗等传统犯罪手段依然存在，而新型犯罪，如跨区域的团伙犯罪、黑恶势力的渗透等，日益猖獗。

2. 网络犯罪的崛起与防控面临的挑战

随着信息化的深入发展，网络犯罪已经成为我国治安防控面临的重大挑战之一。网络空间具有匿名性、跨地域性和复杂性，这使得犯罪分子可以利用互联网实施各种违法犯罪活动，网络诈骗、黑客攻击等犯罪行为层出不穷。

网络诈骗的泛滥：网络诈骗是近年来网络犯罪中最为突出的问题之一。诈骗分子通过网络社交平台、电子邮件、电话等，利用人们对网络信息的信任以及其缺乏警惕的心理，实施诈骗行为。特别是在电信网络诈骗中，犯罪分子通常利用技术手段伪装成合法机构，骗取受害人的个人信息和财产。对此，政府和公安部门必须加强对网络空间的监管力度，提高网络诈骗防控技术，增强公众的防骗意识，建立起严密的网络治安防控体系。

黑客攻击与信息安全问题：随着网络技术的进步，黑客攻击已经从单纯的对个人电脑侵入发展到对关键信息基础设施的攻击。政府、金融机构及交通、能源等重要领域都成为黑客攻击的目标，这不仅对公共安全构成威胁，还可能危及国家安全。为了应对这一挑战，政府需要加强网络安全立法工作，建立完善的信息安全防护体系，提升应对黑客攻击的技术能力，并加强与国际社会的合作，共同打击网络犯罪。

3. 恐怖活动的威胁与应对策略

在全球恐怖主义活动泛滥的背景下，我国面临的恐怖活动威胁日益严峻。虽然我国整体治安形势稳定，但境内外的恐怖组织仍对国家安全构成潜在威胁，特别是在一些敏感地区，恐怖分子可能通过暴力袭击、爆炸、绑架等手段，制造社会恐慌，破坏社会稳定。

恐怖活动的隐蔽性与突发性：恐怖活动具有高度的隐蔽性和突发性，恐怖分子往往通过秘密组织和精心策划，突然发动攻击，造成严重的人员伤亡和财产损失。为有效应对这种威胁，政府需要加强情报收集和分析工作，建立多层次的反恐预警机制，特别是在重点区域和敏感时期，加大安保力度，防范恐怖袭击的发生。

反恐防控的国际合作：由于恐怖活动具有跨国特性，我国在反恐防控工作中必须加强与国际社会的合作，特别是在信息共享、技术支持、执法合作等方面，通过与其他国家和国际组织建立紧密的合作关系，共同打击恐怖主义。此外，政府还应加强对公众的反恐教育，提高他们的防范意识和应对能力。

4. 涉外案件的增加与国际化治安挑战

随着我国对外开放程度的不断提高，涉外案件的数量也在逐年增加。在华生活、工作和旅行的外国人增多，涉外治安问题日益突出，如跨国犯罪、涉外纠纷、国际恐怖主义渗透等。这些问题不仅关乎我国的法律秩序,还关系到我国的国际形象和外交关系。

跨国犯罪的复杂性:跨国犯罪案件涉及多个国家的法律和管辖权,犯罪分子通常利用各国法律体系的差异实施犯罪活动,如跨国贩毒、人口贩卖、跨国洗钱等。此类犯罪活动对传统的治安防控模式带来了严峻挑战,这要求执法部门具备更高的国际化素养和合作能力。政府必须加强与各国的司法合作,建立针对跨国犯罪的联合打击机制,提高国际刑警组织的合作效能,确保跨国犯罪能够得到及时、有效的打击。

涉外治安管理的规范化:面对日益增多的外国人在华活动,政府需要加强涉外治安管理的规范化。首先,应完善涉外管理法律法规,确保外国人在中国的行为受到有效监管,保障其合法权益,同时严厉打击涉外违法犯罪行为。其次,政府应加强涉外警务工作,提升公安机关的外语能力和涉外事务处理能力,确保其能够高效处理涉外案件,维护我国的国家利益和国际形象。

5. 政府的应对策略与未来展望

为有效应对当前复杂多变的治安形势,我国政府正在积极调整和优化治安防控策略,综合运用多种手段提升治安防控的整体水平,努力构建更加安全稳定的社会环境。

科技创新与防控升级:面对新型治安问题,政府积极推动科技创新,利用大数据、人工智能、物联网等先进技术,提升治安防控的智能化水平。通过科技手段,政府能够更精确地预测和预防犯罪,提升治安防控的效率与成效。

法治保障与政策完善:在应对新型治安问题时,政府注重通过法治手段保障防控措施的合法性和有效性,不断完善相关法律法规,规范治安防控的各个环节,确保执行过程有法可依。同时,政府还加强对治安防控政策的优化,通过持续的政策创新,确保治安防控体系能够适应社会发展和国际形势的变化。

社会动员与共治共享:面对复杂的治安形势,政府并非只是依赖公安机关的力量,还注重发动全社会的力量参与治安防控。通过加强社区治理、鼓励公众参与,政府努力构建全民共治、共享安全的治安防控格局,确保社会长治久安。

第3章 区域治安防控关键技术及系统

3.1 物联网

3.1.1 概述

物联网(Internet of Things, IoT)是继计算机、互联网与移动通信网之后的又一次信息产业变革,起源于传媒领域,是一种将各种物体通过信息传感设备与互联网相连接,进行信息交换和通信,以实现智能化识别、定位、追踪、监控和管理的网络技术。

通俗来讲,物联网是将物理对象连接到互联网的网络。从灯泡等常见家用物品,到医疗设备等医疗产品,再到可穿戴设备、智能设备甚至智慧城市,都可以连接到互联网。这些物体通过传感器和计算设备在各种对象中集成,只需有限的人工干预即可通过无线网络接收和传输数据,从而实现智能化。

如图3-1所示为无处不在的物联网,它显示了物联网可连接的信息系统。例如,智能家居系统("智能"二字通常代表接入了物联网)通过M2M短距无线网连接家中的各种智能设备(如智能灯泡、智能插座、智能门锁、智能温控器等),实现家居环境的自动化控制和管理。用户可以通过手机App或语音助手远程控制家中的设备,例如调整灯光亮度、开关空调、查看门锁状态等。全球定位系统通过GPS联网获取物体地理信息,此外,二维码(QR code)、射频识别(RFID)技术也为物联网的感知提供信息。

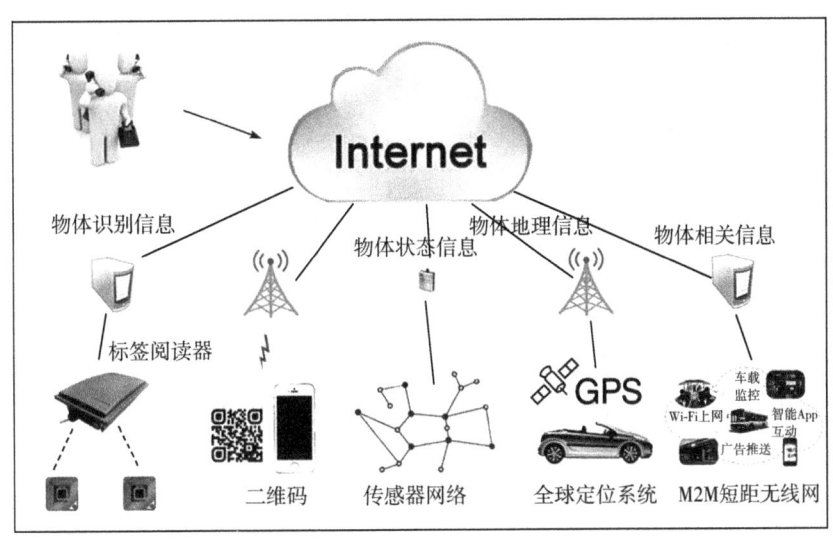

图 3-1 无处不在的物联网

广泛意义上的物联网是指按照约定的协议,将具有"感知、通信、计算"功能的智能物体、系统、信息资源互联起来,实现对物理世界"全面感知、可靠传输、智慧处理"的智能服务系统。物联网的特征主要体现在以下三个方面。

1. 全面感知

利用RFID、传感器、二维码等随时随地获取物品的信息。

2. 可靠传输

通过无线网络与互联网的融合,将物品的信息实时准确地传递给用户。

3. 智慧处理

利用云计算、数据挖掘及模糊识别等人工智能技术,对海量数据和信息进行分析和处理,对物品实施智能化控制。

物联网是在互联网基础上发展起来的,但它不是对互联网概念、技术与应用的简单扩展。由于大量的物联网应用系统具有行业性、专业性、区域性的特点,以及对安全性有特殊要求,因此物联网会沿用一些互联网与移动互联网的成熟技术,但是物联网必然要发展适合自身需求的体系结构、技术、协议与标准。物联网中的"物体(thing)"或"对象(object)"可以是物理世界的人或普通的物品。如果应用嵌入式技术,给这些"人"或"物"增加"感知、通信与计算"能力,它们就具有了接入物联网的能力。智能物体是对接入物联网的人和物的一种抽象表述。与其说物联网是网络,不如说物联网是业务或应用。物联网通过"人－机－物"的深度融合,实现对物理世界的"泛在感知、可靠传输、智慧处理",因此也可以把物联网当成一种智能服务系统[12]。

物联网的运作主要基于设备互连、数据交换、智能自动化和远程控制等方面。

物联网通过有线或无线网络连接各种物理设备,使它们能够相互通信和交换数据。这些设备通常可外接传感器、内置网络连接功能、支持智能控制,且具有可编程性,能够接收和执行控制指令,实现智能化操作。

物联网设备通过内置的无线模块,使用Wi-Fi、蓝牙、LoRaWAN等多种通信协议建立连接,并通过传感器采集环境数据。这些数据包括但不限于温度、湿度、光照强度、声音、位置等。传感器将获取的模拟信号转换成数字信号,并通过内嵌的处理单元进行初步处理。然后,这些数据通过设备之间的通信网络传输到数据中心或云平台被进一步处理和分析。

在物联网系统中,通过数据分析技术,系统能够自主做出决策或辅助人类做出更明智的决策。这些决策可能涉及设备控制、资源分配、异常检测等多个方面。例如,在智能家居系统中,当温度传感器检测到室内温度超过预设阈值时,系统会自动开启空调进行降温。

物联网具备对设备进行远程控制的功能。用户可以通过手机App、电脑或其他智能终端设备远程监控和管理物联网设备。例如,在智能安防系统中,用户可以通过手机App实时查看家中的监控视频,并在发现异常情况时及时报警或采取措施。

物联网收集的数据在云端服务器或数据中心进行存储、分析和处理。通过先进的数据处理和分析技术,系统能够挖掘数据中的潜在价值,为用户提供更加精准和个性化的服务。例如,在智能推荐系统中,通过分析用户的购物历史和浏览行为等数据,系统能够为用户推荐更加符合其兴趣和需求的商品。

在物联网中,数据的安全和隐私保护是至关重要的。物联网系统使用各种安全措施来确保数据的安全性,包括身份验证、数据加密和访问控制等。同时,物联网企业会遵守相关法规和隐私政策以保护用户的个人信息等隐私。

物联网的运作过程是一个复杂且高效的系统工程,它通过设备互连、数据交换、智能自动化、远程控制和数据处理与分析等多个环节实现了对物理世界的智能化管理和控制。随着技术的不断发展和创新,物联网将在更多领域发挥重要作用并推动社会经济持续发展。

物联网的概念最早于1999年由麻省理工学院自动识别实验室的执行董事凯文·阿什顿提出,他首次描述了物联网的愿景,即让计算机通过标签和RFID技术自动管理、跟踪和盘点物品。随着技术的发展,物联网的定义和内涵不断丰富和扩展,成为一种覆盖广泛、应用多样的技术,目前正被越来越广泛地应用于智能家居、智慧城市、工业自动化、健康医疗、治安管理等多个领域,在为人们日常生活提供便利的同时,不断提升各行各业的生产效率。

物联网的应用领域非常广泛,几乎涵盖了所有行业和领域。以下是一些典型的应用领域。

①智能交通:物联网技术应用于智能交通领域,可以实现对道路环境的实时监测、对交通信号的智能控制、对车辆行驶的安全保障等。

②智慧物流:物联网技术通过智能标签、GPS等技术手段,可以实现对物流过程的实时监控和管理,提高物流效率和准确性。

③智能安防:物联网技术可以应用于门禁系统、视频监控系统等安防领域,可以实现智能化的安防管理和预警。

④智慧医疗:物联网技术通过智能穿戴设备、远程医疗等应用,可以实现对患者生命体征的实时监测并提供远程医疗服务。

⑤智能电网和环境保护:物联网技术应用于水、电、太阳能等能源设备中,可以提高资源利用率,增强节能减排效果。

⑥智慧建筑:物联网技术通过智能照明、智能空调等应用,可以实现对建筑能源的高效利用,提高居住的舒适度。

⑦智能家居:物联网技术通过智能家电、智能安防等应用,可以实现家居生活的智能化和便捷化。

⑧智能制造:物联网技术应用于制造业,可以实现生产过程的智能化控制和优化,提高生产效率和产品质量。

物联网在国家安全和区域治安防控领域的应用包括食品药品安全、军事安全等,其可以在物品追踪、识别、查询等方面发挥作用,实现对物品关键信息的采集与管理。由于物联网有网络和信息优势,借助智能化分析手段,能够形成决策优势,加快态势判断进程,从而有利于作战指挥;物联网灵活高效传播信息,可提高情报信息的准确性与实时性,增强情报人员的情报侦察能力;基于物联网的全域感知能力,可提升综合保障能力;在人员管理方面,利用智能手环、手表等穿戴设备可对战斗人员的基本信息、作战状态进行动态掌控;物联网技术利用传感器、RFID技术、GPS等可采集各类物资、设备、装备的实时信息,实现智能化控制管理。

3.1.2 物联网基本架构与主要技术

在探讨物联网技术在区域治安防控领域的应用之前,深入理解物联网的基本架构及其所依赖的主要技术是至关重要的。本小节将详细介绍物联网的层次结构、各层的主要功能及支撑这些功能的关键技术。

物联网体系架构是一个多层次的体系结构,如图3-2所示,当前公认的物联网基本架构包括三个逻辑层,即感知层、网络层、应用层。这三个层次及穿插其中的公共技术层相互依存、协同工作,共同构成了物联网的完整体系[13]。

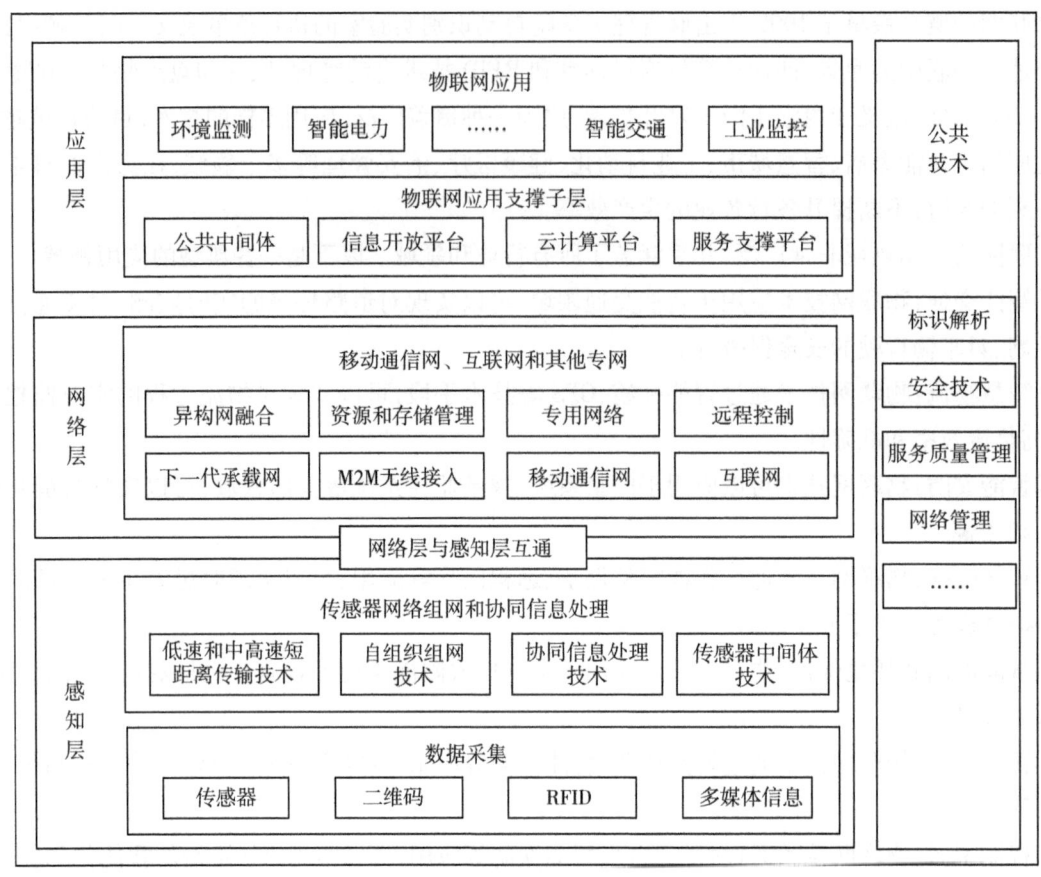

图3-2 物联网体系架构

感知层处在物联网的最底层,是物联网的基础。传感器系统、标识系统、卫星定位系统及相应的信息化支撑设备(如计算机硬件、服务器、网络设备、终端设备等)组成了感知层的基础部件,其功能主要用于采集包括各类物理量、标识、音频和视频数据等在内的物理世界中发生的事件和数据。

物联网的运作始于感知层,该层由大量部署在物理环境中的传感器、RFID标签、摄像头等数据采集设备组成。这些设备通过模拟信号采集技术,将物理世界的各种参数(如温度、湿度、压力、位置、图像等)转换为数字信号。这一过程实现了对物理世界的数字化映射,为后续的数据处理与分析提供了基础数据。

网络层是连接感知层和应用层的桥梁,物联网需要将感知层采集的数据传输到处理中心或云端服务器。网络层包括各种有线和无线通信网络,如 Wi-Fi、蓝牙、ZigBee、LoRa 及传统的蜂窝移动网络等,此外还包括网络管理系统、异构网融合系统等。这些网络为物联网设备提供了多样化的连接选项,确保数据在传输过程中的安全性、可靠性和实时性,以支持物联网系统正常运行。在网络层,数据可能经过多次转发和路由,以实现跨地域、跨网络的互联互通。

应用层是物联网的顶层,它接收并处理来自网络层的数据,通过数据分析、挖掘和可视化等技术手段,为用户提供具体的智能服务和决策支持,主要包括云计算、云服务和模块决策等技术。其功能有两方面,一是完成对数据的管理和处理;二是将这些数据与各行业的信息化需求相结合,提供广泛智能化应用的解决方案。

物联网的最终价值体现在应用层,该层将处理后的数据转化为具体的智能服务和决策支持。应用层涉及众多领域和行业,如智慧城市、智能制造、智慧农业、智能家居等。在这些领域,物联网技术通过实时监测、智能控制、远程管理等手段,提高了资源利用效率,降低了运营成本,提升了用户体验。同时,物联网技术还能够支持复杂场景下的协同作业和决策优化,推动社会经济的可持续发展。

此外,围绕物联网的三个逻辑层,还存在一个公共技术层。公共技术层包括标识解析、安全技术、网络管理和服务质量管理等具有普遍意义的技术,它们被同时应用于物联网基本架构的三个层次。

具体来说,物联网具有数据海量化、连接设备种类多样化、应用终端智能化等特点,其发展依赖于感知与标识技术、信息传输技术、信息处理技术、嵌入式系统技术、信息安全技术等诸多技术。

1. 感知与标识技术

感知与标识技术是物联网的基础,负责采集物理世界中发生的物理事件和数据,实现对外部世界信息的感知和识别,主要包括传感器技术和识别技术。

传感器是物联网系统的关键组成部分,其可靠性、实时性、抗干扰性等特性,对物联网应用系统的性能起到举足轻重的作用。物联网领域常见的传感器有距离传感器、光传感器、温度传感器、烟雾传感器、心率传感器、角速度传感器等,此外还有气压传感器、加速度传感器、湿度传感器及指纹传感器等。

对物理世界的识别是实现物联网全面感知的基础,常用的识别技术有二维码、RFID 标识、条形码等,包括物品识别、位置识别和地理识别。物联网的识别技术以 RFID 为基础。RFID 是通过无线电信号识别特定目标并读写相关数据的无线通信技术。该技术不仅无须识别系统与特定目标之间建立机械或光学接触,而且在多种恶劣的环境下也能进行信息传输,因此在物联网运行中有着重要的意义。

2. 信息传输技术

目前,信息传输技术包含有线传感网络技术、无线传感网络技术和移动通信技术,其中无线传感网络技术应用较为广泛。无线传感网络技术主要分为远距离无线传输技术和近距离无线传输技术。其中,远距离无线传输技术主要包括 2G、3G、4G、5G、NB-IoT、Sigfox、LoRa,信号覆盖范围一般在几千米到几十千米,主要应用于远程数据的传输,如智能电表、智能物流、远程设备数据采集等。近距离无线传输技术主要包括 Wi-Fi、蓝牙、UWB、MTC、ZigBee、NFC,信号覆盖范围一般在几十厘米到几百米,主要应用于局域网,如家庭网络、工厂车间联网、企业办公联网。这些技术为物联网设备提供了多样化的连接选项,确保了数据在传输过程中的高效性、安全性和可靠性。

3. 信息处理技术

物联网采集的数据往往具有海量性、时效性、多态性等特点,给数据存储、数据查询、质量控制、智能处理等带来极大挑战。信息处理技术的目标是将传感器等识别设备采集的数据收集起来,通过信息挖掘等手段发现数据的内在联系,发现新的信息,为用户下一步操作提供支持。当前的信息处理技术有云计算技术、智能信息处理技术等。

4. 嵌入式系统技术

嵌入式系统综合了计算机软硬件、传感器技术、集成电路技术等多种技术,是智能终端产品的核心。在物联网中,嵌入式系统通常被嵌入各种设备中,负责数据的采集、处理、传输和控制等。嵌入式系统具有体积小、功耗低、可靠性高等特点,是物联网系统的重要组成部分。

5. 信息安全技术

信息安全问题是互联网时代十分重要的议题,安全和隐私问题同样是物联网发展面临的巨大挑战。物联网除面临一般信息网络所具有的如物理安全、运行安全、数据安全等问题外,还面临特有的威胁和攻击,如物理俘获、传输威胁、阻塞干扰、信息篡改等。保障物联网安全包括防范非授权实体的识别,阻止未经授权的访问,保证物体位置及其他数据的保密性、可用性,保护个人隐私、商业机密和信息安全等诸多内容,这就涉及网络非集中管理方式下的用户身份验证技术、离散认证技术、云计算和云存储安全技术、高效数据加密和数据保护技术、隐私管理策略制定和实施技术等。

3.1.3 物联网技术在区域治安防控领域的应用及优势

随着科技的飞速发展,物联网技术作为新一代信息技术的代表,正逐步渗透社会生活的各个领域,尤其在区域治安防控中发挥着越来越重要的作用。物联网通过集成感知、识别分析与普适计算等通信感知技术,将各种信息传感设备与互联网结合起来并形成一个巨大的网络,实现物物相连,在区域治安防控领域提供高效、便捷、智能的服务。本小节将深入探讨物联网技术在区域治安防控领域的应用,分析其在提高防控效率、增强预警能力、优化资源配置等方面的优势。

3.1.3.1 物联网技术在区域治安防控中的应用

物联网技术在区域治安防控中的应用是多维度和多层次的,涵盖了从基础的感知层到复杂的应用层的全面整合。具体来说,物联网技术在区域治安防控中的应用场景有如下几个。

1. 智能监控系统

物联网技术通过部署高清摄像头、红外传感器、人脸识别设备等智能监控设备,实现对重点区域、关键场所24小时不间断的监控。这些设备能够实时采集视频图像和环境数据,并通过网络传输至数据中心进行集中处理和分析。智能监控系统能够自动识别异常行为、可疑人员,并触发报警机制,为警方及时提供准确的情报信息。

2. 智能门禁与巡更系统

在居民小区、企事业单位、政府机构等场所安装智能门禁系统,可通过 RFID 卡、指纹识别、人脸识别等多种方式实现人员进出管理。同时,结合巡更系统,可对巡逻人员的巡逻路线、时间进行实时监控和记录,确保巡逻任务得到有效执行。这些系统能够有效防止未经授权的人员进入敏感区域,提高区域治安防控的严密性。

3. 智能车辆管理系统

在交通要道、停车场等区域部署智能车辆管理系统,通过车牌识别、车辆轨迹追踪等技术手段,实现对车辆的智能化管理。该系统能够实时监测车流量、行驶速度等交通信息,为交通管理部门提供决策支持。同时,结合智能报警机制,可以对违章停车、套用车牌等违法行为进行及时预警和处理。

4. 智能环境监测系统

在公共场所、工业园区等区域安装环境监测传感器,实时采集空气质量、噪声水平、温度湿度等环境数据。通过数据分析,及时发现环境污染、噪声扰民等问题,并触发相应的处理机制。智能环境监测系统能够提升区域环境质量,为居民提供更加舒适的生活环境。

5. 治安要素的智能管理

物联网技术的应用使得对"人、车、物"等治安要素的管理更加智能化和精细化。例如,通过 RFID 技术对重要物品进行追踪管理,或利用车牌识别技术对车辆进行监控和控制。

6. 应急响应与资源优化

在紧急情况下,物联网技术可以快速收集现场信息,并实时传输给决策中心,帮助指挥人员迅速做出决策,优化应急资源的分配和调度。

7. 智慧公安与智能预警平台

物联网技术与公安业务的深度融合,构建了智慧公安系统,通过智能预警平台对多维时空信息进行综合分析,实现对治安态势的全面掌控和智能预警[14]。

3.1.3.2 物联网技术在区域治安防控中的具体应用案例及优势

本小节以某市公共安全视频监控联网应用为例对物联网在区域治安防控领域的具体应用场景进行介绍并分析其优势。公共安全视频监控联网应用总体架构如图3-3所示,其中感知层是获取信息的基础设施,网络层包括近距离无线通信网络和核心网络,此外考虑到与大数据和云计算的结合,在应用层和网络层之间设有平台层。

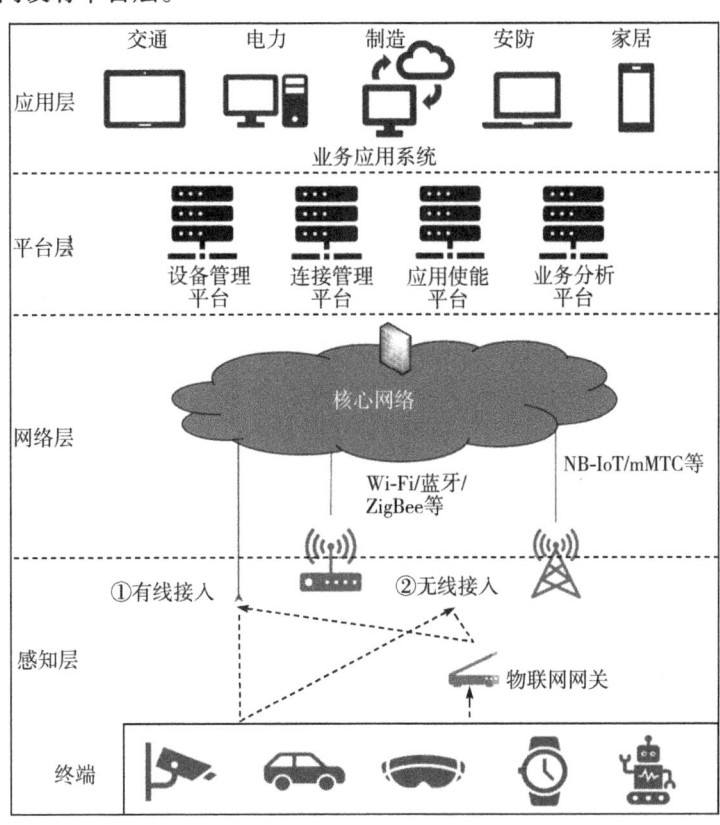

图3-3 公共安全视频监控联网应用总体架构

公共安全视频监控联网应用的感知层是项目应用的感知数据源,包括市委政法委自建监控前端、公安自建监控前端、行业部门自建前端、社会民用单位和个人自建前端等。网络层包括传输网络及IT基础设施建设,其中传输网络包括电子政务外网、公安视频专网、运营商专网、互联网等。在公共安全视频监控联网应用项目中,设计有IT基础设施层,IT基础设施建设包括场所建设、政务云和视频云建设,为视频图像接入、存储、共享、解析、检索、分析等应用提供所需的计算、存储和网络资源。

平台层也称为信息资源层,包括视频、图片等非结构数据,以及解析后的视频图像结构化数据、综治业务数据、其他政府部门数据等,形成人像类资源库、车辆类资源库、社会资源专题库等,并上传至云平台。此外,采用先进的集成技术,可支撑应用所需的相关服务,并构筑起整个公共安全视频监控中心管理的信息服务处理体系,包括媒体转发等视频共享服务,人脸解析、视频结构化和行为分析等视频图像解析服务,视频大数据应用服务,社会资源整合服务及运维管理服务等。

应用层是整个项目的应用业务所在,它包含了公共安全视频监控联网应用共享平台和综治、公安两个分平台,通过更大程度发挥视频监控的社会价值,让群众参与到社会治安防控中来,真正做到群防群治。应用层通过个性化、定制化 App 和网页设计将整个项目的应用呈现出来,形式包括应用门户、大屏展示、报表、终端界面、移动 App 等。

公共安全领域物联网项目建设的信息安全体系不容忽视,系统安全建设需要从整体上进行考虑,充分意识到可能存在的安全风险,建立起立体的安全防护,同时从管理体制上进行必要的调整,以适应整体安全管理策略的需要。

此外,运维管理体系建设了视频监控运维管理系统和"一机一档"管理系统,实现视频监控相关应用系统及其基础环境运行状况可视、可控、可管理的目标,保证系统可靠运行。

在整个项目建设的过程中,为了能够统一协调工程的建设和运营,所有的机构设置与制度建设工作应该依据国家和政府的法律、行政法规、组织原则进行。同时,对于关键的应用和数据,应明确统一的编码标准、联网标准和接口标准等。

在公共安全视频监控建设联网架构中,全面覆盖的感知层确保数据实时获取,高效传输网络保障数据流通,IT 基础设施提供强大支撑;应用支撑层将信息资源整合共享,提升决策效率,实现智能分析预警;网络层数据可实现跨地域、垮网络的互联互通。同时,强化信息安全与运维管理可确保系统稳定运行,构建标准规范体系可保障建设与运营统一协调,推动区域治安防控智能化、高效化发展。

物联网技术融合了传感器技术、RFID 技术、嵌入式系统技术、智能技术和纳米技术等多种先进技术,为区域治安防控提供了强有力的技术支持。具体来说,物联网技术通过以下几个方面增强了区域治安防控的能力。

1. 数据采集与实时监控

物联网设备如传感器、摄像头等,负责实时收集区域中的关键信息,包括但不限于环境变化、人员流动和车辆轨迹等。这些设备通过各种通信协议与互联网相连,实现数据的即时上传和远程管理,为治安防控提供了第一手的实时数据。

2. 智能视频监控系统

物联网技术与视频监控系统的结合,使得公安机关能够实现对公共区域的全面监控,通过智能分析技术对异常行为进行识别和预警,极大提高了预防和响应犯罪事件的能力。

3. 多维信息感知与处理

物联网技术不仅包括视觉监控系统,还涵盖声音、温度、湿度等多种感知能力,通过对这些多维数据的融合分析,可以更准确地识别和预测治安风险。

4. 信息共享与协同作战

物联网技术促进了不同治安防控系统和平台之间的信息共享,通过构建统一的数据管理和分析平台,实现了不同部门和机构间的协同作战,提高了整体防控效率。

5. 预测性维护与风险评估

利用物联网收集的大量数据,结合机器学习和人工智能技术,可以对潜在的治安风险进行预测性分析,提前采取措施防范风险。

6. 资源整合与降低成本投入

物联网技术能够实现不同系统之间的信息共享和资源整合优化。通过构建统一的物联网平台或数据中心将各类治安防控资源进行整合管理,可以提高资源利用效率并降低成本投入。例如,智能车辆管理系统集交通流量监测、违章行为识别等多种功能于一体,可以减少重复建设和维护成本;智能环境监测系统通过共享气象、环保等部门的数据资源可以提高环境监测的准确性和时效性。

7. 增强公众参与度,形成社会共治格局

物联网技术的应用还促进了公众参与区域治安防控的积极性。通过开发移动应用或小程序等方式向公众提供便捷的报警、求助、监督等服务渠道,可以增强公众的治安意识和参与度;利用社交媒体等渠道发布治安信息、宣传法律法规等内容也可以提高公众的法治观念和自我防范意识。这种社会共治的格局有助于形成群防群治的良好氛围并推动区域治安防控工作的深入开展。

综上所述,物联网技术在区域治安防控中的应用,不仅提升了数据采集的实时性和准确性,还通过智能化的分析和处理,增强了治安防控的预测、预警和应急响应能力,在提高防控效率的同时进一步优化了资源配置并促进了公众参与度的提升,为构建立体化、智能化的治安防控体系提供了强有力的技术支撑。

3.1.4 物联网在区域治安防控领域面临的挑战及解决方案

物联网为提升社会治理水平、保障公共安全提供了强有力的技术支持。然而,物联网在区域治安防控领域的广泛应用也面临着诸多挑战,这些挑战不仅涉及个人隐私的保护,还直接影响到区域治安防控的效率和效果。本小节将从物联网在区域治安防控领域的应用现状出发,分析其主要面临的挑战,并提出相应的解决方案。

3.1.4.1 物联网在区域治安防控领域面临的挑战

物联网技术通过信息传感设备,按约定的协议,对任何物体进行信息交换和通信,以实现智能化识别、定位、跟踪、监控和管理[15]。在区域治安防控领域,物联网技术的应用可以归纳为以下几个方面。

①智能监控:通过部署大量的传感器和摄像头,实现对重点区域、关键场所的全方位、无死角监控,提高监控的覆盖率和准确性。

②智能预警:利用物联网技术收集的数据,通过大数据分析技术,及时发现潜在的安全隐患和威胁,为治安防控提供预警信息。

③智能调度:在紧急情况下,物联网技术可以实时传输现场信息,为指挥调度提供决策支持,提高应急响应速度。

④智能管理:通过物联网技术,对治安防控设备进行远程监控和管理,提高管理效率,降低运维成本。

物联网技术在区域治安防控领域发挥了重要作用,但其面临的挑战也不容忽视。这些挑战主要包括以下几个方面。

1. 隐私泄露风险

物联网设备在收集、传输和处理个人身份信息时,面临着隐私泄露的风险。如果这些信息被不法分子获取,将导致个人隐私遭受严重侵犯。在区域治安防控领域,大量的监控摄像头和传感器收集了大量的个人数据,如何确保这些数据的安全性和隐私性成为亟待解决的问题。

2. 系统安全漏洞

物联网设备的多样性和复杂性使得其系统中的安全漏洞难以避免。黑客往往利用这些漏洞进行攻击,破坏系统安全,窃取关键数据。在区域治安防控领域,一旦系统被攻破,将可能导致监控失效、预警失灵等严重后果。许多物联网设备在设计时并未充分考虑安全性问题,存在默认的用户名和密码、缺乏自动更新能力等安全漏洞。这些设备一旦被应用于区域治安防控领域,可能成为攻击者的目标。

3. 身份管理难题

在物联网生态系统中,设备的身份管理是一个重要问题。如何有效地将设备与操作设备的用户关联起来,防止未经授权的访问,是保障物联网安全的关键。在区域治安防控领域,如果无法对设备进行有效的身份管理,将可能导致非法入侵、数据篡改等安全问题。

4. 持续连接问题

物联网设备需要保持与服务端的持续连接,以确保数据的实时传输和处理。然而,这种持续连接也增加了被攻击的风险。在区域治安防控领域,如果设备连接不稳定或被恶意中断,可能出现监控盲区、预警延迟等问题。

3.1.4.2 解决方案

区域治安防控领域收集的数据可能包含敏感信息,存在隐私泄露风险和安全威胁。解决方案是加强数据加密,实施网络安全措施,定期进行安全审计。对物联网设备收集、传输和存储的个人身份信息进行加密处理,应采用先进的加密算法,如高级加密标准(AES)、RSA 等,确保数据在整个生命周期内的安全性,即使数据被窃取,不法分子也难以解密获取有效信息。此外,在隐私保护方面,对个人身份信息进行匿名化处理,去除或替换能够直接或间接识别个人身份的标识信息,降低隐私泄露风险。例如,将个人的姓名、身份证号码等敏感信息替换为唯一的匿名标识符,建立严格的访问、控制机制,基于角色和权限对物联网设备收集的个人数据进行访问管理。只有经过授权的特定人员,如治安防控的相关工作人员,在履行特定职责时才能访问相应的数据。

针对系统安全漏洞的威胁,部署入侵检测系统(IDS)和入侵防御系统(IPS),实时监测物联网系统中的网络流量和设备行为,及时发现并阻止黑客的攻击行为。例如,通过分析网络数据包的特征,识别异常的访问模式和攻击行为,自动采取阻断措施,防止系统被攻破。此外,物联网设备的安全性也需要保护,避免成为网络攻击的目标,应使用安全的物联网设备,如专用安全(加密)芯片、安全 LoRa 模块/NB-IoT 模块、安全物联网网关等,并加强网络层的安全认证。

采用身份管理与认证技术。随着物联网设备的增加,其身份管理需要兼顾实用性和安全性。采用多因素身份认证技术,结合设备标识、用户密码、数字证书、生物识别等多种因素进行身份认证,可提高身份认证的准确性和安全性。将物联网设备与操作设备的用户进行紧密绑定,通过在设备和用户之间建立安全的信任关系,实现设备的身份管理。

针对网络连接稳定性问题,可采用先进的网络传输协议和加密技术确保物联网设备之间的通信稳定性和安全性。同时,可建立冗余的网络连接机制以应对网络中断等突发情况。此外,还应加强对网络流量的监控和分析,以便及时发现并应对网络攻击行为。

通过这些解决方案,可以克服物联网技术在区域治安防控应用中的挑战,进一步发挥其在提升治安防控效率和准确性方面的潜力。

3.1.5 物联网技术在区域治安防控领域应用的发展趋势

物联网技术在区域治安防控领域的应用呈现智能化与自动化、全面感知与精准预警、跨部门协同与信息共享、移动警务与远程指挥、隐私保护与数据安全、技术融合与创新发展等发展趋势。

1. 智能化与自动化

随着人工智能、大数据等技术的不断发展,物联网技术在区域治安防控中的智能化与自动化水平将得到显著提升。智能安防系统将通过深度学习、图像识别等 AI 技术,实现对监控画面的自动分析,提高异常事件检测的准确性和时效性。同时,自动化巡逻机器人、无人机等智能设备的应用也将更加广泛,进一步减轻人力负担,提高防控效率。

2. 全面感知与精准预警

物联网技术将构建更加全面的感知网络,实现对区域治安环境的全方位、全天候监控。通过部署各类传感器、RFID标签等设备,物联网系统能够实时采集环境数据、人员流动信息等,为治安防控提供丰富的数据支持。基于这些数据,物联网系统能够构建精准的预警模型,提前发现潜在的安全隐患,为决策者提供有力的支持。

3. 跨部门协同与信息共享

物联网技术的应用将促进不同部门之间的协同作战和信息共享。通过建立统一的物联网平台,公安、消防、城管等部门可以实时共享监控数据、报警信息等资源,实现跨部门联动和快速响应。这种协同机制有助于提高治安防控的针对性和有效性,减少资源浪费和重复劳动。

4. 移动警务与远程指挥

物联网技术将推动移动警务和远程指挥的发展。公安部门可以利用物联网技术构建移动警务平台,实现警情信息的快速上报、处理和反馈。同时,结合人工智能算法,通过远程指挥系统,可以制定科学的指挥方案,提高处理突发事件的效率和准确性。

5. 隐私保护与数据安全

随着物联网技术在区域治安防控中的广泛应用,隐私保护和数据安全问题将受到越来越多的关注。未来,物联网系统将在数据加密、身份认证、访问控制等方面加强安全措施,确保用户隐私和数据安全。同时,相关法律法规的制定会更加完善,为物联网技术的健康发展提供制度保障。

6. 技术融合与创新发展

物联网技术将与5G、区块链、边缘计算等新技术深度融合,推动区域治安防控领域的创新发展。5G技术的高速率、低时延特性将进一步提升物联网系统的实时性和可靠性;区块链技术的去中心化、不可篡改性将增强数据的安全性和可信度;边缘计算技术则为物联网系统提供强大的数据处理和分析能力[16]。这些技术的融合将推动区域治安防控向更加智能化、精准化、高效化的方向发展。

随着物联网技术的不断发展和完善,其在区域治安防控领域的应用将更加广泛和深入。未来,物联网技术将与其他新兴技术如人工智能、区块链、联邦学习等深度融合,打造更加智能化、自动化的治安防控体系。随着物联网设备的安全性和稳定性不断提升,其在区域治安防控中的可靠性也将得到进一步增强。我们有理由相信,物联网技术将为区域治安防控带来更加美好的未来。

3.2 云计算

第53次《中国互联网络发展状况统计报告》显示,截至2023年12月,中国的网民规模已经达到了10.92亿人,互联网普及率达到了77.5%。这数据既彰显了数字技术在促进经济社会发展和改善民生方面的重要作用,也表明了网络用户数量的日益增长。

随着网络用户的逐渐增多,传统的计算网络平台已无法满足实际需求,云计算应运而生。作为信息技术的重要组成部分,云计算技术正逐渐渗透社会生活的各个领域,成为区域治安防控领域的重要技术基础。本节将详细探讨云计算技术的概念、技术特点及架构,分析其在区域治安防控中的广泛应用及面临的挑战,最后对云计算技术在区域治安防控领域的未来发展进行展望。

3.2.1 概述

云计算(Cloud Computing)是在传统的数据存储、分布式计算和网络技术等计算机技术的基础之上发展而来的,增强了分布式存储和处理海量数据的能力,以方便人们按需及时获取相应服务[17]。云计算的实现和发展日益凸显出了它的强大存储计算能力和广泛应用前景。在这一小节,笔者将概述云计算技术,包括其定义、发展历程、基本特征及优势。

3.2.1.1 定义

云计算是一种基于互联网的大众参与的计算模式,其计算资源(包括计算能力、存储能力、交互能力等)是动态、可伸缩、被虚拟化的,而且以服务的方式提供。云计算是一种按使用量付费的模式。在这种模式下,用户可获得可用的、便捷的、按需的网络访问权限,进入可配置的计算资源共享池(资源包括网络、服务器、存储、应用软件、服务等)。这些资源能够被快速调配,用户只需进行很少的管理工作,或与服务供应商进行很少的交互。

如图 3-4 所示为云计算服务模式示意图,包括以下几个层次的服务:基础设施即服务(IaaS),平台即服务(PaaS)和软件即服务(SaaS)。

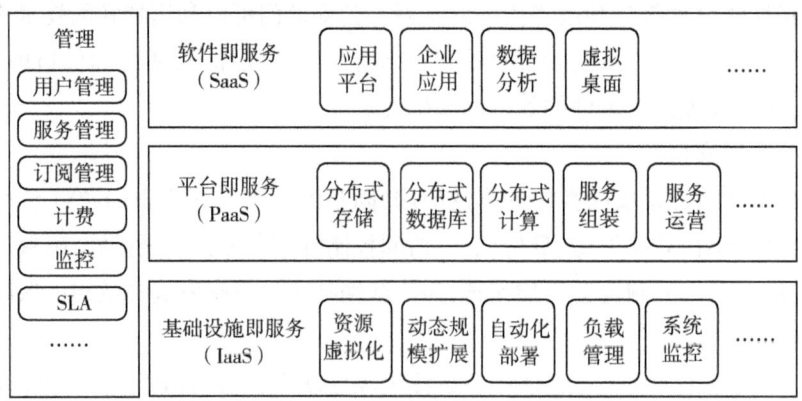

图 3-4 云计算服务模式示意图

1. 基础设施即服务

IaaS 提供了虚拟化的计算资源,包括服务器、存储和网络资源。用户可以通过云平台获取虚拟机、存储空间和网络资源等,并在此基础上构建自己的应用系统。IaaS 的优势在于,其具有高度的可扩展性和灵活性,用户无须购买和维护昂贵的硬件设备,只需关注业务逻辑的实现。

2. 平台即服务

PaaS 在 IaaS 的基础上提供了一个完整的软件开发环境,包括应用程序设计、编码、测试和部署所需的一切工具。用户可以使用这些工具开发、测试、部署和管理应用程序,无须关心底层的硬件和系统管理。PaaS 的优势在于用户可以更加专注于应用程序的开发和优化,而不必花费过多的精力在基础设施的管理上。

3. 软件即服务

SaaS 是云计算服务模型的最顶层,提供了通过互联网访问的应用程序。用户无须安装和维护软件,可以随时随地通过浏览器或其他客户端访问应用程序。SaaS 的优势在于它消除了购买和维护软件许可证的需要,同时提供了高度的可扩展性和可靠性,能满足用户不断增长的需求。

目前,云应用和云服务的种类还在不断丰富。除了主流的 PaaS、SaaS、IaaS 服务外,云计算服务的种类还会不断扩展。租用邮箱、在线杀毒、网络会议、Office 在线等是目前用户使用得最多的应用。在 SaaS 应用服务领域,其应用服务的分工会越来越细,新的产品将很快面世。

就像人们需要用电但是不需要有一个发电厂,云计算使用户可以使用到资源而不需要有服务器、存储设备等硬件。企业或用户可以通过网络按需访问共享的计算资源和服务,如服务器、存储、数据库、应用软件等,无须在本地安装和维护这些资源。

云计算也是一种超级计算模式。在远程的数据中心,成千上万的计算机、服务器、存储器连成一片电脑云,其计算能力是超强的,可以达到每秒10万亿次,其可以模拟核爆炸、预测天气预报及市场发展趋势。用户可以通过终端设备及因特网接入数据中心,选择自己需要的服务。

3.2.1.2 云计算的起源与发展

云计算的起源可以追溯到计算机技术和网络技术的早期发展阶段。

1956年,克里斯托费·斯特雷奇(Christopher Strachey)发表了一篇关于虚拟化的论文,正式提出了虚拟化的概念,这一概念奠定了云计算基础架构的核心基础。虚拟化允许将计算资源、存储资源和网络资源封装成一个独立的虚拟环境,专为用户或应用提供服务。

1958年,中国第一台小型电子管通用计算机103机诞生,这标志着中国计算机技术的起步。随着芯片和半导体技术的不断进步,计算机的体积逐渐缩小,性能大幅提升,为个人计算机和互联网的发展奠定了基础。

20世纪90年代,互联网开始普及,催生了大量的网络服务需求,进一步推动了云计算技术的诞生。

2006年8月9日,谷歌首席执行官埃里克·施密特在搜索引擎大会上首次提出"云计算"的概念。这标志着云计算正式进入人们的视野,成为计算机领域的新热点。

自从2006年"云计算"的概念被首次提出,云计算经历了萌芽期、发展期、应用期和成熟期。

云计算的萌芽期(2006—2010年):云计算概念和技术开始形成。2006年,亚马逊AWS发布了S3和EC2,正式拉开了云计算的大幕。2008年,谷歌推出了自己的云业务Google App Engine;同年,微软发布了其云计算战略和平台Windows Azure Platform。2009年,阿里云成立,成为国内最早布局云计算的企业。2010年,华为正式公布云计算战略;同年,腾讯在内部立项研究云计算。如今在全球云市场叱咤风云的巨头厂商大都在这个时期入局,并相继推出云计算产品和解决方案。

云计算的发展期(2010—2015年):云计算逐渐形成统一的、得到广泛共识的定义。早期,云计算有40多种流行概念,关于这项技术到底是什么,众说纷纭。2011年,美国国家标准与技术研究院(NIST)发布了《NIST SP 500-291云计算标准路线图》,其提出的云计算定义和路线图广受认可,这也是目前最权威的云计算定义。此外,这个时期的云技术领域创新活跃,各家厂商陆续推出云产品,通过推出云计算平台和服务,逐步构建起了云计算产业生态系统,推动云计算市场快速发展。

云计算的应用期(2015—2020年):在云市场中,各种产品、解决方案和服务层出不穷,呈现"百花齐放"的发展态势。随着云计算技术的不断成熟和普及,越来越多的企业开始将业务迁移至云端。云计算服务商也不断推出新的服务和功能,满足用户多样化的需求。同时,云计算在各行各业的应用也越来越广泛,推动了全球数字化转型的进程。无论是国内还是国外,云计算开始在政务、金融、电商、交通、医疗等行业推出相关应用,企业上云进程加速。

云计算的成熟期(2020—2024年):云计算的发展进入"深水区"。随着科学技术的发展,云计算的发展趋于稳步上升,并且随着和AI技术的结合,云计算市场规模快速增长,国家政策也大力支持企业"上云"。随着云计算技术和云产业日趋成熟,其已成为推动经济增长、加速产业转型的重要力量。

如图3-5所示是2022年人工智能技术成熟度曲线,从图中可以看出,2022年云计算和生成式AI的结合技术发展迅速,到达巅峰,工业云平台快速发展,即将到达膨胀期,云数据生态系统即将度过膨胀期,趋于成熟。

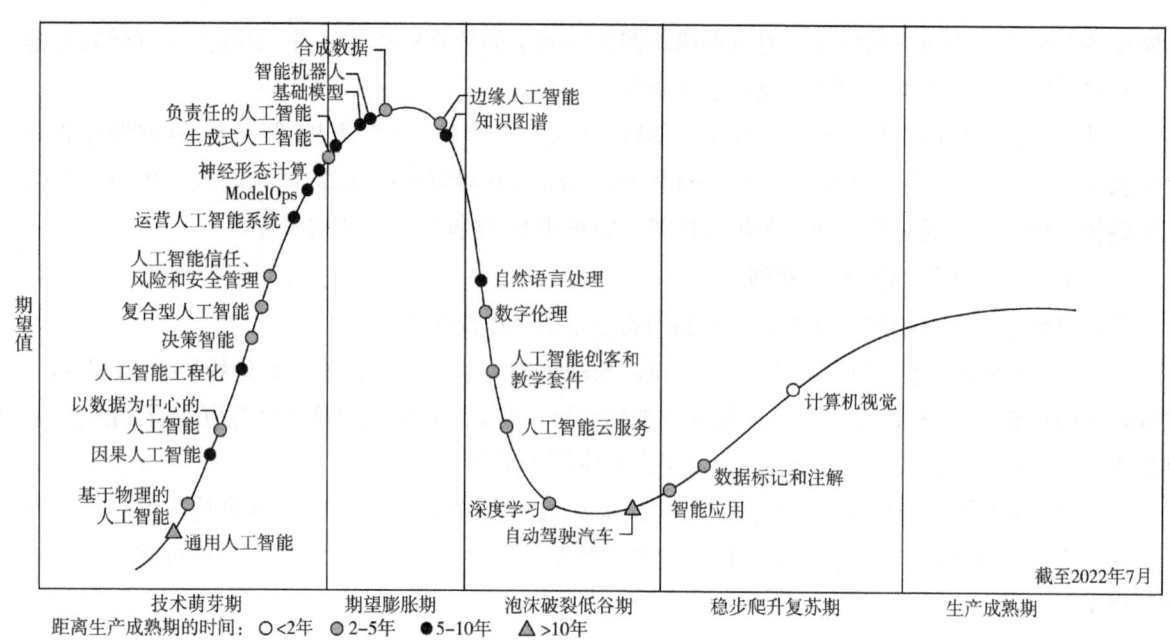

图 3-5　2022 年人工智能技术成熟度曲线

云计算的智能化转型期（当前及未来）：近年来，随着人工智能、大数据等技术的快速发展，云计算正逐步向智能化转型。云计算平台通过提供强大的计算能力和数据处理能力，为 AI 应用提供了坚实的基础。同时，云计算也在推动 AI 技术的普及和应用落地，为各行各业带来更多的创新机会和发展空间。

云计算和 AI 技术是信息技术发展和服务模式创新的集中体现，是信息化发展的重大变革和必然趋势。未来，云计算和 AI 技术产业将会有良好的发展机遇。一方面，底层技术的成熟令其能够很好地支撑上层的各种应用。另一方面，企业走过"上云""用云"的阶段后，还要考虑如何"用好云"，在即将到来的数字经济时代，云计算将成为企业数字化转型的关键实现路径。

云计算作为新一代产业浪潮的重要驱动，将会为社会和经济的发展带来深远影响，主要表现在以下几个方面：推动中国信息技术设施的建设和信息化发展的进程；促进构建更大规模的生态系统，推动 IT 产业的发展；促进科技创新能力的提升；可以降低成本，有助于绿色 IT 发展和节能减排。

3.2.1.3　云计算的特征及优势

云计算的核心思想是将计算资源、存储资源和网络资源封装成一个独立的虚拟环境，专为企业用户、个人用户等提供专属的计算资源和服务。用户可以根据需要，通过互联网获取这些资源和服务，就像不需要有水电站就可以使用水电一样方便。

云计算通过提供按需计算的资源和服务来满足用户的需求，具有灵活性、可扩展性和经济性等优势，正越来越广泛地应用于各个领域。云计算有以下几大特点。

1. 资源池化与按需服务

云计算通过资源池化技术，将计算资源、存储资源和网络资源封装成一个独立的虚拟环境，形成资源池。它将各类计算资源汇集在一起，并部署成各种不同的应用供用户使用。用户可以根据实际需求，通过因特网申请服务，从资源池中动态申请或释放资源，实现按需服务。这种弹性扩展的能力使得云计算能够灵活应对不同规模、不同需求的用户应用场景。

2. 泛在接入与位置无关性

云计算服务通常通过互联网提供，用户可以通过各种终端设备（如电脑、手机、平板等）随时随地访问云服务，这种泛在接入的特性使得云计算服务具有极高的可用性和便捷性。同时，云计算还实现了位置无关性，即用户无须关心数据和服务存储在哪里，只需关注如何有效地使用这些资源。

3. 快速部署与灵活扩展

云计算具备快速部署和灵活扩展的能力。相比传统IT环境，云计算可以大大缩短应用的部署周期和响应时间，通过动态伸缩，满足应用和用户的各种需求。服务商可以根据访问用户的多少，增减IT资源（包括CPU、存储、宽带和软件应用等），从而快速并弹性地为用户提供不同的服务。同时，随着业务需求的变化，云计算还可以自动调整资源分配，实现应用的弹性扩展和收缩。这种能力对于需要快速响应市场变化的企业来说尤为重要。

4. 高可用性与容错性

云计算平台通常采用分布式架构和冗余设计，确保服务的高可用性和容错性。当某个节点或组件出现故障时，系统会自动将业务切换到其他正常的节点上，保证服务的连续性和稳定性。此外，云计算还提供了数据备份和恢复机制，确保用户数据的安全性和完整性。

5. 虚拟化与大规模

云计算具有超大规模，谷歌的数据中心已经有100多万台服务器，亚马逊、IBM等公司的云计算服务中心均有十几万台服务器。正是依托这些超大集群"云"才能提供超强的计算能力。通过虚拟技术，云计算使这些硬件设备形成资源池并部署在不同的物理服务器中，用户使用云服务无须了解这些服务具体在哪一台物理设备上，因为它们都来自"云"。

6. 经济高效与成本节约

云计算通过资源共享和动态调整资源分配的方式，实现了资源的最大化利用。相比传统IT环境，云计算可以显著降低用户的IT成本。用户无须购买和维护昂贵的硬件设备，只需按需支付服务费用即可。此外，云计算还提供了按需计费和自助服务等功能，运营流程简化，进一步降低了用户的运营成本。

7. 安全性与合规性

云计算服务商通常提供多种安全措施和合规性保障，确保用户数据和服务的安全性和合规性。这些措施包括数据加密、访问控制、安全审计等。同时，云计算服务商还需要遵守相关的法律法规和行业标准，确保服务的合法性和合规性。这些特性使得云计算成为越来越多企业和组织选择的IT基础设施之一。

总的来说，云计算的优势在于其灵活性、可扩展性和成本效益。企业可以根据实际需求随时调整计算资源和服务，避免过度投资或资源闲置。同时，云计算作为一种基于互联网的计算方式，提供了灵活、可扩展、经济高效的计算服务。用户获得的虚拟计算资源通常指的是一些大型的服务器集群，包括计算服务器、存储服务器、通信资源、带宽资源、软件资源、平台资源等，云计算把这些资源集中起来，通过专业的软件来实现对这些资源的自动管理和维护，降低了企业的IT运维成本，管理者无须为一些烦琐的细节而烦恼，能够更加专注于自己的业务。

云计算的发展带动了整个产业链的发展，对我国IT产业的发展产生了重要影响，主要涉及包括基础架构（服务器、存储器、通信设备、网络设备等）、中间件、应用软件、操作系统、网络服务规范、信息安全等在内的诸多领域。可以说，云计算将开创IT领域全新的应用前景。

然而，云计算也面临一些挑战和风险，如数据安全性、隐私保护、网络延迟等。因此，在选择云计算服务时，企业需要仔细评估自己的需求和风险承受能力，选择可靠的云计算提供商。

3.2.2　云计算技术架构与服务模式

云计算技术离不开计算机网络，计算机网络是云计算的基础。作为一种商业计算模型，云计算是基于网络将计算任务分布在由大量计算机构成的资源池上，使用户能够借助网络按需获取计算力、存储空间和信息服务。云计算融合了大量革新技术，它不仅是技术革新驱动商业模式变革的产物，也是用户需求驱动的结果。

在云计算的发展过程中，逐渐形成了多种商业模式和服务模式以及较为成熟的体系架构，本小节将介绍不同的云计算服务模式和云计算体系架构。

3.2.2.1　云计算服务模式

按部署方式来分，云计算可以分为公有云、私有云和混合云。

公有云指的是第三方提供商为用户提供的云服务，用户只需要通过因特网就能使用它，其价格通常较为低廉甚至免费。公有云是云计算的主要形态，目前在国内市场发展得很好。主要形式：政府主导的地方云计算平台，如重庆的在岸、离岸数据中心，北京的"祥云"计划等；传统的电信基础设施运营商，如电信、移动、联通等；互联网巨头公有云平台，如盛大云、腾讯云等；原有的 IDC 运营商，如世纪互联等；引进国外的云计算技术的国内企业的云计算平台，如凤起亚洲云。2019 年，我国向美方提出允许国外云计算服务提供商开展试点业务的提议。同时，我国考虑在自由贸易区开展"云计算试点"，向外国公司开放云计算市场。

私有云是针对企业用户或个人用户单独使用的云服务。它对数据的安全性和隔离性要求很高。企业一般有自己的基础设施，用于部署和配置内部需要的应用程序。私有云一般部署在企业的防火墙内，企业内部使用私有云时，网络一般稳定、快速。

混合云既包括公有云，也包括私有云。它提供的服务可以供别人使用，也可以供自己使用。不过混合云的部署方式对提供者要求很高。

企业在选择适合自己的云计算服务模型时，应综合考虑业务需求、技术能力、成本效益、安全性和云服务提供商的实力等因素。以下是根据企业的不同需求对三种主要云计算服务模型的适用性分析：IaaS 适合对灵活性要求较高和需要控制底层资源的企业。它允许企业租用虚拟化的计算资源，如服务器、存储和网络资源；适用于开发和测试环境的快速搭建、高性能计算任务以及灾备和容灾解决方案。PaaS 适合希望快速开发和部署应用程序的企业。它为企业提供应用程序开发和部署的平台，包括操作系统、数据库和开发工具；适用于 Web 应用开发、移动应用开发以及数据分析和大数据处理任务。SaaS 适合希望通过订阅方式快速获取和使用软件应用的企业。企业无须关心软件的安装、维护和升级。SaaS 广泛应用于办公协作、客户关系管理和人力资源管理等场景。

企业可以根据自身的具体情况和需求，选择单独使用或组合使用这些服务模型，以实现资源的最优配置和业务的高效运营。比如，技术实力较强的企业可能会倾向于选择 IaaS 以获得更大的控制权，而技术实力较弱或希望减少技术维护成本的企业可能会选择 SaaS 或 PaaS 来降低技术负担。同时，企业还应考虑数据安全和提供商的市场地位、信誉等因素，以确保业务的稳定运行和数据安全。

3.2.2.2　云计算体系架构

云计算有不同的服务模式，不同的厂商又各自提供具体的解决方案，因此，云计算架构的设计和实施有一定的弹性。笔者在此综合不同厂家的方案，介绍一种较为成熟的云计算体系结构。

云计算体系架构可以分为 SOA 构建层、物理资源层、资源池层和管理中间件层。管理中间件层负责云计算的资源管理、任务管理和用户管理等众多应用任务并进行调度,使资源能够高效、安全地为应用提供服务。资源池层将大量相同类型的资源构成同构或接近同构的资源池。物理资源层包括计算机、存储器网络设施、数据库和软件等。其中,管理中间件层和资源池层是云计算技术的最关键部分,SOA 构建层的功能更多依靠外部设施提供。

1. SOA 构建层

SOA 构建层是指封装云计算能力成标准的 Web Services 服务并纳入到 SOA 体系。通过这一层,用户可以根据自己的需要灵活地组合和使用不同的云计算服务,实现各种复杂的业务功能。

2. 物理资源层

物理资源层是云计算体系结构的最底层,提供基础的计算资源、存储资源和网络资源。其组成不仅有物理设备(如服务器、存储设备等),还包括数据库和网络设施。物理资源层的主要功能是物理资源的集群和管理。以集装箱服务器为例,在一个标准的集装箱里可放置 2 000 台服务器。此外,物理资源还包括其配套的散热系统和节点故障管理系统。

3. 资源池层

资源池层是指通过虚拟化技术将物理资源构建成同构或异构的资源池。在这一层,物理资源被抽象化,通过虚拟化技术创建虚拟机、容器和其他虚拟资源。虚拟化技术提高了资源的灵活性和可扩展性,为用户提供具备可伸缩、高可用性的计算资源。

4. 管理中间件层

管理中间件层主要负责资源管理、任务调度、用户管理和安全管理等。其中,资源管理的主要任务是自动调整资源的负载均衡、故障检测、恢复故障,以及对资源运行进行监视统计。任务调度主要包括完成任务映射的部署和管理,任务调度、执行及生命周期管理等。用户管理主要负责账户管理、用户环境配置、用户交互管理、用户使用计费。安全管理主要包括身份认证安全、访问权限设置、综合防护及安全审计。管理中间件层中的这些工作主要由中间件软件完成,目前比较流行的中间件软件有 WebLogic、Sphere 等。

云计算架构的关键特性包括自动化、弹性、虚拟化、按需付费等,通过提供灵活的服务模型及不同的部署模型(公有云、私有云、混合云),支持企业数字化转型,并满足不同业务场景的需求。

此外,云计算架构的实施策略涉及需求分析、选择云服务商、设计基础设施、自动化、监控和灾备计划等。在设计云计算架构时,需要考虑的关键要素包括服务模型、部署模型、可扩展性、安全性、可靠性和成本效益。

随着人工智能和云计算技术的逐渐成熟,云计算架构也在不断发展,未来可能展现出更多创新成果,如更智能的自动化、更强大的安全性、更高效的资源利用及更多针对特定行业的解决方案。

3.2.3 云计算技术在区域治安防控中的应用及挑战

区域治安防控是保障社会长治久安的一项重要工作。随着信息化的不断发展,云计算技术已经成为区域治安防控领域的一个强大的工具,为区域治安防控提供了高度智能化、高效率、高可靠性和可扩展性的解决方案。本小节将深入探讨云计算技术在区域治安防控中的应用,包括其关键优势、具体应用场景和面对的风险挑战。

3.2.3.1 云计算技术在区域治安防控中的应用及优势

在传统的治安防控体系中,服务器、网络和存储等 IT 基础设施往往是分散而隔离的,其维护和使用是由不同的机构或者同一机构的不同部门单独完成的,对信息的有效共享和对系统的统筹管理在这些分离的系统中是无法实现的。而云计算的出现为实现区域治安防控的联合优化和动态管理提供了可能。这些分散的系统通过云计算整合在一起,形成统一的治安信息基础设施,提供类型多样的治安防控应用,为每一类突发事件制定个性化的应对方案。

云计算技术在区域治安防控中的作用体现在以下几个专业层面。

1. 数据集成与分析

云计算平台能够集成和处理来自不同来源的大规模数据集,包括视频监控[18]、身份识别、行为分析等,为治安防控提供深度的数据支持。通过大数据分析技术,可以从海量数据中提取有价值的信息,实现对治安态势的实时监控和预测性分析。

2. 智能视频监控

利用云计算的弹性计算资源,结合人工智能技术,可以对视频监控数据进行实时分析,实现自动化的异常行为检测和事件响应。这种智能视频监控系统能够提高对犯罪活动的识别和响应速度,增强区域治安防控能力。

3. 云存储与数据管理

云计算提供的云存储解决方案能够满足治安防控中对数据存储和管理的需求。通过云存储,可以实现数据的高可用性、可扩展性和安全性,同时便于跨部门进行数据共享和协作。

4. 移动警务应用

基于云计算的移动警务应用,一线执法人员能够通过移动设备访问关键信息和资源,提高了现场处置的效率和准确性。这种移动化的工作模式有助于实现快速响应和灵活部署。

5. 社会治安防控信息化

云计算技术的应用推动了社会治安防控信息化的进程,通过整合新一代互联网、物联网、大数据等技术,创新了社会治安防控手段,提升了防控体系的智能化水平。云计算与物联网技术的结合,使得各种传感器和监控设备能够实时传输数据至云平台,实现对城市环境的全面感知和智能分析,进一步强化了治安防控的精细化管理。

6. 网络安全防护

云计算平台配备先进的网络安全防护措施,包括身份认证、访问控制、数据加密等,确保了治安防控系统中数据的安全性和完整性。

7. 警务云平台构建

公安机关利用警务云平台,实现了公安业务信息和社会信息的整合,通过云计算的强大处理能力,对信息进行碰撞比对和关联分析,有效提升了治安管理能力和犯罪预防能力。

8. 智能化预警与应急响应

凭借其实时分析海量数据的能力,利用自身的弹性和可扩展性,云计算平台可以及时发现潜在的安全隐患和异常情况,并自动触发预警机制。同时,结合人工智能算法和物联网技术,可以实现对紧急事件的快速响应和有效处置。例如,在发生突发事件时,云计算平台可以迅速调集周边警力、消防等资源,实现快速救援和现场控制。

云计算技术在治安防控领域应用广泛,可以提供高效、智能、灵活的解决方案。以下以视频监控云存储为例介绍云计算技术在通用治安防控领域应用的具体细节及优势。

公共安全视频监控建设联网应用是实现城市安全和社会稳定的重要基础,是"智慧城市"建设的重要组成部分,是新形势下维护国家安全和社会稳定、预防和打击暴力恐怖犯罪的重要手段,对于服务群众、提升城乡管理水平、创新社会治理体制具有重要意义。

随着高清视频的大规模应用和智能化发展,需存储的数据类型(原始视频、图片、智能化数据)多样,视频数据需要长时间保存并可随时精确调用,这对存储系统的可靠性、扩展性和性能方面提出了新要求。云存储系统提供海量的存储空间,具备高效空间利用、数据安全可靠、便捷管理等功能,并提供全局统一的接口供上层视频监控平台集成。

云计算通过在后端设计一套统一的存储资源池,满足前端摄像头产生的原始视频、图片的存储需求。治安防控领域的存储系统的建设,除了需要充分考虑各系统的主要应用场景和需求(比如应用系统对视频、图片的长时间、高速率的读写需求),还应该保证数据存储的安全性。

如图 3-6 所示为视频云存储逻辑架构,其中设备层是云存储最基础、最底层的部分,该层由标准的物理设备组成,支持标准的磁盘阵列设备。通过对设备层的整合,为云存储系统提供容量基础,为各类应用提供存储容量。

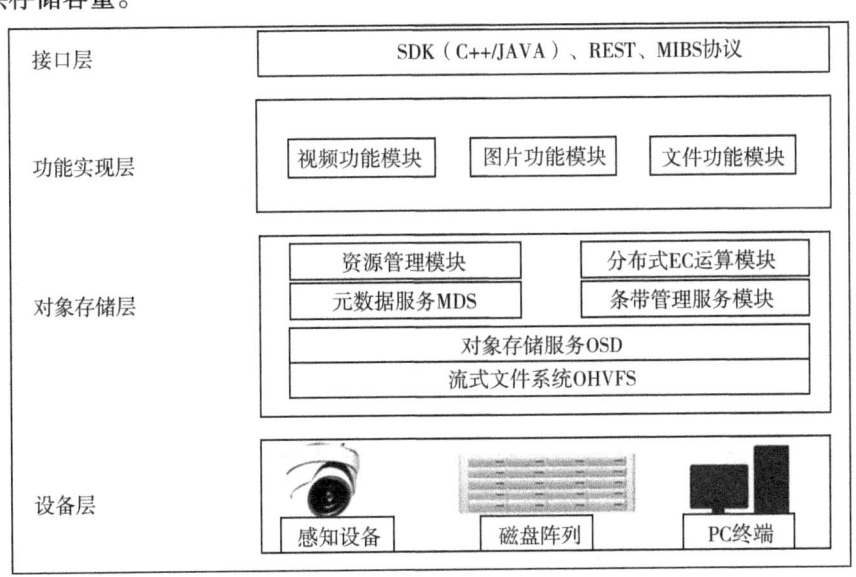

图 3-6　视频云存储逻辑架构

对象存储层建立于设备层之上,将容量按照流式文件系统格式要求进行虚拟化整合,并结合对象存储服务完成分布式存储的读写功能。它通过资源管理模块对多个 OSD 进行资源管理和分配,通过虚拟化方式构建 Bucket 存储池,并将数据以 Object 方式写入对应的存储池中。该层同时融合了虚拟化管理、分散策略、资源管理、集群管理、文件元数据管理等多种核心的管理功能。对象存储层将分布式 EC 技术与对象存储技术相结合,提供灵活的 N + M 策略,可以对数据内容进行高安全级别的保障。

功能实现层主要包含视频功能、图片功能、文件功能三个主要应用的存储功能实现。基于视频功能实现了视频录像、下载、回放等基层功能,还包含多项安防应用专用功能。图片、文件等功能同样在存储基础上将应用与存储进行更优结合,提供丰富的安防应用功能。

接口层主要将功能实现层中丰富的应用功能以灵活的方式提供给上层服务。接口类型可分为 SDK 接口、REST 协议、MIBS 协议等。可以根据实际业务类型,开发不同的应用服务接口,提供不同的应用服务。可以实现和行业专属平台、运维平台的对接;实现和智能分析处理系统的对接;实现视频数据的存储、检索、回放、浏览转发等操作;实现关键视频数据的远程容灾;实现设备及服务的监控和运维;等等。

云存储系统将全域各存储节点的资源进行虚拟化后,向用户呈现一个持续的、超大的数据资源池,即存储资源池。存储资源池的整合过程完全透明,由系统算法自行完成,将用户从烦琐的空间管理和配置中解脱出来,提高管理效率。

当存储资源无法满足用户的容量需求,需要进行扩展时,云存储系统能为用户提供十分便易的操作。用户只需要在集群内添加新增存储设备的 IP 地址,系统便会自动辨别新增设备,对其进行虚拟化整合,这样新增设备的容量就能融入集群,并作为集群内全部存储资源的一部分为用户所用。同时,在存储资源扩展的过程中,视频融合云存储系统的录像业务正常运行,保障用户不会因为系统的扩容而中断正在进行的正常业务,从而实现存储资源的在线扩展。

云存储系统支持按照设备可用容量实现负载均衡,使各存储节点上存储的数据量在稳定状态下保持均衡,同时支持按照接入任务数实现自动负载均衡,支持前端设备自动分配到存储节点。

此外,视频云存储平台配套有可视化智能运维系统,云存储运维产品应具有对视频融合云存储系统硬件、软件、系统层面的统一运维管理功能。通过与视频融合云存储系统的交互,可以实现对视频融合云存储系统的资源获取、运行状态获取、告警设置及通知、运维数据归类展示。该产品可提供人性化的界面,方便用户对集群中所有设备的运行状况进行全面了解,大大降低了管理员维护云存储系统的难度。云存储系统支持在运维监测功能页面显示存储硬盘的健康状态,便于存储硬盘的生命周期管理。

云计算技术在区域治安防控中发挥着关键作用,不仅提高了数据处理的效率和准确性,增强了治安防控的智能化和动态响应能力,还在资源利用和数据安全性及隐私保护方面发挥着重要作用。云计算技术在区域治安防控领域的广泛应用使得公安机关等相关单位能够更好地维护社会治安,保障公共安全。

3.2.3.2 云计算技术在区域治安防控中的问题及挑战

随着信息量呈爆炸式增长,要处理的数据越来越多,大数据时代已然到来。在区域治安防控领域,数据累积量同样与日俱增,原有的数据中心面临诸多问题及挑战。主要包括:原有的数据中心体系复杂,管理维护难度大;资源按谷峰需求进行配置,导致资源占用多,且很多时候处于闲置状态,利用率低,造成了严重浪费;系统的稳定性差,以人工服务为主,导致成本很高,解决问题的效率却很低;新兴的业务越来越多,而部署起来却很慢。云计算数据中心则可以解决传统数据中心面临的问题。

云计算数据中心与传统数据中心的区别是:云计算数据中心采用虚拟化技术,可以使服务器工作更加饱满,基础设施工作更加饱满;云计算数据中心可以一直在高负荷状态下运行,并能保证其可靠性;云计算数据中心更加节能,主要表现为负荷高、工作效率高、投入产出比高;云计算数据中心可以实现弹性自动负载均衡管理;对于云数据中心来说,某个服务器的维护、改建、迁移或停止不会对数据中心产生太大影响。总的来说,云计算数据中心最大的优势是成本更低、服务质量更高、开发部署周期更短、运维管理更便捷,能够适应大数据时代的要求。

目前,云计算发展的障碍体现在:用户的认知不足,标准缺失(各个提供商各自为政,没有形成统一的标准),数据主权存在争议,用户对其稳定性和可靠性存在担忧。其中,受关注最多的问题是标准和安全问题[19]。

安全问题是关系着云计算能否被用户认可的关键因素,也是区域治安防控领域的核心问题。云计算的安全问题包括：缺乏统一的安全标准及法规，用户隐私保护存在隐患，数据主权问题，数据迁移问题，数据传输过程中的安全问题、数据灾备等。只有安全问题得到解决，才能增强用户使用云计算的信心，让用户愿意将应用部署到云中，享受云计算带来的便捷服务。

上面提到的云计算挑战，以某云计算提供商解决方案为例，应对挑战的架构图如图3-7所示，其采用联盟认证及分类池化的方式来解决问题。

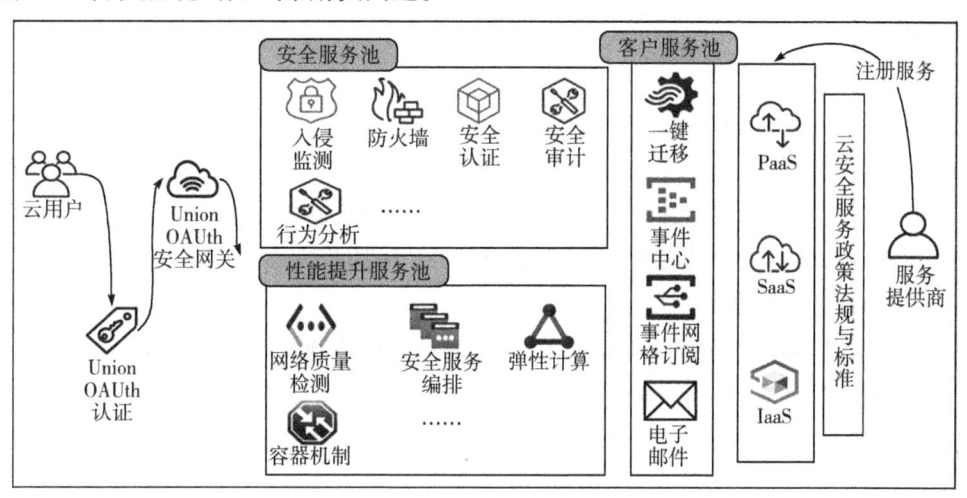

图3-7　应对挑战的架构图

在应对安全挑战方面，主要通过入侵检测、防火墙、安全认证、安全审计、行为分析、身份标识、服务安全注册机制、云备份等来提高云计算在安全方面的诉求。在该池中，可以根据需要不断挂接安全服务能力。对于性能方面的挑战，解决方案主要是通过动态无感知的扩容能力，运用网络质量监测、Docker与K8S服务编排、弹性计算、容器机制、服务发现与注册、灰度升级、邮件通知等手段提供可扩展的性能提升服务池；对于标准服务方面的挑战，解决方案主要是提供标准的客户服务池。

3.2.4　云计算技术在区域治安防控应用中的发展趋势

随着技术的不断进步，云计算技术在区域治安防控领域的应用将继续发展和创新，以满足不断演变的需求和挑战。本小节将从技术融合、智能化升级、数据共享与协同、服务创新与优化等方面对云计算在区域治安防控应用中的发展趋势进行深入探讨。

1. 技术融合推动智能化升级

随着云计算与大数据、人工智能、物联网等技术的不断融合，区域治安防控系统将实现更高层次的智能化。云计算将作为强大的数据处理和分析平台，支持大数据的实时处理和深度挖掘，为治安防控提供精准的数据支持。同时，人工智能算法将广泛应用于图像识别、行为分析、异常检测等领域，提升治安防控的智能化水平。物联网技术则将各种监控设备、传感器等连接起来，实现对城市安全的全面感知和实时监测。云计算技术与物联网、大数据、人工智能等技术更紧密地融合[20]，可形成更加智能化的治安防控体系。这些技术的结合，可以提升对治安态势的实时感知、分析和响应能力。

2. 数据共享与协同机制完善

在区域治安防控中，数据共享与协同是提升整体效能的关键。未来，云计算平台将作为数据共享的核心枢纽，促进不同部门、不同系统之间的数据交换和共享。通过建立完善的数据共享机制，可以打破信息孤岛，实现跨部门、跨区域的协同作战。同时，利用云计算的弹性扩展能力，可以灵活应对大规模数据处理的需求，确保数据共享的实时性和准确性。随着数据量的增加，云计算平台将为治安防控提供强大的数据处理和分析能力,帮助相关部门做出更加精准和高效的决策。

3. 边缘计算与分布式云

随着物联网、5G 等技术的普及,边缘计算将成为云计算的重要补充。边缘计算将计算和数据存储推向网络的边缘,减少数据传输延迟和带宽消耗,提高应用的实时性和响应速度[21]。同时,分布式云将成为云计算的新形态,通过在全球范围内部署多个数据中心和边缘节点,实现对计算资源的灵活调度和高效利用。

4. 定制化与个性化服务创新

针对不同区域、不同场景的治安防控需求,云计算将提供定制化和个性化的服务创新。通过深入了解用户需求,云计算服务商可以开发出符合区域特色的治安防控解决方案,满足用户多样化的需求。例如,针对城市商业中心、交通枢纽等重点区域,可以提供更高密度的监控和更快速的响应服务;针对农村和偏远地区,则可以提供成本更低、效果更好的治安防控方案。

5. 隐私保护与数据安全强化

在推动云计算在区域治安防控领域应用的同时,必须高度重视隐私保护与数据安全。未来,云计算服务商应加强对数据加密、访问控制、身份认证等安全技术的研发,确保用户数据的安全性和隐私性。同时,应加强与政府、行业协会等机构的合作,共同制定和完善相关法律法规和标准规范,为云计算在区域治安防控领域的应用提供坚实的法律保障。

6. 绿色云计算与可持续发展

随着全球对环境保护和可持续发展的重视程度不断提升,绿色云计算将成为未来发展的重要趋势。云计算服务商将更加注重节能减排、资源循环利用和环境保护,通过采用绿色能源、优化数据中心设计、提高能源效率等措施,降低云计算的碳足迹和能耗,为云计算在区域治安防控领域的长期稳定应用提供可持续保障。

区域治安防控正加速向数字化、智能化转型,其中云计算作为核心技术支柱,将持续推动该领域的发展与创新。技术融合,特别是云计算与大数据、人工智能、物联网等技术的紧密结合,将显著提升治安防控的智能化水平,增强对治安态势的实时感知、分析和响应能力。同时,数据共享与协同机制的完善,将打破信息孤岛,促进跨部门、跨区域的高效协同作战。边缘计算与分布式云的兴起,将进一步优化资源配置,提高响应速度。

云计算还将在服务创新方面发力,提供定制化和个性化的治安防控解决方案,满足不同区域和场景的需求。在隐私保护与数据安全方面,加强安全技术研发和安全意识培养,确保用户数据安全。此外,随着绿色云计算理念的普及,云计算服务商将更加注重节能减排和环境保护,推动区域治安防控的可持续发展。

综上所述,云计算在区域治安防控领域的应用前景广阔,将持续推动该领域朝着智能化、协同化、个性化、安全化和绿色化方向发展。

3.3 大数据

3.3.1 概述

3.3.1.1 背景

党的十八大以来,党中央高度重视发展数字经济,将其上升为国家战略。党的十八届五中全会提出,实施网络强国战略和国家大数据战略,拓展网络经济空间,促进互联网和经济社会融合发展,支持基于互联网的各类创新。党的十九大报告提出,推动互联网、大数据、人工智能和实体经济深度融合,建设数字中国、智慧社会。

当前,在大数据技术的实践中,描述性、预测性分析应用多,决策指导性等更深层次分析的应用偏少。

一般而言,人们做出决策的流程通常包括认知现状、预测未来和选择策略这三个基本步骤。这些步骤也对应了上述大数据分析应用的三个不同类型。不同类型的应用意味着人类和计算机在决策流程中不同的分工和协作方式。例如,第一层次的描述性分析中,计算机仅负责将与现状相关的信息和知识展现给人类专家,而对未来态势的判断及对最优策略的选择仍然由人类专家完成。

大数据是信息技术发展的必然产物,更是信息化进程的新阶段,其发展推动了数字经济的形成与繁荣。信息化经历了两次高速发展的浪潮:第一次始于20世纪80年代,个人计算机大规模普及应用所带来的以单机应用为主要特征的数字化(信息化1.0);第二次始于20世纪90年代中期,互联网大规模商用进程所推动的以联网应用为主要特征的网络化(信息化2.0)。当前,我们正在进入以数据的深度挖掘和融合应用为主要特征的智能化阶段(信息化3.0)。在"人、机、物"三元融合的大背景下,以"万物均需互联,一切皆可编程"为目标,数字化、网络化和智能化呈融合发展新态势。在信息化发展历程中,数字化、网络化和智能化是三条并行不悖的主线。数字化奠定基础,实现数据资源的获取和积累;网络化构建平台,促进数据资源的流通和汇聚;智能化展现能力,通过多源数据的融合分析呈现信息应用的类人智能,帮助人类更好地认知复杂事物和解决问题。

3.3.1.2 定义

大数据是指规模巨大、类型复杂且增长迅速的数据集合,这些数据无法通过传统的数据管理和处理工具进行捕捉、存储、管理和分析。大数据需要利用新的处理模式才能具有更强的决策力、洞察发现力和流程优化能力,是海量、高增长率和多样化的信息资产。

3.3.2 大数据国内外发展历程

大数据时代的到来,引起了国内外学术界、工业界和政府的广泛关注。*Nature*早在2008年就推出了*Big Data*专刊,从互联网技术、超级计算、生物医学等方面探讨了大数据的研究。2011年2月,*Science*推出专刊*Dealing with Data*,主要讨论了科学研究中大数据的相关问题并说明大数据对于科学研究的重要性。2011年6月,全球知名咨询公司麦肯锡(McKinsey)发布了一份关于大数据的详细报告*Big data: The next frontier for innovation, competition, and productivity*,详细分析了大数据的影响、关键技术和应用领域。2012年3月,美国奥巴马政府发布了《大数据研究和发展倡议》,正式启动"大数据发展计划",旨在提高和改进人们从海量数据中获取信息的能力。2012年5月,日本重启ICT战略计划,重点关注大数据应用,将大数据定位为战略领域之一。2013年年初,英国商业、创新和技能部对大数据的投资达1.89亿英镑。国务大臣戴维·威利茨说,政府将在计算基础设施方面投入巨资,加强数据采集和分析,从而在数据革命中占得先机。2013年2月,法国政府发布《数字化路线图》,列出5项重点支持的战略性高新技术,其中一项就是大数据。2013年6月,日本安倍内阁正式公布新IT战略——创建最尖端IT国家宣言,该宣言全面阐述了2013—2020年以发展开放公共数据和大数据为核心的日本新IT国家战略。

与国外相比,国内大数据研究起步稍晚,企业使用数据挖掘技术尚不普遍,但近年来出现了蓬勃发展的态势。2012年5月,香山科学会议组织了以"大数据科学与工程——一门新兴的交叉学科"为主题的会议,深入讨论了大数据的理论、工程技术研究、应用方向。2012年6月9日,中国计算机学会常务理事会决定成立大数据专家委员会。2012年10月,成立了首个专门研究数据应用和发展的学术咨询组织——中国通信学会大数据专家委员会,推动了我国大数据的科研与发展。2012年11月,首届数据科学与信息产业大会在北京国际数学研究中心召开,在中国大数据相关会议中具有里程碑的意义。2013年12月6日,"2013年中国智慧政府发展年会"在北京万寿宾馆隆重举行,大会以"大数据时代的政府在线服务"为主题,对新时期我国政府网站的发展具有重要推动作用。2014年5月15日,上海市宣布自当年起推动各级政府部门将数据开放,并鼓励社会对其进行加工和运用。2014年5月20日至23日,第六届中国云计算大会于北京国家会议中心拉开帷幕,此次会议通过技术专场、产品发布和培训课程等方式,深度剖析云计算与大数据的核心技术。2020年以来,随着5G、物联网的发展,大数据的应用场景不断丰富,智能化水平不断提高。中国学术界、工业界及政府对大数据的广泛关注,必将促进我国大数据的快速发展[22]。

3.3.3 大数据技术架构与特点

3.3.3.1 大数据架构

大数据技术架构通常包含多个层次和组件,以支持数据的存储、处理和分析。如图3-8所示为典型的大数据技术架构的主要组成部分。

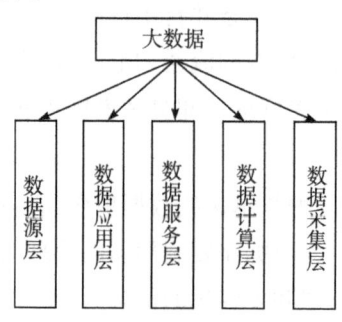

图3-8 大数据技术架构

3.3.3.2 数据源层

大数据数据源层处于大数据生态系统的初始环节,包括各种不同来源和类型的数据,这些数据可以被收集、存储和分析。数据源层是大数据处理的基础,以下是对这一层的详细介绍,包括主要的数据源类型、特点技术和工具。

1. 数据源类型

结构化数据:这种数据通常以表格形式存在,具有固定的模式。常见的结构化数据包括关系型数据库、数据仓库等。

半结构化数据:虽然这类数据不严格遵循固定的模式,但仍保留一定的结构元素,常见的格式包括XML、JSON等。

非结构化数据:这类数据不具有预定义的数据模型,形式多样,包括文本、视频、音频等。

实时数据流:包括来自各种传感器和设备产生的实时数据,如物联网设备、用户活动流、金融市场交易数据等。

2. 数据源的特点

多样化:数据来源广泛,包括企业内部系统、外部开放数据、社交网络、物联网等,涉及多种格式和类型。

动态性:数据不断实时生成和更新,如用户行为数据、交易数据等,要求系统能够快速适应变化。

分散性：数据往往分布在多个地点和平台上，可能包括云存储和本地服务器。

丰富性：数据不仅包括传统的业务数据，还包括行为数据、传感器数据、社交媒体数据等，提供了更多的分析和洞察的空间。

3. 数据源层的技术和工具

在数据源层，使用的技术和工具主要包括：

数据采集工具：用于从各种数据源提取数据，比如 Apache Flume、Apache NiFi。

数据存储系统：如 Hadoop、NoSQL 数据库（Cassandra、MongoDB 等）用于存储大规模、多样化的数据。

数据处理框架：如 Apache Spark、Apache Storm 等，用于实时和批处理的数据分析。

API 接口：通过 API 接入外部数据，获取实时信息流。

数据源层是整个大数据分析和管理流程的起点，其数据的获取与整合至关重要。通过对多种类型数据源的有效管理和利用，企业可以为后续的数据分析、挖掘和决策提供坚实的基础。理解这一层的运作和特点，对后续的数据处理和分析环节的成功起着关键作用。

3.3.3.3 数据采集层

大数据数据采集层是大数据架构中的重要组成部分，负责从不同来源获取和收集数据，以便后续的数据处理和分析。这一层的主要任务是确保数据的多样性、准确性和及时性。

1. 数据采集的目的和重要性

数据整合：将来自不同来源的数据整合到一起，建立统一的数据视图。

实时数据获取：确保能够快速捕获瞬息万变的数据，特别是在实时分析和决策支持中至关重要。

确保数据质量：通过清洗和过滤，确保采集的数据是高质量的，符合后续分析的要求。

2. 数据采集的过程

数据采集通常包括以下步骤。

识别数据源：确定要采集的数据来源，如结构化数据库、社交媒体、传感器、日志文件等。

数据提取：使用合适的工具和技术从数据源提取数据。

数据清洗和预处理：对提取的数据进行清洗、格式化、去重等处理，以提升数据质量。

数据存储：将清洗后的数据存储到合适的存储介质中，如数据湖、NoSQL 数据库、关系型数据库等。

数据监控：持续监控数据采集过程，确保数据流的稳定性和可靠性。

3. 数据采集的工具和技术

数据采集层使用的工具和技术多种多样，主要包括：

（1）数据采集框架。

Apache Flume：用于有效地收集和聚合日志数据。

Apache NiFi：支持数据流的自动化管理，能够以用户友好的方式实现数据流的设计和监控。

Web 爬虫：用于提取网页内容，抓取社交媒体数据和开放数据集。可使用 Scrapy、Beautiful Soup 等工具。

（2）实时数据流处理工具。

Apache Kafka：用于构建实时数据管道，支持高吞吐量和低延迟的数据传输。

Amazon Kinesis：用于实时数据流处理。

API 接口：通过调用 RESTful 或 GraphQL API 来获取数据，如社交媒体平台、金融 API 等。

ETL 工具：数据提取、转换和加载工具，如 Apache Hadoop、Talend、Informatica 等，擅长从不同系统中提取和转换数据。

大数据数据采集层是实现大数据分析的基础，涉及多种工具和技术。有效的采集策略可以确保获取高质量、多样化的数据，进而为后续的数据存储、处理和分析奠定良好的基础。随着技术的发展，数据采集的工具和方法也在不断演进，以应对日益增长的数据量和复杂性。

3.3.3.4 数据计算层

大数据的计算层是大数据架构中的重要组成部分，主要负责对大规模数据进行处理、分析和计算。计算层的设计和实现对于数据的价值挖掘和决策支持至关重要。以下是对大数据计算层的概述，包括其功能、架构、工具和技术。

1. 数据计算层的功能

数据处理：对存储在数据层的大量数据进行清洗、转换和整合，以便为分析和挖掘做准备。

批处理与流处理：支持对静态数据集进行批量处理，以及对实时流数据进行即时处理和分析。

复杂计算：执行复杂的算法和模型训练，如机器学习和深度学习等。

数据分析：提供数据分析和可视化的功能，以帮助用户从数据中获取洞察和决策支持。

报告生成：基于分析结果生成报告和仪表板，以便于业务理解和做出决策。

2. 数据计算层的架构

计算层的架构可以分为以下几个部分。

批处理引擎：例如 Apache Hadoop MapReduce，适用于处理大规模的静态数据集，通过将数据划分为小任务进行并行处理。

流处理引擎：如 Apache Spark Streaming 和 Apache Flink，支持对实时数据流的快速处理，能够实现低延迟的数据分析。

存储层：通常与计算层紧密结合，如 HDFS（Hadoop Distributed File System）等分布式文件系统提供原始数据存储，计算引擎可直接访问。

大数据计算框架：如 Apache Spark，它不仅支持批处理和流处理，还支持机器学习和图计算等多种计算模型。

3. 数据计算层的工具和技术

以下是一些在大数据计算层常用的工具和技术。

Apache Spark：一个快速且通用的大数据处理引擎，支持批处理、流处理、机器学习和图处理。

Apache Flink：专注于高吞吐量和低延迟的流处理，适合实时应用。

Apache Hadoop：包括 Hadoop MapReduce 和 HDFS，适合大规模数据存储和批处理。

Apache Storm：用于分布式实时计算，适合需要快速处理流数据的场景。

Dask：一个并行计算库，支持大规模数据分析，且与 Pandas 生态系统兼容。

TensorFlow、PyTorch：在大数据环境中使用，进行深度学习模型的训练和推理。

3.3.3.5 数据服务层

数据服务层是大数据架构中的一个关键组成部分，主要负责为应用程序和用户提供数据访问和处理服务。它在数据处理链中起到桥梁作用，将底层数据存储抽象化并提供易用的接口，确保数据能够高效、安全地被调用和使用。

1. 数据服务层的主要功能

数据查询和访问:允许用户和应用通过 API 或查询语言(如 SQL、GraphQL)访问和查询数据。

数据处理与转换:在数据被呈现给最终用户之前,进行必要的数据处理和转换,如数据清洗、聚合等。

数据整合:将来自不同数据源的数据整合在一起,为用户提供统一视图,常见的数据源包括关系型数据库、NoSQL 数据库及数据仓库等。

安全和权限管理:实施数据访问控制,确保只有授权用户才能访问敏感数据,保护数据隐私。

监控和审计:对数据访问进行监控,生成审计日志,以确保合规性和数据使用透明度。

2. 数据服务层的典型组件

API 层:通过 RESTful 或 GraphQL 等接口提供数据访问服务。

服务网关:用于统一管理不同微服务的访问,通常集成负载均衡、安全性和 API 版本管理等功能。

数据代理层:接受来自用户或应用的请求,将其路由到合适的后端服务和数据源。

数据缓存:使用 Memcached、Redis 等缓存机制加速数据访问,减少对底层存储的压力。

查询引擎:如 Apache Drill、Presto 等,允许对多种数据源进行即席查询,支持复杂的数据分析需求。

3. 数据服务层的架构设计

微服务架构:将数据服务拆分成多个小服务,独立开发和部署,提高灵活性和可维护性。

事件驱动架构:利用消息队列(如 Kafka、RabbitMQ)进行异步数据处理,提高系统的响应能力。

服务编排:通过服务编排工具(如 Kubernetes、Apache Airflow)来管理和调度服务的工作流程。

数据服务层在大数据架构中扮演着至关重要的角色,通过合理的设计和优化,能够有效地提高整个系统的数据访问效率,为用户和业务提供更好的数据体验。通过应用现代架构和工具,企业可以实现灵活、高效且安全的数据服务。

3.3.3.6　数据应用层

数据应用层是大数据架构中的重要组成部分,主要负责利用数据服务层提供的数据来实现具体的业务逻辑和用户功能。它通常包括各种数据驱动的应用程序、用户界面和业务逻辑处理。以下是对数据应用层的详细介绍。

1. 数据应用层的功能

数据展示:将后端数据以用户友好的形式展示,使用图表、仪表盘等可视化手段帮助用户理解数据。

业务逻辑处理:根据业务需求处理和分析数据,进行计算、决策和转化,以支持业务操作。

用户交互:提供用户界面,允许用户输入数据、提交请求和与数据进行互动。

报告生成:根据需求生成定期或即席报告,为管理和决策提供支持。

数据集成:集成不同来源的数据,为用户提供统一的视图和体验。

2. 数据应用层的典型组件

前端应用:使用 HTML、CSS、JavaScript 等技术构建用户界面,响应用户的各类输入和操作指令。

后端应用:处理用户请求,执行业务逻辑,并与数据服务层进行通信。形式包括 Web 应用、移动应用或 API 服务等。

可视化工具:如 Tableau、Power BI 等,专门用于数据分析和可视化,帮助用户更好地理解和利用数据。

应用程序接口(API):为外部系统和服务提供数据访问接口,支持应用之间的互操作性。

3. 数据应用层的架构设计

分层架构:将应用层划分为表现层、业务逻辑层和数据访问层,以实现良好的分离关注点和可维护性。

微服务架构:将应用拆分为多个小型服务,每个服务负责特定功能,实现灵活的开发和部署。

单页应用(SPA):使用 Angular、React 或 Vue 等框架,构建用户体验更佳的应用程序,减少页面重载,提高动态响应能力。

3.3.3.7 大数据的特点

大数据的核心特点通常被称为"4V"模型,后来有人提出了"5V"或更多的扩展版本。以下是大数据的几个主要特点。

1. 大量化(Volume)

大数据的最显著特征是数据的体量巨大。数据的产生速度和数量是前所未有的,来源包括社交媒体、传感器、交易记录、网络日志等。这些数据量通常以 TB 或 PB 为单位。

2. 快速化(Velocity)

数据流动的速度很快。数据被实时生成和传播处理,尤其是在社交媒体和物联网环境下,数据几乎是实时更新的。这对分析系统提出了更高的要求,以便及时处理和生成有价值的信息。

3. 多样性(Variety)

相对于以往便于存储的以数据库文本为主的结构化数据,非结构化数据越来越多,包括网络日志、音频、视频、图片、地理位置信息等,多类型数据的出现对数据的处理能力提出了更高的要求。

4. 真实性(Veracity)

大数据的来源多种多样,数据的准确性、可靠性和一致性可能存在问题。确保数据质量至关重要,因为高质量的数据是有效分析和决策的基础。

5. 价值密度低(Value)

只有通过正确的分析方法,才能从海量的数据中提取有价值的信息,用于支持决策、优化流程、预测趋势等。因此,企业需要掌握如何从数据中创造价值。

大数据的这些特点使得在处理、存储和分析数据时需要使用不同于传统数据处理技术的新方法和新工具。企业和组织必须充分理解这些特点,以便有效利用大数据来推动业务和创新。

3.3.4 大数据在区域治安防控中的应用

大数据在区域治安防控中的应用日益广泛且深入,在提升治安防控效率、精准度和智能化水平方面发挥着重要作用。以下是大数据在区域治安防控中的几个主要应用方面。

1. 视频监控与智能感知

实时监控:在城市各个角落安装监控摄像头,实现对公共区域的实时监控。

智能分析:结合人工智能和大数据技术,对监控视频进行智能分析,快速发现异常行为和可疑人员,提高监控效率。

预警响应:一旦发现异常情况,立即触发预警机制,通知附近警力迅速响应,有效遏制犯罪活动。

2. 警情处置与指挥调度

快速响应:利用大数据技术,实现警情的快速接报、处理和反馈,缩短响应时间。

精准调度:根据警情性质和地理位置,精准调度警力资源,提高处置效率。

协同作战:通过数据共享和协同平台,实现多警种、多部门之间的信息共享和协同作战,提升整体防控能力。

3. 社会面防控与网格化管理

在当今复杂多变的社会环境中,社会面防控与网格化管理成了提升区域治安水平、确保社会稳定的重要手段。

精细网格划分:为了实现高效的社会面防控,首先将区域细致地划分为若干个网格。网格的划分依据包括但不限于地理位置、人口密度、历史犯罪率、重点单位分布等,确保每个网格内的情况都能得到充分关注和有效管理。明确每个网格的边界和范围,并配备相应的警力和防控力量,形成"一格一警"或"一格多警"的工作模式,确保责任明确、管理到位。

全面数据采集与基础数据库建设:依托大数据平台,对网格内的人口、房屋、单位等各类信息进行全面采集和整理。信息包括但不限于常住人口信息、流动人口信息、房屋出租情况、企业单位注册信息等。通过大数据汇总和分析,建立完善的基础数据库,为后续的防控工作提供坚实的数据支撑。同时,这些数据还可以实现跨部门共享,促进各相关部门之间的协同作战和综合治理。

动态监控与实时预警:在网格化管理的基础上,加强对网格内人员流动、车辆行驶等动态信息的实时监控。通过安装视频监控、人脸识别等智能安防设备,实现对网格内重要区域和关键节点的全天候、全方位监控。同时,利用大数据分析技术,对这些动态信息进行深度挖掘和分析,及时发现并处理异常情况。例如,对于异常聚集的人群、频繁出入的可疑车辆等,系统可自动触发预警机制,通知网格内的警力和防控力量迅速前往处理,有效防范安全事件发生。

综上所述,随着社会面防控与网格化管理的深化应用,通过精细网格划分、全面数据采集与基础数据库建设、动态监控与实时预警等多方面的改进,可以不断提升区域治安防控水平,确保社会和谐稳定。

4. 智慧警务应用

智慧警务作为我国警务工作中新兴的范式,以大数据、物联网、云计算等新一代信息技术为核心,能够实现警务工作信息的数据化、智能化和互联化。党的十九大以来,公安部大力推进公安大数据战略实施,不断深化大数据智能化应用。对于公安机关而言,应当坚持将发展智慧警务核心技术作为智慧警务建设的核心部件,突破公安警务机制体制瓶颈,促进警务流程更新迭代[23]。

警务 App:研发警务 App,方便民警随时随地查询信息、处理警情、开展巡逻防控等工作。

智能研判:利用大数据和人工智能技术,对案件进行智能研判,提供破案线索和侦查方向。

民生服务:通过大数据平台,为市民提供便捷的民生服务,如户籍办理、证件申领、法律咨询等,提升群众满意度和安全感。

5. 数据共享与协同治理

跨部门合作:推动政府各部门之间的数据共享和协同治理,打破信息壁垒,实现资源共享和优势互补。

社会参与:鼓励社会力量参与治安防控工作,通过大数据平台收集社会面信息,形成群防群治的良好局面。

综上所述,大数据在区域治安防控中的应用涵盖了视频监控与智能感知、警情处置与指挥调度、社会面防控与网格化管理、智慧警务应用及数据共享与协同治理等多个方面。这些应用不仅提高了治安防控的效率和精准度,还推动了警务工作的智能化和现代化进程。

3.3.5 大数据在区域治安防控中的发展趋势

大数据在区域治安防控中的发展趋势可以从以下几个方面进行分析。

1. 智能化数据分析

智能化数据分析是结合人工智能和机器学习技术,对数据进行深入分析和挖掘的过程。通过自动化的分析模型和算法,智能化数据分析能够帮助企业和组织快速获取洞察、预测趋势、优化流程,并做出数据驱动的决策。

预测性警务:利用大数据分析工具对历史犯罪数据、社会事件和气象数据进行综合分析,预测潜在的犯罪活动,从而优化警力部署。

异常检测:通过实时监控视频数据和社交媒体信息,快速识别异常行为或可疑活动。

2. 综合信息平台

(1)数据整合:在信息化高速发展的当下,数据已成为推动社会进步和治理创新的关键要素。综合信息平台通过先进的数据整合技术,打破了传统部门间的信息壁垒,实现了公安、交通、社区等多个部门数据的无缝对接与融合。这一过程不仅极大地丰富了信息资源的种类和数量,而且确保了信息的时效性和准确性,为政府决策、公共服务和社会治理提供了强有力的数据支撑。

数据整合的核心在于建立统一的数据标准和交换机制,确保各部门数据在格式、内容、质量等方面具备一致性和可比性。通过数据清洗、去重、转换等预处理步骤,平台能够自动识别和整合来自不同源头的数据,形成全面、准确、实时的信息库。同时,平台还具备强大的数据分析和挖掘能力,能够深入挖掘数据背后的关联和规律,为政府决策提供科学依据。

(2)一体化指挥中心:依托数据整合的坚实基础,综合信息平台进一步构建了区域治安防控的一体化指挥中心。该中心充分利用大数据技术的优势,实现对各类信息的实时监测、预警和响应,为区域治安防控工作提供强有力的技术支持。

一体化指挥中心通过集成视频监控、智能分析、应急调度等多种功能模块,实现对治安、交通、消防等领域的全面监控和快速响应。当发生突发事件或异常情况时,系统能够自动触发预警机制,迅速将相关信息推送给相关部门和人员,并启动应急响应流程。同时,指挥中心还具备强大的协调调度能力,能够根据实际情况快速调配资源,确保应急处置工作顺利进行。

此外,一体化指挥中心还注重与公众的互动和沟通。通过社交媒体、手机 App 等渠道,平台能够及时向公众发布治安信息、预警提示和防范措施,提高公众的安全意识和自我保护能力。同时,公众也可以通过这些渠道向平台反馈问题和建议,由此形成政府与社会共治的良好局面。

综合信息平台通过数据整合和一体化指挥中心的构建,实现了跨部门信息共享与协同作战,提升了区域治安防控的智能化水平和应急响应能力。这一平台的建立不仅有助于提升政府治理效能和服务水平,更为构建和谐社会、保障人民安居乐业贡献了力量。

3. 智能终端应用

移动警务的智能化革新:随着科技的飞速发展,移动警务作为警务工作现代化的重要标志,正借助便携式智能设备和专用手机应用实现前所未有的变革。这些智能终端不仅让警务人员能够随时随地接入公安信息系统,还极大地增强了他们的现场处置能力。

警务人员配备的高性能智能手机、平板电脑或专用警务终端,内置了强大的数据处理和通信功能模块,能够实时连接公安后台数据库。这意味着,无论身处何地,他们都能迅速查询嫌疑人的身份信息、犯罪记录,或调取附近的监控录像,为现场决策提供即时、准确的信息支持。同时,这些设备还支持直接上传高清照片和视频,使得现场证据能够即时回传至指挥中心,便于后续分析和处理。

此外,移动警务应用还集成了多种实用功能,如 GPS 定位、语音通话、即时通信等,确保了警务人员在执行任务时通信畅通无阻,提高了团队协作效率。通过这些智能终端,警务工作实现了从传统的静态管理向动态、实时的现代化管理模式的转变。

智能监控系统的前沿应用：在治安防控领域，智能监控系统的应用同样带来了革命性变革。这些系统利用先进的人工智能技术，如深度学习、图像识别等，将传统的监控摄像头升级为具备高度智能化的"电子警察"。

智能监控系统通过部署在重点区域的高清智能摄像头，实现了对人流、车流等动态信息的实时监控和智能分析。人脸识别技术能够迅速从人群中识别出特定人员，如犯罪嫌疑人或失踪人员，为警方提供重要的线索和证据。车牌识别技术则能够自动记录并比对过往车辆的车牌信息，帮助警方追踪嫌疑车辆，提高交通管理和治安防控的效率。

更为关键的是，智能监控系统具备强大的数据分析能力，能够通过对海量监控数据的挖掘和分析，发现潜在的治安隐患和犯罪模式，为警方提供预警和决策支持。这种基于大数据的智能分析技术，使得治安防控工作更加精准、高效。

综上所述，智能终端应用在现代警务与安防领域的广泛应用，不仅极大地提升了警务工作的效率和准确性，还为城市的治安防控提供了强有力的技术支撑。随着技术的不断进步和创新，我们有理由相信，未来的警务工作和安防体系将会更加智能化、高效化。

大数据在区域治安防控中的发展，将进一步提升城市安全管理的智能化、科学化和精准化水平，增强民众的安全感和提高民众的满意度。需要注意的是，在发展的过程中，要兼顾隐私保护和数据安全的平衡，确保技术的可持续性和社会的接受度。

3.4 移动互联网

3.4.1 概述

移动互联网是当前信息技术领域的热门话题之一，它将移动通信和互联网这两个发展最快、创新最活跃的领域连接在一起，并凭借数十亿的用户规模，开辟信息通信业发展的新时代[24]。根据中国互联网信息中心（CNNIC）发布的第53次《中国互联网络发展状况统计报告》显示，截至2024年12月，我国网民规模突破11亿人，达11.08亿人，较2023年12月新增网民1 608万人，互联网普及率达78.6%，较2023年12月提升1.1个百分点。其中，我国网络视频用户规模达10.7亿人，占网民总数的96.6%。同时手机网民继续保持良好的增长态势，规模达到了11.05亿人，占网民总数的99.7%，手机继续保持第一大上网终端的地位。相关数据显示，我国经济总体回升向好态势持续巩固，互联网在加快推进新型工业化、发展新质生产力、助力经济社会发展等方面发挥重要作用。

移动互联网体现了"无处不在的网络、无所不能的服务"的思想，它所改变的不仅是接入互联网的方式，而且是一种新的能力、新的思想和新的模式。随着移动互联网技术的不断发展和完善，它正在不断地孕育出新的业务形态、商业模式及产业形态[25]。这种变革不仅极大地丰富了数字世界的多样性，而且深刻影响着社会经济结构和人们的生活方式，推动着各行各业向更加智能化、便捷化和个性化的方向发展。

目前，互联网正在改变着人们的日常生活、学习和工作方式。移动互联网的发展使得人们能够通过随身携带的智能设备，如智能手机、个人数字助理（PDA）、平板电脑等，在任何时间和地点，甚至是在移动过程中轻松获取各种互联网服务。这种随时在线的能力不仅极大地方便了信息的获取和分享，还促进了新型生活方式和社会互动模式的形成，为人们提供了更加灵活高效的工作、学习环境和丰富多彩的生活体验。

同样地，移动互联网已经成为学术界和业务界共同关注的热点，对其定义可谓众说纷纭。从广义上来讲,移动互联网是指利用移动通信技术和各类无线网络,使手持移动终端(如智能手机、平板电脑等)能够随时随地接入互联网,实现信息交流与服务获取的一种互联网络[26]。简而言之,移动互联网允许用户在移动中通过各种移动设备随时接入互联网,享受包括商务、娱乐在内的多种网络服务。它既可以被视为互联网的自然延伸,也可以被看作是互联网未来的一个重要发展方向。通过将移动通信技术与互联网相结合,移动互联网不仅拓宽了人们获取信息的渠道,也催生了一系列新的应用和服务,从而深刻影响了人们的生活、学习和工作方式。其他类似的定义如下所述。

①中国工业互联网研究院在2023年发布的《中国工业互联网产业经济发展白皮书》中提出,移动互联网是以移动网络作为接入网络的互联网及服务,它包括移动终端、移动网络和应用服务三大要素。

②维基百科的定义:移动互联网是指使用移动无线调制解调器(Modem),或者整合在手机或独立设备(如USB Modem、PCMCIA卡等)上的无线Modem接入互联网。

③Information Technology论坛定义:无线互联网是指通过无线终端,如手机、PDA等,使用世界范围内的网络。无线网络提供了任何时间、任何地点的无缝链接,用户可以使用E-mail、移动银行、即时通信、天气、旅游信息及其他服务。总的来说,想要适应无线用户的站点就必须以可显示的格式提供服务。

从上述定义可以看出,移动互联网涉及两个主要层面。从技术层面来看,移动互联网是以宽带IP为核心技术的开放式基础电信网络,能够支持语音、数据传输、多媒体等多种业务;从终端层面来看,移动互联网是指用户使用诸如智能手机、上网本、笔记本电脑、平板电脑、智能本等移动终端设备,通过移动网络获取移动通信服务和互联网服务[27]。

移动互联网包括网络、终端和应用三个基本要素。移动互联网的第一个核心要素是网络,移动互联网与传统互联网的最大区别之一在于移动网络运营商扮演着更为关键的角色。至于终端形态,目前移动互联网的应用平台主要包括苹果公司推出的iOS操作系统及其应用商店App Store,以及谷歌公司推出的Android操作系统及其应用市场Google Play。此外,华为推出了鸿蒙操作系统(HarmonyOS),这是一个面向多设备的分布式操作系统,旨在为用户提供跨设备的无缝体验。华为还开发了自己的应用市场——华为应用市场(Huawei App Gallery),以支持鸿蒙系统及其生态系统的应用和服务。除了这些主要平台,微软的Windows Mobile操作系统及其他一些操作系统也在市场上占有一席之地。这些平台不仅为用户提供了丰富的应用程序和服务,还促进了移动互联网生态系统的繁荣发展,使得用户能够享受到多样化的移动应用和服务体验。

移动互联网是建立在移动通信网络基础上的互联网,可以说没有互联网就没有移动互联网。从本质和内涵来看,移动互联网继承了互联网的核心理念和价值,如体验经济、草根文化、长尾理论等。它与传统互联网最大的区别在于运营商的控制力。在传统互联网中,互联网服务提供商(Internet Service Provider,ISP)对用户的控制力较弱,用户可以通过多种途径接入互联网并获得基本相同的服务,ISP通常并不掌握用户的详细信息。相比之下,移动网络运营商拥有较强的控制力,不仅掌握着用户的详细信息,还能够直接影响用户访问网络的方式和服务质量。这种控制力有助于移动网络运营商提供定制化的服务,优化用户体验。此外,移动互联网实质上推动了互联网技术的发展。比如,IPv6标准虽然制定已久,但由于传统互联网用户的增长相对缓慢,IPv6的实际部署进程一直较为缓慢。然而,随着移动互联网用户数量的迅速增加,尤其是"永远在线"功能要消耗大量的IP地址,这极大地推动了IPv6的发展及相关应用的普及。由于移动用户的位置不断变化,移动互联网对移动IP的支持提出了更高的要求。在新兴技术中,对移动互联网影响最大的就是基于无线技术的机器对机器(Machine – to – Machine,M2M)通信技术。物联网可看作是移动互联网的一个重要分支,因此可以将其称为"移动物联网"(Mobile Internet of Things)。物联网的接入技术在很大程度上依赖于无线技术,因此移动物联网也是移动互联网的一个重要组成部分,它促进了各种智能设备之间的连接与通信,为智慧城市、智能家居等领域带来了巨大的变革。

移动互联网的第二个核心要素是终端,它是移动互联网得以实现的前提和基础。随着移动终端技术的不断进步,现代移动终端已经具备了强大的计算、存储和处理能力,同时还集成了触摸屏、定位系统、视频摄像头等多种功能组件,并且可以运行智能操作系统和开放的软件平台。对于传统的互联网而言,终端并不是一个瓶颈性的问题,但在移动互联网领域,由于受到电源容量和体积大小的限制,终端的功能和性能成了实现各种业务的关键因素。终端的各个方面都至关重要。首先是终端形态,未来的移动互联网不仅仅局限于支持传统意义上的手机,还包括电子书阅读器、平板电脑等多种类型的设备,这些设备都将成为移动互联网的终端载体。其次是物理特性,如CPU类型、处理能力、电池容量、屏幕大小等。另外,附加的各种硬件功能对实现各种业务也具有非常关键的影响[28]。再次是操作系统,不同的操作系统各具特色,它们之间往往不兼容,这给开发者带来了挑战。例如,iOS、Android、HarmonyOS等操作系统有各自的优点和局限性,开发者需要针对不同的操作系统进行专门的应用开发。

移动互联网的第三个核心要素是应用及其平台,这是移动互联网的核心所在。移动互联网服务与传统的互联网服务相比,具有独特的特点,包括移动性、智能化、个性化和商业化等。用户可以随时随地通过移动终端获取移动互联网服务,这些服务能够根据用户的地理位置、兴趣偏好、个性需求及所处环境来进行定制。随着6G时代的到来,移动互联网的应用变得更加丰富多样。移动性意味着用户可以在移动过程中无缝接入互联网,不受地理位置的限制。智能化则体现在服务能够根据用户的行为和偏好自动调整,提供更加智能的建议和服务。个性化是指可以根据用户的特定需求提供定制化的体验。而商业化则推动了新的商业模式和服务的诞生,如移动支付、在线购物、移动广告等。这些特点不仅丰富了移动互联网的应用场景,也为用户提供了更加便捷、高效和个性化的体验。随着技术的进步和创新,移动互联网的应用和服务将持续发展,为用户创造更多的价值。

3.4.2 移动互联网技术架构与特点

3.4.2.1 移动互联网的技术架构

移动互联网的技术架构主要由移动终端模块、网络和服务模块、服务和应用模块的交互作用构成,形成宏观环境。移动互联网技术架构如图3-9所示,这一架构通过整合终端、网络服务及应用服务三个模块的内容,实现了内容的消费。

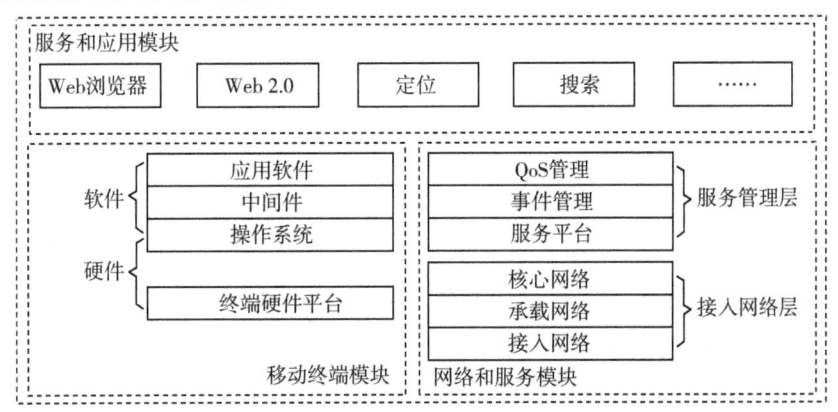

图3-9 移动互联网技术架构

移动终端模块涵盖硬件与软件,硬件作为终端硬件平台是物理基础,软件由起底层支撑作用的操作系统、衔接上下层的中间件以及直接面向用户需求的应用软件组成,三者协同为移动终端提供运行环境,确保硬件与软件协调工作;网络和服务模块中,服务管理层包含保障服务质量的QoS管理、处理各类网络事件的事件管理以及支撑服务运行的服务平台,负责对网络服务进行整体管理与协调,接入网络层则由核心网络、承载网络、接入网络构成,承担网络接入、数据传输及语音通信等功能,确保移动终端与互联网的连接;服务和应用模块包括Web浏览器、Web 2.0、定位、搜索等多样化服务与应用,直接为用户提供内容浏览、交互、定位等功能,满足用户在信息获取、社交、生活服务等多场景下的需求[29]。

移动互联网技术架构的交互模式依托终端、网络与应用服务模块形成消息、浏览及丰富通话三个方面。消息模式不是实时交互,而是更加灵活的基于存储转发、索取及推送功能的消息传递方式。多媒体消息服务(MMS)为移动互联网消息带来了全新的形式,为用户提供了更多丰富的可视化内容,成为内容供应商、应用开发商、移动运营商及广告商关注的重点市场之一。浏览模式是一种实时通信模式,包括音频、视频等流媒体的传输,通过多媒体来实现对网络内容的浏览,当前的4G、5G技术为网络浏览服务提供了更多的可能性和发展空间。丰富通话模式不仅能够实现语音与视频的高质量呼叫,同时支持实时通信元素的并发通信;不仅可以实现在移动互联网内的通话,还能实现与WLAN互联网的互通。丰富通话为个人之间的通信提供了更好的服务体验,包括高清视频通话、屏幕共享等功能。这些交互模式不仅丰富了移动互联网的应用和服务,也为用户提供了更加便捷和个性化的体验。随着技术的不断进步,如5G和6G技术的应用,这些模式将进一步得到优化和扩展,以满足用户日益增长的需求[30]。

3.4.2.2 移动互联网的特点

相对于传统的桌面互联网,移动互联网因其便携性、实时性和个性化等特点,极大地拓展了应用创新的空间,并催生了更加灵活多样的商业模式,因而具有更大的市场潜力和发展前景。随着传输速度和计算能力的提升,移动互联网打破了以往的技术瓶颈,使得用户能够更加自由地做出决策和采取行动。这种自由度的提升促使许多原本在桌面互联网上的业务和服务逐渐向移动互联网迁移。总体来讲,移动互联网主要有以下特点。

1. 随时随地的连接性

移动互联网的最大特点之一是它能够提供随时随地的连接。传统的互联网接入方式通常依赖于固定的设备和有线连接,而移动互联网技术通过无线通信网络(如蜂窝网络、Wi-Fi、蓝牙等)使得用户可以在任何地点进行互联网连接。这种无处不在的连接性极大地提升了互联网的使用效率和便利性,用户可以随时获取所需信息、进行在线沟通和执行各种互联网操作。

这种特点也带来了更大的信息获取自由度。无论是在家中、在办公室还是在旅行途中,用户都能够通过移动设备接入互联网,获取实时的新闻、数据和娱乐内容。这种全天候的连接性不仅提高了人们的工作效率,还深刻改变了人们的生活方式,使得信息获取变得更加及时和便捷。

2. 便携性和灵活性

与传统的PC或笔记本电脑相比,移动设备通常体积更小、重量更轻,更适合随身携带。这使得移动互联网技术具有高度的便携性和灵活性。用户可以轻松地将移动设备带到任何地方,并在需要时随时接入互联网。移动设备的便携性使得互联网不再局限于在固定场所使用,而是扩展到日常生活的每一个角落。

此外，移动设备的灵活性还体现在它们能够支持多种连接方式，包括 Wi-Fi、蜂窝网络、蓝牙等。这使得用户可以根据环境的不同选择最适合的连接方式，从而在各种场景下都能保持稳定的互联网连接。

3. 提供个性化和定制化服务

移动互联网的另一个显著特点是能够提供高度个性化和定制化的服务。由于移动设备通常是个人专用的，因此用户可以根据自己的喜好和需求来定制应用程序、内容推送和用户界面。这种个性化的体验不仅提升了用户的满意度，还增加了用户对应用程序和服务的黏性。

例如，移动互联网的个性化特性使得广告投放更加精准。通过分析用户的浏览历史、位置数据和社交媒体活动，广告主可以为用户推送更符合其兴趣的广告内容。这种精准的广告投放方式不仅提高了广告的有效性，还减少了用户对广告的反感。

4. 提供移动支付和金融服务

移动互联网技术的发展使得移动支付得以广泛应用。移动支付是指通过移动设备进行的支付行为，例如通过手机进行购物、转账和缴费等。与传统的支付方式相比，移动支付具有便捷、高效、安全的特点，同时用户可以在短时间内完成支付操作。

移动支付的普及不仅促进了电子商务的发展，还推动了金融服务的创新。许多金融机构推出了移动银行应用程序，用户可以通过手机进行账户查询、转账、投资等操作。这种便捷的金融服务使得用户无须前往银行网点即可完成大部分的金融事务，提高了金融服务的效率。

5. 与云计算和大数据技术结合

移动互联网的发展与云计算和大数据技术密不可分。云计算技术为移动互联网提供了强大的后台支持，使得用户可以随时访问和存储海量数据，而无须在本地设备上占用大量存储空间[31]。大数据技术则通过分析用户的行为数据，为个性化服务和精准营销提供技术支持。

移动互联网与云计算和大数据的结合极大地提升了服务的智能化水平。例如，基于用户的历史搜索和浏览数据，应用程序可以为用户推荐符合其兴趣的内容；基于位置数据，地图应用可以为用户提供实时的交通信息和最佳路线建议。这些智能化的服务提升了用户体验，也促进了移动互联网技术的进一步发展[32]。

3.4.3 移动互联网的发展现状及趋势

3.4.3.1 我国移动互联网发展现状

随着 5G 技术的到来，移动互联网呈现出开放性、互动性及强大的数据处理能力三个显著特征。这些特征共同构成了移动互联网的新时代，该时代由三个关键要素组成：第一是无线资源，必须有足够的网络资源，才能促进互联网的发展；第二是智能手机，若没有智能手机，仅靠桌面电脑、非智能终端难以承载移动互联网时代的相关应用；第三是基于云计算的大数据平台。正是这三大要素支撑起移动互联网时代的繁荣，打车、代驾、家政服务等基于人、基于位置、基于明确需求的服务应用层出不穷。2019 年被认为是 5G 元年，也是中国全功能接入国际互联网 25 周年的重要节点。自此以后，移动互联网业务的基本形态更多地围绕基于云计算的大数据平台及基于客户端的大数据产品展开。这些产品和服务更加注重用户体验，通过数据分析提供更加智能、个性化的服务。随着 5G 技术的进一步普及和应用，移动互联网将继续深入改变我们的生活和工作方式，为用户带来更多便利和创新体验[33]。

中国移动互联网正处于快速发展阶段，不仅体现在用户规模的持续快速增长上，还体现在移动互联网产品和服务类型的不断丰富上。随着移动互联网时代的全面到来,各行各业都将面临新的挑战与机遇,企业转型升级显得尤为迫切。

1. 用户规模和普及率的提升

我国是全球移动互联网用户最多的国家。截至2024年年底,移动互联网用户数量已突破11亿,覆盖了全国大部分人口。这意味着,智能手机和移动互联网已成为绝大多数中国人日常生活的重要组成部分。无论是在城市还是在农村地区,移动互联网的普及率都在不断提升。这一趋势不仅反映了中国信息通信技术(ICT)的快速发展,也显示出中国社会对数字化转型的广泛接受度。

在用户规模不断扩大的背后,是智能手机的广泛普及。中国本土智能手机品牌如华为、小米、OPPO、VIVO等,不仅在国内市场占据主导地位,在全球市场上表现也很强劲。这些品牌凭借高性价比、创新技术和贴近用户需求的设计,赢得了大量用户的青睐。此外,国家政策的大力支持和电信运营商的持续努力,也为移动互联网在中国的普及奠定了坚实的基础。

2. 5G网络的快速部署

作为全球5G技术的引领者,中国在5G网络的建设和商用化方面走在了世界前列。2020年,中国正式启动5G商用服务,并在短时间内实现了大规模的网络覆盖。截至2024年年底,全国已建设超过400万个5G基站,5G用户数量超过9亿。5G网络的高速率、低时延和大连接特性,为各类移动互联网应用的创新奠定了坚实的基础。

5G技术的应用并非仅满足个人用户的通信需求,在工业互联网、智慧城市、自动驾驶、远程医疗等领域同样展现出广阔的应用前景。例如,借助5G网络的低时延特性,自动驾驶技术得以在更大范围内测试和应用;在医疗领域,5G网络为远程手术和诊疗提供了技术保障,使得优质医疗资源能够更有效地服务于偏远地区的患者。这些都显示出5G技术在推动中国经济发展和社会转型方面的重要作用。

3. 移动应用生态的繁荣

移动互联网的普及极大地推动了移动应用生态的繁荣。中国的移动应用市场种类繁多,涵盖了社交、娱乐、购物、支付、教育、办公等多个方面,几乎渗透了人们生活的方方面面。以微信、支付宝、抖音等为代表的超级应用,不仅在国内拥有庞大的用户基础,在全球范围内也产生了深远影响。

微信作为中国最具影响力的社交平台,已不仅仅是一个即时通信工具,更是一个集成了社交、支付、资讯、娱乐等功能的综合平台,用户可以通过微信完成日常生活的多项活动,如购物、支付账单、预约挂号、点餐等。支付宝则在移动支付领域占据领先地位,提供了在线支付、金融理财、信用评估等多种服务,推动了无现金社会的形成。抖音作为短视频平台的代表,不仅开创了短视频的热潮,也通过创新的内容创作和传播方式,成为文化输出的重要渠道。

此外,移动应用的丰富性和多样性也促进了数字经济的繁荣发展。随着在线教育、远程办公、在线医疗等领域的快速发展,越来越多的传统行业正在通过移动互联网实现数字化转型。这一趋势不仅提高了生产效率,也为用户带来了更为便捷的服务体验。

4. 商业模式不清晰

"终端+应用"的模式已成为移动互联网产业链中各方普遍接受的一种运营模式,主要包括付费下载和"免费+广告"两种形式。然而,由于消费者在互联网时代形成的消费观念和免费使用习惯,使得以下载收费或应用内购买为主要盈利模式的做法在中国遇到了一些挑战。在这种背景下,"免费+广告"模式成了解决商业模式困境的有效途径。用户可以免费下载和使用应用,而开发者则通过在应用中植入广告来获得收入。预计在未来几年,移动广告市场将迎来爆发式增长,并对传统互联网广告市场产生重大影响。当然,移动广告也面临很多挑战:表现形式还需要不断创新、优质媒体数量不够、核心价值不清晰、盈利模式尚不成熟、广告平台同质化严重。

5. 热点业务与综合性业务相对较少

虽然移动互联网在与众多产业融合的过程中展现出巨大的潜力和优势,有效推动了相关业务的发展,但同时也存在一些不容忽视的问题。首先,虽然移动互联网技术的应用领域非常广泛,但真正具备显著发展优势且能形成热点效应的业务相对较少。其次,虽然移动互联网涉及的业务种类多样,但综合能力强、能够跨领域提供一体化服务的业务仍较为稀缺,移动增值市场依然偏重于特定的增值业务。这些问题可能会对移动互联网相关业务未来的持续性和稳定性造成一定影响,因此在未来发展中需要进行相应的调整和优化。

6. 存在明显的地域发展不平衡问题

移动互联网在与相关产业结合的过程中,除了面临热点业务优势不明显和综合性较强的业务较少的问题外,还存在明显的地域发展不平衡问题,这对相关产业产生了较大影响。通常情况下,经济发达地区,如东部沿海地区,拥有更为充足的资金支持和更大的用户需求,这使得其在基础设施建设和业务服务人员配备方面具有明显的优势。在这些地区,从事移动增值业务的人员比例往往超过一半。相比之下,在经济欠发达地区,由于移动增值业务较少,相应地,业务服务人员的数量也相对较少。这种差异非常明显,对未来移动互联网的发展会造成不利影响,需要给予足够的重视。

3.4.3.2 我国移动互联网的未来发展趋势

我国移动互联网的发展充满了机遇与挑战。在全球科技迅猛发展的背景下,我国的移动互联网正迎来新的发展阶段。在这一过程中,技术革新、政策引导、市场需求的演变将深刻影响我国移动互联网的未来走向。

1. 6G 网络的崛起与全面应用

6G 技术的研发与布局是我国移动互联网未来发展的重要趋势之一。5G 的普及已经带来了移动互联网的质变,而 6G 的到来将再次引领变革。6G 网络预计在 2030 年左右实现商用化,将提供更高的传输速度、更低的延迟及更广泛的连接。这一新一代通信技术将催生一系列新兴应用场景,如超高清虚拟现实(VR)、全息通信、智能交通系统等。

6G 的全面应用将进一步推动智慧城市的建设,届时,城市中的各种基础设施和服务将通过 6G 网络实现互联互通。智能交通系统将得到优化,自动驾驶汽车的普及进程将更加顺畅;在医疗领域,6G 技术将使远程手术、远程诊疗更加普及和精准。6G 的引入不仅是对现有 5G 技术的延伸,更是对移动互联网生态系统的一次全面升级,将给社会的各个方面带来革命性的变化。

2. 人工智能与移动互联网的深度融合

人工智能在移动互联网领域的应用将继续深化,这是未来发展的重要方向之一。人工智能与移动互联网的结合将带来更加智能化、个性化的用户体验。未来的移动设备不再仅仅是通信工具,而是能够"理解"用户需求的智能助手。通过人工智能技术,移动应用可以实时分析用户的行为数据,预测用户需求,并提供定制化服务。

例如,在电商平台上,人工智能技术可以根据用户的浏览和购买记录,向用户精准推荐感兴趣的商品,从而提高转化率;在智能家居领域,人工智能技术使各种家电设备更加智能化,用户可以通过手机远程控制家中的一切;在健康领域,人工智能技术通过移动设备监测用户的健康状况,并提供个性化的健康建议。随着人工智能技术的进步,移动互联网将变得更加智能化和人性化。

3. 数字经济的进一步扩展

移动互联网作为数字经济的重要驱动力,将在未来几年继续推动经济结构的转型升级。数字经济的进一步扩展体现在电商、金融、娱乐、教育等多个领域。尤其是随着"双碳"目标的推进,绿色数字经济将成为未来数字经济增长的重要方向。

在线购物的持续增长是数字经济扩展的典型表现。近年来,直播带货等新型电商模式崛起,成为新的消费热点。未来,随着移动互联网技术的进一步发展,线上与线下的融合将更加深入,消费者将获得更加无缝和个性化的购物体验。

在金融领域,移动支付的普及已成为中国数字经济的一大特色。未来,随着金融科技的进一步发展,移动支付将更加智能化和多元化,金融服务将更加便捷和普惠。

数字娱乐领域也将继续发展,短视频、网络文学、手游等将成为用户娱乐的重要形式。移动互联网将推动文化内容的生产和传播使其变得更加高效。同时,用户的参与感也将增强,文化产业的快速发展将为数字经济带来新的活力。

4. 与智能化技术进一步融合

为了减轻人们的劳动负担并使那些单靠人力难以高效完成的任务能够更好地完成,智能化技术正逐渐与各个行业融合,并展现出广阔的发展前景。随着相关技术的不断发展,虽然各个行业的智能化进程已经取得了一些成果,但也面临着一系列挑战,比如由于移动传输速度和容量限制导致难以满足用户需求等。在此背景下,移动传输技术快速发展,无论是传输速率还是传输容量都有了显著提升,这将进一步促进智能化产品的升级和发展。

5. 移动广告业务出现大幅增长

在移动互联网时代,各行各业都在努力借助这一平台快速扩大自身的影响力。从这个角度看,未来的移动互联网本质上具有商业属性。为了满足广大移动用户的需求,越来越多的企业将业务扩展到移动领域,并在其移动产品中集成了高度整合的服务和功能,例如中国联通或中国移动等运营商。此外,一些中小企业为了提高品牌知名度,采取多种商务合作方式,如跨界合作或赞助活动,并通过扫描二维码等营销手段来提升品牌认知度。

6. 业务资源整合成为常态

目前,业务同质化导致用户体验欠佳,这一现状在未来会得到改善。一方面,这得益于业务公司的自我调整,同时也是市场优胜劣汰机制作用的结果。依托强大的推广资源,特别是移动搜索带来的巨大红利,一些商家通过高额成本换来不少用户的关注,但是这种模式缺乏内在驱动力,无法长久维持,对于企业自身来说,也根本无法长期支撑如此高额的推广成本。所以,经过行业的自我调整,这种不规范的竞争方式将逐渐变得规范,使整个行业回到健康的发展生态环境中。另一方面,行业化还体现在资源整合上,主要是一些创业公司,移动互联网业务是其支柱,但随着更多同行的加入,市场份额越做越小,竞争环境越来越严峻。所以,当行业发展到一定阶段,资源整合便成为一个不错的选择,通过取长补短,借助优势资源,形成自己的核心竞争力[34]。

3.4.4 移动互联网技术在区域治安防控中的应用

随着信息技术的快速发展,移动互联网技术已经成为区域治安防控中不可或缺的一部分。它不仅提升了传统治安管理的效率,也在打击犯罪、维护社会稳定中发挥了重要作用。

1. 智能监控与数据实时传输

移动互联网技术的普及使得智能监控成为可能。在区域治安防控中,传统的监控设备如摄像头和传感器通过物联网技术实现联网,从而形成一个覆盖广泛的智能监控网络。这些设备能够实时捕捉、传输和分析监控数据,提供更为及时的治安信息[35]。

例如,基于人脸识别技术的智能摄像头可以识别并追踪可疑人员,当系统检测到潜在威胁时,能够立即将警报信息通过移动互联网传输至指挥中心或相关执法人员的移动终端设备。这样一来,警务人员可以快速响应,极大地提升了治安防控的效率。此外,这些监控设备还可以通过大数据分析,识别出犯罪行为的模式,提前预防和打击犯罪。

2. 智能巡逻与警力优化调度

在治安防控工作中,巡逻警力的合理调度是确保实现全面治安覆盖的关键。传统的巡逻方式往往受限于固定的时间表和路线,这就导致了资源浪费和治安盲区的出现。而移动互联网技术的应用改变了这一现状,通过智能巡逻系统,警力可以根据实时治安态势动态调整巡逻路线和频次。

智能巡逻系统能够整合多种数据源,包括实时犯罪数据、人口密度、交通流量等,通过移动互联网将分析结果传输至巡逻警员的移动终端设备。这样一来,警员可以实时获取最新的治安信息,及时调整巡逻路线,针对潜在风险区域进行重点巡逻。例如,在节假日或大型活动举办期间,系统可以提前预测出人流密集的高风险区域,由此安排警力加强巡逻,防止突发事件发生[36]。

此外,移动互联网技术还可以通过 GPS 定位技术实现对巡逻警员的实时追踪,确保他们在指定区域内巡逻,同时提升指挥中心对警力的调度和管理能力。这种基于数据分析和移动互联网的智能调度方式,使得警力资源的分配更加科学和合理,有效提高了治安防控的整体效率。

3. 社区治安的智能化管理

在区域治安防控工作中,社区治安管理是一个重要的组成部分。随着移动互联网技术的广泛应用,社区治安管理逐渐向智能化、数字化方向发展。许多社区开始引入智能门禁系统、移动巡更系统等,通过移动设备实现对社区治安的全面监控和管理。

智能门禁系统利用人脸识别、二维码扫描等技术,通过移动互联网连接,能够实时记录居民的进出信息,并与社区治安系统联动。一旦检测到可疑人员或异常行为,系统会立即发出警报,通知保安人员或社区管理者采取措施。这种系统不仅提升了社区的安全等级,也增强了居民的安全感。

同时,社区居民通过移动应用程序,可以直接参与到社区治安管理中来。他们可以通过手机端的应用程序举报可疑活动,分享安全信息,甚至参与社区的治安巡逻。这种全民参与的治安管理模式,大大提升了社区治安防控的整体水平。

4. 全民随手拍

随着移动互联网技术的迅猛发展,智能手机已经从一种奢侈品转变为日常生活中的必需品,几乎每个人都拥有一部或多部智能设备。这些设备不仅具备传统手机的基本通信功能,集成了先进的摄像头、高速的互联网接入功能,还有丰富的应用程序,极大地丰富了用户的数字生活体验。特别是智能手机的便携性和强大的多媒体功能,使得拍照、录像变得异常简单快捷,这为公众参与社会治安治理提供了前所未有的便利条件。

"全民随手拍"正是在这种背景下诞生的一种新型社会治安防控手段。它鼓励每一位公民利用手中的智能手机,随时随地记录并分享周围发生的异常情况或可疑行为,通过专门的应用程序或者社交平台,及时向警方或其他相关部门报告。这种方式不仅增强了政府与民众之间的沟通与合作,还促进了社区内部的安全意识和自我保护能力的提升。通过"全民随手拍",普通市民不再仅仅是治安事件的旁观者,而是成了维护公共安全的重要参与者和监督者,由此形成了一个由政府主导、社会各界广泛参与的综合治理网络。"全民随手拍"有效弥补了传统治安防控体系中可能存在的盲点和不足,提高了应对突发事件的反应速度和处置效率,为构建更加和谐、安全的社会环境做出了积极贡献。

3.5 人工智能

3.5.1 概述

3.5.1.1 人工智能的定义

人工智能(Artificial Intelligence,AI)是计算机科学的一个分支,致力于创造能够模拟人类智能的系统和程序。人工智能的目标是让机器具备像人类一样的学习、推理、理解和自我适应能力。随着技术的不断进步和应用领域的不断扩展,人工智能正在迅速改变各个行业和我们的日常生活。人工智能的表现形式体现在会看、会听、会说、会行动、会思考、会学习,其本质是对人的意识和思想过程的模拟[37]。人工智能内涵示意图如图3-10所示。

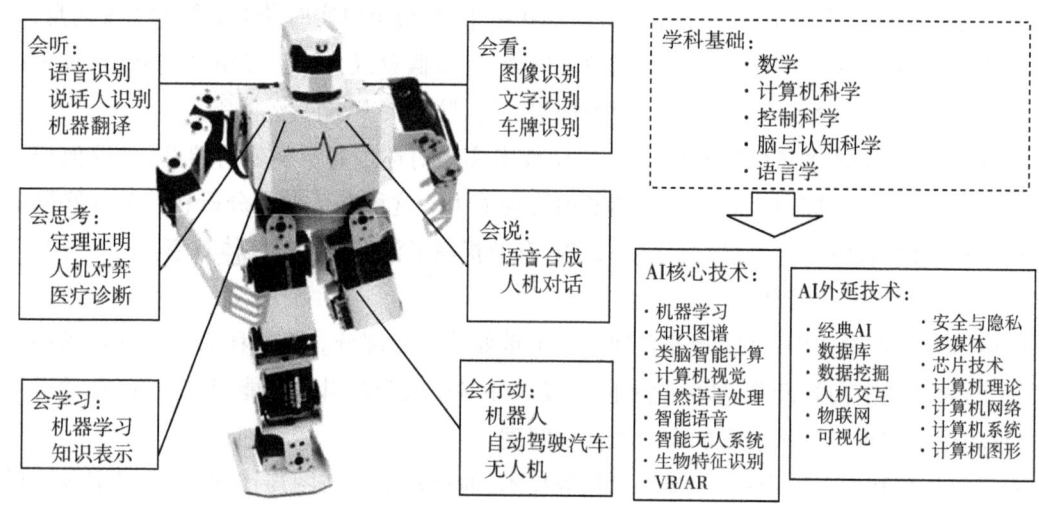

图3-10 人工智能内涵示意图

人工智能的概念最早出现在20世纪50年代。当时,科学家们设想通过模拟人类的思维过程来实现智能行为。1956年,达特茅斯会议召开,被广泛认为是人工智能研究的开端。在此后的几十年里,人工智能经历了多个发展阶段,从最初的符号推理和逻辑推理,到后来的专家系统和机器学习,再到当前的深度学习和自然语言处理。

机器学习是人工智能的核心,它使计算机能够从数据中学习并做出预测。机器学习分为监督学习、无监督学习和强化学习。

监督学习:在监督学习中,模型使用带有标签的训练数据进行训练。标签是已知的输出结果,模型的目标是学习从输入到输出的映射关系。常见的应用包括图像分类、语音识别和回归分析。例如,在垃圾邮件检测中,训练数据中包含一些已标记为"垃圾邮件"和"正常邮件"的示例,模型通过学习这些例子来区分新的邮件。

无监督学习:无监督学习使用未标记的数据进行训练,目标是发现数据中的潜在模式和结构。常见的技术包括聚类和降维。聚类算法(如K均值算法)能够将数据分组,而不需要事先定义组的标签。降维技术(如主成分分析)则用于减少数据的复杂性,同时保留重要的信息。例如,在市场细分中,无监督学习可以帮助识别顾客群体之间的相似性。

强化学习:强化学习是一种通过与环境的互动进行学习的方法。在这种情况下,智能体通过执行动作来获得反馈,并根据奖励信号调整其策略。强化学习在游戏、机器人控制和自动驾驶等领域具有广泛应用。经典的例子是AlphaGo(阿尔法狗),通过与自身对弈不断优化策略,从而在围棋比赛中战胜人类获得冠军。

深度学习是机器学习的一个重要子集,使用深度神经网络(ML)处理复杂的数据。深度学习在图像处理、自然语言处理和游戏智能等方面表现出色。例如,卷积神经网络(CNN)在图像分类和目标检测方面具有革命性的效果,而循环神经网络(RNN)在处理序列数据(如文本和音频)方面表现优异。

自然语言处理(NLP)则关注如何让计算机理解和生成人类语言。NLP的应用广泛,包括机器翻译、聊天机器人和情感分析。近年来,基于深度学习的语言模型(如BERT和GPT)极大地提高了自然语言理解的效果,使机器能够生成更加自然流畅的文本。

人工智能和深度学习与机器学习有着密不可分的关系[38],三者的关系如图3-11所示。

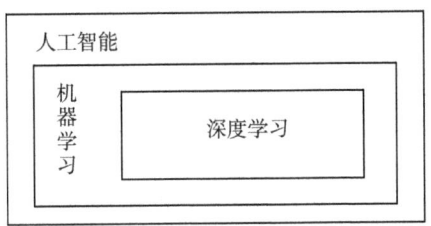

图3-11 人工智能、机器学习和深度学习三者关系示意图

人工智能是最宽泛的概念。机器学习是当前比较有效的一种实现人工智能的方式。深度学习是机器学习算法中最热门的一个分支,近些年取得了显著的进展,并替代了大多数传统机器学习算法。其中,人工智能又可以分为三种形态:弱人工智能、强人工智能、超人工智能。人工智能的划分如图3-12所示。

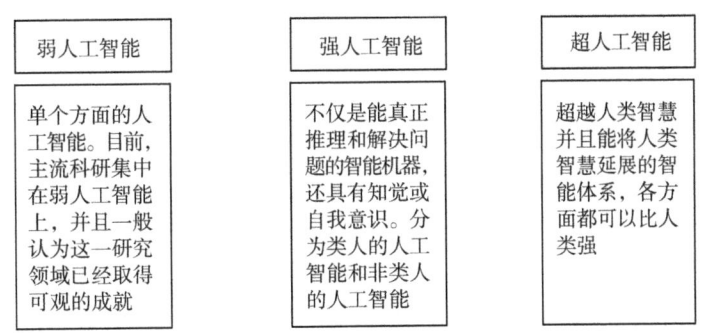

图3-12 人工智能的划分

随着科技的进步,人工智能未来10年将在促进RT全息时代、新硬件、新语言、新算法和人类认知突破等方面产生积极作用,并且使弱人工智能趋于完美,使机器人和人的混合体有机融合。人工智能革命必将踏上从弱人工智能起步,通过强人工智能飞跃,最终迎来超人工智能时代的旅途。这段旅途之后,世界将变得完全不一样。

3.5.1.2 人工智能的发展历程

人工智能的发展经历了三个阶段:萌芽时期、探索时期和发展时期[39]。

第一次浪潮(1956—1980年):训练机器逻辑推理能力。在1956年召开的达特茅斯会议上,以

"人工智能"概念被提出为标志,第一次发展浪潮正式掀起,该阶段的核心是:让计算机具备逻辑推理能力。这一时期,开发出了计算机解决代数应用题、证明几何定理、学习和使用英语的程序,并且研发出了第一款感知神经网络软件和聊天软件。这些突破性进展让人工智能迎来了发展史上的第一个高峰,但与此同时,受限于当时计算机的内存容量和处理速度,早期的人工智能大多是通过固定指令来执行特定操作,并不具备真正的学习能力。

第二次浪潮(1980—2006 年):专家系统应用推广。1980 年,以"专家系统"商业化兴起为标志,第二次发展浪潮正式掀起,该阶段的核心是:总结知识,并"教授"给计算机。这一时期,解决特定领域问题的"专家系统"人工智能程序开始为全世界的公司所采纳,弥补了第一次发展浪潮中"早期人工智能大多是通过固定指令来执行特定操作"的不足,使人工智能变得实用起来,知识库系统和知识工程成为 20 世纪 80 年代人工智能研究的主要方向,应用领域不断拓宽。

第三次浪潮(2006 年至今):机器学习、深度学习、类脑计算提出。以 2006 年辛顿提出"深度学习"神经网络为标志,第三次发展浪潮正式掀起,该阶段的核心是:实现从"不能用、不好用"到"可以用"的技术突破。与此前多次起落不同,第三次浪潮解决了人工智能的基础理论问题,受到互联网、云计算、5G 通信、大数据等新兴技术不断崛起的影响,加上核心算法的突破、计算能力的提高和海量数据的支持,人工智能领域的发展跨越了科学理论与实际应用之间的"技术鸿沟",迎来爆发式增长的新高潮。人工智能的三次发展浪潮如图 3-13 所示。

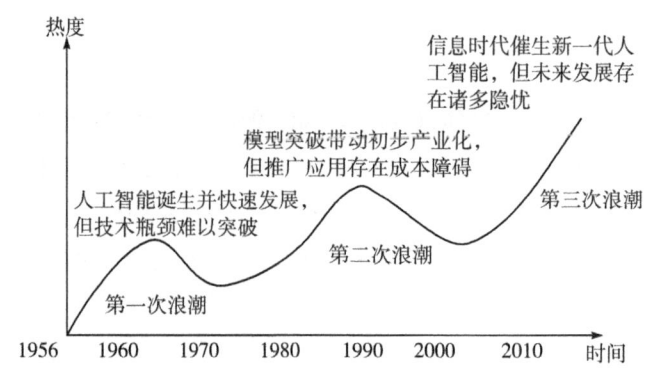

图 3-13 人工智能的三次发展浪潮

3.5.2 人工智能技术架构与特点

人工智能是指通过模拟和复制人类智能的相关原理和方法,使机器能够具备识别、学习、推理、判断及决策等智能行为的科学技术。人工智能技术可以根据不同的标准进行分类,其中最常见的分类方式是将其分为基础层、技术层和应用层。接下来将对这三个层次进行解析[40]。

基础层:基础层是人工智能体系中的核心基础,包括数学、统计学、概率论、信息论等基本学科,并且结合计算机科学和认知神经科学的理论基础,为其他两个层次提供支持。在基础层中,我们需要掌握线性代数、微积分、逻辑推理等数学工具,以及机器学习、深度学习、自然语言处理等人工智能技术的基本思想和原理。基础层主要关注的是人工智能的核心理论和算法,为实现机器智能打下基础。

技术层:技术层是建立在基础层之上的人工智能技术支撑层,它主要负责将基础层的理论和算法应用到具体的问题中。技术层涵盖了机器学习、深度学习、模式识别、计算机视觉、自然语言处理等多个领域。例如,机器学习是通过训练数据来构建特定模型的方法,深度学习则是一种基于人工神经网络的机器学习方法。技术层的这些方法和算法,能够让机器模拟人类智能,实现复杂的认知和推理任务。

应用层:应用层是建立在技术层之上,将人工智能技术应用到具体问题的解决中的层次。在应用层,人工智能技术被用于解决各种实际问题,如语音识别、图像处理、机器翻译、推荐系统、无人驾驶等。这些应用旨在提升效率、增强安全性、改善生活质量,也为各行业带来了新的商业机会。应用层的发展需要技术层的支撑,同时也反作用于技术层,促进技术的创新与进步。图3-14为人工智能技术架构图。

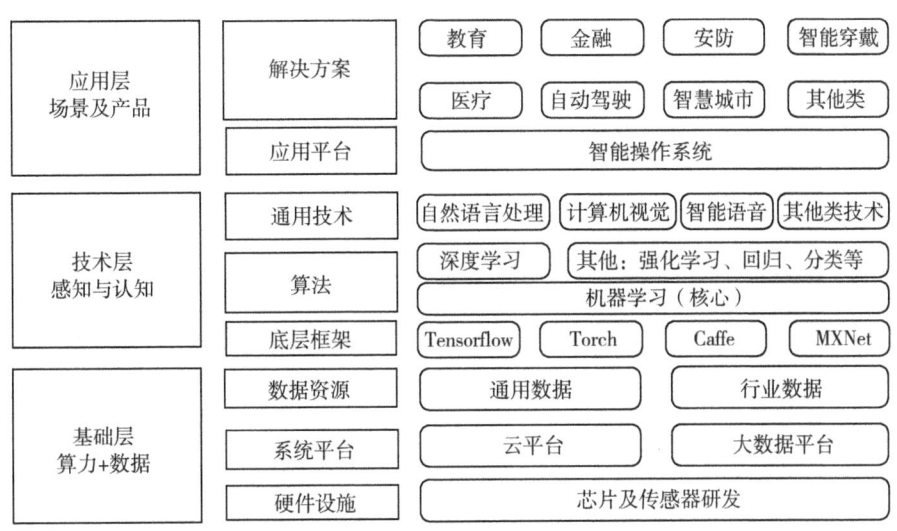

图3-14 人工智能技术架构图

人工智能技术的特点体现在以下几个方面。

①学习能力:人工智能系统可以从大量数据中学习,自动调整和改进自己的算法和模型。它可以通过学习经验和模式来改进性能,并能够应对新的数据和情境。

②自主决策:人工智能系统可以通过推理和决策算法自主地做出决策。它能够根据已知信息和规则推理出新的结论,并根据目标和约束做出合理的决策。

③自然语言处理:人工智能系统可以理解和处理人类语言。它能够识别和解析语言中的词汇、语法和语义,并能够执行文本理解、机器翻译、问答和对话等自然语言任务。

④机器学习:人工智能系统可以通过机器学习算法从数据中学习模式和规律。它能够识别和提取数据中的特征,建立数学模型,并利用这些模型执行预测、分类和优化等任务。

⑤深度学习:人工智能系统可以利用深度神经网络进行高级的模式识别和学习。它可以有效地处理大规模的数据,并从中提取复杂的特征和模式,用于执行图像识别、语音识别、自然语言处理等任务。

⑥自适应性:人工智能系统可以根据环境和任务的变化自动调整和适应自己的行为。它能够感知环境和数据的变化,并能够灵活地改变策略和算法,以适应新的情境和需求。

人工智能在区域治安防控中的技术特点体现在以下几个方面。

①实时性:人工智能系统可以实时处理和分析数据,快速响应潜在的安全威胁。通过实时监控和自动报警,能够在事件发生的初期进行干预,减少损失。

②智能化:人工智能系统具备自学习能力,能够通过不断进行数据积累和模型训练,提高分析的准确性和效率。例如,通过历史数据分析,系统可以识别出常见的犯罪模式,从而预测和预防未来的犯罪活动。

③多元化数据处理:人工智能能够处理来自不同来源的数据,如视频监控数据、传感器数据、社交

媒体信息等。这种多元化的数据处理能力使得系统能够全面分析区域治安情况,形成立体的安全防控体系。

④决策支持:人工智能技术可以提供基于数据的决策支持,减少人工判断的偏差。通过模型预测和风险评估,管理人员能够做出更加科学、合理的决策,提高治安管理的有效性。

⑤资源优化:人工智能有助于合理配置和优化资源,提高警力的使用效率。智能调度和资源分配可以确保重点区域和时段的防控力度,降低治安管理的成本。

人工智能技术在区域治安防控中的应用,不仅提升了治安管理的效率和精准度,也为应对复杂的安全挑战提供了新的手段和思路。随着技术的不断发展,未来的区域治安防控系统将更加智能化、综合化,为维护社会安全提供更加坚实的保障。

3.5.3 人工智能的未来趋势

随着科技的迅猛发展,人工智能正在逐步改变区域治安防控的传统模式。人工智能技术不仅提高了系统的数据处理能力,还增强了其应对复杂安全问题的能力。未来,人工智能将在区域治安防控中发挥更加重要的作用,并通过技术创新和应用场景的扩展,推动治安管理向智能化和精细化迈进。

1. 数据融合与智能分析的深化

随着物联网、5G通信和大数据技术的不断发展,未来的区域治安防控将实现多源数据的深度融合。不同数据源,包括监控视频数据、传感器数据、社交媒体信息、报警系统数据等,将在一个统一的平台上进行整合与分析。这种数据融合将为治安管理提供更加全面和准确的情报支持。

通过高级的机器学习和深度学习算法,系统能够自动识别出异常行为和潜在威胁。例如,利用视频分析技术,系统可以在数秒内检测到人群中的可疑举动,并及时报警。未来的人工智能系统将具备更强的自学习能力,能够根据新的数据不断优化自身的分析模型,从而提升对复杂事件的响应能力。

2. 精准预警与智能决策

随着人工智能技术的进步,未来的区域治安防控将实现更高水平的精准预警。通过对历史数据和实时数据的深度分析,人工智能能够识别出潜在的安全风险,并提前发出预警。例如,基于人流密度和历史犯罪数据,系统可以预测某个时间段和地点发生犯罪行为的可能性,并据此调配警力资源。

此外,智能决策支持系统将成为治安管理的重要工具。通过对数据的多维分析,人工智能系统可以为决策者提供实时、准确的建议,帮助其制定科学的应对策略。例如,在重大活动举办期间或节假日,系统可以根据实时数据调整安保措施,确保公共安全。

3. 人脸识别与身份验证的广泛应用

人脸识别技术在区域治安防控中将越来越普遍。未来,人工智能驱动的人脸识别系统将不仅限于在视频监控中得到应用,还可扩展到出入管理、公共场所身份验证等多个领域。通过与数据库的实时对比,系统可以迅速识别出通缉犯、失踪人员或存在潜在威胁的人员。

这种技术的广泛应用,将有效提高公共安全管理的效率。例如,在大型活动中,安保人员可以通过人脸识别快速核实观众的身份,避免潜在的安全隐患。同时,也需要关注隐私保护与伦理问题,确保人工智能技术在合法合规的框架内使用。

4. 智能机器人与无人机的应用

未来的区域治安防控将越来越多地依赖于智能机器人和无人机。这些设备能够执行巡逻、监控、搜救等多种任务。通过搭载人工智能算法和传感器,无人机可以在大范围内进行实时监控,快速响应突发事件。

例如,发生自然灾害或恐怖袭击等紧急情况时,无人机能够迅速进入现场,收集信息并将信息传回指挥中心,为决策者提供及时的情报支持。同时,智能机器人可以在人员密集的场所进行巡逻,自动识别可疑行为并进行初步的干预。

5. 智能化社区安全管理

随着智能家居和社区安全技术的普及,未来的区域治安防控将更加注重智能化社区管理。通过构建智能社区安防系统,居民可以通过手机应用实时监控家中的安全状况,并与当地治安部门进行联动。

这些智能系统集成了视频监控、门禁控制、报警系统等多种功能,通过人工智能分析,实现对社区安全的全面监控。例如,系统可以识别出陌生人员在社区内的活动,并自动发送警报给居民和安保人员,确保社区的安全。

6. 加强多部门协作与信息共享

未来的区域治安防控将强调多部门之间的协作与信息共享。公共安全部门、社区服务机构等将通过人工智能平台实现信息实时共享与协同作战。这样的跨部门协作不仅可以提高应急响应的速度,还能实现对资源的有效利用。

例如,在举办大型公共活动时,警察、消防、医疗等部门可以通过共享平台实时获取信息,快速协调资源,以确保现场的安全和秩序。此外,社会公众的参与也将成为重要的一环,通过智能手机应用,居民可以主动上报可疑活动,形成全民治安防控的合力。

7. 伦理与隐私保护的重视

在人工智能技术不断发展的同时,伦理与隐私保护问题也日益突出。未来的区域治安防控系统需要在技术应用与个人隐私之间找到平衡。相关法规与政策应及时跟进,确保人工智能技术在合法合规的框架内使用。此外,透明度和公众参与将是未来治安管理的重要趋势。通过公开相关数据和算法原理,增强公众的信任感与参与感,使治安防控系统更加人性化和可接受。

总的来说,人工智能在区域治安防控领域的发展充满了机遇与挑战。随着技术的不断演进,人工智能将在提高治安管理效率、增强公共安全感、优化资源配置等方面发挥重要作用。然而,伴随着技术的进步,伦理与隐私问题越发重要。

未来的治安防控系统将更加智能化、精细化和人性化,通过技术与社会的结合,构建安全、和谐的生活环境。政府、企业和社会各界需要共同努力,推动人工智能技术在区域治安防控领域健康发展,确保其真正为社会安全和公众利益服务。

3.5.4 人工智能存在的问题

随着人工智能技术的快速发展,其在区域治安防控中的应用日益广泛,带来了许多积极的变化。然而,人工智能在这一领域也面临着一系列问题。这些问题不仅影响了人工智能技术的有效应用,也引发了人们对社会和伦理层面的深刻思考。本小节将对人工智能在区域治安防控中存在的问题进行深入分析。

1. 技术问题

数据是人工智能算法的基础,数据质量的高低直接影响到人工智能系统的性能。在区域治安防控中,数据通常来源于监控摄像头、传感器、社交媒体等多种渠道。这些数据可能存在缺失、不准确或冗余的情况。例如,监控视频可能因光线不足或角度不当而导致图像模糊,从而影响识别效果。

此外,社交媒体上的信息往往是非结构化的,噪声较多。如何清洗和预处理数据,以提高数据的质量和准确性,是当前技术面临的挑战。

机器学习算法的训练通常依赖于历史数据。如果这些数据本身存在偏见,人工智能系统在预测和判断时也可能"继承"这些偏见。例如,某些地区的犯罪记录可能因历史因素而偏高,这将导致人工智能系统对该地区的居民进行不公平的监控和预警。算法偏见可能进一步加剧社会不平等,损害弱势群体的权益。

在实际应用中,人工智能系统往往需要与现有的治安管理系统进行集成。然而,不同系统之间可能存在技术标准不一致、数据格式不兼容等问题,导致信息共享和协同工作受到限制。这一问题会降低人工智能系统在治安防控中的效率,影响其发挥应有的作用。

在治安防控中,人工智能系统需要对突发事件进行实时响应。然而,当前的人工智能算法在处理大规模数据时可能存在延迟,导致响应速度不够快。这种延迟可能使得系统无法及时发现和应对潜在的安全威胁,降低了防控效果。

2. 伦理与隐私问题

人工智能在区域治安防控中的广泛应用往往伴随着对个人隐私的侵犯。例如,监控摄像头在公共场所的安装和人脸识别技术的使用,可能使个人在无意识的情况下被持续监控。这种情况不仅侵犯了个体的隐私权,也可能导致公众对治安管理产生抵触情绪。

随着大数据技术的应用,治安防控系统需要存储和处理大量个人信息。然而,这些数据如果未得到妥善保护,可能会遭遇黑客攻击,导致用户隐私受到威胁。数据安全问题不仅影响公众的信任感,也可能带来法律问题和经济方面的损失。

人工智能算法的复杂性使得其决策过程往往缺乏透明度。公众难以理解人工智能系统是如何做出某个判断或决策的,这会引发他们对系统公正性的质疑。透明度不足的问题可能导致公众对人工智能技术不信任,影响其在治安管理中的接受度。

在人工智能系统出现错误或造成不当后果时,责任归属问题成为一个亟待解决的伦理问题。当前的法律框架尚未能有效界定人工智能系统的责任,这可能导致在出现问题时,无法追究相应的法律责任,从而影响公众对技术的信任。

3. 社会与文化问题

尽管人工智能在区域治安防控中具有潜力,但公众对其信任度仍然不足。部分民众对监控技术和人工智能算法心存忧虑,担心它可能会引发隐私侵犯和社会控制问题。如何增强公众的信任,使其接受和支持人工智能技术在治安管理中的应用,是当前面临的一大挑战。

当前关于人工智能技术应用的法律法规相对滞后,难以适应快速发展的技术环境。这种法律滞后导致人工智能技术在应用过程中缺乏相应的规范和约束,增大了技术应用的风险。例如,缺乏明确的法律框架可能使得治安管理部门在使用人脸识别等技术时,面临伦理和法律的双重困境。

社会对新技术的适应能力参差不齐,某些地区或群体可能对人工智能技术的接受度较低,这将影响技术在区域治安防控中的推广和应用。如何提高社会对人工智能技术的接受度和适应能力,是技术推广过程中必须考虑的重要因素。

3.5.5 人工智能在区域治安防控系统中的应用

人工智能在治安防控方面有许多应用，本质上是创建和应用智能机器或智能软件的技术手段，通过模拟并增强人类思维分析机制，依托人工智能算法替代人工完成复杂操作任务。搭建人工智能算法的计算机将具备人类一样的思考能力与决策能力。

在快节奏的现代社会中，快速而准确地做出决策是各行各业追求的核心竞争力之一。人工智能的引入，特别是其强大的自动化决策能力，正大力推动着各行各业的发展。通过集成复杂的人工智能算法，系统能够实时捕获并分析海量数据，迅速从中提炼出关键信息，并据此做出精准决策。

这一过程极大地缩短了决策周期，提高了反应速度，使得企业、机构乃至整个社会在面对突发事件或复杂问题时能够迅速应对。在医疗、金融、交通等关键领域，自动化决策不仅提升了服务效率，还确保了决策的客观性和准确性，减少了人为出错的可能性。

更为引人注目的是人工智能的自学习系统。这一系统利用机器学习技术，具备了从历史数据中自我学习、自我优化的能力。不同于传统的编程逻辑，自学习系统能够不断"试错"，通过对比分析历史数据与当前情况，自动调整和优化其预测模型和防控策略。

这种智能进化的过程，使得系统能够更好地适应复杂多变的环境，提高预测和防控的精准度。在金融风控、网络安全、城市管理等领域，自学习系统已成为不可或缺的工具。其通过不断学习进化，为社会的安全稳定和发展进步提供了强有力的支持。

综上所述，人工智能的自动化决策和自学习系统正以前所未有的方式改变着我们的世界。它们不仅提高了决策效率和精准度，还赋予了系统自我学习和优化的能力，使得我们能够更加从容地应对各种挑战和问题。随着技术的不断进步和应用场景的不断拓展，我们有理由相信，人工智能将在未来发挥更加重要的作用，推动社会向更加智能、高效、安全的方向发展。

随着社会的快速发展，全球各地的治安形势变得日益复杂化和动态化，传统的治安防控方式已无法面对当前的安全挑战。在这种背景下，人工智能技术被广泛引入区域治安防控系统中，为提高治安防控的效率和精准度提供了创新性的解决方案。人工智能通过其独特的技术优势，实现了对大量数据的高效分析与处理，增强了实时监控、智能预警和事件响应等核心功能。本小节将全面探讨人工智能在区域治安防控系统中的各类具体应用及其对现代治安管理的影响。

视频监控是治安防控的核心技术之一，传统的视频监控系统主要依赖人工观看和回放，效率低且容易出现人为疏漏。随着人工智能技术的引入，智能视频分析逐渐成为区域治安防控的关键手段。通过计算机视觉与深度学习算法，人工智能系统可以对视频数据进行自动化分析，识别异常行为、可疑人物或车辆，极大地提高了监控效率。

例如，智能监控系统能够自动检测可疑的行为并报警，如人群聚集、闯入禁区、打架斗殴等。同时，基于面部识别技术，人工智能系统有助于追踪嫌疑人的行踪，从而快速锁定其位置。这些功能使得人工智能赋能的监控系统成为城市治安防控的重要工具，特别是在公共场所和城市敏感区域，其应用效果显著。

人脸识别技术是人工智能在治安防控中的另一重要应用，它可以帮助警方实现人员身份的快速核验和比对。与传统的证件核验不同，人工智能技术能够从视频监控中自动捕捉面部信息，并与数据库中的人脸信息进行实时比对，这不仅减少了人工干预的时间，也极大地提升了身份核验的准确率。

在城市治安防控中，人脸识别技术已经被广泛应用于监控摄像头的布控规划和数据筛查流程。

无论是车站、机场等交通枢纽,还是城市主干道、广场等重点场所,人脸识别技术都能够通过识别可疑人员或逃犯,为警方的追捕行动提供精准的线索。

随着治安防控系统的数据化发展,公安部门积累了大量的历史案件数据、人口信息、车辆轨迹等多源数据。人工智能技术通过数据挖掘与分析,能够从这些数据中提取出隐藏的规律,为治安防控提供科学依据。例如,基于历史犯罪数据,人工智能可以预测某一地区在特定时间段内的犯罪风险,从而帮助警方提前布防,降低犯罪行为发生的概率。

这种基于大数据的预测技术还能够应用于对社会舆情的监控,通过分析社交媒体、新闻报道等开放数据,人工智能可以提前识别可能引发治安问题的潜在因素,如大型集会、群体事件等,帮助警方做好应对准备。

通过深度学习与机器学习算法,人工智能系统可以对过往的犯罪数据进行模式识别,从而预测犯罪趋势。例如,某地区在一定时间内盗窃案频发,人工智能系统可以基于历史数据预测出高危时间段与热点区域,警方可以据此加强巡逻与监控。此外,人工智能技术还能对各类报警信息进行智能筛选与分析,对那些潜在的高风险报警进行优先处理,提高资源配置的效率[41]。

智能巡逻机器人与无人机技术在区域治安防控中发挥着越来越重要的作用。基于人工智能的巡逻机器人可以替代警员进行全天候的场景监控和实时巡逻,特别是在封闭或危险区域,这种设备能够减少人力的投入并提升安全性。巡逻机器人通常配备有高精度的摄像头和传感器,结合人脸识别与物体识别技术,可以实时发现异常情况并通知警方。

无人机的使用进一步拓展了治安防控的空间和视野,特别是在大规模人群聚集活动或紧急事件中,其可以迅速覆盖地面警力无法快速到达的区域,为警方提供全方位的监控与支援。无人机的热成像功能在夜间也能提供可靠的图像数据,从而进一步提升治安防控的有效性。

在智能交通与治安防控的融合应用中,自动化巡逻车辆同样具备广泛的应用前景。这些车辆配备有各种传感器和监控设备,可以自主巡逻某些区域,并实时传送监控数据到指挥中心。借助人工智能的图像处理技术,车辆还能够识别异常行为、未登记车辆或其他潜在安全威胁,并做出快速反应。

在处理突发事件时,快速、准确的响应是关键。基于人工智能的应急响应系统能够自动接收、分析来自各类传感器和报警设备的数据,并迅速判断事件的性质与严重程度,给出最优的处理方案。例如,在火灾等突发事件中,人工智能系统可以根据传感器数据识别灾害来源,计算最优疏散路线,并指引人员安全撤离。

智能应急响应系统还可以自动协调不同部门的应急资源,在灾害发生的早期阶段就调动消防、医疗、警力等资源,避免了由于沟通不畅而延误救援。

人工智能技术不仅能够优化应急响应,还可以帮助公安机关实现智能化的指挥调度。智能指挥调度平台整合了来自不同监控设备、传感器和报警系统的数据流,利用人工智能分析技术,可以实时展示整个城市的安全状况,并根据事件的紧急程度智能调度警力。

此外,这种平台还可以预测资源需求,例如,在大规模活动举办期间,系统能够提前模拟不同的应急场景,自动生成最佳人选和设备配置方案,从而有效提高指挥调度的效率[42]。

随着智能化治安防控系统的发展,网络安全威胁也日益成为治安管理中不可忽视的问题。人工智能在信息安全领域的应用极大地提高了系统对网络攻击的防护能力。通过人工智能的威胁检测与异常行为识别技术,系统可以在攻击发生之前检测出潜在威胁并自动进行防护措施。

例如，人工智能可以通过分析网络流量中的异常行为，识别出潜在的攻击者或黑客活动，并立即采取措施阻止其进一步入侵。对于大型的城市治安防控网络，人工智能系统还能自动优化网络安全策略，从而有效抵御各种复杂的网络攻击。

随着人工智能技术的应用，大量的治安数据被采集并处理，因此数据隐私问题成为公众关注的焦点。人工智能系统能够通过数据加密与访问控制技术，保护敏感数据不被泄露或滥用。同时，基于人工智能的数据匿名化技术能够在保证数据分析有效性的前提下，对用户的隐私进行最大化保护，从而平衡治安管理与个人隐私之间的矛盾。

3.6 数字孪生

3.6.1 概述

随着科技的飞速发展，信息化、智能化的浪潮已经渗透社会生活的方方面面。从互联网到物联网，再到人工智能，每一项技术的突破都在推动着人类社会迈向一个更加智能、高效、互联的未来。在这个过程中，数字孪生（Digital Twin）技术作为一项崭新的技术理念，逐渐成为连接现实世界与虚拟空间的桥梁，受到了广泛的关注并得到了广泛的应用。

数字孪生的概念模型如图3-15所示。其最早由美国密歇根大学的迈克尔·格里夫斯（Michael Grieves）于2003年在产品全生命周期管理（PLM）课程中提出，随后在与NASA和美国空军的合作过程中对该概念进行了丰富，强化了基于模型的产品性能预测与优化等要素，并将其定义为"数字孪生"[43]。

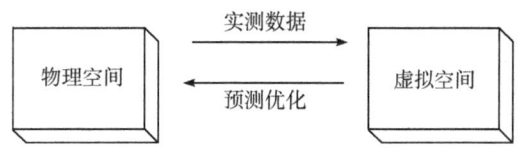

图3-15 数字孪生的概念模型

随后，学术界和工业界对数字孪生概念进行了广泛的研究讨论。2011年，NASA和美国空军研究实验室将数字孪生定义为一个集成了多物理场、多尺度、概率性的仿真模型，可以用于预测飞行器健康状态及剩余使用寿命等，进而激活自修复机制或任务重规划，以减缓系统损伤和退化[44]；2012年，Glaessgen等人[45]认为数字孪生是一个综合多物理、多尺度、多概率模拟的复杂系统，基于物理模型、历史数据及传感器实时更新数据，镜像其相应飞行器数字孪生体的生命；Grieves等人[46]于2017年进一步将数字孪生阐述为从微观原子级到宏观几何级描述产品的虚拟信息结构，构建数字孪生能获得实际检测产品时的所有信息；2018年，Tao等人[47]将数字孪生定义为是PLM的一个组成部分，利用产品生命周期中的物理数据、虚拟数据和交互数据对产品进行实时映射；Haag等人[48]定义数字孪生为产品的全面数字化描述，能模拟现实模型的行为特征。

软件工业界也推出了各种数字孪生理念。美国参数技术公司（PTC）主张智能互联理念，将数字孪生打造为实体产品的实时动态数字模型，真正实现虚拟世界和现实世界的融合；西门子公司运用价值链整合理念，提出数字孪生包括产品数字孪生、生产工艺流程数字孪生及设备数字孪生；达索公司则主张虚拟互动理念，提出数字孪生创新协作和验证的流程[49]。

结合国内外对数字孪生的认识和理解，可将数字孪生定义为对产品实体的精细化数字描述，能基于数字模型的仿真实验更真实地反映物理产品的特征、行为、形成过程和性能等，能对产品全生命周期的相关数据进行管理,并具备虚实交互能力,实现将实时采集的数据关联映射至数字孪生体,从而对产品进行识别、跟踪和监控,同时通过数字孪生体对模拟对象行为进行预测及分析、故障诊断及预警、问题定位及记录,实现优化控制。

数字孪生技术之所以受到如此广泛的关注,主要得益于其独特的优势。首先,数字孪生能够实现物理实体与虚拟模型之间的实时映射和交互,这意味着我们可以在虚拟空间实时监控、分析和优化现实世界中的对象和系统。其次,数字孪生技术能够通过对历史数据的积累和对机器学习算法的应用,对未来可能发生的事件进行预测,从而帮助决策者提前应对潜在问题,降低风险,提高效率。例如,在制造业中,企业可以通过数字孪生技术对整个生产流程进行精细化管理,实时监控设备的运行状态,预测可能的故障,进而减少停机时间,提高生产效率。同样,在智慧城市领域,城市管理者可以利用数字孪生技术对交通流量进行模拟和优化,从而缓解交通拥堵,提高城市运转效率。甚至在医疗健康领域,医生可以通过对患者的数字孪生模型进行个性化诊断和治疗,从而提高治疗效果,降低医疗成本[50]。

数字孪生技术并不仅仅是对现有系统的改进或优化,它更为深远的意义在于,为我们提供了一种全新的思维方式和工作模式。在数字孪生技术的支持下,我们可以在虚拟世界中先行"实验"各种解决方案,找到最佳方案后再应用到现实世界,从而大幅度降低试错成本。这种"虚实结合"的方式,使得数字孪生技术不仅仅是一个工具,更是一种驱动创新和变革的重要手段。

此外,随着技术的不断成熟,数字孪生正在逐步融入更多的新兴技术,如5G、云计算、物联网、大数据和人工智能等。这些技术的融合,使得数字孪生具备了更强的实时性、更高的智能化水平,以及更大的应用范围。例如,5G技术的广泛应用为数字孪生提供了更加稳定、高速的网络支持,云计算和大数据技术则为数字孪生提供了强大的数据处理和存储能力,而人工智能技术的加入则使得数字孪生具备了自我学习和优化的能力。这些技术的结合,使得数字孪生在未来的应用中更加多元化和智能化。

3.6.2　数字孪生的技术架构与特点

3.6.2.1　数字孪生的技术架构

数字孪生技术通过构建物理对象的数字化镜像,描述物理对象在现实世界中的变化,模拟物理对象在现实环境中的行为和影响,以实现状态监测、故障诊断、趋势预测和综合优化。

要构建一个完整的数字孪生系统,并实现数字化镜像的目标,需要依赖物联网、建模、仿真、云计算、大数据分析、人工智能等多种基础支撑技术。通过平台化架构,这些技术能够有效融合,构成一个从物理世界到孪生空间的信息交互闭环。在此闭环中,数据得以双向流动,物理对象的实时状态可以被数字化地反映、分析和控制。而数字孪生的技术架构(如图3-16所示)则可以分为四个关键实体层级,每个层级在系统中都承担着不可或缺的职能。

1.第一层级:数据采集与控制实体

这一层级作为系统与物理世界的交互界面,起到了至关重要的桥梁作用。其核心职能是通过各种感知技术(如传感器网络、RFID、机器视觉等)采集物理对象的实时数据。这些数据包括但不限于温度、湿度、压力、振动、位置、速度、能耗等,这些信息构成了孪生体模型的数据基础。在上行链路中,数据被传输至系统的核心层级进行进一步处理和分析;在下行链路中,该实体还负责接收来自系统的指令,并将这些指令传达给物理对象,从而实现对实际环境的动态控制。例如,在智能制造中,数据采集与控制实体可以实时监测生产设备的状态,并在发现异常时立即发出调整指令,确保生产过程的稳定性和高效性。此外,这一层级还需要通过标识技术(如二维码、RFID 标签等)实现对物理对象的唯一标识和追踪,从而确保数据的准确性和可追溯性[51]。

2. 第二层级:核心实体

核心实体是数字孪生系统的"大脑"和"心脏",在整个系统中扮演着关键的中枢角色。它依托于强大的计算资源和通用支撑技术,主要包括模型构建、数据集成、仿真分析及系统扩展等功能。首先,核心实体通过融合物理对象的各类数据,构建出数字孪生体的精确模型。这些模型不仅反映了物理对象的当前状态,还能够预测其未来的行为和性能。在数据集成方面,核心实体需要对来自不同来源的数据进行清洗、转换和融合,以确保其在孪生体模型中的一致性和准确性。仿真分析则是核心实体的另一关键功能,它通过模拟物理对象在不同条件下的运行状况,帮助用户进行优化设计、故障诊断、性能评估等。此外,核心实体还支持系统的扩展性和可移植性,使数字孪生技术能够在更多的应用场景中发挥作用。例如,在智慧城市中,核心实体可以整合交通、能源、环境等多方面的数据,建立城市级的孪生体模型,从而为城市管理者提供全局性的决策支持。

3. 第三层级:用户实体

用户实体是数字孪生系统的"窗口",通过可视化技术、虚拟现实、增强现实等手段,为用户提供直观的人机交互界面。在这个层级中,用户不仅可以实时监测物理对象的状态,还能够通过虚拟环境进行操作和模拟。例如,在工程设计领域,用户可以通过虚拟现实技术直接"进入"数字孪生体,检查设计的各个细节,并在虚拟环境中进行实验,验证设计的可行性和安全性。通过用户实体,复杂的技术和数据以更加直观、易于理解的形式展现出来,大大降低了操作的复杂度和学习门槛。此外,用户实体还支持多用户协同工作,使得不同领域的专家能够在同一平台上共享信息、协同作业,从而加快项目的进展,提高工作效率。在一些高风险行业,如核电、航空航天等,用户实体还能够提供虚拟仿真训练,帮助操作人员在安全的环境中进行技能培训和应急演练。

4. 第四层级:跨域实体

跨域实体在整个数字孪生系统中扮演着"黏合剂"和"防火墙"的双重角色。一方面,跨域实体通过数据接口和协议标准的制定,确保不同实体层级之间能够实现数据互通和信息共享。在一个复杂的数字孪生系统中,不同实体层级往往由不同的技术和平台构建而成,而跨域实体的任务就是打通技术壁垒,构建一个统一、无缝的数据传输网络。另一方面,跨域实体还负责系统的安全保障,防止数据泄露和系统入侵。安全措施包括加密技术、身份认证、访问控制等,以确保系统在开放互联的环境下能够安全运行。例如,在智能交通系统中,跨域实体不仅需要确保车辆与交通管理系统之间的数据交互顺畅,还需要防止黑客对系统的攻击,以保障道路安全和交通畅通[52]。

这四个实体层级相互协作,共同构建了一个功能齐全且高效的数字孪生系统。通过这一系统,物理世界的运行机制得以被全面数字化和精确模型化,从微观到宏观层面实现了无缝连接和动态同步。这种精准的数字映射不仅使物理对象的实时状态得以在虚拟空间完整重现,还为各类应用场景中的优化和创新提供了强有力的技术支持。数字孪生系统的引入,意味着我们可以在虚拟环境中提前进行仿真测试、故障诊断和性能优化,从而在实际操作中降低潜在风险和减少不必要的资源浪费。这种前瞻性和预见性的能力,不仅提高了系统的整体效率,还为决策过程提供了更为科学的数据依据,推动了各行业向智能化、数字化的方向快速发展。

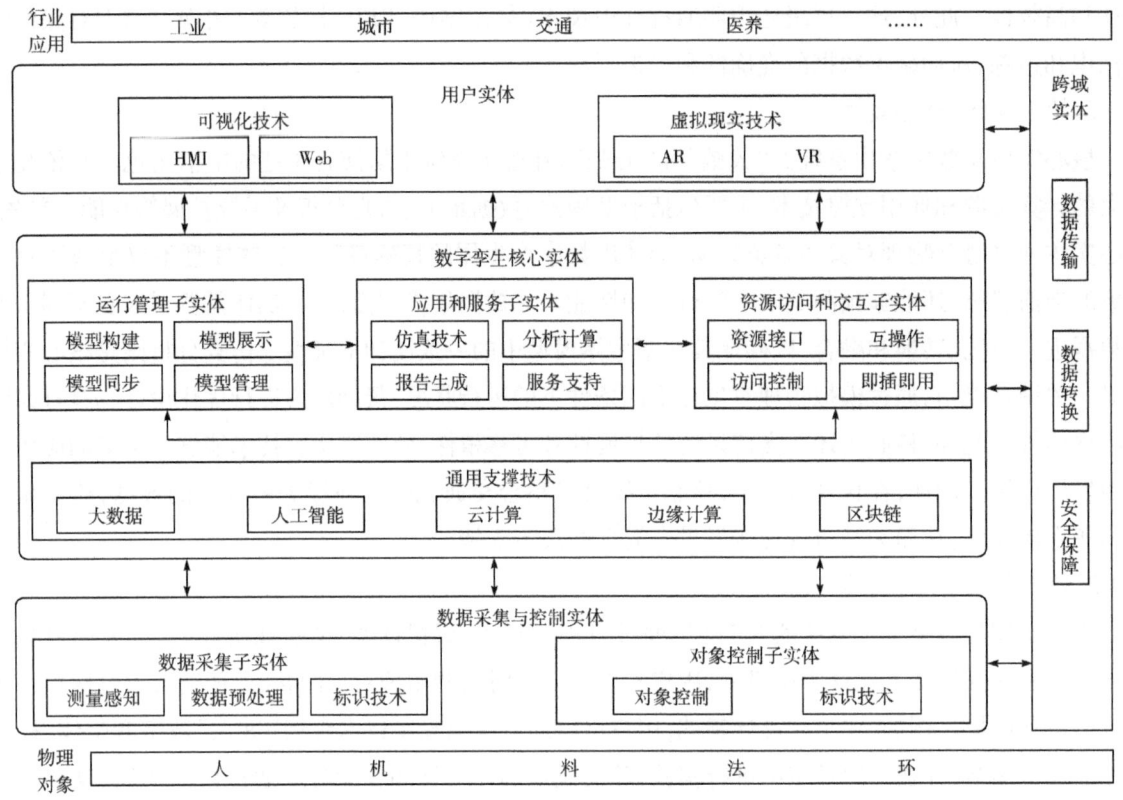

图 3-16 数字孪生的技术架构

3.6.2.2 数字孪生技术的特点

数字孪生技术作为当今数字化转型浪潮中的前沿技术,正在以其独特的优势和强大的功能引领各行各业进入一个全新的数据驱动和智能化时代。凭借其对物理实体的精确映射与实时监控,数字孪生技术正在改变传统行业的运作模式,赋予企业前所未有的洞察力和预测能力。这项技术不仅为工业制造、智能城市、能源管理等领域带来了深远的变革,还为医疗、交通、航空航天等领域提供了创新解决方案。正是因为这些显著的技术特点,数字孪生技术能够在多个领域发挥重要作用,成为推动全球各行业迈向智能化、高效化和可持续发展的关键力量。以下将从几个关键方面对数字孪生技术的特点进行深入探讨。

1. 实时性和动态性

数字孪生技术的核心优势之一在于其实时性和动态性。通过物联网设备和传感器,数字孪生可以持续获取物理实体的实时数据。这些数据不仅仅是静态的历史数据,而且能够反映当前的状态和环境的动态信息。这种实时数据使得数字孪生能够实时反映物理实体的状态,从而使决策者能够对变化迅速做出反应。例如,在工业制造中,数字孪生可以实时监控机器的运行状态,提前预测可能的故障,从而避免生产停滞和由此带来的损失。

此外,数字孪生的动态性还体现在其与环境的互动上。通过对物理环境变化的实时反应,数字孪生可以适应各种复杂和多变的场景。这种动态适应性不仅提高了系统的稳健性,还增强了它的实用性。例如,在智能交通系统中,数字孪生可以根据实时的交通流量和道路状况,动态调整交通信号灯的配时策略,从而优化城市交通的整体效率。

2. 高度精确的虚实映射

数字孪生的另一个显著特点是其高度精确的虚实映射能力。虚实映射是指数字孪生系统能够在数字空间创建与物理实体高度一致的虚拟模型。这种模型不仅在形态上与物理实体相似，在功能方面也能实现一一对应的精确映射。通过精确的虚实映射，数字孪生能够模拟物理实体在各种条件下的行为，并预测其未来状态。

这种精确性来源于对多源异构数据的深度融合和分析。数字孪生通过整合多个传感器采集的数据、历史数据和环境参数信息，构建了一个全方位、全时空的精确模型。这种模型不仅包括物理实体的几何形态，还涵盖其内部结构、材料特性、运行逻辑等多维信息。例如，在航空航天领域，数字孪生技术可以精确模拟飞行器的结构和飞行状态，从而帮助工程师进行虚拟测试和优化设计。

3. 可视化和交互性

可视化是数字孪生技术的一个重要特点，它使得复杂的数据和模型能够以直观的方式展现出来。通过三维建模、虚拟现实和增强现实等技术，数字孪生可以将庞杂的数据转化为易于理解的视觉信息，帮助用户更好地理解和分析物理实体的状态和行为。例如，在智慧城市建设中，城市管理者可以通过数字孪生的可视化界面，实时监控城市的基础设施、交通流量、环境质量等信息，从而做出更加科学的决策。

数字孪生的交互性进一步增强了其可视化效果。用户可以通过交互界面直接操控和调整数字孪生模型，观察其在不同条件下的反应和变化。这种交互性不仅提高了用户的参与感，还为复杂系统的优化和调控提供了一个直观的平台。例如，在建筑设计中，设计师可以通过数字孪生模型的交互界面，实时调整建筑结构、材料选择和内部布局，从而快速评估设计方案的可行性[53]。

4. 自学习与智能化

数字孪生技术的智能化特点使其能够在大量数据的支持下实现自学习和自主优化。通过嵌入人工智能算法，数字孪生不仅能够从历史数据中学习，还可以通过不断的仿真和迭代优化自身的模型和预测能力。这种自学习能力使得数字孪生系统能够逐步提升对物理实体的理解和管理水平。

在制造业中，数字孪生可以通过分析生产过程中产生的数据，不断优化生产流程，减少资源浪费，提高生产效率。例如，通过对机器设备的历史故障数据进行分析，数字孪生可以自主调整维护计划，提前预测和预防设备故障，从而减少停机时间，降低维护成本。在能源管理领域，数字孪生也可以通过学习用户的能源消费模式，智能调配能源资源，实现节能减排的目标。

5. 全生命周期管理

数字孪生技术具备全生命周期管理的特点，即它不仅能够在物理实体的设计和制造阶段发挥作用，还能够在其运营、维护和退役过程中提供持续支持。通过数字孪生，企业可以实现对产品或系统从设计到退役的全流程监控和优化。这种全生命周期管理的模式，不仅提高了系统的整体效率，还延长了物理实体的使用寿命。

在产品设计阶段，数字孪生可以通过虚拟仿真验证设计方案的可行性，降低实际生产中的试错成本。在制造阶段，数字孪生能够实时监控生产线的运行状态，优化生产流程。在运营阶段，数字孪生可以帮助企业实时监控产品的使用情况，提供精准的维护建议，延长产品的使用寿命。在退役阶段，数字孪生还能为资源回收和再利用提供数据支持，帮助企业实现可持续发展。

6. 安全性与隐私保护

随着数字孪生技术的广泛应用，数据安全和隐私保护成为不可忽视的重要问题。数字孪生系统需要处理大量的实时数据,其中可能包含敏感的商业信息和个人隐私数据。因此,如何确保数据在传输、存储和处理过程中的安全性,成为数字孪生技术发展的关键挑战之一。

为了保障数字孪生系统的安全性,通常采用多层次的安全措施,包括数据加密、访问控制、身份验证等。此外,还需要通过建立完善的数据管理和审计机制,确保数据使用的合规性和透明度。在隐私保护方面,数字孪生技术需要严格遵循相关法律法规,如《通用数据保护条例》(GDPR)等,确保用户的隐私不被侵犯。例如,在智能医疗系统中,数字孪生可以帮助医生实时监控病人的健康状况,但同时必须确保病人的隐私数据不会被滥用或泄露。

数字孪生技术凭借其实时性、动态性、可视化、智能化等特点,正在成为推动数字化转型的重要力量。通过精确的虚实映射和强大的数据处理能力,数字孪生能够帮助企业实现全生命周期管理与分化,提高生产效率,降低运营成本。然而,随着其应用的深入,如何解决数据安全和隐私保护问题,成为数字孪生技术亟须解决的重要课题。在未来,随着技术的不断进步,数字孪生将进一步拓展其应用范围,推动更多行业的变革,并为它们带来深远的影响。

3.6.3 数字孪生技术在区域治安防控中的应用

数字孪生技术作为一种融合了物理世界与数字世界的前沿技术,正在逐步向各个领域渗透,推动行业实现智能化转型和效率提升。其独特的能力在于能够通过虚拟化的方式,精确地复制现实世界中的物理环境、设备和系统,并与实时数据无缝集成。这种技术不仅仅是一个静态的模型,更是一个能够动态反映现实变化、进行智能分析和预测的数字化镜像。在区域治安防控领域,数字孪生技术展示了其卓越的应用价值,成为建立更智能、更高效的安全管理系统的关键工具。通过将摄像头、传感器、无人机等多种数据源获取的实时数据与虚拟模型相结合,数字孪生技术能够为治安防控提供精确且全面的分析、预测和决策支持。这种技术手段不仅提升了监控的精准度和反应速度,更为管理者提供了前所未有的洞察力,使他们能够预见潜在风险,制定更为有效的应对措施,从而显著提高区域公共安全的整体水平。这一智能化的安全管理方式,正在逐步改变传统治安防控的模式,为未来的公共安全管理奠定坚实的基础。

1. 实时监控与预警系统

在区域治安防控中,实时监控与预警系统是最为常见且关键的应用场景之一。随着社会的发展和城市化进程的加速,区域治安的复杂性和挑战性也在不断增加。传统的监控系统通常依靠人力进行监视和处理,存在效率低下、反应迟缓等问题。而数字孪生技术的引入,为实时监控与预警系统带来了革命性的变革。通过数字孪生技术,可以在数字空间精确地构建整个区域的虚拟模型。这一模型不仅仅是简单的静态展示,而且通过整合摄像头、传感器、无人机等多种数据采集设备的实时信息,动态地反映真实世界的各种变化。摄像头可以提供视觉数据,传感器可以检测环境参数,如温度、湿度、空气质量,甚至是声音和振动,无人机则能够从空中提供广角视角和灵活的移动监控。所有这些数据源通过物联网技术汇集在一起,实时传输到数字孪生模型中,从而形成一个全面、立体的虚拟监控系统。这种实时监控系统具备全方位、多层次的监控能力。首先,它能够对区域内的人员流动、车辆运行、环境变化、异常事件等进行全面的感知和监控。无论是人群的集聚情况,还是车辆的行驶轨迹,抑或是环境中的微小异常,系统都能够及时捕捉并记录。其次,数字孪生技术使得这些监控信息不仅仅停留在数据展示的层面,更能够通过智能分析算法,对各种潜在威胁进行识别和评估。当系统检测到异常情况,例如人群过度密集、车辆违规停放或是某些异常的环境变化,系统可以自动触发预警机制。

预警系统是数字孪生技术在治安防控中发挥作用的关键环节。当发现潜在威胁时,系统不仅能够发出预警信号,还能将这些信息及时传递给相关的管理部门和执法部门。比如,当某一区域的人流突然增多,超出了安全容量,系统会立刻发出预警,提示管理者采取措施疏导人群,避免踩踏等事故发生。再如,当摄像头或传感器检测到可疑行为或异常事件时,系统会第一时间通知相关部门,使他们能够迅速响应,降低安全事件发生的可能性。以大型公共活动为例,数字孪生技术更是显示出了其独特的优势。此类场景,人流量大且流动性强,传统的监控手段往往难以应对突发情况。而通过数字孪生技术,管理者可以实时监控活动场所的各个角落,对人群聚集情况、交通流量、突发事件等进行全程监控。一旦系统检测到人流过密、交通拥堵或异常行为等情况,便会立即发出预警,提示相关部门采取紧急疏导措施,甚至可以通过无人机和机器人等设备直接介入,协助疏散人群,保证活动顺利进行,并有效避免安全事故发生。

2. 智能巡逻与应急响应

数字孪生技术的强大之处在于其能够为区域治安防控系统提供智能化的巡逻管理和应急响应支持。这不仅仅是对现有巡逻模式的优化,更是对整个治安管理系统的智能化升级。

在智能巡逻方面,数字孪生技术通过创建虚拟化的治安区域模型,将该区域的各类信息,包括地理环境、人员分布、历史事件数据等,纳入一个综合的数据平台。通过对这些数据的深度分析,管理者可以识别出潜在的高风险区域和时段,从而制定更加精确和有效的巡逻路线与策略。例如,在某一特定的时间段内,由于人流量或车辆密度增加,某些区域可能成为潜在的治安重点。借助数字孪生系统,管理者可以提前识别出这些区域,并相应地调整巡逻频次和警力部署,确保重点区域得到充分监控。这样的巡逻模式不仅提高了巡逻的效率,也使得治安力量得以更合理地分配和使用,减少了资源的浪费。

智能巡逻的另一个关键优势在于其动态调整能力。数字孪生技术使得巡逻路线不再是固定不变的,而是可以根据实时数据进行灵活调整的。例如,当系统检测到某一区域出现异常人群聚集或可疑活动时,巡逻队伍可以立即调整路线,优先前往该区域进行巡视和处理。这种动态调整不仅提高了治安力量的反应速度,也增强了治安防控的精准性。

数字孪生技术在应急响应中的应用同样展现出了显著的优势。当突发事件发生时,传统的应急响应往往存在信息不对称、反应迟缓等问题;而借助数字孪生系统,管理者可以在虚拟环境中快速获取现场的实时情况,并通过仿真模拟不同的应急响应方案。这样的仿真不仅能够预测每个方案的可能结果,还可以评估各方案的效果、风险和资源需求,从而帮助管理者制定最优的应对策略。

3. 预测分析与风险评估

在区域治安防控中,预测分析与风险评估是实现预防性管理的核心环节。数字孪生技术通过整合历史数据和实时数据,为管理者提供了强大的预测分析工具,帮助他们识别潜在的安全隐患并主动采取预防措施。通过对历史数据的深入挖掘,数字孪生系统能够发现区域内治安事件发生的时间、地点及事件模式。例如,某些区域可能在特定的时间段内频繁发生治安事件,或是在节假日期间由于人流增加而成为高风险区域。通过分析这些历史数据,数字孪生系统可以绘制出治安事件的空间和时间分布图,从而帮助管理者识别出高风险地点和时段。基于这些分析结果,管理者可以提前制定相应的治安防控策略,部署警力和资源,以降低突发事件发生的风险。在节假日或重大活动期间,预测分析尤为重要。此时,由于人流、交通、气候等多方面因素的叠加,区域治安的复杂性和不确定性显著增加。数字孪生技术通过对多维数据的综合分析,可以预测特殊时段可能出现的治安问题。例如,通过对交通流量、人群密度、气象条件等数据进行实时监控,系统可以预测某一时段可能发生的交通拥堵、踩踏事件或其他突发事故,并及时向管理者发出预警。这种预警机制使得管理者能够提前采取行动,比如增加警力部署、进行临时管制,或是调整人流和车辆的方向,以有效降低安全风险。

此外,数字孪生系统还能够进行跨区域的风险评估与联动管理。在一些大型活动举办的过程中,风险往往不仅限于单一区域,而是会扩散到周边地区。通过对多个区域的数据进行综合分析,数字孪生系统可以评估风险的蔓延趋势,并制定跨区域的联动防控措施。例如,在台风或洪水等自然灾害发生时,系统可以预测灾害可能影响的范围,提前协调多个区域的应急资源,确保救援行动顺利进行。

4.虚拟演练与培训

在区域治安防控中,演练和培训是提高应急响应能力和治安管理水平的关键手段。传统的演练通常需要投入大量的人力、物力和财力,而且往往受到时间和场地的限制,难以全面模拟真实的突发事件场景。数字孪生技术的引入,为虚拟演练提供了一个全新的平台,突破了传统演练的局限性。

数字孪生技术通过构建逼真的虚拟环境,能够模拟各种类型的治安事件和应急场景。无论是恐怖袭击、自然灾害,还是大规模的公共活动安全管理,数字孪生系统都可以在虚拟空间进行高度真实的演练。这种虚拟演练不仅可以在任何时间和地点进行,还能够重复多次,以便治安人员熟悉各种应急操作流程,掌握不同场景下的应对策略。例如,治安人员可以在虚拟环境中进行多次反恐演练,模拟不同的攻击方式和应对策略,从而提高在现实中的反应速度和决策能力。此外,虚拟演练还可以帮助治安管理者进行策略评估和优化。通过在虚拟环境中测试不同的应急预案,管理者可以评估每个预案的效果、效率和风险,并根据演练结果对预案进行优化。例如,在进行大型公共活动安全演练时,管理者可以通过数字孪生系统模拟人群疏散、交通引导、紧急救援等多个场景,分析每个场景中的应急响应效果,并根据分析结果优化警力配置和资源调度,确保在真实事件发生时能够快速、高效地应对。

虚拟演练的另一个重要优势是其灵活性和可扩展性。数字孪生系统可以根据不同的训练需求,定制各种复杂的演练场景,无论是单一事件还是多事件联动,都可以在虚拟环境中实现。此外,系统还可以根据实际治安形势的变化,动态调整演练内容和难度,不断提升治安人员的应急能力和适应能力。这种持续性和动态化的培训方式,能够确保治安队伍始终处于最佳状态,为区域治安防控提供坚实的保障。

3.7 北斗卫星导航系统与地理信息系统

3.7.1 概述

北斗卫星导航系统(Beidou Navigation Satellite System,BDS)是中国自主研制的全球卫星导航系统,也是继GPS、GLONASS之后第三个成熟的卫星导航系统,其标识图如图3-17所示。我国的北斗卫星导航系统和美国的GPS、俄罗斯的GLONASS、欧盟的GALILEO并称全球四大卫星导航系统,用于提供全球范围内的定位、导航和定时服务。北斗卫星导航系统由空间段、地面段和用户段三部分组成,可在全球范围内全天候、全天时为各类用户提供高精度、高可靠的定位、导航、定时服务。

北斗卫星导航系统作为我国拥有自主知识产权的卫星导航系统,具有高安全性、三频信号、短报文通信等特性[53]。该系统提供服务以来,已在交通运输、农林渔业、水文监测、气象测报、通信授时、电力调度、救灾减灾、公共安全等领域得到广泛应用,服务国家重要基础设施,产生了显著的经济效益和社会效益。基于该系统的导航服务已被电子商务、移动智能终端制造、位置服务等厂商采用,广泛进入中国大众消费、共享经济和民生领域,应用的新模式、新业态、新经济不断涌现,深刻改变着人们的生产生活方式。中国将持续推进北斗应用与产业化发展,服务国家现代化建设和百姓日常生活,为全球科技、经济和社会发展做出贡献。

地理信息系统(Geographic Information System,GIS)是一种基于计算机的工具,用于检查地理空间关系、模式和趋势,其结构图如图 3-18 所示。它是一个用于描绘地球和其他地理要素并突出其特征,从而显示和分析经空间配准的信息的系统。GIS 的目的在于创建、共享和应用基于地图的有用信息产品,这些信息产品能够支持所在组织的工作,以及创建和管理地理信息。地图以地图图层的形式描绘地理信息的逻辑集合。这些集合将提供有效的隐喻,将地理信息建模和组织为一系列专题图层。此外,交互式 GIS 地图提供了使用地理信息时所用的主要用户界面。

图 3-17　北斗卫星导航系统标识图

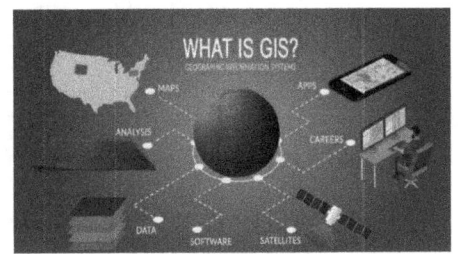

图 3-18　地理信息系统结构图

3.7.2　北斗卫星导航系统的特色与优势

1. 北斗卫星导航系统的特色

北斗卫星导航系统作为中国自主研发的全球卫星导航系统,具有鲜明的特色,这些特色不仅体现了北斗卫星导航系统的技术优势,也为其在全球范围内的广泛应用提供了坚实基础。

首先是通导一体化。利用卫星定位系统进行短报文数据传输是我国北斗卫星导航系统的首创,这一首创拓展了卫星定位系统的应用领域。其他卫星导航系统仅能无源定位,因而用户只能知道"我在哪儿",而北斗用户不但知道"我在哪儿",还能告诉别人"我在干什么"。比如突发地震、海上遇险时,在其他通信手段失效的情况下,北斗短报文通信可以成为传递求救信息、拯救生命的最后保险。正因如此,北斗卫星导航系统在救灾减灾、野外救援、远洋渔业等领域发挥了重要作用。目前,短报文芯片已能集成到智能手机上,这就意味着仅通过智能手机就能实现短报文通信功能,使用户可以在紧急情况下能通过北斗卫星信号传递信息,赋予了智能手机卫星通信能力。

其次是星间链路。这是北斗三号全球组网卫星的突出亮点之一,极大地提高了卫星独立运转的能力。各卫星可以通过星载设备相互通信,实时共享彼此的位置,知道所有卫星与自己的相对位置。如此一来,不仅扩大了覆盖范围,还极大地提高了效率。北斗卫星能够独自组网,成为地面网的备份。该技术最大的优势是,不再依靠卫星地面站就可以实现全天候、全天时通信。如果没有这一能力的支撑,就需要经过地面站的统一指挥,逐个对单颗卫星发布指令,因此就需要建设遍布全球的地面站,可以说是耗时、耗资、耗力。

除此之外,北斗卫星导航系统还具有独立自主、空间段设计独特、多频点导航信号、高精度定位与授时、全球覆盖与区域增强、多模式导航与兼容互操作等特色,拥有广泛的应用领域,在全球卫星导航领域占据重要的地位,发挥着关键作用。其结构图如图 3-19 所示。

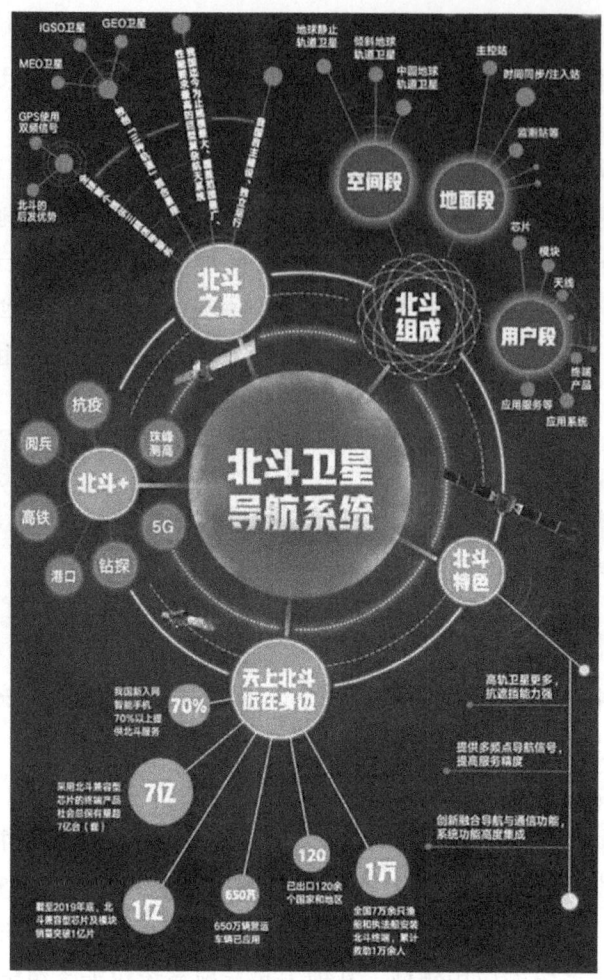

图 3-19　北斗卫星导航系统结构图

2. 北斗卫星导航系统的优势

与其他卫星导航系统相比,北斗卫星导航系统具有以下优势。

(1)高精度快速定位。

北斗卫星导航系统提供全球范围内的精准定位服务,其定位精度可达到数米级别,甚至在某些特定领域(如海底定位)超越了 GPS 系统。这种高精度确保了导航的准确性与安全性,满足了高精度定位应用的需求。同时北斗卫星导航系统实现了毫秒级定位,提供了即时的导航服务。这种快速的定位能力对于实时性要求高的应用来说至关重要,如紧急救援、交通管理等。

(2)广泛覆盖。

北斗卫星导航系统采用由 GEO 卫星、IGSO 卫星和 MEO 卫星三种轨道卫星组成的混合导航星座,与其他卫星导航系统相比,高轨卫星更多,抗遮挡能力强,尤其是在低纬度地区服务优势更为明显。北斗卫星导航系统拥有覆盖全球的卫星网络,包括陆地、海洋和极地等极端环境,能够为用户提供连续、稳定的导航服务。这种广泛的覆盖范围使得北斗卫星导航系统在不同应用场景中都具有显著优势。

(3)多模式融合。

北斗卫星导航系统采用了多模式融合的方式,可以结合 GPS、GLONASS、GALILEO 等其他全球卫星导航系统卫星的信号,提高定位精度和可靠性。这种多模式融合的能力使得北斗卫星导航系统在不同环境和条件下都能提供稳定、可靠的导航服务。

（4）功能丰富。

北斗卫星导航系统不仅提供基本的定位和导航功能,还增加了时间同步、短报文通信、精密定轨和精确授时等附加功能。其中,短报文通信功能是北斗卫星导航系统的独特优势之一,它允许用户在没有其他通信手段的情况下,通过北斗卫星导航系统发送短报文进行通信。这些丰富的功能使得北斗卫星导航系统在全球导航领域独树一帜。

（5）高安全性。

作为国家安全的基石之一,北斗卫星导航系统能够在不受外界干扰的情况下提供安全可靠的定位导航服务。这种高安全性保障了用户的隐私和数据安全,增强了用户对北斗卫星导航系统的信任度。

（6）低功耗高效益。

北斗卫星导航系统注重能源效率,使低功耗的特性在物联网设备应用中优势尽显。这种低功耗设计不仅延长了设备的使用寿命,还降低了使用成本,为用户提供了更加经济实惠的选择。同时作为开放系统,北斗卫星导航系统的使用成本相对较低,且无须额外许可。这种低成本高效益的特点使得北斗卫星导航系统在全球范围内得到了广泛应用。

3. 北斗数据可视化

如图 3-20 北斗工作示意图所示,北斗数据可视化的步骤如下。

① 设置定时器,使系统可以每 2 秒从数据库读取一次北斗位置数据。

② 从数据库中读取北斗位置数据。

③ 倘若数据库中此时有新数据,那么提取这个新数据,否则,提取数据库中最近的一次数据。

④ 利用从数据库提取的北斗位置数据,更新地图,从而达到北斗数据的可视化。

⑤ 定时时间到,读取数据库,重复步骤②至步骤⑤。

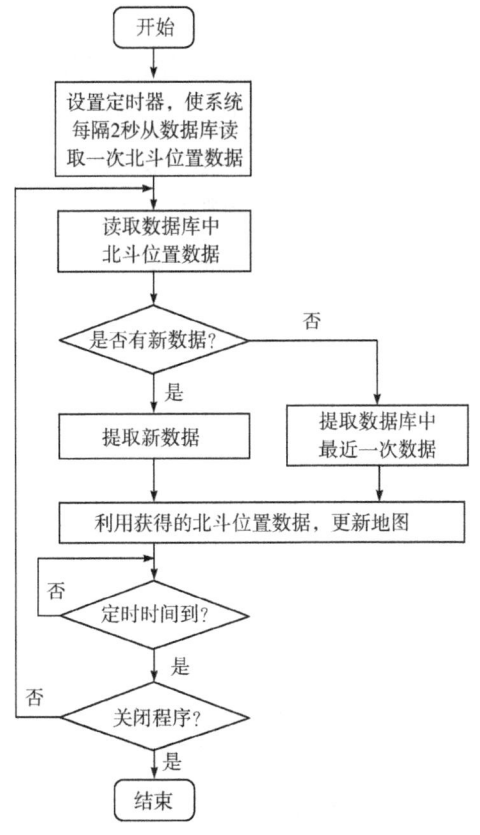

图 3-20 北斗工作示意图

4. 总结

总之,北斗卫星导航系统的建设实践,走出了先在区域快速形成服务能力,再逐步扩展为全球服务的具有中国特色的发展路径,丰富了世界卫星导航事业的发展模式,在全球导航领域展现出了强大的竞争力和广阔的应用前景。北斗三号把全球基本服务系统与区域(星基)增强系统组合在一起,成为全球最为复杂的系统。它具备地球中圆轨道(MEO)、地球静止轨道(GEO)和倾斜地球同步轨道(GSO)三种轨道形式的组合,成为未来导航与通信融合卫星的先驱性探索。

3.7.3 地理信息系统的组成

地理信息系统(GIS)是一个复杂而综合的系统,地理信息系统的组成如图 3-21 所示,它整合了硬件系统、地理数据、软件系统、用户等四个组成部分,以实现地理信息的有效管理、分析和应用。

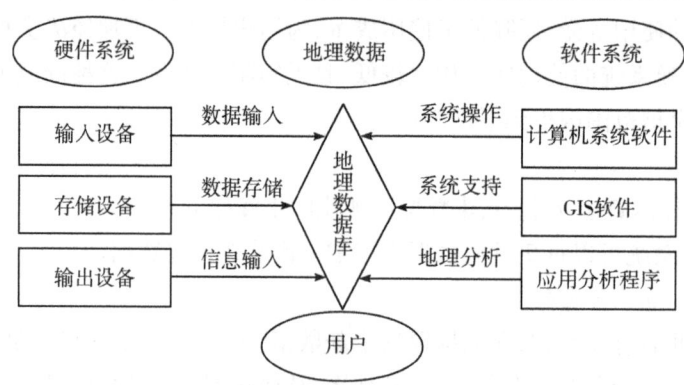

图 3-21 地理信息系统的组成

1. 硬件系统

硬件系统是 GIS 的物理基础,包括用于数据输入、数据存储和信息输出的各种设备。

输入设备:这些设备用于将地理数据输入 GIS 中。常见的输入设备包括数字化仪、扫描仪、北斗接收器等,它们能够将地图、影像、实地测量数据等转化为数字形式,供 GIS 处理。

存储设备:存储设备用于保存 GIS 中的所有地理数据。随着数据量的不断增加,存储设备需要具备大容量、高速度和高可靠性等特点。常见的存储设备包括硬盘、固态硬盘、磁带库等。

输出设备:输出设备用于将 GIS 处理后的地理信息以可视化的方式呈现出来。常见的输出设备包括显示器、打印机、绘图仪等,它们能够将地理信息以地图、图表、报告等形式输出,便于用户理解和应用。

2. 地理数据

地理数据是 GIS 的核心,它包括地球上各种自然和人文现象的空间位置和属性信息。这些数据可以是数字地图、遥感影像、实地调查数据等,它们为 GIS 提供了丰富的分析材料。地理数据的准确性和完整性对于 GIS 的分析结果具有至关重要的影响。

3. 软件系统

软件系统是 GIS 的灵魂,它负责地理数据的处理、分析和可视化等工作。GIS 软件系统通常由多个组件组成,包括计算机系统软件、GIS 软件和应用分析程序等。

计算机系统软件:这是 GIS 运行的基础,包括操作系统、数据库管理系统等。它们为 GIS 软件提供了必要的运行环境和数据支持。

GIS 软件:这是 GIS 的核心软件,它提供了地理数据的输入、编辑、存储、查询、分析等功能。GIS 软件通常具有强大的空间分析能力和可视化功能,能够帮助用户深入理解地理现象的空间分布和相互关系。

应用分析程序:这是针对特定应用领域开发的程序,如城市规划、环境监测、交通管理等。它们基于 GIS 软件提供的功能,结合特定领域的知识和方法进行更深入的分析和应用。

4. 用户

用户是 GIS 的最终使用者,他们通过 GIS 获取、分析和应用地理信息,以解决实际问题。用户可以是地理学家、城市规划师、环境科学家、交通工程师等各个领域的专业人士,也可以是普通公众,通过 GIS 了解地理信息和参与相关决策。

综上所述,GIS 由硬件系统、地理数据、软件系统、用户等四个部分构成,它们相互协作,共同实现地理信息的有效管理、分析和应用。

3.7.4　BDS 在 GIS 中的应用

随着社会的发展和科技的变革,BDS 在 GIS 中的应用越来越广泛,主要体现在以下几个方面。

1. 高精度定位与导航

BDS 可以为 GIS 用户提供实时、精确的位置信息,用于车辆、船舶、飞机及个人的导航定位,尤其是需要高精度和实时更新的应用场景,如地籍调查、土地管理、城市规划等。利用 BDS,用户可以获得米级甚至更高精度的位置信息。

2. 灾害监测与应急响应

在自然灾害发生时,如地震、洪水等,BDS 可以为灾害管理提供实时定位和跟踪服务,其短消息通信功能可以为灾区提供生命线通信服务。同时,GIS 结合北斗定位信息,可以快速评估受灾区域、人员安置及救援资源分布情况,大大提高应急响应能力。

3. 遥感数据获取

BDS 可以与无人机、卫星遥感器等获取的地理空间数据结合,进行更加精确的数据采集和分析。例如,无人机上的北斗定位模块可以提供航拍时的精确位置信息,从而促进后续的数据处理和分析。

4. 实时监测与动态管理

在交通、环境监测等领域,BDS 支持实时数据传输和动态监测。例如,基于 BDS 的智能交通系统可以实时跟踪车辆位置、路况信息,并通过 GIS 进行数据分析和可视化展示,实现交通流量分析、拥堵预警和事故预警。

5. 地理空间数据共享与服务

BDS 的开放性使得其能够非常方便地集成到各种 GIS 服务中,支持数据共享。这有助于实现跨地区、跨部门的数据整合和共享,提高数据利用效率。

6. 智能城市建设

在智能城市建设中,BDS 与 GIS 技术的结合,能够实现对城市基础设施的智能管理与服务。例如,通过位置服务,可以优化公共设施布局、监控公共安全,并支持智慧停车、智能交通等应用。

3.7.5 BDS 与 GIS 技术相融合的优势

BDS 与 GIS 技术相融合是现代化区域治安防控发展的趋势，这种融合应用不仅可以提高信息处理的效率和准确性，还能为区域治安防控提供更加全面、智能的技术支持。其融合优势主要体现在以下几个方面。

1. 精度提升

BDS 作为中国自主研发的全球卫星导航系统，具备高精度、高可靠性的定位能力。其定位精度可达到亚米级甚至厘米级，为 GIS 技术提供了精确的空间位置信息。而 GIS 技术通过空间数据处理和空间分析能力，可以将 BDS 提供的定位数据在地图上直观展示，进一步提升了定位精度和导航的准确性。

2. 实时性强

BDS 支持实时数据传输功能，可以将被跟踪对象的定位信息实时传输到 GIS 平台。这使得 GIS 平台能够实时更新地图数据，确保信息的时效性和准确性。结合 GIS 技术，可以实现对被跟踪对象的实时动态监控。无论是车辆、人员还是其他移动目标，都可以被实时跟踪和监控，提高了监控的实时性和有效性，为区域治安防控提供了有力支持。

3. 空间分析与决策支持

GIS 技术具备强大的空间数据处理和空间分析能力，可以对 BDS 提供的定位数据进行深入分析。通过空间分析，可以揭示数据背后的规律和趋势，为决策提供科学依据和有力支持。结合 GIS 平台的可视化展示和数据分析功能，公安机关可以更加直观地了解区域治安状况，制定更加精准的防控策略和行动计划。同时，GIS 平台还可以提供预警和预测功能，帮助公安机关提前应对潜在的安全风险。

4. 多源数据融合与集成

BDS 与 GIS 技术的融合不仅限于定位数据的传输和展示，还可以与其他数据源进行融合和集成。例如，可以与视频监控、报警信息、交通流量等多源数据进行融合，形成更加全面、准确的信息网络。通过与多源数据的融合和集成，其可以被应用于更加综合、智能的场景。例如，在智能交通领域，可以实现车辆调度、路线规划、交通流量控制等智能化和自动化功能；在区域治安防控领域，可以实现警力资源的优化配置、应急事件的快速响应和处置等。

5. 提升区域治安防控能力

将 BDS 与 GIS 技术融合应用后，公安机关可以实现对重点区域、重点人员、重点车辆的精准布控。通过实时跟踪和监控，可以及时发现并处理潜在的安全风险。在应急事件发生时，公安机关可以依托 GIS 平台的可视化展示和数据分析功能，快速制定应急预案和行动计划。同时，通过 BDS 的实时定位功能，可以实现对救援力量的精准调度和指挥，提高应急响应的效率和准确性。

3.7.6 BDS 与 GIS 在区域治安防控中的应用

BDS 与 GIS 相结合在区域治安防控中的应用，是现代化城市管理和公共安全体系的重要组成部分。这种结合充分利用了 BDS 的高精度定位、导航与授时服务，以及 GIS 技术的空间数据管理和分析能力，为区域治安防控提供了强有力的技术支撑。以下是 BDS 与 GIS 相结合在区域治安防控中的几个主要应用。

3.7.6.1 高精度定位跟踪

在区域治安防控中，BDS 与 GIS 的结合在高精度定位跟踪方面发挥着至关重要的作用。这种结合不仅提升了定位精度，还增强了跟踪的实时性和准确性，为公安机关提供了强有力的技术支持。

首先，BDS 与 GIS 的结合可以实现高精度定位功能。BDS 的定位精度可达到亚米级甚至厘米级，为区域治安防控提供了坚实的技术基础。BDS 通过多颗卫星的联合定位，可以消除单颗卫星定位时的误差，提高定位精度。而 GIS 技术具有强大的空间数据处理和分析能力，能够将 BDS 提供的定位数据在地图上直观展示。通过 GIS 的地图显示功能，可以清晰地看到被跟踪对象的位置信息，包括经纬度、海拔等，以此来实现高精度定位。

其次，BDS 与 GIS 的结合可以实现实时跟踪与监控功能。BDS 支持实时数据传输功能，可以将被跟踪对象的定位信息实时传输到监控中心。监控中心通过 GIS 平台，可以实时查看被跟踪对象的移动轨迹和当前位置，对被跟踪对象进行集中管理和监控。通过设定电子围栏区域、轨迹回放等功能，实现对被跟踪对象的全方位监控。一旦被跟踪对象超出预设范围或发生异常情况，监控中心将立即收到警报信息，并采取相应的应急措施。

BDS 与 GIS 的结合还可以被应用于特定场景，如重点人员监控、物资运输跟踪。对于需要重点监控的人员（如犯罪嫌疑人、失踪人员等），可以通过佩戴北斗定位设备，实现对其的实时跟踪和监控。监控中心可以实时掌握其位置信息，并根据需要进行快速响应和处置。而在物资运输的过程中，可以利用 BDS 与 GIS 结合的技术手段，对运输车辆和物资进行实时跟踪和监控。通过 GIS 平台，可以清晰地看到运输车辆的行驶轨迹和当前位置，确保物资安全运输并及时送达。

3.7.6.2 区域划分与监测

首先，BDS 与 GIS 技术的融合可以实现对治安防控区域的精准划分。利用 GIS 的空间数据处理和分析能力，可以对区域的地形、地貌、人口分布、交通网络等进行综合评估。结合 BDS 提供的精确定位数据，可以更加精准地划分出治安防控的重点区域和一般区域。通过对历史案件数据、犯罪热点区域等信息的分析，结合 GIS 的空间分析功能，可以对不同区域的治安风险等级进行评估。基于评估结果，可以合理分配警力资源，提高治安防控的针对性和效率。

其次，治安区域按等级划分后，BDS 与 GIS 技术相融合可以提供实时动态监测与预警的功能。BDS 具备实时数据传输功能，可以将被监测对象的定位信息实时传输到 GIS 平台。通过 GIS 平台的可视化展示，可以实现对重点人员、车辆等目标的实时跟踪和监控。一旦发现异常情况，可以立即启动预警机制，迅速响应。在 GIS 平台上，还可以设定电子围栏区域，当被监控对象进入或离开这些区域时，系统会自动触发预警。这有助于及时发现并阻止潜在的违法犯罪行为，提高治安防控的主动性和预见性。

最后，BDS 与 GIS 技术的融合不仅限于定位数据的传输和展示，还可以与其他数据源进行融合和集成。例如，可以与视频监控、报警信息、社交媒体等多源数据进行融合，形成更加全面、准确的信息网络。这有助于提高治安防控的智能化水平。GIS 平台可以对多源数据进行综合分析，为决策者提供更加直观、全面的信息支持。通过数据可视化展示和数据分析报告等形式，可以帮助决策者更好地了解治安防控形势和趋势变化，制定更加科学、合理的防控策略和行动计划。

3.7.6.3 区域智能调度指挥

区域治安防控的智能调度指挥平台主要由北斗高精度车载定位终端、北斗高精度终端服务系统、高精度定位数据处理系统、高精度 GIS、智能信息发布系统、视频集监控及行为分析系统、智能广播系统和智能大屏展示系统等构成，集警力资源动态调度、一体化指挥、智能路径规划与导航、应急事件处理等功能于一体，为公安机关提供了智能化的调度指挥手段。

1. 警力资源动态调度

智能调度指挥平台充分利用先进的 BDS，实时获取各类警力资源（如警车、执勤警员等）的精确位置信息。这一系统在技术上实现了对警力动态监测的精确把控，使得在突发事件发生时，指挥中心能够迅速了解现有资源的分布情况。借助 GIS 技术，这些位置信息被巧妙地整合并在电子地图上直观展示，形成一幅动态的、可视化的警力分布图。通过色彩和符号的变化，指挥人员可以迅速识别出警力的集中或稀疏区域，从而更有效地进行警力部署。

针对警情发生地的具体位置和事件的性质，结合 GIS 技术的强大空间分析功能，系统能够快速做出评估，判断所需的警力类型和数量。例如，在大型公共活动中，可能需要增派巡逻警员和特警；而在处理突发的治安事件时，可能更依赖于行动小组和支援警力。这样精准的评估机制，不仅能够提高响应的及时性，也能有效避免资源浪费，确保每一种警力的投入都恰到好处。

通过这一智能调度系统，指挥中心能够实现对警力资源调度路线的自动化规划，或根据实际情况进行手动调整。系统可以通过高级算法计算出最优的调度路线，确保警车能够以最快的速度到达事发地点，从而迅速控制和处理各类突发事件。这种高效的资源部署能力，让每位执勤警员都能在关键时刻发挥最大的作用，提升了公众的安全感和对执法机关的信任度。

2. 一体化指挥

智能调度指挥平台可以有效整合多种数据源，包括实时视频监控、报警信息、警力资源的地理位置等，为执法行动提供一体化指挥。通过先进的 GIS 地图，指挥员能够以直观的方式迅速了解现场的各项情况，包含警力的分布状态、事件的具体位置及周围的交通状况等。这种信息的可视化极大地提升了指挥员的决策效率与应变能力。进一步结合 BDS 的实时定位功能，指挥员不仅能够获取每一支警力的动态情况，还可以实时跟踪其行踪。这意味着，在紧急情况下，指挥员可以迅速部署资源，调动各个警力，确保在最短的时间内对突发事件做出反应，实现高效的远程指挥和调度。这种快速响应能力是在复杂的城市环境中处理各种突发情况的关键。

除了实时监控与调度，GIS 还具备强大的空间分析能力，可以对警情数据进行深入的分析与预测。利用这一功能，指挥员可以识别出潜在的高风险区域，预判可能发生的警情变化，并据此制定相应的对策。这不仅为现场指挥决策提供了科学依据，也使得整体治安管理更加系统和高效。

这样的系统不仅能提升应急处置能力，还能推动警务工作的现代化进程，使得公安机关能够更加从容地应对日益复杂的社会治安挑战，在保护公众安全、维护社会稳定方面发挥重要作用。

3. 智能路径规划与导航

智能调度指挥平台还可以进行路径规划与导航，为警力资源提供高效、精确的行驶路径和导航服务。

首先,GIS技术能够整合多种地理空间数据,如道路网络、交通流量、交通事故记录、道路限行信息等。这些数据为路径规划提供了全面的基础信息。通过对这些数据的分析,GIS能够识别出潜在的交通瓶颈、拥堵区域和限行路段,助力警车等警力资源在调度过程中避开不必要的延误。

其次,GIS内置的智能路径规划算法能够根据实时交通状况、道路条件及警车的目的地,自动计算出最优的行驶路径。这些算法考虑了多种因素,如距离最短、时间最短、安全性最高等,以确保警车能够以最快的速度、最安全的方式到达指定地点。GIS系统还能够实时监测交通状况的变化,如突发事故、道路施工等,并根据这些变化动态调整和优化行驶路径。

通过结合BDS的精准定位、实时导航、位置更新与追踪功能,指挥中心能够实时掌握警车的行驶状态和位置,为后续的调度和指挥提供有力支持。这不仅提高了警车的行驶效率和安全性,还增强了警务响应的灵活性和及时性,对于提升整体警务水平、维护社会治安具有重要意义。

3.7.6.4　区域治安巡查管理

BDS与GIS的结合在区域治安巡查管理方面具有巨大的潜力和价值。巡查管理是确保区域安全和顺畅运转的重要环节,通过BDS的高精度定位、实时通信和GIS的空间分析功能,目标区域可以实现更高效、更智能的巡查和安全管理,提高区域的整体运转效率。

首先,BDS的高精度定位功能为目标区域的治安巡查管理提供了坚实基础。通过在治安巡查人员的对讲机中嵌入北斗高精度定位模块,可以实现对巡查人员的精确定位。这意味着区域治安管理人员可以随时了解巡查人员的位置,并实时监控他们的巡查进度。这种实时监控不仅提高了区域治安巡查的可视性,还结合GIS使得管理人员能够更快速地响应突发事件。

其次,BDS具有独特的通信功能,巡查人员可以通过北斗终端与目标区域治安管理中心进行双向通信,向治安管理中心汇报巡查情况、发送紧急报警信息或接收指令。这种通信能力与GIS的空间分析能力结合,可以极大地提高应急响应的效率。在巡查人员发现问题或遇到紧急情况时,他们可以立即与治安管理中心取得联系,同时指挥员也可以通过GIS地图直观地了解现场情况并给予他们及时、精准的支援。

再次,BDS与GIS相结合的轨迹记录功能,为区域治安巡查管理提供了强大的数据支持。系统可以自动记录巡查人员的行动轨迹,包括巡查路线、停留时间和巡查时间。这些数据对于监督巡查人员的工作表现、分析巡查效率及识别问题区域非常有用。治安管理人员可以通过轨迹回放功能来检查治安巡查过程中的细节,确保治安巡查工作的质量和准确性。

此外,BDS与GIS结合还支持电子围栏管理功能,可以设置虚拟边界,如果巡查人员越界或进入禁止区域,系统会立即发出警报。这有助于确保巡查人员按照指定的路线和指示进行工作,提高了巡查管理的安全性和规范性。

在数据分析方面,BDS与GIS相结合可以收集并存储大量的位置和治安巡查数据。这些数据可以用于生成巡查报告、分析巡查路线的效率、评估巡查人员的工作绩效及发现潜在问题。通过对这些数据的分析,区域治安管理人员可以不断优化治安巡查管理的策略和流程,提高整体效率。

最后,BDS与GIS相结合的治安巡查管理还具备自动报警和应急响应功能。如果巡查人员在巡查过程中遇到紧急情况,如突发火警、事故或安全威胁,他们可以通过北斗终端发送紧急报警信息,区域治安管理中心接收到信息后,可以利用GIS的空间分析技术,将这些位置信息在地图上直观展示,帮助警情处理中心在紧急情况下迅速响应，派遣应急人员前往现场，从而最大限度地减少潜在损失和风险。

综上所述，BDS与GIS相结合的技术为在区域治安的巡查管理方面遇到的问题提供了全面的解决方案。它通过高精度定位、实时通信、轨迹记录、电子围栏管理和数据分析等多项功能，实现了治安巡查工作的智能化和高效化。这不仅提高了目标区域的安全管理水平，还有助于提高治安巡查工作的质量和效率，为区域治安管理的可持续发展提供了坚实的支持。这种现代化的治安巡查管理系统将成为区域治安管理工作中不可或缺的工具，在保障区域整体安全的同时，提高人们的日常生活水平。

3.7.6.5 应急响应

BDS与GIS结合在区域治安管理的应急响应方面发挥着重要作用，为区域治安管理和稳定运转提供了强大的支持。无论是面对交通事故、打架斗殴、抢险救灾还是其他紧急事件，BDS都能够提供实时、精准的定位信息和通信能力，帮助应急人员快速响应，有效处理问题，最大限度地减少潜在的损失和风险。

首先，北斗卫星导航系统的实时定位功能对于应急响应至关重要。在发生紧急事件时，无论是交通事故、打架斗殴还是抢险救灾，区域管理人员和应急人员都可以通过BDS迅速了解紧急事件发生的精确位置，结合GIS技术，可以将应急事件的位置信息、现场情况等实时传输至指挥中心，为指挥决策提供重要参考。这对于迅速派遣警察、消防人员或医护人员至关重要，有助于加速救援行动，降低潜在的安全风险。

其次，在紧急情况发生后，BDS的通信功能在应急响应中可以发挥关键作用。BDS不仅可以实现待救援人员和救援人员之间的双向通信，还可以利用北斗的短报文处理模块，快速传递紧急信息和指令。例如，在暴雨、台风等极端天气导致信号丢失时，被困人员可以通过北斗终端发送紧急求助信息，而GIS技术可以辅助制定应急预案和救援路线，指挥中心可以立即派遣救援人员前往事发地点，提高应急响应的效率和准确性。

再次，BDS与GIS的结合提供了电子围栏管理功能，有助于监控车辆的活动范围。在应急情况下，这种功能可以用来确保车辆不会离开指定区域；同时，在发生事故后，可以防止受损车辆被盗。一旦车辆越界，系统会立即向管理人员发送警报，以便他们及时采取行动。

最后，该系统还可以记录车辆的行驶轨迹和停留时间，这些信息在应急响应中非常有用，可以帮助确定事故的原因和车辆的行动历程。例如，如果发生交通事故，可以通过轨迹回放来重现事故发生前的车辆行驶情况，以便分析事故原因。此外，如果车辆长时间停留在某一地点，这可能表明存在异常情况，需要进一步调查。

综上所述，BDS与GIS的结合在区域治安管理的应急响应方面发挥了关键作用。它通过实时定位、通信能力、电子围栏管理和轨迹记录等多重功能，为区域治安管理提供了全面的支持，确保了在紧急情况下能够及时响应、高效处理。这不仅提高了目标区域的治安能力，还提高了对各种紧急事件的处置能力，保障了人民群众的生命财产安全。

3.8 生物特征识别

3.8.1 概述

生物特征识别技术是指通过计算机利用人体固有的生理特征(指纹、虹膜、人脸、语音等)或行为特征(步态、手势等)来进行个人身份鉴定的技术。其作为人工智能、模式识别、计算机视觉、信号与信息处理和分析等交叉学科的前沿方向,具有重要的理论意义与应用价值。此外,相较于传统的身份认证,生物特征识别更简捷快速,且其身份认定更安全、可靠、准确,同时更易于实现计算机安全、监控与管理等系统的生物特征加密,实现自动化管理。

生物特征识别涉及的技术非常广泛,因此在不同阶段有着各自的发展历程。一般而言,生物特征识别技术发展历程可以分为以下几个阶段,如图3-22所示。事实上,生物特征识别技术的历史可以追溯到很久以前。早在1882年,人们就开始采集个人的图像并记录身高、食指长度和胳膊长度等特征,用于区分个人身份。1900年,美国开始研制指纹区分系统,并在1965年成功建立了覆盖近81万人的指纹分类系统,于1972年发表了关于人脸识别的第一篇论文[54]。从20世纪80年代开始,各种生物特征识别技术,如人脸识别、虹膜识别、指纹识别、语音识别、步态识别、手势识别等,得到了进一步的完善。这些技术逐渐成熟,并实现了各种识别系统的应用。生物特征识别技术广泛应用于维护国家安全、个人信息安全、航空安全、救援物资安全、免费医疗以及物流园区的安全等领域。在防止身份伪造方面,生物特征识别技术在确保准确鉴别身份方面表现出足够的优越性,在防止他人冒充身份方面发挥着重要作用。生物特征识别技术的广泛应用已经在实践中得到验证,对于确保国家安全和个人身份的准确性具有重要价值。

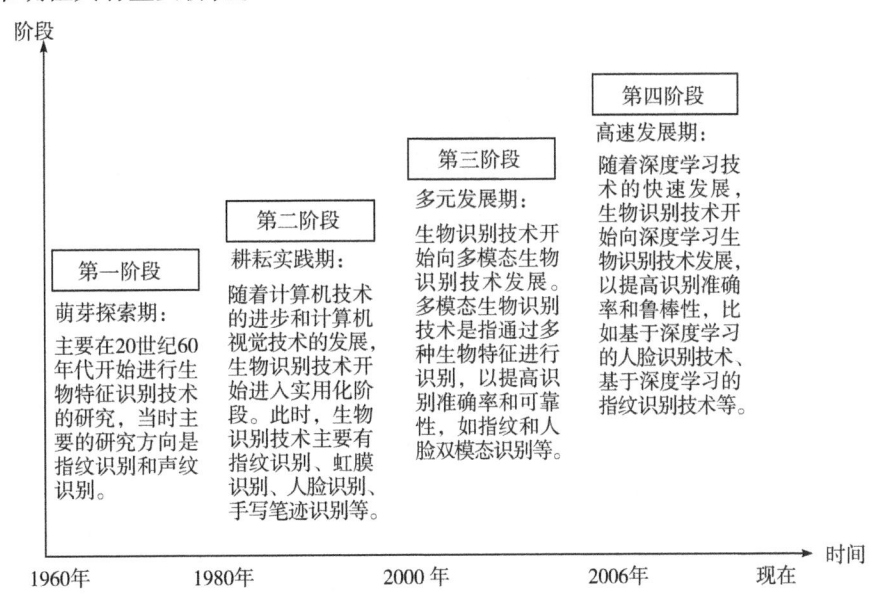

图3-22 生物特征识别技术发展历程

生物特征分为行为特征和生理特征两大类,如图3-23所示。行为特征涵盖了个体在特定活动过程中表现出的行为模式,包括坐姿、步态、击键和签名等。而生理特征则是个体的身体本身所具有的特征,包括头部、DNA、眼部、声音和手部特征等。

在头部特征方面,人类头部的结构和形态是独一无二的,因此可作为生物识别的一种特征。其中,头部特征包括2D人脸、3D人脸和人耳。2D人脸是通过摄像头或图像采集设备获取的人脸图像,而3D人脸则采集了人脸的三维形态信息,具有更高的识别精度。人耳也可作为一种独特的生物特征,其形态和结构在个体之间存在差异。

眼部特征主要包括虹膜、巩膜和视网膜。虹膜是位于眼球角膜和晶状体之间的圆盘状血管膜,具有独特的随机细节和纹理图像。人在出生后半年至一年内虹膜的发育就完成了,之后终生不会发生变化,也不容易受到一般疾病的影响而改变。巩膜是位于虹膜和眼球白部之间的结构,其血管分布和形态也可以用于识别个体。视网膜则指的是位于眼球后部的神经层,由血管和神经组成,其特征也可以用于生物识别。

手部特征是生物识别中常用的生理特征之一,主要包括指纹、掌纹、指静脉等。指纹是由人手指末端皮肤形成的乳突纹线隆起的花纹,由死亡的手指表皮的角质层细胞组成。指纹的形成发生在胎儿期,一旦形成后,其纹样将终生保持不变,具有高度的独特性和稳定性,是常用于身份识别的生物特征之一。掌纹则是指手指末端到手腕部分的手掌图像,其中很多特征可以用来进行身份鉴别,如主线、皱纹、细小的纹理和分叉点等。指静脉则是指手指内的静脉分布图像,其血管模式在个体之间也具有差异。

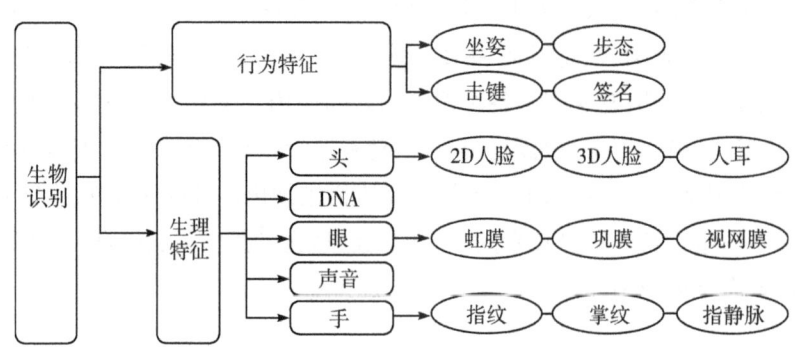

图 3-23　生物特征分类

通过使用行为特征和生理特征进行生物识别,可以提高身份验证的准确性和安全性。这些特征的独特性、稳定性和难以伪造的特点,使得生物识别技术在许多领域应用中发挥了重要作用。

近年来,随着计算机技术和信息处理技术的不断进步,生物特征识别技术受到越来越多的认可,基于生物特征的身份识别技术显示出明显的优势,利用人类的生物特征进行身份认证已成为信息技术领域的重要方向。

3.8.2　生物特征识别技术架构与常见类型

生物特征识别技术架构如图3-24所示。整体而言,生物识别平台将生物识别能力统一输出,用于身份鉴别、数据分析和人工智能等应用。生物识别平台的支撑系统包括内容管理平台、大数据平台和模型优化训练。这些支撑系统在上层构建了生物识别引擎和生物信息库。生物识别引擎涵盖了人脸识别、声纹识别、语音识别、虹膜识别、指纹识别和步态识别等多种技术。而生物信息库则储存了各种生物特征的信息,如人脸信息、声纹信息、语音信息、虹膜信息、指纹信息和步态信息等。

在架构的更高层次上,控制层承担着重要的角色。控制层涵盖了接入控制、业务处理、能力组合、访问控制、集群管理和负载管理等功能。通过控制层的运作,系统可以实现生物识别能力的统一输出,并接入网点柜面、手机银行、信用卡中心等各种渠道,以满足不同的功能需求。

在生物特征识别技术的架构中,不同模块与层次之间的关系是互相依赖和相互作用的。这种模块化架构的设计使得生物特征识别系统具备灵活性、可扩展性和高性能的特点,能够适应不同场景和应用需求的变化。

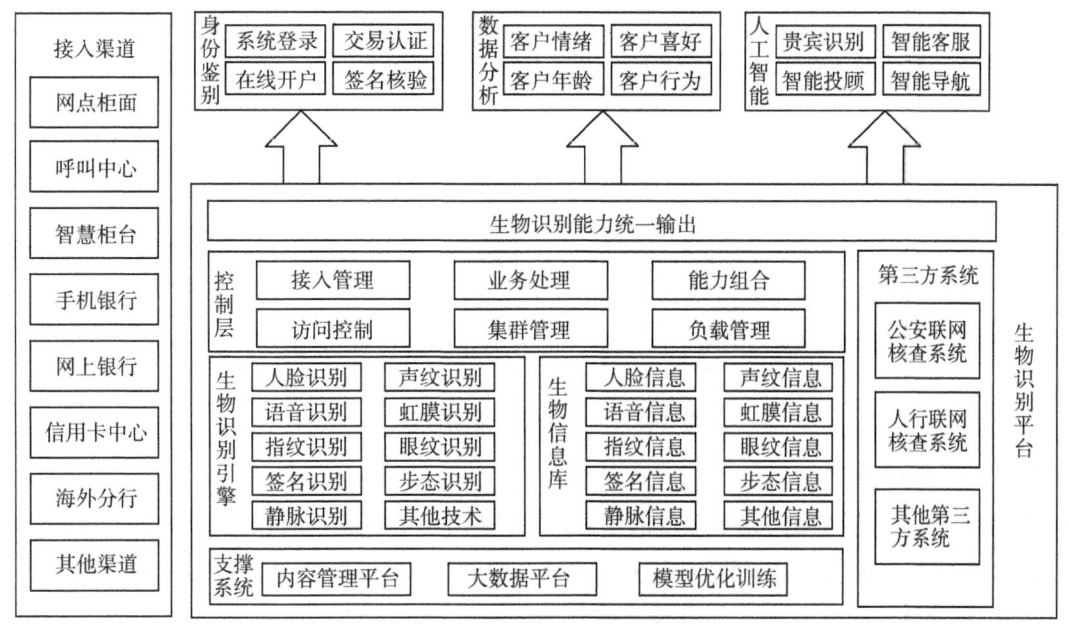

图3-24 生物特征识别技术架构

前文是在宏观上对整个生物特征识别架构进行的说明与介绍,具体生物特征识别自动鉴别步骤如图3-25所示。

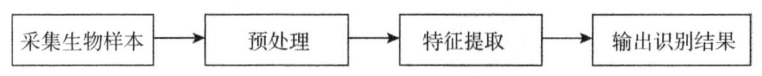

图3-25 具体生物特征识别自动鉴别步骤

1. 采集生物样本

从独立个体中获取生物样本,可以是指纹图像、虹膜图像、人脸图像、声音的数字化描述、步态时序图像等。

2. 预处理

对采集到的生物样本进行预处理,例如确定特征区域或去除噪声等。

3. 特征提取

从预处理后的样本中提取特征,并将提取的特征与存储在数据库中的身份特征进行比对。

4. 输出识别结果

根据特征比对的结果,输出识别结果,完成身份确认。在基于生物特征的身份识别领域,身份信息通常以数字形式存储在数据库或IC卡中,该做法可以在进行身份识别时,有效验证持有者的合法性[55]。

在了解了生物特征识别的基本原理和过程之后,如果想要自己设计一个生物特征识别系统,则必须要满足以下条件。

1. 普遍性和唯一性

生物特征在整个人群中普遍存在,且每个人的生物特征是唯一的。

2. 不受采集条件影响

生物特征的采集应该在不同环境和条件下具有一致性和稳定性。

3. 区分真伪

系统应能够有效区分真正的拥有者和冒充者,确保身份认证的准确性和安全性。

第3章 区域治安防控关键技术及系统 107

其中,理想的生物特征识别系统包括脸部识别、指纹识别、虹膜识别、掌纹识别以及声纹识别等,如图 3-26 所示。下面将介绍几种常见的生物特征识别技术。

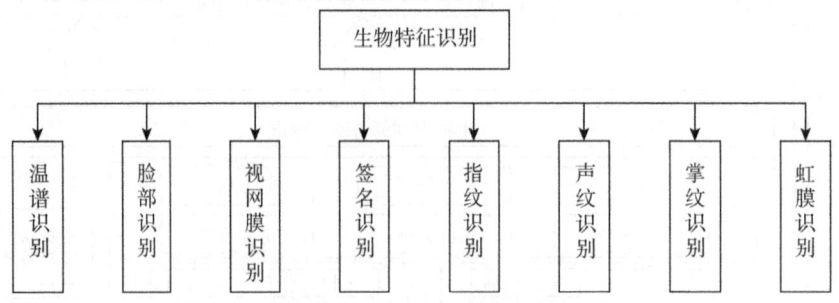

图 3-26　生物特征识别系统

3.8.2.1　虹膜识别

巩膜、瞳孔和虹膜是人眼的重要组成部分,如图 3-27 所示。巩膜是眼球外围的白色区域,大约占整个眼睛的 30%。瞳孔位于眼睛的中央,大约占整个眼睛的 5%。虹膜是黑色瞳孔和白色巩膜之间的环形区域,约占整个眼睛的 65%。虹膜在红外光下显示出丰富的纹理特征,如斑点、条纹、细丝和凹槽等。眼睛是人体中可以直接观察到的内部器官之一。

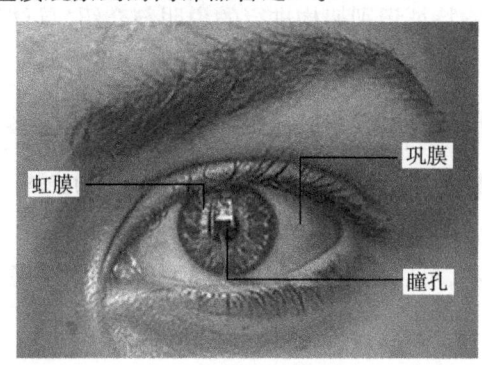

图 3-27　人眼图像

虹膜是视觉系统中非常重要的组成部分。它对光线的强弱变化非常敏感,能够通过调节瞳孔括约肌的收缩和松弛来调节瞳孔的通光率。由于虹膜位于角膜后面并受到角膜的保护,不容易受到物理接触的影响而产生变化,也无法通过一些非正常手段进行伪造,具有非常高的防伪性。因此,使用影像(非活体虹膜)进行检测是无法通过的,它的固有防伪性确保了身份识别的安全性。

虹膜还具有唯一性和稳定性。虹膜是一种环形组织,包含丰富的纹理信息,如晶状体、色素斑点、放射状沟槽、条纹和皱纹等。虹膜纹理是随机分布的,纹理信息是与生俱来的。即使是同卵双胞胎,虹膜纹理也是不同的,甚至一个人的左右眼虹膜纹理也是不同的。一旦虹膜的纹理形成成熟后,就不会再发生变化,因此具有唯一性和稳定性。虹膜识别技术与相应的算法结合后,可以实现十分优异的准确度。即使将全人类的虹膜信息录入到一个数据中,也只会有很小的认假和拒假可能性。

在虹膜识别中,人眼图像预处理能够提供高质量的虹膜展开图像,为虹膜识别算法提供支持。虹膜区域定位算法是人眼图像预处理的关键环节,而更准确的虹膜区域定位算法能够为后续的虹膜图像展开步骤提供更有效的虹膜内外轮廓位置。这样做可以去除虹膜图像中的噪声,提升虹膜展开图像的质量,进而提高虹膜识别算法的性能[56]。这些算法根据虹膜在眼球图像中的特征进行定位,例如探测虹膜的外缘、内缘和纹理等。虹膜区域定位算法通常基于传统图像处理方法或卷积神经网络。

传统图像处理方法使用各种图像处理技术,如边缘检测、阈值分割和形态学操作,来提取虹膜区域的位置信息。而基于卷积神经网络的方法则利用深度学习技术,通过训练网络来学习并精确定位虹膜区域。优化虹膜区域定位算法,可以更准确地确定虹膜的位置和边界,从而消除干扰和噪声,提高后续虹膜图像展开步骤中提取虹膜纹理特征的质量。这样的预处理步骤有助于提高虹膜识别算法的准确性和性能,使其在实际应用中更可靠和有效。下面将介绍虹膜定位的主要技术和步骤。

1. 空域滤波

采集的虹膜图像通常存在不同程度的干扰,因此在虹膜边界定位之前,可以应用滤波处理来消除干扰对边界定位的影响。滤波可以在空域或频域进行。在空域滤波中,常用的方法包括均值滤波、加权平均滤波和高斯滤波。这些方法利用局部区域内像素的加权求和或高斯分布来平滑图像。其中均值滤波是常用的平滑模板,通过对图像上每个像素周围区域的加权求和实现平滑处理。而加权平均滤波和高斯滤波可以根据周围像素的大小或灰度值设定不同的权重,以保留边缘信息并平滑图像。对于存在椒盐噪声的图像,则可以采用中值滤波来消除噪声,该方法通过在滤波窗口中选择中间值来减少噪声的影响。

2. 低通滤波

在虹膜图像处理中,低通滤波常用于消除高频随机噪声,通过对整个人眼图像进行滤波处理可以提升虹膜区域的检测效果。为了提高算法的实时性,可以采用频域滤波方法进行处理。频域滤波通常包括傅立叶变换、频率中心移动、设计滤波器并确定滤波器系数、应用滤波器系数和傅立叶逆变换等步骤。这种方法将空域中的滤波操作转换为频域中矩阵元素的对应点乘法运算,减少了计算量。然而,频域滤波需要较大的内存空间,适用于计算机内存较大的情况下。

3. 边缘提取

边缘是图像中不同物体或同一物体不同区域之间的分界线,具有较大的灰度变化和高频信号。为了将感兴趣的区域进行分割,需要采用边缘检测方法来增强图像中的边缘信息。边缘检测可以通过空域锐化模板的卷积或频域高通滤波进行。空域锐化模板的卷积可以增强图像边缘,而频域高通滤波可以提取图像中的高频信息,包括边缘。这些边缘特征有助于进一步的边界定位和虹膜区域分割。

4. 二值边缘提取

在获得边缘梯度幅度后,要得到二值化边缘点,需要选择一个二值化阈值来对梯度图像进行处理。大于阈值的点被视为边缘点,小于阈值的点则是非边缘点。

全局固定阈值的方法在进行二值化处理时存在一个问题,即如果图像存在不均匀光照的情况,那么得到的二值化图像可能效果不理想。为了解决这个问题,可以采用局部自适应阈值的方法来进行二值化处理。这样,可以针对局部区域的灰度特征自动选择适应该区域的阈值,从而得到更理想的图像边缘。例如,有些文献采用分块提取边缘的方法,认为小块区域内的光照和对比度是均匀的,因此将整幅虹膜图像分割成小块进行处理,以获取整个图像的理想边缘信息。

无论是全局阈值二值化还是局部阈值二值化,阈值的选择对所处理区域中的边缘提取效果都有很大影响。如果阈值取得太小,可能会将许多随机噪声误认为图像的边缘点;如果阈值取得太大,又可能会漏掉真实的边缘点。根据经验,当图像对比度较低或边缘模糊时,应选择较小的二值化阈值。

然而,虹膜识别目前仍面临一些硬件上的挑战,尤其是高性能的远距离虹膜图像采集设备。当前的虹膜采集设备通常是近距离采集设备,并且需要被采集者积极配合。因此,研究如何在被采集者不配合的情况下进行远距离虹膜图像采集具有重要的应用价值,例如在公安侦查、逃犯追捕或过关检查等领域。

在软件方面,需要解决虹膜图像的评价问题,以及如何准确评估一张图像中虹膜的定位情况。这对于虹膜识别系统进行自动身份鉴别的性能至关重要。因此,需要建立评价准则来判断虹膜定位是否准确。同时,在交互式识别系统中,还应该能够根据虹膜识别结果给出评价和提示待识别者调整位置,以实现有效的识别。

针对有待解决的问题,虹膜识别系统的发展方向可以考虑以下几个方面,如表3-1所示。

表3-1 虹膜识别系统的发展方向

项目	发展方向
虹膜图像采集设备	开发远距离采集设备
虹膜图像评价	研究完善的评价方法
虹膜特征选择	选择虹膜稳定特征模板
虹膜识别精度	增加识别系统的复杂性

3.8.2.2 人脸识别

人脸识别技术是一门利用计算机分析人脸图像并提取有效识别信息的技术,用于辨认身份。通常,人脸识别处理后可以获取人脸的位置、尺度和姿态等基本信息,而利用特征提取技术还可以提取出更多的生物特征,如种族、性别和年龄等特征。人脸识别技术从对背景单一的正面灰度图像的识别开始,发展到对多姿态(正面、侧面等)人脸的识别,并向三维人脸识别方向不断演进。在这个过程中,人脸识别技术所涉及的图像逐渐变得复杂,识别效果也不断提升。

尽管人脸识别研究已积累了丰富的经验,但目前的识别技术仍无法有效处理和自动跟踪复杂环境中的人脸。与其他学科不同的是,人脸识别技术融合了数字图像处理、计算机图形学、模式识别、计算机视觉、人工神经网络和生物特征技术等多个学科的理论和方法。因此,研究人员需具备完善的知识体系和丰富的经验,才能应对人脸识别技术的挑战。另外,人脸识别技术面临着人脸自身及其所处环境的复杂性。例如,人脸表情、姿态以及图像的环境、光照、强度等条件的变化,以及人脸上的遮挡物(如眼镜、胡须)等因素都会对人脸识别方法的鲁棒性产生较大的影响。人脸识别安检闸机如图3-28所示。

图3-28 人脸识别安检闸机

人脸识别系统基本流程如图3-29所示,系统有静态图像输入和动态(视频)图像输入两种。

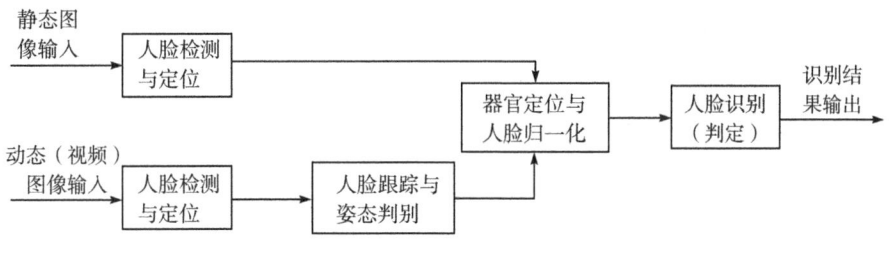

图 3-29 人脸识别系统基本流程

系统在输入图像后,首先进行人脸检测与定位。对于视频图像,还包括对输入的人脸进行跟踪与姿态判别。接下来,系统会对人脸的鼻子、眼睛等面部器官进行准确定位,并进行人脸归一化操作,以便与数据库中存在的人脸进行比较和识别。最后,进行人脸识别(判定)阶段,即确定输入的面部图像属于哪个个体。在这一过程中,系统需要对人脸进行特征提取,将提取的特征与数据库中的人脸特征进行匹配,并对人脸进行核实,以确定其身份的真实性。完成识别步骤后,系统输出相应的结果。

随着人脸识别研究的不断发展,不同阶段的问题不断进入研究范围。目前人脸识别技术取得了一定成绩,但与最初期望相比仍有一定距离。尽管目前还没有一种算法能够完全解决所有问题,但正是这些问题推动着人脸识别研究的不断进步。

1. 人脸识别特征提取方法

随着深度学习的出现,改变了传统手工特征提取方法的状况。传统方法依赖于对特征描述算子的设计,如局部二值模式(Local Binary Pattern,LBP)和方向梯度直方图(Histogram of Oriented Gradient,HOG)。这个过程需要研究者对图像领域知识的理解,往往烦琐且容易出现纰漏。

相比之下,深度学习提供了一种自适应地提取所需特征的方法。只需要设计好损失函数,并通过迭代对损失函数进行凸优化,就能够自动地提取所需的特征。深度学习的特征提取不需要先验知识,也无需人工干预,目的性更加明确。正因如此,深度学习在计算机视觉领域取得了显著的成就。

目前,在人脸识别领域,越来越多的研究者使用卷积神经网络来构建优化算法。卷积神经网络具有局部感知、参数共享和池化等特点,它能够有效地处理图像数据,并提取出丰富的特征表示。卷积神经网络的关键技术包括卷积层、激活函数、池化层和全连接层等。

总之,深度学习的兴起为特征提取带来了革命性的变化,使得特征提取不再依赖于人工设计的算子,而是通过模型自动学习并优化。在计算机视觉领域,卷积神经网络成为一种重要的工具,为各种任务提供了强大的特征表示能力。

一个典型的卷积神经网络主要由输入层、卷积层、池化层、全连接层、Softmax 层构成。一张图像从输入层输入,依次经过卷积层、池化层等多层的特征提取,最后抽象成信息量更高的特征,从全连接层输入 Softmax 层进行分类。

(1)输入层:顾名思义,就是整个卷积神经网络的数据输入,通常把一个经过预处理的图像像素矩阵输入这一层中。对于不同类型的图像,输入时需定义图片类型,如黑白图像是单通道图像、RGB 图像是三通道图像。

当一幅图像输入卷积神经网络中后,会经过若干个卷积层和池化层的运算,直至全连接层降维,因此图像的数量和分辨率都会对模型的性能造成影响。

(2)卷积层:这一层就是卷积神经网络最重要的一个层次,也是"卷积神经网络"名字的来源。卷积神经网络中每层卷积层由若干卷积单元组成,每个卷积单元的参数都是通过反向传播算法优化得到的。每个卷积层通常会包含若干个卷积核,每个卷积核利用自己的参数从输入的图像矩阵中提取特征,卷积运算的基本过程如图3-30所示。

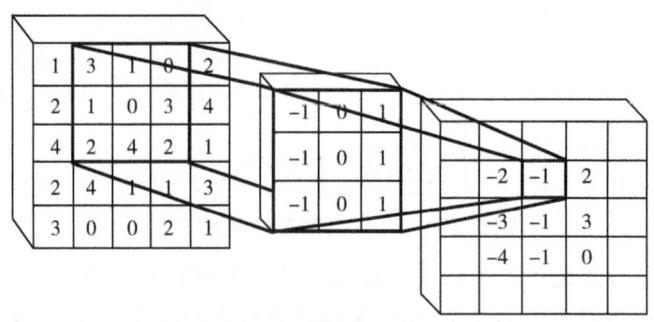

图3-30　卷积运算的基本过程

（3）池化层:也称为下采样层,其主要作用是对前一层输出进行降维处理,尽管会损失一部分数据,但是既可以减少计算量和数据空间的占用,也可以在一定程度上避免过拟合。常见的池化方式有最大池化(Max pooling)和平均池化(Average pooling),这两种池化方式可以对一定范围内的特征点取最大值或平均值。一般来讲,最大池化能更多地保留图像的纹理信息,而平均池化则更多地保留图像的背景信息。池化运算如图3-31所示。

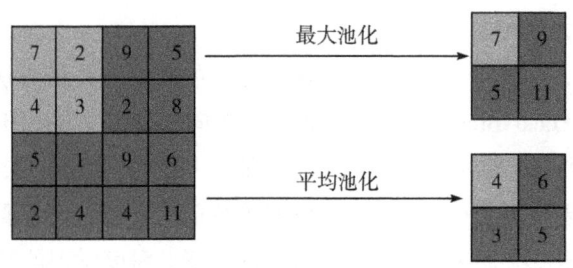

图3-31　池化运算

（4）全连接层:主要用于综合卷积层和池化层的特征。由于卷积层和池化层都能提取出人脸的特征,因此经过多层的处理后,图像中的信息已经被提取成信息量更高的特征。这些特征通过全连接层后成为一幅图像信息的最终表达,并作为输入特征输入分类器中完成分类任务。全连接层是整个网络最难训练的部分,如果训练样本过少,则可能造成过拟合现象。因此,采用随机失活(Dropout)技术,抑制模型出现的过拟合现象,它可以在每个训练批次中随机忽略隐藏层结点的一半,从而减少模型出现过拟合的情况。简单来说,就是在前向传播和后向传播时让部分神经元以一定的概率p停止工作,由于停止工作的神经元不同,就产生了不同的网络结构,这样就可以使用新产生的网络模型进行训练。因为所有的网络结构的权值都是共享的,所以神经元学习到的特征更具有鲁棒性。

2. 人脸分类识别方法

（1）Softmax:又称归一化指数函数。它是二分类函数Sigmoid在多分类上的推广,目的是将多分类的结果以概率的形式展现出来。它将多个神经元的输出,映射到(0,1)区间内,可以看成概率来理解,从而来进行多分类。Softmax计算概率的公式如下,其中Z_i是全连接层的输出,S_i表示类别i的概率。

$$S_i = \frac{e^{Z_i}}{\sum_{j=1}^{k} e^{Z_j}}$$

在深度学习中,Softmax函数通常用于输出层,将隐藏层的输出转换为表示类别概率的向量。它与交叉熵损失函数结合使用,可用于训练分类模型,并进行概率最大化的推断和预测。

(2) 支持向量机：最初是由 Vapnik 及其同事开发的。它具有较好的学习能力和强大的泛化能力，并被广泛应用于预测分类和回归的监督学习任务上。支持向量机的主要目标是找到一个最佳的分类器函数，将来自两个不同类别的数据样本分开。为了达到这个目标，支持向量机将已知的样本数据从一个低维空间投影到一个高维空间中，以便找到一个最优的分类超平面。这个超平面能够将数据样本点在平面上有效地分为两类，而靠近超平面的数据点被称为支持向量。

支持向量机利用数学方法和优化技术，找到一个最优的超平面，使得具有不同类别标签的数据点在超平面两侧分布得尽可能远，并且最大化分类的边界间隔。这种方法能够有效地处理非线性可分的数据，并通过引入核函数进一步将数据映射到高维空间，从而在非线性情况下寻找最佳分类决策边界。

(3) 随机森林(Random Forests)算法：于 2001 年由 Breiman 等人提出[57]。它是一种集成学习方法，由多棵决策树组成的随机森林构成。

随机森林的决策树通常使用分类回归树算法。采用随机有放回抽样的方式从数据集中构建每棵决策树的训练集，并确保每棵决策树的训练集不同，这就是随机森林中的 Bagging 思想。在训练每棵决策树时，假设每个样本具有 M 个特征，随机选择其中 m 个特征进行训练，即稀疏特征。在训练过程中，决策树内部节点的分裂是根据信息增益来选择特征的。

值得注意的是，在训练决策树时不需要进行剪枝操作。由于随机森林中采用了随机样本选择和随机特征选样两种随机思想，因此不容易陷入过拟合的陷阱。决策树之间使用投票表决法来确定分类随机森林的最终输出。

(4) 反向传播(Back Propagation, BP)神经网络：分为 3 层，包括输入层、隐含层和输出层。每层都由多个神经元(或称为节点)组成，并且每个神经元与前一层和后一层的神经元之间存在连接。这些连接具有权重，表示神经元之间的相对重要性。BP 神经网络的训练过程基于反向传播算法，该算法通过调整网络的权重来最小化预测输出与实际输出之间的误差。具体来说，训练过程分为两个阶段：前向传播和反向传播。

在前向传播阶段，输入数据通过网络从输入层传递到输出层。每个神经元根据输入和权重计算加权和，并通过激活函数(如 Sigmoid 函数)将结果转换为输出。这个过程一直进行，直到到达输出层，输出最终的预测结果。

在反向传播阶段，计算预测结果的误差，并将误差从输出层向后传播回隐藏层和输入层。根据误差的大小，通过梯度下降算法来更新网络中的权重。这样，网络可以逐渐调整权重，以减小误差，并提高预测的准确性。这个过程重复进行多次，直到达到预定的停止条件，如达到最大训练次数或误差降至可接受水平。

对于任意一个人脸测试图像，可以通过比较网络输出层输出向量的最大分量来进行分类。由于人脸图像的维度 N 通常较大，而训练样本数 K 通常较小，所以设计用于人脸识别的 BP 神经网络分类器会遇到一定的困难。为了实现具有强大推广能力的 BP 神经网络分类器，可以通过特征压缩来减少输入向量的维度，并且适当选择隐含层的神经元数。为了加快网络训练的收敛速度，可以对输入向量进行标准化处理，并为各个连接权值适当赋予初值。

BP 神经网络之所以能够进行人脸识别，根本原因在于它实现了一种特殊的非线性映射，将输入空间映射到输出空间，从而简化了分类问题的复杂性。利用 BP 神经网络进行特征提取和识别具有许多优点,例如识别速度快、识别率高、容错性好等,尤其适用于存在噪声、残缺以及戴眼镜等情况下的人脸图像。

3.8.2.3 指纹识别

指纹识别技术是最早应用的生物特征识别技术之一。指纹是指分布在人体手指表面凹凸不平的纹线,其形成始于胎儿期,不仅与遗传因素有关,还受母体环境的影响。因此,即使是同卵双胞胎,其指纹也具有明显的差异。

相比于一般图像,指纹图像具有明显的纹理特征,通常由交替出现的脊和谷组成,它们的宽度大致相同。通过识别脊末梢和分支点等特征,可以实现对个人身份的鉴别。一般情况下,如果有多于12个特征完全匹配,则认为两枚指纹完全一致。

与其他生物特征识别技术相比,指纹识别技术具有以下优点。

①指纹具有唯一性和稳定性,不会随着年龄增长或身体健康状况的变化而改变。

②指纹采集设备种类繁多,并且价格较低廉。

③已经存在标准的指纹样本库,便于开发识别系统的软件。

④一个人的十根手指指纹都是不相同的,可以利用多个指纹来构成多重口令,提高系统的安全性,而不增加系统的设计负担。

⑤指纹识别中使用的模板是通过从指纹图像中提取关键特征得到的,这样可以减小对指纹模板库的存储需求。此外,特征模板还大大减少了网络传输的负担,方便通过指纹实现异地身份确认。

自1946年第一台电子计算机在美国问世以来,图像处理技术得到了迅猛发展。在此过程中,指纹识别技术也经历了质的提升,逐渐形成了指纹自动识别流程,如图3-32所示。该流程包括指纹信息录入和识别两个环节。

在指纹信息录入环节中,首先进行指纹图像采集,采用不同方法获取的指纹图像可能存在形变和模糊程度上的差异。其次,进行指纹图像增强,以去除采集指纹图像中的噪声和重叠等干扰因素。再次,提取指纹图像的特征,将其存储,作为身份鉴别的依据。在指纹特征识别环节中,采集到的指纹图像同样需要经过指纹图像增强和图像特征提取步骤。最后,判断所得到的特征信息与录入信息是否匹配。

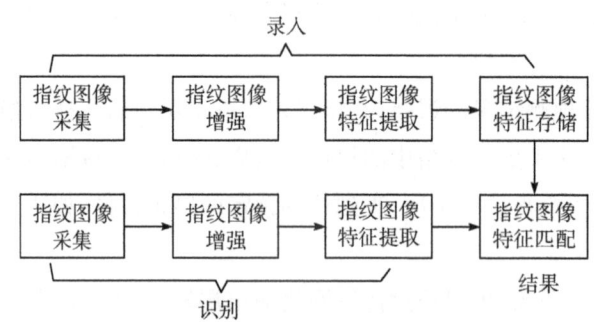

图3-32 指纹自动识别流程

3.8.2.4 语音识别

语音识别技术的最终目标是实现计算机与人类之间的自由对话。目前,连续语音识别技术正朝着成熟的方向发展,并且语音识别领域也涌现出多种实用化的研究方向。未来的语音识别将重点关注口语语音的识别与理解、实时语音识别和语音识别的鲁棒性等方面。作为一门交叉学科,语音识别涉及信号处理、模式识别、概率论与信息论、语言学、听觉机理以及人工智能等多个技术领域。一个典型的语音识别系统如图 3-33 所示。

输入的语音信号需要经历数字化过程,然后进行预处理。经过预处理后的语音信号进入特征提取环节,通过特定算法,提取能够代表语音特性的特征参数。提取的特征参数会被分别用于模型训练和搜索解码两个方向。在模型训练方面,这些特征参数会被输入到声学模型和语言模型中。声学模型用于对语音的声学特征进行建模,捕捉语音信号的声学特性,例如音素的发音特征等;语言模型则基于大量的文本数据,学习语言的语法、词汇搭配等规则,用于评估语音识别结果在语言层面的合理性。在搜索解码方面,将提取的特征参数结合声学模型和语言模型进行综合处理。搜索解码过程会在可能的语音序列空间中进行搜索,通过计算不同语音序列的得分,找出最有可能的语音识别结果,最终输出识别结果,从而完成语音识别的整个流程。

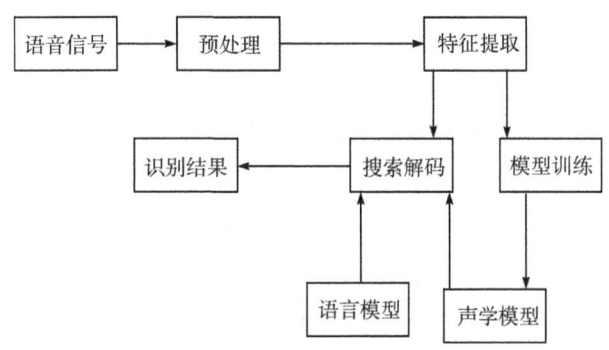

图 3-33　语音识别系统

语音识别技术具有明显的优点,如方便快捷、自然交互和实时转录等。然而,准确性是语音识别面临的主要挑战之一。因为它受到很多因素的影响,包括语音质量、发音习惯、词汇和语法多样性等,所以在某些情况下,语音识别可能会出现错误或误解用户的意图[58]。此外,语音识别对周围环境中的噪声和干扰非常敏感,尤其是在嘈杂的环境中,会影响其准确性和可靠性。

另一个需要考虑的问题是隐私和安全性。由于语音识别涉及将个人语音数据传输到云端进行处理和存储的情况,因此可能引发隐私和安全方面的担忧。保护用户的语音数据和个人信息是至关重要的,需要采取适当的安全措施来防止数据泄露和滥用。

此外,大多数语音识别系统需要与互联网连接以进行实时处理和识别,如果网络连接不稳定或无法访问互联网,会影响识别功能的可用性,因此稳定的网络连接是使用语音识别技术的重要前提。

语音识别技术尽管存在挑战和缺点,但它已经广泛应用于智能助手、语音输入、远程助理和电话自助服务等领域。持续的研究和改进仍然需要进行,以提高准确性和用户体验,解决隐私和安全性等问题。

3.8.2.5　掌纹识别

近年来出现了一种新型的生物特征识别技术,即掌纹识别。掌纹指的是手指末端到手腕部分的手掌图像,其中包含许多可用于身份鉴别的特征,如主线、皱纹、细小纹理、脊末梢和分叉点等。与其他识别方法相比,掌纹识别具有非侵入性特点,对采集设备的要求不高[59]。

掌纹识别具有以下独特的优势。

1. 准确度较高

掌纹具有辨识度高的纹理特征,包括主线、皱纹、脊末梢和分叉点等。

2. 便捷的图像采集

掌纹图像可以轻松获取,即使使用低分辨率的采集设备也不会影响识别效果。

3. 稳定可靠性

掌纹的形态主要由遗传基因控制，即使发生部分表皮剥落等特殊情况，新生成的纹路仍然保持原有的结构。

基本的掌纹识别流程包括图像获取、图像预处理、特征提取、建立掌纹数据库、特征匹配和特征融合等步骤，最终得出测试结果，如图 3-34 所示。图像采集过程要求充分模拟实际场景，预处理阶段则主要涉及提取感兴趣区域（ROI），参考坐标系算法是常用的方法。特征提取阶段主要从全局或局部范围提取掌纹特征。匹配过程根据预先确定的匹配准则将测试样本与其他样本进行匹配。

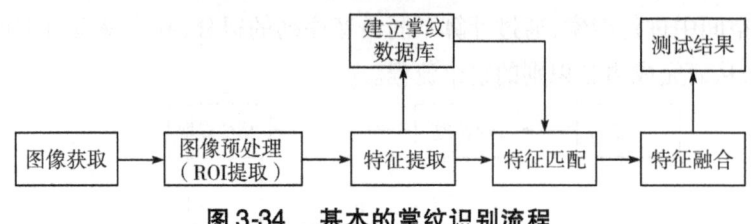

图 3-34　基本的掌纹识别流程

3.8.2.6　人耳识别

人耳识别是在 20 世纪 90 年代末开始兴起的一种生物特征识别技术。人耳独特的生理特征和观测角度的优势，使得人耳识别技术在理论研究和实际应用方面具有很高的价值。从解剖生理学的角度来看，人的外耳由耳郭和外耳道组成。人耳的基本结构如图 3-35 所示。

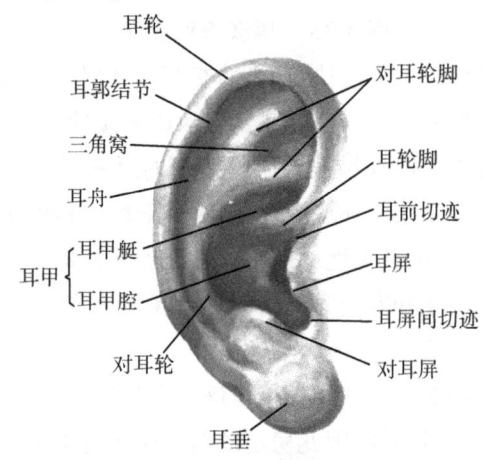

图 3-35　人耳的基本结构

人耳识别的对象实际上是裸露在外的耳郭。目前的人耳识别技术是在特定的人耳图像库上实现的，一般通过摄像机或数码相机采集一定数量的人耳图像，并建立人耳图像库。不过，目前还没有实现动态的人耳图像检测和获取技术。

与其他生物特征识别技术相比，人耳识别技术具有以下特点：

①与人脸识别相比，人耳识别方法不受面部表情、化妆品和胡须变化的影响，同时保留了方便进行面部识别图像采集的优点。相对于人脸，整个人耳的颜色更加一致，图像尺寸更小，数据处理量也更小。

②与指纹识别相比，人耳图像的获取是非接触式的，其信息获取方式容易被人接受。

③与虹膜识别相比，人耳图像采集更为方便，且人耳图像采集设备的成本要低于虹膜采集设备。

作为生物特征识别技术的一个分支，人耳识别具有结构稳定、易于获取、图像体积较小、计算方便以及不易受遮挡和伪装的优势。人耳识别可以与指纹识别、人脸识别等方法进行协同工作，利用各自的优势形成互补,是生物特征识别领域中的一种新兴技术,拓宽了生物识别的研究领域。因此,探索人耳识别的新方法具有非常重要的意义。其中,人耳识别的主要流程可以概括为以下几个步骤:采集人耳图像样本,对图像样本进行预处理以提高图像质量,提取人耳特征并进行分类识别。其中,人耳特征的提取和识别是关键环节。人耳识别流程如图3-36所示。

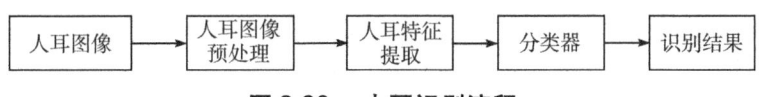

图3-36 人耳识别流程

3.8.3 生物特征识别技术在区域治安防控中的应用

生物特征识别技术在区域治安防控中的应用日益广泛且深入,其凭借高安全性、唯一性和便捷性等特点,在提升区域治安水平、预防犯罪、快速响应等方面发挥着重要作用。以下是生物特征识别技术在区域治安防控中的几种主要方法。

1. 人脸识别技术

在区域治安防控中,人脸识别技术应用广泛。

(1)人员身份识别与排查:通过安装在公共场所(如机场、车站、商场等地)的摄像头,可以快速准确地识别出特定人员。例如,警方可以将在逃犯罪嫌疑人的面部信息录入系统,一旦这些人出现在监控范围内,系统会立即发出警报,这大大提高了抓捕效率。同时,对于一些重点关注人员,如涉稳人员、吸毒人员等,也可以进行实时监控和排查。

(2)门禁系统与出入管理:在一些重要场所,如政府机关、企业单位、住宅小区等,安装人脸识别门禁系统,可以有效控制人员出入。只有经过授权的人员才能进入,提高了场所的安全性。此外,对于一些人流量较大的区域,如地铁站、景区等,人脸识别技术可以实现快速检票和通行,提高了管理效率。

(3)治安巡逻与突发事件处理:警察在巡逻过程中,可以利用便携式人脸识别设备对可疑人员进行身份识别。在突发事件(如恐怖袭击、群体性事件等)发生时,通过人脸识别技术可以快速确定涉事人员的身份,为事件的处理提供有力支持。

2. 指纹识别技术

指纹识别技术在区域治安防控中也具有重要地位。

(1)犯罪现场勘察:在犯罪现场,警方可以通过提取犯罪嫌疑人留下的指纹,与指纹数据库进行比对,从而确定犯罪嫌疑人的身份。指纹具有唯一性和稳定性,是一种非常可靠的证据。

(2)枪支管理与警用装备管理:对于警用枪支和其他重要装备,可以采用指纹识别技术进行管理。只有经过授权的人员才能使用这些装备,提高了安全性和管理效率。

(3)人员身份验证与登记:在一些需要进行身份验证的场合,如办理证件、入住酒店等,指纹识别技术可以作为一种有效的身份验证手段。与传统的身份证、护照等证件相比,指纹更加难以伪造,提高了身份验证的准确性和安全性。

3. 虹膜识别技术

虹膜识别技术具有高度的准确性和安全性,在区域治安防控中也有一定的应用。

(1)重要场所的门禁控制:在一些对安全性要求极高的场所,如银行金库、军事基地、科研机构等,可以采用虹膜识别技术进行门禁控制。虹膜具有独特的纹理和颜色特征,难以被伪造和复制,能够有效防止非法入侵。

(2)人员身份识别与追踪：在一些特殊情况下，如反恐行动、重大刑事案件侦查等，可以利用虹膜识别技术对特定人员进行身份识别和追踪。通过安装在公共场所的虹膜识别设备，可以实时监测特定人员的行踪，为警方的行动提供有力支持。

4.声纹识别技术

声纹识别技术在区域治安防控中的应用也越来越受到关注。

(1)电话监听与分析：在打击电信诈骗等犯罪活动中，警方可以通过声纹识别技术对犯罪嫌疑人的电话进行监听和分析。确定犯罪嫌疑人的身份和位置，为案件的侦破提供线索。

(2)语音门禁系统：在一些需要进行语音验证的场所，如实验室、机房等，可以安装语音门禁系统。只有经过授权的人员的声音才能打开门禁，提高了场所的安全性。

(3)公共安全预警：通过对公共场所的声音进行监测和分析，可以及时发现异常情况，如爆炸声、枪声等，并发出预警信号。为警方和相关部门的应急响应提供时间。

3.8.4　生物特征识别技术的优势与挑战

生物特征识别技术为区域治安防控带来诸多显著优势。首先，其准确性极高。生物特征具有唯一性和稳定性，能够精准地识别人员身份，无论是在人员排查还是门禁管理等方面都能发挥重要作用，大大提高了治安防控的精准度。其次，难以伪造的特性提升了安全性。与传统证件和密码相比，生物特征更加难以被复制和伪造，为治安防控筑牢安全防线。再次，便捷性突出。该技术可以实现快速、便捷的身份验证和识别，极大地提高了管理效率，让治安防控工作更加高效流畅。最后，非接触性优势明显。像人脸识别、虹膜识别等技术可以实现非接触式识别，这在当前注重公共卫生的背景下，降低了疾病传播的风险，为治安防控工作增添了一份安全保障。

然而，生物特征识别技术在区域治安防控中并非一帆风顺，也面临着一系列挑战。一是技术成本较高。生物特征识别技术需要使用先进的设备和软件，这使得投入成本大幅增加，可能在一定程度上限制了其广泛应用。二是数据安全问题严峻。生物特征数据涉及个人隐私，一旦泄露，可能会造成严重后果，因此必须加强数据安全保护措施，确保个人信息安全。三是环境影响不可忽视。生物特征识别技术对环境要求较高，光照、温度、湿度等因素都可能影响识别效果，这给实际应用带来了一定的不确定性。四是法律和伦理问题亟待解决。生物特征识别技术的应用涉及个人隐私保护、数据使用权限等法律和伦理问题，需要制定相应的法律法规进行规范，以保障技术的合理应用。

3.9　视频监控技术

3.9.1　概述

在当今这个人口激增、安全隐患频发的社会环境下，随着人们对个人及公共安全的要求日益提高，以及经济条件的不断改善，监控摄像头的部署数量正以惊人的速度增长，监控范围也在不断扩大。然而，传统的视频监控系统功能相对有限，主要提供视频的捕获、存储和回放，这些功能虽然能够记录下发生的事件，但在实时预警和报警方面却显得力不从心。为了确保能够实时监控并快速响应异常行为，监控人员需要持续不断地关注视频流，这是一项极其繁重的任务，而且在面对多路视频监控时，监控人员也很容易感到疲劳，难以对异常情况做出及时反应。因此，智能视频监控技术的发展变得尤为迫切，它能够辅助监控人员更高效、更准确地完成工作。

智能视频监控技术就是利用计算机视觉技术，模拟人脑的处理能力和人眼的观察能力，自动分析从摄像头捕获的图像序列，理解监控场景中的内容，并实现对异常行为的自动预警和报警。这一技术的发展,得益于20世纪末以来计算机视觉技术的飞速进步,已经成为研究的热点领域。

智能视频监控技术的应用领域非常广泛,包括但不限于公共安全监控、工业现场监控、居民小区监控、交通状态监控等。它能够实现犯罪预防、交通管制、意外防范和检测、老幼病残监护等多种功能,显著提高监控效率,降低监控成本,具有重要的研究意义和广阔的应用前景。

智能视频监控系统的实现,涉及多个层面的技术。在底层,系统需要对动态场景中的感兴趣目标进行检测、分类、跟踪和识别。这通常涉及图像处理和模式识别技术,包括背景减除、时间差分等方法,以及更高级的深度学习算法,如卷积神经网络等。这些技术可以帮助系统从复杂的场景中提取出有用的信息,并对目标进行准确的识别和跟踪。在高层,智能视频监控系统需要对目标的行为进行识别、分析和理解。这包括行为模式识别、生物识别、目标检测与分析、自动跟踪识别、运动理解等技术。通过对人体运动信息的分析及理解,系统能够识别出正常行为与异常行为,进而实现自动预警和报警。

智能视频监控技术的发展,也面临着一些挑战。首先,如何从海量的视频数据中高效地提取有用信息,是一个亟待解决的问题。这不仅需要强大的计算能力,也需要先进的算法来提高数据处理的效率。其次,智能视频监控系统的准确性和鲁棒性也是关键。在复杂的现实环境中,光照变化、遮挡、摄像机角度等因素都可能影响系统的识别效果。因此,提高系统的适应性和稳定性,是智能视频监控技术研究的重要方向。最后,智能视频监控技术的普及和应用,还涉及隐私保护和数据安全的问题。如何在提高监控效率的同时,保护个人隐私,防止数据泄露,也是智能视频监控技术发展过程中需要考虑的问题。

总之,智能视频监控技术的发展,不仅能够提高监控的效率和准确性,还能够为社会的安全管理提供更加强有力的支持。随着技术的不断进步和应用的不断深入,我们有理由相信,智能视频监控技术将在未来发挥更加重要的作用,为构建更加安全、和谐的社会环境做出贡献。

3.9.2 智能视频监控技术的架构与特点

3.9.2.1 智能视频监控技术的兴起

视频监控作为现代安全防控体系的核心环节,其主要目标是在最短的时间内从监控场所收集尽可能丰富的信息,并进行有效反馈。

信息的获取和处理经历了从人工到智能化的演变。在早期,信息的搜集和处理完全依赖于人力。例如,在我国古代,宫廷和官府通过建立庞大的情报网络,如明朝的东厂,经由广泛的眼线和耳目来搜集各类情报,并据此做出决策。此外,动物的自然感知能力也被用于监控当中,如古代庭院中常见的守门犬,它们凭借敏锐的听觉和嗅觉来预警潜在的威胁。

随着技术的进步,人类开始利用各种设备来扩展监控能力。例如,中国古代的乔家大院就使用了一种被称为"万人球"的装置,它是一种由水银和玻璃制成的镜子,能够反射房间内各个角落的影像,类似于现代的全景摄像机。到了19世纪70年代,随着视频监控技术的真正发展,摄像头开始被广泛应用于信息的收集当中。

然而,与过去大部分依赖人工处理信息的方式不同,视频监控技术开始尝试利用机器来辅助人类进行信息处理工作。视频监控不仅能够自动记录视频,还能通过高级算法分析视频内容,识别异常行为,甚至预测潜在的风险。视频监控技术的发展,标志着监控系统的一次革命性进步。它通过集成先进的图像处理、模式识别和机器学习技术,实现了对监控画面的实时分析和响应。例如,现代智能监控系统能够识别人群中的异常行为,如打斗或奔跑,及时通知安全人员。在交通管理中,智能监控能够自动检测违章行为,如闯红灯或超速,提高了交通执法的效率。

视频监控技术的发展可以粗略地分为三个阶段,如图 3-37 所示。

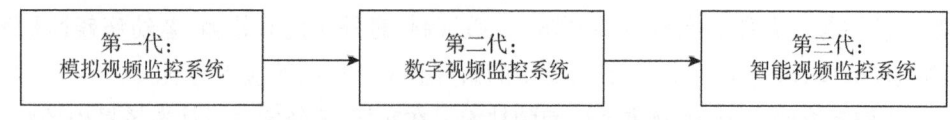

图 3-37　视频监控技术的发展阶段

1. 第一代:模拟视频监控系统

随着光学成像技术和电子信息技术的飞速进步,监控摄像机的设计与应用逐渐成熟,并广泛普及。为了适应日益增长用电子设备代替人力或其他生物进行监控的需求,大约在 20 世纪 70 年代,全球开始步入电子监控系统的新时代。这一时期以闭路电视监控系统(Closed Circuit Television,CCTV)为标志,它代表了第一代模拟视频监控技术的诞生[60]。

这一时期的监控系统主要是依靠同轴电缆传输来自前端模拟摄像机的信号,并通过模拟监视器进行实时显示。视频内容的存储则由磁带录像机(Video Cassette Recorder,VCR)来完成。这种技术由于成本相对较低,安装过程简便,因此非常适合小规模的安全监控系统。它不仅为当时的安全防护提供了新的解决方案,也为后续视频监控技术的发展奠定了基础。随着时间的推移,这些早期的模拟系统逐渐被更先进的数字和智能系统所取代,但它们在视频监控技术发展史上仍占有重要地位。

2. 第二代:数字视频监控系统

由于早期的磁带录像机受限于存储容量,且同轴电缆传输方式限制了监控的地理范围,视频监控技术亟须突破这些瓶颈。随着 90 年代中期数字编码技术和半导体技术的重大进步,数字视频监控系统应运而生,引领行业进入了一个新的时代。起初,这一系统结合了模拟摄像机和嵌入式硬盘录像机(Digital Video Recorder, DVR),标志着半数字视频监控时代的开始。随后,技术进一步发展,网络摄像机和视频服务器(Digital Video Server, DVS)的引入,实现了视频监控系统的全数字化。

DVR 的广泛应用极大地扩展了监控系统的容量,使其能够接入更多的摄像机,存储更庞大的视频数据量,这一变化使得摄像机数量得以指数级增长。嵌入式系统和网络通信技术的发展,推动了图像编码处理单元从后端走向前端。视频图像在摄像机端进行编码后,通过 IP 网络传输到后台系统,实现了视频监控的数字化。

数字视频监控系统以其广泛的应用范围、出色的扩展性、使用和维护的简便性,适用于规模庞大的安全监控项目,无论是 100 路、1 000 路,还是更大规模的城市级安全防范系统。然而,随着监控规模的不断扩大,如何从海量视频内容中快速提取有用信息,成为亟待解决的问题。这直接催生了对视频内容智能分析的需求,为智能化系统的发展提供了前提和基础。数字化技术的这一发展阶段,不仅为视频监控提供了更高的图像质量和更可靠的数据存储,也为后续的智能化升级打下了坚实的基础。

3. 第三代:智能视频监控系统

随着第二代数字视频监控技术的飞速发展,大规模的视频监控布控得以实现。在全球安全形势日益紧张的背景下,各国对高效监控系统的需求激增,摄像头的部署数量呈现出爆炸性增长。例如,在 2006 年,英国就已拥有 450 万个闭路电视监控摄像头,这相当于每个英国人平均每天被捕捉到 300 次。到了 2008 年,美国安装的摄像头数量已超过 2 000 万台。而到了 2010 年,中国用于城市监控与报警系统的摄像头数量也已超过 1 000 万个。这些摄像头构成了一张庞大的监控网络,为社会安全提供了强有力的保障。

摄像头数量的激增极大地增强了安全防范能力,使得我们能够收集到海量的视频数据,这些数据不仅可用于实时监控报警,还能为事后追踪提供重要依据。然而,这也给依赖人工监控的系统带来了前所未有的挑战。面对如此庞大的视频信息量，即使是最专注的监控人员也难以持续保持高效的信息处理能力。美国圣地亚国家实验室的研究显示，监控人员在连续观察视频画面22分钟后，将无法注意到视频中超过95%的活动信息。这一发现凸显了人工监控在处理大规模视频数据时的局限性，同时也为智能视频监控技术的发展提供了迫切的需求。

智能视频监控系统的诞生，正是基于对高效安全监控需求的响应。这一系统的核心在于利用计算机视觉技术来实现对视频内容的深入理解，通过背景建模、目标检测与识别、目标跟踪等先进算法的运用，能够精准分析视频中的目标行为和事件，有效回答关键问题，例如"谁在场、位于何处、正在做什么"。这些分析结果将与预设的安全规则相比较，一旦检测到异常，系统便会自动触发报警机制。与传统视频监控相比，智能系统的最大优势在于其能够实现全天候的自动化实时监控和报警，这不仅减轻了安保人员的负担，还通过事中分析和预警，提升了对安全威胁的响应速度。智能技术的应用，将监控从单一的事后分析转变为事中分析和预警，极大地提高了监控效率和预警能力。

此外，智能视频监控技术已在学术界和产业界得到广泛认可。例如，美国电气和电子工程师协会（IEEE）在其125周年庆典上，特别展示了7项可能改变世界的技术，其中就包括智能视频监控技术中的核心——图像和视频内容分析技术。国际知名的视频监控市场网站IPVM在2012年对高级会员进行了一项调查，结果显示，智能化视频分析技术被认为是未来对监控行业影响最大的技术。随着大数据、云计算和人工智能技术的不断进步，智能视频监控技术正迅速发展，其应用范围也在不断扩大，从传统的安全监控扩展到交通管理、零售分析、智慧城市建设等多个领域。这些技术的发展不仅为安全防护提供了新的解决方案，也为数据驱动的决策提供了强有力的支持，预示着智能视频监控技术将在未来发挥更加关键的作用。

智能视频监控系统通过集成高级的图像处理算法和机器学习模型，使得监控系统不再仅仅是记录视频，还能够理解视频内容，实现对异常事件的自动识别和预警，极大地提升了监控效率和对危险的响应速度。随着技术的不断提升，未来的视频监控系统将更加智能，能够实现更加复杂的场景分析和行为预测，为社会安全和城市管理提供更加强大的技术支持。

3.9.2.2 智能视频监控技术的架构

智能视频监控技术的研究重点在于实现对原始视频数据的深入语义解析，使其能够模拟人类的感知与认知过程，自动地分析和理解视频内容。研究的核心目标是赋予计算机类似于人类的分析能力，使其能够识别视频中的感兴趣目标、追踪其历史运动轨迹、理解目标所从事的行为以及判断目标间的相互关系。例如，系统需要能够识别场景中的行人、车辆等目标，分析它们的动作模式和交互行为，从而提供有价值的信息。一般而言，智能视频监控算法流程对视频图像的处理可以分为3个层次，如图3-38所示。

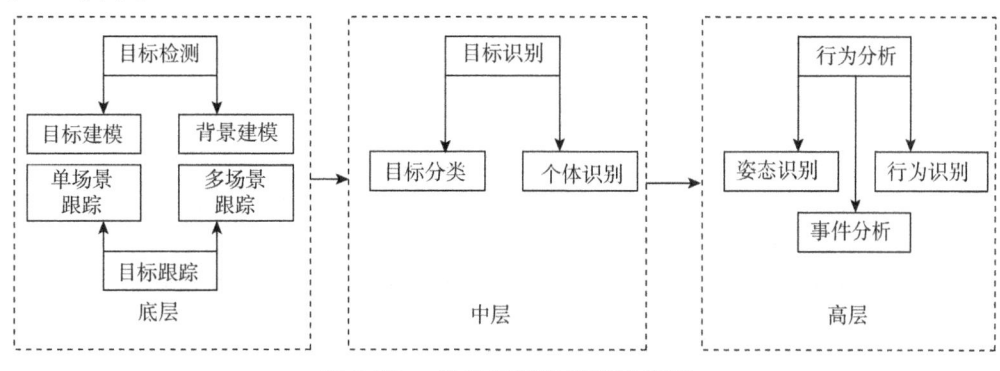

图3-38 智能视频监控算法流程

1. 底层

底层处理主要是从视频图像采集终端捕获的连续图像序列中提取关键信息。这一过程首先涉及对图像序列的分析,以识别和定位画面中的兴趣目标,即解决"目标在哪里"的问题。在目标检测环节进一步细化为两个子部分:目标建模和背景建模。目标建模侧重于定义和识别目标的特征,而背景建模则旨在创建场景的背景模型,以便更准确地从背景中区分出目标。

目标跟踪则是一个更为复杂的过程,它不仅需要确定目标的存在,还要连续监测其在视频中的动态变化。这包括捕捉目标的活动时间、具体位置、运动方向、速度以及目标的外观特征,如颜色、形状和纹理等。根据监控场景的不同,目标跟踪技术被分为单场景目标跟踪和跨场景目标跟踪。单场景目标跟踪关注于同一场景内目标的连续追踪,而跨场景目标跟踪则处理目标在不同摄像头视野或场景间转移时的追踪问题。

2. 中层

中层处理主要是从底层捕获的视频数据中提取有用信息,并对运动目标进行精确的分析和判断。这一过程始于对运动目标的检测,进而识别目标并对其进行分类,目的是识别和确认目标的具体身份。智能监控系统中的目标识别环节,细分为两个关键部分:目标分类和个体识别。目标分类是指将检测到的目标按照预设的类别进行分组,而个体识别则更进一步,通过特定的特征对目标进行个性化区分,如面部识别或车牌识别等。

中层分析在智能视频监控系统中扮演着至关重要的角色,它作为连接底层数据处理和高层行为理解的桥梁,有效地弥合了底层视觉处理与高层语义分析之间的差距。中层分析的主要任务是解决"目标是什么"的问题,通过分析目标的特征,如形状、大小、颜色和运动模式等,系统能够对目标进行更准确的描述和分类。

3. 高层

高层处理是对目标行为的深入分析和理解,这一环节涉及对视频内容的语义解析,其核心任务是揭示目标的行为意图和活动内容。高层处理的语义分析蕴含着丰富的场景信息,它通常与具体的应用场景和需求紧密相连,能够根据不同应用场景定制化分析策略。

在行为分析这一层面,系统进一步细化为三个主要方向:姿态识别、行为识别和事件分析。姿态识别关注于分析目标的体态和姿势,这有助于理解目标的即时状态和可能的行动倾向。行为识别则是对目标的连续动作进行分析,以识别其行为模式,如行走、奔跑或停留等。事件分析则更为宏观,它不仅关注单个目标的行为,还分析多个目标之间的交互以及它们与环境的互动,从而识别出特定的事件或异常情况。

3.9.2.3 目标检测

目标检测是智能视频监控系统中的一个关键环节,它负责从视频流或静态图像中精准地识别和定位运动的前景目标或特定兴趣目标。这一过程不仅涉及确定目标在视频帧中的确切位置,还包括测量目标所占据的像素区域大小。作为整个监控算法体系的基础,目标检测的准确性对于整个系统的效能至关重要。如果目标检测的结果不准确,那么建立在其上的其他环节,如目标跟踪、目标分类和身份识别等,也会受到影响,进而降低整个监控系统的可靠性和有效性。

目标检测技术按照处理数据对象的不同,主要分为两大类:基于背景建模的检测方法和基于目标建模的检测方法。基于背景建模的检测技术依赖于对场景中静态背景的建模,它假设目标对象是动态的,而背景保持静态。这种方法在背景稳定不变时效果显著,能够有效地从视频帧中分离出运动目标。然而,一旦背景发生变动,如在手持摄像机或车载摄像机拍摄的场景中,这种方法可能会将变化的背景错误地识别为运动目标,或者当运动目标在场景中静止一段时间后,可能会被错误地融入背景之中。这限制了它在背景动态变化环境中的应用。

基于目标建模的前景,提取技术提供了一种更为灵活的解决方案,它不受监控环境变化的限制,能够适应各种不同的应用场景。这种方法不仅可以应用于固定摄像机捕获的视频流中对特定目标的检测,也适用于分析单帧的静态图像,甚至是分析移动摄像机拍摄的动态视频内容。然而,由于这种方法需要对大量的扫描窗口进行逐一分析,因此在处理速度上存在一定的局限性,在执行过程中可能会比较缓慢,这导致其在需要快速响应的实时监控系统中面临挑战。尽管如此,基于目标建模的方法因其对复杂环境的高度适应性和对目标特征的深入分析,在非实时或对实时性要求不高的应用中仍然具有重要价值。

1. 基于背景建模的目标检测

基于背景建模的目标检测技术通过深入分析视频图像的基础视觉特征,创建一个背景模型来区分并提取移动的前景对象。这种方法能够确定运动前景的准确位置、尺寸和形状等关键信息,并且能够随着时间的推移不断地对背景模型进行更新和优化,以适应场景中可能发生的变化。

构建一个稳定且可靠的背景模型是背景建模方法中运动目标检测算法成功的关键因素。为了解决这一问题,研究者们已经开展了大量的研究工作,提出了多种技术手段,包括但不限于帧间差分、均值滤波、中值滤波、最大最小值滤波、线性滤波等传统图像处理技术,以及更为先进的非参数模型、近似中值滤波、基于高斯分布的迭代算法、聚类分析、隐马尔科夫模型、自回归模型、在线学习和基于时空背景随机更新的 VIBE 方法等。

在这些方法中,高斯混合模型(Gaussian Mixture Model,GMM)因出色的性能和广泛的适用性成了被普遍采用的一种前景提取技术。GMM 通过模拟背景的多模态分布,能够适应各种动态环境变化,如光照条件的波动、阴影的干扰等,从而实现对运动目标的准确检测。尽管存在多种背景建模技术,GMM 因其在处理复杂场景时的鲁棒性而脱颖而出,成为智能视频监控领域中的一个关键技术。

2. 基于目标建模的目标检测

基于目标建模的目标检测技术通过深入学习大量训练样本来训练分类器,采用滑动窗口的方法在图像的不同尺度上进行扫描,以识别每个窗口中的前景目标。这种方法能够在图像中准确标定出所有感兴趣的目标的位置和大小,但它提供的是目标的包围框,而不是目标的具体轮廓。与基于背景建模的目标检测相比,基于目标建模的目标检测不受拍摄环境的限制,适用于移动摄像头的场景,并且其检测结果通常不需要进一步地分割处理个体。

在基于目标建模的目标检测方法中,研究的重点是如何从原始图像数据中有效地提取特征,并建立一个鲁棒、高效且准确的目标表示模型和分类器。这些模型和分类器的性能直接影响整个检测系统的可靠性和精度。滑动窗口的方法是从原始图像数据中有效提取特征常用的技术手段。根据建模技术的不同,滑动窗口方法模型主要分为几类:刚性全局模板检测模型、基于视觉词典的检测模型、基于部件的检测模型,以及基于深度学习技术的检测模型。除此之外,还有一些其他模型,如基于语法规则的模型和受生物视觉启发的特征模型等。

(1)刚性全局模板检测模型。假设目标对象在形状上是固定且不变的[61],就可以通过使用一致的窗口尺寸和特征提取方法来实现对目标的识别和检测。这一模型的典型代表是法国国家信息与自动化研究所(INRIA)的 Dalal 等人提出的行人检测方法,该方法采用了梯度方向直方图(Histogram of

Oriented Gradients, HOG)特征。HOG 特征通过量化图像中局部区域的梯度方向和强度分布,捕捉目标的局部形状特征,已成为近年来在计算机视觉领域极具影响力和广泛使用的图像特征描述符之一。

(2)基于视觉词典的检测模型。此模型也被称作词袋模型,采用了一种从训练集中提取目标局部特征的方法。这些局部特征可能包括 SIFT[62]和 SUFT[63]等算法提取的描述符。通过使用 K-means 聚类算法等技术,这些局部特征被组织成一个视觉词典,每个聚类中心代表一个视觉单词。在具体应用中,给定一张图像,系统会提取图像中的局部特征,并在预先学习好的视觉词典上进行特征匹配,类似于在词典中查找对应的单词,从而为图像构建一个基于视觉词汇的特征描述。随后,结合滑动窗口技术和支持向量机(SVM)分类器,系统能够在图像的不同区域进行搜索,判定每个窗口中是否存在目标对象。

(3)基于部件的检测模型。该模型是为了克服视觉词典的检测模型在捕捉目标空间结构方面的不足而发展起来的。这种模型通过将目标分解为若干个组成部分,并分别对这些部分进行建模,从而构建起对目标整体的全面理解。在基于部件的检测模型中,目标被视作由多个相互关联的局部部件组成,每个部件都有其特定的特征和空间布局。这种模型的优势在于,它能够更有效地处理目标被遮挡或呈现不同姿态的情况。即使目标的一部分被遮挡,或者目标的姿态发生变化,部件模型仍然可以通过识别可见的部件来推断整体目标的存在。此外,部件模型还能够捕捉目标的局部变化,增强了检测算法对目标变形和视角变化的适应能力。

(4)基于深度学习技术的检测模型。近年来,深度学习技术凭借其在数据表示学习方面的强大能力迅速崛起,成为学术界和工业界的研究焦点。该技术通过构建多层神经网络,模拟人脑处理信息的层次化抽象过程,实现对输入数据的高效抽象表达。在这个过程中,深度学习将特征提取和分类任务集成在一个统一的学习框架内,显著提升了目标检测和分类任务的性能。一个典型的深度学习技术检测流程包括:从输入图像中提取候选区域,利用卷积神经网络对这些区域进行特征计算,再通过线性 SVM 分类器对特征进行分类。

深度学习技术的检测模型凭借其内在的数据表达能力,将目标检测和分类研究推向一个全新的发展阶段。然而,尽管取得了显著的成就,深度学习技术的检测模型仍面临一些挑战,包括模型的可解释性问题、高度复杂的模型结构、优化过程中的困难以及对计算资源的高需求等。这些问题需要研究者们进行更深入的探讨和解决,以便进一步推动深度学习技术在目标检测领域的应用和发展。

3.9.2.4　目标跟踪

作为计算机视觉领域的核心问题之一,目标跟踪不仅是智能视频监控系统的关键组成部分,也具备着广泛的实际应用价值。目标跟踪通过记录并分析目标对象的历史运动路径和相关运动参数,为进一步的高级行为分析和理解提供必要的数据支持,从而在构建更为全面的智能监控解决方案中发挥着基础性作用。

目标跟踪算法根据应用的具体场景被划分为两大类:单场景目标跟踪和多场景目标跟踪。单场景目标跟踪进一步细分为单一目标跟踪和多目标跟踪。相对地,多场景目标跟踪涵盖重叠场景跟踪和非重叠场景跟踪。例如,在单场景跟踪中,目标在连续帧中的位置变化通常较小;而在重叠场景跟踪中,目标可能从一个场景穿越到另一个场景,此时可以依据它们在空间上的连续性来识别目标;对于非重叠场景跟踪,由于场景间可能存在监控盲区,导致对同一目标的观测在时间和空间上出现较大断裂。这些差异要求跟踪算法能够适应不同的场景特性,以实现准确的目标追踪。

1. 单场景目标跟踪

单场景目标跟踪专注于在单一摄像机捕获的视频流中对特定单一目标的连续追踪。它与目标检测环节紧密相关,主要有两种结合方式:第一种方式是生成式跟踪,即在初步的目标检测阶段对前景目标建立表观模型,然后依据特定的跟踪策略,实时更新并确定目标在每一帧中的新位置;第二种方式是判别式跟踪,它将目标跟踪任务与目标检测任务同步执行,将跟踪问题视为前景目标与背景之间的分类问题,通过训练分类器识别出每一帧中与背景差异最大的前景区域。

2. 多场景目标跟踪

多场景目标跟踪技术在由多个摄像机构成的监控网络中应用,其核心任务是为运动目标分配一个唯一的身份标识,确保目标在整个监控区域中得到连贯和一致的跟踪。这种系统至少需要两个摄像机来实现,每个摄像机独立运行单场景跟踪算法,负责在其视野内检测和追踪目标,直至目标移出视野。

同时,这些独立运行的跟踪算法之间也存在相互依赖关系。当一个摄像机发现新目标时,它需要与其他摄像机共享信息,判断该目标是新进入的还是已经在监控系统中的。如果是新目标,系统则会为其分配一个新的标识;如果目标已被系统跟踪,则继续使用其现有标识。这种信息交换和身份确认机制确保了在多摄像机环境中,无论目标在监控场景中如何移动或变换位置,都能被准确且唯一地识别和跟踪。通过这种方式,多场景目标跟踪技术提高了监控系统的智能化水平,增强了对复杂环境下目标跟踪的能力和效率。

3.9.2.5 目标分类与识别

目标分类与识别的核心任务在于判断图像中是否出现特定类别的物体,并识别出目标的具体身份。这一技术作为计算机视觉领域的高级应用,已经在诸如行人识别、大规模图像检索等多个视觉场景中发挥着重要作用。随着目标识别技术在人类生活中的应用日益广泛,它也在不断地改变和丰富着我们的生活。特别是在过去五六年间,随着多样化场景、不同难度级别和各种规模数据库的发展,大量创新的识别算法应运而生,推动了目标识别技术取得显著进步。

在近十年的技术演进中,两种主要方法尤为突出:词袋模型和深度学习模型。词袋模型自2005年起便得到了业界的广泛认可,在多个主流数据库和历届 PASCAL VOC 目标识别竞赛中均取得了优异成绩。然而,自2012年起,深度学习模型在目标识别领域取得了革命性的突破,在大规模图像数据库 ImageNet-1000 上的分类精度超越了词袋模型 10% 以上,迅速成为研究的热点,引领了近年来的研究趋势。

3.9.2.6 行为分析

行为分析通过分析图像或视频数据来识别和解释行为主体的活动内容。这项技术不仅在物体检测和分类的基础上提出了更高层面的目标,而且对人类视觉系统的理解提出了更深层次的要求。行为分析被认为是计算机视觉领域的关键终极挑战之一。行为分析不仅具有重要的理论研究意义,而且在实际应用中也展现出巨大的潜力,广泛应用于人机交互、智能视频监控、智能家居以及视频搜索等领域。

受到 Aggerwal 等人工作的启发,本节根据所处理信息的复杂性,将行为分析方法分为三个层次:静态姿态识别、运动行为识别和复杂事件分析,如图 3-39 所示。静态姿态识别侧重于对静态图像中人体姿态的分类和识别,而运动行为识别和复杂事件分析则针对视频序列,分析和理解其中的动态行为和事件。行为分析因为能够捕捉时间维度上的信息变化,成为当前行为分析研究的主流方向。

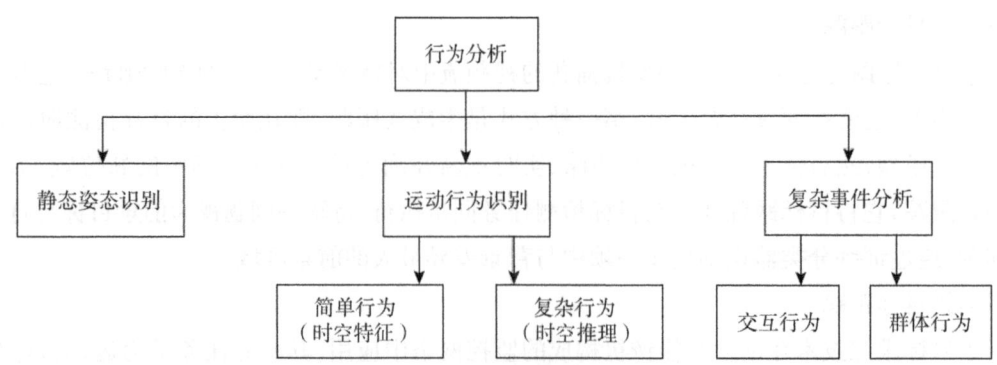

图 3-39　行为分析方法的三个层次

3.9.3　智能视频监控技术在区域治安防控中的应用

智能视频监控技术作为现代治安防控的中坚力量，正通过先进的数据处理和模式识别能力，引领着公共安全领域的革新。它不仅极大地提升了监控效率和对突发情况的响应速度，还通过一系列创新应用实现了对复杂治安情况的精准把控。以下是智能视频监控技术在区域治安防控中的几个典型应用示例。

1. 人流密度监控与分析

通过视频点位人流量分析技术，可以实时统计监控视频中的经过人数，预防拥挤堵塞或异常聚集等行为，有效避免踩踏事件的发生。一个路口的实时路况，人群密度，甚至人群的行走速度等，云端都能掌握得一清二楚。如图 3-40 所示。

图 3-40　人流密度监控与分析

2. 禁入区域异常入侵预警

利用深度学习人体特征和动作识别功能，摄像头能够自动发现并标记人员位置，当检测到异常入侵行为时，系统会自动发出预警。摄像头甚至能识别你东张西望、拍照等动作。如图 3-41 所示。

图 3-41　禁入区域异常入侵预警

3. 异常行为智能预警

人员异常行为智能预警系统可以通过构建行为运动分析模型和行人姿态分析模型，智能分析判断出行人是否有打架斗殴等异常个体和群体行为，及时向后台发出预警信息。如图 3-42 所示。

图 3-42　异常行为智能预警

4. 剧烈挥手求救识别

在无人区域遇险时,向摄像头挥手可以触发自动报警求救。该技术利用深度学习人体姿态识别技术,精准识别人向摄像头剧烈挥手的动作。如图 3-43 所示。

图 3-43　剧烈挥手求救识别

这些应用展示了智能视频监控技术在提升区域治安防控能力方面的重要性和潜力。通过智能视频监控技术在不同场景的应用,可以更有效地预防和应对各种安全威胁,保障公共安全。

3.10　入侵检测与报警系统

3.10.1　概述

人们对入侵检测技术的研究开始于 20 世纪 80 年代初,James Anderson 提交的《计算机安全威胁的监控与监测》报告被认为是第一篇提出入侵检测概念的文章。Anderson 将入侵定义为对信息非授权的访问、操作和导致系统不稳定、不可靠的行为[64]。Denning 于 1987 年最早提出通用的入侵检测系统模型,如图 3-44 所示。

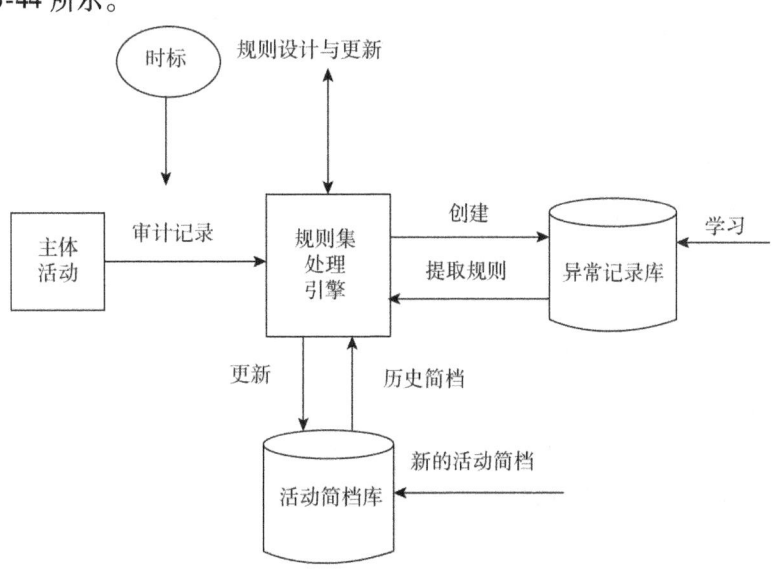

图 3-44　通用的入侵检测系统模型

该模型由以下 6 个部分构成。

1. 主体

主体活动即系统中的行为发起者,通常包括用户进程、网络连接、命令执行和文件访问等,当这些活动发生时会生成审计记录供后续检测使用。

2. 时标

每条审计记录都会被打上精确的时间戳,并按时间顺序排序,为基于时间窗口的统计分析和行为模式挖掘提供上下文信息。

3. 规则集处理引擎

核心引擎将审计记录与活动简档库中的正常行为模型及预定义的活动规则进行匹配,对偏离正常模式的记录,立即标记为异常,并触发报警或更新简档。

4. 活动简档库

该库保存各主体的正常行为统计特征(如操作频度、资源消耗、访问路径等),并由规则引擎在每次正常事件处理后实时更新,以适应环境变化。

5. 异常记录库

一旦规则引擎检测到异常行为,即生成并归档异常记录,该库既用于告警归档,也为后续的模型训练和新规则提取提供真实攻击样本。

6. 规则设计与更新

该模块周期性地从异常记录中挖掘新型威胁特征,并评估现有规则的命中率与误报率,通过专家经验或机器学习自动生成、优化或淘汰规则,确保系统对新威胁保持自适应能力。

Denning 模型实际上是一个基于规则的模式匹配系统,不是所有的入侵检测系统都能够完全符合该模型。Denning 模型的最大缺点在于它没有包含已知系统漏洞或攻击方法的知识,而这些知识在许多情况下是非常有用的信息[65]。

由于当时的网络还没有像今天这样普遍和复杂,网络之间也没有完全互联,因此关于入侵检测的研究主要是基于主机的事件日志分析。而且由于入侵行为在当时是相当少见的,因此并没有受到人们的重视。

在全球化和信息化迅猛发展的当今社会,城市化进程加快导致人口密集和社会结构复杂化,公共安全和犯罪防控面临巨大挑战。国内大城市中,安全管理压力逐年增加,网络犯罪、信息泄露和网络攻击等问题层出不穷,对社会稳定和公共安全构成严重威胁。国际上,恐怖主义、跨国犯罪和网络安全问题依然严峻,频繁发生的恐怖袭击和网络攻击事件引发了公众对安全问题的高度关注。为了应对这些安全挑战,各种先进的治安防控技术应运而生,其中入侵检测与报警系统(Intrusion Detection and Alarm Systems,IDAS)作为一种关键技术,受到了广泛的关注和应用。

3.10.1.1 入侵检测与报警系统的定义和重要性

入侵检测与报警系统是一种利用先进的传感技术、信号处理技术和智能分析技术,对特定区域或目标进行实时监测,以发现未经授权的进入行为、异常活动或潜在威胁,并及时发出警报信号的安全防护系统。它通过部署在不同位置的传感器,感知周围环境的物理变化或异常信号,将这些信号传输到处理中心进行分析和判断。当系统检测到可能的入侵行为时,会触发相应的报警机制,通知相关人员或安全机构采取应对措施。

入侵检测与报警系统在现代安全防护中具有不可替代的重要性,主要体现在以下几个方面。

1. 实时监控和预警功能

该系统通过先进的传感器和监控技术，能够对目标区域进行 24 小时不间断的监控。一旦检测到异常行为或未经授权的入侵，系统会立即触发报警功能，通知相关人员。这种实时监控和预警功能大大提高了安全防护的效率和效果，能够在潜在威胁发生的第一时间进行干预，防止事态恶化。

2. 提高响应速度

该系统的自动化特性显著提高了安全事件的响应速度。通过及时的报警通知，相关安保人员或部门可以迅速采取措施进行处理，减少损失，降低影响。快速响应不仅能够有效遏制安全威胁，还能提高公众对安全管理的信任度。

3. 降低人力成本

该传统的安全监控往往需要大量人力资源，而该系统通过自动化和智能化技术，能够显著减少对人力的依赖。这不仅降低了安全管理的成本，还提高了监控的覆盖范围和效率，使得大面积区域的安全监控变得更加可行和高效。

4. 数据收集与分析

该系统能够收集大量的监控数据和报警数据，通过大数据分析技术进行处理和分析，帮助发现潜在的安全隐患和趋势。通过对数据的深入分析，安全管理部门可以制定更加科学和有效的防范措施，提升整体安全水平。

5. 保护关键资产

在企业和机构中，该系统能够保护敏感区域和关键资产，防止盗窃、破坏和信息泄露等安全事件的发生。对于企业而言，安全隐患不仅会带来经济损失，还会对企业声誉造成严重影响，系统通过全方位的安全防护措施，能够确保企业正常运营和发展。

6. 应对网络安全威胁

随着互联网的普及，网络安全问题变得越来越突出。该系统在网络安全防护中同样具有重要作用，能够识别和阻止网络攻击，保护信息系统和数据的安全，防止黑客入侵、数据泄露和网络诈骗等问题的发生。在信息化高度发达的现代社会，网络安全防护的重要性不言而喻，入侵检测与报警系统的应用已经成为各国政府和相关机构的必备工具。

通过提供实时监控、预警、快速响应、数据分析和全面防护，入侵检测与报警系统为维护社会稳定和保障公共安全提供了保障。随着技术的不断进步和应用的深入，该系统在未来将会发挥更加重要的作用，为构建更安全的社会环境保驾护航。

3.10.1.2　入侵检测与报警系统在区域治安防控中的作用

入侵检测与报警系统在现代区域治安防控中扮演着至关重要的角色，它不仅在保护城市、企业、交通以及住宅区等各类场所的安全方面发挥着核心作用，还在推动安全技术的智能化、自动化以及集成化方面具有显著的推动力。其在区域治安防控中的作用主要有以下几点。

1. 实时监控与预警

这是其首要功能。它通过部署在区域内的各种传感器和摄像头，能够对目标区域进行 24 小时不间断的监控。当检测到异常活动或潜在威胁时，系统会立即触发报警功能，通知相关安保人员进行处理。这种实时预警功能极大地提高了治安管理的反应速度和有效性，能够在威胁发生的初期就加以干预，防止事态恶化。

2. 威胁识别与分析

入侵检测与报警系统不仅能检测到异常行为,还能对其进行深入分析。通过先进的算法和大数据分析技术,识别出潜在威胁的类型和严重程度,并提供详细的分析报告。例如,该系统可以区分普通的误报和真实的安全威胁,从而降低虚警率,提高响应的准确性和效率。这对于治安管理部门来说非常重要,因为他们可以根据这些分析结果,制定出更为精准和有效的应对策略。

3. 快速响应与处理

在该系统的支持下,治安管理部门能够实现快速响应与处理突发状况。当系统检测到安全威胁并触发报警时,预设的响应机制会立即启动。例如,系统可以自动锁定受威胁的区域,启动应急照明或音响警报,并将相关信息实时传送给巡逻人员或警察。这种自动化的响应处理机制能够确保在最短的时间内采取有效措施,最大限度地减少安全事件带来的损失和影响。

4. 数据收集与智能决策

该系统在运行过程中,能够收集大量的监控数据和报警数据,这些数据不仅包括时间、地点和事件类型等基本信息,还涵盖了威胁行为的详细特征和趋势。通过对这些数据的深入分析,治安管理部门能够发现潜在的安全隐患和规律,进行风险评估和预测,制定出更为科学的治安防控策略。智能化的数据分析和决策支持功能,使得治安管理工作更加主动和高效。

5. 综合防护与协同作战

该系统能够与其他安全防护系统和设备联动,形成一个综合防护网络。例如,系统可以与视频监控系统、防盗门禁系统、应急广播系统等进行联动,提升整体防护能力。在发生重大安全事件时,该系统能够协调各个子系统共同作战,形成合力,确保安全事件得到全面、及时和有效的处理。此外,该系统还可以与城市应急管理平台进行对接,实现跨部门、跨区域的协同作战和信息共享,进一步提升区域治安防控的整体水平。

6. 社区安全与居民信任

该系统在提升区域治安防控水平的同时,也极大地增强了社区安全感和居民的信任度。通过系统的实时监控和报警功能,居民能够及时获得安全预警信息,减少安全事件对生活的影响。社区管理部门也可以利用系统提供的数据和分析结果,开展有针对性的安全宣传和防范教育,提高居民的安全意识和自我保护能力。由此可见,入侵检测与报警系统的应用,不仅提高了区域的治安防控能力,也促进了社会的和谐稳定,提升了居民的幸福感。

3.10.2　入侵检测与报警系统的架构

入侵检测与报警系统是现代安全防护技术的关键组成部分,其架构设计需要全面考虑多个层次和组件的集成与协作,确保系统的高效性、可靠性和安全性。

入侵检测与报警系统的总体架构一般包括感知层、传输层、处理层和应用层四个部分,这四个部分相互协作,共同实现对入侵行为的检测、分析和响应。

3.10.2.1　感知层

感知层是入侵检测和报警系统的前端,主要负责数据的采集,其核心组件包括各种传感器和摄像头,如红外传感器、微波传感器、振动传感器、声波传感器和视频监控设备等。这些传感器分布在监控区域内,实时收集环境信息和异常活动数据。

1. 传感器种类

(1)红外传感器:用于检测人体或物体的红外辐射,常用于入侵检测。

(2)微波传感器:通过发射和接收微波信号,检测移动物体的存在,适用于大范围监控。

(3)振动传感器:安装在墙壁、地面等位置,通过检测振动信号,识别非法入侵行为。

(4)声波传感器:通过检测声波信号,识别破坏行为,如玻璃破碎等。

(5)视频监控设备:包括摄像头和录像设备,通过视频图像进行实时监控和录制。

2. 传感器部署

传感器的部署需要考虑监控区域的特点和安全需求。重要区域和高风险区域应重点布置传感器,确保无死角、全覆盖。此外,传感器的安装位置和角度也需要精心设计,以确保最佳的监控效果。

3. 数据采集

感知层的传感器需具备高精度和高灵敏度,以确保能够及时准确地检测到异常活动,传感器的采集频率和数据格式也需要统一,以便于后续的数据传输和处理。

3.10.2.2 传输层

传输层的作用是将感知层采集到的数据传输到处理层进行分析和处理。该层的核心组件包括各种通信网络,如有线网络和无线网络。传输层要求具备高带宽、低延迟和高可靠性,以确保数据传输的实时性和准确性。

1. 网络类型

有线网络:包括光纤和以太网,适用于数据量大、传输距离远的应用场景。有线网络具有高带宽和高稳定性的优点,但部署成本较高。

无线网络:包括Wi-Fi、ZigBee、LoRa等,适用于灵活部署和移动监控的场景。无线网络部署成本较低,但需要解决信号覆盖和干扰问题。

2. 通信协议

传输层需要选择合适的通信协议,以确保数据传输的稳定性和实时性。常用的通信协议包括TCP/IP、UDP、MQTT和CoAP等,这些协议各有优缺点,需根据具体应用场景进行选择。

3. 数据加密

为确保数据传输的安全性,传输层需要采用数据加密技术,常用的数据加密算法包括AES、RSA和ECC等。加密技术的选择需要在安全性和性能之间取得平衡。

4. 容错机制

传输层需要设计容错机制,以应对网络故障和数据丢失等问题,常用的容错机制包括数据重传、冗余传输和故障切换等。通过容错机制,可以提高数据传输的可靠性和稳定性。

3.10.2.3 处理层

处理层是入侵检测和报警系统的核心,负责对传输层传输的数据进行分析和处理。其包括数据处理服务器、存储设备、分析软件和算法模型。处理层通过算法和模型,对传感器数据进行处理和分析,识别潜在的入侵行为,并生成报警信息。

1. 数据处理服务器

数据处理服务器是处理层的核心组件,负责对传感器数据进行处理和分析。服务器需要具备高性能的计算能力和大容量的存储空间,以应对海量数据的处理需求。常用的服务器架构包括集中式架构和分布式架构。

2. 存储设备

处理层需要配置大容量的存储设备,以保存传感器数据和处理结果。常用的存储设备包括硬盘阵列、云存储和分布式存储系统。存储设备需要具备高可靠性和高可用性,以确保数据的安全性和可访问性。

3. 分析软件

处理层需要配备先进的分析软件,以对传感器数据进行处理和分析。常用的分析软件包括机器学习类、深度学习类和大数据分析类等。分析软件需要具备高效的数据处理能力和准确的威胁识别能力,以确保系统的高效性和可靠性。

4. 算法模型

处理层的算法模型是整个系统的核心技术,决定了系统的检测精度和响应速度。常用的算法模型包括规则匹配模型、行为分析模型和异常检测模型等。算法模型需要根据具体应用场景进行优化和调整,以提高系统的检测效果和响应速度。

3.10.2.4 应用层

应用层是入侵检测和报警系统的用户界面,负责与终端用户进行交互,其主要组件包括报警终端、监控终端、移动应用和管理平台等。应用层通过友好的用户界面,向用户提供实时的报警信息和监控数据,支持用户进行远程监控和管理。

1. 报警终端

报警终端是应用层的核心组件,负责接收和显示系统的报警信息。报警终端需要具备良好的用户界面和易操作性,以便用户及时获取报警信息并采取相应措施。常用的报警终端包括 PC 终端、移动终端和专用报警设备等。

2. 监控终端

监控终端是应用层的重要组件,负责显示实时的监控视频和传感器数据。监控终端需要具备高分辨率和高响应速度,以确保用户能够清晰、实时地获取监控信息。常用的监控终端包括监控中心、移动应用和 Web 界面等。

3. 管理平台

管理平台是应用层的核心系统,负责整个系统的整体管理和配置。管理平台需要具备丰富的管理功能和高效的问题处理能力,以确保系统的稳定运行和高效管理。常用的管理平台包括综合管理系统、配置管理系统和日志管理系统等。

3.10.3 入侵检测与报警系统安全设计

为了确保入侵检测与报警系统的安全性,需要在系统架构的各个层次设计和实施安全措施,主要包括以下几个方面。

1. 数据加密

系统的感知层、传输层和处理层需要采用数据加密技术,保护传感器数据、传输数据和处理数据的安全性。常用的数据加密算法包括 AES、RSA 和 ECC 等。

2. 身份认证

系统的应用层需要实施身份认证机制,以确保只有得到授权用户能够访问系统和进行操作。常用的身份认证技术包括用户名密码、双因素认证和生物识别等。

3. 访问控制

系统架构的各个层次需要实施访问控制策略,以确保只有得到授权的设备和用户能够访问系统资源和数据。常用的访问控制技术包括基于角色的访问控制（RBAC）和基于属性的访问控制（ABAC）等。

4. 入侵防护

处理层和应用层需要部署入侵防护系统，以防止外部攻击和内部威胁。常用的入侵防护技术包括防火墙、入侵检测系统（IDS）、入侵防御系统（IPS）和安全信息与事件管理系统（SIEM）等。

通过以上架构设计和安全措施的实施，入侵检测与报警系统能够高效、可靠和安全地实现入侵检测与报警功能，为区域治安防控提供有力的技术支持。

3.10.4　入侵检测与报警系统在区域治安防控中的应用

入侵检测与报警系统是现代区域治安防控的重要组成部分，其应用范围广泛，涉及公共安全、企业安保、住宅小区安防等多个领域，通过实时监控、自动检测和快速响应等功能，有效提升区域安全水平。以下是该系统在区域治安防控不同领域中的应用详述。

3.10.4.1　在公共安全领域的应用

1. 城市治安监控

在城市治安监控中，入侵检测与报警系统起到了关键作用。系统通过在城市各个重要区域部署摄像头、红外传感器、振动传感器等设备，实时监控城市街道、广场、公园等公共场所的安全状况。一旦检测到可疑活动或异常行为，系统会立即发出警报，通知相关部门采取行动。这样的应用有效减少了犯罪行为的发生，提高了城市居民的安全感。

2. 交通枢纽安全防护

交通枢纽如火车站、地铁站、机场等是公共安全的重点区域。系统通过在这些区域布置先进的监控设备，实时检测人员流动和异常行为，确保公共交通的安全运营。例如，系统可以识别出可疑的无人包裹、非法入侵者和其他紧急状况，并即时通知安保人员进行处理，避免潜在的安全问题。

3. 大型活动安保

在大型活动如体育赛事、音乐会、展览会等现场，入侵检测与报警系统也发挥着重要的安保作用。通过设置全方位的监控设备，系统对活动现场进行实时监控，检测和报警潜在的安全威胁。活动期间，系统还能与安保人员的移动设备联动，确保安保人员及时发现潜在威胁和处理突发事件，保障活动顺利进行。

3.10.4.2　在企业安保领域的应用

1. 办公楼和厂区安防

企业的办公楼和厂区是安全防护的重点区域。系统通过办公楼和厂区出入口、重要通道和敏感区域部署的监控设备，实时监控员工和访客的活动，检测和防范未经授权的进入行为。一旦检测到非法入侵，系统会立即触发警报，并记录事件详细信息，方便后续调查和处理。

2. 数据中心安全防护

数据中心存储着企业的重要数据和核心资产，安全性至关重要。系统通过数据中心内部部署的高灵敏度的传感器和监控设备，实时监控数据中心的环境变化和人员活动。系统能够检测到异常的温度变化、震动和未授权的进入行为，及时发出警报并采取应对措施，保障数据中心的安全运行。

3. 仓储和物流安全

在企业的仓储和物流环节，入侵检测与报警系统可以有效防范盗窃和破坏行为。系统通过在仓库和物流中心布置监控摄像头、振动传感器和门禁系统，实时监控货物的存储和运输过程，检测并报警异常活动。这样不仅保障了货物的安全,还提高了物流管理的效率和可靠性。

3.10.4.3 在住宅小区安防的应用

1. 社区安全监控

在住宅小区,入侵检测与报警系统主要用于出入口的安全监控。通过小区的主要出入口和围墙周边安装的摄像头、红外传感器和门禁,系统可以实时监控人员和车辆的进出情况,检测并报警未授权的进入行为,确保小区居民的安全。

2. 公共区域安全防护

小区内的公共区域如游乐场、停车场、会所等也是重点监控区域。通过部署监控设备,系统实时监控公共区域的安全状况,检测并报警可疑活动或异常行为。例如,系统可以识别出破坏公共设施的行为、盗窃行为等情况,并通知安保人员及时处理,保障小区的公共安全。

3. 智能家居安全

智能家居是现代住宅小区的重要组成部分,系统可以与智能家居系统集成,实现更全面的家庭安全防护。通过在家中安装摄像头、门窗传感器、烟雾探测器等设备,系统可以实时监控家庭环境的变化,检测并报警火灾、煤气泄漏、非法入侵等安全威胁,为居民提供全方位的家庭安全保障。

3.10.4.4 在教育和医疗机构管理的应用

1. 校园安全管理

在教育机构如学校,入侵检测与报警系统用于保障学生和教职员工的安全。通过在校园内布置监控摄像头、门禁系统和紧急报警按钮,系统实时监控校园活动,检测并报警异常行为或妨害安全事件。例如,系统可以识别出校园内的陌生人异常进入、打架斗殴行为等情况,并迅速通知校方和安保人员进行处理,保障校园的安全和秩序。

2. 医院和医疗设施安全

医疗机构如医院和诊所是公共安全防护的重点区域,系统在保障医疗环境的安全方面发挥着重要作用。通过在医院内部和周边安装监控设备和门禁系统,系统可以实时监控人员和物品的活动,检测安全威胁并报警。例如,系统可以识别出未经授权进入药品储存区的人、设备被盗情况等,并及时通知安保人员处理,保障医疗环境的安全和医院的正常运行。

3.10.4.5 在其他领域的应用

1. 政府机构和军事区域安防

政府机构和军事设施对安全有着极高的要求。通过在这些敏感区域部署高灵敏度的监控设备和传感器,入侵检测与报警系统实时监控人员的活动和物品的流动,检测潜在的安全威胁并报警。系统可以识别出非法入侵、破坏行为和间谍活动,确保政府机构和军事设施的安全和机密信息的保护。

2. 能源和基础设施监测

关键的能源和基础设施如电站、油气管道、水处理厂等也是入侵检测与报警系统的重要应用领域。通过在这些设施内外布置监控设备和传感器,系统可以实时监控环境变化和设备状态,检测安全威胁并报警。例如,系统可以识别出非法入侵、设备故障和自然灾害等情况,并通知相关部门采取应对措施,保障能源和基础设施的安全运行。

4. 文化和体育场所防护

在文化和体育场所如博物馆、体育场馆、图书馆等,入侵检测与报警系统用于保障参观者和场所内设施的安全。通过在这些场所布置监控摄像头、门禁系统和紧急报警设备,系统可以实时监控人员活动和设施工作状态,检测异常行为或安全威胁并报警。例如,系统可以识别出破坏文物、盗窃财物和拥挤踩踏等情况,并迅速通知安保人员进行处理,保障文化和体育场所的安全和秩序。

入侵检测与报警系统在区域治安防控中的应用广泛而重要。通过实时监控、自动检测和快速响应,系统在公共安全、企业安保、住宅小区安防、教育和医疗机构管理等多个领域发挥着重要作用。随着技术的不断发展和创新,入侵检测与报警系统的功能和性能将不断提升,进而为区域治安防控提供更强大的技术支持,保障社会的安全和稳定。

3.10.5　入侵检测与报警系统在区域治安防控应用中面临的挑战与解决方案

入侵检测与报警系统作为区域治安防控的重要组成部分,尽管在安全监控和威胁响应方面展现出显著成效,但依然面临诸多挑战。以下是该系统在区域治安防控应用中所面临的主要挑战。

1. 技术复杂性与高成本

入侵检测与报警系统通常涉及复杂的技术集成,包括传感器技术、数据分析、通信技术和人工智能技术。这些技术的实现和应用需要高昂的成本,不仅包括硬件设备的购置,还涉及软件开发、系统安装和维护等方面的费用。此外,技术的快速更新换代也带来了持续的成本压力。

2. 数据隐私泄露或滥用

入侵检测与报警系统在运行过程中会收集和处理大量的敏感数据,如视频监控图像、传感器数据和用户信息。在这些数据的存储、传输和处理过程中,存在数据泄露和滥用的风险。在当前对隐私保护要求日益严格的社会环境下,如何保障数据安全和用户隐私成为系统面临的重要挑战。

3. 误报与漏报问题

误报是指入侵检测与报警系统错误地将正常活动判断为威胁行为,而漏报则是指系统未能检测到实际存在的威胁行为。误报会导致频繁的错误警报,干扰正常工作流程,降低用户对系统的信任度;漏报则可能使真正的安全威胁得不到及时处理,增加安全风险[66]。

4. 系统集成联动时兼容性差

入侵检测与报警系统在实际应用中往往需要与其他安全系统进行集成,如视频监控系统、门禁系统、消防系统等。不同系统和设备之间的兼容性和联动性是实现综合安全防护的关键,但在实际操作中,可能会面临设备协议不一致、数据格式不兼容、通信接口不匹配等问题,增加了系统集成和维护的难度。

5. 人员培训与管理缺乏科学的制度与流程

入侵检测与报警系统的有效运行需要高素质的专业人员进行操作和管理。然而,系统的复杂性和技术性要求相关人员具备较高的专业素养和操作技能。这不仅需要对人员进行系统化的培训,还需要建立科学的管理制度和流程,确保系统能够持续高效运行。

面对上述的这些挑战,可以采用以下的解决方案。

1. 提升智能化与自动化水平

通过引入人工智能和机器学习技术,提升系统的智能化水平。智能化技术可以帮助系统更好地分析和理解复杂的数据,提高威胁检测的准确性和响应速度。自动化技术可以减少人工干预,降低操作复杂性和错误率。例如,利用深度学习算法对视频监控数据进行分析,可以有效降低误报和漏报率,提高系统的可靠性。

2. 加强数据加密与隐私保护

在数据采集、传输、存储和处理过程中,采用先进的加密技术和隐私保护措施,确保数据的安全性和隐私性。例如,使用端到端加密技术保护数据传输安全,采用匿名化和伪装技术保护用户隐私。同时,制定严格的数据访问控制策略,确保只有得到授权人员才能访问敏感数据,防止数据泄露和滥用。

3. 改进误报与漏报处理机制

通过改进检测算法和优化系统参数,减少误报和漏报现象。例如,利用多传感器数据融合技术,提高威胁检测的准确性;采用自适应算法,根据环境变化自动调整检测阈值,降低误报率。此外,可以通过引入专家系统和反馈机制,结合人工智能和专家经验,进一步提高系统的威胁识别能力和准确性。

4. 推动系统标准化与互操作性

推动入侵检测与报警系统的标准化建设,制定统一的技术标准和协议,提升不同系统和设备之间的兼容性和互操作性。例如,采用开放的接口标准和数据格式,确保系统之间的数据可以无缝传输和共享。通过标准化建设,降低系统集成的难度和成本,提高系统的整体效能和应用效果。

5. 加强人员培训与管理

对相关人员进行系统化的培训,提升其专业素养和操作技能。培训内容应包括系统操作、数据分析、事件响应等方面,确保人员能够熟练掌握系统的使用和维护。此外,建立健全的管理制度和流程,规范系统的操作和维护,确保系统的持续高效运行。例如,制定定期的系统维护和升级计划,确保系统始终保持在最佳状态。

6. 引入冗余与备份机制

为了提高系统的可靠性和可用性,可以引入冗余和备份机制。例如,部署多个冗余传感器和监控设备,确保在一个设备故障时,其他设备可以继续正常工作;建立数据备份和恢复机制,确保在数据丢失或损坏时,可以快速恢复系统功能。

7. 应用新技术与创新方案

不断引入新技术和创新方案,提升系统的功能和性能。例如,利用物联网技术,将更多的传感器和设备接入系统,实现更全面的环境监控和数据采集;采用区块链技术,提升数据的透明性和可追溯性,确保数据的完整性和安全性。

入侵检测与报警系统在区域治安防控中的应用展现了其在提升安全性、提高响应速度和降低损失方面的重要作用。然而,系统在实际应用中也面临着技术复杂性、数据隐私滥用、误报漏报、系统集成不兼容和人员培训缺乏等多方面的挑战。但通过提升智能化与自动化水平、加强数据加密与隐私保护、改进误报与漏报处理机制、推动系统标准化与互操作性、加强人员培训与管理等解决方案,该系统更加完善地发挥其在区域治安防控中的重要作用,为社会的安全和稳定做出更大贡献。

3.10.6 入侵检测与报警系统在区域治安防控应用中的未来发展趋势

入侵检测与报警系统在区域治安防控中的应用已经取得了显著成效。随着技术的不断进步和社会对安全需求的日益增长,该系统在未来的发展中将展现出以下几大趋势。

1. 智能化与深度学习技术的融合

未来,人工智能和深度学习技术将成为入侵检测与报警系统发展的核心驱动力。通过引入 AI 和 DL 技术,系统能够更准确地识别和分析潜在威胁,提高检测准确率和响应速度。深度学习算法可以处理复杂的环境数据,从中提取出隐藏的威胁模式,减少误报和漏报现象。例如,基于图像识别的深度学习模型可以在视频监控中更精确地检测异常行为和入侵事件。

2. 多传感器融合技术的应用

未来的入侵检测与报警系统将更加注重多传感器数据的融合和综合分析。通过整合不同类型的传感器,如红外传感器、视频监控、声波传感器等,系统可以获得更全面、更细致的环境信息,提高检测的准确性和可靠性。多传感器融合技术不仅可以增强系统的感知能力,还能通过交叉验证减少误报。例如,在夜间或低能见度条件下,红外传感器和视频监控的结合可以提供更有效的入侵检测。

3. 边缘计算与云计算的结合

随着物联网技术的发展,边缘计算和云计算的结合将成为入侵检测与报警系统的主要发展方向。边缘计算可以在本地设备上快速处理数据,减少数据传输的延迟和带宽消耗,实现实时响应;云计算则提供强大的数据存储和分析能力,支持复杂的威胁分析和模式识别。未来的入侵检测与报警系统将充分利用边缘计算和云计算的优势,实现快速、高效的入侵检测与报警。

4. 大数据分析与预测性维护

大数据技术的应用将进一步提升入侵检测与报警系统的功能和效能。通过对大量历史数据的分析和挖掘,系统可以识别出潜在的安全威胁和异常模式,实现预测性维护。例如,基于大数据分析,系统可以预测特定时间和区域的入侵风险,提前采取防范措施。同时,大数据技术还可以帮助系统优化资源配置,提高整体安全防护能力。

5. 更加注重隐私保护与数据安全

随着人们对隐私保护的重视,未来的入侵检测与报警系统将更加注重数据隐私和安全保护。采用先进的加密技术和隐私保护机制,能够确保数据在采集、传输、存储和处理过程中的安全性。例如,利用区块链技术进行数据加密和分布式存储,确保数据的完整性和不可篡改性。同时,系统还需遵循严格的数据保护法律法规,保障用户的隐私。

6. 自适应与自学习能力的提升

未来的入侵检测与报警系统将具备更强的自适应和自学习能力。通过不断学习和适应环境变化,系统能够动态调整检测参数和策略,提高威胁检测的灵活性和准确性。例如,系统可以通过对历史数据和实时数据的分析,自主优化检测算法和警报机制,减少误报和漏报现象。同时,自学习能力还可以帮助系统识别新的威胁模式和攻击手段,保持技术领先性。

7. 人机协同与智能决策

未来的入侵检测与报警系统将实现人机协同,提高整体安全管理效率和决策能力。系统不仅可以自动检测与报警,还能为安保人员提供决策支持和行动建议。例如,通过智能决策系统,安保人员可以获得关于威胁的详细分析报告和处理方案,提高应对突发事件的能力。此外,人机协同还可以实现系统的持续优化和改进,通过人工反馈和专家经验,不断提升系统性能。

8. 全方位、多层次的综合防护体系

未来的入侵检测与报警系统将与其他安全系统深度融合,形成全方位、多层次的综合防护体系。例如,将入侵检测与报警系统与视频监控、门禁系统、消防系统等进行集成,实现信息共享和联动响应。通过建立统一的安全管理平台,各个系统之间可以实现无缝协作和数据互通,提升整体安全防护能力。同时,综合防护体系还可以实现不同层级和区域的安全管理,提供更全面、更细致的安全保障。

入侵检测与报警系统在区域治安防控中的应用前景广阔,未来将通过智能化、多传感器融合、边缘计算与云计算结合、大数据分析、自适应学习、人机协同等多方面的技术进步,不断提升其功能和效能。与此同时,系统在隐私保护、数据安全和综合防护体系建设方面也将迎来新的挑战和机遇。通过不断创新和发展,入侵检测与报警系统将为社会的安全和稳定提供更强有力的保障。

3.11 智能交通管理系统

3.11.1 概述

随着全球城市化进程的迅猛发展,城市人口不断增长,城市交通问题愈加突出。交通拥堵成为城市发展的瓶颈,不仅降低了城市运转效率,还严重影响了市民的生活质量。同时,交通事故的频发导致大量人员伤亡和财产损失,而汽车尾气的排放更是加剧了城市空气污染,影响公共健康。

在以上背景下,传统的治安防控手段已难以满足复杂多变的城市安全需求,无法有效解决日益复杂的交通问题。因此,智能交通管理系统(Intelligent Traffic Management System,ITMS)的概念逐渐被提出,并在全球范围内得到了广泛关注和应用[67]。智能交通管理系统通过集成先进的信息通信技术、物联网、人工智能等,能够实时监测、分析和调控交通流,实现对交通的智能化管理。

智能交通管理系统的重要性体现在多个方面。首先,通过优化交通信号和路径规划,有效缓解了城市交通拥堵问题,提升了整体交通效率。其次,智能系统的实时监控和预警机制显著提高了交通安全性,降低了事故发生的概率。此外,智能交通管理系统还通过减少车辆怠速和优化行车路线,降低了车辆的碳排放量和污染物排放量,助力城市的可持续发展。

本部分旨在全面探讨智能交通管理系统的构成、关键技术、在区域治安防控中的重要作用及其实际应用中的效果和挑战。首先,我们将对智能交通管理系统的定义进行简单陈述,详细介绍其组成部分及工作原理。其次,将深入探讨各类关键技术,包括交通流监测与分析、交通信号控制、交通诱导系统、自动驾驶与车联网技术以及交通应急管理。再次,通过分析国内外的应用案例,展示智能交通管理系统的实施效果及其经验教训。并在此基础上,探讨当前智能交通管理系统面临的技术挑战,展望未来的发展方向。最后,对智能交通管理系统的整体发展进行总结,探讨其对区域治安防控的意义。

3.11.2 智能交通管理系统架构

智能交通管理系统是由多个子系统组成的综合网络,各子系统协同工作,共同实现交通管理的智能化。其主要架构和工作原理如下。

1. 传感器网络

(1)功能:传感器网络是智能交通管理系统的数据源,负责实时采集交通相关的数据。

(2)组成:

①摄像头:用于监控交通流量、车速和车辆行为。

②雷达:用于检测车辆速度和位置,尤其是在高速公路上。

③地磁传感器:安装在道路表面,用于检测车辆的存在和通过情况。

④红外传感器:用于探测车辆温度及其他相关参数,常用于夜间或复杂天气条件下的监控。

2. 数据采集与处理系统

(1)功能:数据采集与处理系统负责将传感器网络获取的原始数据进行清洗、处理和分析,以生成可用的交通信息。

(2)组成:

①数据清洗模块:去除噪声和错误数据,确保数据的准确性和可靠性。

②数据处理模块:对数据进行处理,生成实时交通状况、车流预测等信息。

③分析模块:利用大数据分析算法,对交通流量、车速、拥堵等进行深入分析,提供决策支持。

3.通信网络

(1)功能:通信网络是连接前端传感器与中央控制系统的桥梁,负责数据的传输与控制命令的下达。

(2)组成:

①有线通信:如光纤、电缆等,主要用于高速、稳定的数据传输。

②无线通信:如 Wi-Fi、4G/5G 等,支持灵活的数据传输和设备连接,特别是在远程或难以布线的场景中使用。

4.中央控制系统

(1)功能:中央控制系统是整个智能交通管理系统的"大脑",负责综合分析数据,制定管理决策,并发送控制命令。

(2)组成:

①数据中心:存储和管理海量交通数据。

②决策支持系统:基于数据分析结果,制定交通控制和管理策略。

③控制模块:向交通信号灯、诱导系统、应急管理系统等发送控制指令,实时调节交通流量。

5.信息发布系统

(1)功能:信息发布系统负责将交通信息传达给公众和相关管理部门,以实现交通诱导和应急指挥。

(2)组成:

①电子显示屏:安装在道路关键节点,实时发布交通信息、建议路线等。

②广播系统:在车内或路侧广播交通信息,特别是在高速公路或隧道中使用。

③移动应用:如导航应用(高德地图、百度地图等),通过 App 向驾驶员推送实时交通信息、红绿灯倒计时等服务。

智能交通管理系统通过传感器网络采集交通数据,数据通过通信网络传输到中央控制系统进行分析处理。中央控制系统根据实时数据及预设的算法,对交通信号进行动态调整,同时发布相关的交通诱导信息。整个过程实现了交通流的实时监控和动态优化,显著提升了交通管理效率。如图 3-45 所示为智能交通管理系统构成。

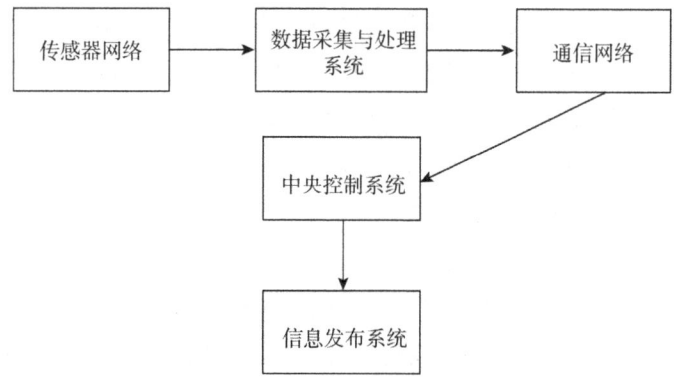

图 3-45　智能交通管理系统构成

智能交通管理系统的核心在于其交通流量监测与分析,而这离不开上述传感器和监测设备的支持。主要的传感器包括视频监控摄像头、地磁感应线圈、雷达传感器和红外传感器等。这些传感器的应用各有特点。

视频监控摄像头用于实时捕捉道路交通情况,通过计算机视觉技术,自动检测和分析车辆的行驶速度、车流密度以及交通事件(如交通事故或交通违法行为)。这种高效的数据处理能力不仅提高了交通管理的实时性和准确性,还能为交通决策和应急响应提供有力支持。这表明在现代智能交通管理中,视频监控摄像头及其数据分析技术是不可或缺的工具[68]。如图3-46所示为交通系统摄像头的视觉效果图。

图3-46　交通系统摄像头的视觉效果图

地磁感应线圈是一种嵌入道路表面下方的感应装置,其利用电磁感应原理检测车辆的存在、数量、速度和类型。当车辆通过或停留在线圈上方时,磁场会发生相应的变化,从而触发信号,记录相应的数据[69]。地磁感应线圈有很多优势:首先,线圈感应精度高,能够准确检测到车辆的存在及其流动情况。其次,线圈感应受天气条件影响小,能够在各种环境下稳定工作。最后,由于安装于地面下方,线圈的隐蔽性强,使用寿命长。当然,地磁感应线圈也有自身的局限性,其安装过程较为复杂且检测范围较小,需要视频监控和雷达传感器结合使用。如图3-47所示为地磁感应器原理示意。

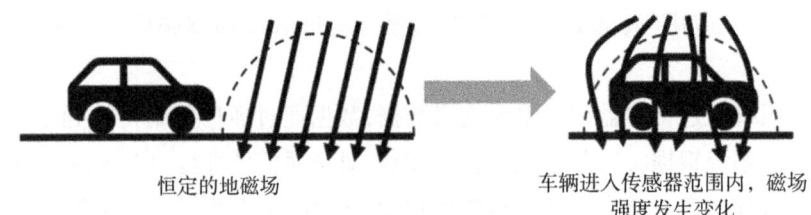

图3-47　地磁感应器原理示意

雷达传感器通过发射电磁波并接收从物体反射回来的波来检测车辆的存在、距离、速度和方向,适用于全天候条件。雷达传感器在雾霾、夜间等恶劣条件下仍能保持较高的检测精度,是其他传感器的有力补充。而且雷达传感器能够精准测量车辆或行人的运动轨迹,覆盖范围较大的监测区域,适合用于高速公路和大型交叉路口的交通管理。研究表明,雷达传感器是现代智能交通系统中的关键技术,与视频监控摄像头协作能够显著提高交通管理的效率和安全性[70]。

红外传感器用于监测交通流量,特别适用于夜间和恶劣天气条件下。

这些传感器在智能交通管理系统中通过实时数据采集和分析,帮助交通管理中心实时掌握路网状况,并为进一步的交通控制措施提供数据支持。各类传感器的协同应用能够有效提高系统的整体效率和准确性。

交通流监测设备生成的大量数据需要及时采集和处理,这依赖于大数据和云计算技术。智能交通系统生成的数据量巨大,传统的数据处理技术难以应对[71]。而大数据技术能够高效地处理和存储这些海量数据。通过数据挖掘和机器学习算法,系统可以从历史和实时数据中提取有价值的信息,例如交通流量的变化趋势、交通拥堵的潜在原因、事故多发路段等。云计算则为大数据处理提供了强大的计算能力和存储资源。借助云计算,智能交通系统可以实现分布式数据处理,提供统一的决策支持平台,处理来自不同地点、不同设备的交通数据。AI技术被用于分析复杂的交通场景,优化交通信号配时、提供路径规划建议等。例如,通过机器学习算法,系统可以基于历史数据和实时数据预测交通流量,在高峰期提前采取疏导措施,减轻拥堵。

智能交通管理系统在长江三角洲区域,特别是江苏省高速公路网络,发挥了优秀的实际应用效果。以国庆期间的G2京沪高速无锡江阴段为例,通过对比2018年和2020年智能交通管理系统上线前后的交通状况记录,虽然交通流量增加了22.89%,但拥堵总时长和拥堵总里程分别降低了46.7%和68.9%。

交通数据不仅源于传感器,还包括社交媒体、导航应用等非传统数据源。通过多源数据融合,智能交通管理系统可以获得更加全面的交通态势感知,进一步提升交通管理的准确性。在使用高德地图应用导航时,使用者在享受导航服务带来的便利的同时,也在为数据融合分析做出贡献。应用中的红灯倒计时原理,主要就是依赖于历史车主的行驶启停规律和实时路况数据,通过云端大数据算法推算出具体红绿灯倒计时时间,进一步优化了道路通过率。

实时数据处理在智能交通管理系统中至关重要,尤其是当需要处理海量数据以做出快速响应时。像Apache Flink和Apache Kafka这样的流处理系统,能够在亚秒级别的延迟下进行数据处理,这对于确保交通管理决策的及时性非常关键。这种能力可以帮助系统实时分析交通流量、预测拥堵情况、检测交通事件,并根据分析结果及时采取相应的措施,例如调整交通信号灯、发布交通预警等。

智能交通管理系统不仅涉及数据的采集与处理,还包括信息的发布。信息发布主要是为了确保实时交通信息能够及时传达给驾驶员。以下是信息发布环节中涉及的关键技术。

交通信号控制技术是最重要的交通信息发布技术,历经三个标志性阶段:早期固定配时阶段,系统依赖机械预设周期,无法响应动态交通流;感应控制阶段,通过地磁线圈实现局部相位触发,但仍缺乏全局协同;自适应控制阶段,是当前主流,依托实时数据驱动全网优化,标志着智能交通信号系统的成熟。

自适应控制系统进一步细分为两大技术分支:模型驱动型(如SCOOT系统):由英国TRL研发,基于排队论与流量传播模型在线滚动优化周期、绿信比与相位差,检测器布设于停车线上游断面(80~150米),通过监测到达流量预测排队趋势,实现超前调控。该系统无固定配时方案,动态适应能力突出,尤其适用于高饱和度路网[72]。方案库匹配型(如SCATS系统):由澳大利亚悉尼大学开发,通过预设配时方案库选择最优解,检测器布设于停车线附近以检测实时车辆存在。该系统虽灵活性受限,但部署成本较低,适合交通波动平缓的中低负荷场景。

两类系统的本质差异在于优化范式:SCOOT强调模型驱动的持续微调,SCATS依赖经验规则的离散匹配。河南第一批自适应信号控制系统已于2020年亮相郑州航空港区,通过对道路安装微波流量检测设备检测来车数量,在保证行人与车辆安全通行的情况下实现道路信号灯最大的优势化,最大程度地方便了市民出行。

未来,随着深度强化学习与车路协同技术的融合,新一代AI信号系统(如阿里云"城市大脑")将突破传统自适应控制的局限,推动交通治理向全息感知、自主决策跃迁。如图3-48所示为交通信号自适应控制模型。

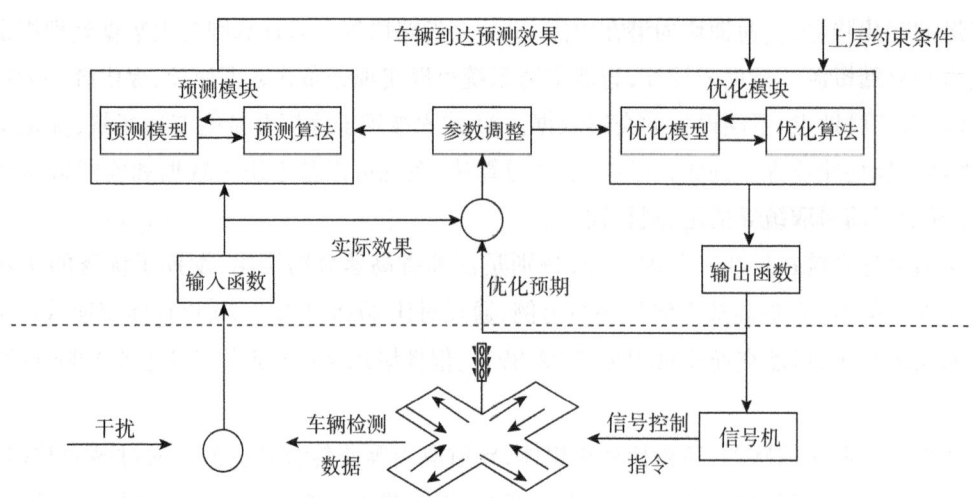

图3-48 交通信号自适应控制模型

交通诱导系统则是通过多种方式,如电子显示屏、广播、手机应用等,发布实时交通信息。路边的电子显示屏是传统且有效的交通信息发布方式,可提示司机前方道路状况、推荐行驶路线等。这种方式直观、信息量大,尤其在应急情况下,信息传达迅速有效。随着智能手机的普及,手机应用成为获取实时交通信息的重要渠道。通过GPS和大数据分析,导航应用可以为用户推荐最佳行车路线。手机应用不仅提供了便利,还通过用户行为数据反馈,反向优化了系统的算法和预测模型,正如高德地图导航过程中提醒驾驶员后方有快速行驶车辆和上文中提到的预测红灯倒计时功能。

路径规划作为交通诱导系统的核心,先进的路径规划算法不仅考虑路程最短,还综合考虑了实时交通状况、道路通行能力等因素。A*算法与Dijkstra算法常用于最短路径计算,但在智能交通系统中,道路状况和交通流量是动态变化的,因此往往需要结合实时交通数据进行动态调整。例如,当检测到某条道路发生拥堵时,系统会实时更新路径规划,以避开拥堵区域,推荐更畅通的替代路径。现在的道路规划算法还借助机器学习和人工智能技术来优化路径规划。利用人工智能算法对道路口各方向运动车辆数量的动态数据计算和分析,可预测路口的拥堵程度,实现对路口的智能控制,通过动态数据的图像合成技术实现对监视现场情景的还原[73],有利于实现交通的人工干预及指挥调度。这些技术能够从历史数据中学习交通模式,预测未来的交通状况,从而进一步提升路径推荐的准确性和效率[74]。

智能交通管理系统不仅限于日常交通的监控和优化,还能够在突发事件中发挥关键作用。交通应急管理机制是确保在突发交通事件中系统能够快速有效响应的关键组成部分。该机制基于整合自适应传感器的历史数据和模拟分析,识别可能的交通突发事件类型,如交通事故、自然灾害、大规模公共活动等。在识别事件类型的基础上为每种情境指定详细的应急预案,包括事件的检测、响应流程、资源调配、人员安排等。当发生交通事故、自然灾害或其他突发事件时,系统可以自动启动应急预案,调整交通信号、发布绕行信息、指挥应急车辆优先通行。通过系统协调不同部门和单位的合作,确保应急响应的顺畅和高效,从而增强城市交通系统的韧性和安全性。

3.11.3 智能交通管理系统在区域治安防控中的应用

智能交通管理系统在区域治安防控中的应用不仅限于交通管理本身,更扩展到了公共安全领域,为城市的安全和稳定提供了强有力的支撑。系统通过遍布城市的传感器网络,实现了对交通流的实时监控。这些传感器包括视频监控摄像头、地磁传感器、雷达、红外传感器等,它们能够实时捕捉和传输交通相关的数据。在区域治安防控中,这些数据不仅可用于交通管理,还能用于安全监控和预警。系统能够自动识别道路上的异常行为,如违章停车、行人闯红灯、车辆逆行等,这些行为往往与治安事件相关联。通过智能算法分析,系统能够及时发出预警,提醒相关部门和公众注意,从而预防治安事件的发生。结合无人机、巡逻车等移动监控设备,智能交通管理系统可以实现对重点区域的实时巡逻,提高监控的覆盖面和响应效率。一旦发现异常情况,系统可以立即通知巡逻人员前往处理,有效遏制治安问题的发生。

我国某公安局交警支队积极实施科技强警战略,运用无人机巡查高峰路段,远程勘察处置道路交通事故现场,实时调整了周边路段的信号灯配时,并通过电子显示屏引导车辆绕行,大大提高了现场处置效率,节省勘察时间,保证事故现场快速撤除,道路交通恢复,从而有效避免了"小事故,大拥堵"现象的发生。如图3-49所示为警用无人机执勤处理事故现场。

图3-49 警用无人机执勤处理事故现场

智能交通管理系统具备强大的数据处理和分析能力,通过大数据分析算法,系统能够挖掘出交通流量、车辆行驶轨迹、驾驶习惯等背后的规律,为区域治安防控提供科学的决策支持。系统可以分析出犯罪高发区域和时段,帮助警方制定更有针对性的巡逻和防控策略。通过对历史数据的分析,系统还能预测潜在的犯罪热点,为警方提前布控提供依据。

除了直接参与治安防控外,智能交通管理系统还可以通过信息发布系统提升公众的安全意识。系统可以利用电子显示屏、广播、移动应用等渠道发布安全宣传教育信息,提醒公众遵守交通规则,注意出行安全。同时,系统还可以发布紧急疏散路线和避难场所信息,提高公众应对突发事件的能力。通过移动应用等渠道,公众既可以实时获取交通信息和安全提示,也可以参与交通安全知识的互动学习和测试。这种互动参与方式不仅能够提升公众的安全意识,还能够促进公众参与交通安全管理的积极性。

3.11.4 智能交通管理系统面临的挑战与未来发展

尽管智能交通管理系统在全球范围内得到了广泛应用,但仍面临诸多技术挑战:随着系统采集和处理的大量交通数据,如何保护用户隐私成了一个重要问题。特别是在涉及车辆行驶路径、驾驶习惯等敏感信息时,必须采取严格的数据保护措施,对敏感数据进行端到端的加密处理,确保在传输和存储过程中不被未授权访问。政府应出台更为严格的数据保护法规,明确界定数据收集、处理、存储和使用的边界,确保个人隐私不被侵犯。

智能交通管理系统的安全性至关重要,任何安全漏洞都可能导致交通事故的发生或信息的泄露,给公共安全带来巨大风险。未来的系统设计必须考虑到潜在的网络攻击、硬件故障等安全威胁,建立多层防御体系,包括网络防火墙、入侵检测系统、安全审计等,构建全方位的安全防护网;定期进行安全漏洞扫描和渗透测试,模拟真实攻击场景进行应急演练,提升系统应对突发事件的能力;采用冗余硬件设备,确保关键系统在出现故障时能够迅速切换至备用系统,保证交通管理的连续性。

由于不同地区和国家的智能交通系统在技术标准、通信协议等方面存在差异,系统之间的兼容性和互操作性问题日益突出。未来要加强与国际组织、跨国企业和各国政府间的合作,共同制定统一的智能交通管理标准和通信协议;设立权威的认证机构,对智能交通管理系统进行认证,确保系统符合国际标准和行业规范;通过技术论坛、研讨会等形式,促进不同地区和国家之间的技术交流与合作,加速标准化的进程,进而推动智能交通管理系统的标准化发展。

展望未来,智能交通管理系统将继续向更加智能化、自动化和互联化的方向发展。利用大数据和人工智能技术,将气象数据、社会活动数据、历史交通数据等多源数据进行融合分析,提高交通流量预测的精度。未来的智能交通系统将更准确地预测交通流量,并提前做出调控。进一步构建更为智能化的自动驾驶环境,实现车辆与道路基础设施之间的实时通信和数据交换,为自动驾驶车辆提供精准的导航和路况信息。有关部门建立云端智能管理平台,对自动驾驶车辆进行集中调度和管理,确保交通的顺畅和安全,完善自动驾驶相关的法律法规和标准体系,为自动驾驶技术的发展提供法律保障[75]。未来,智能交通系统将更加关注环境保护,相关企业利用先进的调度算法,根据交通流量和车辆需求情况,优化车辆调度和路径规划,减少空驶率和拥堵现象。通过优化车辆调度和路径规划,减少车辆的碳排放量和能源消耗,助力城市的可持续发展。

智能交通管理系统作为现代城市交通管理的基石,不仅显著提升了交通效率,强化了道路安全,还有效减少了环境污染,其重要性不言而喻。该系统通过集成先进技术,如实时监控、数据分析与应急响应机制,不仅优化了交通流动,还极大地增强了区域治安防控能力。面对复杂多变的城市交通状况,智能交通管理系统能够迅速识别并妥善处理突发事件,展现出卓越的应急管理能力,为打造安全、和谐、宜居的城市环境贡献了不可磨灭的力量。尽管在发展过程中仍面临诸多技术挑战,但随着科技的不断进步与创新,智能交通管理系统的应用前景广阔,未来城市交通将更加智慧、高效与绿色。

3.12 人员与车辆识别技术

3.12.1 概述

随着科技的迅猛发展和全球化的加速,社会治安面临着前所未有的复杂挑战。从传统的暴力犯罪到高科技网络犯罪层出不穷,日益多样化的犯罪手段无疑是给公共安全造成巨大威胁。交通方式的多样化以及交通工具的进步,显著增强了人口的流动性,无论是城市间的迁徙还是跨国界的流动,都导致犯罪活动的追踪和防控变得更加困难。

犯罪隐蔽性提高是另外一个不容忽视的棘手问题。犯罪分子往往利用现代通信技术和加密手段进行犯罪活动,导致犯罪活动难以被发现和追踪,公安机关等有关部门面临更为严峻的挑战[76]。这种隐蔽性在增加了案件侦破难度的同时,也削弱了公众日常生活的安全感。

这些挑战给公共安全、社会稳定和民众生活质量造成了不同程度的影响。公共安全是社会发展的基石,是人民安居乐业的保障,也是国家繁荣昌盛的前提,它一旦受到威胁,将直接影响民众的生命财产安全和正常社会秩序。社会动荡则会导致经济发展受阻,民众生活质量下降,长此以往形成恶性循环。如何有效应对这些挑战,提升区域治安防控能力,成为目前急需探讨并解决的问题[77]。人员与车辆识别技术作为信息技术在公共安全领域的重要应用,正逐步展现出其独特的优势和潜力。

人工智能、大数据、云计算等现代化信息技术发展迅速,也已经完美融入社会生活的方方面面,为社会区域治安防控带来了革命性的变化。人员与车辆识别技术正是这些先进技术在治安防控中的具体体现。

人工智能技术的成熟,使得计算机能够模拟人类的智能行为,帮助计算机拥有了对复杂的数据进行高效处理和分析的能力。在人员与车辆识别领域,深度学习等算法的应用,极大地提高了识别的准确性和效率[78]。大数据技术的兴起,则为海量数据的存储、处理和分析提供了强有力的技术支持,使得基于大数据的预测和决策成为可能。云计算技术提供着强大的计算能力和灵活的资源调度方式,为人员与车辆识别技术的广泛应用提供了保障。这些技术的不断成熟和融合,为人员与车辆识别技术的发展提供了强大的动力。它们不仅提升了识别技术的性能,还拓展了其应用场景,使得人员与车辆识别技术在区域治安防控中发挥着越来越重要的作用。

本部分旨在深入探讨人员与车辆识别技术架构、应用、挑战及未来展望。通过本部分内容的详细阐述,我们希望能够为大众更加深入地了解人员与车辆识别技术,为提升区域治安防控能力、维护公共安全和社会稳定做出积极的贡献。

3.12.2 人员和车辆识别技术架构

人员与车辆识别技术通过目标检测的高效定位、人员识别的精准验证以及车辆识别的全面监控,构建了一个智能、高效、全面的识别与管理体系。这一架构的完善与发展,不仅推动了相关技术的持续创新,更为我们创造了一个更加安全、便捷、智能的生活与工作环境。如图3-50所示为人员和车辆识别技术架构。

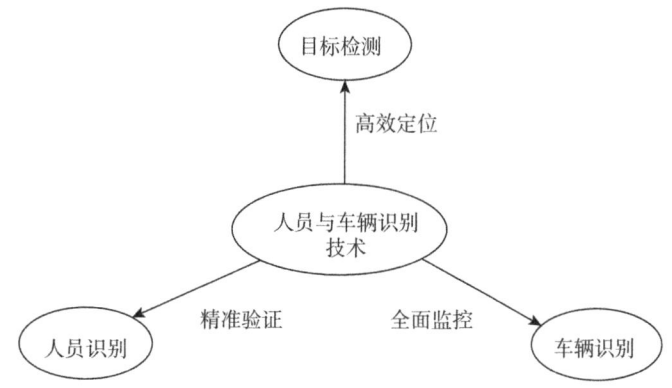

图3-50 人员和车辆识别技术架构

3.12.2.1 目标检测

在区域治安防控的过程中,人员和车辆的识别技术使得目标检测成了非常关键的步骤。目标检测通过先进的算法和传感器设备,具备了实时监测并识别特定区域内的行人和车辆的能力(如图3-51所示),为治安防控工作提供着关键数据支持。目标检测是计算机视觉领域的一个核心任务,旨在从图像或视频中识别出行人、车辆,并确定其位置和大小[79]。在地方公共安全和控制措施中,目标检测技术通过捕捉和分析监控摄像头捕捉到的图像信息,从而实现对人员和车辆的准确识别与跟踪。

目标检测的基本思路是同时解决定位(Localization)+识别(Recognition)。传统目标检测方法主要基于滑动窗口、特征提取和分类器三个步骤[80]。

图3-51 目标检测捕捉画面

滑动窗口技术通过在图像上滑动一个固定大小的窗口来遍历整个图像,每个窗口区域被视为一个可能的候选区域。这种方法简单直接,但计算量大,且窗口大小的选择对检测结果有很大影响。

在每个候选区域内,使用特定的特征提取算法来提取图像特征。常用的特征提取方法包括方向梯度直方图(HOG)、尺度不变特征变换(SIFT)等。这些特征能够描述图像中的纹理、形状、颜色等信息,为后续的分类提供基础。

将提取到的特征输入到分类器中进行分类,判断候选区域是否包含目标物体。常用的分类器包括支持向量机(SVM)、决策树、随机森林等。分类器的性能直接影响目标检测的准确性和效率。

在目标检测中,深度学习方法取得了显著成效,尤其是基于卷积神经网络(CNN)的算法。目前基于CNN的比较常见的目标检测算法有R-CNN系列、YOLO和SSD。

R-CNN(Region-CNN)是第一个将深度学习应用到目标检测上的算法。它首先使用Selective Search等方法生成候选区域,然后对每个候选区域使用CNN提取特征,并使用SVM进行分类[81]。最后通过非极大值抑制输出结果。由于每个候选区域都需要单独进行CNN特征提取,所以该算法计算量较大。为了进一步提升算法效率,Fast R-CNN应运而生。该算法对R-CNN进行了改进,通过共享卷积层的计算来减少计算量。它首先对整个图像进行CNN特征提取,然后在特征图上生成候选区域,并对每个候选区进行了ROI池化以得到固定大小的特征向量,最后进行分类和边界框回归。在Fast R-CNN的基础上,Faster R-CNN进一步引入了区域建议网络(Region Proposal Network,RPN),用于生成高质量的候选区域。RPN与检测网络共享卷积层,使得整个检测过程更加高效和统一。Faster R-CNN在保持高精度的同时,进一步提升了检测速度,成为目标检测领域的重要里程碑。如图3-52所示为Faster R-CNN模型图。

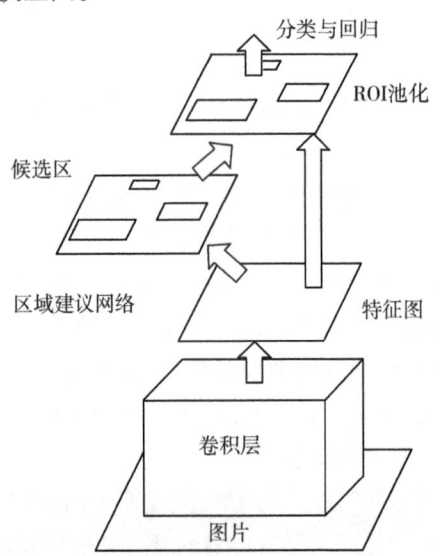

图3-52 Faster R-CNN模型图

YOLO(You Only Look Once)是一种实时目标检测算法,其核心优势在于将复杂的检测任务简化为单一的回归问题。该算法将输入图像分割成若干个小网格,每个网格负责预测中心落在该网格内的目标。具体来说,就是每个网格不仅负责预测目标的边界框,还会为边界框分配一个置信度。置信度用来表示该边界框内确实存在目标的概率,并预测了该目标的类别概率。YOLO的设计使其能够一次性处理整个图像,而无需像某些算法那样在图像上滑动窗口或进行区域提议,这极大地提升了检测速度,使其适合实时应用。另外,YOLO算法在训练时会学习输入图像的全局特征,而不仅仅是局部特征,这一特征使得它在面对新的场景或不同类型的目标时具有较强的泛化能力。尽管该算法在处理大目标和中等目标时表现出色,但它将图像分割成固定大小的网格,因此对于特别小的目标,可能会出现漏检或检测不准确的情况。产生这种情况的原因是小目标可能只占据网格的小部分,难以被有效识别。不过随着算法的不断更新升级,它的后续版本已经针对这些问题进行了改进,进一步提升了检测性能和精度。

SSD(Single Shot MultiBox Detector)是一种高效的目标检测算法,它结合了YOLO的回归思想和Faster R-CNN的锚框(anchor box)机制[82],使得在保持较高检测速度的同时,也能获得较高的检测精度。SSD算法的核心优势在于其多尺度特征图的利用上,这一特性使其能够处理图像中不同大小的目标。SSD在卷积神经网络的不同层次上生成特征图,这些层次涵盖了从浅层到深层的不同抽象级别。而在每个特征图上,该算法预设了一系列不同尺度和比例的锚框,这些锚框用来作为可能存在目标的候选区域。随后,SSD会对每个锚框进行分类和边界框回归,以确定锚框内是否包含目标,并调整锚框的位置和大小以更准确地框定目标。通过在不同层次的特征图上生成锚框,SSD能够捕捉到输入图像中不同尺度的目标,从而使得检测结果更加全面。相较于其他算法,SSD在保证了较高检测速度的同时,也展现出了良好的检测精度,特别是在处理多尺度目标时表现尤其出色。其锚框机制也使其具有较高的灵活性,可以适应不同场景和目标的需求。总之,该算法以其独特的多尺度检测机制和高效的检测速度,在目标检测领域占据了重要地位。

传统方法算法简单,计算资源需求低,适用于计算资源有限的场景。但传统方法特征描述能力有限,对光照、尺度和视角变化敏感,需要大量标注数据。而相较于传统方法,深度学习方法的模型复杂,特征提取能力强,能够处理更为复杂的场景和多种目标类型,精度较高。随之而来的缺点就是计算资源需求高,对硬件要求较高。综上所述,传统方法和深度学习方法在目标检测中各有优缺点和适用场景。随着计算机视觉技术的不断发展,深度学习方法在目标检测中的应用将越来越广泛。

实际输入中的场景往往复杂多变,光照变化、遮挡、背景干扰等因素都可能对目标检测的精度产生影响。在目标检测中,为了保证算法能够高效准确地应对复杂场景、优化资源利用,从而更好地完成任务,提升目标检测精度是一个重要"法宝"。提升目标检测精度的策略有多尺度检测、上下文信息利用、难例挖掘和模型融合等手段。

多尺度检测旨在通过在不同尺度上检测目标来提升检测精度。由于目标在图像中可能以不同的尺寸出现,因此模型要具备检测多尺度目标的能力。这个方法类似于数字图像处理中的图像金字塔,即将输入图片缩放到多个尺度下,每个尺度单独地计算特征图,并进行后续检测。此外,多尺度训练也是一种有效的方法。它通过设置几种不同的图片输入尺度,在训练时随机选取一种尺度[83],将输入图片缩放到该尺度并送入网络中。这种方式虽然增加了计算量,但能够显著提升模型对不同尺度目标的检测能力。

上下文信息指的是与目标相关的周围环境信息,包括其他对象、场景等。在目标检测中,利用上下文信息可以有效提高检测效果。这个方法通过捕捉不同对象之间以及对象与场景之间的相互作用信息,来对新的目标进行处理和识别。由于该方法不仅关注目标本身,还关注了周围上下文环境,因此可以帮助模型更准确地识别目标。例如,在检测车辆时,若是车辆出现在道路上,那么道路可作为相关信息成为识别车辆的辅助线索。

难例挖掘相较于上述两种方法,则更强调训练者对于遗漏数据的针对性训练。在训练过程中,通过分析模型的检测结果,找出那些被错误分类或漏检目标,作为难例。然后,对这些难例进行专门训练,通过调整模型参数或增加训练数据等方式来提高模型对这些目标的检测能力。难例挖掘能够有针对性地解决模型在检测过程中的薄弱环节,提高模型的整体检测性能。

模型融合指的是将多个模型的目标检测结果进行融合,从而提高整体算法的检测性能。常用的模型融合方法包括投票法、平均法、加权法等,这些方法可以将多个模型的目标检测结果进行总结和处理,之后得到最终的检测结果。除此之外,还有些更为复杂的模型融合方法,比如基于深度学习的模型融合。模型融合能够充分利用不同模型的优点,来弥补单个模型的不足,从而有效提升算法的性能,以获得更为出色的效果。

3.12.2.2　人员识别

人员识别主要依托于生物特征识别技术。生物特征识别技术利用个体独一无二的生物特征来进行身份验证和识别,相比传统的基于密码、令牌或知识的问题等身份验证方式,生物特征识别技术具有更高的安全性和便捷性。生物特征通常可以分为两类:生理特征和行为特征。生理特征是与生俱来的,如指纹、虹膜、面部特征等,这些特征在个体的一生中基本保持不变,具有高度的稳定性和唯一性。行为特征则是后天形成的,如步态等,这些特征虽然也具有一定的独特性,但可能受到环境、健康状况等多种因素的影响而发生变化。如图3-53所示为4种生物识别技术。

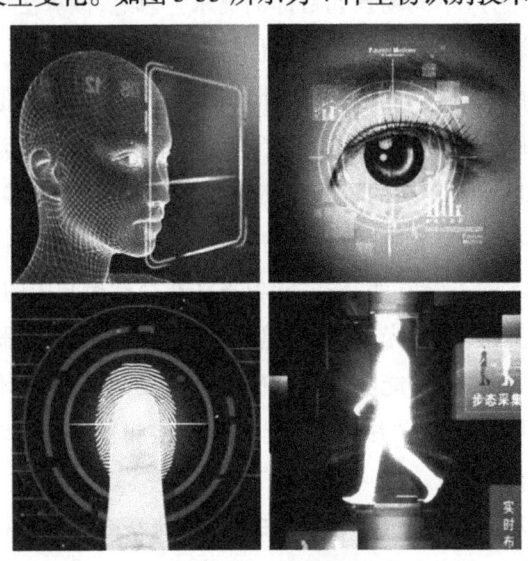

图3-53　4种生物识别技术

1. 面部识别技术

面部识别技术是一种通过处理视频帧或数字图像来验证或识别个人身份的技术。其核心在于将图像中的面部特征与数据库中的面部特征进行比对。目前,面部识别作为计算机视觉最热门的分支,我们应当了解它的几种主要算法原理。

(1) 主成分分析(Principal Component Analysis, PCA):一种统计方法,用于保留最相关信息的同时减小数据的大小。减小数据的关键就在于降维。PCA通过线性变换将原始数据转换到新的坐标系统中,使得任何投影的第一大方差在第一个坐标上,第二大方差在第二个坐标上,一、二坐标称为第一主成分和第二主成分,以此类推。通过这种方式,PCA能够识别数据中的"主要"变化方向,并去除那些对整体数据变化贡献较小的方向,以此达到减小数据的目的。

将PCA应用于人脸识别当中,需要先将人脸图像转换为适合PCA处理的格式。我们通常将图像转换为统一大小的灰度图,再将每个灰度图转换为一个向量,其中向量的每个元素对应着图像中的一个像素值。将所有训练图像的向量组合,便得到了一个数据矩阵,其中每一行代表一个图像向量。

计算数据矩阵的协方差矩阵,描述了数据集中图像向量中的不同像素之间的相关性。接下来,对协方差矩阵进行特征分解,得到一组特征向量和对应的特征值。这些特征向量就是所谓的"特征脸",它们代表了人脸图像中的主要变化方向。特征值的大小体现了对应特征向量在描述数据变化时的重要程度。根据特征值的大小,选择前 k 个最大的特征值对应的特征向量作为主成分。这些主成分将用于构建一个新的、低维的坐标系统。将训练数据和新的待识别图像数据投影到这个低维空间上,得到它们在低维空间中的表示。最后,可以使用各种分类算法来比较新的待识别图像与已知人脸在低维空间中的呈现,从而进行人脸识别。

PCA 在人脸识别中能够有效地降低数据维度,减少计算量,同时保留大部分重要信息。然而,它也有一些局限性,比如对光照、姿态和表情等变化较为敏感,以及可能受到"小样本问题"的影响。为了打破这些局限性,研究人员也提出了许多改进方法,如核 PCA、二维 PCA 等。

(2)线性判别分析(Linear Discriminant Analysis,LDA):统计学、模式识别和机器学习领域的一种重要方法。它的基本思想是找到一个线性组合,使得不同类别的数据点在这个组合上的投影具有最大的类间距离和最小的类内距离,从而实现数据的最佳可分离性[84]。

使用 LDA 进行面部特征识别:首先,收集大量的面部图像数据,并对这些图像进行预处理,如裁剪、归一化等,以消除不同图像之间的尺寸、光照等差异。其次,从预处理后的面部图像中提取特征,这些特征可以是像素值、纹理、形状等。将这些特征当作 LDA 算法的输入数据,计算类间散度矩阵和类内散度矩阵。类间散度矩阵用来衡量不同类别样本之间的离散程度,反映了不同人面部图像之间的差异。类内散度矩阵则是衡量同一类别样本之间的离散程度,反映了同一人不同面部图像间的差异。LDA 目标找到一个或一组投影方向,使得在这方向上投影后,类间散度最大的同时,类内散度最小化,这个或这组投影方向就是 LDA 的"线性判别器"。将提取的面部特征投影到 LDA 找到的最佳投影方向上,得到低维空间中的表示。在这个低维空间当中,使用简单的分类器对投影后的面部特征进行分类,从而识别出不同的面部。

LDA 通过学习类别之间的差异来选择合适的投影方向,使得同一类别样本之间的距离尽可能小,不同类别样本之间的距离尽可能大。这种特性使得 LDA 在降低数据维度的同时,尽可能保留了样本的类别信息,能够抵抗数据中的部分噪声,充分利用样本信息,从而准确定位分类边界。

(3)深度学习:在面部识别中,深度学习主要被应用于特征提取和分类两个阶段,通过构建卷积神经网络等模型,来实现对人脸图像的高效、准确的识别。相比传统的特征提取方法,深度学习能够自动学习并优化特征提取过程,无需人工干预,大大提高了特征的准确性和算法的效率。

2. 虹膜识别技术

在众多生物特征识别技术当中,虹膜识别因为虹膜独特的生物特征和高度的安全性脱颖而出。虹膜作为人眼的一个重要组成部分,每个人的虹膜特征信息都是独一无二的,并且当虹膜发育成型后,在一生中几乎不会发生变化。这种独特性使得虹膜识别成为一种近乎完美的身份验证手段,因为它既稳定又难以伪造和复制。即便是同卵双胞胎,二者的虹膜纹理也存在显著差异,虹膜的高度唯一保证了人员识别的准确[85]。同时,由于虹膜位于眼球内部,外部难以直接接触,因此杜绝了不法分子直接伪造或复制他人的虹膜信息。随着科学技术的不断进步和相关设备成本的降低,虹膜识别技术的应用范围还在不断扩大,为众多领域提供着高效、安全的身份验证和解决的方案。

3. 指纹识别技术

指纹识别也是我们日常生活中常见的人员识别技术之一,指纹识别技术的核心在于对指纹图像的特征提取和比对。每个人的指纹在图案、断点和交叉点上都是独一无二的,这种唯一性和稳定性使得指纹成了一种理想的生物识别特征。指纹识别技术通过采集指纹图像,利用算法提取指纹的终结点、分叉点等特征点,并将这些特征点与预先保存的指纹特征点进行比对,从而验证身份。

指纹识别技术因其准确、稳定、易采集的特性在公安系统中发挥着重要作用。通过比对指纹数据库中的指纹信息,警方可以快速锁定犯罪嫌疑人身份,从而提高破案效率,对于维护社会治安和保障人民安全具有重要意义[86]。以我国某公安局"指纹神探"为例,他参警13年期间,利用指纹识别技术成功破案1 100余起,充分展现了"神探"的指纹对比能力的精湛,以及该技术在公安工作中的巨大价值。

4. 步态识别技术

步态识别作为新兴的生物识别技术,其独特之处在于它能够在不侵犯个人隐私的前提下,远距离、非接触式地识别个体身份。近年来,步态识别逐渐受到关注并在安防领域展现出极佳的应用前景。步态识别是指通过对人行走过程中的生物力学特征进行分析、提取、识别和比对,从而对其身份进行判断的技术,无需被检测者主动配合,如指纹识别需要触摸设备、面部识别需要面对摄像头等,它可以在被检测者不知情的情况下进行,提高了隐蔽性和安全性。这对于监控和安防系统尤为重要,能够更早地发现潜在威胁。

步态识别利用传感器采集被检测者走路时产生的生物力学信号,如步伐周期、步幅长度、步态对称性等,通过数字信号处理技术将这些信号转换成有用的生物特征,进而形成"步态特征"。每个人的步态特征具有高度的独特性和稳定性,且难以通过简单的伪装来改变,这使得步态识别具有较高的准确性和可靠性。步态识别不易受到光线、遮挡物等环境因素的限制,能够在多种复杂场景下进行工作,如夜晚、雾天等环境下或人群密集区域。在机场、火车站、地铁站等公共场所部署步态识别系统,可以实时监测并识别可疑人员的身份。步态识别系统通过比对犯罪现场留下的步态特征与嫌疑人数据库中的信息,可以辅助警方快速锁定犯罪嫌疑人,提高破案效率。

3.12.2.3 车辆识别技术

在智能交通与区域安全防控的广阔领域中,道路车辆识别技术(如图3-54所示)扮演着举足轻重的角色。本部分将深入剖析该系统中的两大核心技术——车牌识别技术与车辆特征识别技术,从技术流程、环境适应性到应用拓展,全面展现其力量与潜力。

图3-54 道路车辆识别技术

1. 车牌识别技术

车牌识别技术作为车辆识别技术的关键组成部分,其工作流程非常详细且逻辑清晰。首先,在图像预处理阶段,对原始图像进行灰度化、滤波去噪及图像增强处理,这样可以显著改善图像的质量,从而为后续步骤打下坚实基础。其次,车牌定位环节利用颜色、形状及纹理等多重特征,算法能够精准锁定车牌区域,进而通过形态学操作和边缘检测等技术进一步进行更加深入的筛选和确认。最后,字符分割阶段会使用投影法或者连频域分析等手段,将车牌中的字符进行逐一分离掉。在字符鉴别的过程中,采用了模板匹配或深度学习的策略,将分割的字符识别为特定的车牌号码,顺利完成整套辨识步骤。

面对复杂多变的环境条件,车牌识别技术展现出了强大的适应性。在光照条件方面,无论是明亮的白天、昏暗的夜晚还是逆光环境,通过调节曝光参数、采用自适应亮度调整算法、增加补光灯等措施,都可以有效应对,确保图像既清晰又易于识别。针对雨、雪、雾等恶劣的气象条件,该技术将采用图像增强技术和识别算法,显著优化提升识别效果。针对车牌角度倾斜或遮挡物问题,则利用多视角图像融合、三维重建及上下文信息预测等方法进行有效解决。

2. 车辆特征识别技术

车辆识别技术不仅仅关注车牌的识别,其特征分析即车辆特征识别技术也有着不可或缺的作用。车辆特征识别包含了车型辨识、颜色与品牌辨别、车辆轨迹分析等多项内容。采用图像处理加上深度学习技术的汽车模型辨识技巧,正在逐渐变成车辆特性鉴别的关注焦点[87]。通过详尽分析不同型号的特性,例如车体轮廓、车灯设计、进气格栅等,可以构建一个准确的特征模型。与此同时,使用深度学习技术对众多车型图像进行了深入的训练,并持续地改进识别方法,以确保车型识别的高准确性。在实践中,如车辆的分类、违章车辆的审查等方面,车辆类型识别的技术都得到了广泛的应用。

尽管在颜色识别中会遭遇到如光照变动之类的难题,但是通过应用色彩的空间变换、光线补偿和颜色校准的多种技术策略,能够显著减轻光照波动对识别效果的扰动。为了构建品牌识别数据库,需要完整的数据库建立和后续的维护技巧,这涵盖了从不同品牌车辆中收集特征并分类的过程。在实际车辆辨识的步骤中,将需要辨认的车辆特性与数据库中的信息进行相互比较,从而完成品牌的准确识别。

通过融合 GPS 信息和道路监控视频的数据,算法具备精准追溯车辆轨迹以及进行深刻行为研究的能力,这为交通管理、城市设计甚至案件的侦查工作提供了坚实的技术支援。首先,由于 GPS 数据作为车辆位置信息的直接来源,并且它所提供的高度精确的时间戳和经纬度坐标记录为车辆轨迹跟踪提供了坚固的数据支持。透过不断地搜集并处理那些 GPS 数据,可以描绘出车辆随时间演变的行进轨迹,也就是车辆的行驶路径。在此流程中,算法会充分考虑如信号漂移、多路径效应这类 GPS 误差,并进行必要的调整和完善,确保轨迹的准确性不受影响。

与此同时,视频监控数据则提供了车辆行驶过程中直观的视觉证据。借助于视频分析技术,算法有能力从监控录像中获取车辆的各种动态信息,如运动速度和方向等,并将其与 GPS 数据进行细致的比对和融合处理。这种由多种数据源进行的互补和验证方式,不但提升了对于轨迹追踪准确性的要求,也加强了整个系统的抗干扰能力。

在精确追踪的基础上,车辆轨迹分析系统进一步挖掘车辆行驶过程中的行为特征。通过对轨迹数据的统计分析、模式识别与机器学习等技术手段,可以识别出车辆的常规行驶路线、停留区域、速度变化等行为模式。同时,系统还能及时发现并报告异常行为,如频繁变道、急加速、急刹车等,这些异常行为往往与交通违规、危险驾驶乃至犯罪活动紧密相关。

综合以上观点,车辆识别技术以其高度精确、效率卓越以及全面性的优点,在智能交通系统和各区域安全防护措施中具有独特且不可取代的重要性。鉴于技术的迅猛发展和应用范围的广泛延伸,我们坚信,车辆识别这一先进技术定会为我们在出行上带来更多的方便与保障。

3.12.3 人员与车辆识别技术在区域治安防控中的应用

为了提高城市的治安水平和加强紧急响应,将人力和车辆的识别技术综合利用是至关重要的策略。这个技术结合不仅推动了资源的更高效分配,而且极大地提升了城市的管理效能和决策的合理性。在当前城市安全管理模式之下,综合性治安防控平台起到了不可或缺的作用。该技术平台采用高度综合的设计策略,确保了对人员和车辆数据进行细致的监视和智能评估。

作为平台的基石,数据采集层广泛地连接各类前端设备,如高清监控摄像头、RFID 标签读取器及车牌识别系统等,实时捕获图像、视频、车牌号码及人员特征等关键信息。这些信息通过高速、稳定的通信网络,无缝传输至后台处理中心。处理分析层是平台的核心,运用先进的图像处理、模式识别及大数据分析技术,对海量数据进行深度挖掘与智能分析。通过高效的预处理算法和精准的识别模型,确保信息的准确无误,为后续的决策支持提供坚实的数据基础。基于处理分析层的结果,决策支持层为管理者提供直观、全面的监控画面与实时报警信息。通过智能分析技术,平台能够自动识别异常行为,预测潜在风险,并快速生成处置建议或预警信息,助力管理者做出及时、准确的决策。

综合性治安预防控制平台消除了各部门之间的隔阂,确保公安、交通、城管等多个部门能够有效地交流信息和紧密合作。借助规范化的数据交互界面以及高效率的信息分享手段,各个部门能及时掌握并分享人员和车辆的详细信息,使得在突发事件中,各个部门可以快速地进行协作,齐心协力面对各种安全威胁。以我国某市为背景,随着众多的大规模公众活动持续展开,该市的市公安局正面对着日益严重的安保挑战和压力。为了有效应对这个挑战,该局设计出了一个高效的、全面的治安防控平台,并且将人员和车辆的识别技术进行了集成应用。在执行安全保障任务时,该平台通过其前端硬件系统实时捕捉了人员的流动和车辆的行进情况,并结合先进的智能分析工具,自主地鉴别不寻常的动作或潜在的威胁。此外,该平台也促成了公安、交通和城管等多个部门在信息共享和合作方面的高效表现,确保在紧急状况发生时,各相关部门能够迅速形成有效的合作机制。这种跨部门协作的策略不仅提升了安保工作的效率,而且增强了防御实力。在综合治安防控平台的协助下,该市公安局顺利地完成了 76 个大型的活动,为大约 300 万的群众提供了安全保障服务。该成功实例充分证明了人员与车辆识别技术在区域治安防控中的紧密融合和巨大潜力。

3.12.4 人员与车辆识别技术面临的挑战与未来展望

随着人员与车辆的识别技术的逐渐普及,如何保障个人的隐私权变得尤为迫切。为了在数据处理过程中确保隐私安全,有必要加强采用数据脱敏、加密传输等方法,构建一个合规、合法的管理体制。诸如恶劣的天气、夜晚的氛围以及各种车牌遮挡物,都对鉴别技术的准确率造成了严重的影响。为了增强系统在复杂环境中的应对能力,有必要持续优化和改善其算法,以提高识别的准确性和稳定性。为降低误报的概率且减少漏报的出现,我们需要利用算法的优化和加入人工核实机制,提高系统的总体表现。

未来,基于深度学习的识别算法将广泛应用于各类实际场景,实现自适应学习、自我优化等功能,进一步提升识别性能。物联网与 5G 技术的深度融合将为人员与车辆识别技术提供更加高效、稳定的网络环境。高速的数据传输与低延迟的通信能力将助力实现更大规模、更高精度的监控与识别任务,推动技术应用的进一步拓展。未来,人员与车辆识别技术不再局限于单一数据源的分析与处理,将通过结合物联网、社交媒体等多维度信息,构建更加全面、深入的分析模型,提升识别的准确性和全面性,为城市管理提供更加有力的支持。

人员和车辆识别技术的不断进步和应用范围的扩大,使得加强技术伦理研究和完善相关法律法规成为必然趋势。在不断推进技术发展的进程中,相关机构应更深入地关心这些技术如何影响社会的伦理道德和相关法律法规,确保其在健康与持续的基础上发展,从而助力塑造一个更为安全、和谐和智能化的社会背景。公安、交通和司法等相关部门通过创建全面的治安管理平台,鼓励跨部门合作和持续提升技术效率,这有助于我们更加有效地优化治安防控工作。在面临技术上的种种挑战与未来走向时,我们需要拥有敏感的观察力和强烈的创新能力,不断地寻求新的技术发展方向和适用场景,为区域治安防控工作做出贡献。

3.13 无人机巡逻与监控

无人机技术在治安防控中的应用已经逐渐成为全球公共安全领域的重要手段。随着无人机技术的迅速发展和普及,执法机构和安全部门能够更好地监控广泛区域、快速响应突发事件并提高公共安全管理的效率。无人机巡逻与监控系统集成了先进的飞行控制技术、传感器技术、数据处理技术以及通信技术等,能够提供全天候、全天时的监控与预警能力。下面将详细介绍无人机巡逻与监控的概述、系统架构与特点,以及其在区域治安防控中的应用。

3.13.1 概述

3.13.1.1 无人机技术的发展历程

无人机的起源可以追溯到 20 世纪初期,虽然最初的技术相对原始,但它为现代无人机的演进奠定了基础。无人机(Unmanned Aerial Vehicle,UAV)即无人驾驶飞行器,是指不载人且通过遥控或自主系统进行飞行的航空器。其发展历程经历了从军事实验到民用普及的漫长过程[88]。

无人机的早期探索始于第一次世界大战期间,当时的技术主要集中在试验性和实验性应用。1916 年,美国开始研究利用无线电控制的飞机执行军事任务,其中最早的试验之一是"凯特琳飞虫"(Kettering Bug),如图 3-55 所示。这种早期的无人驾驶飞行器虽然没有大规模应用于实战,但展示了远程操控飞行器的潜力。

图 3-55　凯特琳飞虫

20世纪20年代,英国的德·哈维兰公司开发了名为"女妖"(Queen Bee)的无人靶机,主要用于防空火炮的训练。这一时期,无人机的主要用途仍然集中在靶机训练和实验研究上,技术尚未成熟,功能也相对简单。

进入第二次世界大战后,无人机技术有了显著进展。1944年,德国的"V-1导弹"被用作无人飞行炸弹,这是无人机技术的一个重大里程碑,如图3-56所示。V-1导弹具备自主飞行能力,并对伦敦等城市进行了打击,虽然其设计与现代无人机有所不同,但为后来的无人机技术提供了重要的思路。

图3-56　V-1导弹

冷战时期,随着军事科技的进步,无人机技术在侦察和监视任务中得到了广泛应用。20世纪50年代,美国开发了"火蜂"(Firebee)系列无人机,最初用于靶机训练,后来被改装为高空侦察机。这些无人机能够在敌方雷达系统难以探测的高度执行任务,为未来的高隐蔽性无人机技术奠定了基础。

20世纪末至21世纪初,无人机技术经历了革命性的变化。海湾战争期间,美国首次大规模应用无人机进行战场侦察和情报收集,展现了无人机在现代战争中的巨大潜力。尤其是"捕食者"(MQ-1 Predator)无人机的出现,使无人机从纯粹的侦察工具转变为具有打击能力的平台。捕食者无人机配备了先进的摄像系统和通信设备,能够执行长时间的空中任务,并具备精准打击的能力。

21世纪初,无人机技术进一步向民用和商用领域扩展。技术的进步使得无人机变得更加小型化、智能化和多功能。多旋翼无人机和固定翼无人机开始在农业、物流、环境监测等领域得到广泛应用。例如,农业无人机可以进行精准施肥和施药,物流无人机可以进行包裹配送[89],环境监测无人机可以进行灾害评估和气象监测等,如图3-57所示为大疆T20植保无人机进行施药作业。

图3-57　大疆T20植保无人机进行施药作业

进入21世纪的第二个十年,无人机技术继续快速发展,人工智能和自动化技术的集成使得无人机变得更加智能和自主。未来无人机的发展将更加注重智能化、多用途化和绿色环保。智能无人机将具备自主飞行、任务规划和动态决策能力;多用途无人机将应用于更多领域,如城市管理、交通监控等;绿色无人机将寻求低能耗、环保的动力解决方案。

无人机技术从最初的实验性应用到如今的高度成熟应用,已经经历了一个显著的发展过程。这种技术的进步不仅提升了无人机在军事和商业领域的效能,也为其在公共安全领域的应用开辟了新的方向。特别是在区域治安防控中,无人机的快速部署、高度机动性和实时数据传输能力使其成为现代监控和巡逻任务的理想工具。通过无人机巡逻与监控系统,能够实现对广泛区域的实时监控和数据分析,从而显著提高公共安全管理的效率和精确度。

3.13.1.2 无人机巡逻与监控概述

无人机巡逻与监控是指利用无人机进行区域治安巡逻、实时监控、数据采集和分析的技术手段。作为新兴的技术手段,无人机巡逻与监控已经逐渐渗透到各类公共安全和治安防控领域,并在多个层面展示出其强大的功能与不可替代的价值[90]。随着现代科技的不断进步,无人机逐渐成为治安防控的重要工具,弥补了传统安防手段的不足。

无人机系统通常配备高性能的摄像头、热成像仪、环境传感器以及通信模块,通过远程操控或预设路径对目标区域进行不间断的监控。这些无人机能够自主巡逻、拍摄、分析并实时传输数据。其具有高度机动性、广泛覆盖性、灵活部署能力和相对较低成本等特征,因而在各类治安任务中展示出极高的效率。例如,在常规的治安巡逻任务中,无人机能够以较少的资源覆盖更广的区域,实现不间断的空中监控。针对突发事件,无人机能够快速响应、迅速到达现场,并通过传感器捕捉到第一手现场信息,帮助指挥人员做出精准的判断和反应。与此同时,无人机还可用于灾害评估,通过空中视角提供精确的灾区数据,辅助救援行动的展开。

近年来,飞行控制技术、传感器技术和人工智能技术的快速发展,使得无人机巡逻与监控系统的功能更加完善,应用场景日益丰富和多样化。这些技术的进步不仅提高了无人机的飞行稳定性和任务执行能力,还大大拓展了无人机的应用范围。在城市安全中,无人机可以监控高楼间的复杂空间、狭窄的街道和城市中的热点区域,为执法机构提供额外的"空中视角"。如图3-58所示为使用无人机进行治安巡逻。在边境监控和海岸线巡逻中,无人机能够覆盖人力难以到达的偏远地带,快速识别非法入境行为或可疑活动,增强边防和海防力量的反应能力。在反恐维稳方面,无人机则能够穿越险峻复杂的地形,实时追踪目标人物或车辆,有效支持反恐行动的执行。

图3-58 使用无人机进行治安巡逻

无人机巡逻与监控技术的显著优势之一是其能够提供广覆盖的实时监控。在常规的地面监控系统中,摄像头的覆盖范围通常受到地理环境、设备布置密度等因素的限制,监控死角不可避免。而无人机则能够通过其灵活的飞行高度和视角,对难以监控的区域进行全方位覆盖,消除地面监控系统的盲区。此外,无人机的速度优势也使其能够在短时间内覆盖广阔的巡逻区域,确保快速响应与实时监控的实现。

无人机在巡逻与监控中的另一个重要特点是其运营成本较低。相比传统的空中巡逻手段(如直升机巡逻),无人机的采购、维护及运营成本更低。这使得执法机构能够在不大幅增加预算的情况下,进行更为频繁的巡逻任务。与此同时,由于无人机系统相对便于操作,执法人员经过短期培训即可熟练掌握无人机的操控技能,从而进一步降低了无人机巡逻的技术门槛和人力资源成本。

无人机的应用不仅限于日常巡逻和监控任务,还可以用在应对突发事件上。在紧急情况下,无人机可以快速到达现场,获取事件的第一手影像资料,帮助指挥中心或决策者迅速做出反应。在自然灾害如地震、洪水或火灾发生后,当地面道路受到严重破坏、传统的救援力量难以及时到达现场时,无人机可以迅速升空,飞越受灾区域进行现场评估,为救援行动提供精准的决策依据。同时,无人机还能够用于灾后监测,持续跟踪灾害的后续反应,确保救援工作的有序展开。

除了在治安和灾害应对中的重要作用,无人机巡逻与监控技术还在公共安全领域的多个方面展现了巨大潜力。例如,在大规模的公共活动(如体育赛事、音乐节、大型集会等)中,无人机能够从空中实时监控活动场地的安全情况,识别和处理潜在的安全威胁。同时,无人机的巡逻还能够有效管理人流和交通,确保活动安全有序进行。

在未来,随着无人机技术的进一步发展以及更多新型传感器和智能化处理算法的引入,无人机巡逻与监控技术将会变得更加智能化和自动化。例如,基于人工智能的无人机系统将能够自主识别异常行为和可疑活动,自动生成预警信息,并通过自主决策机制及时调整巡逻路径或执行任务。这种智能化的发展趋势将进一步提高无人机在治安防控中的应用效果,推动公共安全管理迈向更高的智能化水平。随着技术的不断进步,无人机将在城市安全、边境监控、反恐维稳、应急救援等多个领域发挥越来越重要的作用,成为现代治安防控不可或缺的科技力量。

3.13.2　无人机巡逻与监控系统架构与特点

无人机巡逻与监控系统由多个关键技术模块组成,其架构设计决定了系统的功能性、稳定性、灵活性以及可扩展性。为了确保无人机在执行区域治安防控、实时监控、数据采集与分析等任务时具备最佳的性能表现,系统的不同组件间相互协作,形成了完整的无人机巡逻与监控系统,使其能够满足复杂多样的应用需求。

3.13.2.1　无人机巡逻与监控系统架构

无人机巡逻与监控系统的架构设计是基于多种复杂的技术集合而成,主要分为三个部分:前端设备、通信系统和后端处理平台,如图3-59所示,每个部分的功能、组成和相互协作都是系统高效运行的关键,下面将对每个部分进行详细的分析。

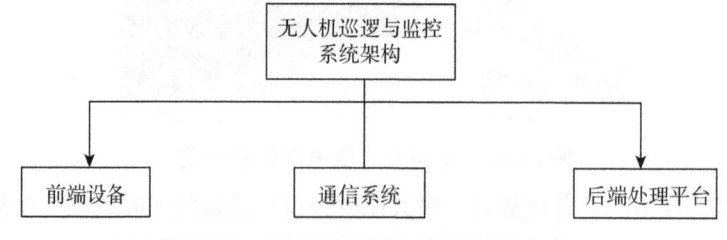

图3-59　无人机巡逻与监控系统架构

1. 前端设备

前端设备主要是指无人机及其搭载的传感器、摄像头和导航系统等。其构成包括以下几个关键组件。

(1) 无人机平台。

无人机平台是整个系统的核心,它的硬件设计决定了巡逻与监控任务的执行效果。根据任务需求,无人机可以选择多旋翼、固定翼或垂直起降固定翼等不同类型。多旋翼无人机适合近距离、高精度监控,具备悬停能力,能够灵活飞行;固定翼无人机则适合大范围巡逻任务,飞行时间较长,航程较远。

无人机本体通常由轻质、高强度的复合材料制成,以减少重量、增加飞行时间。其搭载的电动或燃油动力系统为无人机提供足够的续航能力,同时搭配自动化控制系统确保飞行的稳定性和安全性。

(2) 传感器和摄像头。

无人机的任务执行依赖于多种传感器设备,包括以下几种。

①可见光摄像头:用于白天巡逻,能够采集高分辨率的图像和视频。现代摄像头还具有变焦功能,能够灵活调整视角以获取不同距离的目标信息。

②红外摄像头:主要用于夜间或低能见度环境下的监控,可以通过红外热成像技术探测到隐蔽的目标或异常的温度变化。

③激光雷达:用于三维建模和高精度测距,通过发射激光脉冲并接收反射信号来绘制地形图或检测障碍物。

④环境传感器:如温湿度传感器、气体检测传感器、辐射探测器等,可以帮助无人机在特殊环境中完成监控任务,尤其在工业园区、危险化学品仓库或自然灾害现场的应用中十分重要。

(3) 导航和定位系统。

无人机的飞行和任务执行高度依赖于精确的导航系统。无人机通常配备了全球定位系统(GPS)或北斗导航系统来确定其在地面上的位置。为了确保在无卫星信号或信号较弱的情况下仍能正常飞行,无人机还配有惯性导航系统(INS),通过内置的加速度计和陀螺仪进行姿态测量,结合算法校正飞行误差。

此外,一些高端无人机还具备视觉导航功能,通过计算机视觉和图像处理技术来识别地标、跟踪物体或进行自主避障,进一步提高无人机的自主飞行能力。

2. 通信系统

通信系统是无人机巡逻与监控系统中的重要环节,负责无人机与地面站之间的数据交换和指令传输。通信系统的设计和性能直接影响到系统的实时性、稳定性和监控效果。

(1) 数据传输链路。

无人机获取的图像、视频和传感器数据需要实时传输到地面控制中心进行处理,这一过程依赖于高速、稳定的通信链路。常见的通信方式包括以下三种。

①无线电通信:基于传统的 UHF/VHF 频段进行长距离数据传输,但带宽有限,适用于低数据速率的应用。

②4G/5G 蜂窝网络:随着蜂窝网络覆盖的广泛应用,4G/5G 网络成为无人机实时通信的主要方式之一,具有低延时和高带宽的特点,能够支持高清视频传输和云端数据处理。

③卫星通信:对于远距离或无蜂窝网络覆盖的地区,卫星通信提供了可靠的全球连接,适用于海上巡逻、荒野监控等任务。

(2)控制指令传输。

地面站的控制指令通过通信链路传输到无人机,以指挥其执行任务。为了保证飞行的安全性和任务的精确性,指令传输需要低延时和高稳定性。通常情况下,控制指令通过双向通信链路实时传输,无人机还会向地面站反馈状态信息,如飞行速度、高度、电池电量等。

(3)数据加密与安全保障。

由于无人机巡逻和监控任务通常涉及敏感数据(如政府机密或商业秘密),因此通信链路的安全性尤为重要。在数据传输过程中,通常会采用端到端加密技术(如AES、RSA等)来确保数据不被窃取或篡改,同时通过身份验证机制防止未经授权的设备接入系统。

3. 后端处理平台

后端处理平台是无人机巡逻与监控系统的"大脑",负责数据的接收、处理、存储以及决策支持。该平台通常部署在地面控制中心,集成了多个功能模块。

(1)数据接收与存储。

无人机实时传输的数据被后端平台接收后,首先需要进行存储管理。监控系统通常需要处理大量的视频流和传感器数据,因此数据存储系统必须具备足够的容量和可靠性。现代的监控系统通常采用分布式存储架构,结合云存储技术,实现海量数据的分层存储和备份。

(2)实时监控与显示。

后端处理平台能够将无人机获取的图像和视频在地面站实时显示。通过地面控制台,操作员可以查看多个无人机的实时画面,并根据任务需求调整其飞行路径或监控角度。

为提高监控效率,后端平台通常配有大屏幕显示系统,结合视频分割技术可以同时监控多个区域。此外,系统还支持对视频进行时间戳和地理位置标记,以便后续检索和分析。

(3)智能分析与决策支持。

基于先进的图像处理、机器学习和大数据技术,后端平台能够对无人机获取的监控数据进行自动化分析。例如,系统可以自动识别异常行为(如非法入侵、火灾、交通事故等)或目标,并生成报警信息,提示操作员采取相应措施。此外,通过深度学习算法,系统还可以对监控区域进行趋势分析,预测潜在的风险或异常事件。

(4)任务规划与调度。

后端平台还具备任务规划与调度功能。操作员可以在平台上预设无人机的巡逻路线或任务参数(如巡逻时间、飞行高度、监控目标等),系统将根据环境情况和任务需求自动调度无人机执行巡逻任务。在一些复杂的任务中,系统还可以支持多架无人机的协同作业,以覆盖更广的区域或应对突发事件。

3.13.2.2 无人机巡逻与监控系统的特点与优势

无人机巡逻与监控系统作为现代安防、应急响应以及边境管理等领域的重要工具,其特点和优势在于高效性、灵活性和智能化水平的提高。相较于传统的地面监控方式,无人机巡逻系统不仅具备突破物理限制的能力,还能够提供更广泛、更精确的监控覆盖。

1. 高机动性与灵活性

(1)快速响应能力。

无人机具备极强的机动性,能够在短时间内迅速抵达指定的监控区域,特别是在突发事件或紧急情况下表现尤为突出。相比于地面车辆或人员,无人机能够跨越复杂的地理环境,如山地、河流、森林等,迅速到达无法通过地面交通抵达的地点。这种高机动性使得无人机在救灾、消防、边境巡逻等任务中能够进行快速部署,减少应急响应时间。

(2)灵活的飞行路线与操控。

无人机的飞行路线可以根据任务需求进行灵活规划。多旋翼无人机具备悬停、垂直起降等特点,可以在空中灵活调整位置与角度,满足对特定区域的定点监控需求。无人机可以飞越障碍物、规避危险区域,执行地面车辆或人力难以完成的任务。此外,在执行过程中,操作人员可以实时调整无人机的飞行路线,覆盖更广的区域或规避突发危险。

2. 全天候与全地形适应能力

(1)全天候作业。

无人机能够在白天和夜间执行监控任务,适应多种光线条件。搭载的红外摄像头、热成像设备等感知器件使其具备夜间巡逻与监控的能力,即使在黑暗环境或恶劣天气条件下,依然能够清晰捕捉到目标的热辐射和形态。同时,某些无人机还具备防水、防尘的设计,可以在雨雪天气中保持正常运行。基于此特性,无人机可实现真正的24小时不间断监控。

(2)全地形适应。

得益于无人机的空中优势,其监控范围不受地形限制。无人机能够轻松穿越山地、森林、沙漠、海洋等复杂地理环境,并适应多种恶劣的自然条件。这在传统地面巡逻无法覆盖或难以抵达的区域,如边境线、森林火灾易发地、广袤的农业区域等场景中展现了强大的应用价值。

3. 智能化与自动化水平高

(1)自主巡逻与路径规划。

现代无人机巡逻系统借助先进的自动化技术,具备高度的自主巡逻能力。通过预先设置飞行路线和监控参数,无人机可以在无人干预的情况下自动执行巡逻任务。在巡逻过程中,无人机能够根据传感器反馈的环境信息调整飞行高度、速度以及路径,以确保任务的有效执行。此外,基于GPS或北斗导航系统的精确定位,无人机可以在不同环境中准确到达预定的监控位置。

(2)智能目标识别与行为分析。

搭载先进的人工智能技术,无人机可以对监控区域内的目标进行智能识别和行为分析。例如,系统可以通过计算机视觉技术识别潜在威胁目标(如非法入侵者、可疑车辆等),并根据设定的规则触发报警。同时,AI算法能够分析目标的行为模式,如检测入侵行为、异常活动、火灾蔓延趋势等,从而减少人工监控的工作量和误判的风险。

(3)自动跟踪与实时反馈。

无人机具备自动跟踪功能,可以锁定并跟踪特定目标,如嫌疑人、失踪人员或车辆。在目标移动的过程中,无人机会自动调整飞行路线和摄像机角度,以确保始终保持对目标的跟踪和监控。这种自动化的功能极大地提高了无人机巡逻的效率,尤其在大面积区域或动态场景(如体育赛事、游行活动等)中表现突出。

4.工作效益高

(1)降低人力成本。

无人机的广泛应用有效减少了传统地面巡逻所需的人员投入。传统巡逻任务通常需要大量人员参与,特别是在大面积区域或长时间的监控任务中,这不仅增加了劳动力成本,还带来了安全隐患。相比之下,无人机系统可以通过远程控制和自动化技术来完成同样的任务,大幅降低了人力成本和潜在的人员伤亡风险。

(2)提高效率与降低运营成本。

无人机的快速部署和覆盖能力使其能够在较短时间内完成大范围的巡逻任务,极大地提高了工作效率。例如,在农业领域,无人机可以快速扫描大片农田,检测病虫害、作物生长情况或土壤湿度,从而减少巡逻时间和资源浪费。在城市管理、交通监控等领域,无人机能够减少巡逻车辆的使用,降低燃料和设备维护成本。此外,由于无人机的高效性,相关部门可以减少昂贵的固定式监控设备的投入,进一步降低了整体运营成本。

5.高覆盖率与实时监控

(1)大范围覆盖。

无人机巡逻系统能够在短时间内覆盖大范围的区域,特别是在边境巡逻、森林防火和交通管理等需要大面积监控的场景中表现优异。固定翼无人机具有较长的飞行时间和较大的飞行半径,能够覆盖数百平方公里的区域,使其成为监控大型设施、边境线或森林的理想选择。

(2)实时数据传输与监控。

基于现代通信技术,无人机能够将实时监控数据传,包括高清视频流、传感器数据等,输到地面控制中心。操作员可以在地面站或移动设备上实时查看巡逻区域的情况,进行指挥和调度。借助5G技术的普及,实时视频传输的延迟显著降低,使得高清图像和大数据量的传输更加顺畅,支持更精确的决策。

6.扩展性与多样化应用

(1)多样化的任务模块与设备扩展。

无人机系统具有高度的模块化设计,可以根据不同的任务需求搭载不同的设备模块。例如,在安全巡逻任务中,无人机可以搭载高清摄像机和红外成像仪;在环境监测任务中,无人机可以搭载气体检测传感器、温湿度传感器等。这样的扩展性使无人机能够适应多样化的应用场景,如环境保护、灾害救援、海洋监测、交通管理等。

(2)系统集成与多平台协作。

无人机系统可以与其他监控系统,如地面摄像头、固定监控点、雷达系统等,进行集成,形成统一的监控网络。通过集成的监控平台,操作员可以同时管理多个无人机和地面监控设备,从而提高整个系统的监控效能和数据共享能力。这种多平台协作的能力尤其适用于复杂的安全保障任务,例如大型赛事安保、跨境联合巡逻、城市综合管理等。

3.13.3 无人机巡逻与监控在区域治安防控中的应用

随着科技的快速发展,无人机巡逻与监控技术在区域治安防控中得到了广泛应用,极大提升了城市、边境、海岸、大型活动等领域的安保效果。无人机凭借其高效的机动性、广阔的覆盖范围、实时数据传输和智能化分析能力,成了现代治安防控中不可或缺的工具,例如,在疫情防控工作中,四川省公安使用警用无人机进行高空巡逻、刑侦、交通管理、数据收集和测温等任务,无人机成为防控的重要力量[91]。以下将举例介绍无人机巡逻与监控系统在区域治安防控中不同场景的应用及其优势。

3.13.3.1 城市治安巡逻

在现代城市中,人口密集、建筑物众多的环境使得传统的地面巡逻和固定监控摄像头在治安防控中难以做到全覆盖。无人机的应用在此背景下展现出其独特优势。

1. 城市密集区域的覆盖

无人机能够提供空中视角,快速覆盖繁忙的交通路口、商业中心以及居民密集区,补充地面监控摄像头无法触及的"盲区",如高层建筑之间的狭窄区域。通过无人机的高空监控,安保部门能够实时观察城市中的复杂区域,迅速发现潜在的安全隐患。

2. 实时监控与快速响应

无人机可以实时监控城市中发生的各种违法行为,如非法集会、盗窃、打架斗殴、交通违规等。一旦无人机识别到可疑活动或紧急情况,可以迅速将视频数据传输到指挥中心,辅助警方快速决策并部署地面力量进行干预。这种快速响应能力大大提高了城市治安事件的处理效率,减少了不必要的延误。

3. 智能行为识别与数据分析

利用 AI 技术,无人机可以对城市巡逻过程中捕捉到的图像和视频数据进行实时分析。例如,通过对人群行为的监控和分析,无人机能够识别出可能的骚乱或犯罪行为,并自动发出警报。结合大数据分析技术,安保人员还可以对过去的治安事件进行归纳总结,优化未来的巡逻策略。

3.13.3.2 边境与海岸巡逻

无人机在边境与海岸巡逻中的应用也日益广泛。传统的边境巡逻通常依赖人力与地面车辆进行,这不仅耗费大量精力与资源,而且难以在崎岖地形、广阔海域等复杂环境中实现全天候高效监控,无人机巡逻与监控系统则能够有效解决这些问题[92]。

1. 无人机在边境巡逻中的作用

在边境地区,无人机可以执行长时间巡逻任务,监控边境线上可能存在的非法越境行为、走私活动或其他违法行为。无人机具备飞行高度灵活的特点,可以在高空对大面积区域进行广泛扫描,同时也能够低空飞行,对重点可疑区域进行详细检查。

无人机能够携带多种传感器设备,如高清摄像头、红外传感器等,能够在恶劣的天气或夜间条件下对目标进行探测和追踪。例如,红外热成像设备能够识别隐藏在植被中的人体或车辆,极大提高了巡逻的效果。此外,无人机的数据实时传输功能能够确保边境指挥中心随时了解巡逻情况,并及时做出应对。

2. 无人机在海岸巡逻中的应用

无人机在海岸线巡逻中也发挥着至关重要的作用,尤其是在防止非法捕捞、偷渡和走私活动等方面。与边境巡逻类似,海岸线巡逻同样需要广阔的覆盖范围和灵活的应对能力。

无人机的长航时和大范围监控能力使其能够在短时间内覆盖广阔的海域,并利用高清摄像头、雷达等设备识别和跟踪可疑船只或非法活动。同时,结合 AI 技术的自动目标识别功能,无人机可以自主识别和分析异常情况,如船只的非法靠岸、夜间偷渡活动等,确保海上治安的全面覆盖。

3.13.3.3 大型活动安保

在热门景区或音乐节、体育赛事、集会等大型活动中,人群密集使得安全管理面临严峻挑战。无人机凭借其高空视角与灵活机动性,有效解决了传统地面安保力量的监控盲区问题[93]。

1. 全场地实时监控

无人机可以在景区或大型活动场地上空进行定点巡逻,提供广域的空中视角,实时监控活动区域内的人群动态。一旦出现突发事件,如人群骚动、冲突或可疑行为,无人机可以迅速锁定出问题区域,协助地面安保力量做出快速反应。无人机的高效巡逻确保了活动现场的整体安全,提升了活动期间的安全管理水平。

2. 协助人流疏导与紧急疏散

活动结束后,如何快速有序地疏导人群是避免安全事故的重要环节。无人机可以在场地上空监控人群的流动情况,识别出口处的拥堵情况,帮助指挥中心及时采取措施,防止拥堵导致的踩踏事故。无人机的实时监控与数据反馈还可以帮助安保团队根据人流分布调整疏散方案,确保人群安全有序撤离。

3.13.3.4 应急救援与灾害监控

无人机在应急救援与灾害监控中的应用展示了其在复杂环境下的强大功能。在自然灾害(如洪水、地震、森林火灾等)或大型事故发生后,传统的救援手段可能受制于地形、天气等因素,救援队伍难以快速到达现场,延误最佳救援时间,无人机在这些情况下展现出了其不可替代的优势。

1. 灾害评估

在自然灾害发生后,无人机能够迅速飞往灾区,进行高空巡逻和评估。通过无人机传回的实时画面,救援指挥中心能够全面掌握灾区的情况,评估损失范围、确定最需要救援的区域,并合理调配救援资源。

无人机还可以通过搭载的多光谱摄像头和红外传感器,穿透烟雾和尘埃,发现幸存者的热源,帮助救援人员确定被困人员的位置。如图3-60所示为无人机参与救援。此外,无人机还可以用于传递紧急物资,尤其是在地面救援队伍无法快速到达的区域,如被洪水或坍塌道路隔离的地区。

图3-60 无人机参与救援

2. 火灾监控与扑救

在森林火灾等大面积火灾发生时,无人机能够提供至关重要的帮助。通过红外热成像技术,无人机可以在火灾现场快速识别火源和火势扩散方向,帮助指挥中心制定更加精准的扑救策略。此外,无人机还能够实时监控消防员的活动,确保他们的安全。

一些先进的无人机还配备了小型灭火器或可以携带灭火设备,直接参与火灾的早期扑救,特别是在消防员难以到达的高层建筑或深林地带中发挥作用。

3.13.3.5 交通管理与事故处理

无人机在交通管理中的作用日益显著,尤其是在处理交通拥堵、事故现场监控以及交通违法行为执法等方面。

1. 交通拥堵监控

在城市交通高峰期或重大节假日期间,交通拥堵成为一个常见问题。传统的地面摄像头和交通警力虽然有一定的监控作用,但由于视角受限,很难全面掌控整个路段的实时交通状况。无人机的空中巡逻则可以提供广域的视角,实时掌握路段的车辆流动情况,识别交通拥堵的原因,如交通事故、道路施工等。

参照无人机提供的交通数据,交通指挥中心可以根据实时路况进行疏导调整,快速制定分流或改道方案。同时,无人机巡逻还能够监控违规行为,如车辆违停、闯红灯等,辅助交通执法。

2. 事故处理

在交通事故发生后,及时准确的处理方式对于恢复交通流动、保障事故双方的安全至关重要。无人机可以迅速到达事故现场,从空中对事故情况进行全面拍摄和记录,帮助交警部门迅速判定责任并制定清理方案。

无人机的高空视角还能帮助救援队伍更快了解事故现场的状况,尤其是在高速公路等难以到达的区域,极大提高了事故处理的效率。

3.13.3.6 社区安全与日常巡逻

无人机在社区安全中的日常巡逻功能也日渐受到关注,尤其是在一些面积广阔、地形复杂或人口密集的社区中,无人机能够提供全方位的治安管理支持[94]。

1. 日常巡逻

在社区日常巡逻中,无人机能够定期在社区上空巡逻,提供360度无死角的监控。通过无人机实时监控社区的各个角落,及时发现潜在的安全隐患,如非法入侵、火灾隐患等。

无人机巡逻还能够提升居民的安全感,同时减少对地面巡逻的依赖,优化警力资源的配置。

2. 紧急情况响应

在社区中突发的紧急情况,如犯罪事件、火灾、失踪人口等,无人机可以迅速升空进行搜索和监控。特别是在犯罪事件中,无人机能够有效跟踪嫌疑人的行动轨迹,为警方提供实时信息,协助其快速抓捕。

此外,针对失踪人口的搜救,无人机能够覆盖广阔的搜索区域,并利用热成像等技术快速锁定目标,显著提升搜救效率。

总之,无人机巡逻与监控技术已成为现代区域治安防控的关键组成部分。其广泛的应用场景包括城市治安巡逻、边境与海岸线监控、大型活动安保、应急救援与灾害监控、交通管理及社区安全等。在这些应用中,无人机以其灵活性、高效性、实时性和智能化的特点,有效弥补了传统治安手段的不足,极大提升了公共安全管理的效果与效率。未来,随着技术的进一步发展,无人机在区域治安防控中的应用也将更加深入和多样化,为社会安全提供更有力的保障。

3.14 移动警务与巡逻管理

3.14.1 概述

在当今社会,治安形势的复杂性和多样性不断加剧,对传统警务工作提出了新的挑战。这些挑战不仅来自社会经济和人口结构的变化,还包括科技进步所带来的新型犯罪手段和更高的公共安全期望。在此背景下,移动警务与巡逻管理作为现代警务信息化的重要组成部分,逐渐成为区域治安防控中不可或缺的一部分。下面将分移动警务与巡逻管理的背景、定义及移动警务与巡逻管理的重要性三部分来对其进行一个简单的介绍。

3.14.1.1 移动警务与巡逻管理的背景

全球化和城市化进程的加快使得社会治安形势愈加复杂,随着越来越多的人口涌入城市,城市的规模和人口密度不断增加。在这一过程中,城市治安问题日益凸显,犯罪类型和频率也随之上升。例如,人口密集的城区更容易发生盗窃、抢劫等犯罪行为,如何有效覆盖和管理这些区域成为警务工作的一大难题。同时,随着交通工具和通信技术的进步,人口跨区域流动变得更加频繁,不仅增加了治安管理的难度,也为犯罪分子跨区域作案提供了便利。

新型犯罪手段层出不穷,对传统的治安管理方式提出了严峻挑战。互联网的普及和信息技术的快速发展,使得网络犯罪成为新的治安问题,如网络诈骗、网络攻击等。这些犯罪手段隐蔽性强、传播速度快、影响范围广,传统的治安管理手段难以有效应对。此外,在全球化背景下,跨国犯罪日益增多,如毒品走私、人口贩卖和恐怖主义等犯罪活动,涉及多个国家和地区,需要国际合作和信息共享来有效打击。

社会矛盾的激化也是治安形势复杂化的重要因素之一。经济发展不平衡导致贫富差距扩大,引发了一系列社会矛盾和治安问题。例如,贫困地区的犯罪率往往较高,而富裕地区则可能面临入室盗窃等问题。此外,随着社会矛盾的激化,群体性事件频发,如罢工、示威和抗议等,可能导致社会秩序的混乱,增加了治安管理的难度。

环境变化同样对社会治安产生了深远影响。气候变化导致自然灾害频发,如洪水、地震和台风等。这些灾害不仅直接影响社会治安,还可能引发次生灾害,如抢劫和骚乱等。在城市化进程中,环境污染、交通拥堵和住房问题等也日益凸显,这些问题可能导致治安事件的发生,成为治安管理的重要议题。

科技进步既为警务工作提供了新的手段,也带来了新的挑战。一方面,现代科技为犯罪分子提供了更多的作案工具和手段,例如利用高科技手段进行的黑客攻击和电子诈骗等,给传统治安管理带来了巨大挑战。另一方面,科技进步也为治安防控提供了新的手段。移动警务、智能巡逻和视频监控等技术的应用,使得治安防控更加高效和精准。例如,移动警务系统通过智能手机、平板电脑等移动终端设备,为警务人员提供实时信息查询、数据录入、指挥调度和应急响应等多种功能,从而提高了警务工作的效率和灵活性[95]。

移动警务与巡逻管理在区域治安防控中应用的背景,反映了社会治安形势的变化和技术发展的驱动性。在新的发展时期,政府和社会对治安防控提出了更高的要求,而移动警务和巡逻管理系统正是应对这些挑战的手段。未来,随着技术的进一步创新和国际合作的深化,移动警务与巡逻管理将在区域治安防控中发挥更加重要的作用。

3.14.1.2 移动警务与巡逻管理的定义

移动警务是一种警务工作模式,它利用移动通信技术和信息技术,通过智能手机、平板电脑或其他移动终端设备访问公安内部网络和警务信息资源,以支持现场执法、巡逻及其他警务活动。移动警务系统包括移动终端设备、后台处理平台以及网络安全机制,旨在为警务人员提供实时信息查询、现场证据采集、案件管理等服务,提高警务工作的效率和响应速度。

巡逻管理是指警务人员按照既定计划或根据实际情况,在特定区域内进行定期或不定期的巡视,以维护社会治安和公共安全。巡逻管理包括路线规划、实时视频监控、智能分析工具、实时通信等技术手段,旨在预防犯罪、及时发现并应对紧急情况,并通过持续的现场存在来增强公众的安全感。

综上所述,移动警务与巡逻管理是现代警务工作中不可或缺的部分,它们通过集成先进的信息技术和管理策略,共同提升了警务工作的效能和响应速度,对于维护公共安全具有重要作用。

3.14.1.3 移动警务与巡逻管理的重要性

1. 提高警务效率和灵活性

移动警务与巡逻管理通过现代科技手段显著提高了警务工作的效率和灵活性。警务人员使用移动终端设备,可以实时获取和传输信息,现场录入数据,并与指挥中心保持实时沟通。这种即时的信息交换大大减少了传统警务工作中的信息滞后和重复劳动。例如,警务人员在巡逻时可以立即查询车辆和人员信息,快速判断现场情况并采取相应措施,从而提高了案件处理效率和应急响应速度。

2. 增强治安防控的精准性

移动警务与巡逻管理系统通过数据分析和地理信息系统,优化了巡逻路线和任务分配,确保警务资源得到最大化利用。巡逻管理系统可以根据历史数据和实时情况,合理规划巡逻路线,加大对治安重点区域和高风险区域的巡逻力度,增强巡逻工作的覆盖率和针对性。例如,在某些高发案时段或区域,系统可以自动调整巡逻任务,确保这些区域得到更有效的监控和防范,从而预防和减少犯罪发生。

3. 提升公共安全感

移动警务与巡逻管理的应用不仅提升了警务工作效率,还增强了公众的安全感。通过移动警务系统,警务人员能够快速响应市民的报警和求助,提高了警务服务的便捷性和透明度。市民可以通过移动应用程序实时举报案件,警务人员可以迅速到达现场处理,这种快速响应机制增强了市民对公安机关的信任感和自身的安全感。此外,巡逻管理系统的高效运作和科学规划,使得社区治安状况得到显著改善,进一步提升了公众的安全感。

4. 提供决策支持

移动警务与巡逻管理系统通过对大量警务数据的分析,发现治安问题的规律和趋势,为决策提供支持。系统可以根据巡逻数据和案件记录,分析犯罪高发区域和时段,预判潜在的治安问题,并提出针对性的解决方案。例如,通过对某一特定区域的案件数据分析,系统可以建议增加该区域的巡逻频次或部署更多的警力资源,从而有效预防和打击犯罪活动。

5. 促进警务信息化建设

移动警务与巡逻管理系统的广泛应用,推动了警务信息化建设的发展。各地公安机关通过引入移动警务系统,实现了警务信息的数字化和网络化管理。这不仅提高了警务工作的效率和质量,也促进了警务工作的透明化和公开化。例如,中国政府发布的《全国公安机关移动警务终端建设应用工作方案》推动了移动警务终端在各地公安机关的普及应用,提升了全国警务信息化水平。

随着技术的不断进步和应用的深入,移动警务与巡逻管理将在未来区域治安防控中发挥更加重要的作用,为社会的长治久安提供强有力的保障。

3.14.2 移动警务的总体技术架构与应用实例

3.14.2.1 总体技术架构

移动警务的总体技术架构由以下六大部分组成:基础设施、应用支撑、移动应用、安全防护体系、集中管控体系和标准规范体系[96],如图 3-61 所示。

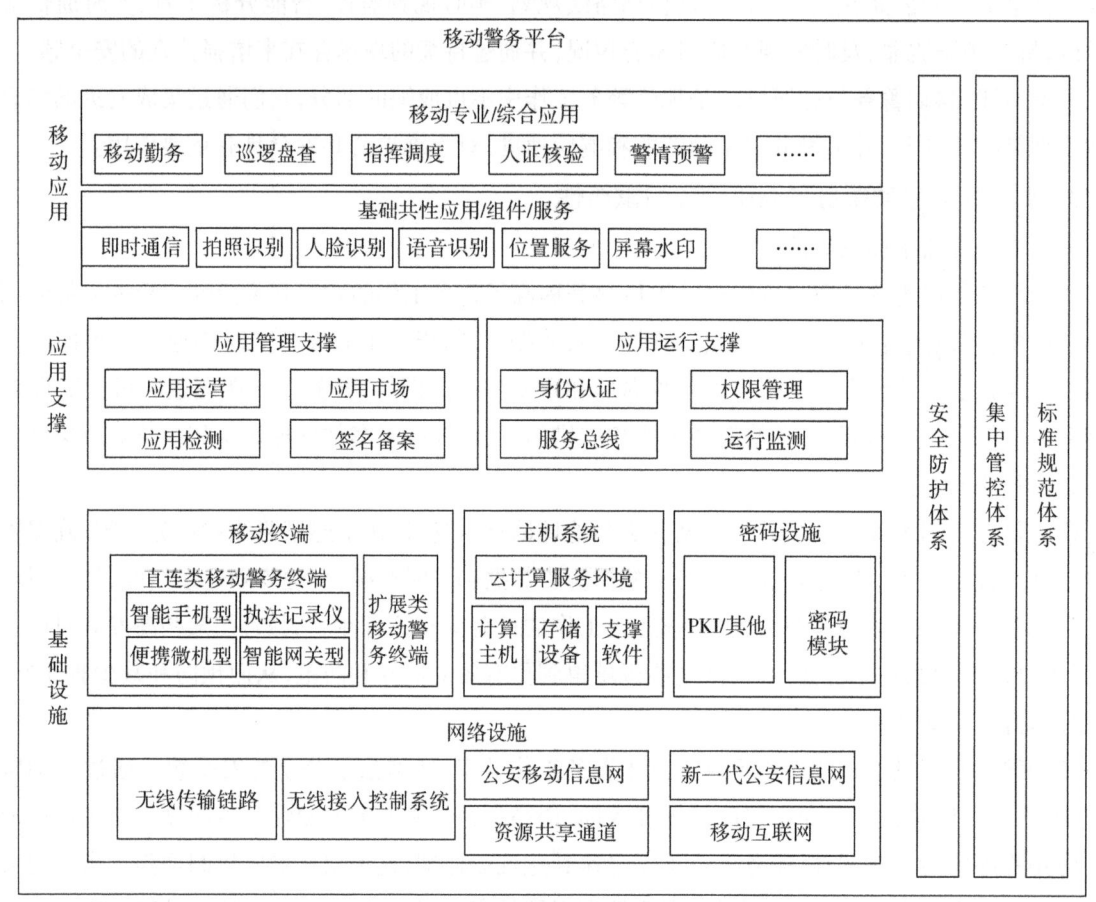

图 3-61 移动警务的总体技术架构

1. 基础设施

基础设施部分涵盖了移动终端、网络设施、主机系统和密码设施等关键技术组件。移动警务终端根据其通信连接方式,主要分为直连类终端和扩展类终端。网络设施包括无线传输链路、无线接入控制系统、公安移动信息网及其与其他网络间的资源共享通道、新一代公安信息网、移动互联网。主机系统则由计算机主机、存储设备以及支撑软件组成,同时提供弹性可扩展的云计算服务环境。密码设施部分则包括密码模块和PKI(公钥基础设施)等其他身份认证体系,保障数据和通信的安全性。

2. 应用支撑

应用支撑分为管理支撑和运行支撑两个部分。管理支撑模块包括应用运营、应用市场、签名备案以及应用检测等功能,而运行支撑模块则提供服务总线、身份认证、权限管理、运行监测等功能,以确保应用的有效运行与管理。

3. 移动应用

移动应用部分主要涉及移动专业应用、移动综合应用以及基础共性应用、组件和服务等方面。这些应用支持警务人员在移动环境下执行多种任务,如移动勤务、巡逻盘查和指挥调度等。

4. 安全防护体系

安全防护体系利用国产密码技术和可信计算技术,对移动警务平台中的关键要素(如移动终端、网络设施、移动应用和数据资源)进行保护,确保整个系统的安全和稳定运行。

5. 集中管控体系

集中管控体系基于资产管理,对机构人员、基础设施、应用支撑、移动应用和数据资源等进行全方位、全过程的监测、审计、运维配置及安全管理。通过智能化运维与集中管控,实现对各项资源的高效管理与控制。

6. 标准规范体系

标准规范体系涵盖了网络、终端、应用、数据和安全等方面的基础标准、技术标准和管理标准。这些标准为移动警务平台的建设、应用和管理提供了统一的规范,确保系统的规范性和一致性。

3.14.2.2 应用实例

1. 北京市的移动警务应用

北京市作为中国的首都,治安防控任务繁重。北京市公安局通过引入移动警务技术,大大提升了警务工作的效率和精确度。以下是北京市移动警务的一些具体应用实例。

(1)实时信息查询与数据录入:北京市公安局为一线警务人员配备了移动终端设备,安装了"警务通"应用。这些终端设备可以随时随地查询嫌疑人信息、车辆信息、案件信息等,并且可以现场录入案件信息,实时上传到后台系统,减少了信息传递的中间环节,避免了数据滞后和信息丢失。

(2)视频监控与指挥调度:移动警务系统与视频监控系统结合,实现了实时视频回传和指挥调度。一线警务人员在处理突发事件时,可以通过移动终端设备实时向指挥中心传输现场视频,指挥中心根据实时视频画面,迅速做出指挥决策,调度附近警力支援,提高了应急响应的速度和准确性。

(3)电子巡更系统:北京市公安局应用了电子巡更系统,通过移动终端设备记录巡逻路线和巡逻情况,数据实时上传至后台系统进行监控和管理。电子巡更系统确保了巡逻任务的执行情况,杜绝了巡逻人员的偷懒现象,增强了巡逻工作的覆盖率和针对性。

(4)交通管理与执法:在交通管理领域,移动警务技术同样发挥了重要作用。北京市交通管理部门使用移动终端设备进行现场执法,实时查询车辆和驾驶员信息,开具电子罚单,并将执法数据即时上传至后台系统进行处理和存档。这种方式不仅提高了交通执法的效率,还减少了人为干预的可能性,增强了执法的透明度和公正性。

2. 纽约市的移动警务应用

纽约市作为美国的重要城市之一,其治安管理任务同样十分繁重。纽约市警察局(NYPD)引入了先进的移动警务技术,实现了警务工作的现代化和智能化。以下是纽约市移动警务的一些具体应用实例。

(1)智能警务终端:NYPD为一线警务人员配备了智能手机,安装了多种警务应用软件。这些智能警务终端支持实时信息查询、数据录入和案件管理,警务人员可以在现场完成大量的警务操作,提高了工作效率。

(2)实时犯罪分析:NYPD利用移动警务技术进行实时犯罪分析,通过大数据分析平台,实时处理和分析各类警务数据,发现犯罪规律和趋势,为巡逻任务的安排和警力部署提供科学依据。例如,系统可以根据实时数据分析,预测某一区域的犯罪高发时段,建议在该时段内增加巡逻警力,预防和打击犯罪。

(3)社交媒体监控:NYPD将移动警务技术与社交媒体监控相结合,通过分析社交媒体上的信息,及时发现和应对潜在的治安问题。例如,系统可以通过关键词搜索和舆情分析,发现可能的聚众事件或犯罪活动,并提前做好应对准备。

(4)社区警务:移动警务技术在社区警务中同样得到了广泛应用。NYPD通过移动警务终端设备,增强了与社区居民的互动和沟通。警务人员可以在社区活动中,实时接收居民的举报和求助,迅速做出响应,提高了社区警务工作的效率和服务水平。

3. 伦敦市的移动警务应用

伦敦市警察局(Metropolitan Police Service,MPS)也广泛应用了移动警务技术,提升了治安防控的现代化水平。以下是伦敦市移动警务的一些具体应用实例。

(1)实时数据共享:MPS通过移动警务终端设备,实现了警务数据的实时共享和协同工作。警务人员在处理案件时,可以通过移动终端设备实时访问和共享案件信息、嫌疑人资料、证据材料等,确保了信息的及时性和准确性。

(2)智能巡逻与监控:MPS应用了智能巡逻系统,通过数据分析和地理信息系统,优化巡逻路线和任务分配,提高巡逻工作的覆盖率和针对性。巡逻警务人员通过移动终端设备记录巡逻情况,数据实时上传至后台系统进行分析和管理,确保巡逻任务的有效执行。

(3)公共安全预警:MPS结合移动警务技术和大数据分析,建立了公共安全预警系统。该系统通过对大量警务数据和社会数据的分析,及时发现和预警潜在的治安风险。例如,系统可以通过分析某区域的案件高发时段和类型,建议采取相应的防范措施,提高公共安全水平。

(4)跨部门协作:伦敦市警察局与其他执法部门和政府机构密切合作,通过移动警务技术实现跨部门信息共享和协同工作。例如,在重大公共安全事件中,各部门可以通过移动警务终端设备实时共享信息,协同作战,提升了应对突发事件的能力,提高了处理突发事件的效率。

移动警务技术的应用在全球范围内取得了显著成效,极大地提高了警务工作的效率和现代化水平。通过实时信息查询、数据录入、指挥调度、应急响应、视频监控、电子巡更、交通管理、社交媒体监控、社区警务、公共安全预警和跨部门协作等多种功能,移动警务技术为现代警务工作提供了强有力的技术支持和管理保障。在北京、纽约、伦敦等城市,移动警务技术的成功应用不仅有效提升了治安防控水平,还增强了公众的安全感,推动了警务信息化建设的发展。随着技术的不断进步和应用的深入,移动警务技术将在未来区域治安防控中发挥更加重要的作用,为社会的长治久安提供坚实的保障。

3.14.3 巡逻管理的技术组成与应用实例

巡逻管理技术在现代警务工作中占据重要地位,目的是通过科学的规划和技术手段,对警务巡逻任务进行有效组织、监督和优化,确保治安防控的全面覆盖和精准打击。本部分将详细介绍巡逻管理的技术组成与具体地区的应用实例,展示其在实际中的成功应用。

3.14.3.1 技术组成

巡逻管理技术主要由以下几个部分组成。

1. 地理信息系统(GIS)

GIS 是巡逻管理的基础,通过地图展示和空间分析,实现巡逻路线的科学规划和管理。警务人员可以在 GIS 系统中查看巡逻区域的地理信息、治安状况和警力分布情况,合理安排巡逻任务。

2. 电子巡更系统

电子巡更系统通过 RFID 标签、GPS 定位、移动终端等技术,实时记录巡逻人员的巡逻路线和时间,确保巡逻任务的有效执行。系统可以对巡逻数据进行分析,发现巡逻工作的不足之处,提出改进建议。

3. 大数据分析

大数据分析技术在巡逻管理中起到重要作用,通过对海量警务数据的分析,发现治安问题的规律和趋势,为巡逻任务的优化提供科学依据。系统可以根据历史数据和实时情况,预测犯罪高发区域和时段,合理安排警力资源。

4. 移动通信与调度系统

移动通信技术确保了巡逻人员与指挥中心的实时通信和信息交换。指挥中心可以通过调度系统实时掌握巡逻人员的位置和状态,及时发布指令,协调各警力单位的行动,提高应急响应速度。

5. 视频监控系统

视频监控技术与巡逻管理相结合,实现了实时监控和巡逻任务的协同工作。监控中心可以通过视频画面,实时掌握巡逻区域的情况,发现异常情况时立即通知巡逻人员处置。

3.14.3.2 应用实例

1. 上海市的巡逻管理应用

上海市公安局在巡逻管理方面应用了先进的技术手段,实现了警务工作的现代化和智能化。以下是上海市巡逻管理的一些具体应用实例。

(1)智能巡逻路线规划:上海市公安局利用 GIS 技术和大数据分析,对全市的治安状况进行综合分析,科学规划巡逻路线。系统根据历史案件数据、人口密度、重点保护单位等信息,制定巡逻路线和任务,确保警力资源得到最大化利用。例如,在犯罪高发时段和区域增加巡逻密度,提高巡逻工作的覆盖率和针对性。

(2)电子巡更系统:上海市公安局应用了电子巡更系统,通过 RFID 标签和 GPS 定位技术,实时记录巡逻人员的巡逻路线和时间。巡逻人员在巡逻过程中,使用移动终端设备扫描 RFID 标签,数据实时上传至后台系统进行监控和管理。电子巡更系统确保了巡逻任务的执行情况,提高了巡逻工作的透明度和责任意识。

(3)视频监控与巡逻联动:上海市公安局将视频监控系统与巡逻管理系统结合,实现了实时监控与巡逻任务的协同工作。监控中心通过视频监控系统实时掌握巡逻区域的情况,发现异常情况时立即通知附近巡逻人员前往处置。这种联动机制提高了应急响应速度和处理效率,增强了治安防控的效果。

(4)巡逻数据分析与优化:上海市公安局通过大数据分析技术,对巡逻数据进行综合分析,发现巡逻工作的不足之处,并提出改进建议。例如,通过分析巡逻数据,发现某些区域的巡逻覆盖率不足,系统建议增加该区域的巡逻任务;或者,通过对巡逻数据的趋势分析,发现某些时间段的犯罪率较高,系统建议在该时段内增加巡逻警力。

2. 伦敦市的巡逻管理应用

伦敦市警察局在巡逻管理方面同样应用了先进的技术手段,提升了治安防控水平。以下是伦敦市巡逻管理的一些具体应用实例。

(1)犯罪数据分析:MPS利用大数据分析平台,对大量历史犯罪数据和巡逻数据进行分析,发现犯罪规律和趋势,为巡逻任务的安排提供科学依据。例如,系统通过分析某一区域的案件高发时段和类型,建议在该时段内增加巡逻警力,预防和打击犯罪。

(2)电子巡更系统:MPS为巡逻人员配备了电子巡更设备,记录巡逻路线和巡逻情况,数据实时上传至后台系统进行监控和管理。电子巡更系统确保了巡逻任务的执行情况,杜绝了巡逻人员的偷懒现象,提升了巡逻工作的覆盖率和针对性。

(3)社区巡逻:MPS通过巡逻管理技术,加强了社区巡逻工作。警务人员与社区居民密切合作,通过电子巡更系统和移动终端设备,记录社区巡逻情况,及时发现和处理治安隐患。社区巡逻的成功应用,不仅提高了社区治安水平,还增强了社区居民的安全感,提升了他们的满意度。

(4)视频监控与指挥系统:MPS将视频监控系统与巡逻管理系统结合,实现了实时视频监控和指挥调度。巡逻人员通过移动终端设备实时查看监控视频,并将现场视频回传至指挥中心。指挥中心根据实时视频画面,迅速做出指挥决策,提高了应急响应的速度和准确性。例如,在处理大规模公共活动时,指挥中心可以通过视频监控系统实时监控现场情况,调度巡逻警力,确保活动的秩序稳定和安全。

巡逻管理技术在现代警务工作中发挥了重要作用,通过GIS技术、电子巡更系统、大数据分析、移动通信与调度系统、视频监控系统等多种技术手段,提升了警务工作的效率和现代化水平。在上海、伦敦、新加坡等城市,巡逻管理技术的成功应用不仅有效提升了治安防控水平,还增强了公众的安全感,推动了警务信息化建设的发展。

3.14.4 移动警务与巡逻管理的集成与协同

移动警务与巡逻管理的集成与协同是现代警务工作的核心,它通过技术手段和管理机制的整合,构建高效、智能、灵活的治安防控体系。集成与协同的主要目标是实现信息共享、资源优化、决策支持和快速响应,从而提升警务工作的整体效能。

3.14.4.1 技术集成

1. 数据共享与互联互通

数据共享与互联互通是集成与协同的基础。其通过建立统一的数据平台,将移动警务系统和巡逻管理系统的数据进行整合,实现实时数据交换和信息共享。这样,巡逻人员可以通过移动终端设备实时获取案件数据、嫌疑人信息、视频监控画面等关键信息,从而提高巡逻工作的精准性和实时性。

例如,警务系统可以实时更新犯罪热点地区的地理信息和犯罪数据,巡逻人员在接到指令后,可以通过移动设备立即查看相关信息,迅速到达事发地点并进行处置。

2. GIS与大数据的融合应用

GIS与大数据分析技术的融合是实现智能巡逻和动态决策的重要手段。通过将巡逻管理系统的数据与GIS系统相结合,可以实现巡逻路线的智能规划和动态调整。

大数据分析技术可以从海量的历史案件数据和实时监控数据中提取有价值的信息,预测犯罪高发时段和区域,为巡逻任务的科学规划提供依据。GIS技术则可以直观地展示这些分析结果,帮助指挥中心和巡逻人员快速了解治安形势,优化巡逻路线和警力配置。

3. 移动通信与调度系统的无缝对接

移动通信技术确保了巡逻人员与指挥中心之间的实时通信和信息交换。通过将移动通信系统与调度系统无缝对接,指挥中心可以实时掌握巡逻人员的位置和状态,及时发布指令,协调各警力单位的行动,提高应急响应速度和处理效率。

巡逻人员通过移动终端设备,可以实时接收指挥中心的指令和最新的治安信息,及时调整巡逻任务和路线,提高巡逻工作的灵活性和应变能力。

4. 视频监控与移动警务的深度集成

视频监控系统与移动警务系统的深度集成,可以实现实时监控与巡逻任务的协同工作。监控中心通过视频监控系统实时掌握巡逻区域的情况,发现异常情况时立即通知附近巡逻人员前往处置。

巡逻人员也可以通过移动终端设备查看监控画面,快速了解现场情况,提高处置效率和准确性。视频监控系统还可以记录巡逻人员的行动轨迹,为后续的事件分析和案件侦破提供依据。

3.14.4.2 管理机制的协同

1. 指挥调度一体化

指挥调度一体化是实现移动警务与巡逻管理协同的关键,通过建立统一的指挥调度中心,整合移动警务与巡逻管理系统的功能,实现指挥调度的一体化运作。

指挥中心可以根据实时数据,统筹安排警力资源,协调各警力单位的行动,确保巡逻任务的有效执行。统一的指挥调度机制可以提高应急响应的速度和效率,增强警务工作的整体协同性。

2. 巡逻任务的动态调整

巡逻任务的动态调整机制可以根据实时数据分析,及时调整巡逻路线和任务。系统可以根据犯罪数据的变化、紧急事件的发生以及治安形势的变化,自动调整巡逻路线和任务,确保巡逻工作的针对性和有效性。

例如,当某一区域发生突发事件时,系统可以自动调度附近的巡逻人员前往处置,并根据事件的严重程度,增派警力支援,确保事件得到及时有效的处理。

3. 跨部门协作机制

移动警务与巡逻管理的协同还需要跨部门的协作机制。跨部门协作机制的建立,可以实现各部门之间的信息共享和资源整合,形成合力,提高公共安全事件的综合应对能力。

例如,在处理重大公共安全事件时,公安部门需要与交通管理、消防、医疗等部门密切合作,通过移动警务系统可实现信息共享和协同作战,提高应急响应的综合能力和效率。

4. 信息反馈与评估机制

信息反馈与评估机制可以对巡逻任务的执行情况进行实时监控和评估,主要通过建立信息反馈系统,巡逻人员可以实时上报巡逻情况和发现的问题,指挥中心可以根据反馈信息,及时调整巡逻任务和策略,确保巡逻工作的针对性和有效性。

评估机制可以对巡逻任务的执行效果进行分析和评估,发现巡逻工作的不足之处,提出改进建议,推动巡逻管理的持续优化。例如,通过分析巡逻数据和事件处理情况,可以发现某些区域的巡逻覆盖率不足,系统建议增加该区域的巡逻任务;或者通过对巡逻数据的趋势分析,发现某些时间段的犯罪率较高,系统建议在该时段内增加巡逻警力。

移动警务与巡逻管理的集成与协同是现代警务工作的核心,通过技术手段和管理机制的整合,实现信息共享、资源优化、决策支持和快速响应,提升警务工作的整体效能。

3.14.5 移动警务与巡逻管理的未来发展趋势

随着科技的飞速发展和社会治安需求的不断变化,移动警务与巡逻管理在未来将面临新的机遇和挑战。通过新兴技术的应用和管理机制的创新,移动警务与巡逻管理将朝着更加智能化、精准化和高效化的方向发展。下面将探讨移动警务与巡逻管理的未来发展趋势,分析其潜在的技术路径和应用前景。

3.14.5.1 人工智能与大数据分析

1. 犯罪预测与预防

人工智能和大数据分析技术在犯罪预测与预防中将发挥关键作用。通过对历史犯罪数据、社会经济数据和实时监控数据的综合分析,AI可以预测潜在的犯罪热点和高危人群,从而指导警力部署和巡逻路线优化。例如,纽约警察局已开始使用AI和大数据分析来预测犯罪趋势,提高警务工作的预见性和主动性[97]。

2. 智能决策支持

AI技术可以提供智能决策支持,帮助指挥中心在复杂情况下快速做出最优决策。通过机器学习算法分析海量数据,AI可以提供实时的情报分析、风险评估和决策建议。例如,在突发公共安全事件中,AI系统可以快速整合各类信息,提供应急响应方案,提高处置效率和效果。

3.14.5.2 物联网与智能设备

1. 智能巡逻装备

未来的巡逻人员将配备各种智能巡逻装备,如智能头盔、可穿戴设备、无人机等。这些设备可以实时采集和传输数据,提高巡逻工作的全面性和实时性。例如,无人机可以在广阔区域内进行高效巡逻,发现异常情况时立即通知巡逻人员前往处置。

2. 物联网平台

物联网技术的发展将推动移动警务与巡逻管理向智能化方向迈进。通过建立物联网平台,各类警务设备和传感器可以实现互联互通,实时采集和传输数据,提高信息的透明度和共享效率。例如,城市中的摄像头、传感器和智能灯杆等都可以通过物联网平台进行集成,实现全面的治安监控和管理。

3.14.5.3 5G通信与实时数据传输

1. 高速通信与实时传输

5G技术的应用将极大提升移动警务与巡逻管理的通信能力和数据传输速度。通过5G网络,巡逻人员可以实现高清视频传输、实时数据交互和远程指挥调度,提高巡逻工作的响应速度和协同效率。例如,巡逻人员可以通过5G网络实时传输现场视频,指挥中心可以远程查看并指导巡逻人员的行动[98]。

2. 增强现实(AR)与虚拟现实(VR)

5G技术还将促进增强现实(AR)和虚拟现实(VR)技术在警务工作中的应用。通过AR和VR技术,巡逻人员可以在实地工作时获取虚拟信息的增强支持,例如实时地图、嫌疑人信息和现场情报等,提高巡逻工作的效率和效果。

3.14.5.4 云计算与边缘计算

1. 云计算平台

云计算技术将为移动警务与巡逻管理提供强大的计算能力和数据处理能力。通过云计算平台,可以实现海量警务数据的存储、管理和分析,提供实时决策支持和智能化应用。例如,云计算平台可以集成各种警务系统的数据,进行综合分析和处理,为巡逻任务的优化提供科学依据[99]。

2. 边缘计算

边缘计算技术将进一步提升移动警务与巡逻管理的实时性和响应能力。通过将计算能力下沉到网络边缘,可以实现数据的本地处理和快速响应,减少数据传输的延迟,提高巡逻工作的实时性和灵活性。例如,边缘计算可以在巡逻车辆和智能设备上部署,实现实时的数据处理和决策支持。

3.14.5.5 数据安全与隐私保护

1. 数据加密与安全传输

随着移动警务与巡逻管理系统的数据量和复杂度不断增加,数据安全和隐私保护将变得愈发重要。未来的发展趋势之一是通过数据加密和安全传输技术,确保敏感信息的安全性和保密性。例如,采用高级加密标准(AES)和量子加密技术,可以有效防止数据泄露和黑客攻击。

2. 隐私保护机制

在大数据和 AI 广泛应用的背景下,隐私保护机制的建立和完善将是未来发展的重点。通过制定严格的隐私保护政策和技术措施,可以确保公民的个人信息不被滥用。例如,采用数据匿名化技术和差分隐私技术,可以在保障数据分析和应用效果的同时,保护个人隐私。

3.14.5.6 跨部门协作与国际合作

1. 跨部门协作机制

未来,移动警务与巡逻管理的集成与协同将更加注重跨部门的协作机制。通过建立多部门的协作平台和机制,实现公安、交通、消防、医疗等部门的信息共享和资源整合,提高应急响应的综合能力和效率。例如,在处理重大公共安全事件时,各部门可以通过协作平台实时共享信息,协同作战,提高整体的应对能力。

2. 国际合作与经验共享

在全球化背景下,国际合作与经验共享将成为推动移动警务与巡逻管理发展的重要途径。通过与其他国家和地区的警务部门开展合作,交流经验和技术,可以共同应对全球化带来的治安挑战。例如,国际刑警组织(Interpol)和欧洲刑警组织(Europol)等国际机构,可以在数据共享、技术研发和联合行动等方面提供平台和支持。

移动警务与巡逻管理的未来发展趋势主要集中在技术的创新应用和管理机制的优化。人工智能、大数据、物联网、5G、云计算等新兴技术将为警务工作提供强大的技术支撑,提高警务工作的智能化、精准化和高效化。同时,数据安全、隐私保护、跨部门协作和国际合作等方面的机制建设,将为移动警务与巡逻管理的发展提供坚实的保障。通过不断的技术创新和机制优化,移动警务与巡逻管理将在未来的治安防控中发挥更加重要的作用,为社会的长治久安提供有力支持。

3.15 网络安全与数据保护

3.15.1 网络安全概述

随着信息技术的迅猛发展,互联网已经成为人们工作、学习和娱乐的重要平台。但由于互联网的开放性、自身的脆弱性、攻击的普遍性、管理的困难性,与其便利性相伴而来的是互联网安全威胁的不断增加。

1. 互联网的开放性

互联网是一个开放的网络,TCP/IP是通用的协议,各种硬件和软件平台的计算机系统可以通过各种媒体接入进来,如果不加限制,世界各地均可以访问。于是各种安全威胁可以不受地理限制、不受平台约束,迅速通过互联网影响到世界的每一个角落。

2. 互联网的脆弱性

互联网的脆弱性体现在设计、实现、维护的各个环节。设计阶段,互联网只用于少数用户群体,因此设计时没有充分考虑安全威胁,互联网和所连接的计算机系统在实现阶段也留下了大量的安全漏洞。实现阶段,软件中的错误数量和软件的规模成正比,由于网络和相关软件越来越复杂,其中所包含的安全漏洞也越来越多。维护阶段,尽管系统提供了某些安全机制,但是由于管理员或者用户的技术水平限制、维护管理工作量大等因素,这些安全机制并没有发挥有效作用。

3. 网络攻击的普遍性

随着互联网的发展,攻击互联网的手段也越来越简单、越来越普遍。目前攻击工具的功能却越来越强,而对攻击者的知识水平要求却越来越低,因此攻击者也更为普遍。

4. 管理的困难性

受互联网发展迅速、人员流动频繁、技术更新快等因素的影响,安全管理也非常复杂,经常出现人力投入不足、安全政策不明等现象。

网络时代没有互联网的安全,所谓的企业安全也无从谈起,网络安全此时就显得尤为重要[100]。

在数字时代,网络安全是指在计算机网络环境中保护计算机系统、网络设备、数据和通信不受未经授权的访问、损坏、窃取或破坏的一系列技术、措施和策略。它涵盖了保密性、完整性、可用性、身份认证与访问控制、漏洞管理与安全补丁、入侵检测与防御以及安全教育与培训等方面,以维护网络的安全性和稳定性。旨在保护网络用户、组织和信息资产的安全,并保护用户的隐私和敏感信息不被侵犯[101]。以下分别介绍网络安全几个关键方面。

1. 保密性(Confidentiality)

保密性是指确保信息只能被授权的用户访问和阅读。它涉及加密技术和访问控制措施,以防止未经授权的用户获取敏感信息。

2. 完整性(Integrity)

完整性是指确保数据和系统在传输和存储过程中不被篡改、损坏或修改。它涉及数据完整性检查、数字签名和校验和安全的数据传输协议。

3. 可用性(Availability)

可用性是指网络和系统保持正常运行,对合法用户提供服务和资源的能力。它涉及防止拒绝服务(DoS)攻击、灾难恢复计划和冗余系统设计。

4. 身份认证与访问控制(Authentication and Access Control)

身份认证是确定用户身份的过程,访问控制是基于用户身份对资源进行授权管理。这涉及使用用户名和密码、双因素认证、智能卡等技术来验证用户身份,并实施基于角色或权限的访问控制策略。

5. 漏洞管理与安全补丁(Vulnerability Management and Patching)

漏洞管理涉及识别和评估系统和应用程序中的安全漏洞,安全补丁是修复这些漏洞的更新程序。

定期更新和修补系统是保持网络安全的重要措施。

6. 入侵检测与防御(Intrusion Detection and Prevention)

入侵检测系统(IDS)和入侵防御系统(IPS)用于检测和阻止网络中的恶意活动和攻击。它们通过监控网络流量、分析异常行为和实施自动响应策略来提供实时保护。

7. 安全教育与培训(Security Education and Training)

安全教育和培训是提高用户和员工对网络安全的认识和意识的过程。它包括教授安全最佳实践、安全政策和风险防范措施,以减少人为因素引起的安全漏洞。

因此网络安全是一系列技术、措施和策略的综合应用,旨在保护计算机网络和系统免受未经授权的访问、攻击和损害。

3.15.2 网络安全技术架构

网络安全架构概述:在当今数字化和全球化的时代,网络安全已成为组织和国家面临的重大挑战。随着网络攻击日益频繁和复杂,保护网络基础设施的安全性和完整性至关重要。网络安全架构应运而生,它不仅是对现有安全技术的整合,也是对网络安全的系统性思考与实践。

网络安全架构的核心在于建立一套全面的、系统的防御机制,通过整合多种安全技术手段,保障网络系统的可用性、完整性和机密性。传统的安全策略通常是被动和单一的,往往依赖于事后反应。而现代网络安全架构则倡导一种主动防御的思维方式,通过多层次的防护体系,将威胁扼杀在萌芽状态,从而最大限度地减少潜在的安全风险[102]。如图3-62所示为网络安全技术架构的主要机制。

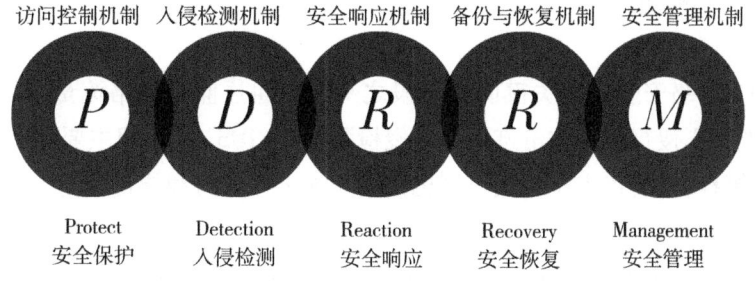

图3-62 网络安全技术架构的主要机制

3.15.2.1 访问控制机制

1. 概述

访问控制机制是网络安全的基础之一。它的核心目标是确保只有经过授权的用户或实体能够访问特定的资源或执行特定的操作。访问控制机制不仅仅涉及简单的登录验证,还包括复杂的权限管理和访问控制策略的制定与实施。

2. 身份认证

身份认证是访问控制机制的第一道防线。它的主要目的是验证用户或实体的身份,以确保他们确实是他们声称的身份。常见的身份认证方法包括用户名和密码、生物识别(如指纹、面部识别)、智能卡、数字证书等。

(1)用户名和密码:这是最传统和广泛使用的身份认证方式。然而,随着密码破解技术的不断发展,单纯依赖用户名和密码的认证方式已逐渐暴露出安全隐患。为了增强安全性,越来越多的系统引入了多因素认证(MFA),即除了用户名和密码外,还需要其他认证因素(如手机验证码、生物识别)来完成身份验证。

(2)生物识别:生物识别技术依赖于人体的生理特征(如指纹、虹膜、面部特征)或行为特征(如声音、书写方式)来进行身份验证。生物识别技术具有较高的安全性,因为这些特征难以伪造或复制。然而,它也面临着隐私保护和技术误差的挑战。

(3)数字证书:数字证书是一种基于公钥基础设施(PKI)的认证方式。它通过加密技术确保用户身份的真实性和数据传输的安全性。在电子商务、网上银行等领域,数字证书得到了广泛应用。

3.授权与权限管理

在身份认证完成后,授权和权限管理机制负责决定用户可以访问的资源和可以执行的操作。授权机制依据用户的身份、角色或其他属性,决定其能够执行的操作。

4.访问控制的挑战与趋势

随着云计算、大数据、物联网等新兴技术的发展,传统的访问控制机制面临着新的挑战。如今的网络环境更加复杂,用户的身份和行为更加多样化,访问控制机制需要更强的灵活性和适应性。

(1)零信任模型:传统的访问控制机制假定内部网络是可信的,只需在边界进行访问控制。然而,随着攻击者越来越多地利用内部网络的漏洞,零信任模型逐渐兴起。零信任模型主张"不信任任何人,无论是内部还是外部",所有的访问请求都需要经过严格的验证和授权。

(2)动态访问控制:动态访问控制不仅基于静态的身份和角色,还考虑了上下文信息(如位置、设备、行为模式等)来动态调整权限。随着人工智能和机器学习技术的发展,动态访问控制可以更加智能化和自动化,为网络安全提供更强有力的保障。

3.15.2.2 入侵检测机制

1.概述

入侵检测机制是网络安全中的关键防御手段之一。它通过监视网络流量、系统日志、事件记录等,识别和检测可能的入侵行为和攻击迹象。入侵检测系统(IDS)在早期主要用于检测已知的攻击,但随着攻击手段的多样化,现代入侵检测机制也开始关注未知威胁和异常行为。

2.基于签名的入侵检测

基于签名的入侵检测系统(Signature-Based IDS,SBIDS)是最早期的入侵检测方法之一。它通过匹配网络流量或系统行为与已知攻击特征库中的签名来识别入侵行为。这种方法的优点在于其高效性和准确性,能够快速检测到已知的攻击。然而,SBIDS的局限性在于无法检测到新型或变种攻击,因为这些攻击不在签名库中。

3.基于行为的入侵检测

基于行为的入侵检测系统(Behavior-Based IDS,BBIDS)则依赖于对正常网络行为的基线分析。一旦系统检测到与基线偏离的异常行为,就会触发警报。这种方法的优势在于能够识别未知攻击和零日攻击,因为它不依赖于已知签名。然而,BBIDS也容易产生误报,特别是在网络环境复杂、正常行为难以建模的情况下。

4.基于统计的入侵检测

基于统计的入侵检测系统(Statistical-Based IDS,SBIDS)通过建立网络或系统的正常行为模型,使用统计方法来检测异常。这种方法与基于行为的检测类似,但更注重数据的数学分析和模型的精确度。它在处理大量数据时具有较高的效率,但同样面临误报率和模型更新的挑战。

5.结合方法的入侵检测

随着入侵检测技术的不断发展,单一方法的局限性逐渐显现。为此,现代入侵检测系统往往采用多种方法的结合来提高检测的准确性和覆盖面。例如,基于签名和基于行为的方法可以结合使用,既利用签名快速检测已知威胁,又通过行为分析识别未知攻击。此外,随着人工智能和机器学习技术的发展,智能入侵检测系统开始引入深度学习、神经网络等先进技术,对海量数据进行自动化分析和威胁预测。

6. 入侵检测系统的部署与管理

入侵检测系统的有效性不仅依赖于技术本身,还取决于其部署与管理。部署时需要考虑网络拓扑、流量模式、性能要求等因素,选择合适的检测点和部署方式。此外,入侵检测系统的维护和更新也是一个持续的过程。随着新型攻击的出现,签名库需要不断更新,行为模型需要不断调整,以保持检测系统的有效性。

3.15.2.3 安全响应机制

1. 概述

安全响应机制是网络安全架构中的关键组成部分。当入侵检测系统或其他安全工具发现安全事件或攻击迹象时,安全响应机制负责采取适当的措施,以最大限度地减轻损失并恢复系统正常运行。一个高效的安全响应机制不仅包括技术手段,还需要一整套完善的应急响应计划和流程。

2. 应急响应计划

应急响应计划(Incident Response Plan, IRP)是组织应对网络安全事件的基本框架。一个完善的应急响应计划应包括以下几个方面。

(1)准备阶段:包括人员培训、工具准备、模拟演练等,确保在安全事件发生时,团队能够迅速行动。

(2)识别阶段:通过监控系统、入侵检测系统等工具,及时发现并确认安全事件。

(3)遏制阶段:采取措施限制安全事件的影响范围,例如隔离受感染的系统、阻断恶意流量等。

(4)根除阶段:查找并清除安全事件的根本原因,修复系统漏洞,消除恶意软件。

(5)恢复阶段:恢复受影响的系统和服务,确保它们的正常运行。

(6)事后分析阶段:对事件进行总结和分析,评估应对措施的有效性,并更新紧急响应计划以提高未来的应对能力。

3. 安全事件调查与分析

在安全事件发生后,调查与分析是确定事件原因、评估损失、追踪攻击者的重要步骤。安全事件调查通常涉及多学科的知识,包括计算机取证、网络分析、恶意软件分析等。通过对日志、网络流量、系统快照等数据的分析,安全团队能够重建攻击路径,识别攻击者使用的技术手段,并采取措施防止类似攻击再次发生。

4. 沟通与报告

在安全事件发生过程中,内部与外部的沟通与报告同样至关重要。对于内部沟通,确保各部门之间的信息流畅是有效应对的关键。例如,IT部门、法律部门、公共关系部门应及时协同,以便在第一时间采取统一的行动。对于外部沟通,包括向受影响的客户、合作伙伴、监管机构进行报告,确保事件透明和合法合规。

5. 修复与改进

安全事件的发生往往暴露了系统中的某些薄弱环节或管理上的漏洞。事件结束后,对这些薄弱环节进行修复与改进是至关重要的。这不仅包括修复受损的系统和数据,还应包括对组织整体安全策略的反思和改进。例如,通过事件后分析发现的管理漏洞可以促使组织重新评估和调整安全政策、增加资源投入或强化培训。

6. 安全响应的自动化与智能化

随着网络攻击的频率和复杂度增加,传统的人工响应方式在应对大量安全事件时显得力不从心。因此,自动化和智能化的安全响应工具逐渐成为主流。这些工具通过自动化脚本、人工智能技术等手段,能够在短时间内识别、分析并响应安全事件,大大提高了响应的速度和准确性。

(1)安全编排、自动化与响应(SOAR):SOAR平台通过自动化脚本、工作流编排等方式,将安全事件的处理流程标准化、自动化。例如,当检测到某个恶意IP时,SOAR系统可以自动生成工单、通知相关人员、执行阻断操作,并记录整个过程供日后审计。

(2)人工智能驱动的响应:人工智能技术,特别是机器学习和深度学习,开始应用于安全响应领域。通过分析大量历史数据,AI系统可以预测攻击者的行为模式,并建议最优的响应策略。这种智能化的响应方式,不仅提高了响应速度,还能有效降低误报率和漏报率。

3.15.2.4 备份与恢复

数据备份与恢复是数据保护技术架构中防止数据丢失或损坏的关键措施。通过定期备份数据,组织可以在发生意外时迅速恢复正常业务运营。

1. 定期备份

定期备份是确保数据在任何意外情况下都可以恢复的基础。企业通常采用全量备份、增量备份或差异备份的方式。全量备份是对所有数据的完整备份,通常在每周或每月进行;增量备份则只备份自上次备份以来更改的数据,节省存储空间;差异备份介于二者之间,仅备份自上次全量备份以来更改的数据。

2. 异地备份

异地备份是指将数据备份到地理位置不同的地方,这种策略在应对自然灾害或重大故障时尤为重要。例如,企业可以将关键数据备份到位于不同城市的灾备中心,以确保即使本地数据中心发生不可逆故障,业务数据仍然可以从异地恢复。

3. 灾难恢复计划

灾难恢复计划(Disaster Recovery Plan,DRP)是应对突发事件的战略计划,确保在重大数据损坏或系统故障发生时,能够迅速恢复业务运作。DRP包括详细的步骤,如数据恢复、系统重新配置、应用程序启动等,并要求定期进行演练和测试,以确保其在真实灾难中能够有效执行。

3.15.2.5 安全管理机制

1. 概述

安全管理机制是网络安全架构的核心,它负责统筹管理和监控网络和系统的整体安全性。安全管理不仅是技术问题,更是管理问题,涉及组织的各个层面。通过制定和执行有效的安全策略,进行全面的风险评估和管理,实施持续的安全培训和教育,组织能够建立起一个稳固的安全管理体系,以应对不断变化的网络威胁。

2. 安全策略制定

制定安全策略是安全管理的首要任务。安全策略是指导组织网络安全活动的基本原则和标准,它不仅规定了安全目标,还明确了各部门和个人在安全管理中的职责和权限。

(1)安全目标设定:安全目标是安全策略的核心。组织应根据业务需求、法律法规、行业标准等,设定切实可行的安全目标。这些目标应包括数据机密性、完整性、可用性,以及业务连续性等方面的要求。

(2)安全责任划分:安全策略应明确规定各部门和个人的安全责任。安全管理不仅是IT部门的职责,还需要全员参与。通过建立清晰的责任体系,组织能够确保每个人都意识到自己的安全职责,并采取必要的措施来保护组织的网络和系统。

(3)安全标准与规范:安全策略应包括一系列的标准和规范,指导组织的安全实践。例如,密码管理规范、访问控制标准、数据保护要求等,都是安全策略中的重要组成部分。

3. 风险评估与管理

风险评估与管理是安全管理机制中的关键环节。通过识别、评估和管理网络安全风险,组织能够有效预防潜在威胁,减少安全事件的发生概率。

(1)风险识别:风险识别是风险管理的第一步。组织应全面分析其网络环境,识别可能存在的安全风险。这些风险可能来自于内部系统漏洞、外部威胁、第三方供应商等多个方面。

(2)风险评估:在识别出潜在风险后,组织需要对这些风险进行评估,确定其可能造成的影响和发生的概率。风险评估通常采用定量和定性相结合的方法,通过分析风险的可能性和潜在影响,得出风险等级。

(3)风险应对:风险应对策略包括风险规避、风险缓解、风险转移和风险接受。根据风险评估的结果,组织应制定相应的应对措施,降低高风险事件的发生概率和影响。

(4)持续监控与更新:风险管理是一个持续的过程。随着网络环境的变化和新型威胁的出现,组织应不断更新风险评估结果和应对策略,确保其安全管理体系的有效性。

4. 安全培训与教育

安全培训与教育是提高全员安全意识和技能的有效手段。在一个组织中,无论是高级管理层还是普通员工,都需要具备基本的网络安全知识和应对能力。

(1)安全意识培训:安全意识培训旨在提高员工对网络安全的认知,增强其防范意识。培训内容应包括常见的网络攻击手段(如网络钓鱼、社会工程学攻击)、安全操作规范、应急处理流程等。

(2)技术培训:技术培训针对IT人员和安全专家,旨在提高其专业技能和技术水平。培训内容包括安全配置、漏洞修补、入侵检测、事件响应等方面的知识和实践。

(3)模拟演练:模拟演练是检验安全培训效果的重要方式。通过定期进行模拟网络攻击、应急响应演练等,组织能够评估员工的实际应对能力,并在实践中发现和弥补安全管理中的不足。

(4)持续教育:网络安全技术和威胁形势不断发展,组织应提供持续的教育机会,帮助员工及时更新知识和技能。例如,组织可以定期邀请外部专家进行专题讲座,或者提供在线学习资源,供员工自学。

5. 安全审计与合规性管理

安全审计与合规性管理是确保组织网络安全实践符合相关法律法规和行业标准的重要手段。通过定期的安全审计,组织能够发现安全管理中的问题和漏洞,及时采取整改措施,确保其安全管理体系的有效性和合规性。

(1)内部审计:内部审计由组织内部的审计团队或安全团队执行。审计内容包括安全策略的执行情况、风险管理的有效性、技术措施的落实情况等。内部审计的结果应形成报告,提交给管理层,作为改进安全管理的依据。

(2)外部审计:外部审计通常由独立的第三方机构进行。外部审计能够提供客观的评估,帮助组织发现内部审计未能识别的问题。外部审计的结果不仅对组织内部具有参考价值,还可能作为向监管机构、客户等展示合规性的重要依据。

(3)合规性管理:合规性管理涉及组织如何遵守相关的法律法规和行业标准。在网络安全领域,常见的合规性要求包括《通用数据保护条例》(GDPR)、《健康保险可携性和责任法案》(HIPAA)、ISO 27001等。组织应建立合规性管理机制,定期检查其安全实践是否符合这些要求,并在发现不合规情况时及时进行整改。

6. 安全文化的建设

安全文化是指组织中普遍存在的安全意识和行为习惯。建设良好的安全文化有助于提高全员的安全参与度,形成全方位的安全防护体系。

(1)领导层的支持与参与:领导层在安全文化建设中起着关键作用。他们的态度和行为对员工的安全意识有着直接影响。因此,组织领导层应以身作则,积极参与安全管理活动,传递对网络安全的重视。

(2)全员参与:安全文化的建设需要全员参与。组织应通过宣传、培训、奖励等方式,鼓励员工主动关注和参与网络安全活动。例如,设立安全奖项,表彰在安全工作中表现突出的个人或团队;通过内部新闻、公告栏等渠道,宣传安全知识和最佳实践。

(3)持续改进:安全文化建设是一个持续的过程。随着时间的推移,组织应不断评估其安全文化建设的效果,发现和解决存在的问题,不断优化和改进安全文化的建设策略。

3.15.2.6 安全技术的发展趋势

1. 人工智能与机器学习的应用

人工智能(AI)(如图3-63所示)和机器学习(ML)技术正在逐渐成为网络安全领域的重要工具。通过分析海量数据,AI和ML能够识别复杂的攻击模式、预测潜在的威胁,并自动化安全响应[103]。

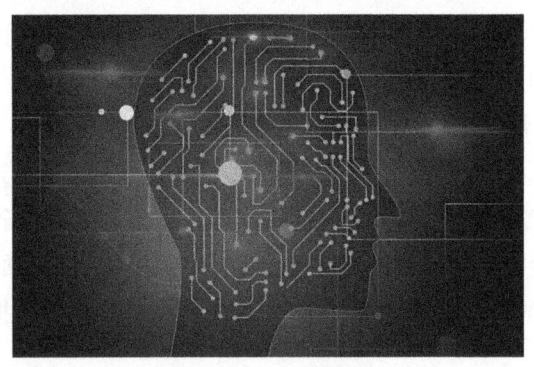

图 3-63 人工智能

(1)威胁检测与预测:AI和ML技术在威胁检测中具有显著优势。它们能够分析网络流量、日志、行为模式等数据,识别出传统检测方法无法发现的异常行为。此外,通过对历史数据的学习,AI系统还能够预测未来可能发生的攻击,为组织提供前瞻性的安全防护措施。

(2)自动化响应:AI驱动的自动化响应系统能够在安全事件发生后快速采取措施,减少人为干预的时间和可能出现的错误。例如,当系统检测到某种异常行为时,AI系统可以自动触发响应流程,隔离受感染的系统、阻断恶意流量,并记录整个过程供日后分析和审计。

(3)深度学习与安全分析:深度学习技术通过多层神经网络,能够处理和分析复杂的安全数据。例如,在恶意软件分析中,深度学习模型能够自动提取和识别恶意软件的特征,为安全专家提供决策支持。

2. 区块链技术的应用

区块链技术以其去中心化、不可篡改的特性,逐渐成为网络安全领域的新兴技术之一。区块链技术在数据保护、身份认证、物联网安全等方面具有广阔的应用前景,具有数据完整性保护、去中心化身份认证、物联网安全的特性。

(1)数据完整性保护:区块链技术通过分布式账本和共识机制,能够确保数据的完整性和不可篡改性。这一特性使得区块链在防止数据篡改、确保数据真实性方面具有显著优势。例如,在供应链管理中,区块链技术可以确保产品流转过程中的每一个环节都被真实记录,防止伪造和篡改。

(2)去中心化身份认证:传统的身份认证系统通常依赖于集中式的认证机构,存在单点故障和数据泄露的风险。而基于区块链的去中心化身份认证系统则通过分布式网络,实现了用户身份数据的自主掌控和安全存储,减少了对集中式认证机构的依赖。

(3)物联网安全:随着物联网设备的广泛应用,其安全问题也日益突出。区块链技术能够为物联网设备提供去中心化的安全机制,通过智能合约和分布式共识,确保设备间通信的安全性和数据的完整性。

3. 量子计算对网络安全的影响

量子计算技术的发展对现有的网络安全机制提出了新的挑战。传统的加密算法,如RSA、ECC等,依赖于大数分解和离散对数问题的计算难度,而量子计算机则能够在短时间内破解这些算法。因此,随着量子计算技术的成熟,现有的加密机制可能面临失效的风险,研究人员也在开发研究不同的加密机制。

(1)后量子加密:为了应对量子计算的威胁,研究人员正在开发后量子加密算法。这些算法基于量子计算机难以解决的数学问题,如格理论、编码理论等,旨在在量子计算机时代仍能提供安全保障。

(2)量子密钥分发(QKD):量子密钥分发技术利用量子力学的基本原理,实现了信息传输过程中的无条件安全性。通过QKD技术,通信双方可以生成和共享无法被窃听或破解的加密密钥,确保通信的绝对安全。

4. 零信任安全模型的普及

零信任(Zero Trust)是一种新的网络安全理念,旨在应对传统边界安全模型在面对内部威胁和复杂网络环境时的不足。零信任模型强调不再盲目信任任何内部或外部的用户和设备,而是对每一次访问请求进行严格验证。

(1)微分段与动态访问控制:零信任模型通过将网络划分为多个微分段,并对每个分段设置严格的访问控制策略,实现了对网络内部细粒度的安全管理。这种方式能够有效防止攻击者在网络内部的横向移动。

(2)身份与访问管理(IAM):在零信任模型中,身份验证和访问管理(IAM)是核心环节。IAM系统通过多因素认证、单点登录、动态授权等技术手段,确保只有经过验证的用户和设备才能访问特定的资源。

(3)持续监控与信任评估:零信任模型要求对所有用户和设备的行为进行持续监控,并根据其行为动态调整信任级别。例如,当系统检测到某个设备的异常行为时,可以立即降低其信任级别,并限制其访问权限,防止潜在的安全威胁。

5. 物联网与5G网络安全

物联网(IoT)和5G网络的快速发展,为网络安全带来了新的挑战和机遇。物联网设备的广泛部署和5G网络的高速连接,使得网络攻击的潜在目标和攻击面大幅增加[104]。

(1)物联网设备的安全管理:物联网设备通常具有计算资源有限、软件更新困难等特点,容易成为网络攻击的目标。为了提高物联网设备的安全性,组织应实施设备认证、固件更新、访问控制等安全措施,并加强对物联网网络的监控。如图3-64所示为物联网示意图。

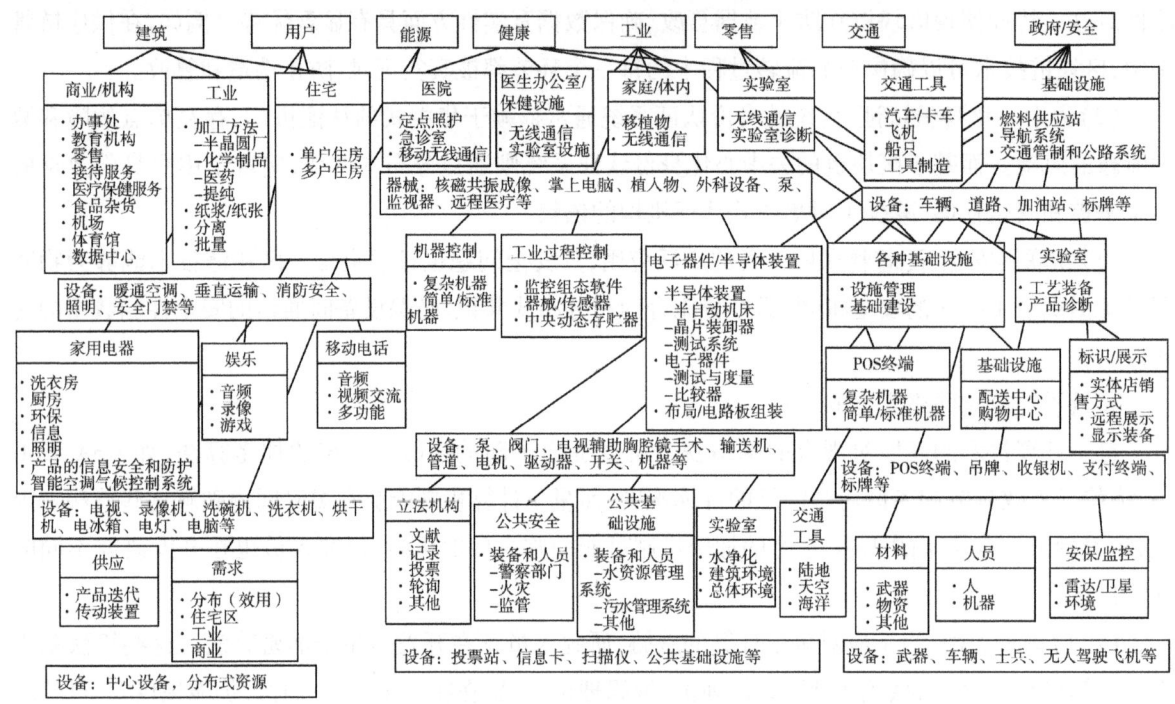

图 3-64　物联网示意图

(2)5G网络的安全性:5G网络的高带宽、低延迟特性为网络安全防护提出了更高的要求。组织应在5G网络中引入新的安全机制,如网络切片安全、多接入边缘计算(MEC)安全等,确保在高速连接环境下的数据传输安全。

(3)分布式安全架构:物联网与5G网络的结合使得网络边缘设备的数量和复杂性大幅增加。传统的集中式安全架构难以应对这种分布式环境,因此,分布式安全架构逐渐成为物联网与5G网络安全的主流选择。

6. 网络安全的未来趋势展望

随着数字化进程的加速,网络安全的未来发展将更加依赖于新技术的应用和安全理念的创新。未来的网络安全可能呈现以下趋势。

(1)自动化与智能化:自动化和智能化技术将在网络安全领域发挥越来越重要的作用。通过AI和ML技术,组织能够实现对海量安全数据的实时分析,自动识别和响应安全威胁,减少人为干预和错误。

(2)隐私保护与数据安全:随着隐私保护法规的日益严格,数据安全和隐私保护将成为网络安全的重点领域。组织应采取强有力的数据保护措施,如数据加密、匿名化处理、隐私计算等,确保用户数据的安全和合规性。

(3)跨界合作与共享安全信息:网络安全是一个全球性的问题,未来的安全防护将更加依赖于跨国界、跨行业的合作。通过共享威胁情报、合作制定安全标准,全球范围内的组织能够更好地应对日益复杂的网络威胁。

(4)增强型安全体验:未来的网络安全技术将更加注重用户体验,通过无缝集成的安全机制和个性化的安全服务,为用户提供更强的安全感和更好的使用体验。例如,通过生物识别技术,用户可以在不牺牲安全性的前提下,享受到更加便捷的身份验证服务。

3.15.3 数据保护概述

数据保护是指通过一系列技术和策略,确保数据的机密性、完整性和可用性,以防止数据丢失、损坏、未经授权访问或泄露。数据保护的目标是保护数据免受各种威胁和攻击,确保在数据处理、传输和存储过程中的安全[105]。如图3-65所示为数据保护技术示意图。

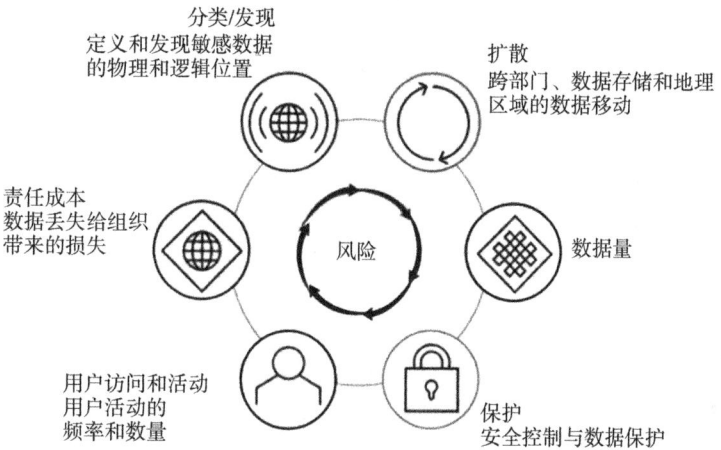

图3-65　数据保护技术示意图

这幅图展示了数据保护的流程。分别包括:分类/发现:定义和发现敏感数据的物理和逻辑位置;扩散:数据在跨部门、存储和处理区域的流动;数据量:需要管理的总数据量;保护:数据的安全控制与保护措施;用户访问和活动:监控用户对数据的访问和使用情况;以及责任成本:数据丢失给组织带来的损失。每个要素都对数据安全和风险控制起到关键作用。

3.15.3.1 数据保护的重要性

在数字化时代,数据已成为组织和个人最有价值的资产之一。无论是企业的商业机密、客户的个人信息,还是政府的敏感数据,都需要得到充分的保护。数据泄露或损坏可能导致严重的经济损失、法律责任、声誉受损,甚至影响到国家安全。因此,数据保护是信息安全的核心内容之一。

3.15.3.2 数据保护的基本原则

数据保护遵循以下基本原则。

(1)机密性:确保数据只能被授权的人员或系统访问和使用,防止未经授权的访问和泄露。

(2)完整性:确保数据的准确性和完整性,防止未经授权的篡改、删除或破坏。

(3)可用性:确保数据在需要时能够被及时访问和使用,防止因系统故障或其他原因导致的数据不可用。

(4)透明性:处理和保护数据的过程中,应当透明地向数据主体告知如何处理他们的数据,包括数据的收集、存储、使用和共享。

(5)最小化:数据收集和处理的范围应限制在实现特定目的所需的最小范围内,避免过度收集和处理数据。

(6)数据主体权利:应尊重和保护数据主体的权利,如访问、更正、删除和限制处理其个人数据的权利。

3.15.3.3 数据保护的主要技术和策略

1. 数据加密

加密是保护数据的一种关键技术。通过将明文数据转化为密文,确保只有持有正确解密密钥的授权用户才能读取数据。加密技术广泛应用于数据存储和传输过程中,以防止数据在传输过程中的窃取或在存储设备被盗时的泄露。

2. 访问控制

访问控制是一种限制对数据的访问权限的机制。通过身份验证、权限分配和角色管理,确保只有授权的人员才能访问、修改或删除数据。访问控制策略通常包括基于角色的访问控制(RBAC)和基于属性的访问控制(ABAC)等模式。

3. 数据备份与恢复

数据备份是将数据的副本存储在不同的位置,以防止数据丢失。备份策略包括定期备份、增量备份和全量备份等方式。数据恢复则是在数据丢失或损坏时,能够快速恢复数据,确保业务的连续性。

4. 数据遮蔽与匿名化

数据遮蔽(Data Masking)和数据匿名化是保护敏感数据的有效方法。数据遮蔽通过修改数据的特定部分,使其在使用过程中不可识别或不可追踪。而数据匿名化则是通过删除或替换可识别信息,使数据无法与特定个人关联,从而保护数据隐私。

5. 数据生命周期管理

数据生命周期管理(DLM)是指对数据从创建、使用到销毁整个生命周期进行管理,以确保在每个阶段的数据都得到适当的保护。这包括数据分类、存储策略、访问控制、备份与恢复,以及数据销毁等环节。

3.15.3.4 数据保护的法律和合规性要求

全球各国对数据保护的法律和法规要求日益严格。典型的法规包括《通用数据保护条例》(GDPR)、《加州消费者隐私法案》(CCPA)等。这些法规对数据收集、处理和保护提出了明确的要求,并规定了数据泄露时的报告义务和处罚措施。组织需要遵守这些法规,确保其数据处理活动的合法性和合规性。

3.15.3.5 数据保护的挑战和未来发展

随着技术的不断发展,数据保护面临的挑战也在增加。大数据、云计算、物联网等新兴技术的广泛应用,使得数据保护的复杂性和难度加大。未来,随着量子计算、人工智能等技术的进一步发展,传统的数据保护机制可能面临更大的挑战,迫切需要创新的技术和策略来应对新的威胁。

总之,数据保护是信息安全的重要组成部分。随着数字化进程的加快,数据保护的重要性愈发凸显。通过不断完善技术手段和管理措施,遵循相关法律法规,组织和个人能够有效应对数据保护的挑战,确保数据的安全性和隐私性。

3.15.4 数据保护技术架构

数据保护技术架构是一套全面的、系统化的框架,旨在确保数据在整个生命周期中的安全性、完整性和可用性。随着数字化转型的深入,数据已成为组织和个人最重要的资产之一。因此,构建和实施有效的数据保护技术架构对于防止数据泄露、损坏或未经授权的访问至关重要。该架构涵盖了从数据的分类与分级、加密、访问控制到备份恢复、数据遮蔽、匿名化、数据审计、监控、安全删除等多个环节。

3.15.4.1 数据分类与分级

数据分类与分级是数据保护技术架构的基础。通过对数据进行分类和分级,组织能够识别敏感数据并制定相应的保护措施。数据分类涉及将数据分为不同类别,如个人信息、财务数据、知识产权、客户信息等。数据分级则根据数据的重要性和敏感性将其划分为不同的安全级别,例如机密数据、内部使用数据、公开数据等。

1. 数据分类的重要性

对数据进行合理的分类有助于组织理解其数据资产,并根据数据类型采取适当的保护措施。例如,财务数据和客户信息通常被视为高度敏感的数据,要求更严格的保护机制,如加密和访问控制。而公开数据虽然对外部发布,但仍需确保其完整性和准确性,防止篡改。

2. 数据分级的应用场景

数据分级可以帮助组织在资源分配上更加高效。对高度敏感的数据可以采取更高的安全措施,而对较低敏感的数据则可以采用相对宽松的保护策略。例如,一些金融机构对交易数据和客户账户信息进行最高等级的保护,而对一般的内部报告可能采取较低的安全级别。

3.15.4.2 数据加密

数据加密是确保数据在存储和传输过程中免受未经授权访问的核心技术。它将数据从可读的明文转换为不可读的密文,只有持有正确解密密钥的用户或系统才能访问这些数据。如图 3-66 所示为数据保护中对称加密与非对称加密方法。

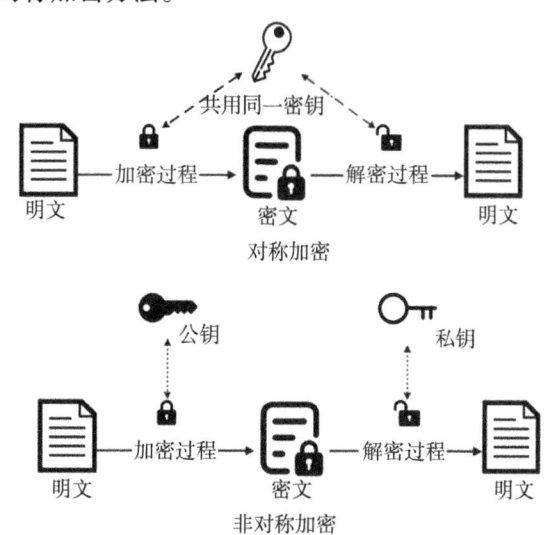

图 3-66 数据保护中对称加密与非对称加密方法

对称加密中,加密和解密使用相同的密钥,发送方和接收方共享同一密钥来加密和解密信息。非对称加密中,使用一对公钥和私钥,公钥用于加密,私钥用于解密,确保只有持有私钥的人才能解密消息。这两种加密方法都用于保护数据的机密性,但非对称加密通常更安全,因为不需要共享私钥。下面列举了其他几种加密方法。

1. 静态数据加密

静态数据加密(Data-at-Rest Encryption)用于保护存储在磁盘、数据库或其他介质上的数据。无论是存储在本地硬盘上的文件,还是数据库中的记录,静态数据加密都能防止物理访问导致的数据泄露。对于企业而言,静态数据加密通常与磁盘加密、文件加密或数据库加密技术相结合,以确保在设备被盗或被黑客入侵时,数据仍然安全。

2. 传输数据加密

传输数据加密(Data-in-Transit Encryption)保护数据在网络上传输时的安全性。通过使用 TLS(传输层安全性)或 SSL(安全套接字层)协议,可以防止数据在传输过程中被拦截或窃取。举例来说,当用户访问银行网站时,浏览器与服务器之间的通信会通过 TLS 加密,确保用户输入的敏感信息(如密码和信用卡号码)不会被中间人攻击窃取。

3. 端到端加密

端到端加密(End-to-End Encryption)确保数据从发送方到接收方的整个传输过程都是加密的,即使在中间节点(如服务器)也无法解密数据。这种加密方式广泛应用于即时通信应用中,如 WhatsApp 和 Signal,确保即使服务器被攻破,攻击者也无法解密用户之间的通信内容。

3.15.4.3 访问控制与身份管理

访问控制与身份管理技术是确保只有经过授权的用户才能访问特定数据资源的关键手段。通过身份验证、权限分配和角色管理,组织可以有效控制谁可以访问哪些数据,以及他们可以对这些数据执行哪些操作。

1. 身份验证

身份验证是访问控制的第一道防线,用于确认用户的身份。常见的身份验证方式包括密码、多因素认证(MFA)、生物识别(如指纹识别、面部识别)等。多因素认证在增强安全性方面尤为有效,它结合了"你知道的"(密码)、"你拥有的"(手机或令牌)和"你是谁的"(生物特征)多个因素,极大地降低了账号被盗的风险。

2. 基于角色的访问控制(RBAC)

基于角色的访问控制(Role-Based Access Control,RBAC)是最常见的访问控制机制之一。在 RBAC 系统中,用户被分配到一个或多个角色,每个角色与特定的权限集相关联。比如,在一个企业的财务系统中,"会计"角色可能具有查看和编辑财务报表的权限,而"审计"角色可能只具有查看权限。通过这种方式,RBAC 能够简化权限管理,减少人为错误,并确保敏感数据的访问仅限于需要的人员。

3. 基于属性的访问控制(ABAC)

基于属性的访问控制(Attribute-Based Access Control,ABAC)进一步提高了访问控制的灵活性。ABAC 不仅考虑用户的角色,还考虑更多的上下文属性,如用户的部门、时间、地点、数据的分类等。举例来说,ABAC 可以允许一个员工在工作时间内从公司网络访问敏感数据,但在非工作时间或从外部网络访问时则被拒绝。

3.15.4.4 备份与恢复机制

1. 概述

在网络安全领域,备份与恢复机制是保护关键数据、确保业务连续性的最后一道防线。当系统遭受恶意攻击、硬件故障、自然灾害等不可预见的事件时,备份与恢复机制能够有效保障数据的完整性和可用性,使组织能够快速恢复正常运营。

2. 备份策略

一个有效的备份策略应根据组织的需求、数据的重要性、恢复时间目标(RTO)和恢复点目标(RPO)等因素进行设计。常见的备份策略包括以下几点。

(1)全量备份:对所有数据进行完整备份。这种方式虽然数据完整性高,但需要较长时间和大量存储空间,通常适用于数据量较小或变化频率较低的场景。

(2)增量备份:只备份自上次备份以来发生变化的数据。增量备份减少了备份时间和存储空间,但在数据恢复时需要依次还原所有增量备份,可能延长恢复时间。

(3)差异备份:与增量备份类似,但只备份自上次全量备份以来发生变化的数据。相比增量备份,差异备份在恢复时更为快速,因为只需还原全量备份和最后一次差异备份。

(4)混合备份策略:结合全量、增量和差异备份,优化备份效率和恢复时间。例如,每周进行一次全量备份,每日进行增量备份,并在每次全量备份后进行差异备份。

3. 备份数据的存储与管理

(1)备份数据的存储与管理是保障其安全性和可用性的关键。根据数据的重要性和恢复要求,备份数据的存储可以采用多种方式:

(2)本地存储:将备份数据存储在本地的服务器或存储设备上。这种方式恢复速度快,适用于短期的数据恢复需求,但面临与原始数据相同的风险,如火灾、硬件故障等。

(3)异地存储:将备份数据存储在异地的设施中,以应对灾难性事件。异地存储可以通过专用的网络连接或物理介质传输实现,确保在本地数据丢失的情况下仍能恢复数据。

(4)云备份:利用云存储服务进行备份。云备份具有弹性、可扩展性和地理冗余等优势,能够降低存储成本并提高数据的可用性。然而,云备份的安全性依赖于服务提供商的安全措施,组织应对其进行评估并选择合适的供应商。

(5)加密存储:为了防止备份数据被未授权访问,备份数据的加密是必不可少的。无论是本地存储、异地存储还是云存储,加密都能为数据提供额外的安全保障。

4. 数据恢复

数据恢复是备份机制的核心目标。有效的数据恢复不仅需要合适的备份策略,还需要定期的恢复测试,以验证备份数据的完整性和恢复流程的可行性。恢复测试应模拟实际的灾难场景,确保在紧急情况下能够迅速恢复关键业务系统。

(1)恢复测试的频率:恢复测试应定期进行,频率取决于业务的关键程度和数据的变化速率。对于关键业务系统,建议至少每季度进行一次恢复测试。

(2)恢复测试的类型:恢复测试可以分为全面恢复测试和部分恢复测试。全面恢复测试包括对整个系统的恢复,而部分恢复测试则针对特定的业务系统或数据集。

(3)灾难恢复计划:数据恢复是灾难恢复计划(Disaster Recovery Plan,DRP)的重要组成部分。

DRP不仅包括数据恢复,还涵盖了IT基础设施、通信系统、办公场所等方面的恢复,确保在灾难发生后,组织能够尽快恢复正常运转。

5. 备份与恢复的挑战与未来发展

随着数据量的爆炸性增长和网络攻击的日益复杂,传统的备份与恢复机制面临着巨大的挑战。未来的发展趋势包括以下几点。

(1)数据去重和压缩技术:数据去重技术通过消除重复数据,能够显著减少备份数据的存储需求,提高备份效率。压缩技术则能够进一步减少存储空间的占用,使得备份成本得以降低。

(2)自动化备份与恢复:自动化技术在备份与恢复中的应用日益广泛。通过自动化工具,组织能够简化备份流程、减少人为错误,并在发生数据丢失或系统故障时快速执行恢复操作。

(3)云原生备份:随着云计算的普及,云原生备份解决方案逐渐成为主流。云原生备份不仅能够充分利用云的弹性和可扩展性,还能与云原生应用无缝集成,提供高效的备份与恢复服务。

(4)多云与混合云备份:多云与混合云环境的复杂性对备份与恢复提出了更高的要求。未来,跨云平台的备份与恢复解决方案将成为趋势,帮助组织在多云环境中实现数据的安全备份和快速恢复。

3.15.4.5　数据遮蔽与匿名化

在使用敏感数据进行开发、测试或数据分析时,数据遮蔽和匿名化技术能够提供必要的保护。

1. 数据遮蔽

数据遮蔽(Data Masking)通过替换或掩盖数据中的敏感信息,使其在开发或测试环境中不可识别。举例来说,银行可以在测试系统中使用虚假的客户账户号码或社会安全号码,而不暴露真实的数据。

2. 数据匿名化

数据匿名化(Data Anonymization)是将数据中的个人身份信息(PII)删除或替换,使其无法与特定个人相关联。这种技术在数据共享和分析中尤为重要,确保在使用数据时不会侵犯个人隐私。例如,在医疗研究中,患者的名字、住址等信息会被删除或模糊化,以便在分析过程中保护患者隐私。

3.15.4.6　数据审计与监控

数据审计与监控是数据保护技术架构中的关键组件,用于跟踪和记录对数据的访问和使用情况,确保数据处理活动的透明性和可控性。

1. 日志记录

日志记录(Logging)是数据审计的重要手段,记录所有对关键数据的访问和操作信息,包括用户身份、访问时间、操作类型等。通过分析日志,组织可以识别出不寻常的行为或潜在的安全威胁,例如未授权的访问尝试或数据泄露。

2. 异常检测

异常检测(Anomaly Detection)通过分析日志和用户行为模式,检测出异常的访问行为。借助机器学习和行为分析技术,系统可以实时监控用户的行为,并在发现异常时触发警报或自动采取防护措施。

3. 审计与合规

定期进行审计,确保数据处理和保护符合相关法律法规和行业标准,如GDPR、HIPAA等。

3.15.4.7 数据销毁与安全删除

在数据不再需要时,安全地销毁或删除数据是防止其被非法恢复或利用的必要步骤。

(1)逻辑删除:从系统中删除数据,使其不可见或不可访问,但在底层存储中仍可能存在。

(2)物理删除:使用专用工具或方法彻底擦除存储介质上的数据,确保无法通过任何技术手段恢复。

(3)介质销毁:对于极其敏感的数据,可以通过销毁存储介质(如磁盘粉碎、焚烧等)来确保数据彻底无法恢复。

3.15.4.8 数据保护自动化与智能化

随着网络环境的复杂化和数据量的爆炸性增长,数据保护架构逐渐向自动化和智能化方向发展。

(1)安全自动化:通过自动化工具和脚本,自动执行数据保护任务,如定期备份、加密、访问控制配置等,减少人为错误并提高效率。

(2)智能化保护:应用机器学习和人工智能技术,自动检测和响应安全威胁,实时分析和优化数据保护策略,提升保护效果。

3.15.4.9 云环境中的数据保护

随着云计算的普及,数据保护技术架构也必须适应云环境的特点。

(1)云加密:在云存储和计算中使用加密技术保护数据,确保数据在云中的安全性。

(2)多租户隔离:在公有云环境中,确保不同租户的数据严格隔离,防止跨租户的数据泄露。

(3)云备份与恢复:利用云服务提供的弹性和冗余特性,实施有效的数据备份与恢复策略,确保业务连续性。

3.15.4.10 数据保护架构的管理与治理

有效的数据保护技术架构需要强有力的管理与治理。

(1)策略制定:制定明确的数据保护政策和标准,涵盖数据分类、加密、访问控制、备份与恢复、数据销毁等各个方面。

(2)培训与意识提升:对员工进行数据保护相关的培训,提高其安全意识和技能,防止人为因素导致的数据泄露。

(3)持续改进:定期评估和更新数据保护技术架构,确保其能够应对新兴的威胁和挑战,保持数据的安全性和合规性。

第4章 区域治安防控平台建设需求分析

需求分析阶段属于平台开发建设前期准备阶段,主要工作是对用户需求进行详细分析,制定需求文档,确定系统功能和特性。

以下分别从政府管理需求、社区治安管控需求、物业管理需求、便民惠民需求、智慧街面巡逻需求等进行阐述。

4.1 政府管理需求

4.1.1 基层治理管理服务

通过运用视频AI技术,与基层传统的社区、商家、物业、业主委员会、城管科、行政执法、市场监管、派出所等多方街域自治相结合的方式,将发现的城市管理问题通过网格化管理手段快速通知到违规主体进行自治整改,实现"人、地、事、物、情、组织"等全要素信息的精细化管理,实现社区安全管控、小区事件与综合治理中心的联动和应用。

4.1.2 消防隐患及时发现

实时、准确地了解社区公共区域的消防水监测系统、电气火灾监测系统、独立式感烟探测系统、可燃气体探测系统、重点部位温度监测系统、消防通道监控系统的情况,实现消防隐患智能感知、自动上报。

4.2 社区治安管控需求

4.2.1 前端页面及功能点清单

前端页面及功能点清单如表4-1所示。

表4-1 前端页面及功能点清单

功能模块	功能点	描述
基础数据管理	实时监控调阅	实现实时监控的调阅
	历史监控调阅	实现历史监控的调阅
基础数据管理	小区综合档案	对小区、房屋、人员、车辆、单位等不同要素进行基于标准地址的数据采集、汇聚及数据展示;实现小区基本情况的统计分析和查询
	小区人员档案	对小区内常住人口和流动人口的管理;与公安人口信息库进行对接,对小区人员档案进行信息补全和完善
	小区车辆档案	对小区车辆信息进行管理;与公安机动车信息库进行对接,对小区车辆档案进行信息补全和完善
	小区房屋档案	对小区房屋档案进行管理,包含房屋属性、户主、住户等要素信息的管理
	小区单位档案	对小区单位档案进行管理,包含单位名称、单位地址等要素信息的管理

(续表)

功能模块	功能点	描述
治安防范	实有人口分析	实有人口分析应符合以下要求： (1) 实现基于小区采集感知数据、人员登记信息及公安业务数据对小区人员的真实情况进行分析； (2) 实现分析结果以小区常住人口、小区流动人口的分类方式入库处理； (3) 实现核实结果反馈至相关系统进行人口信息库的完善补充
	异常研判分析	异常研判分析应符合以下要求： (1) 实现对小区人员、车辆行为规律异常、聚集异常等情况进行分析； (2) 实现对小区内异常事件进行分析预警
	重点对象管控	重点对象管控应符合以下要求： (1) 实现对小区重点人员、车辆等对象进行管理； (2) 实现对高危人员、车辆等进行风险预警
	信息核实反馈	信息核实反馈应符合以下要求： (1) 实现对研判分析的结果进行核实和反馈； (2) 实现基于核实结果补充、更新小区常住人口数据库和小区流动人口数据库
	预警处置	支持对小区内预警信息进行管理和处置
综合查询	综合查询	综合查询应符合以下要求： (1) 实现车辆、人脸等感知数据的查询和展示； (2) 实现多维度关联数据查询，自动查询并展示满足搜索条件的所有关联数据，包括与检索对象关联的人员信息、房屋信息、车辆信息、轨迹信息
态势分析	态势分析	态势分析应符合以下要求： (1) 实现对系统汇聚小区的各类数据按照时间、区域等多维度进行统计分析及展示； (2) 实现基于区域、人口、房屋、车辆、案件等专题对象属性进行各类关联数据的数据专题统计； (3) 实现对数据质量的分析，包括数据的及时性、准确性、完整性等方面； (4) 实现基于区域、时段、对象属性类型等单一或组合条件对人口、房屋、车辆、案件、感知数据等专题对象数据进行查看，包括数量统计排序、占比分析、数量趋势分析等进行统计展示

(续表)

功能模块	功能点	描述
系统管理	设备管理	实现设备注册、认证管理,应支持对接入系统的设备/系统进行注册,并进行合法性认证;实现设备状态查询,应具有对设备目录和运行状态的订阅与查询功能;实现日志管理,记录系统运行和用户操作等日志,并对日志信息进行查询和统计
		(1)支持小区人脸、车辆、智能门禁等的数据采集; (2)支持小区设备管理、安防管理、人房登记等功能
	用户管理	(1)实现对用户身份进行合法性认证,身份认证可采用静态口令、动态口令、数字证书认证等模式; (2)实现对用户、用户所属角色及角色权限进行管理
	日志管理	应支持记录系统运行和用户操作等日志,并对日志信息进行查询和统计
数据接入汇聚	接口功能	支持通过安全边界将互联网/局域网/专网的小区数据接入边界内侧
	接入分发	接口分发应符合以下要求: (1)实现数据接入过程支持配置管理、调度管理、断点续传、运行监控等功能; (2)实现小区的基础信息、治安管理等数据应按照市(地市)、省、部由下向上逐级汇聚; (3)实现基于业务需求提供数据分发

4.2.2 功能需求清单

功能需求清单如表4-2所示。

表4-2 功能需求清单

序号	功能模块	类别/摘要	需求详情
1	视频监控	实时监控调阅	通过小区、视频设备的名称等条件对实时视频点播、光圈放大缩小、聚焦扩焦、放大缩小等操作,并且在实时视频界面可通过快捷菜单实现本地录像、抓图等快捷操作,提交布控任务等;支持远程调阅辖区内视频
		历史监控调阅	当小区发生盗窃、物品丢失、人员走失等纠纷事件时,可以快速定位到该区域的监控设备,查看录像回放,了解和回顾当时的情况,帮助快速解决纠纷问题
2	综合查询	综合查询	支持人、车、房、事件、小区、设备等模糊查询,依据条件自动查询并展示满足搜索条件的数据及所有关联的人员信息、房屋信息、车辆信息、单位信息、轨迹信息;结果中分类展示本辖区要素信息及相关轨迹信息;支持以图搜图

(续表)

序号	功能模块	类别/摘要	需求详情
3	基础数据管理-小区综合档案	小区档案	汇聚所有小区门禁、人脸、车禁、视频监控等感知设备信息,以及小区基本信息,如人口数量、房屋情况、车辆情况等基础数据;支持对小区、房屋、人员、车辆、单位等不同要素进行基于标准地址的数据采集、汇聚及数据展示;支持小区基本情况的统计分析和查询
			汇聚所有小区基本数据,包含小区基本信息,如人口数量、房屋情况、车辆情况、感知设备等
		小区人员档案	与公安人口信息库对接,实现各小区采集的实有人口(包括常住人口、寄住人口、流动人口等)信息有效整合与更新维护;对小区实有人口的要素信息(年龄、性别、家庭属性、重点人口管控等)进行检索,能准确地统计分析其职业、联系方式,支持调阅重点管控人口(涉恐人员、涉稳人员、犯罪前科人员、涉毒人员、在逃人员、肇事肇祸精神病人、重点上访人员)的档案信息等
		小区车辆档案	与公安机动车信息库做数据对接,实现对小区车辆及进出小区的车辆数据进行有效整合及补全完善等管理,为市、分局、派出所提供轨迹查询、图像留存,支撑数据模型分析、研判服务等实战应用
		小区房屋档案	实现各小区的楼栋和房屋(包括出租屋)地址标准化,楼栋、房屋结构以及二维码标识可视化管理,房屋、业主、租户数据的人房关联和管理
		小区单位档案	对单位信息进行分类管理,并掌握实有单位关联信息;通过单位名称、单位地址等要素进行单位档案查询
		实有房屋	实现对街道、派出所、物业批量导入的实有房屋信息,与业主信息的关联关系,及网格员上门核查登记的房屋确认或变更信息等上图展示
			实现楼栋总数、单元总数、房屋总数、人均居住面积排名、房屋居住人数排名、采集情况分析、房屋分布分析、房屋性质分析(自住、单位、整租、合租、群租)等信息的管理
		实有人口	以派出所、社区(小区)、村庄、街道为单位,把实际居住的居民人员全部纳入工作范围,加强登记管理,掌握基本情况,发现违法犯罪线索,预防违法犯罪活动
		实有车辆	对接视频专网闸机结构化后数据,应实现以下功能: (1)可对进出小区的车辆进行管理,对小区内部车辆、外来车辆进行统计,并可实时展示; (2)采用"一车一档"管理,可对车辆进出的次数等详细情况进行统计分析,实现对车辆的管理; (3)车辆采集频次可进行钻取分析,可查看每一次采集的车辆图片,含驾驶人与副驾驶照片

(续表)

序号	功能模块	类别/摘要	需求详情
3	基础数据管理－小区综合档案	实有单位	对于社区内根据统一的标准地址采集到的企业、单位、企业的法人信息、公司信息,以及营业执照、机构代码、企业类型、企业工作人员数量等,实现对社区内实有单位及重点单位的管理
		出租房	(1)可对小区的出租房数量、出租房房间总数、租客总数、今日入住租客、今日离店租客的数量进行统计,对租客的籍贯、年龄、性别等多个维度进行分析; (2)租客入住统计分析
		实有设备	(1)设备监测报告:对于接入的设备,系统进行状态监测,对于异常、故障、断网、掉线等状态进行监测管理,方便运维人员快速、高效地管理辖区内设备; (2)故障预警数:设备故障情况下需要推送预警信息给辖区民警、辅警等相关人员,故障预警数可向下钻取分析; (3)设备分布展示:可在地图上显示,在地图上点击设备直接进行实时视频调阅(具体功能同实时视频调阅)
4	态势分析	案件分布	对小区案件、警情信息进行上图展示,包括发案时间段、发案地点、案件类别,不同小区间可对比展示,发现发案规律,制定有效预防措施
		态势分析	通过人脸识别、车辆识别、虚拟身份等技术的应用,结合行为规律挖掘和针对性模型自动分析,及时掌控重点对象的动态,对有违法犯罪苗头的,做到实时发现、及时采取措施依法管理、控制,从根本上遏制重点人员再次违法犯罪
5	系统管理	设备管理	实现小区前端感知设备、警务工作、社区物业工作过程中所使用到的设备的注册、认证管理,包括人脸抓拍、门禁、机动车通行闸机、Wi-Fi探针等设备;同时具备设备状态查询、订阅等功能
		用户管理	从公安警务综合系统对接用户信息,进行用户、角色、权限等管理
		日志管理	(1)系统运行日志管理:对本辖区系统日志进行查询及统计分析; (2)用户操作日志管理:对本辖区用户操作日志进行查询及统计分析
6	移动应用-互联网App	用户注册	App注册时需选择小区信息(地址信息需精确到室),需实名认证,也可微信、支付宝、QQ等关联认证登录
		访客登记	物业及居民可以使用互联网App为来访人员登记信息,系统自动比对在逃及重点人员,若比中,社区民警可收到预警信息
		租客登记	居民通过互联网App为自己的租客登记信息,系统自动比对在逃及重点人员,若比中,社区民警可收到预警信息
		宣传相关	消息类型含防火、防盗、防诈骗,反邪教,反恐,事故等;记录交通安全宣传教育,常态性交通安全宣传及重大节日、红白喜事、群体性聚会等特定时间段交通安全宣传;消防安全基础信息登记,对学校、村民、驻村企业的消防宣传教育,对老化电线、消防水池、消防器材及孤寡老人、重点户等进行消防安全检查,记录检查结果并上报;记录开展安全防范宣传教育,参加抢险救灾工作,应对突发事件

(续表)

序号	功能模块	类别/摘要	需求详情
6	移动应用-互联网App	服务相关	与宣传类似,将较简单的查询功能集成到App,如车辆违章、查重名、互联网+便民服务平台涉及的相关功能,民警可推送异常重点人、车到小区物业安保人员;记录帮助孤寡老人、留守儿童和残疾人及精神病人等情况,如主动为其办理身份证、户籍业务,按照规定时间送达当事人;详细记录接待群众来访、办事、报警、求助、咨询、反映情况并上报
		个人中心	维护个人基本信息,如登录密码、联系方式等信息的实时修改
		通知通报	接收派出所、分局下达的各类消息、通知等信息
		举报功能	举报内容必填,如乱停乱放等,保存后推送社区辅警核查,辅警可直接处理、忽略,若核定为有效线索,则同线索处理流程
		矛盾纠纷登记	登记辖区内矛盾纠纷情况及调解信息;围绕影响社会稳定的重点问题、重点企业、重点领域、重点群体进行走访登记,及时掌握、记录辖区内的不安定、不稳定因素
		情报收集	记录工作过程中发现的可疑情况,录入后推送给相关社区民警,如重点人员(涉外、涉传、精神病人及帮教人员等)、重点单位、重点行业、重点场所的基本信息、动态信息收集;实现辖区内各类违法犯罪情报线索信息的收集;实现辖区不稳定因素线索、敌对势力、涉恐信息和非法组织活动信息的收集;实现辖区内社情民意信息的收集上报,收集案件线索,上报涉及可能引发重大案事件、可能影响社会治安稳定等信息;民警核定为有效线索后信息保存到案事件表

4.3 物业管理需求

在当今社会,随着城市化进程的不断加快,社区规模越来越大,社区内的设施和管理需求日益增多,物业管理工作变得更加复杂。而传统的物业管理模式依赖大量人工操作,无法满足现代社区对于效率、便利和安全的更高要求,因此,现代物业管理必须依赖智能化的系统架构和技术手段,来提升整体管理的效率与居民生活的质量。智能化物业管理已经成为未来社区管理的必然趋势。

在此背景下,物业管理需求不仅限于日常的基础管理,还涵盖了安防、消防、车辆管理、数据分析等多个方面。为了满足这些需求,物业管理必须依托一整套高效、统一的系统架构,集成多种智能化的管理系统,实现多系统之间的无缝衔接与协同运作。

4.3.1 统一化的系统架构体系

统一化的系统架构是现代物业管理的核心。它能够将社区内多个子系统整合到统一的平台上,实现信息资源的共享和业务的联动。通过这种方式,物业管理者可以减少对多个独立系统的依赖,集中管理所有子系统,提高管理效率。

1. 系统架构的设计与实现

在设计统一化的系统架构时,首先需要考虑各个子系统之间的互通性和兼容性。不同的子系统

（如门禁、梯控、可视对讲、视频监控等）往往来自不同的供应商，采用不同的通信协议和技术标准。为了实现这些系统之间的无缝集成，系统架构必须遵循开放的标准接口和协议，使得不同厂商的设备和平台能够顺利接入统一的管理平台上。

系统架构的核心是一个高效、稳定的平台，它不仅负责各个子系统的运行和协调，还需要提供数据处理和分析功能。社区内的视频监控系统和门禁系统可以通过统一的平台实现信息联动，当门禁系统检测到异常人员进入时，平台能够自动调用视频监控系统调取相关视频，辅助物业管理人员做出快速判断和反应。这种信息联动大大提升了物业管理的响应速度和处理效率。

2. 数据存储与处理

在现代物业管理中，数据是至关重要的资源。统一化系统架构中的每一个子系统都在持续产生大量的数据，如门禁系统的出入记录、停车场管理系统的车辆进出信息、视频监控系统的监控画面等。为了充分利用这些数据，物业管理平台需要具备强大的数据存储和处理能力。

首先，平台需要设计一个高效的数据库系统，能够根据不同的数据类型进行分类存储。例如，视频监控系统产生的是高容量的视频数据，需要有专门的存储空间进行处理和备份；门禁系统产生的出入记录则是结构化数据，适合存储在关系型数据库中。平台还需要具备数据的实时处理能力，确保各个子系统能够在第一时间获得最新的数据信息，实现快速响应。

其次，数据的安全性也是一个重要考虑因素。社区管理涉及大量居民的个人信息和隐私数据，在系统设计时，必须引入完善的数据加密、访问控制和日志监控机制，确保数据不会被未经授权的人员访问或篡改。举例来说，某物业管理公司采用了基于区块链技术的分布式存储方案，确保所有数据的透明性和不可篡改性，从而提升了数据的安全性和可靠性。

3. 集成与扩展性

在构建统一化的系统架构时，系统的扩展性是一个需要特别关注的方面。随着社区规模的不断扩大，物业管理平台可能需要新增更多的子系统或功能模块，如智能家居管理系统、环境监测系统等。因此，系统架构在设计初期就需要具备良好的扩展性，能够方便地接入新功能，而不需要对现有系统进行大规模的改造。

现代物业管理平台一般采用模块化的设计思路，各个子系统以独立的模块形式存在，彼此之间通过标准化接口进行通信。这样，当需要新增一个功能模块时，只需将新模块与已有的平台接口进行对接，而不需要对现有系统进行大规模的更改。一个社区在初期只安装了基本的门禁系统和视频监控系统，随着居民需求的增加，物业公司可以很容易地将停车场管理系统、智能巡查系统等新功能模块接入已有平台，实现无缝扩展。

4. 实际应用案例

在实际应用中，许多物业公司已经开始部署统一化的系统架构，并取得了显著成效。个别大型社区的物业公司已经通过构建统一的智能管理平台，将社区内的门禁、停车、监控等多个系统集成在一起。该平台不仅实现了各个系统的无缝联动，还通过大数据分析提高了管理效率。通过对门禁数据和视频监控数据的联合分析，物业公司能够快速识别潜在的安全隐患，并及时采取措施。

此外，物业管理平台还能够实现远程监控和管理。通过移动终端（如手机、平板电脑等），物业管理人员可以随时随地访问系统，查看各个子系统的实时状态，并进行远程操作。

4.3.2 智能化的社区安防管理

在现代社区管理中，安防是居民最为关心的问题之一。物业公司通过引入智能安防技术，可以有效提高社区的安全性,降低突发事件发生的概率。智能化的社区安防系统不仅包括传统的监控摄像头和门禁系统,还整合了人脸识别、行为分析、大数据等技术,实现了全面、智能化的安防管理。

1. 智能视频监控系统的深入解读

智能视频监控系统相较于传统的监控系统,具备更高的清晰度、更广的覆盖范围和更强的智能分析能力。在传统的监控模式下,物业管理人员往往需要依靠人工查看大量监控画面,这不仅效率低下,还容易遗漏潜在的安全隐患。而在智能视频监控系统中,系统能够通过引入深度学习算法,自动识别监控画面中的异常情况。

(1)智能分析。智能视频监控系统的核心在于其"智能分析"能力,这意味着系统不仅能记录视频画面,而且具备一定的"判断能力",即系统可以自动检测监控区域中的人员数量变化。当某一地点的人数超过预设阈值时,系统会自动发出警报,这对预防人群聚集事件尤为重要。此外,智能视频监控系统还能够识别危险行为,如打架、翻墙等,通过这些分析功能,系统可以在危险发生的早期阶段发出警告,帮助物业人员及时介入。

(2)远程监控与移动警报。智能视频监控系统不仅限于社区内部的监控,还可以实现远程监控和移动警报功能。通过将监控系统与移动终端相结合,物业管理人员可以通过手机或平板电脑实时查看监控画面,并在必要时发出警报。这样,即使管理人员不在监控室内,也可以随时掌握社区的安全状况。比如物业管理公司为其小区配备了智能视频监控系统,管理人员可以通过手机查看社区内的每一个摄像头画面。当系统检测到异常情况时,管理人员的手机会收到自动推送的警报信息,管理人员可以根据实际情况做出相应的处理。这种远程监控和移动警报的结合,大大提高了物业管理的效率和应急反应能力。

2. 人脸识别与行为分析技术的应用

随着人脸识别技术的成熟,许多社区已经开始将其应用于安防管理中。相比传统的门禁卡或密码,人脸识别具有无接触、快速、准确等优点,不仅提升了住户的通行效率,还减少了使用门禁卡丢失或密码泄露的风险。

在实际应用中,人脸识别系统可以与社区的其他安防系统联动。当访客进入社区时,人脸识别系统可以自动识别访客身份,并将访客的通行记录上传到物业管理平台。如果系统检测到不明身份的人员试图进入社区,系统将自动发出警报并阻止其进入。

行为分析技术能够通过对监控画面中的人员动作进行分析,判断其是否存在异常行为。大多数系统可以分析人员的步态、姿势等特征,自动识别出潜在的犯罪嫌疑人,并发出预警。这种技术能够有效预防盗窃、打架等突发事件的发生,为社区居民的安全提供了有力保障。

3. 停车场的智能化管理

随着人均车辆保有量的增加,社区停车管理面临着越来越大的挑战。传统的停车管理模式依赖人工操作,效率低下,容易引发车辆拥堵。而智能化停车管理系统则通过车牌识别、自动缴费、车位引导等功能,实现了停车场的自动化管理。

智能停车场系统首先通过车牌识别技术,自动记录车辆的进出情况,避免了人工核对车牌的烦琐步骤。同时,系统可以根据车辆的进出时间,自动计算停车费用,并通过移动支付方式进行自动扣款,大大减少了车主排队缴费的时间。此外,智能停车场系统还能够通过车位引导功能,实时为车主推荐空闲车位,提高了停车效率。

4. 实际应用案例：无人值守的智能化停车场

在某大型社区中，物业公司引入了智能化的停车场管理系统，实现了无人值守的自动化停车管理。车主只需将车辆驶入停车场，系统会自动识别车牌号并为其分配车位。离开时，系统自动计算停车时长并通过移动支付扣费。整个过程无须人工介入，极大地提高了停车场的运行效率。

这种无人值守的停车管理模式不仅减少了物业管理的人员投入，还提升了车主的停车体验。此外，系统还能够实时监控停车场内的车辆状况，防止车辆被盗或损坏。当系统检测到异常情况时，会自动发出警报并通知物业人员进行处理。

4.3.3 智能化的消防监控管理

消防安全是物业管理的重要组成部分。随着物联网、大数据和人工智能技术的发展，智能化消防监控系统正在逐步取代传统的人工管理模式。智能化的消防监控管理不仅解决了传统消防系统的滞后性问题，还极大地提升了消防响应的效率和覆盖率。通过创新技术的应用，消防管理变得更加系统化、自动化和智能化，从而显著提升了社区的安全性。

1. 物联网技术在消防系统中的应用

物联网（IoT）技术是智能消防系统的核心，它通过将各种消防设备（如烟雾探测器、火灾报警器、灭火器等）连接到网络，实现了设备的互联互通与集中控制。传统的消防设备往往是各自独立运行的，无法实现集中管理和实时监控。而通过物联网技术，社区内的所有消防设备可以接入同一平台，形成一个庞大的网络系统，能够对各个设备的状态进行实时监控。

在一些智能化社区的消防管理系统中，通过将烟雾探测器、温度传感器、火灾报警器等设备接入物联网平台，实现了对火灾风险的全方位监控。系统能够根据不同传感器的实时数据进行智能判断，当检测到某一区域的温度异常升高或出现烟雾时，系统会立即发出报警信号并通知物业管理人员。这样的智能化管理方式不仅大幅度减少了火灾隐患，还提高了火灾的预警和响应能力。

2. 大数据与智能消防分析

大数据技术在智能消防管理中的应用能够有效提升消防系统的预警和分析能力。通过对大量历史数据的收集和分析，物业公司可以提前预测火灾的高风险区域和时间段，制定出更加科学的消防管理策略。

智能消防系统不仅依赖于实时数据，还能够通过大数据分析识别出长期存在的消防隐患。通过分析社区内不同区域的能耗、设备运行状态、气候条件等数据，系统可以预测某些特定区域更容易发生火灾，从而在高风险时段加强监控和巡查。这种基于大数据的预测分析能力能够有效减少火灾的发生频率，提升整个社区的消防安全。

3. 近场通信（NFC）技术与移动互联技术在消防中的创新应用

在智能化消防管理中，NFC技术和移动互联技术为系统的灵活性和便捷性提供了新的支持。通过NFC技术，消防设备可以快速识别和传输数据，帮助物业管理人员及时掌握设备的运行状态和维护需求。比如物业人员在巡查时，只需使用手机或NFC设备扫描灭火器或报警器，就能够实时查看设备的状态信息和历史维护记录。移动互联技术则为消防系统的远程管理提供了便利。物业管理人员可以通过移动设备实时接收火灾报警信息，并对设备进行远程监控。

4. 消防设备的智能监控与维护

智能消防系统不仅能够在火灾发生时提供预警，还能对消防设备的日常运行状况进行实时监控与维护管理。传统的消防设备依赖定期的人工检查和维护，效率低且容易遗漏问题。而在智能化消防管理系统中，设备的运行状态能够自动上传至平台，系统可以根据设备的状态信息智能生成维护计划。

例如，系统可以自动监测灭火器的压力，当灭火器压力不足时，系统会自动发出提醒，通知物业人员进行维护或更换。烟雾探测器的电池电量、消防报警器的信号状态等都能够通过平台实时监控，确保设备始终处于正常工作状态。通过这种方式，物业公司可以大大提高消防设备的维护效率，降低设备故障的风险。

5. 安消一体化平台的构建

安消一体化平台是智能化消防管理中的重要组成部分，它将安全管理与消防管理有机结合在一起，实现了统一的管理和监控。传统的消防系统和安防系统往往是独立运行的，而在安消一体化平台中，二者能够实现信息共享和联动管理。

例如，当智能安防系统检测到社区某一区域的异常行为（如有人携带危险物品进入小区）时，平台会立即启动消防预警，检查该区域的消防设备是否处于正常状态。同时，系统能够调用视频监控画面，实时跟踪该区域的情况，确保火灾或其他危险情况能够及时得到处理。这种多系统联动的管理方式大大提高了社区的整体安全性和应急响应能力。

6. 实际应用案例

某智能社区通过构建安消一体化平台，将社区的安防、消防和物业管理系统整合在同一平台中。该平台通过物联网技术，实现了社区内所有消防设备的联网和集中监控，物业管理人员可以实时掌握每一台设备的运行状况。当某个烟雾探测器被检测到异常时，平台不仅会发出火灾报警，还会自动调用该区域的监控视频，并通知物业人员进行现场查看。

在一次实际应用中，该社区的一处地下车库发生了轻微火情，烟雾探测器立即发出报警，物业人员通过平台查看到现场监控画面，确认火情后迅速启动了自动灭火系统。在消防部门到达之前，火势已经得到了有效控制，避免了更大的财产损失。这一案例展示了智能化消防系统在实际应用中的高效性和可靠性。

4.4 便民惠民需求

4.4.1 背景和目标

当前治安防控面临的挑战主要包括信息不对称、公共服务效率低下以及公众参与度不足等问题。一方面，居民往往缺乏获取实时治安信息的渠道，导致在遇到紧急情况时无法及时做出反应；另一方面，公共服务流程烦琐，缺乏在线办理和预约机制，使得居民在办理相关业务时需要花费大量的时间和精力。此外，公众对于治安防控的参与度不高，部分原因是缺乏有效的沟通和反馈机制。

便民惠民服务的引入，能够有效解决上述问题。通过建立一个集成的治安防控平台，居民可以轻松获取治安信息，及时了解周边的安全状况。同时，通过提供在线服务，可以简化公共服务流程，减少居民的等待时间。此外，通过设立社区论坛和反馈机制，可以鼓励居民积极参与治安防控工作，提高他们的自我保护意识和能力。通过这些措施，便民惠民服务将有助于构建一个更加安全、高效的社区环境。

便民惠民服务实施的核心目标是增强公众的安全感和满意度，同时提升公共服务的效率和质量。

通过提供便捷的信息获取渠道、高效的服务响应机制以及个性化的安全建议,便民惠民服务能够促进警民之间的互动与合作,构建和谐的社区环境。此外,该服务还旨在通过技术手段,如移动应用和数据分析,提高治安防控的智能化水平,从而更有效地预防和应对犯罪事件。最终,便民惠民服务的实施将有助于提升居民的生活质量,增强居民对政府和执法机构的信任,促进社会的整体稳定和发展。

4.4.2 具体需求分析

区域治安防控平台在便民惠民方面有多项关键需求,这些需求涵盖了信息的公开与透明度、公共服务的有效接入、社区的积极参与与互动以及智能辅助决策等。

4.4.2.1 信息的公开与透明度

1. 实时治安信息的提供

治安防控平台应提供实时更新的治安信息,包括但不限于犯罪率统计、安全预警、紧急事件响应状态等。这些信息能够帮助公众及时了解所在区域的安全状况,从而采取相应的预防措施。例如,通过分析历史和实时数据,平台可以预测并发布可能的犯罪热点区域,提醒居民注意安全。此外,平台还可以提供安全防范建议,如特定时间段内避免单独外出或前往特定区域。

2. 执法流程和结果的公开

为了增加公众对治安工作的信任,平台需要公开执法流程和结果。这包括执法依据、流程、进展和结果等相关信息。公开执法流程可以提高执法活动的透明度,让公众了解执法的合法性和合理性。同时,公开执法结果,如犯罪案件的处理结果,不仅可以展示执法效率和公正性,还能增强公众对执法机构的信任。例如,公安部印发的《公安机关执法公开规定》明确要求公安机关向社会公开执法信息,包括办案单位名称、联系方式、案件办理情况等,以保障公民的知情权和监督权。

通过以上方式,治安防控平台不仅能够为公众提供必要的安全信息,还能通过公开透明的执法活动增强公众对治安工作的信任和支持。这种透明度的提高,有助于建立一个更加和谐、安全的社区环境。同时,这也有助于提升公众对警察和执法机构的信任程度。因此,信息的公开与透明度是治安防控平台建设中不可或缺的一部分,对于提升平台的整体效能和公众满意度具有重要意义。

4.4.2.2 公共服务的有效接入

1. 紧急求助与报警服务的集成

紧急情况下,时间就是生命。因此,治安防控平台需要集成紧急求助和报警服务,提供一键式快速响应机制。这意味着当公众遇到紧急情况时,可以通过平台直接拨打110、119、120等紧急求助电话。平台应该能够自动定位求助者的位置,并将相关信息迅速传递给相应的应急响应部门,如警察、消防或医疗急救团队。此外,平台还应提供短信报警服务,以便在无法使用语音通话的情况下,公众仍能通过短信向警方求助。

2. 在线咨询服务的提供

治安防控平台还应提供在线咨询服务,帮助公众解答关于安全、法律和治安相关的疑问。咨询服务可以覆盖多个领域,包括法律咨询、安全防范、社区治安等。通过在线咨询,公众可以更方便地获取专业建议和解决方案,从而提高他们对治安工作的认识和理解。

3. 在线预约与办理治安业务渠道的提供

为了提高公共服务的效率,平台应提供在线预约、申请和办理相关治安业务的渠道。这包括但不限于户籍管理、身份证办理、出入境申请等业务。通过在线预约系统,公众可以选择合适的时间进行业务办理,减少现场排队等候的时间。同时,平台可以提供业务办理指南,明确告知公众所需材料、办理流程和费用,确保业务办理的透明性和便捷性。

4. 一键导航至派出所和交管所

治安防控平台还可以提供电子地图服务,将派出所、交管所等在电子地图上标记显示,并提供路线导航。这样,公众在需要前往这些地点时,可以快速找到最近的服务点,并获取前往的路线,极大地方便了公众的出行和业务办理。

4.4.2.3 社区的参与与互动

社区的参与与互动是提升社区治安防控工作的关键环节,它能够增强居民的归属感和责任感,促进社区的和谐稳定。

1. 建立社区论坛或反馈机制

社区论坛或反馈机制的设立是促进居民参与治安防控的重要手段。通过这样的平台,居民可以就社区安全问题发表意见、交流信息,并提出建议。例如,可以利用现有的社交媒体平台或专门的论坛软件系统,让居民能够在线上进行互动和讨论。论坛可以设置不同的板块,如安全预警信息发布、治安问题讨论、邻里互助等,以满足不同居民的需求。此外,社区可以通过定期举办线下会议或活动,进一步增强居民之间的联系和互动。

2. 强化平台与居民的安全信息交互

区域治安防控平台应具备智能推送功能,依据平台大数据分析出的社区治安风险点,向居民精准推送定制化安全提示,如近期高发的盗窃类型防范措施、特定区域的出行安全提醒等。同时,居民可通过平台上传身边的安全隐患照片、视频及文字描述,平台自动生成工单,分配至相关责任部门处理,并将处理进度实时反馈给居民。此外,平台可开发安全知识学习模块,整合消防、防盗等教学资源,居民在线学习并完成考核后平台给予积分奖励,积分可兑换社区服务或生活用品,以此激励居民主动提升安全意识与技能。

3. 构建平台与居民的协同防控体系

区域治安防控平台可创建"居民志愿者"线上招募与管理模块,鼓励居民报名参与社区巡逻、安全宣传等治安防控工作。平台为志愿者提供在线培训课程,并记录服务时长与表现。在突发治安事件时,平台能一键通知附近志愿者,通过实时通信功能调配志愿者力量,与社区警务人员协同处置。同时,平台建立居民信用评价体系,对积极参与治安防控的居民给予信用加分,在社区福利申请、公共服务使用等方面提供便利,进一步激发居民参与社区治安防控的积极性,形成平台主导、居民协同的区域治安防控新模式。

4.4.2.4 智能辅助决策

在区域治安防控平台的建设中,智能辅助决策是一个关键组成部分,它涉及利用数据分析和人工智能技术来提供个性化的安全建议,并通过智能推荐系统向居民推送相关的安全信息和资源。

1. 数据分析与人工智能技术的应用

智能辅助决策的核心在于数据分析和人工智能技术的应用。通过收集和分析大量有关治安的数据,包括犯罪率、安全事件的类型和频率、地理位置信息等,人工智能技术能够识别出潜在的安全风险和类型。也可以利用机器学习算法对历史数据进行分析[106],预测哪些地区可能成为犯罪的高发区,从而提前部署警力资源。此外,人工智能技术还可以用于安全告警评估,在全网收集安全威胁情报,进行密码口令强度检测等,提高告警的准确性和效率。

2. 个性化安全建议的提供

基于对数据分析的深入理解,智能辅助决策系统能够为居民提供个性化的安全建议。这可能包括针对特定区域的安全预警、针对特定人群的安全指导,或者是根据居民的日常行为模式提供定制化的安全提示。例如,系统可能会提醒居民在特定时间段内避免单独外出,或者在特定区域内采取额外的安全措施。

3. 智能推荐系统的建立

智能推荐系统是智能辅助决策的另一个重要方面。该系统能够根据居民的偏好、行为和需求,推送相关的安全信息和资源。这可能包括安全教育材料、社区安全活动信息、紧急情况下的应对策略等。智能推荐系统可以通过用户的历史行为数据来学习用户的偏好,并不断优化推荐算法,以提供更准确的推荐。

4. 隐私和数据安全的保护

在提供智能辅助决策服务的同时,保护用户隐私和数据安全也是至关重要的。需要采用数据脱敏、数据加密、数据擦除等方法来保护用户数据和隐私。同时,随着数据保护法规的不断完善,隐私和数据安全将成为智能推荐系统的关键挑战之一。因此,需要发展更好的隐私保护技术和数据安全技术,以保护用户信息安全。

通过上述措施,智能辅助决策不仅能够提高治安防控的效率和效果,还能够增强居民的安全意识和自我保护能力,从而构建一个更加安全、智能的社区环境。

4.4.3　实施策略与评估

在实施区域治安防控平台的便民惠民服务时,需要综合考虑技术实现、资源配置、合作协调、风险评估以及效果评估等多个方面,以确保平台的有效运行和持续优化。

1. 技术实现方案

首先,技术实现方案是平台建设的基础。需要开发移动应用和网站设计,以便公众能够随时随地访问平台服务。这包括用户友好的界面设计、高效的后台管理系统以及稳定的数据传输协议。可以采用现代的前端框架如 React 或 Vue.js 来构建动态的 Web 界面,同时使用原生开发或混合开发技术来打造移动应用,以覆盖更广泛的用户群体。

其次,数据分析工具是智能辅助决策的核心。需要利用大数据分析、云计算技术来处理和分析大量的治安数据,从而提供个性化的安全建议和预警。此外,人工智能技术,如机器学习和深度学习,可以用于模式识别和预测分析,以增强平台的智能辅助决策能力。

2. 资源配置

资源配置涉及人力、物力和财力的合理分配。在人力资源方面,需要组建一个跨学科的团队,包括软件开发人员、数据分析师、项目经理和客服人员等。物力资源则涉及服务器、网络设备、安全设备等的采购和维护。财力资源则需要考虑平台的开发成本、运营成本以及后期的维护升级成本。

3. 合作与协调

合作与协调是确保平台顺利运行的关键。需要与政府机构、社区组织、技术供应商等建立合作伙伴关系。例如,可以与公安部门合作,获取必要的治安数据和支持;与社区组织合作,了解居民的实际需求;与技术供应商合作,获取先进的技术和服务。

4. 风险评估与应对

在实施过程中可能会遇到的风险包括技术风险、安全风险、法律风险等。需要对这些风险进行评估,并制定相应的应对措施。例如,对于技术风险,可以通过定期的技术审查和测试来降低;对于安全风险,可以通过加强数据加密和用户认证来防范;对于法律风险,需要确保平台的运营符合相关的法律法规。

5. 效果评估与反馈机制

需要建立一套效果评估和反馈机制,以持续优化平台的服务。这包括设定服务效果的评估标准和方法,如用户满意度、服务响应时间等。同时,需要建立用户反馈渠道,如在线调查、用户论坛等,定期收集和分析用户的意见和建议,以便不断改进平台的功能和服务。

4.5 智慧街面巡逻需求

(1)一张地图全息展示所有的巡防要素信息资源,做到态势及时感知、状况及时把握的需要。

(2)通过电子地图综合展现视频监控、电子卡口、警车、无人机、移动单兵设备、最新警情、预警、重点场所等各类信息资源,系统采用街面视频监控、街面人像卡口、无人机、4G执法仪、眼镜、车载人像等多种监控手段对街面重点目标、人员分流和警情等实时治安状况即时掌握。

(3)实现巡防情报、警务、警力、勤务的工作流程的闭环,实时助力警务机制改造的需要。

(4)系统可根据重点目标、人流监测和治安复杂情况等动态调整巡防方案及警力、勤务部署,实现闭环,同时支持统一科学化、勤务指标化的考核评估街面巡防工作。

(5)以情报主导警务,指挥助力决策的巡防机制的需要。

(6)支持提供"点对点""可视化"指挥调度街面巡防和处置工作,能实现实时快速展现前端感知的预警、报警等信息。

(7)打造巡防智能研判模型,适用巡防业务多场景的需要。

(8)建设街面巡防业务数据模型,可以根据区域内重点目标分布、可能犯罪地点分布、犯罪易发时间段、人流密度变化、群体行为特征、社情、巡防警力增减等若干因素,实现平台对辖区街面巡防重点的智能调整提示、警情自动报告。

4.6 防控圈(智慧检查站)需求

随着科技的不断进步,智能化技术在公共安全管理中的应用日益广泛,防控圈(智慧检查站)作为一种新型的智能化管理手段,发挥着越来越重要的作用。智慧检查站通过引入物联网、人工智能、大数据等技术,提升了公共场所的安全管理水平,尤其在人员流动密集的区域,如城市边界、社区出入口、商业综合体等,智慧检查站的应用有效加强了安全管理和防控能力。智慧检查站的建设分为市(县)级检查站管控平台与站级智慧安检平台,二者相辅相成,共同为交通枢纽、边界要地等重要防控区域提供全方位的安全保障。

4.6.1 市(县)级检查站管控平台功能需求

市(县)级检查站管控平台是整个智慧检查系统的核心调度与管理中心,承载了对各站点的集中管理、数据分析和应急指挥等多项职能。具体功能需求包括以下几个方面。

1. 实时监控与调度

该平台应具备对市域(或县域)内所有检查站点的实时监控能力,通过统一的界面展示各站点的运行状态、检查情况和数据流动,确保管理人员能够及时掌握动态,做出合理调度。

2.数据整合与分析

平台应能整合来自各站点的检查数据,包括人员、车辆、货物的相关信息,并能通过大数据分析手段,对异常情况进行预测和预警。此外,平台还需具备数据挖掘功能,分析检查站数据与其他安全系统的数据互通,实现跨平台信息联动。

3.多级应急指挥

市(县)级平台应具备完善的应急指挥功能。当某个检查站点出现异常事件时,平台可根据预设的应急预案,联动各类应急资源(如警力、医疗等),并将指令快速传达至下属各站点,确保快速响应。此外,平台需具备应急信息通报与调度中心的联动机制,能够在突发事件发生时快速向上级部门汇报情况。

4.资源管理与调配

该平台还需负责检查站的人力、物资等资源的动态管理与调配,确保资源得到合理使用,避免资源浪费或短缺。同时,它应具备人员权限管理功能,确保不同级别的工作人员只能访问与其职务相关的系统模块,增强系统的安全性。

4.6.2 站级智慧安检平台功能需求

站级智慧安检平台是各检查站具体执行安检任务的操作平台,直接面对通过检查的人员、车辆和货物。具体功能需求包括以下几个方面。

1.智能化安检与识别

站级平台应具备高度智能化的安检能力,支持人脸识别、车牌识别、物品扫描等多种技术,能够在短时间内对进出检查站的人员、车辆、货物进行全方位筛查和识别。这些识别过程应实现高度自动化,减少人工干预,提升安检效率,同时降低漏检和误检的风险。

2.快速数据处理与反馈

安检平台应能快速处理识别到的信息,并将检查结果实时上传至市(县)级检查站管控平台。通过与市(县)级平台的联动,站级安检平台能够获取市(县)级平台下发的最新预警信息、黑名单人员车辆信息,并据此对安检对象做出精确的判断或控制。

3.自定义安检策略与预警

每个站点根据不同的管控要求,可能面临不同的安检需求。站级平台应支持安检策略的自定义设定,例如根据市级平台的指令或站点自身的特殊需求,调整安检的灵活性与深度。此外,平台需具备灵敏的预警系统,能够在检测到可疑人员、车辆或货物时,立即发出警报,并根据设定的规则采取相应的拦截或处置措施。

4.智能安检设备与信息互通

站级智慧安检平台还应整合多种智能化安检设备,如X射线扫描仪、自动车底扫描系统、热成像仪等,确保对进出站车辆和人员进行全面检查。通过与市级平台的同步,站级平台还应能够共享安检数据,确保各站点间的安检信息实时互通,避免出现信息孤岛现象。

5.安检过程可视化与报告生成

站级平台应具备安检过程的可视化功能,能够实时展示安检的进展和结果,供工作人员随时查看。此外,平台需能够自动生成安检报告,记录每一次安检的详细过程及结果,并根据需要进行存档或上报,为后续的分析提供数据支持。

通过市(县)级检查站管控平台与站级智慧安检平台的协同工作,智慧检查站能够实现对区域内安全隐患的全面管控和快速响应,提升区域内的安全等级。

4.6.3 大数据应用与智能分析

智慧检查站不仅依赖物联网和人工智能等技术进行日常管理,还广泛应用大数据技术进行数据收集、存储和分析。通过对海量数据的挖掘与分析,智慧检查站能够实现更精准的风险防控和业务优化。

1. 实时数据采集与分析

智慧检查站的各个子系统每天都会产生大量的数据,包括人员进出记录、车辆识别信息、危险物品检测结果等。这些数据通过传感器和监控设备实时采集,上传到统一的平台进行存储与分析。

2. 大数据平台的构建与存储

智慧检查站的大数据平台是实现数据分析的基础。这个平台必须具备强大的存储能力和高效的数据处理能力,能够应对每天产生的海量数据。数据平台应采用分布式存储技术,将数据分布存储在多个节点上,确保数据的安全性和可扩展性。

在数据存储的过程中,智慧检查站还应做好数据分类与标签化处理。例如,不同的数据类别(如人员通行数据、车辆识别数据、监控视频数据等)可以采用不同的存储策略。对于敏感数据和长期保存的数据,平台还应具备数据加密和备份功能,确保数据的安全性和隐私保护。

3. 智能分析算法的应用

智慧检查站的大数据平台不仅要能够存储海量数据,还需要对这些数据进行深入的分析与挖掘。通过引入智能分析算法,系统可以自动识别潜在的安全风险,预测未来的风险趋势,并为管理人员提供决策支持。

在车辆识别系统中,系统可以通过分析历史数据,发现某些可疑车辆多次出入检查站,从而提高该车辆的风险等级,进行重点监控。同样,对人员通行数据进行分析也可以帮助检查站识别出异常的人员进出行为,例如在特定时间段内频繁出入的可疑人员,系统可以自动生成风险预警报告,提醒管理人员采取行动。

在视频监控方面,智能分析算法还可以自动识别异常行为,如聚众、打斗、携带危险物品等。系统可以通过机器学习算法逐步优化识别模型,减少误报率,提高安全监控的精准度。

4. 大数据在防控圈优化中的实际应用

在某智慧检查站的实际应用中,大数据平台对所有进出人员、车辆以及视频监控数据进行了全面分析。通过历史数据的积累和智能算法的应用,系统成功识别出多个潜在风险事件,通过对海量数据的分析与挖掘,智慧检查站可以提升整体的安全防控能力,还可以实现运营效率的优化。

4.6.4 智慧检查站的未来发展方向

智慧检查站作为公共安全领域的重要技术创新,已经展现出了广泛的应用前景。随着科学技术的不断发展,智慧检查站在未来将进一步向智能化、自动化和数据驱动的方向发展,为公共安全管理带来更多的创新与突破。

1. 智能设备的进一步应用

随着物联网、5G技术的普及,智慧检查站中的智能设备将更具有多样化与高效性。未来可以引入更加精准的危险物品检测设备、更加智能的无人机巡逻系统等,进一步提升检查站的安全防控能力。此外,基于生物识别技术的人员身份验证系统也将更加智能,能够在短时间内完成身份核实与风险评估。

智能设备的应用不仅将提高智慧检查站的自动化水平,还将降低人工干预的必要性,使得安全管理更加高效和精准。

2. 人工智能与机器学习的深度融合

未来,人工智能和机器学习将在智慧检查站中发挥更加重要的作用。通过引入更为先进的智能算法,检查站的安防系统能够更加精准地识别风险,并能预测潜在的安全威胁。系统可以通过不断学习历史数据和实际操作中的反馈,不断优化和改进自身的识别与应对能力。

智慧检查站的智能监控系统可以通过机器学习技术自动识别人员的异常行为,如长时间逗留、反复出入等,提高安全监控的效率与精准度。此外,人工智能还可以帮助优化检查站的运营策略,例如通过大数据分析优化人员调配和设备维护计划,提升运营效率。

3. 全场景智慧化管理

未来的智慧检查站将不仅仅局限于某个特定区域或单一功能,而是发展为涵盖多个场景的全方位智慧化管理系统。无论是在交通枢纽、商业中心还是居民社区,智慧检查站都可以根据不同场景的需求提供定制化的安防解决方案。

全场景的智慧化管理意味着智慧检查站可以根据不同的环境和需求灵活调整系统的配置和功能。在城市边界的智慧检查站,系统可以更加注重车辆的智能管理和危险物品检测;而在社区出入口,系统则可以加强人员身份验证和视频监控。通过场景化的智慧管理,检查站能够为不同区域提供更加精准的安全防护服务。

4. 与智慧城市建设的深度融合

随着智慧城市建设的推进,智慧检查站将成为智慧城市安全管理体系中的重要组成部分。智慧检查站可以与城市中的其他智能系统(如交通管理系统、应急指挥系统、环境监测系统等)实现数据共享与业务联动,形成一个统一的城市安全管理网络。

未来,智慧检查站的数据可以与智慧城市平台进行对接,实现跨部门、跨领域的数据共享。当城市发生突发事件时,智慧检查站可以与城市的交通管理系统联动,实时掌握交通状况,调整检查站的应急策略。这种深度融合将大大提升城市整体的安全管理能力,为智慧城市的发展提供强有力的安全保障。

智慧检查站作为一种新型的公共安全管理工具,结合了物联网、大数据、人工智能等前沿技术,极大地提升了检查站的安全防控能力和管理效率。通过统一化的系统架构、智能化的安防管理、实时的数据分析与智能指挥调度,智慧检查站不仅能够有效防范潜在的安全威胁,还能够为公共场所的运营与管理带来创新与突破。

随着科学技术的不断发展,智慧检查站将朝着更加智能化、自动化和数据驱动的方向发展。未来,智慧检查站不仅将在安全管理领域发挥更大的作用,还将在智慧城市建设中扮演重要角色,为城市居民提供更加安全、便捷的生活环境。

4.7 智慧内部保卫建设需求

随着现代科技的发展,尤其是物联网、大数据、云计算和人工智能技术的日益成熟,传统内部保卫

（内保）工作面临的挑战也越来越复杂化、技术化和智能化。为应对新的安全形势，企事业单位、政府机关、学校、医院等机构迫切需要将现代科技应用于内部安全防护领域，建设一个系统化、智能化、信息化的"智慧内保"体系。智慧内保不仅要求在突发事件中要有快速响应能力，还要具备日常安防的自动化、可视化管理，推动内保工作从以往依赖大量人力的模式向高度自动化、智能化的方向转型。

智慧内保的建设目标是通过技术的集成应用，打破传统安防模式中的"信息孤岛"，构建覆盖广泛、智能化程度高的全方位内保防控体系，最大限度地提升单位的安全系数和应急处理效率。以下是智慧内保建设的几大需求。

4.7.1 一体化智慧内保管理平台

构建一体化的智慧内保管理平台是智慧内保建设的核心目标之一。在传统内保体系中，通常是各个安防系统独立运行，视频监控、门禁系统、报警系统、巡查管理系统、人员出入系统、访客管理系统、考勤系统等多种子系统分散部署，彼此之间缺乏协调与信息共享，导致在实际操作中效率低下，且容易出现信息滞后或遗漏的问题。

智慧内保系统应当通过构建一个高度集成化的管理平台，将各类安防子系统统一接入，实现信息的实时共享与业务联动。当有紧急情况发生时，系统可以自动联动视频监控、报警装置，并根据事件的性质快速调取相关视频记录或通知安保人员采取相应措施。此外，平台还应具备强大的数据处理和分析能力，能够自动生成巡查路线、人员出入记录、事件报告等各类信息，辅助管理者进行高效决策。

系统接口和协议需要符合国际和国家的相关技术标准，以确保与第三方设备或系统的兼容性。智慧内保平台的建设不仅要考虑现有技术的应用，还需具备良好的可拓展性和升级能力，能够随着未来技术的发展和新的需求不断优化升级。

4.7.2 智能化安防体系

智慧内保的第二大需求是建立一个全面、智能的安防体系。通过运用最新的物联网技术、智能传感设备、视频监控与智能分析技术，内保管理可以从被动防控转向主动预警，从传统的"事后响应"模式转型为"事前预防"模式，从而提高内保工作的效率与精准度。

1. 智能视频监控与实时分析

智能视频监控是智慧内保的重要组成部分。与传统监控依赖大量人力值守不同，智能视频监控系统可以通过深度学习和智能算法对监控画面进行实时分析，自动识别异常行为并及时发出警报。系统可以检测到诸如人员闯入禁区、物品遗留、人员聚集、打架斗殴等行为，并根据具体情景发出不同等级的警报，同时记录视频并通知安保人员。

此外，智慧内保的智能监控系统需要具备全天候监控能力。尤其是在夜间或光线不足的环境下，系统应当能够依靠红外夜视技术或低光摄像技术，确保画面清晰，避免出现监控盲区。对于一些高敏感区域，如机房、仓库、财务室等，监控系统还需具备高清拍摄与细节分析功能，以便在必要时提供更为详尽的证据资料。

2. 门禁与人员管理系统

门禁系统是内保管理中的核心之一。传统门禁系统通常依赖于门卡、指纹识别等技术，然而这些方式存在诸多不足，如门卡容易丢失或被冒用，指纹识别对设备的要求较高且效率较低。智慧内保通过引入人脸识别、虹膜识别等新一代生物识别技术，提升了门禁系统的安全性与便捷性，确保只有经过授权的人员才能进入特定区域。

智能化的门禁系统不仅能够管理日常人员的出入,还可以与考勤系统联动,自动生成人员出入时间记录和活动轨迹。对于某些特定区域,系统可以设置多重验证方式(如人脸识别+门禁卡双重验证),从而加强敏感区域的安全管理。同时,门禁系统的数据还可以用于后续的行为分析和安全风险评估,进一步保障内部安全。

3. 智能巡查系统

巡查是内保工作的一个重要环节,传统的巡查方式通常需要依靠大量人力进行日常检查,效率低且难以确保不遗漏重点区域。智慧内保引入了智能巡查管理系统,通过 RFID 标签、NFC 技术、GPS 定位等手段,安保人员可以使用智能设备(如手机、平板等)进行自动打卡和巡查记录,系统将根据时间、地点生成详细的巡查报告,帮助管理者实时监控巡查工作的完成情况。

智能巡查系统还可以根据具体情况灵活调整巡查路线和频率。在发生安全事件或有安全隐患的区域,系统可以自动增加该区域的巡查频率,并提醒安保人员重点关注。通过智能化的巡查管理,智慧内保有效减少了人力资源的浪费,同时确保了重点区域的安全。

4.7.3 智慧访客与外来人员管理

随着单位内部访客数量的增加,访客管理已成为内保工作中的一项重要内容。智慧内保系统通过对访客的身份核实、信息登记、出入权限控制等措施,有效管理外来人员,确保访客活动的透明与安全。

智慧访客管理系统不仅要实现外来人员的登记与身份验证,还应与门禁系统、视频监控系统联动。当访客进入大楼时,系统可以通过短信或 App 通知相关人员,访客的身份信息将自动记录在系统中,并根据所申请的区域和时间自动生成出入权限。如果访客在规定时间内没有离开,系统将自动发出提醒,要求安保人员进行处理。

此外,系统还应具备快速通行功能,避免因烦琐的手续影响业务的运转效率。

4.7.4 数据驱动的安全预警与风险控制

智慧内保建设的一个重要需求是通过大数据技术实现安全预警与风险控制。传统内保工作往往依赖人工经验和直觉进行风险评估,难以对潜在的安全隐患进行提前预警。智慧内保系统则通过对大量历史数据的分析和趋势判断,可以提前识别可能发生的风险并及时发出警报。

1. 实时数据采集与分析

智慧内保系统依赖物联网技术,能够对单位内部的各类数据进行实时采集,如人员流动、设备运行状态、环境监控数据等。这些数据经过系统的智能分析,可以帮助管理者实时掌握单位的安全状态。

系统不仅限于对人员行为的分析,还可以对设备进行状态监测。对于视频监控、报警设备等关键性安全设备,系统会定期进行健康检查,分析其使用频率、故障率等信息,一旦发现设备异常或存在潜在故障,系统会自动发出维护提醒,确保设备始终处于最佳工作状态。

2. 智能风险评估与动态预警

智慧内保系统通过对多维度数据的采集与分析,可以自动进行智能化的风险评估。系统可以结合不同人员的出入时间、区域访问权限、历史行为记录等信息评估出其潜在的风险等级。如果某人的行为出现异常,系统会根据风险等级自动发出不同级别的预警,并提醒相关安保人员进行处理。

同时,系统还可以根据不同行业或单位的特点提供定制化预警机制。例如,在机密文件管理部门,当系统监测到某人在非授权时间内试图进入敏感区域,或长时间逗留在敏感区域,系统就会立即发出警报,并锁定相关视频记录供后续审查使用。

4.7.5 内保应急响应与协同指挥

应急响应是智慧内保建设中的一个关键需求。当突发安全事件发生时,内保系统的响应速度和处置能力直接决定了损失的大小。智慧内保系统通过建立智能化的应急响应机制,确保在事件发生的第一时间快速反应,缩短处理时间,减少损失。

1. 应急预案与自动响应

智慧内保系统需要根据不同类型的突发事件制定详细的应急预案,并与各类安防设备、消防系统联动。当事件发生时,系统会根据预设的方案自动调度资源。当发生火灾时,系统会自动关闭相关区域的门禁,启动消防系统,并通知疏散所有在场人员。同时,系统会根据预案快速联系应急指挥中心或相关负责人,确保事件的及时、有效处理。

2. 智能调度与应急指挥

应急事件发生后,智慧内保系统会根据事件的严重程度进行智能化调度。

3. 应急演练与实战模拟

为了确保内保应急响应机制的高效性,智慧内保系统应定期组织应急演练与实战模拟。通过虚拟现实(VR)技术和数字孪生技术,单位可以创建真实的应急场景进行模拟演练,让安保人员熟悉不同类型突发事件的应对流程。在模拟演练中,系统会根据事件的发展,自动生成应急预案执行效果的评估报告,并指出流程中可能存在的薄弱环节。

模拟演练不仅能够提高安保人员的应急响应能力,还能帮助管理层优化应急预案,提高整个单位的应急指挥和协同能力。通过这种方式,智慧内保系统可以最大限度地确保在实际突发事件发生时,安保人员能够快速、准确地采取行动,最大限度地减少事件带来的损失。

4.7.6 数据安全与隐私保护

在智慧内保的建设过程中,数据安全与隐私保护是不可忽视的关键问题。由于智慧内保系统涉及大量的人员数据、视频监控数据、出入记录等敏感信息,因此必须确保这些数据的安全性与隐私不被侵犯。

1. 数据加密与存储安全

智慧内保系统应采用先进的数据加密技术,确保所有数据在传输和存储过程中的安全性。无论是人员出入记录、监控视频还是访客信息,都必须经过加密处理,防止未经授权的访问和数据泄露。同时,系统的存储设备应具备高度的安全性,防止数据被恶意篡改或删除。

在数据存储方面,智慧内保系统应根据单位的实际需求,合理规划本地存储和云存储的使用。对于实时性要求较高的数据(如监控视频、报警记录等),可以优先存储在本地,确保数据的即时性。而对于历史记录、巡查报告等长期数据,则可以通过云存储进行备份,确保数据的安全性与可追溯性。

2. 访问控制与权限管理

为了保障数据的安全性,智慧内保系统需要有严格的访问控制与权限管理机制。不同层级的人员应根据其职责和权限获取相应的数据和系统操作权限。

同时,系统应对所有访问操作进行详细记录,确保每一次数据访问都有据可查。一旦发现异常操作(如未经授权的访问或数据篡改行为),系统应立即发出警报,并锁定相关用户的访问权限。

3. 隐私保护与数据合规

智慧内保系统在建设过程中还必须严格遵守国家和行业的相关隐私保护法规,确保所有涉及个人隐私的数据(如人员出入记录、访客信息等)都得到合法、合规的处理。在数据采集、存储和使用的过程中,应始终遵循最小化原则,即只采集和使用与安全防控相关的必要数据,避免过度采集和滥用数据。

同时,智慧内保系统应定期对数据安全和隐私保护机制进行审计,确保系统始终符合最新的法律要求。一旦发生数据泄露或侵犯隐私事件,系统应具备相应的应急响应机制,能够快速采取措施,减轻事件影响并及时通知相关人员和监管部门。

智慧内保建设是现代单位安全管理的必然趋势。通过整合物联网、人工智能、大数据等先进技术,智慧内保不仅能够显著提高单位内部的安全管理水平,还能减少人力资源的浪费,提高管理效率。智慧内保的核心需求包括一体化智慧内保管理平台、智能化安防体系、智慧访客与外来人员管理、数据驱动的安全预警与风险控制、内保应急响应与协同指挥、数据安全与隐私保护。

未来,随着科学技术的进一步发展,智慧内保将持续优化,成为智慧城市和智慧社会的重要组成部分,为单位和城市提供更为全面的安全保障。这不仅体现了科技为安防工作带来的革命性变革,也为企事业单位、政府机构等创造了更加安全、高效、智能化的工作和生活环境。

4.8　大型活动安保建设需求

随着社会的进步与大型活动频率的增加,确保这些活动的安全已成为公共安全管理的核心问题。无论是重大节假日的庆典、国际性体育赛事还是大型的社会集会,都需要复杂且多层次的安保措施来保障参与人员的安全。现代技术的发展,尤其是信息化技术的应用,为大型活动安保提供了强有力的支撑。本小节将深入探讨大型活动安保系统的建设需求,其中涵盖用户角色、页面功能、业务流程及其如何实现安保实战平台的一体化应用。

实战平台的数据中台,为大型活动安保系统提供全方位的数据支撑。在重大节假日、重大活动时,系统支持启动重大活动安保指挥模式,面向总指挥部、基地指挥部、现场指挥部、检查站等警力,以视频图像结构化数据为基础,通过实战平台整合的公安信息化业务数据、社会资源数据,以人、事、物、车、单位、场所、部位、路线为管控要素,集数据采录、汇总、分析、展示于一体,分析挖掘数据价值,对安全风险实现预测、预警、预防。依托视频会议、移动多媒体、地理信息平台,实现指挥调度[107]。

在大型活动安保系统中,用户角色的明确划分至关重要,不同角色肩负着不同的职责,以实现从高层决策到现场执行的无缝衔接。系统用户可大致分为以下几类。

(1)总指挥部用户:负责整个活动的安保决策与指挥,统筹协调各类资源与警力调配。总指挥部是活动安全的中枢,主要功能包括实时监控、综合分析与指挥调度。

(2)基地指挥部用户:此类用户负责具体的区域安保工作,通常以活动区域为中心,对现场安保人员、设备、资源等进行管理与指挥。

(3)现场指挥部用户:这类用户是安保工作的直接执行者,现场指挥部负责活动场地的实际警力调度和应急处理。通过系统,他们能够实时了解现场状况,并对突发事件做出快速反应。

(4)检查站用户:检查站位于活动场地周边,这类用户主要负责出入口的管控工作,检查人员、物品、车辆等的安全性。

(5)其他社会资源用户：在大型活动安保系统中，还需要整合大量社会资源，包括交通管理部门、医疗救援部门等，以实现资源的共享和联动。

为满足不同用户的需求，大型活动安保系统的页面功能设计需要具备灵活性和针对性。根据用户角色的不同，系统页面可设计为如下几个核心模块。

(1)实时监控模块：这一模块为用户提供实时的视频监控，整合现场摄像头、无人机等视频源，实现多角度、全方位的监控展示。视频图像结构化数据能够实时传递重要信息，如人员密集程度、车辆流量等，为指挥者提供及时的决策依据。

(2)数据汇总与分析模块：通过该模块，系统将多源数据汇总并进行智能分析，包括人员流动数据、车辆数据、设备数据等。通过对数据的整合与深度挖掘，系统可以自动识别潜在的安全风险，为用户提供预警和防范建议。

(3)指挥调度模块：该模块为指挥部用户提供指挥调度功能，用户可以通过地理信息系统平台了解现场情况，并通过视频会议、移动多媒体等工具与各部门协调工作，快速调度警力和设备。

(4)风险评估与预警模块：通过对现场及周边的数据分析，系统能够对安全风险进行实时评估。依托历史数据和模型算法，系统可以预测可能的安全隐患，提前发出预警并提供应对方案。

(5)检查站管理模块：该模块专为检查站用户设计，帮助他们对进入活动区域的人员、车辆、物品进行身份验证和安全检查。系统会自动记录检查结果，并将可疑信息传递给相关指挥部进行进一步处理[108]。

大型活动安保系统的业务流程设计应围绕事件的整个活动周期展开，从前期准备到事中监控再到事后总结都需要形成一套闭环的管理流程。具体流程可划分为以下几个阶段。

(1)前期准备：在活动开始之前，安保系统首先需要采集活动相关的基础数据，包括活动地点、时间、规模、参与人员构成等信息。同时，系统还需要预先制定安保方案，并结合历史数据进行风险评估，制定出针对性的安保措施和应急预案。

(2)事中监控：活动开始后，系统将进入实战模式。通过实时的数据采集和分析，系统能够动态监控现场的各类信息，如人流密集区、异常车辆轨迹等。系统通过对各类传感器、摄像头、无人机的整合，实现现场信息的全方位采集与展示。

(3)事后总结：活动结束后，安保系统将对整个活动的安保工作进行总结和评估。系统会自动生成活动期间的安全报告，包括异常事件记录、处理结果、资源调度情况等，并提出改进建议，以帮助下一次活动的安保工作做得更好。

为实现对大型活动的全方位、全流程安全管控，安保系统应与实战平台深度整合，实现从数据采集到分析、调度的一体化应用。通过实战平台的数据中台，系统可以汇聚多源数据，并基于数据模型进行分析与预测。

(1)数据整合与共享：在重大节假日或活动期间，系统会整合公安信息化业务数据、社会资源数据等，并通过视频图像结构化数据实现对人、事、物、车、单位、场所、部位、路线的全面管控。这些数据能够有效支撑指挥调度，为用户提供实时的决策依据。

(2)数据分析与挖掘：基于安保实战平台的数据中台，系统能够对多源数据进行深入的分析与挖掘，识别潜在的安全威胁。系统可以通过机器学习算法预测人流量、车辆流向等关键信息，提前预警潜在风险，并提供相应的应对方案。

(3)指挥调度与联动:通过安保实战平台,系统可以实现跨部门、跨区域的指挥调度。无论是总指挥部、基地指挥部还是现场指挥部,所有用户都可以通过系统进行协同工作。视频会议、地理信息系统(GIS)等工具的应用[109],使得指挥调度更加高效、精准[110]。

现代大型活动安保系统的重要目标之一是实现安全风险的预警、预测和预防。依托数据分析与人工智能技术,系统可以实现以下几项核心功能。

(1)安全风险预测:通过历史数据与实时数据的结合,系统能够预测可能的安全风险。例如,当人流量过大时,系统会自动提示并建议采取限流措施;当车辆出现异常轨迹时,系统可以及时发出预警。

(2)预警机制:系统可以设置多层次的预警机制,当某项指标超过设定阈值时,系统会自动发出预警通知给相关部门。预警信息不仅限于警务人员,还可以通过系统发送至社会资源部门,实现全方位的风险管控。

(3)应急预案:系统会结合预测和预警结果自动生成应急预案,并提供实时应对建议。例如,当检测到人流密集区时,系统会自动调度警力,并为相关人员提供疏导建议。

大型活动安保系统的建设是一项复杂且多层次的工程,依托现代信息化技术,系统可以实现对大型活动的全方位安全管控。从用户角色划分、页面功能设计、业务流程管理到数据的整合与分析,系统在确保活动安全方面发挥着至关重要的作用。未来,随着科学技术的不断进步,大型活动安保系统将进一步朝着智能化、自动化和高效化的方向发展,为公共安全保驾护航。

4.9 娱乐场所和特种行业治安管控需求

在当前复杂的社会治安形势下,娱乐场所和特种行业由于其特殊的经营性质,往往成为违法犯罪活动的高发领域。这类行业包括娱乐场所、废旧金属收购业、二手车交易市场、旧货市场、机动车报废回收、典当行以及物流、寄递等传统行业,同时也涵盖3D打印、网约房、无人机等新兴业态。这些行业与社会安全息息相关,但由于管理对象多样、行业类型复杂,加上一些行业经营者或从业人员的法治观念淡薄,导致行业中的违法犯罪行为层出不穷。

为了应对这一挑战,依据《全国公安机关社会治安防控体系建设指南》的要求,急需建设适用于娱乐场所和特种行业的治安管控系统。该系统的核心目标是通过信息化手段加强对这些行业场所的全方位管控,实现实时数据采集、智能分析和预警处置,全面提升公安机关在相关领域的治安防控能力。

4.9.1 与区厅治安实战应用系统和治安综合管理平台对接

娱乐场所和特种行业治安管控系统必须与区厅的治安实战应用系统及治安综合管理平台(治综平台)实现数据的互联互通,以便公安机关在执行治安管理任务时能够及时获取和共享信息。通过实现系统的对接,确保所有涉案信息和行业信息能够在各级公安机关之间实现实时更新和无缝传递。

系统应具备与现有公安系统的兼容性,包括公安信息综合平台、警务综合应用系统等。通过系统对接,娱乐场所和特种行业的数据将与治综平台、实战应用平台进行融合,形成信息共享、数据更新的闭环机制,避免出现数据孤岛现象,提升公安机关对娱乐场所和特种行业的实时掌控能力[111]。

4.9.2 补充完善重点行业和场所的功能模块

娱乐场所和特种行业的种类繁多,经营范围广泛,不同行业的管理重点和难点各异。因此,系统建设必须针对每一类行业场所的特性,量身定制相应的功能模块,确保系统对各类行业的适应性。

1. 娱乐场所功能模块

(1)实现对娱乐场所经营者及从业人员信息的采集和备案管理,包括身份证明、资格认证等信息。

(2)实现场所消费人员的实时登记。利用身份验证系统、视频监控等技术,确保消费者的身份真实、可靠,防止身份冒用及未成年违规进入。

(3)对娱乐场所内人员流动和消费行为进行全程视频监控,确保对场所动态的实时掌控。

2. 废旧金属收购、机动车报废回收功能模块

(1)实现对废旧金属收购、机动车报废回收等行业的交易记录、回收物资流向等信息的实时采集和备案。

(2)通过物联网技术、视频监控等手段监控行业的生产经营环节,防止非法买卖和销赃行为。

3. 二手车交易、旧货市场功能模块

(1)实现对二手车交易市场、旧货市场的交易信息、货物来源、买卖双方身份信息的实时录入和备案。

(2)对车辆来源、旧货市场的货物信息进行溯源管理,防止非法交易和销赃行为。

4. 物流、寄递行业功能模块

(1)通过系统整合快递物流企业的运营数据,实现对物流、寄递信息的实时追踪。

(2)要求物流、寄递行业全面落实实名制登记,确保所有寄递物品的来源和去向可控,防止违禁物品流通。

5. 新兴业态功能模块

(1)针对3D打印、网约房、无人机等新兴业态,制定相应的管理规则,严格要求经营者和消费者的信息登记和核实。

(2)针对无人机,建立飞行监管模块,通过系统对无人机的飞行轨迹进行实时监控,防止无人机非法飞行和潜在的安全隐患。

4.9.3 提升数据完备度和行业场所覆盖率

数据完备度和行业场所覆盖率是治安管控系统建设的关键,娱乐场所和特种行业的数据必须全面、准确,涵盖行业场所的所有关键信息和运行状况。为此,系统需具备全要素采集功能,覆盖场所的基本信息、人员信息、经营信息、设备信息等各方面内容。

全要素数据采集:

(1)场所基本信息采集:包括场所的地理位置、经营范围、场所规模、设备配置、消防安全等情况,确保公安机关对场所整体状况有一个全面的了解。

(2)人员信息采集:包括经营者、从业人员、服务人员、消费者等的身份信息,确保所有相关人员的身份清晰可查。

(3)经营数据采集:包括营业额、服务项目、物资采购等信息,防止非法经营活动。

(4)设备信息采集:包括场所内的监控设备、报警系统等,确保设备运行正常,能够实时监控场所内的安全状况。

通过上述多层次、多维度的数据采集,系统将对娱乐场所和特种行业进行全面的覆盖和掌控,确保所有行业场所处于公安机关的监控之下。

4.9.4 智能感知设备的规划和部署

为了加强对行业场所的动态掌控,必须在重点部位部署智能感知设备,实现对重点区域的全天候监控。智能感知设备包括高清视频监控、红外传感器、智能门禁系统、自动报警系统等,通过这些设备的联动,系统能够实时掌握场所的动态,识别异常行为并发出预警。

智能感知设备的功能需求:

(1)视频监控系统:重点场所的入口、出口、消费区等区域需安装高清摄像头,实时监控人员进出和活动情况。

(2)红外感应设备:在关键区域安装红外感应设备,防止未经授权人员进入场所。

(3)智能门禁系统:娱乐场所和特种行业的经营场所需安装智能门禁系统,结合身份验证技术,确保只有授权人员可以进入。

(4)自动报警系统:当监控设备检测到可疑活动时,系统会自动发出警报,并向公安机关发送实时预警信息,便于及时处理。

通过智能感知设备的部署,系统能够在第一时间发现异常情况,确保对场所的无死角、无盲区监控。

4.9.5 建立智能研判分析模型和后端管控功能

为了实现对娱乐场所和特种行业的精准管控,系统必须建立多维度的智能研判分析模型,结合大数据技术和人工智能算法,对采集到的行业数据进行分析和研判。系统将根据不同的行业类型和场所特点,构建基于"人、场所、行业、区域"等维度的技战法模型[112],自动识别和判断潜在的风险[113]。

智能研判分析模型的功能需求:

(1)人员行为分析:系统通过对场所内人员行为的监控,分析其活动规律和异常行为,识别可疑人员和可能存在的违法犯罪风险。

(2)场所运行分析:系统对娱乐场所和特种行业的经营数据进行分析,判断场所的经营合法性,及时发现非法经营、非法交易等行为。

(3)行业风险分析:根据行业特点,系统自动识别特定行业的风险点,如寄递行业中可能存在的违禁物品、废旧金属回收行业中的非法交易等。

(4)区域安全分析:系统结合场所的地理位置和周边环境,对场所周边的治安态势进行评估,判断区域内是否存在安全隐患。

4.9.6 压缩违法犯罪活动的生存空间

娱乐场所和特种行业由于其特殊的经营性质,往往成为违法犯罪活动的高发场所。系统建设的最终目标之一是通过数据采集、智能分析和实时预警等手段,压缩违法犯罪活动的生存空间,打击非法行为。

通过以下几个方面实现对违法犯罪的精准打击:

(1)信息采集:通过全面的数据采集,公安机关能够对娱乐场所和特种行业中的可疑人员、可疑活动进行实时监控,减少违法犯罪的发生概率。

(2)数据研判:通过智能化的研判分析,系统能够提前预测可能发生的违法犯罪行为,并为公安机关提供打击建议。

(3)实时预警:当发现场所中存在违法犯罪行为时,系统会自动发出预警信息,确保公安机关能够第一时间进行处置,最大程度上减少违法犯罪的危害[114]。

通过构建全方位、多层次的智能化治安管控系统,公安机关将有效压缩娱乐场所和特种行业中的违法犯罪活动生存空间,保障社会治安的长效稳定。

以人、场所、行业、区域等不同维度构建技战法模型,实时数据监控预警,为领导决策提供数据支撑。通过系统建设实现信息采集、数据研判、实时预警,强化阵地控制,有效压缩违法犯罪的生存空间,长效保障行业规范运营[115]。

4.10 公交防控需求

在公交场站增设智能感知设备,实现动态数据实时上传。建设市级公交智慧防控系统,对接市公交公司智能指挥中心,接入公交车线路、轨迹信息等。通过汇聚公交各类数据,打造分析研判模型工具、可视化展示应用、智能预案应用、智能信息检索,服务于公交治安防控信息查询、分析研判、布控预警、态势分析、辅助决策,提升数据应用能力、减轻日常工作负担、提升整体防控效率。

依据公安部下发的《全国公安机关社会治安防控体系建设指南》要求,公交智慧防控系统作为市域单元防控的重要组成部分,需完成市级系统的构建,实现与部、厅平台的数据上报,为全面构建治安防控体系提供重要的系统支撑。

4.11 备份和运维需求

4.11.1 备份需求

备份需求是确保区域治安防控平台在面对数据丢失、损坏或系统故障时能够维持关键业务连续性的基础。在当今数字化时代,数据的价值日益凸显,因此,建立一个全面且可靠的备份机制对于保护平台免受意外事件的影响至关重要。这不仅涉及日常操作中产生的数据,也包括配置信息、用户资料和关键的业务逻辑。为了应对这些潜在风险,平台的备份系统需要能够提供自动化的备份流程,确保数据的完整性和一致性。备份需求主要体现在以下几个方面。

1. 自动与手动备份

为了确保区域治安防控平台的数据完整性和可恢复性,平台必须具备灵活的备份功能,以适应不同的业务场景和应急需求。自动备份作为一种常规的数据保护措施,能够确保每天的数据更新得到系统的保存,从而为平台提供一个持续的数据保护层。这种自动备份机制通常在系统负载较低的时段执行,以减少对日常操作的影响,同时保证数据的持续保护。通过这种方式,即使在没有人工干预的情况下,关键数据也能被定期存档,为平台提供了一个可靠的数据恢复点。

除了自动备份,手动备份功能为用户提供了额外的灵活性,使得在面对突发事件或特殊需求时,用户可以主动介入并立即创建数据备份。这种即时的备份操作对于防止数据丢失至关重要,尤其是在预见到可能的数据风险或需要进行系统维护和升级时。手动备份允许用户根据实际业务需求,选择性地备份特定数据集或在关键时刻保存整个系统状态,从而提供了一种即时的数据保护手段。通过结合自动备份的连续性和手动备份的灵活性,平台能够为各种数据丢失场景提供全面的保护。

2. 备份文件存储

备份文件的存储策略是确保数据安全性和业务连续性的关键环节。在区域治安防控平台的建设中,备份需求的设计必须考虑数据的高可用性和耐久性。平台应采用三副本存储策略,即将每份数据自动复制到三个不同的物理位置,以此确保数据的冗余性和抗风险能力。这种存储方式可以有效抵御单点故障,保障数据在面临硬件故障、系统崩溃等情况下的安全。此外,备份文件应保存在云平台对象存储中,利用云平台的高可靠性和可扩展性,进一步增强数据的安全性和可恢复性。

3. 快照备份

采用快照方式对云硬盘中的数据进行备份是一种高效的数据保护策略。快照技术能够在特定时间点捕捉云硬盘的状态,创建一个完整的数据映像,从而确保数据的完整性和一致性。这种备份方式的优势在于其速度和效率,因为它不需要复制整个数据集,而是只记录数据变化的部分,从而节省了存储空间和备份时间。在数据恢复过程中,快照提供了一种快速恢复到之前状态的手段,这对于应对数据丢失或损坏的情况至关重要。此外,快照的冗余存储方式,即在多个位置存储快照数据,进一步增强了数据的安全性,确保了在面临硬件故障、系统崩溃等灾难性事件时,数据能够迅速且完整地恢复,从而保障业务的连续性。

在实施快照备份策略时,还需要考虑其他辅助措施以确保数据的全面保护。例如,云平台对象存储服务通常提供高持久性的数据存储,设计规格可达到99.999999999%(11个9)的持久性。这意味着即使在极端情况下,数据的丢失概率也极低。此外,云平台还应提供跨区域复制能力,允许用户在不同的地理位置之间复制数据,从而实现异地容灾。这种跨区域的数据保护策略可以在面临自然灾害或其他区域性风险时,确保数据的安全性和业务的连续性。通过这些综合措施,快照备份结合云平台的高级特性,为区域治安防控平台提供了一个强大且可靠的数据保护解决方案。

4. 基础设施的灾备与冗余

关键基础设施的灾备和冗余能力对于区域治安防控平台的稳定运行至关重要。供电系统、空调系统、火灾检测防护系统、动力系统等构成了平台运行的物理基础。这些系统必须设计成能够在主要组件或整个系统发生故障时,迅速切换到备用单元,以保证服务不中断。这种冗余设计意味着每个关键组件都有至少一个备用单元,它们可以在主单元失效时立即接管工作,从而确保平台的持续运行。

5. 网络设备的冗余部署

为了保证主要物理网络设备和虚拟网络设备的业务处理能力满足业务高峰期的需求,采用冗余技术手段至关重要。这种技术的应用意味着在关键网络组件或链路发生故障时,备用系统能够无缝接管,从而防止单点故障导致的整个网络服务中断。具体来说,冗余技术可以通过多种方式实现。

(1) 硬件冗余:关键网络设备,如核心路由器和交换机,应配备冗余的电源模块、风扇模块以及控制板。这种设计确保了即使某个硬件组件发生故障,其他组件也能维持设备的正常运行。

(2) 链路聚合:将多个物理链路组合成一个逻辑链路,链路聚合技术可以增加带宽并提高可靠性。当一个物理链路发生故障时,其他链路可以自动承担数据流量,实现无缝的故障转移。

(3) 虚拟化技术:网络功能虚拟化(NFV)和网络设备虚拟化(NDV)允许将物理设备的功能虚拟化,从而在软件层面实现冗余。例如,通过虚拟路由冗余协议(VRRP),可以创建一个虚拟的默认网关,以确保在物理网关设备故障时网络通信的快速恢复。

(4) 双机热备:通过两台或多台机器同时运行相同或不同的应用或数据库,实现数据的备份和业务的负载均衡。这种技术旨在提高系统的可靠性和性能,特别是在处理大量数据和高并发请求的场景中。

通过这些冗余技术手段,网络设备的业务处理能力不仅能够满足日常需求,还能在业务高峰期提供稳定的服务,确保关键业务的连续性和网络的高可用性。这些措施共同构成了一个全面的网络冗余策略,旨在减少因设备故障导致的服务中断,提高网络的整体稳定性和可靠性。

4.11.2 运维需求

运维需求是区域治安防控平台长期稳定运行的基石。它涵盖了平台的监控、维护和故障响应等关键环节,确保在面对各种挑战时,平台能够持续提供高效、可靠的服务。为了实现这一目标,运维团队需要采取一系列措施,包括但不限于实时监控系统性能、定期进行系统维护、快速响应并解决出现的故障。这些活动不仅有助于及时发现和解决技术问题,还能够预防潜在的风险,从而保障平台的高可用性和业务连续性。此外,运维需求还涉及与用户的沟通和反馈,确保用户的需求和问题能够得到及时的关注和处理。通过这些综合措施,运维团队能够为区域治安防控平台提供一个稳定、安全的运行环境。运维需求主要体现在以下几个方面。

1. 监控与维护的责任

应用系统的建设单位在确保平台的持续稳定运行中扮演着核心角色,他们负责应用系统的全方位监控、维护和告警管理。这不仅涉及对系统性能的实时监控,以确保服务的高效运行,还包括对系统潜在问题的及时发现和解决。通过实施先进的监控策略,如应用性能监控(APM),建设单位能够对企业核心业务系统进行性能上的故障定位和处理,优化性能并提高业务系统的可靠性,从而优化用户体验。

此外,建设单位还需制定一套完善的告警管理系统,以便在系统发生故障时能够快速响应。这包括配置核心业务接口作为告警的标准,如电商业务的下单接口或游戏业务的登录入口,以及设置调用次数、错误率等关键指标的告警阈值。通过这种方式,当业务量异常或错误率上升时,系统能够及时发出告警,促使维护团队迅速采取行动。告警管理的有效性对于减少系统故障的影响至关重要,它能够显著提高故障的响应速度和处理效率。通过这些措施,建设单位确保了平台在面临各种挑战时的稳定性和可靠性。

2. 云平台提供方的职责

云平台提供方在确保客户满意度和业务连续性方面扮演着至关重要的角色。系统不仅需要及时响应客户的反馈信息,还需要提供快速有效的修复服务来解决客户在使用云服务过程中遇到的各种问题。为了实现这一目标,云平台提供方必须建立一个高效且反应敏捷的客户服务系统。这个系统应该能够实时监控客户的需求和问题,通过自动化工具和专业的技术支持团队,确保客户的问题能够得到及时的响应和解决。

云平台提供方还需要提供全面的服务和支持,包括但不限于技术咨询、故障排查、系统维护和紧急响应。这些服务可以通过多种渠道提供,如现场支持、电话、Email、远程技术支持等,以确保客户在遇到问题时能够通过最方便的方式获得帮助。例如,阿里云提供包括业务连续性保障、云上护航服务、安全产品方案咨询及支持服务等在内的全方位服务,以提升运维能力和应急响应能力。此外,华为云强调弹性负载均衡技术的重要性,以提高系统的可用性和性能,从而快速响应用户请求。这些服务的共同目标是提高云服务的可靠性和用户体验,确保客户能够充分利用云平台的资源和功能实现业务目标。

3. 运维方式

为了适应不同运维场景,提高问题解决的效率,运维方式需要涵盖现场、电话、Email 以及远程技术支持等多种途径。这样的多样化运维策略能够确保无论用户遇到何种问题,都能通过最便捷的方式获得及时的帮助。现场支持能够针对复杂或紧急的技术问题提供即时的解决方案;电话和 Email

支持则为用户提供了更为灵活的沟通方式,便于快速反馈和初步指导;远程技术支持允许技术人员在无须亲临现场的情况下,通过远程访问和控制用户的系统进行故障诊断和修复。这不仅提升了解决问题的速度,也降低了运维成本。

同时,随着自动化运维技术的发展,运维团队可以利用自动化工具来进一步提升工作效率和准确性。自动化运维能够自动执行常规任务,减少人为错误,并通过实时监控系统状态来快速响应潜在问题。这种自动化的监控和故障管理能力,使得运维团队能够提前预警并自动采取措施,从而显著提高系统的稳定性和可靠性。通过结合多样化的运维方式和先进的自动化技术,企业能够确保IT系统的高效、稳定运行,满足日益增长的业务需求。

4. 运维内容

运维工作是保障区域治安防控平台稳定运行的关键环节。它包括了对系统全面的故障排查和处理,确保从软件应用到硬件设施的每个部分都能正常工作。运维团队需要对设备状态、性能和链路进行持续监控,及时发现并解决可能影响系统稳定性的任何问题。这涉及对系统日志的分析、性能指标的监控以及对网络流量的审查,以确保所有系统组件都能在最佳状态下运行。

运维团队还需负责向客户提供及时的故障通告和服务中断通告。这意味着在检测到任何可能影响服务的问题时,运维团队需迅速通知利益相关者,并提供必要的信息以评估影响和采取行动。同时,运维团队应提供有效的修复服务,这不仅包括快速解决问题,还涉及问题的根源分析和预防措施的实施,以减少未来故障的发生。这些综合性的运维措施,可以确保平台在面对各种挑战时的稳定性和可靠性,从而支持区域治安防控平台的持续运作。

5. 服务响应时间

服务响应时间是衡量运维服务质量的关键指标之一,它直接关系到用户的满意度和信任度。为了提供高效的运维服务,必须确保响应时间不超过15分钟。这意味着从用户报告问题到运维团队开始处理的时间应尽可能短,以尽可能降低对用户业务的影响。此外,提供7×24小时的电话服务是确保及时处理各种事件的重要手段,它允许用户在任何时间获得必要的支持和帮助。这种全天候的服务覆盖显示了对用户需求的承诺,无论用户何时遇到问题,都能迅速得到响应。

同时,定期的日常巡检是预防潜在问题的有效方法。通过定期检查设备的运行状态和性能指标,运维团队可以提前发现并解决可能的问题,从而避免故障的发生。这种主动的维护方式有助于减少紧急响应的需求,确保平台的稳定运行,并提高整体的服务质量。例如,通过"望、闻、问、切"的办法来进行巡检,可以及时发现量变过程中必然反映出来的特征,在设备事故发生质变前进行处理,积极预防质变,防止事故的发生。这种综合的运维策略不仅提高了问题解决的效率,还通过预防性维护减少了故障的发生,从而提升了服务的可靠性和用户的满意度。

4.12 重点区域管控需求

4.12.1 学校管控需求

在现代社会,学校作为知识传授、人才培养的重要场所,其内部环境的稳定与安全直接关系到学生的健康成长、教学秩序的正常运行以及社会的和谐稳定。因此,加强学校管控,尤其是从教育管理需求和校园安全需求两个维度出发,构建全面、高效、智能的管控体系显得尤为重要。以下是对这两方面需求的深入分析与阐述。

4.12.1.1 教育管理需求

1. 教学资源优化配置

(1) 智能化教学管理系统。

随着信息技术的飞速发展,学校应引入智能化教学管理系统,实现课程安排、教师调配、学生选课、成绩管理等流程的自动化与智能化。通过大数据分析,系统能根据学生兴趣、学习能力及课程难度等因素,智能推荐最适合的学习路径和课程资源,提高教学效率和学习效果。

(2) 教学资源共享平台。

构建校际或区域内的教学资源共享平台,促进优质教学资源的流动与共享。平台可涵盖电子图书、教学视频、实验案例、题库等多种资源,为教师备课、学生学习提供丰富的素材。同时,通过在线协作工具,鼓励教师间的教学经验交流与共享,促进教师队伍整体素质的提升。

2. 学生行为管理与引导

(1) 学生信息管理系统。

完善学生信息管理系统,实现学生基本信息、学业成绩、日常行为等多维度数据的集中管理与分析。系统应具备预警功能,如学生成绩下滑、行为异常等情况,并及时通知家长及教师,共同关注并引导学生健康成长。

(2) 心理健康辅导与干预。

关注学生心理健康,建立心理健康教育与辅导体系。通过问卷调查、心理测试等方式,定期评估学生的心理状态,对存在心理困扰的学生提供个性化的辅导与干预。同时,加强家校合作,共同营造有利于学生心理健康成长的环境。

3. 教学质量评估与反馈

(1) 多元化评价体系。

构建多元化的教学质量评价体系,不仅关注学生的学业成绩,还应重视学生的综合素质、创新能力、团队协作能力等方面的评价。通过学生自评、互评、教师评价及家长反馈等多种方式,全面反映教学质量与效果。

(2) 教学质量持续改进机制。

建立教学质量持续改进机制,定期收集教学过程中的反馈信息,分析存在的问题与不足,制定针对性的改进措施。鼓励教师参与教学研究与改革,不断创新教学方法与手段,提升教学质量与水平。

4.12.1.2 校园安全需求

1. 校园安防系统建设

(1) 视频监控全覆盖。

在校园内关键区域(如校门口、教学楼、宿舍楼、食堂、操场等)安装高清视频监控设备,实现校园安防监控的全覆盖。通过智能分析技术,自动识别异常行为(如徘徊、入侵等),及时预警并通知安保人员处理。

(2) 入侵报警系统。

在校园围墙、重要出入口等位置设置入侵报警系统,结合电子围栏、红外探测器等设备,形成立体化的防入侵屏障。一旦有非法入侵行为发生,系统立即触发报警,并与视频监控联动,为安保人员提供准确的位置信息与现场画面。

2. 精准风险评估与预测

大数据技术能够对校园内产生的海量安全数据进行深度挖掘和分析。通过对历史数据的梳理和建模,可以预测潜在的安全风险,如学生行为异常、校园设施老化等。这为学校提供了科学的风险评估依据,有助于提前采取预防措施,降低安全事故发生的概率。

3. 安防系统智能化

人工智能技术,尤其是计算机视觉和机器学习技术,能够显著提升校园安防系统的智能化水平。例如,通过训练深度学习模型,系统能够自动识别校园内的异常行为,并实时发出警报。同时,人工智能技术还可以实现人脸识别、车牌识别等功能,为校园安全管理提供更加精准和高效的手段。

4. 信息快速传递与应急响应

移动互联网技术使得校园安全信息的传递更加迅速和便捷。学校可以通过手机 App、微信公众号等移动应用,实时发布安全通知和警报信息,确保师生能够第一时间获取安全信息并采取相应措施。同时,在紧急情况下,移动互联网技术也能够支持快速的应急响应和协调。

4.12.1.3 智慧校园建设视角下的学校管控需求

随着智慧校园建设的深入推进,学校管控也应向智能化、信息化方向转变。通过整合校园内的各类信息系统与资源,构建统一的智慧校园平台,实现教学、管理、服务等多方面的智能化升级。在智慧校园的背景下,学校管控将更加注重数据的挖掘与分析能力,通过大数据分析为决策提供有力支持;同时,也将更加注重用户体验与反馈机制的建设,确保各项管控措施能够真正落到实处并取得实效。

总之,学校管控需求是一个复杂而多元的系统工程。在教育管理需求方面,学校应注重教学资源的优化配置、学生行为的管理与引导以及教学质量的评估与反馈;在校园安全需求方面,则需加强安防系统建设、完善安全管理机制、强化应急管理与处置以及深化校园安全教育。这些需求的满足,不仅关乎学校的正常运作与教学质量,更直接关系到师生的生命财产安全及社会的和谐稳定。同时,随着智慧校园建设的推进和技术的不断发展创新,学校管控也应与时俱进地引入新技术、新方法以适应新时代的需求与挑战。

4.12.2 商业超市管控需求

商业超市的经营管理涉及复杂的业务流程和多维度的管控需求。一个完善的商业超市管控系统需要整合进销存管理、财务控制、人员调度、顾客服务等多个模块,以提高运营效率、优化成本并提升顾客的体验感。

4.12.2.1 业务需求

商业超市智能化管控的业务需求可系统归纳为以下几个核心方面。

(1)智能化运营管理需求:通过商品全生命周期数字化管理(包括智能补货、效期预警、动态调价等功能),结合物联网设施监控系统对冷链设备、照明系统等关键设备进行实时监测;基于客流预测的智能排班系统,实现运营效率的全面提升。

(2)精准化营销服务需求:构建统一会员体系,整合线上线下消费数据,部署智能推荐引擎,提供个性化服务,并实现营销活动的全流程数字化管理,确保营销效果可追踪与优化。

(3)数据化决策支持需求:建立经营数据中台,整合多系统数据,开发可视化分析工具实时监控运营指标,同时构建预测模型辅助销售预测与库存优化等关键决策。

(4)标准化流程管控需求:将核心业务流程数字化以实现标准化作业,建立异常处理机制,保障业务的连续性,通过数字化质检提升服务质量。

(5)特殊业态管理需求：针对生鲜商品开发鲜度管理方案，为便利店场景设计即时库存同步功能，构建外卖平台对接系统以满足多样化的业务需求。

(6)技术支撑保障需求：建设高可用系统架构，确保业务的连续性，实现多系统数据互通，消除信息孤岛，建立完善的数据安全防护体系。

(7)组织效能提升需求：通过移动办公应用提升工作效率，构建数字化培训体系，赋能员工成长，建立知识管理系统沉淀运营经验。

这些需求共同构成了商业超市数字化转型的核心内容，其实施预计可提升运营效率的30%以上、顾客满意度的20%以上，并显著增强决策响应速度。建议采取"整体规划、分步实施"的策略，优先解决库存管理、收银效率等关键痛点，同时配套组织变革与人才培养，确保转型成效最大化。

4.12.2.2 系统需求

根据智慧商业综合体建设的特性和设计原则的要求，以计算机多媒体技术、网络通信技术、智能图像分析技术、数据挖掘技术等为基础，建设商业综合体综合管理系统。基于智慧商业综合体的管理需求，实现整个商业综合体的智慧物业和智慧经营。对于智慧商业综合体的需求分析有以下几个方面。

1. 智能安防应用

建设全方位、全天候、高清化、智能化的视频监控，可支持满足商业综合体安全管理的需求，实现大场景全景监控，并具有较好的夜视功能和对危险部位的智能分析报警应用。其中，重点的监控区域有出入口、广场、中庭、商场收银区域、服务区域、人流易集中区域、停车场等。同时，系统通过对商场内部区域的可视化智能监控实现对人、车、物的统一管理。

2. 智能消防应用

商业超市作为城市商业活动的重要组成部分，其消防安全工作至关重要。智能消防应用在商业超市中的引入，不仅提高了消防安全的响应速度和准确性，还实现了消防工作的智能化、高效化和精细化。以下是对商业超市智能消防应用的详细分析。

(1)实时监测与预警：智能消防系统能够实时监测超市内的温度、烟雾、气体浓度等消防安全指标，以及消防设备的运行状态。一旦出现异常情况，如火灾、煤气泄漏等，系统将立即发出警报信息，提醒管理人员及时处理。报警方式包括声光报警、微信公众号消息、语音、拨打电话等，确保信息的及时传递。

(2)远程监控与操作：管理人员可以通过手机、电脑等信息终端远程登录管理平台，设定报警、预警等状态下的环境参数，并实时查看消防设备的运行状态。在必要时，还可以远程控制消防设备进行灭火或排烟等操作，提高了安全响应的速度和效率。

(3)数据管理与分析：智能消防系统能够对大量的消防安全数据进行分析和比对，提供准确的数据报告和趋势分析。这些数据有助于管理人员了解超市的消防安全状况和风险，从而制定更有效的预防和应对措施。

(4)用户权限管理：系统具备用户权限管理功能，支持对消防体系中各环节的管理人员分级、分组管理。根据每位工作人员的职责授予不同的管理、编辑、操作、只读等权限，确保了消防管理的规范性和安全性。

3. 辅助营销应用

针对不同的商业综合体，提供一套完整的商业智能数据获取、分析的数字化解决方案，有效利用视频等重要资源,把握消费者群体的行为特征识别、分析,同时对客群画像、店铺关联度等群体消费特征进行分析。智能商业综合体在辅助营销方面运用多种先进的技术和策略,以提升消费者的购物体验,增强商家的营销效果,并推动商业综合体的整体发展。

4. 业态规划应用

实现地产与产业发展的有机结合,增强商业设施的社会配套能力将成重中之重。今天的商业必须因需而变,不再是简单的出售出租,而是运营。而业态规划的合理性能够大大提升顾客体验,优化商业综合体的运营能力。

5. 商业特色应用

通过大数据等科技化手段,提供包括客群画像、客流分析、投入产出比分析等多维度的商业运营分析,辅助商业综合体打造差异化竞争优势。通过智慧商业综合体,结合种类丰富的 LED 信息发布屏、客流设备、AI 巡检等特色软硬件产品体系为商业综合体的特色经营之路添砖加瓦。

4.12.3　工业园区管控需求

4.12.3.1　业务需求

随着企业信息化进程的演进以及物联网等系统产品与技术的逐渐成熟,工业园区管控逐渐以数字化的方式由传统粗放型向现代集约型转变[116]。数字化管理系统逐步成为管理部门决策分析、生产调度指挥的主要平台之一。工业园区的业务需求主要体现在以下几点。

(1)打通各自独立的系统、最大可能地消除信息孤岛。
(2)由生产的物理驱动(资源驱动)和管理的流程驱动变为数据驱动。
(3)实现对整个工业园区的安防、消防、能耗等各类数据的集中展示。
(4)提供三维数字模型下的园区管理,从数字世界管理物理世界。
(5)提供 AR 视角下的园区管理,从园区实景的角度来查看内部关键数据信息。
(6)提供远程管理手段,提升管理效率。
(7)根据标准操作流程规范,对产线中不规范的行为(人员动作、穿戴等)进行自动检查和报警。

4.12.3.2　系统需求

系统设计应贯彻国家关于智慧园区设计的方针政策,做到技术先进、经济合理、实用可靠。系统设计以增强其科技功能和提升应用价值为目标,以其功能类别、管理需求及建设投资为依据,以结构化、模块化和集成化的方式实现组合,应集系统、服务、管理及其优化组合为一体,为用户提供安全、高效、便捷、健康的生产生活环境。主要考虑以下需求。

1. 子系统融合

信息孤岛问题一直是困扰客户的最大难题,如果能够将各接入子系统看作是平台的管理模块,实现平台的统一管理,各接入子系统协调运行,对整套系统进行有机结合,才符合客户的真正期望。

2. 智能化运行管理

庞大的系统建设随之带来的就是运维人员成本的增加,有时运维问题也会影响系统的使用,直接导致使用效率低下。但是,随着行业技术的进一步发展,平台的智能化运行管理应用越来越被客户认可,已成为行业的一种趋势。

3. 业务能力平滑拓展

以往一般通过在平台中增加功能模块或依赖于一个平台去接入其他业务系统。由于整体的复用性较差,带来了相当高的开发维护成本,同时也影响了产品品质,已经越来越不能适应发展需要。

4.智能化应用

传统安防产品"智能化"的概念提出多年,传统的图像识别和图像处理算法仍然存在着识别准确率低、环境适应性差、识别种类少等问题,严重限制了智能应用的普及。

5.开放的对接模式

项目运作中,经常会遇到不同品牌之间合作共建一套智能化弱电系统。第三方业务系统的数据交互、资源共享等问题成为系统集成的一个瓶颈,平台的集成与被集成成为难题,客户希望得到一个非常顺畅的资源交互环境。

4.12.3.3 管控目标

通过工业园区管控平台的搭建,帮助企业拉近管理距离、提高管理效率、规范作业行为、防范安全隐患,从而帮助企业提高生产效率、提升产品质量,帮助企业实现工厂全面透明化管控,深入实施智慧工业园区的数字化工程。使管理层明确了解生产业务进展的实时情况,将管理做到"看得见,管得着"。进一步完善园区安全防范功能,提高工业园区运行的便捷性和有序性,加快对园区异常事件处理的速度,提高工业园区的综合管理水平。

1.数据驱动决策支持

构建园区数据中心,整合多源异构数据,运用数据分析与挖掘技术为管理者提供精准数据支撑。通过实时生成动态报表与可视化分析图表,展现园区的运营态势,预测发展趋势,助力科学决策与资源优化配置,提升管理的前瞻性与精准性。

2.可视化全景监控

打造直观的可视化管理界面,将园区设备状态、交通流量、环境指标等信息以三维地图、动态图表等形式呈现。管理者可通过全景看板实时掌握园区全貌,实现"一屏统揽",提升管理效率与应急响应速度,增强决策的直观性。

3.绿色低碳运营管理

集成能源管理与环境监测系统,实时追踪园区的能耗、碳排放及污染指标。通过智能调控设备运行、优化能源结构,推广可再生能源应用,制定低碳运营策略,降低园区的运营能耗与环境影响,打造绿色可持续的园区生态。

4.主动式安全防护

构建智能化安全防控体系,融合视频智能分析、传感器网络与预警算法,实现对火灾、入侵、设备故障等风险的实时监测与主动预警。联动应急处置系统,快速响应安全事件,保障园区人员、财产与设施安全,营造可靠的安全环境。

5.一站式便捷服务平台

搭建园区综合服务平台,整合企业服务、政务办理、生活服务等功能,提供线上线下一体化服务。通过智能化流程优化与信息共享,简化办事环节,提升服务效率,满足园区企业与居民的多样化需求,增强园区的吸引力与满意度。

6.通过综合安防与扩充应用提高快速反应能力

大多数企业的组织结构是建立在专业化分工基础上的"金字塔"形组织结构,横向沟通困难,导致对过程变化反应迟缓,这逐渐难以适应日益复杂、变化多端的市场环境。而在信息技术的支持下,综合安防管理可帮助企业优化传统安防管理方式,减少中间环节和中间管理人员,从而建立起精良、敏捷、具有创新精神的"扁平"型组织结构。这种组织形式信息畅通、及时,使信息反馈更加迅速,提高了企业对安全隐患及生产现场问题的快速反应能力，从而更好地适应竞争日益激烈的市场环境。以下抽取本方案设计部分应用进行说明。

（1）网络高清视频联网：通过视频监控联网，可为各级管理人员按权限分配各环节现场图像信息，避免现场状况信息汇报的延时，出差在外的管理人员甚至可通过移动网络了解现场实际情况以参与应急决策。

（2）报警联动策略：可设计通过视频分析、人脸识别、黑名单识别等技术进行实时侦测，当有非法入侵等异常行为时，推送报警信息、现场图片等至管理人员手机、邮件以及时响应。

（3）制造过程可视化追溯：MES信息触发、条码扫描（或RFID信息读取等）形成关键岗位生产及操作过程的起始标签，事后可根据条码、货品信息等快速追溯，提高生产管理、售后服务等部门后期问题分解与追查的工作效率。

（4）标准操作流程合规：对于不同企业，可设计通过特定的AI算法对产线中的违规行为、违规穿戴、违规摆放、设备异常等问题偏差进行实时监测，与MES联动获取生产信息，将生产信息与偏差信息相结合，保障产品生产过程的安全、合规。

（5）联动策略：门禁、车辆出入口设备等与消防系统联动，消防报警时自动打开消防通道。

7. 优化人、车、物管理流程，促进企业提高管理水平

将系统与管理有机结合，把先进的管理理念、管理制度和方法引入管理流程进行管理创新，以此实行科学管理，提高企业的整体管理水平。以下抽取本方案设计部分应用进行说明。

（1）一键巡查与车牌识别：通过车牌登记与识别，减少车辆进出验证时间，免刷卡、无停留，方便快捷；通过车位摄像机，实现停车引导与反向寻车，可降低员工停车消耗的时间。

（2）优化访客预约管理流程：结合一卡通（一脸通）与综合管理平台优化访客从预约、申请至授权进出的整个流程管理，减少员工接待的无效工时，提升企业的对外形象。

8. 辅助业务管理有效地降低企业成本

企业的成本来自生产经营和管理的各个环节，安防系统应用，特别是基于视频监控系统的可视化管理系统与基于一卡通（一脸通）系统的人员管理系统，多年来通过系统单一建设满足各部门某一具体场景的应用需求，零散的与生产经营管理的各个环节产生关系。通过企业综合管理平台建设，可为企业降低运营管理成本提供多种辅助手段。以下抽取本方案设计部分应用进行说明。

（1）视频远程联网：通过视频对员工工作状态与现场生产经营状况进行远程监督指导，降低管理人员的出差、现场巡视产生的成本。

（2）车载监控、GIS定位辅助物流管理：通过在物流车实施车载监控系统，可实时了解物流运输情况，按需进行视、音频远程调度；分析历史数据，结合降低成本、提高效率的要求进行排班、优化物流路线等。

（3）仓库管理：对仓储环境变量进行实时采集与联动，提防环境变化对原材料、半成品、成品质量的影响。

（4）热成像防火管理：对仓库、车间的防火系统进行管理。相比传统的温感、烟感的探测方式，热成像防火管理方式可以及早发现火情或火险隐患，及时处理，避免企业的重大损失。

9. 提高企业决策的科学性、正确性

完备的信息是经营决策的基础。基于综合安防系统的众多应用可改善企业获取信息、收集信息和传递信息的方式，减少决策过程中的不确定性、随意性和主观性，增强决策的合理性、科学性及灵敏性，提高决策的效益和效率。以下抽取本方案设计部分应用进行说明。

(1)生产过程可视化:高清网络视频智能化与联网化,为企业观察与回溯生产工序提供可靠依据;与 MES 联动,将生产信息与视频信息相结合。

(2)物流过程可视化:可在车载视频、GIS 路线回放的基础上为研究物流策略提供数据基础。

10. 通过物联设备前装,提升企业产品竞争力

通过车载盲区检测、360 环视、低时延等设备,提高工程机械或其他机械装备智能化水平,辅助电铲、吊机、行车等设备远程操作与驾驶,帮助企业提升产品本身的竞争力和价值。

4.12.4　公共交通枢纽管控需求

依托社会治安防控体系建设,完善公共交通枢纽(如高铁站、火车站、长途客运站等)安保管控系统,实现枢纽场所的智能化监管与指挥调度。这一管控系统的建设不仅是对旅客安全的基本保障,更是提升城市公共安全管理水平的重要举措。系统需与市级公安平台、交通运输管理系统、视频监控系统等全面对接,确保出入口、候车区域、停车场及周边区域的全方位管控,做到安全无死角,确保旅客和车辆的安全。

1. 智能感知与数据采集

在交通枢纽的关键区域增设智能感知设备是实现全面安全监控的基础。这些设备包括人流监测器、车流监测器和物品流动监测器,能够实时采集到流动数据并进行动态分析。具体而言,人脸识别技术可以帮助安保人员快速识别可疑人员,车辆识别系统能够及时记录进入和离开停车场的车辆信息,而行李扫描设备则能有效检测出潜在的危险物品。这些数据的实时上传与整合,不仅提升了安全监测的效率,也为决策提供了宝贵的数据支持,确保了信息传递的迅速与准确。

2. 一体化指挥调度

为了应对不断变化的客流状况和突发事件,系统需具备一体化的指挥调度能力。在发生重大客流高峰或突发事件时,系统可以自动启动安保指挥模式,实现与公安局、交通运输部门以及现场指挥部的实时联动。通过视频监控和地理信息系统(GIS),指挥部能够快速调动资源进行现场调度,确保应急响应及时有效。此外,系统还需具备灵活的指挥调度功能,根据实时数据分析结果动态调整安保措施,提高整体安全保障能力。

3. 安全风险预测、预警与预防

安全风险预测是管控系统的重要功能之一。基于系统采集的结构化数据及历史数据,建立智能研判模型,实现对人、车、物的全面实时监控和风险预警。系统可以通过比对人员黑名单、检测可疑物品等功能模块,提升对潜在安全隐患的排查与预防能力。例如,若系统检测到某一时段内异常高的人流量,便可自动触发预警机制,提前调动安保力量进行应对。此举不仅提高了对突发事件的反应能力,也为旅客的出行安全提供了坚实的保障。

4. 多源数据融合与分析

系统的强大之处在于多源数据的融合与分析能力。通过与公安、交通、物流等多个部门的数据平台对接,汇聚交通客流、车票信息、车站视频监控等多维度数据,构建智能分析模型,提升安保工作的效率。这样的数据融合不仅能够提供全面的安全态势感知,还可以为管理者提供决策支持,帮助他们制定更有效的安保措施,提升应对各类突发事件的能力。

5. 跨部门协同与上报机制

为确保交通枢纽管控系统的有效运作,必须建立完善的跨部门协同机制。系统应符合公安部《全国公安机关社会治安防控体系建设指南》的要求,确保与公安部及厅级平台保持数据上传与同

步。这种跨部门的协作机制能够有效提升信息共享效率,促进各部门之间的沟通与协作,为区域治安防控体系的构建提供有力支撑。通过协同作战,各部门可以共同应对复杂的安全形势,形成合力,提升整体治安防控能力。

6. 公众服务与信息发布

除了安全监控,系统还应注重公众服务的功能建设。智能信息检索与快速响应功能可以为车站旅客提供便捷的服务与安保提示。通过电子公告屏、手机端 App 等多种渠道,及时发布应急预警信息和人员疏导方案,确保旅客能够迅速获取重要信息。这不仅能有效提高旅客的安全感,也增强了公共交通枢纽的服务水平。

通过全面构建公共交通枢纽管控系统,能够实现人、车、物的智能化管控与多部门协同作战,能有效提升治安管控能力。这一系统不仅为广大旅客提供强有力的安全保障,还为交通枢纽的运营创造了安全、便捷的环境,推动城市公共安全管理迈向智能化、信息化的新时代。

4.12.5　旅游景区管控需求

4.12.5.1　业务需求

1. 保护旅游景区资产

保护旅游景区资产主要是保护旅游资源。旅游资源是旅游景区的核心吸引物,景区在开发利用时,首先要保障不破坏旅游资源,合理有度开发,也要有效避免人为的损害。例如,山岳型景区的森林防火、地质灾害、古树名木监测,水域湖泊型景区对水质、生态环境有监测保护,等等。特别是一些不可再生的资源,是景区管理的重点工作,一旦破坏将造成极大的损失。落实资源和生态环境保护机制也能够为游客提供良好的旅游环境。

2. 保障景区安全有序

有效保障景区游客人身安全,保护景区资源免受破坏是管理人员的首要任务,也是景区经营发展的"第一生命线"。如何能够提前制定预案风险控制机制,落实应急预案管理机制,加强重点部位、薄弱环节和敏感场所安全工作,加大隐患排查、预案和现场疏导,确保游客生命和财产安全万无一失,亦是景区需要长期克服的难题。

3. 优化景区工作效率

当前许多景区的人员管理与经营成本越来越高,但整个景区的运营效率却未见大幅提升,其原因除去人员管理自身问题之外,更重要的是没有利用科技的力量去代替部分简单而重复的工作,将核心工作人员部署到更重要的工作中去,并以此来提升景区工作管理、运营效率。

4. 提升景区服务能力

目前景区的交通服务、信息服务、售/检票服务、导游导览、咨询投诉服务等均以线下线上化的方式呈现。线下的自助停车、信息互动屏、闸机验票、自助导览机,线上的"一部手机游××"等,都在满足游客基础的旅游服务,这缩短了景区和游客之间的距离。但是这种服务更多是被动的、单向的、不联动的,尚且达不到能够满足游客个性化需求的服务能力。因此,许多景区希望能够寄托于旅游大数据来了解游客深层次的需求,并为他们提供精细化品质服务。

5. 创新旅游沉浸式体验

在大众旅游的时代,当 Z 时代游客成为主流,了解游客的独特偏好和态度是关键。因此,创新旅游体验方式要从游客的视角考虑,更多考虑旅游过程中的参与性、互动性、体验感,运用高科技技术创新体验环节,实现人机互动,吸引游客,使游客在多种感官的体验中学习历史文化、科学地理等知识。创新旅游体验,丰富旅游产品,既可以提升游客的体验感,也可以通过口碑营销、网络营销的方式形成种草经济,带动"打卡"游,达到最佳的旅游营销效果。

4.12.5.2 系统需求

根据智慧景区建设的特性和设计原则的要求,利用物联网、互联网、大数据等技术,以计算机多媒体技术、网络通信技术、智能图像分析技术、数据挖掘技术等为基础,推动物联的数据采集、业务的交换汇聚以及大数据的延伸服务,构建智慧景区的"眼、耳、鼻、大脑",建设景区智能可视化管理系统。实现在管理上事前预知防范、事中场景还原任务协同处置、事后总结留档;在服务上完善游前、游中、游后的闭环,丰富旅游产品,创新游客体验。对于智慧景区的需求分析有以下几个方面。

1. 游客管理系统

游客管理是智慧景区管理的核心之一,确保游客的安全、舒适体验以及高效流动是景区管理的重点任务。通过智能化管理系统,景区可以对游客人数和流量进行全面的统计和分析,尤其是在出入口等关键区域,具体如下。

(1)客流量统计与分析:通过智能设备对景区的出入口实时监控,能够准确统计进入景区的游客人数。当游客数量超过景区承载容量时,系统会自动预警,并及时采取分流措施,控制后续游客的进入。同时,还可以通过数据分析提供对其他景区的分流建议,以缓解主要景点的拥堵。

(2)拥挤防范与人员密度分析:基于智能图像分析技术,景区可以实时分析各区域的游客密度,防止人群过度聚集而引发安全事故,如踩踏事件。该系统能动态预测潜在的高风险区域并做出相应的安全部署。

(3)游客身份鉴权与大数据分析:系统通过人脸识别和身份认证,精准记录游客的身份信息,并结合大数据分析技术对游客的基本属性进行深入分析,如年龄、性别、消费习惯等,为后续的个性化服务提供数据支持。

(4)寻人功能:基于人脸识别与大数据检索功能,当游客失踪或走失时,管理人员可以快速通过系统进行查找,提高应急响应的效率,尤其在景区内发生失踪儿童或老人走失的情况下,系统可以迅速调取相关视频进行追踪。

2. 旅游交通管理系统

随着景区内外交通流量的增加,特别是在旅游高峰期,车辆管理是景区高效运营的重要组成部分。智能交通管理系统可以通过以下方式优化景区的交通秩序。

(1)道路流量分析与预测:在景区内外的主要交通干道上设置监测卡口,智能分析道路的实时流量情况。通过历史数据的积累和大数据模型的运用,系统可以提前预测未来一段时间内的道路流量,帮助管理人员提前采取措施缓解可能出现的交通拥堵。

(2)车牌识别与自助通行:建设基于车牌识别的出入口管理系统,车辆可以通过自助缴费快速通行,避免了传统人工收费带来的时间成本。同时,停车场内的空余车位信息可以通过电子屏幕和移动应用及时发布,方便游客提前规划停车路线,节省找车位的时间。

(3)智能停车管理:在停车场内部设置地磁诱导系统,帮助游客快速找到空余车位,并通过智能系统进行停车诱导,实现精准停车管理。此外,系统还能够对违章停车行为进行监控和处理,保证景区内的道路交通秩序通畅。

(4)车辆与游船的实时监控:系统对景区内部的摆渡车、游船进行实时位置监控与视频管理,并通过智能预警系统对可能发生的违规行为进行报警。这样能够确保景区内部的车船调度高效有序,游客的交通体验安全、舒适。

3. 高清视频监管系统

高清视频监控是智慧景区治安防控的重要手段之一。全方位、全天候、高清化的监控系统能够确保景区各个关键区域的安全。同时系统具备智能分析和自动报警功能,满足现代化景区的高标准安全管理需求。

(1)全景监控与智能分析:通过高清摄像头和智能分析系统,景区能够覆盖大面积的监控场景,包括出入口、广场、停车场、景观步道等区域。系统能够在夜晚或雾天等能见度较低的情况下,依然提供清晰的监控图像。同时,智能化分析系统能够自动识别异常行为,如可疑物品遗留、人员异常聚集等,并自动发出报警通知管理人员及时处理。

(2)重点区域监控:针对景区的关键位置如售票窗口、收银区、服务台等设置专项高清摄像头进行严密监控,防止财务和管理方面的违规行为。同时,在重要的风景区和游客密集区加设高空监控,确保在大规模活动或节假日的安全防控工作到位。

4. 应急指挥管理系统

在突发事件中,快速响应和精准指挥对于减少损失至关重要。智慧景区的应急指挥管理系统能够有效整合各类信息资源,快速做出反应。

(1)地理信息与实时监控集成:通过构建景区地理信息地图系统,管理人员能够实时查看各类监控设备、报警设备的位置,并通过电子地图调取这些设备的实时监控画面。该系统还能够显示单兵设备、船载设备的实时位置,便于统一调度和指挥。

(2)单兵巡查与一键求助系统:景区内部署的单兵巡查系统可以实时上传音视频数据、报警信息和地理位置信息,确保巡查人员在第一时间发现问题并向指挥中心报告。景区内的广场、步道及危险区域也可设置音视频一键求助设备,游客在紧急情况下可以快速寻求帮助。

(3)火灾预警与安检系统:通过热成像设备和火点检测系统,对景区内的林区、古建筑等高风险区域进行火灾预警监测,确保及时发现并处理异常情况。在景区出入口和重点区域安装安检仪和升降柱,强化景区的安全防护,确保游客和景区资产的安全。

4.12.5.3 总体需求

智慧景区建设以新一代宽带网络、物联网、大数据和人工智能等新兴信息技术为支撑,推动景区的信息化、数字化转型。这种技术支持同样是构建景区治安防控体系的核心基础,通过信息资源的共享和系统集成,可以显著提升景区治安防控的效率,优化管理手段,提升游客的安全感和体验质量。

1. 加快新型基础设施建设,提升治安防控水平

在智慧景区建设的过程中,新型基础设施如物联网感知设施的广泛应用,为景区的治安防控提供了有力支持。通过在景区的关键区域如出入口、重要景点、停车场等部署高清摄像头、智能门禁系统、无人化巡逻设备等,可以实现对游客活动、车辆流动等情况的实时监控,确保任何潜在的安全威胁都能够第一时间被发现和处理。信息孤岛和不兼容的系统曾是景区治安防控的挑战之一,而新型基础设施建设则有助于打破这些障碍,推动信息的互通和系统的集成,使得景区的治安信息能够快速汇总、分析和共享,为决策提供依据,促进无人化、非接触式安防技术的应用。

2. 智能化管理手段助力景区治安防控的提质增效

通过构建智能化管理体系,景区能够利用物联网、大数据和智能分析技术提升治安防控的效率。各业务子系统如游客管理、车辆管理、安防巡逻等可以互相贯通,实现信息的统一管理和共享。例如,在节假日高峰期,通过智能化流量监控系统,景区管理人员可以实时掌握景区内的游客数量,并根据实时数据合理调配安保人员,实施分流控制,避免人群过度聚集,减少踩踏等安全事故的发生。智慧系统的整合还可以帮助治安人员更便捷地查看现场信息,快速响应突发事件,提升应急处置效率,确保景区内的治安环境稳定、有序。

3. 技术创新为治安防控提供强大支持,增强游客安全感

随着5G、大数据和人工智能在景区中的应用,治安防控手段也得到了显著创新。例如,景区可以通过实时直播、监控等手段,让游客在出游前了解景区的治安环境和人流状况,提升游客的信任感。在游览过程中,景区可以通过智慧安防系统对游客的活动轨迹进行跟踪,及时发现异常行为,并通过人工智能技术进行预警,防范潜在的安全威胁。此外,结合AR、VR等技术,景区治安管理部门还可以设计虚拟应急演练系统,帮助游客了解在紧急情况下如何自救与应对,增强游客的安全意识。

4. 数据驱动的智慧管理,强化治安防控的科学化与精细化

景区数字化转型的核心在于数据的收集、分析和应用,这同样适用于治安防控的各个环节。通过构建物联感知平台和大数据管理平台,景区可以实时采集和分析治安数据,如人流动态、车辆进出情况、景区热点区域等。通过数据编目和标准化,可以提升数据的质量和共享程度,从而为景区的治安防控提供精准的数据支持。例如,景区可以通过数据算法模型,分析不同时段的游客密集区域,并在高风险时段增加安保力量,确保游客安全。通过大数据的可视化分析,管理者可以更直观地了解景区内的人流、车流、突发事件等动态,实现人、车、物、事件的全方位态势分析,从而优化景区治安防控策略。

智慧景区的建设不仅提升了景区的运营效率与游客体验,也为治安防控提供了强大的技术支持。通过新型基础设施建设、数据共享和智能管理的整合应用,景区能够更高效地应对治安风险,确保游客的安全。未来,随着智慧技术的不断发展,景区的治安防控手段将更加智能化、精细化,为景区的平稳运行和游客的安全保驾护航。

第5章 区域治安防控平台建设方案

5.1 建设目标

依托大数据、人工智能、物联网等新技术,建设集"主动发现、智能推送、精准处置、高效联动"为一体的立体化、信息化区域治安防控平台。该平台实现对社区、学校、商业超市、工业园区、公共交通枢纽、旅游景区、娱乐场所和特种行业等重点人员和场所的智能化、协同化管理与应用。通过全域封闭、触圈预警的圈层查控,构建精准防范、智慧治理的单元防控机制,涵盖社区治安、校园安全、商业场所以及工业园区等的综合监管。同时,通过动态监管与立体追溯的要素管控,加强对公共交通枢纽、旅游景区、大型活动安保等高密集区域的全面感知,提升备份和运维系统的效率,确保各类风险隐患的自动识别、敏锐感知、预测预警与预防。平台还通过智慧安防系统为各类场所提供定制化的安保与治安管控服务,全面提升社会治安的现代化水平与应急处置能力。

通过区域治安防控平台的建设实现以下六个方面的效果。

1. 多维度协同管理与精细化治理

依托智能化平台,社区、校园、商业超市、工业园区等重点区域将实现信息的多维感知与协同管理。各业务单元能够通过平台进行精准的数据共享与协作,提升社会治理的精细化和统筹能力。多方系统整合后,公共安全管理部门能够实时掌握区域动态,科学决策,减少管理盲点与漏洞。

2. 动态感知与智能预警体系

构建以物联网为核心的智能感知网络,通过科学布建前端感知设备,实现对人、物、事件的实时动态感知。智能预警系统在发生潜在风险时能够自动触发告警,帮助管理者提前采取防范措施,避免事态恶化,提升突发事件的处置效率。

3. 全域封闭管理与安全等级分层控制

平台通过"圈层查控"机制,打造全域封闭的安全管控体系,不同区域可根据风险等级实行分层管控,特别是在大型活动、旅游景区和公共交通枢纽等高风险场所,能够通过触圈预警系统快速识别潜在威胁并及时处理,确保公共安全。

4. 资源优化与运维管理自动化

平台通过中台架构实现资源调度与优化,支持备份系统与运维系统的智能管理。各类信息化资源的自动备份、动态调度以及设备状态的实时监控,大幅度减少人工干预和错误,提升运维管理的效率与稳定性,确保系统长期运行的可靠性。

5. 治安态势综合分析与智能决策支持

平台通过数据架构的优化,实现对各类治安信息的大数据综合研判分析。智能化分析工具能够提供预测预警、态势研判等高级功能,支持公安部门和各级管理者制定更为科学、前瞻性的治安防控策略,助力区域社会安全的全局性管控。

6. 信息资源共享与开放生态构建

通过平台的系统对接与信息资源开放,打通政府、企业和社会各方的数据壁垒,构建多方参与的开放式安全管理生态体系。信息资源的共享将提升各部门的协同效率,推动区域公共安全治理向现代化、集约化方向发展。

5.2 建设原则

区域治安防控平台的建设将坚持智能化、功能完备、性能稳定和成本效益相结合的原则。通过科学规划与技术创新,力求构建一个符合治安管理需求的综合管理平台,满足日常运维与应急处理的双重要求。在系统设计过程中,将全面考虑系统的可扩展性和可持续性,确保未来的升级、扩建和改造具备充足的空间。同时,平台建设将以实现资源的最大化整合为目标,寻找各子系统间的最佳契合点,推动区域治安管理的现代化和智能化。

1. 整体规划、分步实施

在确保建设目标明确的前提下,平台的设计与实施应采取整体规划、分阶段推进的策略,合理布局各类资源,确保项目逐步落地实施,避免出现资源浪费和建设超前或滞后的问题。

2. 智能化与先进性

平台应依托大数据、人工智能、物联网等先进技术,确保系统在设计、功能和性能上具有前瞻性,能够适应未来的技术发展趋势。所有技术和设备选择需满足平台长期发展的要求,保持技术的先进性与系统的可扩展性。

3. 协同与集成

在建设过程中,注重各业务系统的协同与数据的高度集成,确保公安、政府、企业等多方的数据与资源实现无缝对接。通过打通信息壁垒,推动信息共享和数据流通,促进各类治安防控业务的高效联动与协作,提升整体管理效能和应急响应能力。

4. 安全性与可靠性

平台必须具备高度的安全性和可靠性,确保在复杂环境下的数据安全传输和系统稳定运行。要具备强大的防护机制,防止恶意攻击和数据泄露,同时确保系统能够持续、稳定地运行。

5. 开放性与标准化

平台建设应符合行业及国家标准,确保系统具备高度的开放性和标准化,能够与其他系统进行互联互通,支持未来的升级扩展。技术选择和开发方案需遵循国际和国内的相关标准和规范,以确保平台的长期使用寿命和兼容性。

6. 用户导向与便捷性

平台的设计要以用户需求为核心,提供便捷、友好和高效的操作界面与管理功能,降低系统操作的复杂性,使得用户和管理者能够轻松使用并获得所需的服务和信息支持。

7. 经济性与可持续性

建设过程中需统筹考虑系统的经济性,在确保满足先进性、可扩展性和安全性等需求的前提下,优化设计方案,提升资源利用率,降低建设和运维成本,保证项目的经济可行性和长期可持续发展。

5.3 总体架构

区域治安防控平台的总体架构设计将依托公安部的顶层设计要求,结合区域内治安管理的实际需求,遵循智能化、协同化和高效化的建设原则。如图5-1所示,以一村(格)一警及社会治安防控体系架构为例,平台架构划分为实战应用层、支撑服务层、数据层、基础环境层、感知层5层。整个项目严格依据技术标准、信息安全保障和运维管理体系进行建设,确保系统的稳定性、可扩展性和可持续性,为区域内治安防控的高效联动与智能化管理提供有力支持。

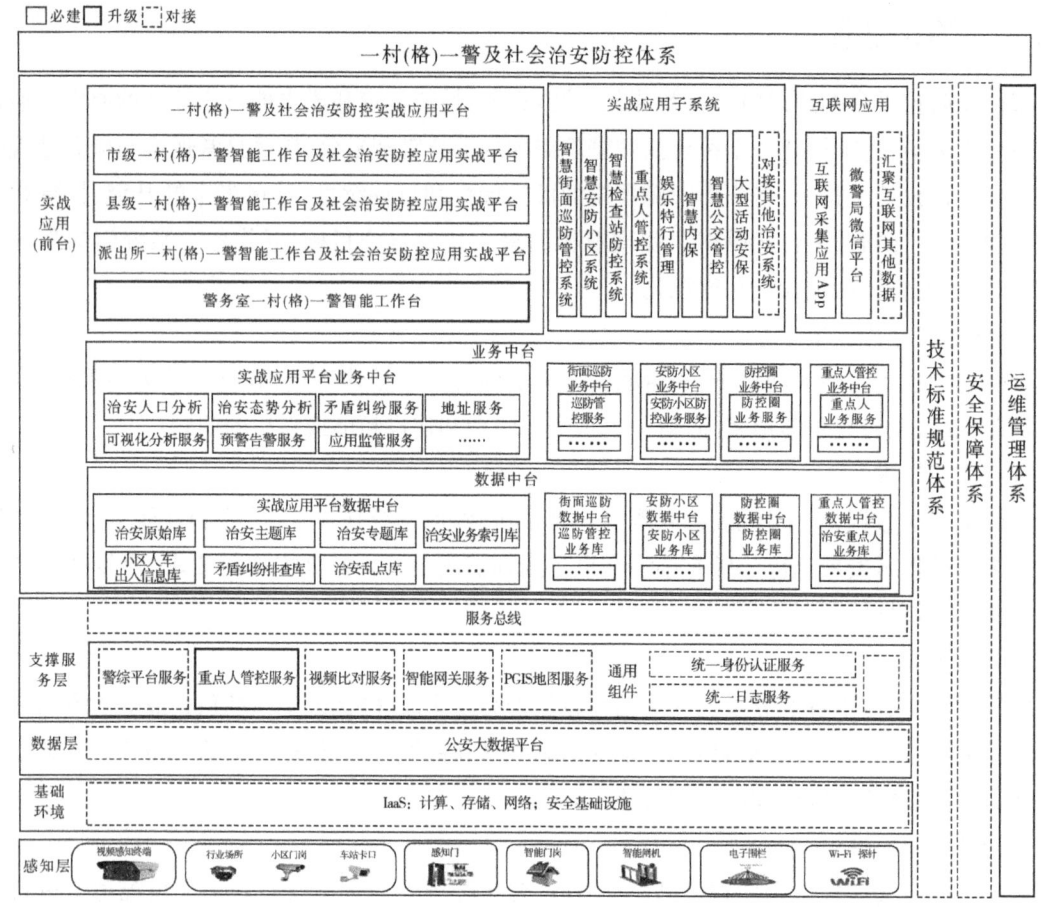

图5-1 一村(格)一警及社会治安防控体系架构

1. 实战应用层

一村(格)一警及社会治安防控体系总体架构是基于数据中台和业务中台技术支撑的"一村(格)一警"社会治安防控实战应用平台,对接治安防控8个子系统,在统一服务体系、统一安全体系、统一数据接口标准通过服务总线在公安警务云资源支撑下,为公安机关提供社会治安防控治理相关的应用(包括PC应用、公安网移动应用、互联网移动应用等),实现多级、多端数据资源和业务条线的共享、协同。形成纵向一体、横向协调、整体联动、跨部门的信息共享的公安治安防控信息化建设平台。

2. 支撑服务层

提供相应的信息处理能力以及应用程序的运行环境,将警综平台服务、重点人管控服务、视频比对服务、智能网关服务、PGIS地图服务等共性服务,统一身份认证服务、统一日志服务等通用组件,按照部标要求实现标准化封装,并将实例化后的服务通过服务总线对应用层提供支撑。

3. 数据层

充分利用省厅大数据平台已有资源(建立生产库、专题库、主题库、业务库、指标库、知识库等)和运算存储能力,按照《大数据治理标准体系》进行数据统一规划、统一建设、统一管理,提供支撑服务。

4. 基础环境层

提供信息化基础硬件设施,提供数据传输、存储、计算等运行硬件支撑环境,包括公安信息网、公安视频专网、互联网等网络环境,计算设备、存储设备、网络设备和安全设备等机房硬件设备。

5. 感知层

行业场所、小区门口、车站卡口、检查站等区域的视频感知终端;感知门、智能门岗、智能闸机、电子围栏、Wi-Fi探针、二维码标签和识读器、RFID标签和读写器等识别物体、采集信息等采集终端设备。

5.4 业务架构

区域治安防控平台的业务架构(如图5-2所示)设计应结合公安、政府、物业等多方管理需求,确保各项业务的协同运作与高效管理。该业务架构将区域内社区、学校、商业场所等不同类型的管理对象进行分类,分别实现公安管理、社区治理、物业服务等多方业务的整合与联动。

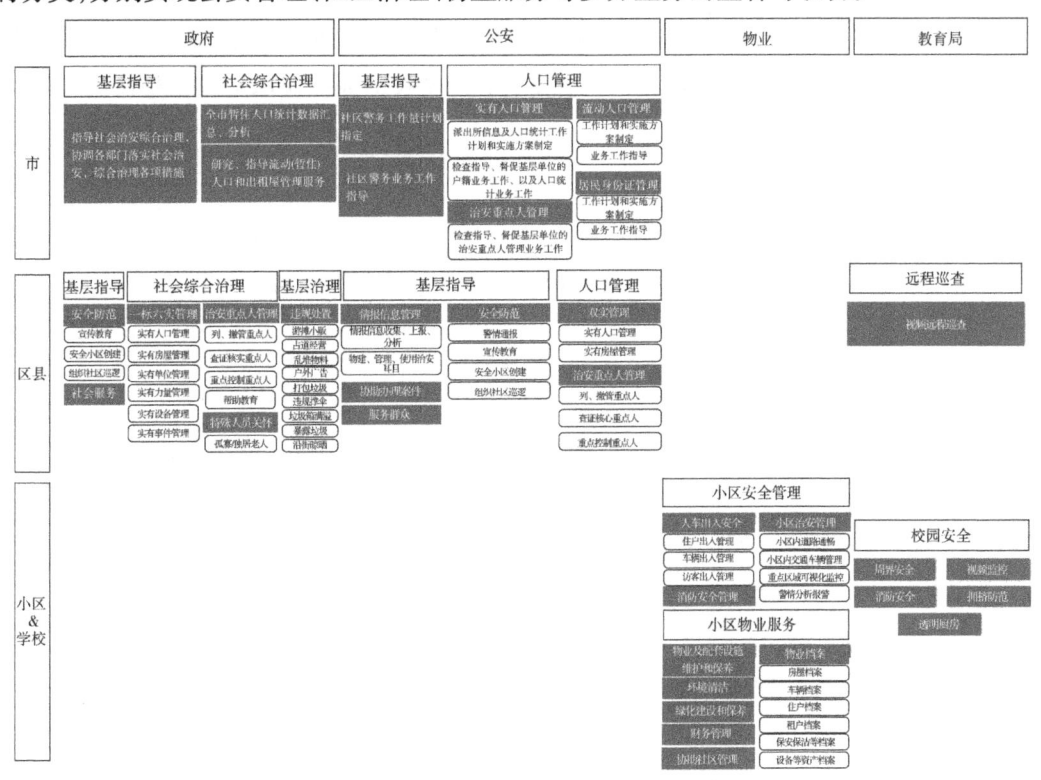

图 5-2　区域治安防控平台的业务架构

根据各业务需求,平台业务架构可以划分为以下几个关键部分。

1. 政府侧业务架构

政府侧业务主要服务于街道办、网格员、城管等政府职能部门。以社区管理为核心,涵盖环境卫生、监督环境保护、市政建设、街道执法、综合治理等内容。通过智能化平台,政府各部门可以实时监控、管理辖区内的基础设施与公共服务,提升社区综合治理的效能。

2. 公安侧业务架构

公安侧业务主要面向治安民警和社区警务人员,支持治安防控、人员管控、社区巡防、重点人员管理、服务群众等功能。平台将通过集成各类公安业务系统,提供实时监控、情报分析与应急指挥等功能,帮助公安机关对社区内的治安要素进行动态掌控与管理,提升警务工作的精准性和时效性。

3.物业侧业务架构

物业侧业务针对小区物业管理需求,涵盖小区安全管理、人车管理、消防安全、设施维护、环境清洁等功能。结合智能化感知设备与大数据分析,平台为物业公司提供便捷的管理工具,提升日常运维效率,确保小区的安全与和谐。

4.教育局侧业务架构

教育局侧业务主要针对校园安全管理,帮助教育局监控校园安全系统的运行情况。通过联网化、可视化的督导系统,教育局能够实时汇总各学校的安全隐患信息,并进行远程监测和分析,提供决策支持,指导学校建立健全的安全风险预防与应急处置机制。

5.5 逻辑架构

平台建设的核心在于对不同层次的服务进行划分与协调,使各模块高效运作,提供全面的治安防控解决方案。逻辑架构的设计遵循分层思想,由基础设施服务层(IaaS)、数据服务层(DaaS)、平台服务层(PaaS)及应用服务层(SaaS)组成。政府、公安、物业、学校的业务应用平台的整体逻辑架构如图5-3所示。

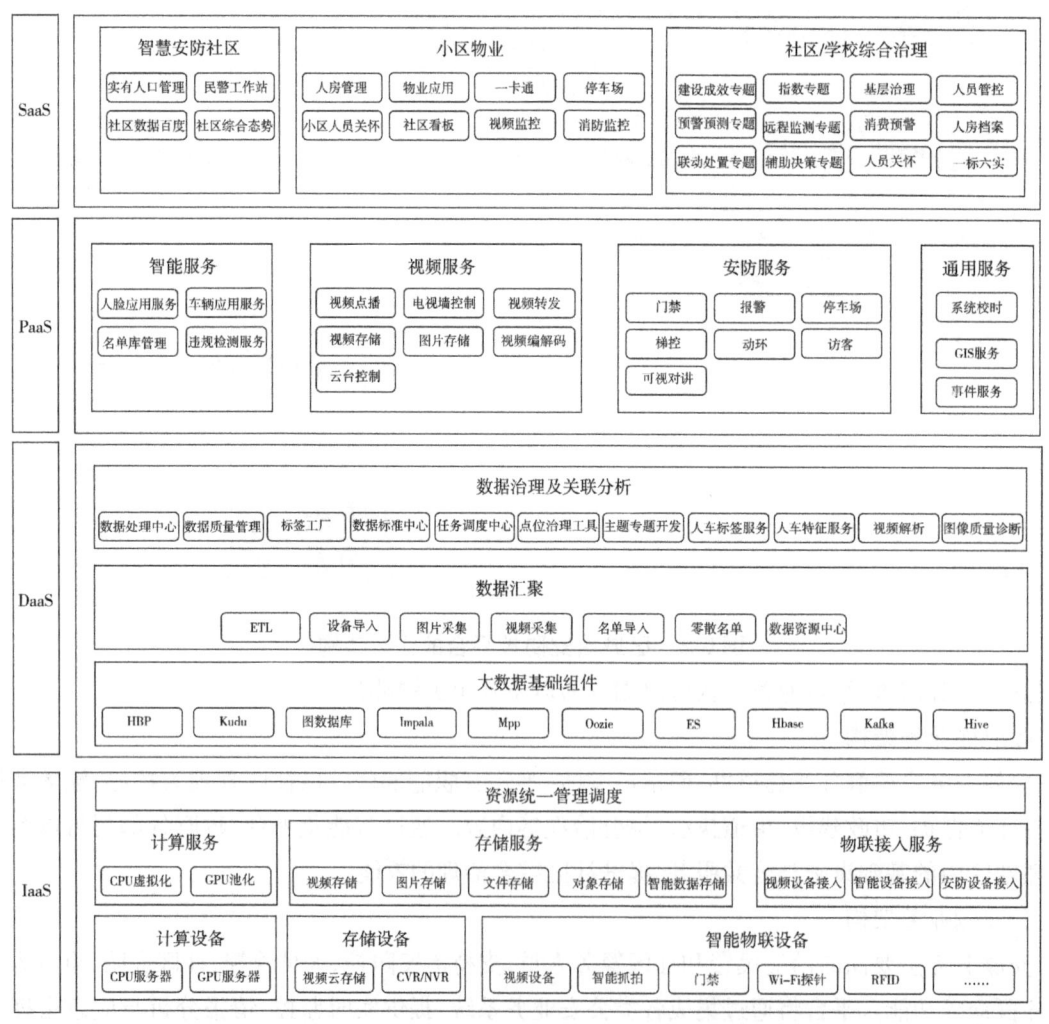

图5-3 政府、公安、物业、学校的业务应用平台的整体逻辑架构

基础设施服务层提供面向省市的计算、存储、网络、感知能力和资源，并可通过管理调度服务实现对资源的本级统一调度、跨级级联管理。该层通过虚拟化技术支持多类硬件设备的灵活调度，包括CPU、GPU服务器、视频存储设备（如CVR/NVR）。资源的调度可通过统一管理平台实现，从而支持对跨区域、跨层级的资源进行高效管理。此外，基础服务层还支持视频监控、智能设备和安防设备的接入，确保各类设备采集的多源数据能够进行实时感知与传输，统一管理区域内的各类监控设备，满足多场景下的数据传输需求。由于区域治安防控系统需具备丰富的感知能力，以提升安全防控的智能化水平，该系统在基础设施层集成了前置的AI解析功能。通过这一功能，系统能够精准提取场景中的人、车、事件及异常行为等关键信息，从而实现对复杂场景的智能化分析与处理，确保治安防控的精准响应和预警能力。这一集成AI解析的基础设施服务层，为整个治安防控平台提供了强大的计算、存储和智能化处理能力，支持平台的实时性和高效性。

数据服务层基于大数据基础组件，负责汇聚、存储、治理和分析多源数据。通过多种数据收集方式（如ETL、设备导入、图片采集、视频采集等），该层整合来自不同业务系统的物联网感知数据与业务数据，为后续分析提供支撑。部署Hbase、图数据库、Kudu、Mpp、ES、Impala等各类组件，提供数据分布式计算、存储及检索能力；通过ETL、设备导入、图片采集、视频采集、名单导入等多种方式汇聚物联数据、业务数据、零散数据及级联数据；提供各种数据治理工具，包括监控点治理工具、视频质量分析、抓拍图片质量分析、数据处理中心、标签工厂以及关联分析工具等，分析得出人的特征关联、人与车辆关联及人员聚类等。

平台服务层提供视频服务、智能服务、安防服务以及通用服务，并通过API网关为第三方提供开放能力。视频服务提供视频点播、转发、上墙、存储、编解码及云台控制等基础视频服务；智能服务提供人脸应用、车辆应用、基层治理相关的违规检测应用等智能解析服务；安防服务提供门禁、报警、停车场、梯控、动环、访客、可视对讲服务接口；通过API网关为第三方提供视频图像解析能力及应用服务。

应用服务层是区域治安防控平台中最直接面向用户的交互层，涵盖公安、政府、物业、教育等多部门的具体业务应用。该层基于前述各层（基础设施服务层、数据服务层、平台服务层）的技术支持，结合丰富的场景化应用，推动治安防控与社区服务的智能化整合，最终实现社区服务的一体化、管理智慧化和生活便捷化。应用服务层包括公安侧的智慧安防社区应用、政府侧的社区治理应用、物业侧的小区物业服务和教育侧的校园安防服务，以及运营侧的政务服务、应急处理、交通服务、文化活动管理、公共安全管理、健康管理等服务。基于数据处理和系统存储、计算、智能解析资源，应用服务层实现治安防控与管理的协同化、智能化和高效化，为社区居民、学校师生、企业单位和政府管理者提供一体化的治安防控服务，推动区域治理的智慧化管理，提升公共安全与生活服务的便利性，为居民提供全面的安防与社区服务应用。

5.6　数据架构

区域治安防控平台的数据架构（如图5-4所示）主要负责数据的接入、处理、存储和分析，支持多源数据融合，提供数据治理和安全管理服务。通过对治安数据的标准化和增值处理，平台为各类业务应用提供数据支撑，提升治安管控的智能化水平。

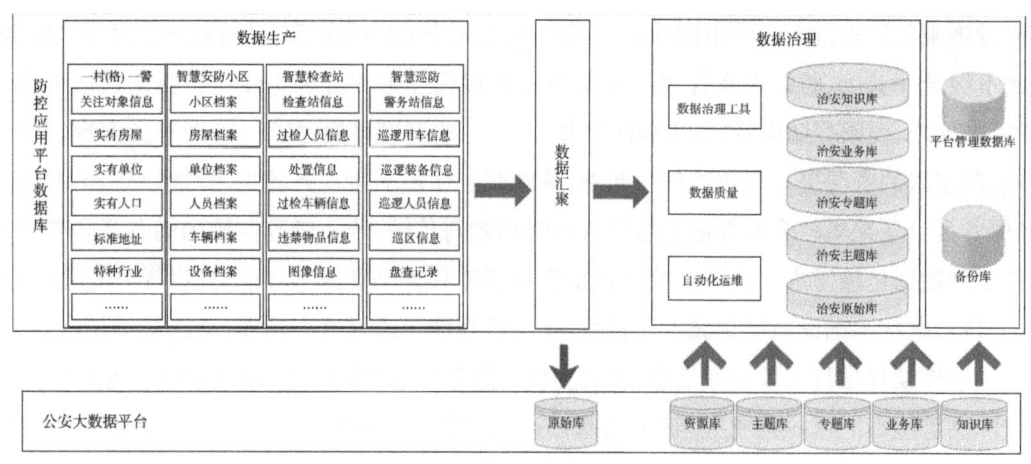

图 5-4 区域治安防控平台的数据架构

1. 治安原始库

治安原始库主要保存原始数据,能够反映原始业务场景的数据集合,并在此基础上补充对各种来源数据进行一系列处理加工后产生的标准化数据、关联要素信息和标签信息。原始库实现数据的标准化和价值增值,为应用提供基本的数据支撑,为数据融合、数据抽象和进一步增值完成数据准备。

2. 治安资源库

治安资源库是综合各类数据资源建立的关键要素以及要素之间的关联、关系的公共集合。治安资源库是治安业务所需要的公共数据,对各项业务工作具有支撑作用,可以脱离任何业务而独立存在,也可以与每一项业务相关。

3. 治安主题库

治安主题库是为了便利工作、精准快速地反映工作对象全貌而建立的融合各类原始数据、资源数据,围绕能标识人、地、案、事件、物、组织的主题对象,长期积累形成的多维度的公共数据集合。

4. 治安专题库

治安专题库是为处理特定治安问题而建立的专项数据集合,涵盖重点人员、重点场所、重点行业等重要治安领域。通过对特定领域的深入分析,专题库能够为公安部门提供针对性的数据支持,提升对特定治安事件和群体的监控和管理能力。

5. 治安业务库

治安业务库针对各类专业系统,构建专用的业务数据库。平台根据具体的业务需求,建设了如重点人员库、巡逻防控库、检查站库、安防小区库等多个业务库。这些库为日常治安工作提供数据支持,并通过与其他库的联动,提升数据的综合利用价值。

6. 治安业务要素索引库

治安业务要素索引库对业务库中的关键要素建立了全局索引,解决业务关联和数据冲突的问题。通过索引库,平台能够快速检索和关联不同业务库中的关键要素,确保跨库数据的一致性和关联性,支持复杂业务逻辑的处理。

业务库经处理进入原始库;对原始库进行关键要素分析、提取形成资源库;利用原始库、资源库进行信息分析、提取、归并处理形成主题库;对原始库、资源库、主题库数据按需取用形成业务库。

5.7 网络部署

网络部署旨在构建一个安全、高效、可靠的区域治安防控网络环境,确保各类业务系统和前端感知设备的稳定运行,实现数据的快速传输与共享,提供全面的治安防控能力。如图 5-5 所示为某市一村(格)及社会治安防控应用平台网络部署。

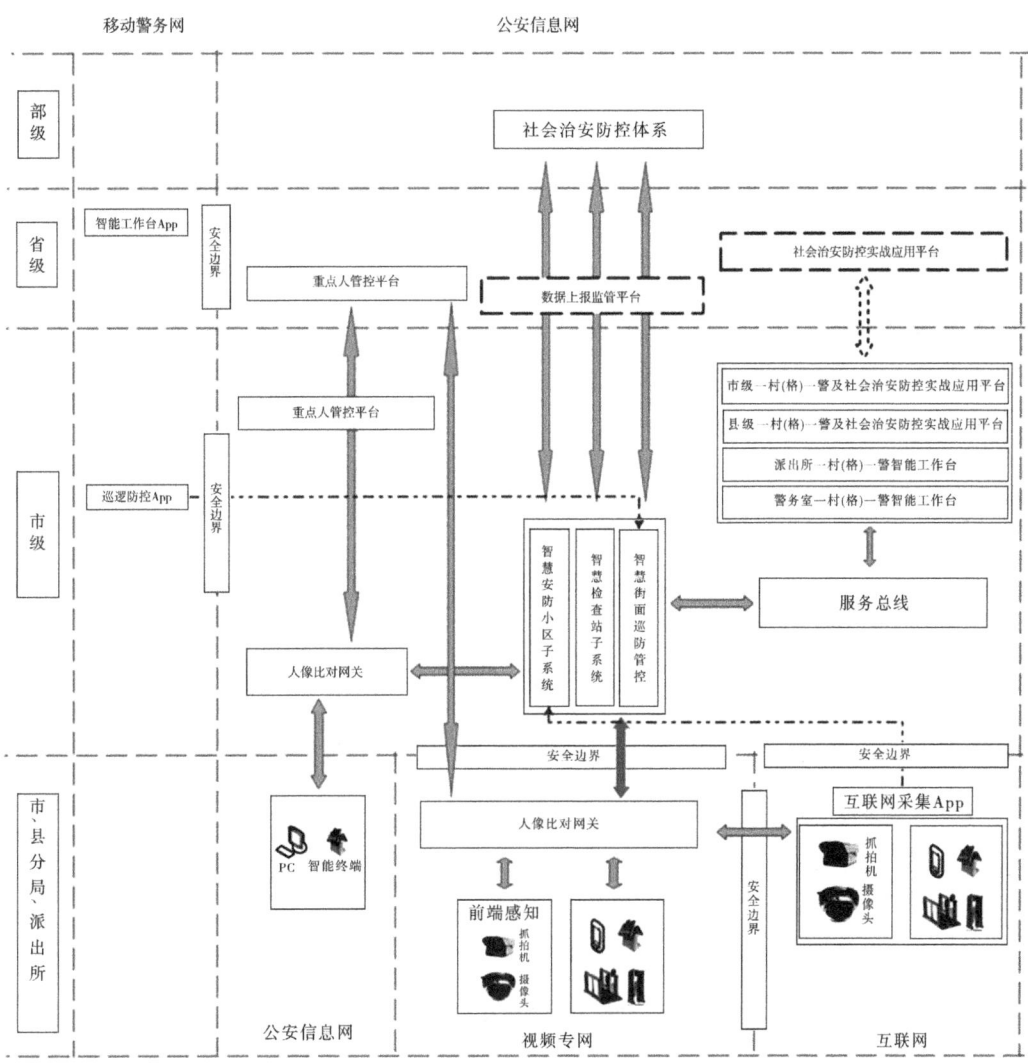

图 5-5 某市一村(格)及社会治安防控应用平台网络部署

1. 公安信息网应用

市级社会治安防控应用平台、八大业务子系统以及数据交换平台。部署在公安局中心机房公安网上。

2. 视频专网应用

视频结构化平台以及共享平台依托视频专网,在接入视频非结构化数据进行建模存储服务的同时为前端感知设备提供人像比对能力。部署在公安局中心机房视频专网上。

3. 移动警务网应用

部署改造后的一村一警相关 App,如内保单位、重点人预警服务、一标三实信息核查采集、情指联动、移动执法、涉案财物扣押、视频调阅等,为社会治安防控应用平台提供基础数据支撑。部署在公安局中心机房公安网上。

4. 互联网应用

部署前端感知设备、智能防控圈（检查站）业务系统、智能界面巡防业务系统、智慧安防小区系统、派出所视频中心、智慧内保特行系统以及社会化采集。部署在公安局中心机房互联网上。

5. 前端感知设备

如人员闸机、车辆闸机、人脸识别球形探头、路面监控设备、社区街面监控探头、单元楼宇监控以及其他感知设备，为各类场景的安防需求提供设备支撑，具体场景包括智慧小区、智慧校园、商业超市、工业园区、公共交通枢纽、旅游景区、大型活动安保、娱乐场所及特种行业。其数据通过视频专网通道将音视频非结构化数据传入共享平台，最终结构化后进入数据交换平台。部署在相关责任单位并接入互联网。

5.8 中台架构

5.8.1 技术中台

技术中台是支撑整个系统的核心组件，旨在构建一体化的开发、测试、生产和运维管理平台。如图5-6所示，通过集成应用管理、容器管理、资源管理和安全管理等功能，技术中台不仅提高了运维效率，还通过自动化运维体系实现了集群资源监控、应用快速部署和运维知识库等的构建。

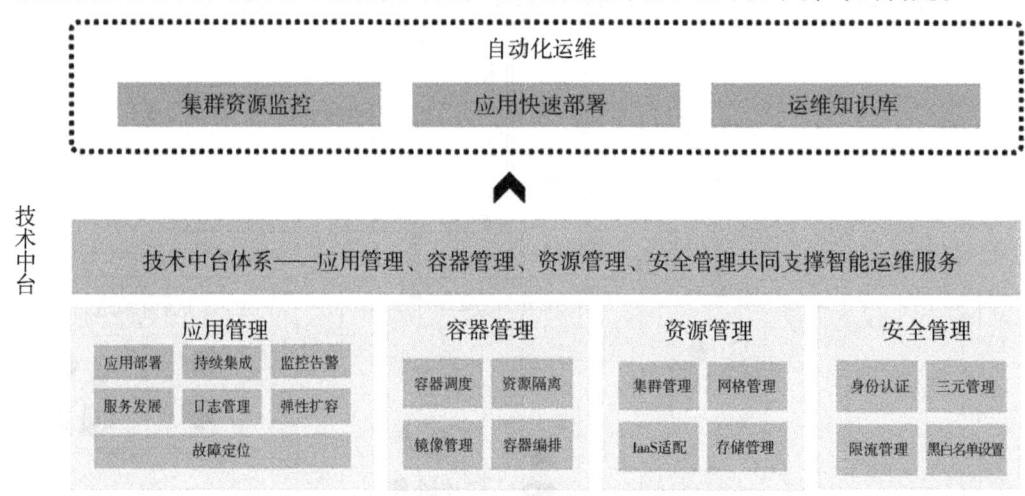

图 5-6　技术中台架构

5.8.2 业务中台

业务中台是实现各业务板块之间连接与协同的关键环节。如图5-7所示，业务中台实现各业务板块之间的连接和协同，基于统一的基础开发框架，通过服务网关、流程引擎、微服务开发引擎、表单设计引擎、消息总线、服务管理中心、移动引擎等核心组件，实现第三方服务集成、服务重新编排、表单设计、消息管理等功能，支撑不同服务在移动端的展现和运行；业务中台实现将单点登录认证、微服务管理、统一身份管理、日志组件、定时任务、消息通知组件等通用组件积累形成公共基础组件，供后续开发复用，缩短项目交付周期和提升交付质量。

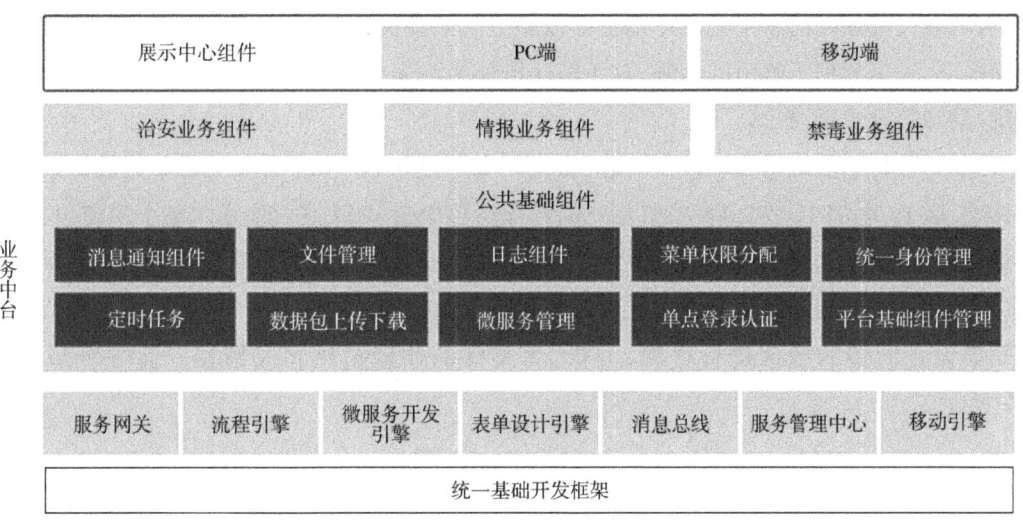

图 5-7　业务中台架构

5.8.3　数据中台

数据中台是指通过数据技术,对海量数据进行采集、计算、存储、加工,同时统一标准和口径。如图 5-8 所示,数据中台把数据统一之后,会形成标准数据,再进行存储,形成大数据存储层,进而为业务应用层提供高效服务。数据中台主要包括实现治安数据接入、数据处理、数据存储、数据治理和数据组织等功能。该平台基于公安部数据标准,规范数据项、数据接口、编码规则,实现各系统互联互通、数据共享、数据处理、数据模型、算法服务、数据产品、数据管理等技术。

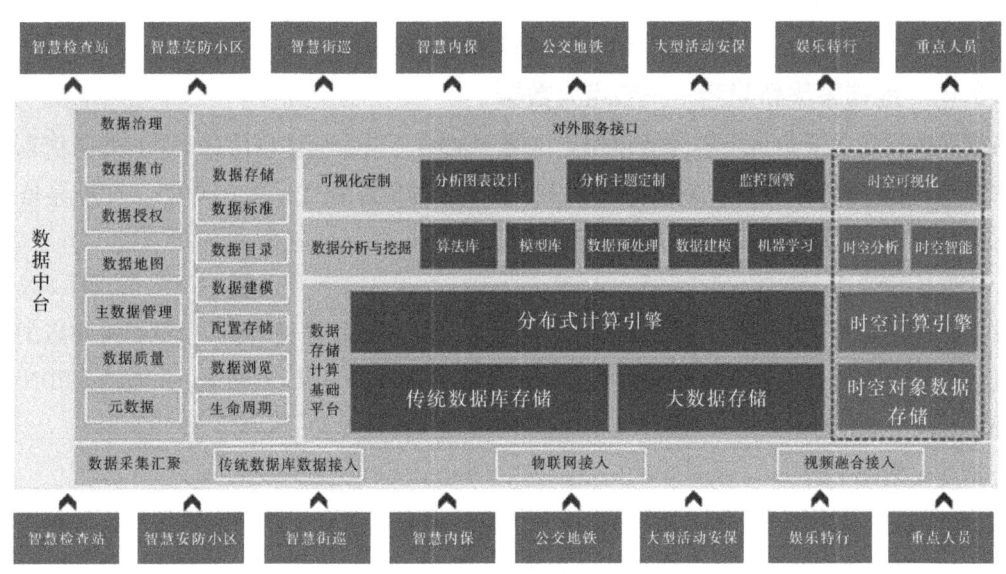

图 5-8　数据中台架构

5.9　前端感知设备建设（科学布建）

5.9.1　科学布局，让前端更感知

信息采集工作是区域治安工作的根基,前端感知设备即信息采集的主要抓手。除去常见的监控

设备,目前区域民警基础信息采集工作仍主要依靠上门采集的传统方式,普遍存在准确信息采集难、采集效率低下、采集数据不鲜活的问题,对于辖区居住人员未登记、登记人员搬离的居住动态实时信息掌握难,动态信息更新滞后。

进入大数据时代,前端感知不仅仅可以"被动防御",还可以"主动出击",建立大数据系统可以同时针对移动、联通、电信4G/5G NR手机用户的特征参数信息IMSI进行采集。整个系统包括三部分:前端采集设备、信息传送通道、后台管理中心。前端采集设备实现部署范围内手机用户特征参数的采集,信息传送通道利用现有的线缆资源或无线网络将采集数据传送到后台管理中心,后台管理中心接收前端采集设备回传的数据进行存储、分析,为案件的侦破提供相关数据。前端感知系统架构如图5-9所示。

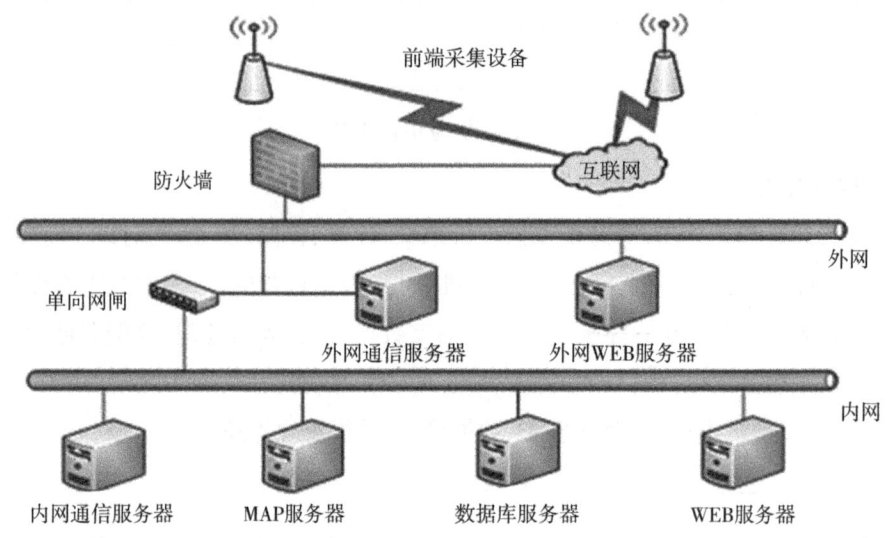

图5-9 前端感知系统架构

5.9.2 前端采集新趋势——热点大数据

热点采集设备主要负责采集经过布控点位的4G/5G NR手机终端信息IMSI,并向信息中心转发采集数据;采集设备还具有搜索周围无线网络环境并自动配置最优参数的功能。在不具备网络传输条件的情况下,设备支持离线数据存储功能。

1. 数据传输通道

数据传输通道负责前后台数据通信,由通信网络及相关软硬件设备组成,根据采集点的部署环境可通过利用现有有线传输和无线传输(如CDMA、EVDO、WCDMA、LTE网络)并支持VPDN传输方式来实现。

2. 热点大数据平台

城市原有热点数据分析平台升级为热点大数据综合分析平台。热点大数据综合分析平台以热点数据为核心,将其他多种数据信息资源结合起来(如视频、车牌、人像等),可跨平台整合多维数据;打破数据之间的壁垒,结合各自数据的优势、特点,实现其他海量数据资源与手机信息资源的关联、深度挖掘,进行相关数据的分析、研判、应用。热点大数据平台支持多种数据智能关联匹配,支持IMSI、车牌、人像的智能匹配,可直接实现人(IMSI)车(车牌)拟合、人(IMSI)像(人脸)拟合。

5.9.3 传统前端感知设备——电子监控技术

电子监控技术是区域治安防控的重要手段之一。通过在关键位置安装摄像头,可以实时监控区域内的人员和车辆活动。高清晰度的摄像头能够清晰捕捉细节,为后续的调查和处理提供有力证据。智能视频分析技术的应用,使得监控系统能够自动识别异常行为,如人员聚集、物品遗留、入侵检测等,并及时发出警报,提高了治安防控的效率和响应速度。

城市公共安全视频监控系统是一套具有感、传、知、用四个层次的垂直分布系统,在这套垂直分布系统中,前端感知网络由于具有覆盖面广、场景应用繁多等特性,一直是系统建设中的重点与难点。

随着立体化体系上升到国家战略层面,城市公共安全视频监控系统对于前端感知网络建设的要求也进一步提高。立体化防控体系的建设是一项非常复杂的系统性工程,其所包含的打击、防范、教育、管理、建设、改造等六个方面在本质上是通过惩罚犯罪、改造罪犯、教育挽救失足者、预防犯罪等手段,达到维护社会治安,保障人民幸福生活的目的。为达到此目的,公共安全视频监控系统前端网络建设需要以一种泛在网络的思维进行架构,以适应全过程控制的需求。同时,能够改变原有各类感知前端遍布、各分系统林立、彼此之间缺乏深层意义上互联互有的状况,构建一个多角度、多层次、全时空的立体化前端数据采集网络。立体化前端数据采集网络内部,各子网、分系统各司其职,同时又协同作战,成为一个有机的、不可分割的整体,全面提升对于人、车、事、物、组织以时间为轴运行发展的全过程防控水平,全面提升社会公共安全管理能力。

公共安全视频监控系统立体化前端网络的建设,需要采用科学、合理的布点方法,对前端网络进行总体、统一的规划,促进后期各张感知网络深度的协同与应用,在每个基础网格内构建相应的地面防控网、空中防控网、动态防控网、静态防控网、物联防控网这五张网络。

其中,地面防控网主要是基于地面固定区域目标监测的全天候、多环境的城市安全防控网络体系;空中防控网侧重于突破二维平面的限制,拓展对于纵向空间的层次防控;静态防控网主要依托城市道路网,实现在重点部位对可疑布控人员及车辆的有效识别和布控预警,侧重于结构化数据的前端提取,可配合地面防控网,形成对可疑布控目标的交叉跟踪;动态防控网依托各类移动高清设备和方便部署的无线前端设备,实现对固定监控模式的突破,丰富信息获取的手段,赋予信息数据采集动态获取的内涵,提升应急处理突发事件的能力;物联防控网则是各类固定、静态、动态视频监控点位的有益补充,充分运用物联网技术,实现数据采集的泛在化、规模化、多维化,拓展大数据应用。

立体化前端感知网络的地面防控网其主要依托于原有治安监控系统前端摄像机网络进行构建,对现有的治安监控进行"扫盲""拓展""补漏""加密",形成城市公共安全区域的视频监控全覆盖,开展因地制宜的场景式监控,全面提升立体化防控网络感知水平。

针对一些重点场所,需采用固定式高清智能枪机对其进出口的人、车等信息进行记录,包括党政机关所在地和驻地大门口,危险品生产、销售、存放处,涉枪单位周边出入口,监管场所,金融、文博、医院、学校、电力等重点单位出入口,偏僻地段、胡同、棚户区等多次恶性案件易发地段以及公共安全需重点防控的其他区域。

智能摄像机采用超宽动态、超低照度技术,同时支持透雾、电子防抖、强光抑制、背光补偿、慢快门等功能,可适应不同监控环境。高品质、高清晰图像效果可满足监控、取证等实战需求。

针对一些较广阔的区域,需要了解全局的情况,可建设、可变范围的监控点(高清智能球机)可在日常进行单点位的视频巡航,对可覆盖的场景进行全场的巡视,在突发事件中又可针对性地进行动态监控,其一般的安装地点在党政机关及重点责任单位大院,大型场所包括城市广场、体育场馆、机场、火车站、会展中心、人才中心、农贸中心、商品批发市场等人群密集、刑事案件高发区,城市步行街、流浪乞讨人员聚集地等治安复杂区，发电厂、自来水厂、通信枢纽等重要保卫目标，公交站台、过街天桥、立交桥等人流量较大区域，城市重要交通干道的十字路口、丁字路口，等等。

随着城市公共安全视频监控系统建设的不断深入，对于大场景的监控需求也越来越多。例如：大型广场、会场、车站等，除了要求"看全""实时"，还希望可以看清局部细节。虽然越来越多的一体化高清全景摄像机或通过多台摄像机后端拼接的方案都可以满足"看全"和"实时"的需求，但是二者都无法洞悉大场景中的局部细节。如果大场景中发生突发性事件，能够看清细节并清晰地记录事件的整个过程，是政府部门对视频监控系统基本的诉求；仅具备无盲区全景监控，但是不能辨别监控物体与细节，此时的全景覆盖形同虚设。

全景跟踪摄像机采用"多水平全景摄像机＋中心特写跟踪"的方案，单摄像机即可轻松实现全景加细节的监控效果，使得整体方案大大简化。其内置多个水平全景摄像机以及一个特写跟踪球机，集成度高，可替代多台普通摄像机、一台星光球机以及视频拼接服务器的组合，硬件成本大大降低；且其安装维护简单，前期安装施工成本低，后期维护量小，具备球机的快装结构，可实现一体化快捷安装。安装只需一根网线、一个电源，布线简单；多个水平全景摄像机拼接调试简单，大大提高了整体系统安装调试效率，轻松兼顾全景覆盖与细节捕捉。

在城市道路、城市制高点、广场、城市十字路口、重点单位出入口、道路路口、园区、学校、体育场等大场景均可使用全景跟踪摄像机进行全景无盲区监控，同时可捕捉大场景中的局部细节，轻松实现针对大场景的指挥调度，以及针对局部的特写抓拍。

兼顾全景，洞悉细节：即"点面结合系统"，既能看全景，又能捕捉细节，实现被监控场景"无盲区、无死角"，解决了安防行业的传统难题。另外，此系统能在大场景、多目标的情况下动态监控，在防止人员非法聚集、捕捉特定人物细节等方面可以发挥重大作用。

一体化设计，配置更简单：可提供全景和特写画面，兼顾全景与细节。全景端负责全景180度的监控画面，达到全景监控效果。下方球机（特写镜头）负责联动定位和跟踪功能，只需要点击全景画面的任意一个点，就可以实现快速的变倍并捕捉到远处的目标。其中，全景与细节的联动配置也非常简单，无须进行标定即可实现全景与细节的多种联动。

5.9.4 其他感知设备

1. 门禁与出入管理系统

在小区、单位、重要场所等设置门禁系统，对人员和车辆的出入进行管理。可以采用刷卡、指纹识别、人脸识别等多种身份验证方式，确保只有授权人员能够进入。同时，出入管理系统可以记录人员和车辆的进出时间、身份信息等，为治安管理提供数据支持。对于一些高风险区域，可以设置多重门禁和安检措施，以提高安全性。

2. 报警系统

报警系统包括入侵报警、火灾报警、紧急求助报警等。入侵报警系统可以通过安装传感器，如红外探测器、门磁探测器等，检测非法入侵行为，并及时发出警报。火灾报警系统能够在火灾发生初期及时发现并报警，为人员疏散和灭火救援争取时间。紧急求助报警系统则为群众在遇到紧急情况时提供了快速求助的渠道。

3. 大数据与智能分析技术

利用大数据技术对区域内的治安信息进行收集、整理和分析。通过对历史案件数据、人员流动数据、社会经济数据等的分析,可以发现治安问题的规律和趋势,为制定针对性的防控措施提供依据。智能分析技术可以对监控视频、报警信息等进行实时分析,快速识别潜在的安全隐患和犯罪行为,提高治安防控的智能化水平。

4. 无人机巡逻技术

无人机具有灵活、高效、视野广阔等特点,可以用于区域治安巡逻。无人机可以搭载高清摄像头、热成像仪等设备,对地面情况进行实时监控。在突发事件发生时,无人机可以快速到达现场,提供实时图像和信息,为指挥决策提供支持。此外,无人机还可以用于搜索失踪人员、监测自然灾害等。

5.10 基础设施建设

5.10.1 网络通信系统建设

网络是感知的前提条件,没有传输,一切前端感知设备都毫无用处。治安通信网以地面光纤网络为骨干,以卫星通信网、窄带无线通信网为延伸和扩展,通过整合光纤、通信卫星和多媒体卫星等卫星通信资源集群、4G/5G通信网、自组网、短波通信等无线通信手段,构建"空、天、地"三位一体的指挥通信网。

"空、天、地"三位一体指的是不同层级的通信载体协同覆盖:

(1)天:指太空中的卫星资源(如通信卫星、多媒体卫星),提供广域覆盖和跨地域传输能力。

(2)空:指中低空通信平台(如无人机、机载设备),承担区域机动补盲和中继任务。

(3)地:指地面通信网络(光纤、4G/5G基站、自组网等),实现本地化、高带宽的终端接入与数据传输。

三者融合形成全域无缝衔接的立体化通信体系。

建设一张覆盖全域的视频传输网,实现"横向到边,纵向到底"的总体建设目标,作为图像信息的传输通道,为图像信息的采集、传输和应用提供了强有力的支撑;治安防控需要综合考虑、统一规划建设,以实现互联互通,各子系统信息共享。针对视频专网的特殊性,其除专一性、高可用性、保密性、安全性的要求之外,还需满足以下方面。

(1)满足应用需求:整体设计必须首先考虑能否满足业务发展和应用需求。

(2)标准化原则:通过建立统一的、基于IP的网络通信平台,提供音视频、数据传输等基础服务;在安全、管理、运维上制定标准化的规范及制度。

(3)前瞻性原则:采用的架构、技术和网络设备应易于扩展,能够为将来的应用扩展提供支持。顺应网络技术发展趋势,采用业界主流产品和主流技术。

(4)技术成熟性:采用的技术应该为成熟的技术,具有相关实践。

(5)易维护性:设备维修、配件更换和拆装应快捷方便;关键设备应采用模块化设备,板卡和电源模块支持带电热插拔。

(6)高可用性:充分考虑设备板件级、设备级、传输线路、网络技术等多层次的网络备份方案,制定可靠的网络备份策略。

(7)中间传输链路要有保护机制或多方向传输保护机制,网络要有安全性考虑,互联网业务和公安视频专网业务需要物理隔离。

5.10.1.1 系统建设思路

网络系统在视频专网技术基础上,整体仍然采用层次化设计模型,注重对接入层、汇聚层以及核心层网络的使用分析。

(1)接入汇聚层网络的建设采用租用运营商机房进行部署,利用运营商机房完善的机房设施、高品质的网络环境、丰富的线缆资源和运营经验,不仅可以实现在前期方便、快捷地建设接入汇聚层网络,而且可以使网络处在安全、可靠、稳定的运行状态之中。

(2)核心层是城市整个视频监控外网的网络核心,是政务外网数据集中的核心节点,核心设备的设计要求具备强大的处理能力;业务实时性要求高,双核心,多链路备份,具备路由快速收敛能力;要求具备高扩展性、高密度、多插槽、高接口带宽扩展能力,满足未来增长需求。

网络技术方面,合理分配 IP 地址及使用,合理规划 VLAN 和路由方面的使用,注重网络安全和网络管理,网络安全建设方面仍然遵守公安相关的接入要求及规范。按照使用需要新增各个网络层的网络设备,根据实际接入情况合理规划网络传输带宽,以便更好地服务于视频图像及信息数据的传输。

从满足需求、节省投资的角度出发,视频 IP 专网采用新建、租用和整合原有视频网络资源的方式进行建设。

(1)新建:完成核心网络部分(数据中心核心网络)的建设,核心层包含存储区、大数据服务器区、视频应用平台网络和视频专网边界等建设。

(2)租用:通过租用运营商网络完成网络接入层的建设,实现上万个前端监控点的接入。

(3)整合:整合原有政府、公安、社会投资建设的监控系统网络,实现对已建监控系统的访问和调用,从而建设一张几乎涵盖全区视频监控点的专网。

5.10.1.2 网络架构建设

1.前端采集资源接入

人脸抓拍、卡口前端设备组成若干个社区及学校局域网,并采用独立的 IP 地址网段完成对路口多个监控设备及终端服务器的互联。智慧监控、人脸卡口和车辆卡口前端等前端采集资源通过运营商专线传输方式接入运营商机房内。

2.运营商传输接入

运营商通过其建设的接入网络接入了大量的前端设备,并将这些设备进行统一的汇聚。设计上在社区及学校侧,运营商与社区及学校分控中心内交换机连接;在中心侧,运营商与分控中心内核心交换机采用多条链路聚合的方式连接,实现对前端设备的基础联网。

5.10.1.3 网络带宽建设

传输网络包含前端设备传输链路、视频平台中心等几个环节的链路链接及相关的网络平台。

前端治安监控点的传输链路带宽建设:监控系统的前端采集设备接入运营商链路,单路视频按 3 M 码流(200 万像素,H.265)进行计算,同时考虑链路冗余,运营商为前端智能感知设备提供的接入带宽不低于 10 M/路,少量前端(800 万像素)的接入带宽不低于 20 M/路。

5.10.1.4 网络可靠性建设

网络的可靠性是指为了保证视频在传输过程中,重要环节在出现设备损坏或失败时还能够保证正常传输。网络可靠性主要可以从传输链路可靠性、网络设备可靠性两个方面进行设计。

1. 传输链路可靠性设计

传输链路的可靠性一般通过链路聚合技术来进行保障。

链路聚合控制协议(Link Aggregation Control Protocol, LACP)是一种实现链路动态汇聚的协议。启用某端口的 LACP 协议后,该端口将通过发送 LACPDU 向对端通告自己的系统优先级、系统 MAC 地址、端口优先级、端口号和操作 Key。对端接收到这些信息后,将这些信息与其他端口所保存的信息比较以选择能够汇聚的端口,从而双方可以对端口加入或退出某个动态汇聚组达成一致。链路聚合技术最多可对 8 条链路进行聚合,一般情况下建议聚合 2~4 条链路。

运营商核心交换机至数据中心核心交换机的传输链路是采用 2(或以上)条光纤链路,应用链路聚合技术将多个数据信道组合成一个单个的数据信道,该数据信道是以一个单个更高带宽的逻辑链路出现。链路聚合设计增加了网络的复杂性,但是提高了网络的可靠性,使关键线路上实现了冗余功能。

链路聚合后的逻辑链路带宽增加了 1 倍,2 条链路中只要有 1 条可以正常工作,则这个链路就可以正常工作。除此之外,链路聚合还可以实现负载均衡,因为,通过链路聚合连接在一起的两个交换机,通过内部控制可以合理地将数据分配到被聚合连接的网络设备上,实现负载分担。

2. 网络设备可靠性设计

治安防控数据传输网络各节点网络设备提供全方位的可靠性、安全性技术,能够满足电信级网络的可靠性、安全性的要求,其设备可靠性主要从以下几个方面来进行保障。

(1)关键部件冗余备份。

①核心层交换机/路由器设备支持主控板单配置和双配置(冗余方式)两种工作方式,且主控板支持热备份功能。当主控板双配置时,主用板正常工作,备用板处于待机状态。

②系统支持两种倒换方式,自动倒换和强制倒换。自动倒换的触发条件包括主用板发生严重故障或主用板复位,强制倒换通过控制台命令触发;另外,用户可以通过控制台命令强行禁止主控板的主备倒换,倒换时间为 50 ms。

③设备系统内部支持管理总线的备份、系统供电电源的 1 + 1 备份;另外,系统各单板及电源、风扇模块均具有热插拔功能。

这些设计使得设备或网络出现严重异常时,系统能够快速地恢复和做出反应,从而提高系统的平均无故障运行时间,尽可能地降低不可靠因素对正常业务的影响。

(2)设备冗余备份。

①网络虚拟化技术。

随着云计算的高速发展,虚拟化技术成为近几年广泛应用的技术,而除了服务器/存储虚拟化,早在 2009 年,各大网络设备厂商就已相继推出了自家的虚拟化解决方案,并已服务于网络应用的各个层面和各个方面。比如思科虚拟交换系统 VSS、华为集群交换机系统 CSS、H3C IRF 网络虚拟化技术等就是一种典型的网络虚拟化技术,它们都可以实现将多台交换机虚拟成单台交换机,使设备可用的端口数量、转发能力、性能规格倍增,并能简化管理、简化网络运行,提高运营效率,增强扩展能力及高可靠性,很大程度上保护了用户的投资。

②虚拟路由器冗余协议。

虚拟路由器冗余协议(Virtual Router Redundancy Protocol, VRRP)广泛应用在边缘网络中,它的设计目标是支持特定情况下 IP 数据流量失败时转移不会引起混乱,允许主机使用单路由器,以及及时在实际第一跳路由器使用失败的情形下仍能够维护路由器之间的连通性。

VRRP是一种路由容错选择协议,它可以把一个虚拟路由器的责任动态分配到局域网上的VR-RP路由器中的一台。控制虚拟路由器IP地址的VRRP路由器称为主路由器,它负责转发数据包到这些虚拟IP地址。一旦主路由器不可用,这种选择过程就提供了动态的故障转移机制,这就允许虚拟路由器的IP地址可以作为终端主机默认第一跳路由器是一种LAN接入设备备份协议。一个局域网络内的所有主机都设置缺省网关,这样主机发出的目的地址不在本网段的报文将通过缺省网关发往三层交换机,从而实现了主机和外部网络的通信。当缺省路由器端口关闭之后,内部主机将无法与外部通信,如果路由器设置了VRRP,那么这时,虚拟路由将启用备份路由器,从而实现全网通信。

(3)传输告警定制与抑制。

核心层交换机/路由器设备对网络可靠性的要求越来越高,因此要求网络中的设备能够快速检测到故障信息。当接口启动快速检测功能后,因为告警信息上报速度加快,引起接口的物理层状态频繁在Up和Down之间切换,导致网络反复振荡。因而需要对告警进行过滤和抑制,避免网络频繁振荡。

传输告警抑制功能可以有效实现对告警信号进行过滤和抑制,避免接口的反复振荡。同时提供告警定制功能,使告警对接口状态变化的影响得到有效控制。

传输告警定制与抑制具体实现的功能如下:

①实现对告警的定制,可以指定哪些告警能够引起接口状态变化等;

②实现对告警的抑制,可以达到过滤毛刺、抑制网络反复振荡的目的。

(4)快速链路故障检测。

双向转发检测(Bidirectional Forwarding Detection,BFD)是一套全网统一的检测机制,用于快速检测、监控网络中链路或者IP路由的转发连通状况。

BFD在双向链路两端同时发送检测报文,检测两个方向上的链路状态,实现毫秒级别的链路缺陷检测,它支持BFD单跳检测和多跳检测。核心层交换机/路由器设备的BFD特性能够支持多种应用。

5.10.2 安全系统建设

安全系统在治安防控建设中主要体现在政务外网和视频专网的边界,以及VPN通道上联出口的传输安全。具体设计如下。

5.10.2.1 可信任边界的安全技术体系

可信任边界安全技术体系建设从接入安全、传输安全、数据安全三个方面着手,保证接入视频专网的终端实体身份可信、链路保密、权限可管理、行为可记录,确保公安视频专网及智慧安防小区平台的整体安全。

1. 接入安全

接入安全首先要保证只有被允许的主机才能接入网络,非经授权的主机不能随意接入公安视频专网。接入安全要确保三点,即接入主机可信、接入过程可靠、接入方式可行。

(1)采用数字证书的方式对接入主机进行身份认证,安全认证应兼容公安系统证书,同时采用IP/MAC等辅助认证方式实现接入主机可信。

(2)接入过程的可靠性指的是接入过程要保证接入实体不能中间搞破坏,如防止暴力破解、防止不停的登录。

（3）接入方式的可行性指的是接入方式要保证不影响便利性，用户使用方便，连接建立快捷，而且不丧失安全性。用户无须对可信网关客户端进行任何配置，自动下载、自动保护、自动升级，客户端零成本部署。

2. 传输安全

对小区和学校与政务外网之间传输的数据进行安全加密，防止敏感信息外泄。传输安全可通过隧道技术、密码技术和访问控制技术来保证。

传输安全要确保传输过程加密、保障数据完整性和数据不可抵赖性。在数据传输过程中，加密用来防止数据泄露，数据完整性用来保证数据不被篡改，不可抵赖性用来保证发送端不能否认。

实现对数据进出进行访问控制，包括隧道内访问控制和隧道外访问控制。可信边界网关设备应支持从3层到7层的访问控制。

3. 数据安全

安全系统的首要需求是确保特定的用户只能访问特定应用，以实现基于应用的安全管控，防止对应用系统的随意访问。

采用代理技术摒除客户端和服务端的直接联系，避免了用户可能的误操作或恶意操作对服务端的损害，将服务端隐藏起来，使得用户无法绕过可信边界网关。网关与服务端发生直接联系，更好地保护了服务端应用安全使访问过程不泄密。

5.10.2.2 可信任边界建设要求

按照接入网络类型划分，可信任边界接入可以划分为专线可信任边界接入和互联网可信任边界接入两种。

在小区和学校接入平台网络部署两台可信任边界安全网关系统，可信任安全网关采用负载均衡工作模式，同时支持线性扩展，当性能不足时可通过扩展模式提升整体处理性能。各小区和学校通过专线或互联网方式接入小区接入平台，经可信任安全网关安全防护后访问平台内的各服务器。在各分局网络部署可信任边界安全网关，与小区接入平台网络中的可信任安全网关进行安全协商联动，对访问数据进行加密，防止敏感数据外泄。

可信任边界安全网关全面兼容公安系统证书及其他标准PKI，支持本地及第三方口令认证，支持动态令牌、Ukey、短信、IP/MAC等辅助认证方式。

1. 专线可信任边界接入

一部分采用专线接入的小区和学校采用运营商提供的多对一链路，以多点方式连接视频专网。适用于所在区域周边有较多同类的小区和学校，都所属同一分局管辖，且距离运营商所在的同一机房距离的情况，小区和学校在所处区域具有普遍性、所属管辖范围统一性，且距运营商同一机房距离性的特点。该类小区和学校无须部署服务器和可信任边界安全网关，共用小区接入平台网络中的服务器和可信任边界安全网关即可。

另一部分小区和学校采用运营商提供的一对一单独链路，以单点方式连接政务外网。适用于小区周边无同类的小区，且距离各运营商所在的机房距离较远的情况，小区在所处区域具有唯一性、距运营商机房偏远性的特点。该类小区需部署服务器和可信任边界安全网关。

2. 互联网可信任边界接入

对于无法采用专线模式接入的小区和学校，可采用互联网模式接入，由于该类小区和学校无须部署服务器,因此可直接通过互联网访问接入平台网络中的可信任边界安全网关,经身份认证后访问各服务器。

可信任边界安全网关根据小区和学校需要接入的资源实际情况启用相应的访问控制、身份认证、传输加密、准入控制等安全可信措施。

5.10.2.3 安全集中管理

安全集中管理平台以资产为中心,通过直观的设备管理、告警处理及统计分析、策略管理、升级管理、状态监视、信息综合处理、日志采集、历史查询、安全预警的全流程管理的安全运行管理,极大地减轻运维人员的工作压力,为平台的整体运维安全提供保障。

安全集中管理平台可全面、直观地展示全网资产运行情况,并提供直观的跳转管理。通过警示灯、故障灯等宏观展示,可极大地简化中心管理员的管理工作。管理员可通过管理平台的策略管理界面进入被管设备,直接对被管设备进行管理;同时支持以命令行形式的批量下发。被管设备的升级管理同样支持手动和批量自动升级功能,简化了管理员工作。

1. 接入安全的功能

对小区和学校需要接入的网络资源及政务外网需要与其通信的系统资源做详细资产统计,按照资产类别的不同通过可信任安全网关做多因素身份鉴别,IPC 类可通过 IP + MAC 获得身份认证,服务及终端类可通过密码+证书获得身份认证,从而保障建立连接的资产身份真实可信。

对小区和学校需要接入的网络资源及公安视频需要与其通信的系统资源的访问源、方向及目的做全面梳理,使用可信任安全网关根据资源的访问源、方向及目建立详细的访问控制策略,控制不同网络用户之间的相互访问,规划网络的信息流向,保护各 IP 及网络设备免受越权等未经授权的非法访问。

2. 传输安全的功能

规划不同结构下产生的通信专用链路及所属分局,使用可信任安全网关对小区至分局之间的链路通信进行安全加密。利用可信任安全网关数据传输要确保链路加密,保障数据完整性和数据不可抵赖性。在数据传输过程中,使用加密技术用来防止数据泄露,数据完整性可保证数据不被篡改,不可抵赖性可保证发送端不能否认。

3. 数据安全的功能

对城市各类机构单位需要接入的网络资源需要与其通信的系统资源的访问源、方向及目做全面梳理,利用可信任安全网关的代理技术,建立发起请求访问敏感资源,为确保敏感地址私密性,敏感地址需要隐藏且不被暴露,从而进一步保护用户隐私。

5.10.2.4 可信任边界的优势

1. 多因素认证组合,确保身份可信

支持多因素认证,包括 LocalDB、LocalCA、ThirdCA、RADIUS、LDAP、RADIUS Token、SMS Modem、SMS GW、绑定 IP/MAC、绑定硬件特征码等多种认证因素。各个因素可采用不同的顺序,以及"与/或"组合,方便用户使用,保障身份安全。

支持完整的 PKI 系列协议,全面支持公安系统证书。支持本地证书用户生成以及第三方证书管理;支持标准的 RADIUS 协议,支持 PAP、CHAP 等常用协议;支持 LDAP/AD 等目录协议认证,支持外部服务器用户在线导入和组映射功能;支持 SGIP 和 CMPP 等短信网关协议,能更好地适应行业用户。而且,可信任边界网关产品为将来出现更多的认证方式预留了接口,可以动态扩展支持更多的因素和因素组合。

2. 完善的访问控制,确保权限可信

支持从 2 层到 7 层的完全的访问控制。其中,2 层包含 MAC 绑定技术;3 层访问控制的有策略路由、包过滤策略、NAT 策略、端口映射等,可以控制 TCP、UDP、ICMP 报文;4 层及以上可以控制不同的端口,可以控制 FTP、HTTP、TELNET 等协议。

3. 全面的加密算法,确保链路可信

密码协议和算法支持全面。密码协议不但支持标准的国际协议如 SSLv3.0、TLS1.x、IKE、IPSec 等,还支持国家密码管理局的标准 SSLVPN 和 IPSecVPN 的相关规范。算法支持国际标准协议的 RSA 系列、AES 系列、DES 系列、MD5、SHA 系列。通过上述协议及算法保障数据传输链路可信。

网御可信任边界网关产品适用于各种可信任边界场景的用户需求,也适用于公安需求。

4. 高效的代理技术,确保数据可信

通过高性能实现高效代理服务,可信任安全网关每个进程与一个 CPU 的核绑定,根据 CPU 核数自动生成工作进程,使得工作进程数与 CPU 核数相等。同时,优化了连接分配算法,使得每个新到连接以最快速度大致均匀地分布到每个进程上。可高效处理接收请求,检查验证其合法性,如其合法,使得用户无法绕过可信任边界网关与服务端发生直接联系,更好地保护了服务端应用的安全。

5.11 数据库设计

5.11.1 数据赋能,让日常管理更智慧

数据库技术是治安信息管理的重要工具。随着互联网的发展,数据的规模和复杂度迅速增长,网络犯罪和电信诈骗日益滋生,所以,对数据库技术提出了更新的挑战。在信息大数据处理的新时代,数据库技术需要更加高效、更多可扩展、更加智能化,以满足新的治安需求。未来的数据库技术更倾向于与人工智能、机器学习等技术相结合,实现全面智能化的数据管理和分析。

治安领域的数据库主要应用在视频图像的海量数据的存储、归类、处理、分析等。

(1)视频结构化分析。利用视频结构化描述技术、智能图像分析技术,对实时视频或离线录像进行分析及处理,提取海量视频中的人、车、活动目标等内容信息,将海量非结构化视频、半结构化图片"变成"有价值的结构化信息。

(2)视频图像智能处理工具集。包含视频图像采集工具、视频图像处理工具。用于离线录像的快速采集及快速播放、涉事视频的智能处理及单机分析、模糊图像的清晰处理等。

(3)海量视频解析数据存储库。用于存储解析类系统自动分析得到的人、车、活动目标等要素的特征描述及结构化数据的数据库。

(4)视频图像基础资源库。用于存储解析类系统自动分析得到的人、车、活动目标等要素对应的图片的数据库。

(5)专题资源库。用于存储人工提取和现场采集,以及案事件研判过程中采集和标注的人员、车辆、案件等要素的视频片段、图像、特征描述等信息的数据库。

(6)索引库。指存储数据标签与索引数据等可支持全文检索等的资源数据库。

(7)视频大数据分析系统。依托存储类系统存储的解析数据、基础资源、专题资源等,提供结构化数据的快速检索、比对、碰撞、分析等服务。

(8)视频图像解析中心管理系统。是整个解析中心的管理系统,用于集群管理、级联管理、用户管理、日志管理、运维管理等。

治安领域的数据库应用框架如图 5-10 所示。

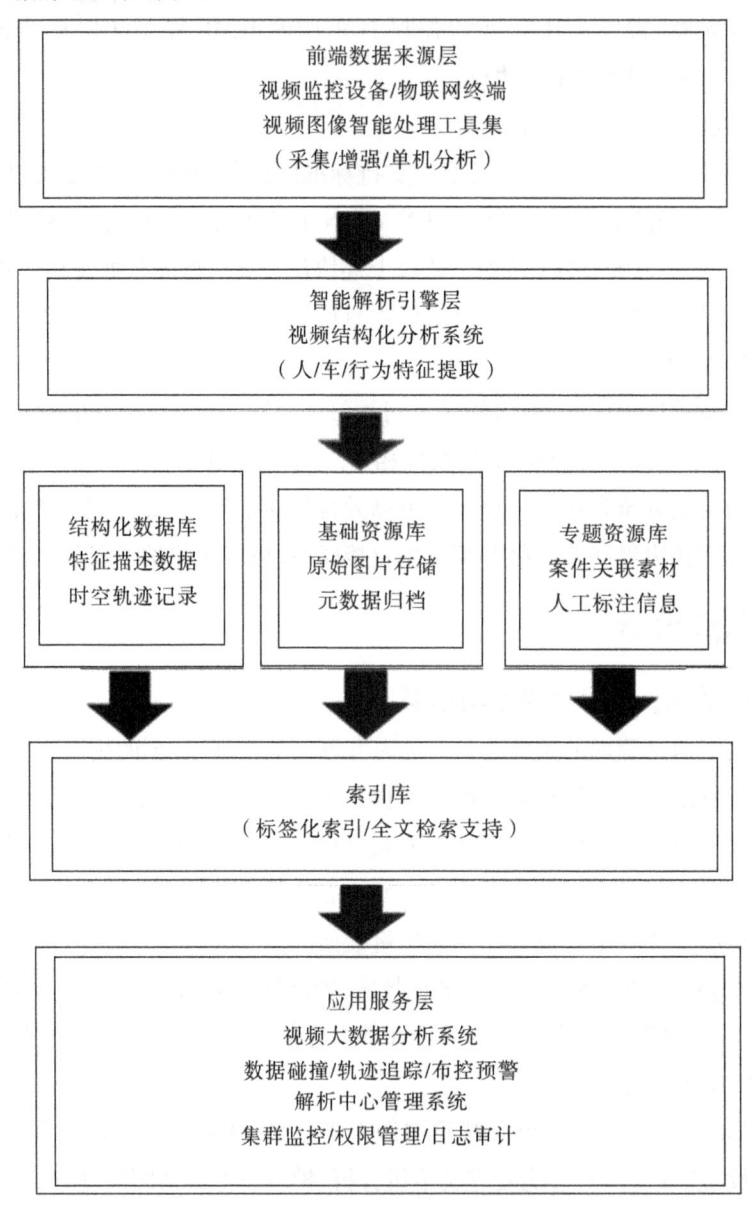

图 5-10 治安领域的数据库应用框架

1. 视频结构化分析系统设计

视频结构化分析系统为前端普通视频的内容理解提供支撑,将视频内容进行分析、理解、自动结构化、入库,并提供统一检索,采用云分析架构解决大规模智能分析应用性能瓶颈问题。主要针对已建或新建的治安监控、道路监控、重点场所、社区监控等已联网前端设备(包括智能化监控前端所产生的结构化图片)进行抽取、分析、结构化、入库,可在研判工作中直接对该已结构化的数据进行检索和查询,如目标特征、人员特征、车辆特征等,对前端视频监控相机的利用发挥到极致。

结构化分析示意如图 5-11 所示。

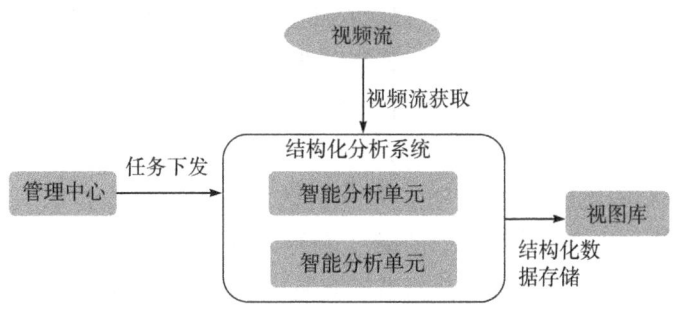

图 5-11　结构化分析示意

结构化分析系统由多个结构化智能分析单元组成,与传统智能分析系统不同的是,其能够对现有前端已联网的点位进行视频抽取、集中分析、分布式运算。解决了智能分析 CPU、GPU 性能瓶颈问题,具备大规模智能分析运算能力;运算识别精度也相较于传统智能分析系统更高、更精细,分析的结果自动结构化入库,它是视频结构化系统的核心组件。智能分析单元结构示意如图 5-12 所示。

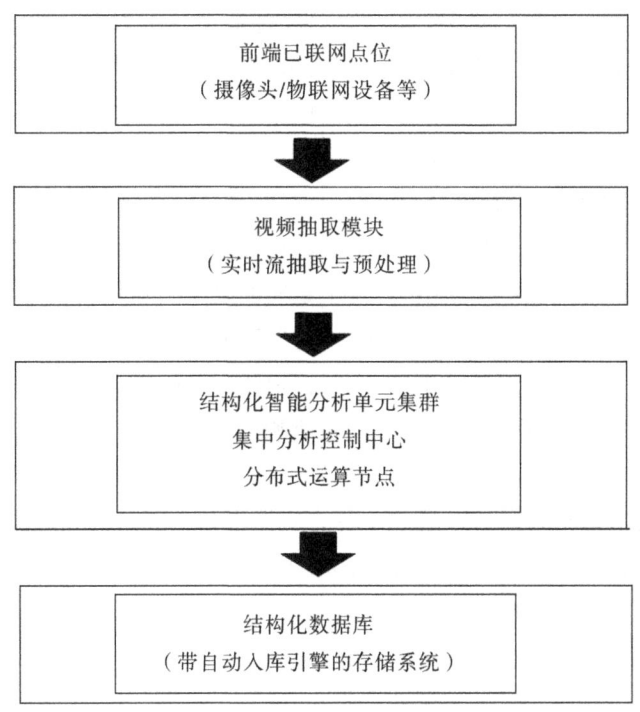

图 5-12　智能分析单元结构示意

2. 视频图像信息资源库设计

视频图像信息数据库(视图库)从服务于全局出发,将业务进行分类,在库内部分类分权建立针对不同业务部门的专题数据库应用,以深度满足不同警种、部门单位的业务需求。视频图像信息数据库包含了基础的三大默认专题数据库:疑情库、案件库、电子证据库。其中,疑情库针对事前防控态视图存储及结构化大数据检索,案件库作用于事后侦查态视图存储与结构化大数据检索,电子证据库针对执法记录仪采集工作站上的视图资料进行按任务抽取与集中存储。除默认的业务数据库外,还可根据实际区域治安需要灵活配置其他业务库,如环保部门可配置环保数据库,综合治理部门可配置综合治理业务库、矛盾排解库等,水利局可配置水纹视图专题库、信息发布视图专题库等。视频图像信息数据库具备灵活定制与扩展特性,深度满足不同警种、单位的业务需要。

3. 视频大数据分析数据库

大数据是指无法在一定时间内用传统数据库软件工具对其内容进行抓取、管理和处理的数据集合。大数据分析是基于分布式存储、分布式计算等先进技术的海量数据统一存储与处理系统,能够针对海量的视频、图像、报警、位置等数据,提供高效的检索、分析、挖掘等服务。

大数据分析系统能够整合海量的非结构化、半结构化、结构化数据,并对这些数据进行分析计算,通过智能分析技术从非结构化数据中分析出结构化信息,通过全文检索技术从结构化数据中快速定位信息,通过分析挖掘技术从结构化数据中挖掘出有价值的信息,同时通过接口的方式为上层应用提供数据服务。对于上层应用来讲,大数据分析系统就是一台超级数据引擎,通过大数据平台,能够针对海量的数据进行快速检索、快速统计分析,并能够通过大数据的深度关联分析对事物的发展趋势作出预测。

5.11.2 治安数据采集后的大数据分析系统架构

针对庞大的治安海量数据,构建区域大数据平台,主要包括数据采集模块、分布式数据库、数据索引管理、大数据分析处理。

大数据平台整合了搜索引擎、内存计算、批处理、任务调度等功能,并且在搜索引擎上研发了Hare作为轻量级的检索引擎,可以将HBase和Oracle的数据在搜索引擎中建立索引,以提供方便、高效的查询能力。平台在Spark内存计算框架的基础上,整合了SparkSQL、流式计算、机器学习等功能,提供了更加多样化的数据挖掘组件,通过这些组件可以完成复杂分析的建模和功能实现,从而实现在海量数据中更加有效地挖掘数据价值。

治安数据的采集和分析对于维护社会稳定和提高公共安全具有重要意义。通过分析治安数据,可以识别犯罪热点和模式,从而采取预防措施,减少犯罪的发生。治安数据分析可以帮助政府和执法机构更有效地分配警力和其他资源,确保关键区域得到适当的保护。治安数据可以为政策制定者提供信息,帮助他们制定更有效的法律和政策,以应对特定的犯罪问题。

此外,在紧急情况下,治安数据分析可以帮助快速响应,减少损害和伤亡。长期收集和分析治安数据可以帮助预测犯罪趋势,为未来的安全规划提供依据。

数据服务基于大数据基础服务组件,通过多种方式汇聚各类物联感知数据及业务信息数据,提供数据治理及关联分析工具,实现多源数据融合。部署Hbase、图数据库、Kudu、MPP、ES、Impala等各类组件,提供数据分布式计算、存储及检索能力;通过ETL、设备导入、图片采集、视频采集、名单导入等多种方式汇聚物联数据、业务数据、零散数据及级联数据;提供各种数据治理工具,包括监控点治理工具、视频质量分析、抓拍图片质量分析、数据处理中心、标签工厂等,以及关联分析工具,分析得出人的特征关联、人与车辆关联及人员聚类等。

结构化数据主要汇聚在数据资源平台,以下是数据资源平台各类数据存储方案。

(1)数据仓库,系统在数据仓库的组织中,通过DPC工具配置把HBase源表中的人员、房屋、车辆等数据加载到Kudu目标表中,实时数据仓库融合使用Kudu/Parquet列存储格式,支持Impala、Hive、Spark等计算引擎和工具,支持SQL,访问实现各类数据仓库的组织。大数据组件选型:Kudu数据库(1亿条/450 G)。

(2)搜索库,对于数据集市中各类人员、房屋、车辆等数据,系统支持通过数据治理中心配置是否如搜索设置、分词方式设置,是否如全文检索字段设置等。基于Elasticsearch/Solr搜索引擎,从Hbase数据源抽取到Elasticsearch目标表中,生成的支持全文模糊匹配、中英文分词的搜索库,实现各类相关数据的查询、搜索。大数据组件选型:Elasticsearch(1亿条/520 G,SSD硬盘)。

(3)主题库,基于身份证号、车牌号码、设备ID等唯一标识,将HBase中全量数据源、Kafka中增量数据源的特定实体数据,通过数据融合、关联成为主体数据库,写入HBase的人员主题库、车辆主题库、物品主题库等,最后通过Elasticsearch对目标对象进行多维度组合查询。大数据组件选型:HBase数据库创建主题库(1亿条/480 G),Elasticsearch配置主题搜索(1亿条/520 G,SSD硬盘)。

(4)专题库,根据业务需要,针对各类人员基本信息、行为信息等数据,将HBase中全量数据源、Kafka中增量数据源的特定实体数据,生成专题库数据(知识库)并写入MongoDB各专题库中,例如人员电话专题库、独居老人专题等,支撑业务应用。大数据组件选型:MongoDB(1亿条/1.1 T)。

(5)关系库,将数据集市中人员、车辆、房屋等公安业务数据,通过数据关联抽象(起点、终点、边)、数据属性映射、二级关系继承等数据治理策略创建人与人关系、人与物关系、物与物关系,形成各类关系库。关系型数据库(1亿条/2 T)。

(6)标签库,根据配置的数据规则,给人员、车辆打上特征标签,形成标签库并存储在MongoDB中,更好地建设精准化模型,便于为不同业务部门自主建模,降低技术门槛,对数据加深理解,产生高质量的研判结果。大数据组件选型:MongoDB。

5.12 智慧安防社区建设

5.12.1 小区数据估算

按照建设1个小区估算,总数据量为30.3 T。

1.视频专网

平均每个小区2 000人、500辆车,按照单人平均每天抓拍4张人脸照片计算,单个小区预测人脸日均数据量0.8万。按照单人平均每天抓拍4张人体照片计算,预测人体日均数据量0.8万。按照每辆车日均抓拍4次计算,预测车辆日均数据量为0.2万。

1个小区的前端抓拍所产生的人脸、人体、车辆图片需要存储到视频专网的存储资源池,视频存储在小区本地,共计约1.8(1.8×1)万张图片,按单张图片0.5 M大小,图片存储30天计算,共需满足264 G的存储容量,考虑系统容量冗余5%,磁盘格式损失5%,系统数据重构5%,$N+M$损耗20%(有效数据块N取值4,校验块数量M取值1,可故障设备台数K取值1),则系统存储需求总容量为264 G×(1+0.05+0.05+0.05)÷[1−$M/(N+M)$]=379 G。

汇聚单个小区的各类数据(包括门禁刷卡记录、车辆道闸数据、周界报警数据、房屋信息、人员信息等)预计日均1万条,单条数据5 K大小,则5年的数据量预计为87 G。

因此,视频专网数据量为379 G+87 G=466 G。

2.局域网

建设的1个小区,共预计20路前端摄像机视频存储在本地网络硬盘录像机(NVR)中,按照4 M码流存储30天,共需要24.72 T存储空间。

5.12.2 小区计算资源

智慧安防小区计算资源如表5-1所示。

表5-1 智慧安防小区计算资源

名称	详细参数	单位	数量
应用服务器	主频≥2.4 GHz,核数≥8核,内存≥64 G,磁盘空间≥500 G	台	2
数据库服务器	主频≥2.4 GHz,核数≥8核,内存≥64 G,磁盘空间≥1 T	台	1

5.12.3 智慧安防社区网络架构设计

在公安信息化管理体系中,存在视频专网、公安网和移动警务网三种不同的网络环境[118]。

视频专网主要负责连接视图库以及各类感知设备,如车辆卡口、人像卡口和摄像头等。这些感知设备不断采集车辆和人员的图像信息以及相关行为数据,并将其传输至视图库进行存储。同时,视频专网还连接着安防小区系统,该系统通过这些感知设备实时采集小区内的车辆和人员信息,并结合社会化采集渠道,如保安 App 等,实现人员登记、房屋自主申报、车辆管理等功能,丰富了数据来源。

视图库在整个体系中起着关键的数据存储作用,它不仅接收来自视频专网感知设备采集的图像数据,还通过数据汇聚功能,将分散在不同地方的视图数据集中起来。这些数据会被传输至数据中台,数据中台对其进行归类统计和综合分析,建立基础信息数据库和全文检索数据库等,以便快速查询和分析。数据中台为业务中台和防控平台提供数据支持,通过多维数据分析功能,为公安部门掌握社会治安情况、制定决策提供有力依据。

业务中台涵盖实有房屋、实有单位、实有人口、实有设备、实有车辆等多方面的档案管理,接收来自数据中台的数据,并与安防小区系统和社会化采集渠道相互配合,不断更新和完善实有数据档案,为公安部门的日常管理工作提供数据支持。

防控平台依赖数据中台提供的数据进行社会治安防控工作,通过态势分析了解社会治安形势的动态变化,并与业务中台和安防小区系统协同工作,制定针对性的防控措施,提高社会治安防控的精准性和有效性。

此外还有安防小区 App 和保安 App 等应用。安防小区 App 方便居民和管理人员进行操作,居民可以通过其进行房屋自主申报、人员登记等操作,提高数据采集的便捷性和及时性;保安 App 作为社会化采集的重要渠道之一,保安可以通过其进行人员登记等操作,为公安部门提供额外的数据来源。同时,智能门禁、车辆管理、房屋自主申报等功能模块作为安防小区系统的重要组成部分,分别负责小区内的人员出入管理、车辆管理和房屋信息申报等工作,并与业务中台和数据中台相互配合。

在公安信息化管理体系中,各个模块相互联系、相互协作,共同构成了一个完整的管理体系,实现了对社会治安的全面监控和管理,提高了公安部门的工作效率和决策水平,为保障社会安全、稳定提供了有力支持。

5.12.4 智慧安防社区建设原则

1. 统筹规划,分步实施

根据社区的实际情况和发展需求,制定全面的建设规划,并按照规划分阶段、分步骤地实施建设项目,确保建设工作的系统性和连贯性。

2. 技术先进,可靠实用

选用先进的智能化安防技术和设备,确保系统具有较高的性能和可靠性。同时,要充分考虑技术的实用性和可操作性,避免过度追求技术的先进性而忽视了实际应用效果。

3. 资源整合,信息共享

整合社区内现有的安防资源,包括监控设备、门禁系统、报警装置等,实现资源的优化配置和共享利用。建立统一的信息平台,打破信息孤岛,实现各安防子系统之间的信息互联互通。

4. 以人为本,注重服务

以社区居民为中心,充分考虑居民的需求和使用习惯,设计人性化的安防系统和服务流程。通过智能化安防系统为居民提供更加便捷、高效的服务,如便捷的出入管理、实时的信息推送等。

5. 安全可靠,保障隐私

高度重视安防系统的安全性和可靠性,采取有效的安全措施,防止系统被攻击和数据泄露。同时,要严格保护居民的个人隐私,确保安防系统的使用符合法律法规和道德规范。

5.12.5　智慧安防社区建设内容

1. 前端感知设备建设

(1)视频监控系统。

在社区内的主要出入口、公共区域、重点部位等安装高清视频监控摄像头,实现社区公共区域的全覆盖监控。摄像头应具备夜视功能、智能分析功能,能够对异常行为、人员聚集等情况进行自动识别和报警[119]。

建立视频监控联网平台,将社区内所有视频监控摄像头接入平台,实现视频图像的集中管理和实时查看。平台应具备视频回放、检索、下载等功能,方便对历史视频进行查询和分析。

(2)门禁系统。

在社区的出入口、单元楼门口等安装智能门禁系统,采用刷卡、指纹识别、人脸识别等多种识别方式,实现人员的身份验证和出入管理。门禁系统应具备实时记录人员出入信息、异常报警等功能,确保社区出入口的安全。

与社区物业管理系统对接,实现门禁权限的统一管理和分配。根据居民的身份和权限,设置不同的门禁通行规则,如业主、租户、访客等不同身份的人员具有不同的通行权限。

(3)车辆管理系统。

在社区出入口安装车辆道闸和车牌识别设备,实现对车辆的自动识别和出入管理。车辆道闸应具备快速开启和关闭功能,确保车辆通行的顺畅。车牌识别设备应具备高准确率的识别能力,能够对进出社区的车辆进行实时记录和统计。

建立车辆管理数据库,记录车辆的基本信息、车主信息、出入时间等。通过对车辆数据的分析,实现对社区内车辆的动态管理,如车辆流量统计、违规停车预警等。

(4)周界防范系统。

在社区的围墙、栅栏等周界区域安装红外对射探测器、电子围栏等周界防范设备,实现对社区周界的实时监测和入侵报警。当有人员非法翻越周界时,系统应能够及时发出报警信号,并将报警信息推送到物业管理中心和相关人员的手机上。

与视频监控系统联动,当周界防范系统发出报警信号时,视频监控系统能够自动切换到报警区域的画面,便于及时查看和处理报警事件。

2. 数据传输与存储系统建设

(1)网络传输系统。

建设社区内部的局域网,采用光纤、网线等传输介质,确保前端感知设备与数据中心之间的网络连接稳定、可靠。网络应具备足够的带宽,满足视频图像、门禁数据、车辆数据等大量数据的传输需求。

配置网络交换机、路由器等网络设备,实现网络的合理布局和优化管理。同时,要采取网络安全措施,如防火墙、入侵检测系统等,防止网络攻击和数据泄露。

(2)数据存储系统。

建立数据中心,配置高性能的服务器和存储设备,用于存储社区安防系统产生的各类数据,包括视频图像、门禁记录、车辆信息等。数据存储应采用冗余设计,确保数据的安全性和可靠性。

制定数据存储策略,根据数据的重要性和使用频率,合理设置数据的存储周期和备份频率。同时,要建立数据检索和查询机制,方便对存储的数据进行快速查找和分析。

3.智能分析与应用平台建设

(1)智能分析系统。

利用视频智能分析技术,对视频监控图像进行实时分析,实现对人员行为、车辆轨迹、事件发生等情况的自动识别和预警。例如,能够识别人员的徘徊、奔跑、攀爬等异常行为,车辆的超速、逆行、违停等违规行为,以及火灾、打架斗殴等突发事件。

建立智能分析模型库,不断优化和完善智能分析算法,提高智能分析的准确率和可靠性。同时,要根据社区的实际情况和需求,定制个性化的智能分析功能。

(2)应用平台建设。

搭建智慧安防社区应用平台,整合视频监控、门禁管理、车辆管理、智能分析等多个子系统,实现社区安防信息的集中展示和统一管理。平台应具备操作简便、界面友好的特点,方便物业管理人员和社区居民使用。

在应用平台上开发多种应用功能,如实时监控、历史查询、报警处理、统计分析、信息发布等。物业管理人员可以通过平台实时了解社区的安全状况,及时处理各类安全事件;社区居民可以通过平台查询社区的安防信息,接收安全提示和通知。

4.社区居民服务系统建设

(1)便捷出入服务。

通过门禁系统与居民手机 App 的连接,实现居民的便捷出入。居民可以使用手机 App 远程开门,无须携带门禁卡。同时,App 还可以提供门禁权限申请、访客邀请等功能,方便居民的生活。

(2)信息推送服务。

利用应用平台和居民手机 App,向社区居民推送安全提示、通知公告、社区活动等信息。信息推送应具有针对性,根据居民的身份和关注重点,推送相关的信息内容。

(3)物业服务对接。

与社区物业管理系统对接,实现物业服务的线上化和智能化。居民可以通过手机 App 查询物业费缴纳情况、报修服务进度、社区设施使用情况等,提高物业服务的透明度和效率。

5.12.6 智慧安防社区建设步骤

1.需求调研与规划设计阶段

(1)对社区的现状进行详细的调研,包括社区的规模、布局、现有安防设备情况、居民需求等。

(2)根据调研结果,制定智慧安防社区建设规划和设计方案,明确建设目标、建设内容、技术选型、实施步骤等。

(3)组织相关专家和部门对建设规划和设计方案进行评审和论证,确保方案的科学性和可行性。

2. 设备采购与安装调试阶段

(1)根据设计方案,进行前端感知设备、网络设备、服务器、存储设备等的采购招标工作。选择具有良好信誉和技术实力的供应商,确保设备的质量和性能。

(2)组织专业施工队伍进行设备的安装和调试工作。在安装过程中,要严格按照施工规范和技术要求进行操作,确保设备的安装质量和系统的正常运行。

(3)对安装调试完成的设备和系统进行初步验收,检查设备的功能是否正常、系统的性能是否符合要求。对验收中发现的问题及时进行整改,确保系统能够稳定运行。

3. 系统集成与试运行阶段

(1)将前端感知设备、数据传输与存储系统、智能分析与应用平台等各个子系统进行集成,实现系统之间的互联互通和信息共享。

(2)对集成后的系统进行全面的测试和试运行,检查系统的整体性能和功能是否满足设计要求。在试运行过程中,要收集系统运行的数据和用户反馈意见,对系统进行优化和完善。

(3)根据试运行结果,组织相关部门和专家对系统进行验收。验收合格后,系统正式投入使用。

4. 培训与推广阶段

(1)对物业管理人员和社区居民进行系统使用培训。培训内容包括系统的操作方法、功能介绍、安全注意事项等。通过培训,使物业管理人员能够熟练掌握系统的管理和维护技能,社区居民能够正确使用系统的各项功能。

(2)制定系统推广方案,通过社区宣传栏、居民会议、手机 App 推送等多种方式,向社区居民宣传智慧安防社区建设的意义和系统的使用方法,提高居民对系统的认知度和使用率。

5. 运行维护与持续改进阶段

(1)建立系统运行维护管理制度,明确物业管理人员的职责和工作流程。定期对系统进行巡检和维护,及时处理系统出现的故障和问题,确保系统的正常运行。

(2)持续关注安防技术的发展动态和社区居民的需求变化,对系统进行不断的优化和升级。增加新的功能模块,提高系统的性能和智能化水平,为社区居民提供更加优质的服务。

5.13 智慧安防校园建设

近年来,随着中国经济的高速发展,各种社会安全问题不断涌现。高校是国家人才培养的重要场所和机构,我国高等教育不断深化及发展,高校教育规模在扩大,因占地广、校区分散、人员密集等诸多因素的限制,让高校校园安防与其他领域相比更具有特殊性。同时,因校园开放、包容的人文环境,更使高校结构日渐社会化,校园治安问题日益突出。如何减少和预防校园各种事故的发生,成为学校和社会需要积极应对的问题。

其实在很早以前,校园安防的概念就已经成熟,但是事实上却一直没能做到"安",没能做到"防",安而不防是普遍现象,因为校园安防中视频监控在大部分情况下只作为事后调看的工具使用,事前缺乏预警,事中无法及时处理,这使得纵使高校里布满了监控探头,到头来也没有起到对师生的保护作用。

在本小节中,我们将详细介绍如何运用高清、智能、物联网等核心技术,集成为校园内异构的安防业务系统,形成事前预警、事中控制、事后可追溯的应急防控体系,对校园内部的人员、车辆、事件进行统一管理,预防各类案件的发生,提升应急响应能力,提高校园安保的管理和服务水平。

5.13.1 系统总体设计

5.13.1.1 应用架构

如图 5-13 所示为智慧安防应用架构。基于智慧校园的建设需求和整体规划,实现校园物联设备全覆盖,建立校园全节点、全场景的智能互联,融合校园多个信息网系统数据,实现物信融合、统一管理。通过 AI 赋能,提升数据价值,通过物信融合,在校园安全和管理方面提升业务突破能力,构建智慧型平安校园新格局,进而实现"拉近管理距离、提升业务效率、防范安全隐患"的用户价值。

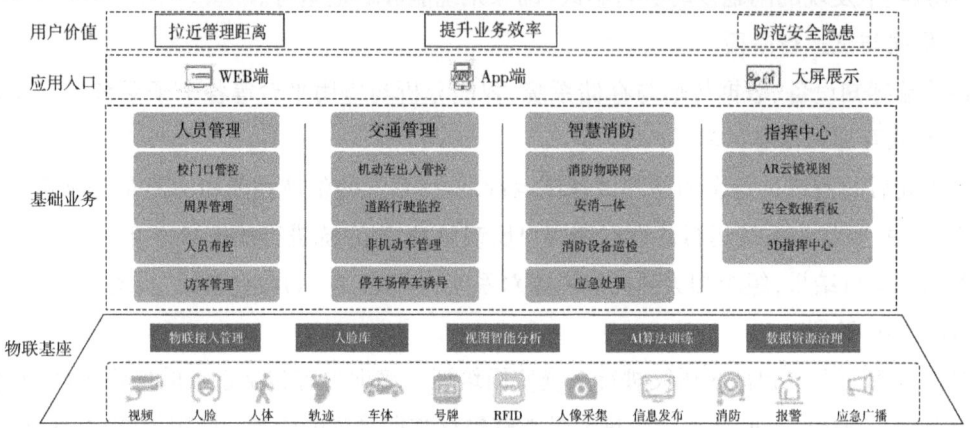

图 5-13 智慧安防应用架构

5.13.1.2 系统拓扑

如图 5-14 所示为系统总拓扑图,主要包括视频监控系统、人员管控系统、车辆管控系统、应用平台、监控中心。

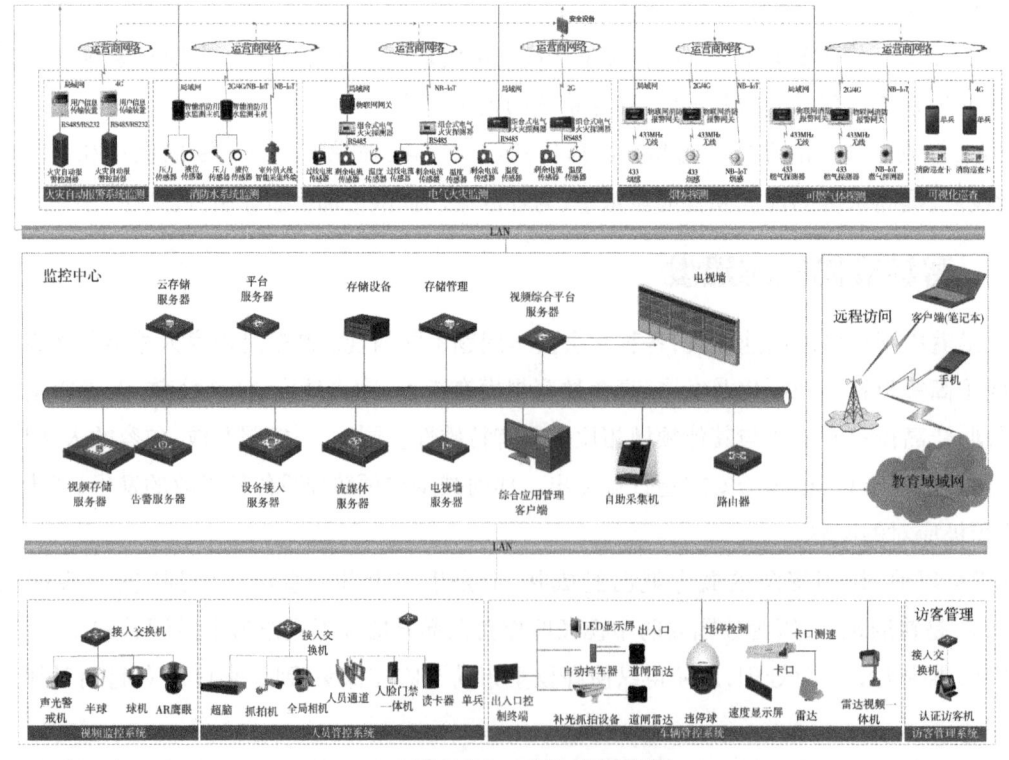

图 5-14 系统总拓扑图

1. 视频监控系统建设

配置高清网络枪机、球机等网络设备,通过音视频编码技术进行音视频数据的传输,实现对校园全方位、全天候的全面监控。主要支持视频预览、回放以及旧的视频监控的利用等功能。

2. 人员管控系统建设

利用多种智能的前端摄像机和后端设备完成人脸的识别,进而对校园出入人员以及在校师生进行统一管理。主要支持人员以图搜图检索、疑似目标模拟轨迹生成、重点人员布控、人脸抓拍和黑名单报警。

3. 车辆管控系统建设

采用车辆识别和智能分析技术,实现对校园内车辆的统一监控与管理。主要支持对车辆进行以图搜图检索、车辆应用功能检查(如车辆特征统计、轨迹回放等)、园区车辆超速、禁停的违规抓拍告警、停车场出入口缴费及车辆布控等功能。

4. 应用平台建设

智慧型校园可视化综合管理平台基于视频、地图等各种基础应用,建立集安全保卫、防范监控、GIS 应急实战、安保业务应用为一体的集中管理平台。平台集查询、定位、管理、分析为一体的针对业务场景的校园安防综合管理系统。平台集成了视频监控、报警管理、人员管理、车辆管理等,实现多系统之间的联动,系统支持实时监控、点位查询、录像查询和回放、远程控制告警对讲、图像抓拍等基础业务功能,同时支持资源、用户、权限、录像、告警、日志等管理功能。

5. 监控中心建设

校园区域安全监控管理的指挥中心以及监控配套显示设备部署均在监控中心。主要包括解码拼控系统和大屏显示系统。支持解码上墙、拼控管理、报警上墙、超分辨率显示、级联扩展、LED 显示。

5.13.2 视频监控系统

学校内有不同部门、不同场景,如教学楼、图书馆、操场、主干道路等。视频监控系统将根据不同场景的不同需求来提供高效的处理能力和丰富的功能应用,守护校园安全,保障校内师生安全。

5.13.2.1 系统功能

1. 实时预览

视频实时预览即对监控实时画面的预览,包括基础视频预览、视频参数控制、视图模式的预览,平台与监控点所在的摄像机对讲通道的实时对讲、批量广播以及对具备云台能力的监控点的实时云台控制。

2. 录像回放

录像回放用于对历史视频录像的查询、播放、画面流控、片段下载等应用。支持按录像类型进行查询,包括计划录像、报警录像、移动侦测三种类型,录像播放时,还可查看这三种类型之外的其他类型录像;支持按录像存储类型进行查询,包括设备存储和中心存储。

3. 云台及视频参数控制

对具有云台功能的监控点进行云台控制。通过云台控制支持实现倍率的控制,焦点、光圈的调整,灯光控制、雨刷控制、一键聚焦、3D 放大等功能。支持监控点视频参数调整,包括亮度、色度、对比度、饱和度。

5.13.2.2 电视墙

电视墙应用于中心大屏幕,专注视频上墙,调度解码资源将前端编码设备的视频画面在电视墙上显示。电视墙提供了解码资源管理、视墙资源管理、电视墙/窗口的控制及内容上墙等功能。

电视墙总体架构如图5-15所示,模块之间逻辑关系如下。

电视墙组件通过接入运行管理组件实现获取核心服务信息、服务配置信息、上报自定义监控数据信息等功能。首先,核心服务向电视墙客户端提供登录认证功能。电视墙客户端调用其他组件接口时,向核心服务获取认证票据,以完成对其他组件的访问;获取认证票据的方式为:客户端向客户端集成框架获取登录复用会话,通过此会话向核心服务获取认证票据。其次,核心服务向电视墙组件提供服务寻址功能,即可向核心服务获取其他组件的地址。再次,核心服务提供解码资源存储管理功能,外部对电视墙服务增删改解码资源时,电视墙服务均先向核心服务同步上报解码资源。

电视墙客户端对接视频监控组件,主要获取具有权限的监控点、组织等资源列表信息。电视墙客户端从权限模块获取经过用户权限过滤的解码资源和电视墙列表;电视墙服务端按照权限模块的要求提供获取业务资源的接口,将解码资源和电视墙列表返回给权限模块。电视墙服务端对接通知服务,监听配置变更、服务变更。客户端集成框架对接通知服务,电视墙客户端从客户端集成框架监听资源变更。

电视墙组件通过对接视频联网共享组件,主要完成电视墙客户端本地预览、回放以及预览上墙时电视墙服务向视频联网共享组件获取取流媒体url,服务端将url信息发给解码器取流上墙。

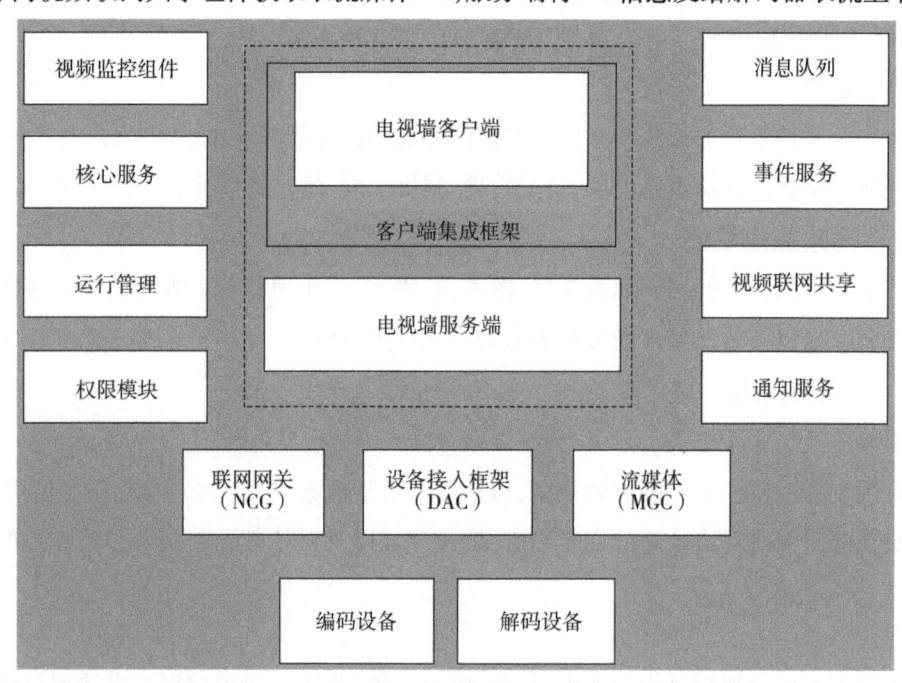

图5-15 电视墙总体架构

5.13.3 一键报警系统

该系统要求在各重要场所安装一键式报警设备。针对校园环境,可以在校园大门出入口、花园、院内道路旁、餐厅出入口、员工宿舍出入口等重点区域安装一键式报警柱,在校园各楼一楼大厅和走道、楼梯拐角处、宿舍楼道等关键区域布防报警箱,安装一键报警盒。当校园内外部人员发生紧急情况时,可通过第一时间报警求助,并联动案发现场周边监控点录像,可有效终止警情或最大程度降低损失,提升校园安全防范能力,有效地保障校园人员的人身安全,维护校园正常秩序。

5.13.3.1 系统组成

1. 前端报警设备

如图5-16所示为一键报警系统组成。报警盒和报警箱安装方式采用壁挂式安装或者抱箍式安装,安装在校园的一键报警设备支持双网口,一个网口通过网线连接到校园专网,供校园监控中心来使用,另一个网口连接到公安网,供110接警中心查看,同时,一键报警设备通过3G/4G无线传输,满足远距离传输的需求。

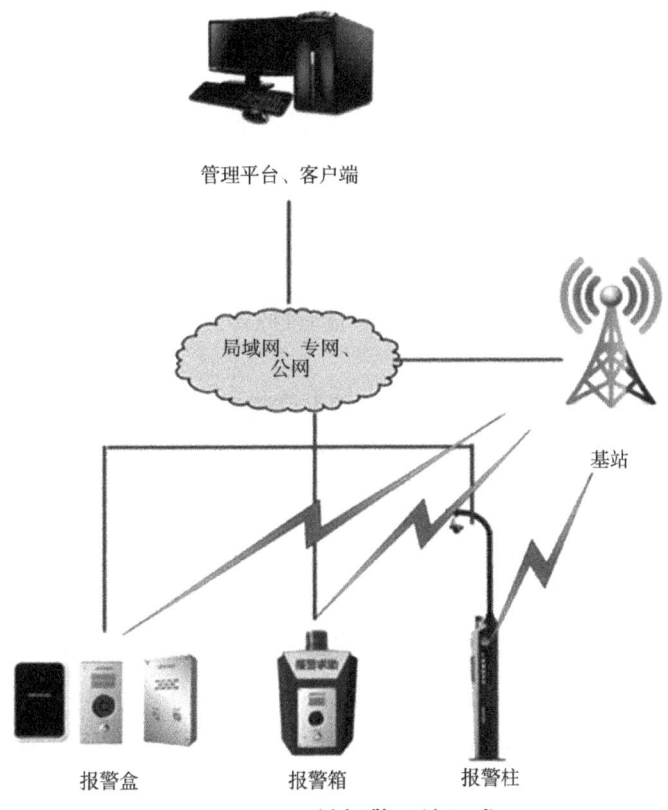

图5-16　一键报警系统组成

2. 传输网络

紧急报警设备通过有线网络或者3G/4G等通信方式,将警情传输到本地监控中心和外部接警中心。对于有条件部署专线网络的区域,可通过专线网络将一键式报警设备直接接入监控中心。

3. 中心管理平台

校园监控中心一键式应急报警管理平台使用集报警、视频、语音对讲功能于一体的综合管理系统。报警人主动触发报警按钮后,平台软件自动弹出前端画面,联动前端设备在电子地图中显示具体位置(区域、大楼、楼层、科室、安装地点),同时联动到警号产生报警,并联动与前端报警点实现双向语音对讲,在监控中心予以全程录像录音,为报警时间提供有力的证据。中心平台支持视频预览和回放功能。当中心管理平台查看到有异常现象时,可对报警点进行威慑喊话,起到主动预防的作用,以及对前端点位广播。

5.13.3.2 业务流程

如图5-15所示为报警业务流程,主要包括以下几个步骤。

1. 设备布放

在校园的重要场所,如大门出入口、花园、院内道路旁、餐厅出入口、员工宿舍出入口等安装一键式报警柱。在校园各楼一楼大厅、走道、楼梯拐角处、宿舍楼道等关键区域布防报警箱,并安装一键报警盒,确保设备覆盖全面,便于紧急情况下快速报警。

2. 紧急报警触发

当校园内部人员遇到紧急情况时,立即按下最近的一键报警按钮,即可触发报警系统。

3. 客户端报警响应

系统接收到报警信号后,客户端(如安保人员的移动设备或监控中心的控制台)会立即弹出报警窗口,显示报警地点和相关信息。

4. 警情确认

安保人员或相关人员通过客户端查看报警信息,迅速确认是否真实发生紧急情况。若确认警情属实,则立即进行下一步处理;若判断为误报,则取消报警,并记录相关情况。

5. 综合安防管理平台联动

确认警情后,系统会将警情信息上传至综合安防管理平台。平台自动启动联动机制,包括在设备上显示警报信息(如弹窗、声光报警、上墙显示等),同时启动监控摄像头对准报警现场进行录像。

6. 报警处理与应对

安保人员根据综合安防管理平台提供的报警信息和现场监控录像,迅速制定应对方案,组织人员前往现场处理警情。如需外部协助,如公安部门出警,系统可通过预设的通信方式及时通知相关部门,确保快速响应。

7. 警情记录与总结

警情处理完毕后,系统记录整个报警及处理过程,包括报警时间、地点、处理人员、处理结果等信息,为后续的安全分析和改进提供依据。安保部门定期总结一键报警系统的使用情况,评估其有效性和存在的问题,不断优化和完善系统,提升校园安全防范能力。

通过以上业务流程,一键报警系统能够实现快速、准确的报警响应和联动处理,有效终止警情或最大限度降低损失,为校园安全提供有力保障。如图 5-17 所示为报警业务流程图。

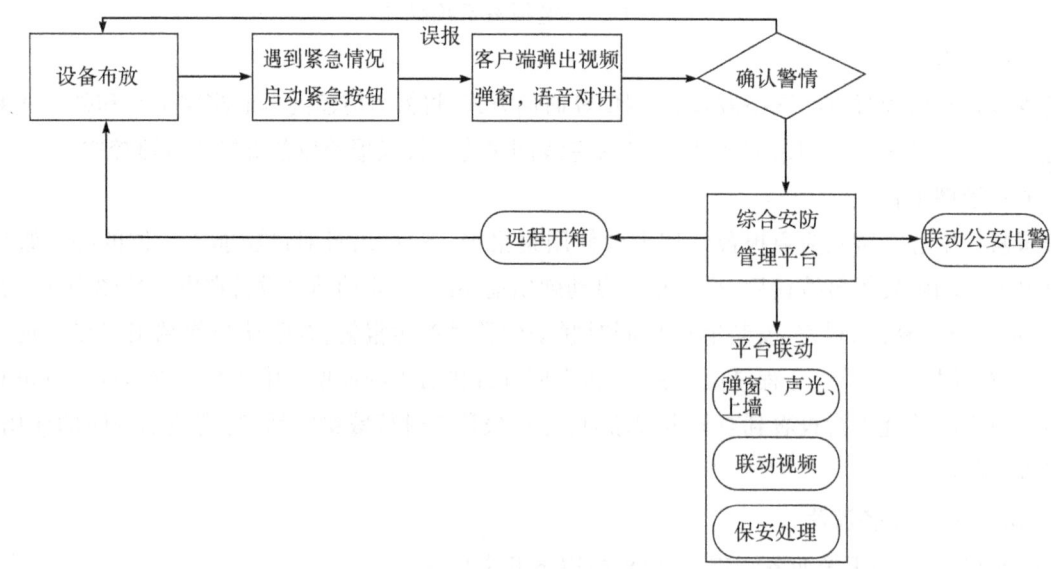

图 5-17 报警业务流程图

5.13.3.3 系统功能

1. 一键报警、可视对讲

当有紧急情况发生时,学生可以通过附近的救助报警终端一键报警到校监控中心向校安保人员请求帮助。校监控中心人员接警后与报警人员进行可视全双工对讲,并且可以查看现场的监控摄像头迅速了解现场情况,立即采取相应的处理措施。

2. 集中联网公安110指挥中心

系统支持与公安110指挥中心集中联网统一防范管理,当有警情发生时,系统接警人员可根据警情的级别将报警信息上传到公安110指挥中心。公安110指挥中心接警后直接与现场报警人员进行可视全双工对讲,并可看到现场监控摄像头视频图像迅速了解现场情况,采取相应的处理措施。

3. 远程开箱

部分紧急报警柱设备配有储物空间,可在其中放置如急救医疗物品、非致命性武器等应急物资,可远程进行储物箱开启动作,即时提供物资。

4. 历史事件查询

可对校方发起的重大案事件的告警警情及处置过程进行记录,并进行查询。

5.13.4 人员管控系统

针对高校校园人员众多、管理较难的问题,以"高效率、高准确率"为原则,做到人员管理可视化、人员管理高效化和人员管理智能化。建立起"技术手段先进、人员管理高效、管理服务便捷"的集管理、服务于一体的智慧人员管理应用,对校内教职工、学生等群体提供住宿管理、通行管理、工作考勤等应用,对校外人员以及重点关注人员提供校外访客管理、陌生人预警管理、重点关注人员布控等应用,通过各种应用覆盖校园人员管理的各层业务,打造智慧平安校园。

5.13.4.1 出入口管控

校门口以及重点区域的进出口需要进行进出人员通行管理,可以有效避免校内人员因素复杂造成的不稳定隐患。尤其是重点实验室、食堂后厨、财务室、档案室等这些涉密或者涉及重要信息的地方的出入口部署人脸门禁一体机,对于进出人员的权限严格管理,只有授权合法的人员可以刷脸进入,非授权人员无法进入,以保证重点区域人员的合规性。

校内有一些安全管理要求较高的实验室,如密级较高的实验室、化学、核等高危实验室,精密仪器实验室。这些实验室与普通实验室相比,授权更加严格,进出人员的把控也相对较为严格。针对这些区域,在门口设置人脸门禁系统,只有拥有授权的人员刷脸通过验证才能够进入。

5.13.4.2 高频人员预警

对于在校内多次出现徘徊的人员,可以进行完整记录,并在平台可以查看告警信息,及时提醒学校保卫人员关注此类行为,排除隐患,保障校内人员安全。

平台可支持查看高频人员的识别结果;支持多种查询条件过滤,包括开始时间、结束时间、抓拍点、出现次数;支持导出识别结果的图片和记录;支持查看高频人员识别详情,包括出现的次数、抓拍时间、抓拍点、人脸抓拍图、抓拍原图;支持查看该高频人员轨迹,支持跨区域轨迹查看;支持下载抓拍图片到本地;支持识别结果可通过列表视图和卡片视图进行展示,并且支持按时间和相似度排序;支持高频人员识别历史事件页面将人脸抓拍图一键加入指定人脸分组。

5.13.4.3 校外访客管理

访客可通过二维码、身份证、验证码进行自助人工访客校验操作,登记完成发放访客卡,打印访客单,访客单内容可自定义设置;访客可进行未预约登记,登记完成发放访客卡,打印访客单;支持访客人脸采集并下发设备后,进行人脸通行;支持访客客户端本地配置,支持自助客户端内部员工入口开启或禁用;支持访客机本地配置打印凭条模板,如横向凭条、竖向凭条;若访客为名单管理中的人,则登记的时候给予提示;可进行访客再授权和访客签离。

5.13.4.4 宿舍管理

在宿舍场景内,建立智能化场景物联,通过以人脸作为学生身份核心标识,对宿舍进出人员进行严格管控,实行归寝"晚点名"制度,提高宿舍管理效率。同时对宿舍内部环境安全进行监管,防范宿舍内会发生的安全隐患,有效保障学生在校的住宿环境安全有序。宿舍智慧管理业务主要分为三个应用模块,分别为日常管理应用、智能考勤应用、安全监管应用。

1. 日常管理应用

日常管理应用是宿舍智慧管理系统的基本应用,通过对宿舍日常管理工作如住宿安排、进出通行、临时访客、请假等管理工作实现无纸化、信息化登记和办公,实现了宿舍管理线上化,同时将信息化的数据及时汇总到后勤中心,让管理部门实时掌握宿舍动态成为可能。日常管理应用主要包括基础管理、入住管理、通行管理、来访人员管理、请假管理功能。

2. 智能考勤应用

智能考勤应用是宿舍智慧管理系统的核心应用,通过智能化的方式,以人脸作为学生身份核心标识,对进出学生实现身份鉴权和实时统计归寝情况,并且每晚对住宿学生实行"晚点名"制度,替换原有宿管人员或老师每晚人工刷楼的工作方式,提高数据的准确性,升级管理方式,实现智慧化管理。

智能考勤应用主要包括实时归寝管理、考勤统计、连续多日未归/未出管理、多次晚归管理、违规出寝管理、假期独居管理、归寝发布大屏、移动端查寝功能。

3. 安全监管应用

安全监管应用是宿舍智慧管理系统的特色应用,基于物联网的消防感知体系建设,围绕消防报警、烟雾、电气、消防用水等多种信息,获取宿舍内场景环境等实时数据,并结合对宿舍区域活动的人员和行为安全监测,建立多维度全面一体化的宿舍安全监管体系,全面保障师生的住宿安全。

5.13.5 车辆管理系统

5.13.5.1 系统设计

如图 5-18 所示为车辆管理系统。车辆管理系统主要通过采用电动挡车器+车牌识别模块设备的组合,并对设备进行整合联动的方式,来对车辆的进出进行管控。结合管控空余车位数量、计算或限制停车时间、加强防盗/防作弊的功能,使系统更有效地辨识和管理进出场车辆。

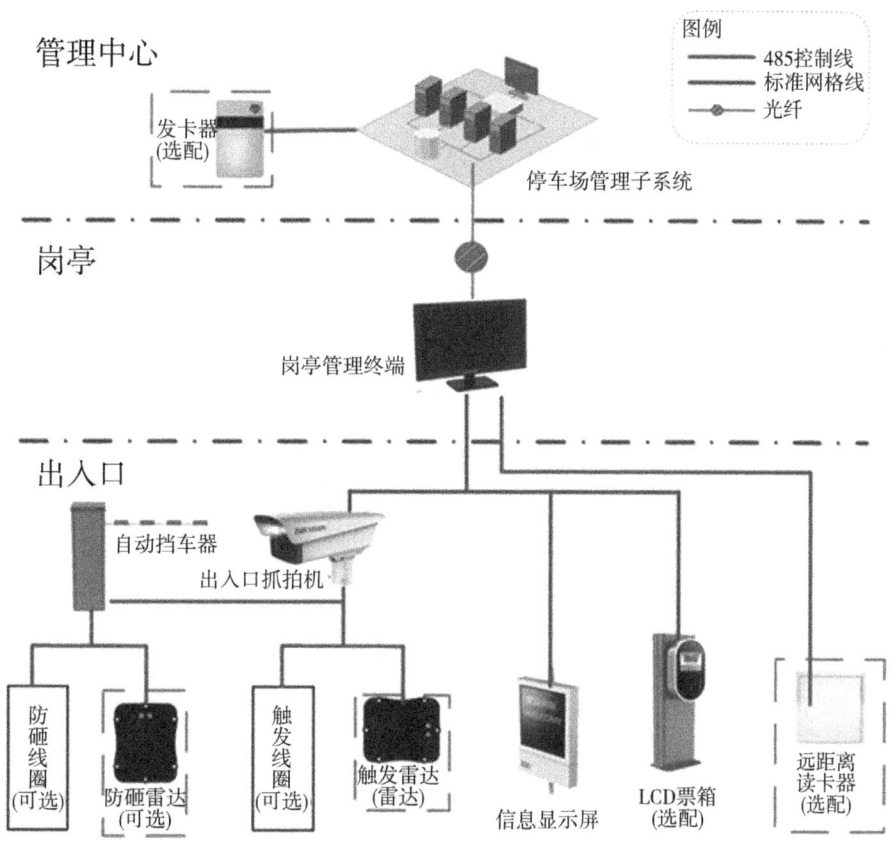

图 5-18 车辆管理系统

5.13.5.2 系统功能

1. 号牌自动识别

车辆驶近出入口时,系统自动对车辆牌照进行识别,包括车牌号码、车牌颜色的识别。在实时记录通行车辆图像的同时,还具备对民用车牌、警用车牌、军用车牌、武警车牌的车牌自动识别能力,包括2002式号牌。能识别黑、白、蓝、黄、绿五种车牌颜色。

2. 车辆信息记录

车辆信息包括车辆通行信息和车辆图像信息两类。

在车辆通过出入口时,牌照识别系统准确拍摄包含车辆前端、车牌的图像,并将图像和车辆通行信息传输给出入口控制终端,并可选择在图像中叠加车辆通行信息(如时间、地点等),准确记录车辆通行信息。可提供车头图像(可包含车辆全貌),系统采用的抓拍摄像机具备智能成像和控制补光功能,能够在各种复杂环境(如雨雾、强逆光、弱光照、强光照等)下和夜间拍摄出清晰的图片。

3. 信息提示

车辆在出入口被抓拍后,系统将进行相关信息提示,包含语音提示、信息显示,车辆驶入、驶出时可以根据客户需要提示语音、收费金额显示、欢迎标语等。

4. 车辆管控

固定车辆:支持车牌识别比对正确、信息核实有效后,即可进场和出场,无须其他操作。

临时车辆:抓拍车牌并识别,将车辆信息记录在系统中,直接放行进场;出场时,缴清费用后快速离场。

布控车辆:嫌疑车辆由系统自动在前端岗亭和中心产生报警,同时人工参与处理。

5. 异常求助

系统支持任何车辆在遇到无法自助处理的情况时,通过入场车道或者出场车道的 LCD 票箱上的呼叫按钮向中心求助。

6. 道闸控制功能

岗亭客户端支持远程控制电动挡车器启闭,方便操作人员管理和特殊控制需要。

7. 数据查询功能

可查询通行信息、场内车辆、操作日志、设备状态和收费金额等信息,并输出完整的数据报表。

8. 数据上传功能

出入口过车数据自动上传中心,由中心集中存储和管理,支持前端数据缓存以及断点续传。

9. 权限设置和用户管理功能

为了实现系统的安全管理,系统对用户权限进行管理,主要具备如下功能:

(1)用户分两个级别:系统操作员、系统管理员,系统管理员可以添加、删除和修改系统操作员,并且可以分配用户权限。

(2)用户权限:系统配置、卡片管理、车辆信息管理、布控/撤控、查询、统计。

(3)系统配置:用户管理、出入口管理、车位管理、系统设置。

5.13.6　电子巡更系统

巡更系统利用门禁系统或移动巡更终端,灵活配置巡更路线,定期安排巡更员对路线进行巡更,从而实现对巡更工作及时有效的监督和管理。巡更管理可实现巡更点视频关联、报警联动、报表等功能,实现巡更工作的自动化运行、全方位调度和可视化展现。该巡更系统还支持离线巡更。该系统可实现对巡更内容的实时把控和安全响应,有效地满足了对日常安全的巡视检查、任务监管、实时跟踪、隐患问题汇报及调度派工等信息化管理方面的需求。

1. 巡更队伍组成

巡更队伍通常由学校安保部门的专业安保人员、校园警察(如设有)、学生志愿者或教师志愿者等组成。他们经过专业培训,具备处理突发事件的能力和素质,能够熟练掌握巡逻检查的技能和流程。当巡更员到达巡更点,完成巡更动作时,系统实时将所有巡更记录上传到管理中心。巡更员按规定的时间、线路巡视一次,通过巡更点均有所记录,并视为完成一次工作。

2. 巡更检查内容

(1)校园周边环境检查:关注校园周边的治安状况,特别是灯光不足、容易发生治安事件的地段,确保校园周边环境的安全。

(2)校园内部重点区域巡查:对教学楼、宿舍楼、图书馆、实验室等重点区域进行细致巡查,确保门窗紧闭、无闲杂人员逗留。

(3)交通秩序管理:检查校园道路和交通管理情况,纠正车辆乱停乱放现象,维护校园交通秩序。

(4)消防设施检查:确保消防设备、设施完好可用,消防通道畅通无阻。

(5)人员安全检查:对进出校园的人员进行身份核验,防止无关人员进入校园;同时关注学生动态,预防欺凌等事件的发生。

3. 巡逻检查时间与频次

巡逻检查的时间和频次应根据学校的实际情况进行合理安排。一般来说,学校应实行昼夜巡逻制,确保全天候覆盖。在上下学高峰时段、夜间及节假日等关键时间节点应增加巡逻频次,提高警惕性。

4. 巡更记录与报告

在控制中心显示该次巡更所应经历的线路、时间、人员,并可以记录发生事件的时间和地点。支持实时查看巡更情况及对应巡更员信息。如果有未按时按点进行巡更的,系统将进行记录,并在控制中心做出报警标示。

5. 支持巡更历史统计报表

统计准时率、漏巡率、早巡率、晚巡率、补漏率。可对数据定期进行统计汇总,生成导出 Excel 报表,协助分析失盗、失职情况;为评估巡更效果和考核巡更人员工作表现提供数据支撑。

5.13.7 系统详细设计

5.13.7.1 视频监控子系统

高清视频监控是整个系统的重点,它是一个分布式的系统,提供安全监管、设备监控、管理运维、案发后查、证据提取等有效的技术手段。该系统具有可扩展和开放性,以方便未来的扩展和与其他系统的集成。视频监控子系统最直接、最主要的作用就是使管理人员能远程实时掌握景区内各重要区域发生的情况,保障监管区域内部人员及财产的安全。如图 5-19 所示为视频监控子系统架构。

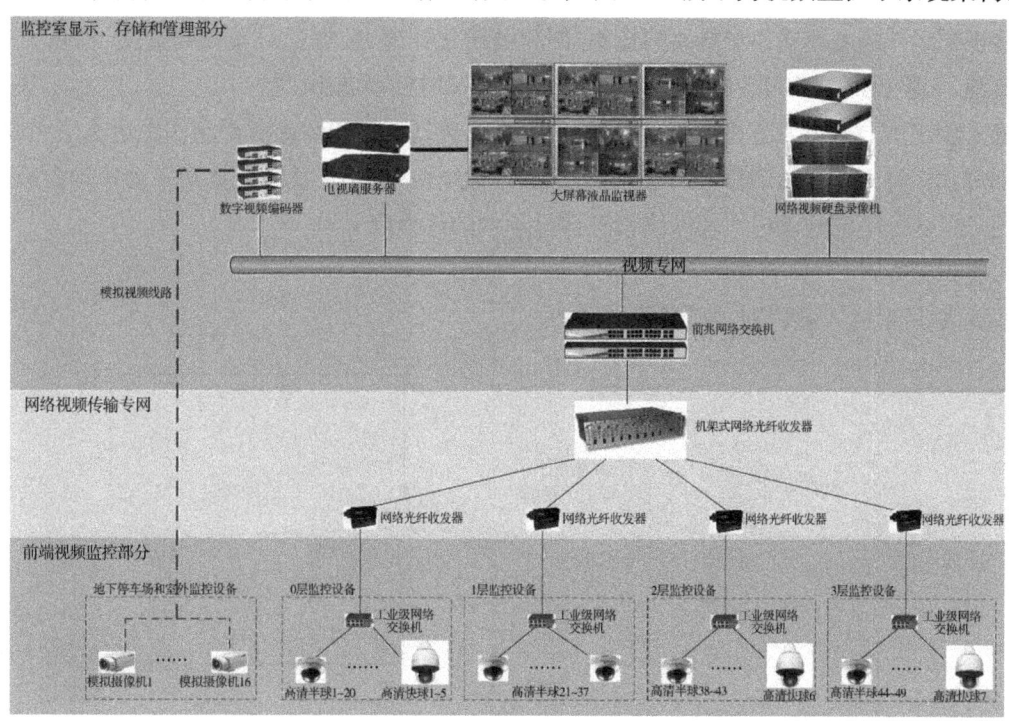

图 5-19 视频监控子系统架构

1. 前端监控设备

(1)摄像机:包括高清网络摄像机、红外摄像机、智能球机等。根据校园不同区域的特点和监控需求进行选型与安装。例如,在学校大门、围墙周界、主要道路等区域安装红外高清球形摄像机,以实现对人员、车辆的全方位监控;在财务室、实验室等室内重要部位安装具有高清画质和夜视功能的摄像机,以确保监控画面的清晰度和完整性。

(2)其他辅助设备:云台、支架、补光灯等。用于增强摄像机的监控效果和灵活性。

2. 传输网络

传输网络负责将前端监控设备采集到的视频信号传输到监控中心。通常采用有线或无线方式,如光纤、以太网等,以确保视频信号的稳定传输和实时性。

3. 监控中心

（1）视频解码拼控系统：完成视频的解码、拼接、上墙控制等功能，确保监控画面的清晰呈现。

（2）大屏显示系统：通过大屏幕显示器，实时展示校园各区域的监控画面，便于安保人员集中监控和快速响应。

（3）智能分析系统：利用人工智能技术对监控画面进行智能分析，如人脸识别、行为识别等，提高监控的智能化水平和预警能力。

4. 存储与管理

（1）视频存储系统：采用后端集中存储模式，配置网络视频录像机（NVR）、视频云等设备对视频数据进行长期保存和备份。

（2）管理系统：通过综合管理平台，实现对监控系统的统一管理和调度，包括设备状态监测、视频回放查询、权限分配等功能。

5.13.7.2 人脸识别子系统

1. 系统设计

人脸识别组件的主要动作包括人脸抓拍、图片结构化处理、数据比对及结果提交，根据上述动作的业务流程，人脸识别组件实现方式分为边缘人脸识别和中心人脸识别。

边缘人脸识别方式将人脸抓拍、图片结构化处理及数据比对和结果提交动作在边缘层完成；中心人脸识别方式仅将人脸抓拍动作在前端设备完成，数据结构化、比对及结果提交等动作均在后端设备完成。用户可根据不同建设成本及网络情况选择不同的建设模式。

2. 人脸识别方式

如图5-20所示为人脸识别实现流程。

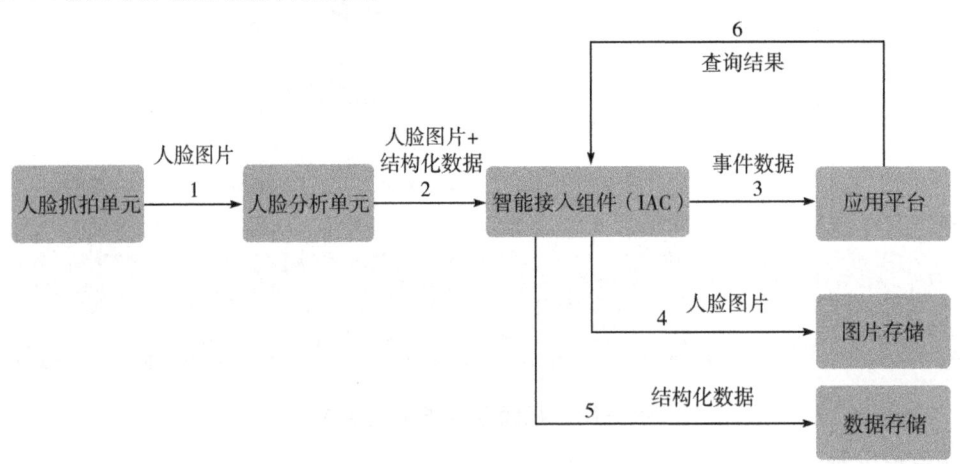

图5-20 人脸识别实现流程

人脸识别方式主要依赖于一个系统化的流程来实现，其核心要点包括以下几个关键步骤。

首先，通过人脸抓拍单元利用摄像头或其他设备抓取人脸图像，这是整个识别流程的起点。然后人脸分析单元对抓取到的人脸图像进行深入分析，提取出人脸图像的特征以及相关的结构化数据，为后续的识别处理提供基础。

其次，这些提取出的人脸图像和结构化数据被传递给智能接入组件（IAC）进行进一步的处理。处理完成后，人脸图像会被存储在专门的图片存储数据库中，而结构化数据则会被存储在数据存储数据库中，以便后续查询和使用。

最后,应用平台接收智能接入组件传递的处理结果(事件数据),并根据这些查询结果进行相应的操作,如身份验证、门禁控制等。这一流程构成了人脸识别方式的核心,确保了识别的准确性和高效性。

3. 黑名单告警

人员进入监控区域内,将检测到的抓拍图片与事先已注册的黑名单人员库进行实时比对,当抓拍人员是注册库的人员时,系统进行实时预警,报警可联动报警器发出警示音,同时也可联动 PC 客户端或 App 进行报警信息的接收和查看。

4. 陌生人告警

陌生人进入监控区域内,将检测到的抓拍图片和名单库进行比对,名单库中无与之匹配的人脸,则判定为陌生人,同时触发报警。报警可联动报警器发出警示音,同时也可联动 PC 客户端或 App 进行报警信息的接收和查看。

5.13.7.3 人员通道子系统

人员通道子系统能够对受控区域进行有效管控,所有进出受控区域的人员均需经过认证后方可通行,可以有效防止未授权人员随意进入受控区域,提升内部安全系数。此外,该系统可有效控制人员通行秩序,使得出入口通行井然有序,方便人员出入管理。

1. 系统设计

人员通道子系统由人员通道闸机、工作站和发卡器等组成,对于安保要求严格的场景,还可以配置人脸识别组件的人脸闸机。人员通道子系统架构示意如图 5-21 所示。

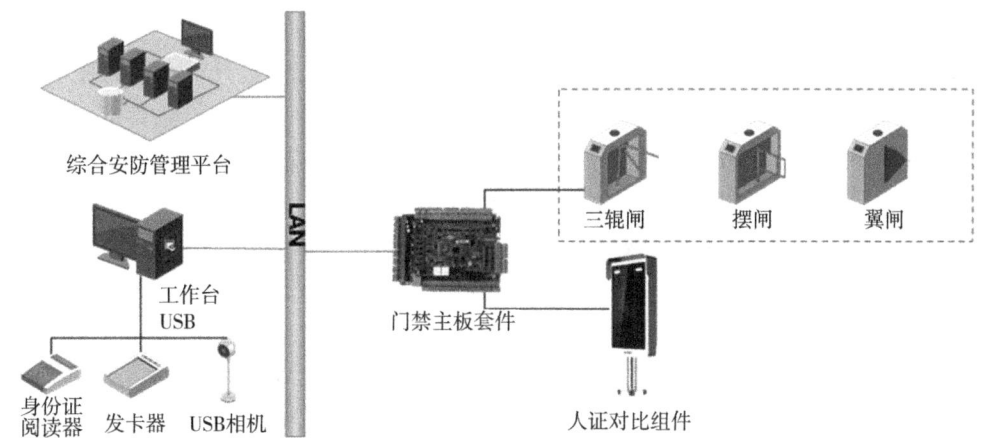

图 5-21 人员通道子系统架构示意

根据出入口通道管理需要,选用网络型门禁控制主机,通过 TCP/IP 通信方式进行与上层管理层通信方式,支持联机或脱机独立运行,并可联动附近视频监控设备进行抓拍存储。门禁控制主机接入综合管理平台可实现设备资源、人员权限与配置的统一管理。

(1)人员通道闸机。

人员通道闸机阻拦体受控制系统驱动,人员身份验证通过后,阻拦体自动打开,延时后闭合。闸机可辅以摄像头、身份证读卡器、CPU 卡读卡器、二维码读卡器、指纹识别仪、显示屏、自动收卡器、恒温箱等配件,认证方式和逻辑灵活多样。

(2)门禁控制主机。

门禁控制主机可选择安装在闸机内,也可以选择外置,负责人员通道闸机输入、输出信息的处理和储存,用于闸机开关的控制。

(3)人脸识别组件。

对于需要1:N比对验证的场所,人员通道闸机可以配置人脸识别组件,能够确保实时人脸通行,即时比对通过。1:N比对设备抓拍人脸照片,进行人脸实时比对,比对通过后予以放行。

2. 系统部署

人员通道点位部署主要考虑受控区域的进出权限控制,结合学校的环境特点与实际应用需求,通过对进出通道设置人员通道,限定不同人员的出入权限,并对人员进出信息进行记录、查询等。在针对不同受控区域进行人员通道配置时,应遵循以下原则。

(1)按需确定受控区域:人员通道点位设计应首先确定受控区域与控制需求,例如校园场景下往往会在校园主要出入口设置人员通道限制非校内人员随意进出。

(2)全面的点位设置:对于需要通行权限控制的区域,应全面考虑该区域的进出通道,对所有可能进入该受控区域的出入口设置人员通道或门禁点。

(3)配合门禁控制逻辑:人员通道配置需要与系统控制逻辑相对应,可根据现场需求的不同单向控制进门或出门,而另一方向可通过手动或红外的方式控制;双向控制的人员通道配置标准的通道控制器即可。校园场景常见的人员通道以双向控制居多。在人员通道设计的过程中,应同时考虑人员通道与其他系统的联动,确定各门禁点的联动属性,如某一人员通道与消防信号联动的分区对应关系等。

(4)便携的识别方式:人员通道通过通道读卡器或生物识别仪对进出人员的身份进行识别。人员通道点位设置时应根据区域特点与受控区域的安全级别,同时考虑便携性需求,选择不同的识别方式,如单纯的刷卡认证、人脸识别(人脸闸机)、指纹认证或多种认证方式相结合等。

5.13.7.4 人脸门禁子系统

门禁系统管理主要实现重要场所出入口的安全管理,对门禁资源、卡片、人员、权限、报警等进行一体化管理。控制端对门禁资源进行统一的操作管理,对报警、事件实现中心化管理,从而在满足用户对出入口安全需求的同时,为人们的工作、生活、学习建立了一个安全、高效、舒适、方便的环境。

1. 系统设计

如图5-22所示为人脸门禁子系统架构。门禁子系统主要由设备前端、传输网络与管理中心三个部分组成。

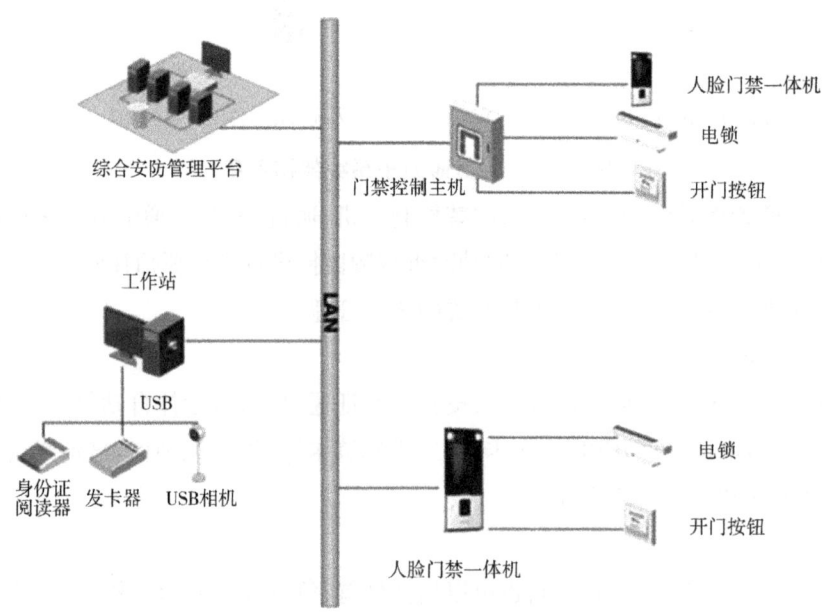

图5-22 人脸门禁系统子系统架构

(1)前端设备包括人脸门禁一体机、电锁、开门按钮等。主要负责采集与判断人员身份信息与通道进出权限。另外,电锁接收开门信号,完成开门动作,控制人员放行。

(2)传输网络主要负责数据传输,包含门禁一体机与管理中心之间的数据通信。

(3)管理中心负责系统配置与信息管理,实时显示系统状态等。主要由综合安防管理平台和中心发卡授权设备组成。

2.系统功能

(1)权限管理。

系统可针对不同的受控人员,设置不同的区域活动权限,将人员的活动范围限制在与权限相对应的区域内;对人员出入情况进行实时记录管理。系统可实现对指定区域分级、分时段的通行权限管理,限制外来人员随意进入受控区域,并根据管理人员的职位或工作性质确定其通行级别和允许通行的时段,有效防止内盗、外盗。考虑其安全性,系统可设置一定数量的操作员并设置不同的密码,根据各受控区域的不同分配操作员的权限。

(2)出入记录查询功能。

系统可实时显示、记录所有事件数据;读卡器读卡数据实时传送给计算机,可在管理中心电脑中立即显示;持卡人(姓名、照片等)、事件时间、门点地址、事件类型(进门刷卡记录、出门刷卡记录、按钮开门、无效卡读卡、开门超时、强行开门等)等如实记录且记录不可更改。报警事件发生时,计算机屏幕上会弹出醒目的报警提示框。系统可储存所有的进出记录、状态记录,可按不同的查询条件查询,并生成相应的报表。

(3)人脸识别加指纹开门功能。

在重要房间的选配多功能人脸门禁识别一体机可设置为人脸识别加指纹方式,确保内部安全,禁止无关人员随意出入,以提高整个受控区域的安全及管理水平。

(4)强制关门功能。

如果管理员发现某个入侵者在某个区域活动,管理员可以通过软件强行关闭该区域的所有门,使得入侵者无法通过偷来的卡刷卡或者按开门按钮来逃离该区域,可通知安保人员赶到该区域予以拦截。

(5)消防报警功能。

系统可与火灾自动报警系统联动。如发生火警时,保证自动释放相关区域的通道的出入口控制,使内部人员及时外逃且消防人员可以顺利进入实施灭火救援。

(6)视频监控联动。

门禁系统中最大的安全隐患是非法人员盗用合法卡作案。传统的门禁系统和视频监控系统都无法解决这个问题。因此,为了防止有人盗用他人合法卡作案,保证刷卡记录的真实性,系统支持实时展示并记录刷卡人员信息,以及联动门禁自带监控点或外部视频监控点进行图像抓拍或录像。

5.14 商业超市管控方案

结合商业综合体的实际需求及系统架构规划,商业综合体综合解决方案系统内需要整合多个异构管理子系统,以网络通信及数字化技术为基础,为多个"信息孤岛"提供协同合作的统一平台,建立一套高集成、高智能化的管理机制,满足统一的配置管理、数据共享、功能联动和业务优化等系统需求。

鉴于系统接入的复杂性与多样性,在该系统架构规划设计时,采用全网络的架构,各个子系统最终通过网络连接到中心,形成统一的数据交换枢纽和智能决策中枢,实现对各类业务数据的集中采集、标准化处理和智能分析。

通过对商业综合体的智能化建设,实现商业综合体各类管理场景数字化,并在数字化的基础上融合多种系统应用,实现数据化统一管理。这不但使管理更精细,也对综合体的各种业态管理更全面、更可靠、更简单。

5.14.1 客流子系统

5.14.1.1 系统设计

客流子系统通过前端摄像机对人员数据进行采集,然后通过配置统计组统计客流数据的方式,可以灵活满足项目上多变的使用场景。统计组可以关联一个监控点,也可以关联多个监控点,让用户可以根据实际需求查看数据统计的维度。

客流子系统作为行业共性组件,可应用于不同的产品,每个产品都有各自的使用场景,不一定需要组件的所有功能,所以,通过授权项可以控制组件的功能显示,以满足不同产品的使用场景。作为共性组件,关注自身功能的同时也需要为行业组件的业务功能提供基础的数据支持,所以数据能力的开放也是相当的重要。

5.14.1.2 系统功能

业务应用功能主要有客流统计功能、精准客流统计功能、客群统计功能、客流密度统计功、区域关注度统计功能、热度分布功能。

1. 客流统计功能

客流统计功能,借助于双目客流相机,主要分为客流量统计、客流同环比统计、客流排行三个功能。以统计组为单位,展示客流统计数据(支持去重前后数据展示),并支持日、周、月、季、年、特殊日等的统计;可自定义维度进行查询,支持数据的导出。客流量统计和客流同环比统计,支持进客流、出客流、保有量、集客力四个维度的统计。客流排行,以进客流为维度进行排行。

2. 精准客流统计功能

精准客流统计功能,借助于超脑或者人脸比对相机,主要分为精准客流量统计、精准客流同环比统计、人脸流排行和滞留时长四个功能。以统计组为单位,展示客流统计数据(支持去重前后数据展示),并支持日、周、月、季、年、特殊日等的统计;可自定义维度进行查询,支持数据的导出。精准客流量统计和精准客流同环比统计,支持进客流、出客流、集客力三个维度的统计。精准客流排行,以进客流为维度进行排行。滞留时长以统计组为维度,批量统计和计算人员滞留时长。

3. 客群统计功能

客群统计功能以统计组为维度,批量统计和计算客群数据,并按比例进行展示。其中客群分析的数据来源有两种,分别为双目客流下的客群数据和精准客流数据,所以在进行客群统计的统计组选择下,客群统计组和精准客流统计组所展示的是来自不同数据来源的客群分析数据。

4. 客流密度统计功能

客流密度统计功能,借助于密度相机,主要分为客流密度统计、密度同环比统计两个功能。以统计组为单位,展示客流密度统计数据,并支持日、周、月、季、年、特殊日等的统计,可自定义维度进行查询,支持数据的导出。

5.区域关注度统计功能

区域关注度统计功能,借助于区域关注度相机,主要分为区域平均客流量统计、区域平均停留时长统计、区域驻留人数统计三个功能。以统计组为单位,展示区域关注度统计数据,并支持日、周、月、季、年、特殊日等的统计;可自定义维度进行查询,支持数据的导出。

6.热度分布功能

热度分布功能,借助于区域关注度相机,主要分为热度分布和热度趋势功能,且都是以监控点维度查询。热度分布,指当日当前相机画面人员密度程度的图形化展示。热度趋势,指人员密集程度按时间变化的展示,支持按时小时和按日维度的展示。

5.14.2 VR应用子系统

5.14.2.1 系统设计

VR应用子系统通过无人机/全景相机/普通球机拍摄全景图的方式对商场、街区进行景象采集,然后通过配置普通视频投影,打造VR全景图与现场视频结合的沉浸式巡店、巡街体验,通过标准管理场景与实际管理现状的对比,实现对复杂项目、大型项目的远程线上管理。

VR应用子系统是连接硬件与用户的桥梁,涉及渲染、交互、音频、AI、网络等多个模块。随着科学技术的进步,未来VR应用将更加智能化、低延迟,并支持更自然的交互方式(如脑机接口、全身动捕)。

5.14.2.2 系统功能

业务应用主要有全景数据采集及设备架设、VR全景可视化展示、远程沉浸式VR巡店、一站式问题存档、告警事件自动感知上报。

1.全景数据采集及设备架设

(1)无人机航拍呈现室外高点鸟瞰全景图。

(2)球机自动合成VR全景图(球机设备架设以店铺正面为最佳),无法覆盖的部分采用人工手持设备拍摄。

2.VR全景可视化展示

以商场和商业街区VR全景为可视化展示基础,叠加客流、设备运维统计、区域客流排行等数据可视化看板,满足商业集团全局了解管辖下不同商场和商业街区的运营情况。根据管理措施指南要求,进入综合体的商户人员/顾客必须佩戴口罩,在商超内,环境较为复杂,人流量较大,监管人员很难做到有效的查验和劝返。

3.远程沉浸式VR巡店

通过可视化参数配置巡店路径,结合VR全景和实时视频,可沉浸式体验店铺巡查,叠加店铺营业情况、客流情况、开闭店状态、品牌落位推广情况等,让远程店铺巡查更高效。

4.一站式问题存档

巡店过程中,发现问题可直接通过截图、文字描述一键提交整改意见下发到责任人,完成一站式问题存档。各门店管理者、一线员工通过电脑、平板或手机App即时接收事件工单,进行事件处理,完成业务闭环。

5.告警事件自动感知上报

通过接入前端资源设备,自动感知商区告警事件并上报,如违停报警、拥堵报警、监控设备离线报警、违规摆摊报警、黑名单人员报警、消防报警等。告警事件录屏自动缓存,一键提交处理意见。

5.14.3 停车管理子系统

5.14.3.1 系统设计

1.设计思路

以停车场出入口为主要信息采集场所,通过前端采集系统获取车辆基础信息,通过网络将车辆信息数据发送至后端监控管理中心;对于无牌车辆可通过二维码采集车主手机特征信息并与车辆绑定,确保所有车辆的进出有据可查,确保所有车辆的进出可控,确保固定车辆快速通过道闸,加强出入口的高效和安全管理。

在缴费上,通过推广车主在微信公众号/支付宝生活号、自助机上提前缴费来提高整个停车场的出场效率。同时,为了解决缴费后超时出场等问题,在出场车道设置车道二维码,车主可以通过微信/支付宝扫描该二维码进行缴费。在管理上,管理中心设置远程协助系统,接收出入口异常事件与语音呼叫。通过语音对讲指导车主处理异常情况或者根据情况直接进行异常处理。在设计上,充分考虑开放的体系架构,采用SDK的方式方便第三方厂家设备的接入,可以灵活地与原有系统或设备进行对接,管理软件与第三方平台通过http接口完成交互,具有高度的多业务功能融合能力。

系统管理软件同时具有整合视频、一卡通、访客、门禁等业务的功能,可以将出入口控制系统与视频监控系统无缝结合在一个统一的管理软件下管理。

2.系统架构

如图5-23所示为停车管理子系统架构。

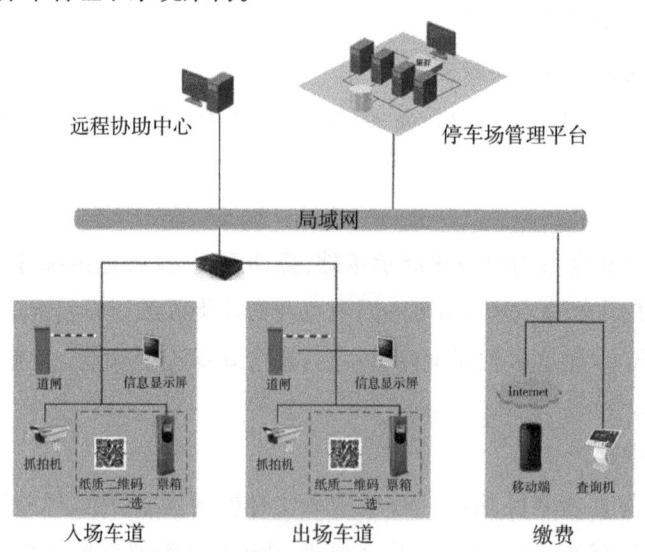

图5-23 停车管理子系统架构

3.系统组成

(1)入场车道。

系统通过抓拍机抓拍车辆并识别后,将车牌号及入场时间上报平台,同时抬杆放行。对于无牌/车牌污损的车辆,可以通过微信/支付宝扫车道二维码进行自动登记,系统会将车辆照片与微信用户ID/支付宝用户ID绑定后上报平台,并自动抬杆放行。

电动挡车器模块主要设备如下：

①电动挡车器：手动按钮能作"开闸""常开"及"关闸"操作；支持软件控制"开闸""常开"及"关闸"操作；停电自动解锁、停电后可用摇把手动抬杆；具有便于维护与调试的"常开模式"；配备车辆检测器/雷达，具有"车过自动落闸""防砸车"功能；可选配路闸及通道两对红绿灯；具备丰富的底层控制及状态返回指令，使电脑可对电动挡车器作最完备的控制；可根据需要增加其他特殊功能。

②防砸雷达：道闸雷达采用国际先进的微波高精度定位技术和高速数字信号处理技术，具有高精度、免调试、高稳定性等特点。道闸雷达由防砸雷达和触发雷达两部分组成，其中防砸雷达用于控制自动闸杆的升降，避免"砸车""砸人"现象的发生。

③LCD 票箱：LCD 票箱用于动态显示入场车道的车道二维码。若有无牌车或者车牌污损无法识别的情况下，车主可以用微信扫该二维码，用自己的微信用户 ID/支付宝用户 ID 来代替车牌进行登记，然后自助入场。若出现自助无法处理的异常情况，可以通过 LCD 票箱的报警按钮呼叫远程协助中心进行求助。

④纸质二维码：纸质二维码是通过平台打印的带车道属性的二维码，在功能上与 LCD 票箱显示的动态车道二维码一致。

车牌识别模块主要设备如下：

①出入口补光抓拍单元：出入口补光抓拍单元是由防护罩、抓拍机及补光灯组成，包含 LED 高亮补光灯。该单元具备视频检测车辆、自动抓拍照片并能够通过深度学习的识别算法来对车牌进行识别，并将抓拍照片与识别结果上报平台。

②出入口控制终端（可隐藏）：出入口控制终端负责进行前端数据车辆信息采集、处理、上传后端平台，可实现岗亭收费、通过车辆抓拍图片显示、抓拍图片关联、系统日志显示、软件开关闸、高峰期锁闸、设备连接状态显示、报警联动等功能。收费支持现金收费；通过扫码枪扫支付宝、微信支付码收费等。

③LED 显示屏：室外 LED 显示屏用于实时显示"余位数"等信息，并支持语音播报功能。

(2) 出场车道。

系统通过抓拍机抓拍车辆并识别后，将车牌号及入场时间上报平台，确认车辆费用缴清的情况下，自动抬杆放行。对于无牌/车牌污损的车辆，可以通过微信扫车道二维码来向系统提供微信号，系统根据该微信号查询对应的缴费记录，确认费用缴清后，自动抬杆放行。若费用未结清，则在出场车道处扫车道二维码补交费用后，自助控制道闸抬杆放行。

电动挡车器模块主要设备如下：

①电动挡车器：手动按钮能作"开闸""常开"及"关闸"操作；支持软件控制"开闸""常开"及"关闸"操作；停电自动解锁、停电后可用摇把手动抬杆；具有便于维护与调试的"常开模式"；配备车辆检测器/雷达，具有"车过自动落闸""防砸车"功能；可选配路闸及通道两对红绿灯；具备丰富的底层控制及状态返回指令，使电脑可对电动挡车器作最完备的控制；可根据需要增加其他特殊功能。

②防砸雷达：道闸雷达采用国际先进的微波高精度定位技术和高速数字信号处理技术，具有高精度、免调试、高稳定性等特点。道闸雷达由防砸雷达和触发雷达两部分组成，其中防砸雷达用于控制自动闸杆的升降，避免"砸车""砸人"现象的发生。

③LCD 票箱：LCD 票箱用于动态显示出场车道二维码。若有无牌车或者车牌污损无法识别的情况下，车主可以用微信/支付宝扫该二维码来获取账单并进行缴费，缴费完成后自动开闸。正常车辆

(有牌车)若出现缴费后出场超时或者忘记提前缴费的情况,车主同样可以用微信/支付宝扫描该二维码来获取账单并进行缴费。

若出现自助无法处理的异常情况,可以通过LCD票箱的报警按钮呼叫远程协助中心进行求助。

④纸质二维码:纸质二维码是通过平台打印的带车道属性的二维码,在功能上与LCD票箱显示的动态车道二维码一致。

车牌识别模块主要设备如下:

①出入口补光抓拍单元:出入口补光抓拍单元是由防护罩、抓拍机及补光灯组成,包含LED高亮补光灯。该单元具备视频检测车辆、自动抓拍照片并能够通过深度学习的识别算法来对车牌进行识别,并将抓拍照片与识别结果上报平台。

②出入口控制终端:出入口控制终端负责进行前端数据车辆信息采集、处理、上传后端平台,可实现岗亭收费、通过车辆抓拍图片显示、抓拍图片关联、系统日志显示、软件开关闸、高峰期锁闸、设备连接状态显示、报警联动等功能。收费支持现金收费;通过扫码枪扫支付宝、微信支付码收费等。

③LED显示屏:室外LED显示屏用于实时显示"收费金额"等信息,并支持语音播报功能。

(3)自助缴费。

系统通过自助缴费机、自助查询机、人工收费客户端、微信公众号、支付宝生活号、第三方App来向客户提供车辆账单查询及缴费服务。

①自助查询机:录入车牌号码,由自助缴费终端完成收费金额的计算、收取并上传收费记录,实现车辆不停车出场,同时支持优惠券减免,支持支付宝和微信支付。但不支持收取现金与刷卡。

②人工缴费窗口:录入车牌号码,选择出场时段后自动匹配车辆入场记录,在未匹配到入场记录的情况下由收费员"模糊查询"确认并选取入场图片,同时矫正车牌,收取停车费用(刷卡、现金、支付宝、微信)后车辆不停车出场,同时支持优惠券减免。系统支持现金、刷卡、优惠券、支付宝、微信支付等支付方式。

5.14.3.2 系统功能

主入口管理系统的功能可以分为车辆进出和出入口管理两类。

1. 号牌自动识别

系统可自动对车辆牌照进行识别,包括车牌号码、车牌颜色的识别。

2. 信息提示

LCD票箱包含语音提示系统、LCD显示屏,车辆驶入、驶出可以根据客户需要提示语音、显示收费金额等。

3. 车辆信息记录

车辆信息包括车辆通行信息和车辆图像信息两类。在车辆通过出入口时,系统能准确记录车辆通行信息,如时间、地点、方向等。在车辆通过出入口时,牌照识别系统能准确拍摄包含车辆前端、车牌的图像,并将图像和车辆通行信息传输给出入口控制终端,并可选择在图像中叠加车辆通行信息(如时间、地点等)。

4. 车辆管控

固定车辆:支持车牌识别比对正确即可进场,无须任何操作。

临时车辆:抓拍车牌并识别后放行;或者停车扫二维码后自助开闸通行。

5. 车辆收费管理

系统支持对固定车辆、临时车辆、群组车辆等制定相应的收费规则。并支持车辆出场时在出口通过车牌识别记录车辆进出时间并计算费用并收费,也支持车主通过在人工缴费、查询机缴费、移动端缴费等方式提前缴费后在规定时间内自行出场。

6. 出场自助缴费

系统支持临时车(有牌车及无牌车)在出场车道通过微信/支付宝扫描出场车道的车道二维码获取账单,并支持通过微信/支付宝支付此账单的费用。

7. 异常求助

系统支持任何车辆在遇到无法自助处理的情况时,通过入场车道或者出场车道的 LCD 票箱上的呼叫按钮向中心求助。

8. 远程协助

停车场管理者可以通过本系统的中心客户端远程接听入场车道或者出场车道求助对讲。可以对车主的操作问题进行指导;可以对识别错误问题进行远程修正;可以对特殊车辆进行放行。

9. 数据查询

可查询通行信息、报警信息、场内车辆、操作日志、设备状态、收费金额等信息并输出完整的数据报表。

10. 报警联动

当系统识别出来的车辆车牌不符合条件时,或者车牌在黑名单库时,管理中心自动报警,提示工作人员进行检查。用户可根据实际需求选择不同的报警联动方式,如预览通道切换、报警输出、声光报警、软件提示、LED 显示等。

11. 特殊车辆确认

系统在长期工作过程中,各功能难免有异常情况。如车牌识别失效,为了避免因这些异常情况造成不必要的损失,或导致流程无法执行,对这些异常情况必须采取特殊处理,使整个系统工作流程处于正常状态。

特殊车辆确认功能就是通过人工在出入口管理单元客户端上对识别异常的车牌进行修正,对无牌车进行人工匹配来确保系统正常工作。

12. 数据上传功能

过车数据自动上传中心,由中心集中存储和管理,支持前端数据缓存以及断点续传。

13. 多种支付方式

支持通过现金、支付宝、微信缴纳停车费。

支持会员积分支付,可使用对接商场的会员卡里的会员积分按比例进行抵扣来支付停车费;根据商场发行的会员卡卡种进行识别,设置会员卡免停时间,超出免停时间按正常方式收费。同时支持商场的面值卡支付对接,可使用面值卡抵扣来支付停车费。(需要定制)

14. 报表功能

支持类别车辆数据统计报表、特殊车辆收费情况、内部车辆收费信息、异常信息等报表功能。

15. 权限设置和用户管理

为了实现系统的安全管理,系统对用户权限进行管理,主要具备如下功能:

用户分两个级别,为系统操作员、系统管理员,系统管理员可以添加、删除和修改系统操作员,并且可以分配用户权限。权限有系统配置,卡片管理,车辆信息管理、查询、统计。系统配置包括用户管理、出入口管理、车位管理、系统设置。

5.14.4 信息发布子系统

5.14.4.1 系统设计

随着液晶、LED等显示设备的普及,网络流媒体技术的进步,信息发布子系统已经变得相当成熟,能够在特定的时间、特定的地点对特定的人群进行特定的信息资讯发布。使受众在第一时间接收到最新鲜的各类资讯,不仅能够提供及时、全面、优质、高效的信息服务以及全新的文化氛围,还能够极大地提升环境的整体形象,并且便捷商业超市管理,方便商业超市信息化推广。

信息发布子系统可通过视频、图片、字幕等多种形式展示高质量的商业资讯,宣传商家产品及优惠折扣信息,潜移默化地提高顾客购买欲望,进而提高销售额。如图 5-24 所示为信息发布子系统。

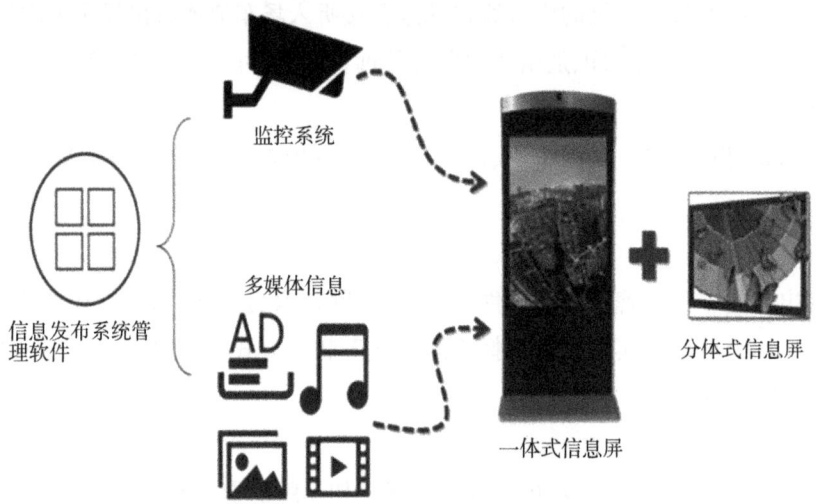

图 5-24 信息发布子系统

5.14.4.2 系统功能

1. 多媒体信息发布

信息发布一体机可灵活划分成视频显示区、文本显示区、图片显示区等多个区域,支持音视频、图片、滚动字幕以及其他多媒体信息同时播放,充分满足资讯发布需求。

2. 在线/离线发布模式

系统支持在线发布和离线发布两种模式。在线发布模式下,通过网络将完整节目单及其所用的素材从信息发布服务器传至信息发布主机,传输完毕可随即进行该节目单的发布。离线发布模式下,需要通过客户端在软件界面生成节目单及所用素材的压缩包,将压缩包拷贝至 U 盘中。再将 U 盘插入信息发布主机中,系统自动识别并拷贝压缩包至信息发布主机的内置 SD 卡中,并自动进行节目的播放。

3. 节目编辑可视化

系统支持自动定时开关机;开机自动按配置的节目单播放,以可视化的形式对节目单进行编辑,支持背景图配置,视频、图片、字幕任意区域划分,播放列表设置等;支持紧急信息下发,且紧急信息播放优先级最高。

4.视频监控画面展示

信息发布子系统可展示局域网内视频监控摄像机采集的画面,可实现与消费者的有效互动。

5.同屏显示

信息发布一体机支持手机等移动终端和一体机屏幕同屏显示,手机屏幕画面可以投放到一体机屏幕上,也可以将一体机屏幕画面传输到手机屏幕上显示。

6.终端实时监控

管理人员可实时监控各播放终端硬件、软件、系统版本号,同时可以查看在线状态、工作温度、MAC地址、内存使用率、CPU使用率、磁盘使用率,还可查看是否已经开启定时开关机和时段音量。

5.14.5 图片巡查子系统

5.14.5.1 系统设计

图片巡查子系统是商业超市数字化转型的核心组成部分,通过融合物联网、人工智能和大数据技术,构建了一套全方位、智能化的卖场视觉管理平台。该系统不仅实现了传统人工巡查的自动化替代,更能通过深度学习算法挖掘视觉数据中的商业价值,为超市运营提供数据支撑和智能决策依据。如图5-25所示为巡查子系统架构。

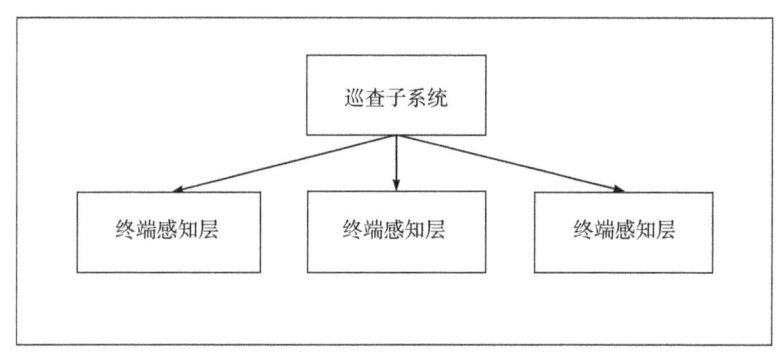

图 5-25 巡查子系统架构

终端感知层作为系统的"感官神经末梢",直接接触物理环境,是数据采集的第一道关口。该层通过多模态感知设备组合,构建了立体化、全天候的数据采集网络。

边缘计算层作为"神经节"层,可实现数据就近处理,有效降低云端压力,满足实时性要求。该层通过分布式计算节点,构建了智能处理的中间层。

云端平台层作为系统的"大脑中枢",实现数据的汇聚、存储和深度挖掘。该层通过云计算技术,提供弹性可扩展的服务能力。

5.14.5.2 系统功能

1.智能巡查功能

其核心功能模块经过深度优化和扩展,能够满足商业综合体复杂环境下的各类管理需求。在智能巡查功能方面,系统创新性地融合了多种先进技术(基于RFID和UWB混合定位的导航系统)可实现厘米级精度的自动路线规划,配合自主研发的动态路径优化算法,能够根据实时环境变化自动调整巡检路线,在遇到障碍物时可实现智能绕行,确保巡检工作的连续性和完整性。系统搭载的AI异常检测引擎可识别包括商品缺货、货架异常、设备故障、安全隐患等在内的20大类100+子类异常情况,通过多维度的关联分析算法,能够准确区分真实异常和误报情况。告警管理采用智能分级机制,根据异常严重程度自动匹配响应策略,并通过微信、短信、邮件、声光报警等多渠道同步推送,同时建立完整的告警闭环管理流程,实现从发现、派单、处置到复核的全过程可追溯。

2. 图片分析功能

系统采用深度学习与计算机视觉相结合的技术路线。商品识别模块基于改进的YOLOv7算法,支持5 000+SKU的实时精准识别,准确率高达99.3%,可同时分析商品的陈列姿态、摆放角度和间距是否符合标准;包装完整性检测功能能够识别各类商品包装的破损、变形、开封等异常状态。人员行为分析模块具备强大的AI识别能力:对员工的工作服穿戴、服务姿势、操作规范等进行智能评分;通过去标识化技术分析顾客动线和停留热点,生成可视化热力图;异常行为预警系统可实时识别跌倒、徘徊、聚集等10余种异常情况。环境监测模块集成了多种传感技术:温湿度监测精度达到±0.5 ℃,地面湿滑检测灵敏度可调,消防通道占用识别响应时间小于1秒。

3. 管理功能

管理功能模块采用模块化设计理念。智能排班系统基于历史客流数据和机器学习算法,自动生成最优化的排班方案;任务管理系统支持按区域、时段、优先级等多维度的任务自动派发,并实时跟踪执行进度和质量。报表统计功能提供20余种标准报表模板和自定义报表工具,支持跨系统数据关联分析,通过可视化大屏直观展示关键运营指标。系统配置模块采用分级授权机制,支持150+个算法参数的灵活调整,规则引擎提供可视化编排界面,非技术人员也可快速配置业务规则。此外,系统还提供完善的设备管理、日志审计、系统监控等运维功能,确保系统稳定运行。

5.14.6 消防物联网子系统

消防巡查人员按照标准要求,以一定频次对消防设施点位、重点部位等区域进行常规巡查(主要是消防水系统水压、液位,电气温度、电流、电压、漏电流等数据不在标准范围内,以及消防通道堵塞、设备故障数据等),如无隐患则通过单兵报备记录上传至平台,如检查出隐患则通知消防控制室,由中心管理人员通知相应的维保单位,由维保单位进行整改。整改完成后由消防控制室管理人员进行验收,验收通过后在平台做报备记录。

消防控制室的管理人员日常会对消防设备进行巡检,如无隐患则在平台报备记录,如检查出隐患(设备离线、故障等),则通知相应的维保单位,由维保单位进行整改。整改完成后由消防控制室管理人员进行验收,验收通过后在平台做报备记录。

当发生火灾报警(主要是烟感、温感、手动报警按钮、可燃气体探测器等报警)时,消防控制室的管理人员在接收到火警信息通知后,需要在规定的时间里处理警情,如未按时处理,平台则自动通知上级单位,逐级上报,直至处理为止。消防控制室的管理人员收到火警信息时第一时间处理,首先会通过平台联动视频进行复核,检查现场实际火情情况,如果点位出现盲区,则需要通知相应的人员去现场进行复核。复核后,如果是误报,则需要人员去将设备进行复位,同时通知中心做报备记录。如果确认是火警,则启动消防应急预案;任何干系人均可拨打119进行报警,同时中心通知消防安全责任人,所有的门禁和人员通道常开,保证人员逃生通畅,消防控制室联动查看逃生路线视频,由管理人员远程辅助指挥疏散。

5.14.6.1 系统设计

消防物联网以"预防为主,防消结合"为指导思想,以"广泛的透彻感知、全面的物联共享、可视的报警服务"为建设理念,将消防工作由稽查管理转向实时主动监测,从而最大限度地降低火灾发生的概率,同时也减小消防部门稽查和救援的压力,提升商业综合体管理的安全等级。如图5-26所示为消防物联网子系统总体架构。

图5-26 消防物联网子系统总体架构

感知层:通过前端感知设备对烟、水、电、温、可燃气体、视频、NFC、二维码等数据进行广泛的感知、采集。

传输层:应用物联网、移动互联网等技术,对感知层数据进行汇聚,并完成IP化,通过公网、专网、2G/3G/4G/NB等多种方式传输至后端平台。

平台层:应用大数据技术,对回传数据进行管理、分析、挖掘、共享、交换、展示,为应用层提供支撑。

应用层:根据不同用户的应用需求,为消防管理部门、商业综合体、公众以及其他职能部门提供消防的业务应用支撑。

5.14.6.2 系统功能

1. 报警中心

报警中心是消防报警的集中展示中心,包括报警总览、实时报警、历史报警等模块。

2. 安全隐患

安全隐患主要针对消防相关设备的日常管理,包含联网设备故障、巡查设备故障、一键上报故障等模块。

3. 实时监测

对火灾自动报警系统、独立式烟感、建筑消防水系统、市政消火栓、电气火灾监控系统、可燃气体探测相关主机、设备、传感器状态进行实时监测和管理。

4. 历史监测

折线图展示各监测点的历史监测数据,默认显示一个月所有的数据,支持按照月进行调整展示。

5. GIS应用

支持对添加到GIS地图上面的资源点和地名进行搜索,搜索结果会按照资源点类型进行归类,可以快速定位到某个资源点并查看其信息。

6.巡查应用

录入巡查点信息包括巡查点名称、所属单位、建筑物、楼层、详细地址、卡片信息、关联消防设施/系统。

7.培训应用

培训应用是针对消防从业人员能定期进行业务学习的一个功能模块,主要涉及规章制度、消防基础知识、消防进阶知识、预案、演练等模块,主要支持以文档资料、视频资料两种形式。

5.15 工业园区管控方案

5.15.1 工业园区治安防控平台建设方案

5.15.1.1 建设目标

1.治安风险防控目标

(1)降低园区内刑事案件的发生率,实现盗窃、破坏等治安事件同比下降≥30%。

(2)提升突发事件的响应效率,确保5分钟内平台预警触发、15分钟内应急处置队伍到场。

2.技术支撑目标

(1)构建智能化治安防控体系,实现园区视频监控覆盖率100%、重点区域人脸识别精准度≥95%。

(2)打通公安、企业、物业数据壁垒,建立跨部门实时信息共享机制。

3.协同治理目标

形成"政府主导－企业参与－公众联防"三级治安防控网络,企业安防系统接入率≥90%。

5.15.1.2 建设原则

1.科技驱动原则

依托AI、大数据、物联网等技术,实现治安防控从"人防"向"智防"升级。

2.平台结合原则

日常监控与应急指挥并重,平台需兼容常态巡查与突发事件一键调度功能。

3.资源整合原则

整合公安"天网"、企业自建监控、市政设施等资源,避免重复建设。

4.合规可控原则

严格遵循《中华人民共和国网络安全法》《中华人民共和国个人信息保护法》,确保数据采集、使用的合法性。

5.15.1.3 平台核心措施

1.智能感知层建设

(1)视频监控:采用4K超清摄像机搭配AI行为分析算法,实现自动识别翻越围栏、聚集斗殴等异常行为。

(2)周界防护:部署电子围栏与震动光纤系统,支持实时报警并联动无人机自动巡航追踪。

(3)人员管控:配置人脸识别闸机及移动终端核验设备,实现黑名单人员预警、访客轨迹追溯功能。

2. 数据中枢层建设

(1) 搭建园区治安数据中台,接入公安110警情、企业员工档案、物流车辆GPS等12类数据源。

(2) 构建治安风险评级模型,针对企业(如危化品仓库)、区域(如夜间偏僻路段)进行动态风险评估。

3. 协同响应机制

(1) 三级联防机制。

一级响应:由企业保安岗亭就地处置,例如驱离闲杂人员。

二级响应:由园区警务室联动处置,例如调解群体纠纷。

三级响应:由公安部门专项打击,例如侦办恶性案件。

(2) 警企联勤制度。

①每月召开治安联席会议,通报高发案件类型(如电缆盗窃)。

②每季度开展"红蓝对抗"演练,测试平台报警–派单–处置闭环效率。

4. 考核评价体系

(1) 平台预警准确率:要求误报率≤5%、漏报率≤2%,权重占比30%。

(2) 事件处置闭环率:从报警到归档全程留痕,超时未办结自动督办,权重占比25%。

(3) 企业安防达标率:重点考核消防通道占用、监控盲区等整改完成率,权重占比20%。

(4) 企业员工满意度:通过随机抽样调查,要求安全感≥90%,权重占比15%。

5.15.2　工业园区管控系统

5.15.2.1　园区广播系统

1. 广播设备管理

对广播设备的统一管理。支持isapi广播设备,isapi协议包括设备名称、设备接入类型、IP、端口、用户名、密码、所属网域、设备型号的添加和修改;支持isup5协议的设备接入,isup5协议设备支持主动发现、设备主动编号、设备密钥的添加;支持设备的删除、查询,查询条件为设备名称、主动设备编号、IP地址、设备接入协议类型查询;支持广播点的添加和删除。

2. 广播分区管理

广播分区实现对批量广播点进行分区管理的功能,可以通过广播分区统一配置预案广播、定时广播对应的广播点资源。

支持广播分区的增删改查,查询项为广播分区名称;支持同级广播分区手动排序;支持广播分区批量关联和取消关联广播点;支持广播分区下的广播点查询,查询项为广播点名称、广播点类型。

对室外公区、室内走廊、产线、危险区域进行广播分区设计。

3. 媒体库管理

媒体库管理主要是对上传到平台的媒体文件进行分组和管理,用户可以直接在管理平台上进行广播资源的管理。

支持媒体库的增删改查,查询项为文件夹名称;支持媒体库的上下级排序;支持媒体库下媒体文件的查询、添加、删除;支持媒体文件名称、文件格式、播放时长、文件大小的展示;支持媒体文件的试听。

4. 广播预案管理

预案广播是按照预定设置的规则,可以针对广播点或广播分区指定音频文件来进行单次或者循环的播放。方便用户可以在广播控制台选择预定的预案进行广播。

支持对预案的配置包括指定音频文件、广播分区/广播点、广播周期类型、优先级;支持预案的修改和删除、支持查询,查询条件为名称、任务周期类型、优先级。

5. 广播资源管理

用户选择广播资源时,有两种模式,一种是广播分区模式,一种是广播点模式。用户可以根据需求进行切换。

(1)广播分区模式:分区模式下,向用户展示的是广播点分区,用户可以多选或全选广播分区,广播时,可以对选择分区下的所有广播点进行喊话或者音频广播。

支持展示除根节点外的所有分区,按照层级展示,点击某分区将会展示其下级分区;支持分区多选,选择某分区后,该分区下的子分区自动选择;支持全选/取消全选分区;支持第一层分区(父分区是根节点的分区)页面下拉刷新分区数据。

(2)广播点模式:广播点模式下,会同时向用户展示分区和当前选中分区下的广播点,用户可以多选和全选分区下的广播点,也可以跨分区选择广播点,还可以全选分区,广播时,可以对选择分区下的所有广播点或选择的广播点进行喊话或者音频广播。

支持展示除根节点外的所有分区,以组织树的形式展示,点击某分区将会展示其下级分区;支持全选/取消全选分区;分区列表支持下拉刷新数据;支持展示分区下的广播点,支持广播点多选、全选、取消全选,跨分区选择。

6. 媒体库资源管理

媒体库里将会展示音频文件夹列表,音频文件夹下会展示音频文件。用户可以本地试听某个音频文件。

支持展示音频文件夹,支持下拉刷新;支持音频文件夹多选,选中文件夹后,文件夹下的所有音频将被选中;支持展示文件夹下的音频文件,下载音频文件到本地;支持本地试听音频文件;支持多选音频文件。

5.15.2.2 能耗管理系统

1. 预告警管理

对实时监测的数据项设置预告警规则,发生运行异常时,即时推送给相应的管理人员,并对响应处理过程进行闭环管理和记录。

(1)可对监测的各类模拟量进行预告警阈值设置,可对预告警规则进行"阈值+时延"的逻辑设置。

(2)可对监测的开关量进行预告警规则设置。

(3)可对预告警推送规则进行设置,包括推送人、推送方式和推送间隔时间。

(4)发生预告警事件时,即时推送至相应的管理人员,生成消缺/抢修工单。

(5)预告警事件列表可查询、可导出,列表内可对"已处理"和"未处理"进行区分。

2. 定额管理

根据各类产品或工序的能效指标,结合生产订单、排产计划制定切实可行的用能定额管理。一方面是提醒生产单元负责人加强节能管理,减少用能浪费;另一方面是通过定额使用分析,能识别影响生产能效的相关变量,从而识别高效生产的改进机会。

因此,企业亦将用能定额使用情况纳入"红黑榜",通过一系列奖惩激励政策,培养员工节能意识和规范用能习惯,减少不必要的用能浪费。

(1)定额指标:根据生产单元的订单计划和能效指标,制定用能定额指标,指标包括生产开始时间、生产结束时间和用能定额总量等。

(2)定额使用情况汇总表:各个生产单元的用能定额使用情况,内容包括生产单元名称、生产开始时间、生产结束时间、是否超额用能、超额总量及比例(如果超额)和余额总量及比例等。

5.15.2.3 环境安全管理系统

环境安全管理系统涉及与环境相关的所有要素,通过全面感知的能力,对环境进行7×24小时不间断实时监测和预警,最大限度度降低企业环境安全风险,打造安全生产环境,助力企业高效安全生产。

该系统包含的内容较多,如基础的安防、消防、生产过程中的跑冒滴漏等。智能感知环境变化,保障绿色生产,构建环境风险智能预警与应急处理的业务闭环。以下列举几个典型的场景和应用。

明火检测:基于热成像实现明火的自动识别。该业务基于热成像技术,可实现对明火的实时监测,并且联动平台实时推送报警事件给到相关人员进行及时处理,最大限度地降低企业损失。同时可以联动指挥中心,搭载可视化的视频自动弹出,第一时间远程确认现场情况,及时进行应急指挥。

积水检测:基于视频AI能力,实现水位超限报警。比如生产现场对水位要求有一定的限制,可通过视频AI实现对水位超限的实时识别、实时提醒,并告知相关人员调整。同时可根据现场实际业务状态,实现反向调整相关阀门,自动实现水位调整。

漏油监测(如图5-27所示):基于视频AI,实现管道泄漏监测。针对生产现场的生产设备出现设备漏油或现场管道漏油等情况,会大大降低设备的设备综合效率,影响生产效率,甚至会出现设备的故障,导致设备停机和产线停线,给工厂生产带来较大的损失。通过AI开放平台实现对现场设备漏油的场景的自学习和自训练,实现对漏油的实时监测、实时提醒,告知产线管理人员,并配合工单引擎实现自动派工维修,第一时间处理,防范生产异常甚至是生产事故的发生,提升效率、降低投入。

图5-27 漏油监测

5.15.2.4 智能AR车间

1. 应用概述

AR数字车间将生产场景内的物理世界和数字世界进行深度融合,构建数字孪生,可直观掌握物理实体状态,又可对物理实体状态进行数字化呈现和掌控,使企业能够及时发现问题,及时采取措施。

AR数字化车间将所有的物理现实和实施数据都呈现在管理人员面前，从而帮助企业更好地分析对象和空间以及诊断物理对象及其周围环境问题，以提高企业劳动生产效率，缩短资产停机时间并优化运营资本，为企业降本增效。

2.应用功能

AR车间支持为不同场景添加实时预览视频分组，实现分屏轮巡播放；支持为监控点添加标签，便于查看关键信息；支持接入第三方告警，便于查看异常情况。支持产线和工序的关联，在AR车间客户端可以看到设备台账、今日产线概况等看板功能。

(1)主要功能。

数据管理：用于查看业务中相关数据。

产线管理：提供产线和工序的管理界面，针对相似的产线，提供复制产线的形式进行添加。

轮巡管理：管理轮巡预案，分屏关联监控点；实现监控点分屏轮巡播放；新增实现工序轮播。

标签管理：主要为监控点添加标签，关联标签展示数据，标签样式支持自定义。

告警管理：维护第三方告警信息，支持查看历史告警信息，查看告警抓图、录像回放，告警推送客户端支持弹窗提醒，支持定制添加AI告警展示。

数据对接：可对接第三方系统设备管理数据、设备台账数据、设备巡检告警数据，将设备生产数据统计成产线维度。

数据看板：查询设备台账，对接统计能耗数据，查询今日产线概况，展厅场景下做数据脱敏处理。

(2)四分屏模式。

AR车间四分屏模式，四画面轮巡展示不同车间/线体/工艺等维度的实景画面，并且可通过叠加AR标签展示当前车间/线体/工艺维度的数据，实现工厂/车间/产线全貌态势一键掌握。

实时画面呈现：车间/线体/工艺/设备等维度的实景画面呈现和轮巡，点击画面可全屏查看。

轮巡管理：四分屏模式下支持视频画面轮巡功能，管理轮巡预案，配置预案名称、轮巡分屏模式、轮巡时间，配置分屏样式(1分屏、4分屏、9分屏、1+2分屏、2+1分屏)。

分屏监控点配置：管理分屏下监控点以及监控点轮巡顺序，拖拽不同业务监控点树中的监控点到对应分屏进行轮巡。

轮巡操作：支持对单个分屏或整屏进行暂停、翻页切换和全屏操作。

AR数据标签展示：产线状态、订单、产量、设备等数据叠加，可实现个性化数据呈现，如设备联网率、设备综合效率、在/离线状态和数量、产量、订单信息、良率、设备节拍、MTTR、MTBF、WIP等数据，帮助管理者和执行者掌控现场全景的同时，可以通过AR数据标签，更全面地了解车间生产状态，实现更全面的管理。数据字段支持自定义，支持对接如MES等业务系统或第三方系统的数据进行呈现。

(3)全屏模式。

AR车间全屏模式，可通过场景切换呈现不同车间/线体的全景画面以及工艺/设备维度的细节画面，同时可以叠加产线数据、设备台账数据、设备管理数据、设备标签数据、报警数据、能耗数据、人员出勤数据、巡检数据等多样化的AR标签，实现现场目视化，增强管理，全面辅助车间现场数字化管理。

进入全屏模式：可以从四分屏模式下点击全屏图标进入，也可以通过双击画面进入全屏模式。

车间实景画面：车间实景画面实时呈现，可呈现产线全景画面或工艺设备的细节画面。

今日产线数据 AR 呈现：可呈现设备管理数据、在制品数据、车间巡检数据、能耗数据和人员管理数据等，可实现个性化数据呈现。

场景切换：可切换车间、产线、线体、工艺和设备的场景画面，实现视频和 AR 数据同步切换，可以点击导航栏图片进行场景切换，也可以通过点击左右方向箭头进行场景切换。

场景地图：可实时呈现当前视角位置信息，联动实景画面，实时呈现当前所在的车间、产线和工艺信息，同时可以实时呈现当前摄像机的位置和覆盖视角。

车间、产线、线体切换，实现视频和 AR 数据同步切换。

设备台账 AR 呈现：呈现设备全生命周期台账信息，实现资产管理线上化。

设备 AR 标签：点击设备标签，可实时呈现设备相关的数据，如 OEE、MTTR、MTBF 以及设备状态，同时可展示设备三维动图，更直观地查看设备状态。数据项可以自定义接入和展示，可查看设备数据详情。

画中画：设备 AR 标签可展示视频画中画功能。针对该设备有细节摄像头部署，可以在大画面中嵌套实时展示该设备细节的实时视频画面，实现画中画功能。

（4）产线管理。

维护第三方产线信息。支持通过对外接口添加，支持导入导出。接收第三方产线信息数据，将数据入库，并推送变更消息给客户端，将第三方产线信息展示在对应标签上。产线字段可扩展，通常情况下先收集第三方产线字段，在 pdms 配置平台进行配置。

（5）点位管理。

维护第三方点位信息。支持通过对外接口添加，支持导入导出。接收第三方点位信息数据，将数据入库，并推送变更消息给客户端，将第三方点位信息展示在对应标签上。点位字段可扩展，通常情况下先收集第三方点位字段，在 pdms 配置平台进行配置。

（6）轮巡管理。

管理场景信息，初始存在一个默认场景，通常情况下一个大屏为一个场景。管理场景下轮巡组信息，管理轮巡组信息，通常情况下一个轮巡组对应一个第三方产线，可为轮巡组关联相应监控点（拍摄同一产线的监控点）。配置场景下大屏的分屏模式（1 分屏、4 分屏、9 分屏），轮巡时间（单位：秒），为每个分屏模块关联轮巡组。

（7）标签管理。

标签模板管理：管理标签模板信息，目前支持小部件和动态表单两种标签模式，支持标签模板导入导出。

标签配置：在客户端为某监控点添加标签，管理监控点中添加的标签信息，所属监控点、所属场景、关联数据标识、所在位置、展示开关状态、图标位于标签方位。

配置好标签之后，标签随监控点轮巡展示。

标签显示设置：在客户端进行操作，对当前场景下关联某对象模型的标签进行一键隐藏或显示。

（8）告警管理。

告警上报配置：配置相同告警不重复上报的时间间隔。告警标识、告警源相同，即认为是相同告警，相同告警在配置时间范围内不重复入库，避免生产设备频繁告警推送客户端弹窗展示。

告警记录:接收第三方告警数据,将告警入库,并推送告警消息给客户端。告警信息支持扩展,如需接入 AI 之类的告警,pdms 配置平台写告警数据接入适配器即可。

(9)产线看板

产线看板展示当前场景已关联轮巡组的所有产线以及监控点。支持切换手动模式,通过选择产线看板中的某个监控点进行单画面预览。

5.16　公共交通枢纽管控方案

结合公共交通枢纽的治安防控需求与策略,本方案旨在构建一套高效的枢纽管控体系,通过多维数据融合与智能化管理,实现安全、高效的指挥调度和风险防控,为城市交通枢纽的安全运营提供有力支撑。

1. 进出口管理与安全检查体系

多层次进出口管理:在火车站、机场、地铁站等枢纽入口处安装闸机设备,实现与公安系统联网的人脸识别功能,对旅客进行身份验证。

智能安检系统:部署智能安检通道,对旅客及其行李进行详细检查,配备智能行李扫描设备和违禁品识别系统。系统能够在高峰时段自动调整安检资源配置,提高安检效率并缩短旅客等待时间。比如,为了应对大客流量,非接触式安检技术正在得到广泛应用,如毫米波安检设备,可以在不干扰乘客正常通行的情况下完成检查,提升通行效率,如图 5-28 所示。

图 5-28　非接触式安检

移动巡逻队伍:在出入口及候车区域设置移动巡逻警力,确保异常行为能被及时发现并处置。

2. 视频监控与智能化管理平台

全覆盖视频监控系统:在枢纽站内外及重点区域部署高清监控摄像头、人脸抓拍系统,并与公安视频监控平台实现数据共享,确保治安事件发生时能够快速追溯。

智能行为分析与预警:通过智能视频分析技术,实时检测人群聚集、可疑行为和物品遗留等异常情况,提前发出安全预警,提高治安防控的主动性。

多层数据融合:集成旅客流量数据、车站视频监控数据和社会资源数据,为治安监控提供全面的态势感知。

3. 应急预案与多部门联动机制

完善应急预案体系：针对火灾、爆炸、恐怖袭击、突发疾病等突发事件,制定详细的应急预案。包括旅客疏散路线设计、交通工具紧急停运及物资调配方案等内容。

多部门应急联动：建立公安、消防、医疗、交通等部门的联动机制,在突发事件发生时,实现快速响应与协同处置,减少损失并保障旅客安全。

指挥中心实时监控：系统支持与指挥中心的实时数据共享,确保在突发情况下指挥部能够精准掌握现场动态。

4. 反恐防范与情报共享机制

智能反恐监控模块：通过视频监控与智能感知设备,实时监控可疑人员和可疑物品,一旦发现危险,系统将立即向指挥中心报警。

建立情报共享平台：与国家安全部门保持数据互通,及时获取最新的恐怖袭击预警信息,加强前端防控力度。

反恐应急演练：定期组织枢纽管理人员、安保人员及旅客进行反恐演练,提高各方的反恐意识和应急处置能力。

5. 旅客安全教育与服务保障

多渠道安全教育：通过电子公告屏、安全宣传片、广播、手机 App 等多种途径向旅客推送安全提示,增强安全防范意识。例如,在交通枢纽内设置安全宣传海报、电子屏幕以及通过广播播放安全提示,提醒乘客注意随身物品、保持警惕、防范诈骗等。公共交通场合安全宣传和教育如图 5-29 所示。

图 5-29　公共交通场合安全宣传和教育

特殊旅客服务保障：针对老年人、残疾人、儿童等特殊群体,提供专门的引导服务与安保措施,确保他们在枢纽站内的安全与便利。

6. 信息系统的智能化与可视化应用

可视化指挥平台：建设集态势展示、实时监控和分析研判于一体的可视化指挥平台,为枢纽运营提供决策支持。

智能信息检索与预案调度：系统支持智能信息检索与调度功能，能够快速调取历史事件记录及应急预案，提高响应速度。

数据上报与绩效评估：系统与公安部、厅级平台对接，实现数据实时上报，并对枢纽安全防控的绩效进行分析与评估，持续优化管控策略。

通过公共交通枢纽管控方案的实施，全面提升了枢纽的治安防控能力，实现了智能化管理与高效指挥调度，为旅客出行提供安全保障，为城市交通的顺畅运行奠定基础。

5.17 旅游景区的管控方案

5.17.1 方案系统总体设计

通过整合多个异构管理子系统，建立基于网络通信和数字化技术的统一平台，为治安防控提供了全方位的支持。这种系统架构不仅打破了"信息孤岛"的限制，实现了数据的共建共享，还大幅提高了各类安防系统的协同能力。在这个统一平台上，景区的游客流量监控、车辆管理、视频监控等数据可以与治安防控系统无缝对接，从而实现实时数据汇聚与动态分析。例如，当出现治安突发事件时，系统能够快速调用相关视频监控画面，通过游客和车辆的流动数据，帮助执法人员快速定位和分析事件发生的地点和原因。治安系统还可借助高空视频监控、智能人脸识别等技术，实现对景区重点区域的实时监控与预警，有效防范安全隐患，提升应急反应效率，最终建立起更加智能化、高效化的景区安全防控机制。旅游景区系统架构如图5-30所示。

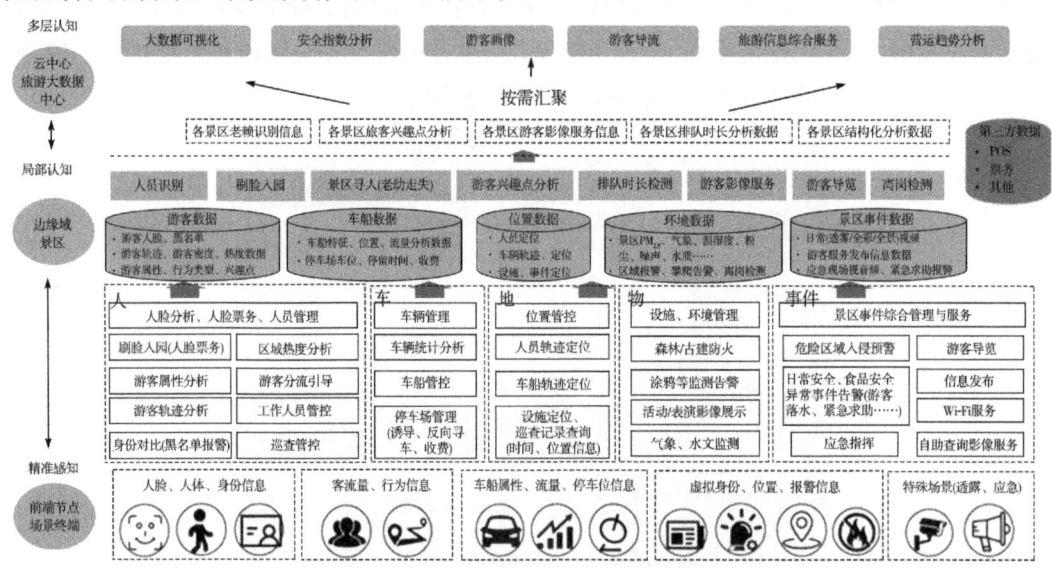

图 5-30 旅游景区系统架构

通过智慧景区的智能化建设，景区实现了全节点、全场景的数字化，这为治安防控提供了更加精准、全面的支持。在这种数字化的基础上，融合多种系统应用，实现数据化的统一管理，不仅提高了景区管理的精细化程度，也使得治安防控更加全面、可靠、方便。基于边缘计算的分布式部署，智慧景区的边缘域具备局部感知、认知和及时响应的能力，能够在事件发生时迅速做出反应。边缘域通过"两池一库一平台"的架构，实现物联数据的采集、存储和管理，在遇到治安风险时，能快速调度相关资源，进行实时响应和处理。

边缘域作为独立的自治系统，不仅能够实现局部的治安管控，还能将局部分析的结果上传至云中心。云中心通过"两池一库四平台"构建大数据应用，对全局数据进行汇聚和深度分析，提供全局认知和分时响应的能力。在治安防控中,云中心能够对来自多个边缘域的数据进行融合分析,实现对潜在风险的预警和智能调度。同时,云中心的大数据分析能力也有助于识别长期趋势,制定更有效的防控策略,从而建立一个更加智能化、分布式和高效的景区治安防控体系。

5.17.2 方案核心应用

旅游资源的保护和治安防控密切相关,尤其是在智慧景区的建设过程中。景区作为游客聚集的公共场所,除了需要保护其自然资源和文化遗产,还必须加强安全管理和治安防控,以确保游客的安全和资源的可持续利用。

首先,通过物联网感知设备的部署,不仅可以实时监测旅游资源的状况,如森林火灾、水位监控、空气质量等生态保护措施,还可以为治安防控提供数据支持。例如,在监测森林火灾和水域污染的同时,这些设备还可以对非法入侵或破坏行为进行实时预警,将治安防控与资源保护相结合。类似的监测设备能及时发现不法分子或破坏者的行为,通过联动声光报警装置,威慑入侵者,确保景区资源免受人为破坏。

其次,安全隐患防范与治安防控紧密相连。在智能监测的基础上,利用视频监控和智能算法,可以有效地对人群聚集、突发事件等安全隐患进行预警。例如,在人流密集的景点,通过视频感知技术和智能算法,景区管理者可以实时监控人流,提前预判并疏导过度集中的人群,防止踩踏事故的发生。同时,安检监测系统能够及时发现携带危险物品的游客,从源头上降低潜在的治安风险。

交通组织管理方面,出入口的车辆管理系统不仅有助于提升交通效率,还能为景区的治安防控提供数据支持。例如,车辆的车牌识别系统能够自动记录每一辆进入景区的车辆信息,并结合监控设备对异常行为进行追踪,及时发现潜在的治安威胁。停车场的智能化管理系统则可以帮助减少车辆失窃、破坏等事件的发生。

游客组织统计是治安防控的重要一环,通过客流相机和智能抓拍技术,景区可以对游客的实时动态进行跟踪和统计,从而及时掌握景区内的游客分布情况。如果某一特定区域的游客过于集中,管理者可以迅速采取分流措施,降低治安事件发生的风险。此外,系统还可以预测未来几日的游客流量,提前做好安保部署,确保突发状况时的应急响应更加高效。

最后,景区智慧运营中多维数据分析不仅为管理提供决策支持,也为治安防控提供了强大的数据基础。通过物联数据、视频监控数据等多渠道信息的融合分析,景区管理者可以更清晰地掌握景区内的安全态势,并实时调整治安防控策略。大屏可视化展示系统可以直观地呈现景区内的安全状况和治安风险点,帮助管理者快速做出应对决策,实现精准、高效的治安防控。

5.17.3 旅游景区的安全管控

安全是旅游景区的生命线,是开始一切旅游活动的基础。旅游景区、公园运营等单位都应该认识到安全与发展的共生关系,将安全工作放在首要位置,坚持"安全第一、预防为主、综合治理"的指导方针。安全防范主要分为两类,一是环境安全,包括自然环境、建设设施、设施设备、消防安全,二是旅游活动安全,包括交通、游览服务、住宿安全、大型活动安全等。智慧化的安全管理可以借助视频监控、物联感知、人工智能等技术手段,建立智能监测、灾害预警机制,降低安全事件发生的概率,建立标准化的应急处理流程,借助信息化的手段,形成可视、可调、可控的预案管控。

5.17.3.1 视频监控

1.设计思路

视频监控子系统有别于以往通用的视频监控模式,是专门针对景区场景定制的全方位、全时段、全天候的高清网络视频监控系统,并对景区场景重要的监控区域有详细的监控对策。

(1)开阔区域。景区有很多大范围的监控场景,比如景区内外广场等空旷地,游客比较集中,客流量大,既需要看得全、看得清,又需要实时的视频监控,对于大场景我们不仅希望可以环顾全景,同时也可以捕捉细节。

(2)水域峡谷。景区往往水雾等环境比较复杂,在早晚水雾高发期以及浓雾、雾霾等环境下需要系统具有智能透雾、高清透雾等功能,实现景区在浓雾条件下的高清画面监控。实时视频透雾技术针对由烟尘、雾气、灰霾等成像特征建模,采用图像处理技术有效恢复细节和色彩,能够获得准确、自然的透雾效果。

(3)景区夜晚。景区夜晚及光照条件较差、照明情况不一的条件下采用黑光、星光等技术确保景区在夜晚也能一览无余。

(4)危险区域。在景区危险区域中支持视频智能防范,针对游客进入危险区域自动报警提醒,针对景区湖泊水域、悬崖峡谷游客止步区域进行危险报警提醒,保障游客安全。同时景区存在很多文物,针对文物古迹的保护至关重要。文化古迹的专业保护需要使用科技手段防止游客进入、破坏和防盗窃等。

(5)景区高空。景区一般占地较大,且多有丘陵湖泊,通过人力巡查往往费时费力,效率低下、时效性不佳,通过景区建设的视频监控系统往往无法实现景区范围的视频覆盖,存在视频监控死角的情况比较普遍,尤其是在紧急情况下如森林火灾、黄金周等旅游旺季的园内客流监管,无法做到实时有效的视频采集。

2. 系统组成

视频监控系统具有智能化、高效率的特点,具有数字化采集、全网络传输、集中存储、控制及显示等功能,主要由前端摄像机设备、视频显示设备、控制键盘、视频存储设备、相关应用软件以及其他传输、辅助类设备组成。视频监控系统架构如图5-31所示。

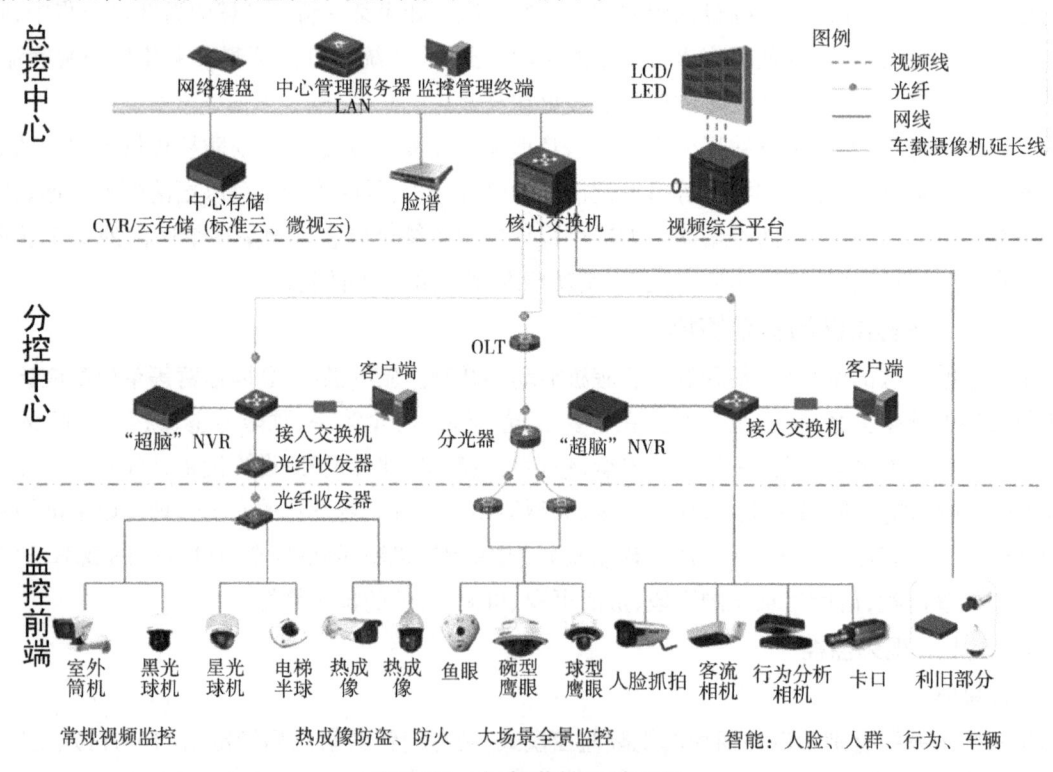

图 5-31 视频监控系统架构

3. 前端部署

景区常见的主要监控的点位可分为以下几种。

(1) 进出口要道。

进出口要道是指停车场、检票口、山门等咽喉要道部位,是游客及车辆的必经之道,也是闲杂人等可能出入的地方,也是最容易出现安全问题的重点部位之一。它是景区管理的重要部分,其管理监控的好坏直接关系到游客的生命和财产安全。支持采用智能识别摄像机对进入的游客进行抓拍,对黑导游、不文明游客及部分可疑分子进行识别;支持采用相机对经过游客进行属性识别分析,统计参观游客的年龄段、性别、是否戴眼镜等属性信息进行分析统计。

(2) 景区交通危险路段监控。

对危险区域的道路情况和山体情况进行实时的监控,及时排除交通意外事故和山体塌方、滑坡的危险情况,对旅游旺季车辆的流量进行实时监控,方便管理人员对车辆及游客进行及时疏散与抢险。系统采用高清全景摄像机进行全面监管,同时对视频进行智能分析,一旦有游客进入或跨越危险区域即可触发报警,监控中心可以广播等方式进行警告、提醒。

(3) 游客集散地监控。

由于景区内的游客是流动的,容易造成景区内发生意外事故或对景点造成生态上的破坏,通过高清视频监控,随时掌握游客在景点内的情况,在发生意外情况时,景区管理人员能迅速准确地到达事故现场,总监控中心也能进行远程指挥,确保景区内游客的安全,避免游客对景点的破坏,降低景区的事故发生率。

(4) 主要参观路线。

景区中的主要参观路线是游客最集中的区域,绝大部分的游客会根据导览指示通过主要参观路线沿途观览,而这些路线也往往容易发生游客意外事件,对主要参观路线的监控可有效掌控景区内的秩序及现场状况。系统采用密度检测摄像机对主要道路的游客拥挤情况进行分析,对景区整体游客进入的情况进行预判,当参观路线出现拥挤时可触发报警并进行游客分流。

(5) 其他重点位置。

景区一般占地面积都不小,景区内的旅游区域因为地理条件的不同或功能区块设置的不一致导致景区内的重要监控区域分布有不同的环境、条件。景区重要部位设置黑光摄像机,在夜晚及光照条件较差的情况下也能一览无余。同时,因景区常有青山环绕、湖水遍布,容易起雾,在此类部位设置超级透雾相机可进行全时段监管;针对景区大场景部位或者主要景点的部位,采用鹰眼、全景相机等设备进行全方位监管;针对观景平台、栈桥步道等位置,采用密度相机进行区域人数统计分析,当游客人数超标时即可启动预案进行干预。

4. 应用功能

(1) 人脸管理报警。景区管理人员可将管理的人脸照片下发到名单库,并与比对设备进行关联管理,系统将对实时抓拍的人脸照片进行比对识别和报警。平台接收到人脸实时比对报警,将对应的人脸图片及信息显示出来,警示值班人员关注和处理,实时联动。

(2) 实时监控浏览。通过 C/S 客户端和网络浏览器,可以单画面或多画面显示实时视频图像;支持不同画面的显示方式:1、4、6、9、16 画面等方式;支持 1×2、1×4 和 1+2 三种走廊模式预览窗口的布局;为限制某些多余的预览时长而节省资源,或防止用户因为忘记关闭而长期打开预览画面,造成资源的浪费,系统支持限时预览,如限制某用户只允许预览 5 分钟;同时系统支持即时预览存储功能。

(3) 录像下载回放。为满足用户跨时间段进行录像查看和分析的需要,支持跨零点的录像回放和下载功能。支持录像的批量下载;支持多种备份方式,选择本地备份则保存在本地文件,选择刻盘备份则保存在刻录的光盘里,选择 ftp 上传备份则会上传到指定 ftp 服务器的指定目录里;备份速度与同时开启备份通道数可以根据用户不同的需求自主配置;支持动态加载刻录机。支持单画面、4 画面、单进、单退、快进(1/2/4/8 倍数)、剪辑、抓帧、下载等;在回放的过程中支持图像的电子放大功能,支持常规回放、分段回放、事件回放、即时回放等多种回放方式,支持录像回放电子放大,可以对指定区域的图像画面进行放大,放大到整个窗口;支持单通道剪辑和多通道一键剪辑,并将剪辑文件保存在本地。为满足用户在观看录像时锁定和解锁的需求,系统支持录像锁定和解锁功能。

(4) 报警事件接收。系统接收到报警后可以自动联动预先定义的关联监控点视频在客户端与大屏上显示;同时收到多个报警信息时,能够按照警情级别优先显示,同级别报警排队显示,值班人员可以输入处警信息、警情确认人信息并保存;所有报警信息自动保存到数据库,可以统计、查询和打印,可以通过报警事件来检索录像资料。

(5) 异常智能分析。通过智能分析摄像机,平台可接收人员异常行为检测事件,检测事件包括人数异常、间距异常、徘徊检测、剧烈运动、工作规范检测、倒地检测、滞留检测、跨线检测和奔跑事件,进行人员异常行为的分析、报警和联动。不同的异常行为检测功能可用于不同的监控场景,防范安全事件的发生,向景区安保人员报警并及时处理,尽量将安全事件的损害降低。如徘徊和滞留检测,可应用于景区或外围道路、墙角监控,采集人员徘徊的信息,为人员预警和反侦察踩点提供证据。

(6) 景区视频联网。支持多个景区视频的多级联网,能够通过景区智能可视化管理平台实现对下辖的视频进行统一运维、管理与配置,通过对多个景区视频的联网来满足上级部门的现场实时监测与管理。

5.17.3.2 周界防范

1. 系统概述

景区周界入侵报警业务主要涉及入侵现场、监控中心及其他相关人员。主要通过前端设备联动监控中心,针对景区内禁止游客进入的区域、文物防护、落水区域,通过划定警戒线,游客一旦进入此区域联动声光就会进行广播提醒及报警,使事件快速处置。

对于入侵现场,在入侵触发的第一时间,需要联动现场的声光报警装置,威慑入侵者。按照标准,威慑时间不能低于 5 分钟。

对于监控中心,需要联动视频弹窗、声音报警、录像、抓图等操作,第一时间呈现入侵现场情况,并对现场情况进行记录,同时声音提醒监控中心值班人员。值班人员接到警情后,进行人工复核,对真实警情出警处理,对误报警情进行消警,保证系统重新进入布防状态。

对于其他非第一现场的相关人员,采用联动短信、邮件的方式进行通知。

2. 系统组成

周界防范子系统由前端报警、传输网络、管理中心组成。其中前端报警部分包括周界入侵探测器和防区脉冲主机以及报警主机。报警主机到管理中心的传输网络可以是公共电话交换网(PSTN)、无线信道(CDMA/GSM)、Internet 网络等。管理中心则有管理计算机以及相应软件组成。周界防范系统架构如图 5-32 所示。

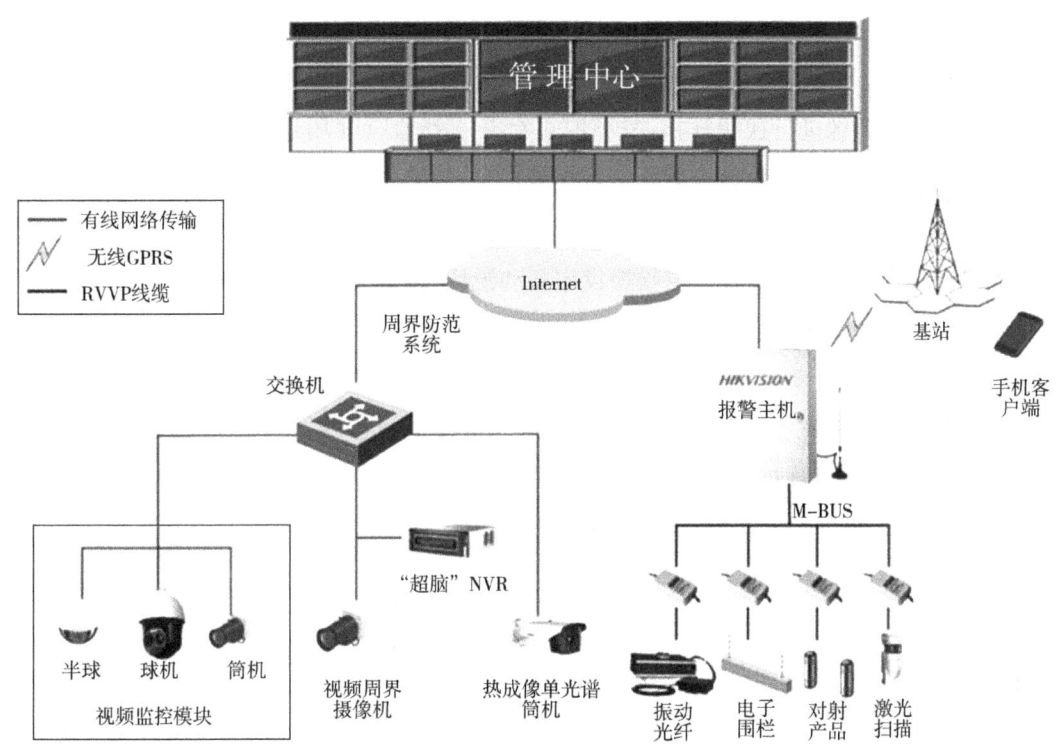

图 5-32　周界防范系统架构

对于新建前端,可采用警戒系列 IPC,在检测周界非法入侵的同时可以进行二次识别,有效过滤绝大部分非人体触发的报警,提高周界防范报警准确率,解决在实际使用中报警不准确、误报率高、防范效果一般等问题。

对于已建前端,通过将前端设备接入"超脑"NVR,由"超脑"NVR 实现对前端推送的报警图片进行人体目标二次识别,实现去误报,提高报警准确率。

3. 应用功能

(1) 报警管理。平台提供了方便、快捷的报警管理界面,既能显示当前的报警信息、用户操作记录,又能显示最近一段时间内既往报警条目,并对报警受理状态加以明显标识(分为未处理、已处理),值班人员根据标识的不同进行管理,提高处理警情的效率。在用户界面上,还可以方便地进行报警信息查询、统计、编辑、修改等操作。

(2) 周界去误报。可见光视频周界防范由于存在误报较多的困扰,可通过将周界防范前端设备接入"超脑"NVR,由"超脑"NVR 实现对前端推送的报警图片进行人体目标二次识别,有效过滤绝大部分非人体触发的报警,提高周界防范报警准确率,解决在实际使用中报警不准确、误报率高、防范效果一般等问题,实现周界防范去误报功能。

(3) 远程控制。当报警主机连接到平台后,平台可对其进行远程控制,对报警主机的子系统和防区的状态进行集中的回控操作,包括子系统的布撤防、报警防区的旁路、旁路恢复、消警等。强大的远程控制功能可以方便地根据用户实际需要来设定报警系统的工作状态。

对于紧急报警柱,平台能够实现远程开箱功能。当前端发生警情,紧急报警按钮被启动后,中心管理人员通过音视频与前端人员确认情况,在必要情况下可远程操控,打开报警柱上的储物箱,将内部存放的防护工具或医疗用品等提供给求助人员。

(4)报警联动。

①联动视频复核。平台收到用户的报警信息后,显示报警的同时,通过平台配置能自动弹出报警发生所在区域的现场图像进行视频复核,复核时可打开声音监听现场环境,打开对讲与现场人员通话,使值班人员可以更全面、详细地查看并进行报警核实,帮助中心管理人员正确、迅速地判断是否需要出警及如何处警。

②联动视频查看。用户可事先根据报警设定联动视频,设定防区周围相关的4个监控点联动,当报警发生后,用户可联动查看关联的4个监控点,通过视频监控能有效监控报警目标,查看目标在报警发生后的行进路线,部分实现对目标的实时跟踪,快速调集安保人员进行堵截。

③声音报警联动。系统支持本地语音输出,即在报警发生时,可触发监控中心本地输出多种不同的报警声音或警铃,声音文件可自行设定或录制。

④录像及抓图联动。平台支持报警的录像联动和抓图联动功能,即当前端触发报警后,系统会联动监控点对警情现场进行录像及抓图,可以在事后通过查看录像文件和图片来还原报警时现场的情况。

⑤电视墙联动。平台支持联动上墙功能,即当前端触发报警后,可以把关联的监控点视频投放到电视墙上进行预览,更加直观地显示前端现场情况。

⑥短信、邮件联动。当前端触发报警后,通过平台的联动设置可用短信或邮件将报警信息迅速发送至相关人员,保证各方及时了解警情,迅速做出反应。

⑦门禁联动。通过平台的资源共享机制和联动设置,当报警发生时,可联动门禁进行开门联动,方便人员在紧急情况下进行疏散和逃生。

⑧预案联动。通过预案设置,设置报警发生时的处理步骤。当平台接收到报警信号时,监控中心管理人员可根据报警关联的预案进行操作处理。

(5)电子地图。平台的电子地图主要用于配置与控制各子系统资源,展示这些资源的地理位置。可将报警防区和紧急报警设备添加到电子地图中,当发生报警时,地图上自动定位该报警点位,并以图标闪烁的形式显示报警状态。同时,平台支持在电子地图中显示防区的实时状态、防区关联的历史报警事件以及对防区进行旁路和旁路恢复等反控操作。

5.17.3.3 无人机防护

1. 系统概述

无人机主要通过其高空飞行拍摄、灵活挂载、快速飞行等特点,弥补人工作业的不足,完成相应的工作。在景区的业务应用中,主要有治安巡逻、山林防火、应急救援、人流疏导、景区开发管理等方面。能够充分体现无人机灵活性高、针对性强的应用特点,构建旅游景区天、地、场的全域安防管理。

2. 系统组成

无人机防护系统由飞行器搭载不同的挂载进行现场拍摄或执行特殊任务,现场的图像和数据信息可以实时通过无线传输链路传到地面站。地面站既可以通过有线网口或4G网络把图像和飞行数据信息传送到指挥中心平台,提供现场信息给指挥人员;也可以与指挥车结合,将图像信息实时传回指挥车大屏,通过指挥车进行移动指挥。飞行器可以通过地面站进行手动操控,也可以通过指挥官软件设置航迹路径和其他自动飞行任务。此外,飞行器支持多种挂载,可以通过灵活搭配满足客户的不同需求。无人机系统方案拓扑结构如图 5-33 所示。

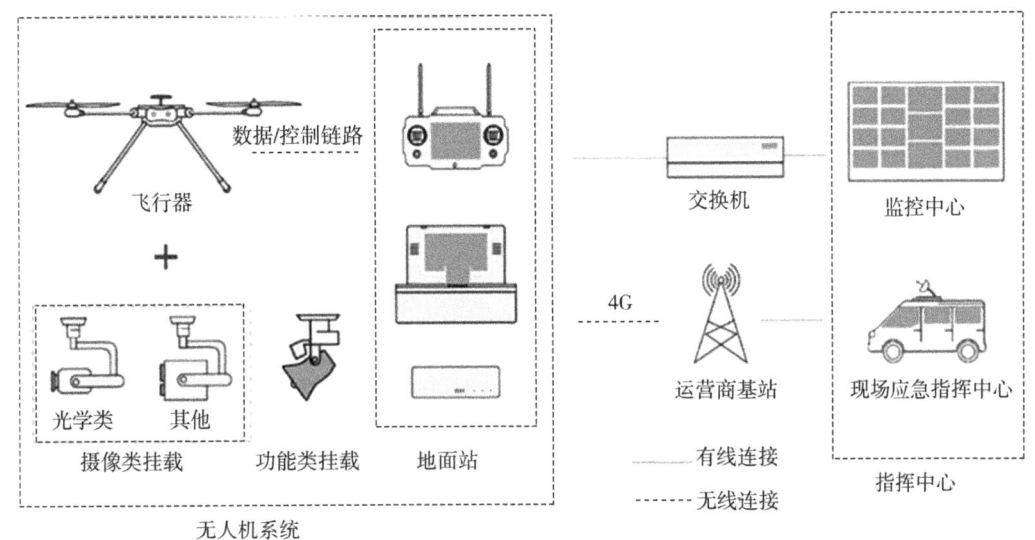

图 5-33 无人机系统方案拓扑结构

3. 应用场景

(1) 治安巡逻

景区面积大、范围广,部分区域地形复杂、地势险峻,对于日常治安管理主要通过固定点监控集中监管,但是仍然存在受限区域和盲点区域,人工巡逻也需要来回走访,受地形限制而花费大量的时间,特别是在有些景区闭馆时,需要工作人员不停地在景区内来回催促滞留人员,花费时长、耗时耗力、管理效率较低。

无人机具有高清拍摄功能,且灵活机动、精细准确、作业成本低等特点。能及时地为景区管理部门提供客观信息和数据,有效弥补地势险峻的隐患点无法实地近距离查看的"短板"。引入无人机监控,景区内的情况一目了然。无人机对景区进行空中巡逻,无人机搭载可见光设备能快速地完成从空中对地面进行治安巡逻任务,并实时将画面回传至管理中心,实现立体防控,高效率完成治安监控任务。

无人机执行治安巡逻的任务时,无人机搭载大倍率高清云台,按照设定航线自动飞行,自动飞行过程中,地面站和管理中心的工作人员都可以实时操控云台,对飞行区域进行全方位的巡查,当发现可疑区域时,可及时终止自动飞行,并拉近镜头对可疑点进行仔细检查,可疑排除后可继续自动飞行,巡查其他区域。

无人机可以预置常用的航点,形成航线,飞机作业时按照该航线飞行,提高工作效率;此外,无人机支持航迹模板规划、航迹手绘等功能,可以快速完成区域巡逻任务。无人机航线示例如图 5-34 所示。

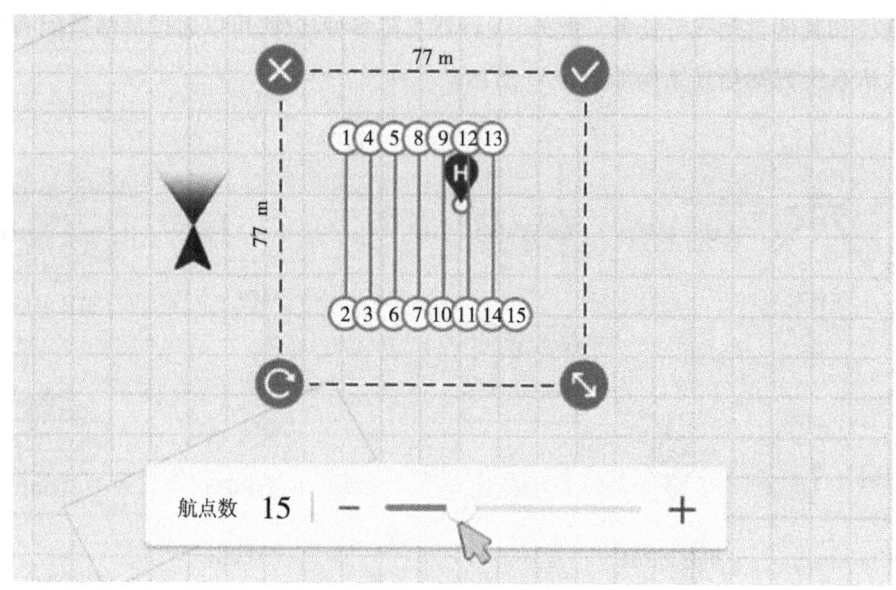

图 5-34 无人机航线示例

无人机可以搭载喊话器,对滞留景区的人员进行语音劝导、指挥等,便于闭馆后的安全管理。

(2)人流疏导

景区通常一年四季都要接待大量的游客,特别是长假期间,人流量的激增,一方面增加了景区的安全隐患,另一方面也大大影响了游客的个人体验。面对这种情况,目前仍主要采用人工疏导的方式进行,往往需要大量工作人员或志愿者,这无形中增加了景点区域的人数。使用无人机搭载高清可见光云台,监拍景区内车流和人流,实时、准确地掌握景区人流和车流情况,有效地加强了景区管理,科学合理地引导人流走向。无人机可搭载喊话器,可对现场指挥喊话或景点指引。

(3)山林防火

火灾往往会给景区带来毁灭性的打击,预防火灾永远是景区的一项重要内容。目前景区内主要通过粘贴醒目标识来提醒游人预防火灾,也通过固定点热成像监控完成景区内的火点、高温预警。但是景区内固定监控存在盲点,因此需要其他方式进行补充。

面对日常的山林防火任务,无人机系统根据航路规划或地面指令,控制无人机按照预设的航路飞行,同时使用机载可见光摄像机以及红外热成像摄像机探测林区目标环境的温度,当检测出有超出设定温度阈值时可发出报警信号,同时控制云台朝向火点,对可疑火点进行确认。

5.17.3.4 智慧安检

1. 系统概述

旅游景区是人员密集、开放的公共场所,一旦发生极端恐怖行为,将会造成伤亡大、损失大、影响大的严重后果。旅游景区、博物馆、科技馆、主题乐园等景区,在安保链上对出入口刀具、火具等危险品进行管控。

智慧安检系统包括物检和人检。物检是通过智能安检仪对行李进行实时检测分析,可以实现人包关联、危险品监测,通过人工智能技术可以智能识别安检图片中的违禁物品,能更精确、有效地检查出违禁品。人检是通过安检门实现危险品金属探测、热成像测温、客流统计、智能识别等应用。

2. 系统组成

(1) X光安检机。X光安检机是一种利用X射线的穿透能力实现对行李、货物进行快速不开箱检查的新型安检设备。可广泛应用于景区、体育馆、展览会馆、娱乐场馆等对公文包、邮包、快件、手提行李包以及大型包裹有安全检查需求的场景。作为安检环节重要的前端设备,实现对过检物品的精准验视,使隐匿在包裹中的违禁物品无处遁形。

(2) 安检门。通过式金属探测安检门采用世界先进的电磁兼容设计,具有超高检测灵敏度和极强的抗干扰能力,适用于管制刀具和枪支等危险物品的安全检查。

(3) 智能安检分析仪。智能安检分析仪采用嵌入式设计,拥有友好的交互界面,内嵌深度学习算法,可对接第三方安检机,通过简单改造即可完成对传统安检机的智能改造,实现传统安检机的数据联网,并可进行违禁品的智能识别,同时支持视频监控、抓拍、智能分析等功能。

3. 应用功能

(1) 智慧检人。

①体温异常分析预警。测温金属安检门,提供体温异常乘客分析预警方案,集无接触式精准测温、抓拍、体温关联、设备联网、统计分析于一体,彻底打破传统测温模式数据大多本地保存、通行检测效率低下、安检测温数据孤岛等问题。将人脸、体温、金属检测信息融合关联,从效率、准确性、时效性等多方面真正帮助安检用户解决当前管理难题。

②金属异常报警门。通过金属探测安检门,可对过检人员随身携带的金属刀具、枪支等违禁物品进行精准检测。当随身携带金属物质,尤其如U盘、硬盘、手机等电子设备,安检门会产生对应报警。对进入园区防止携带及出园区防损进行有效查验,可检测到1个回形针大小的金属;还可基于安检门所带的测温半球相机完成过检人员体温初筛,统计体温异常人数,报警实时联动,将金属检测信息、抓拍信息实时推送至智慧安检管理平台,实现可见光、金属检测、人脸、体温等多维数据融合,做到场景安检与安防相融合。

(2) 智慧检物。

①智能安检机。X射线智能安全检查系统融合了智能识别、智能分析及变速等功能,可以更好地解决由于安检员集中度不高造成的漏检以及高峰期安检压力过大等问题。产品适用于对手提行李包以及小型包裹的安全检查。设备采用先进的物质属性识别技术,可以有效识别被检物的等效原子序数并赋予不同的颜色。设备辐射泄漏剂量率达到天然环境本底水平,低于国标要求。设备可根据场景实现一键切换。支持接入上级安检联网管理平台,实现数据上传管理。支持安检机视频、图片、报警信息本地存储、查看、调用。提供人脸和指纹登录功能,规避烦琐的密码输入。

②智能辅助判图。目前违禁品识别是通过X光安检机进行物品扫描,由安检判图人员根据个人经验进行违禁品识别,但判图员识别分析与个人经验、情绪、主观意识、工作状态都有很大关系。智能安检机基于人工智能的物品图像识别技术,实时分析过检视频,提取违禁品轮廓、物质类型,可精准识别至少15大类违禁品,有效辅助判图员对违禁品的判断和识别,提升违禁品识别效率和准确率。

③智能集中判图。通过集中判图方式将多个安检点的判图数据集中在一个判图安检人员处,依托智能辅助判图,在过检原包裹图基础上叠加违禁品标识并报警提示,同时建立与安检点安检员的业务联动远程开包,大大提高了判图处置效率。

5.17.3.5 智能巡更巡检

1. 系统概述

为保障景区运营管理安全,景区安保人员会在日常工作中对存在安全隐患、设施设备等进行检查。常规安全巡检业务主要通过人员线下巡查的方式。为加强景区内部的管理,智能巡检业务通过线下巡检设备、智能视频分析等技术应用,实现线下巡检与在线巡检、智能巡检相结合。系统主要针对保安巡逻人员的工作进行监督和管理。系统根据景区各区域的整体布局情况设置在线巡查点,通过设置合理的巡查回路,在巡查管理系统的主机上完成巡查运动状态的监督和记录,并能在发生意外情况时及时报警。

2. 系统组成

数据感知层:前端摄像机可以部署于重点巡视区域。通用视频可存储于边缘端 NVR 设备中,巡检抓拍图片可存储在服务器自带硬盘中,也可单独配置中心存储进行存储。单兵/手机设备可以安装巡检 App 进行线下人工巡检,并支持断网离线巡检,数据可暂存在单兵/手机中,等到有网络时进行传输。

网络传输层:数据可采用局域网/互联网的方式进行传输。公网环境时摄像机/NVR 建议采用 ISUP5.0(原 Ehome 5.0)协议传输数据,平台软件需要有固定公网 IP,2020 年 11 月巡检引擎可支持该协议接入。

行业应用层:智慧景区管理平台与 NVR 进行对接,并对 NVR 所属的视频通道进行预览和抓图。也可直接与前端摄像机进行对接,进行预览和抓图。另外,前端摄像机可以选择 AI 开放平台摄像机或选择 AI 开放平台"超脑"NVR,实现抓图自动分析判断,完成远程智能巡检,巡检结果可选择人工复核。系统组成如图 5-35 所示。

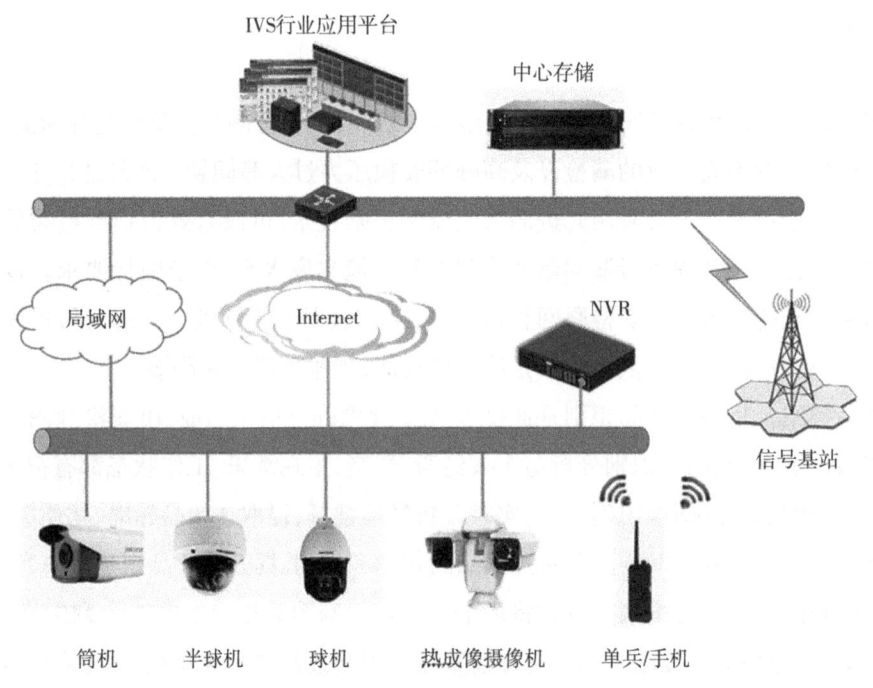

图 5-35 系统组成

3. 应用功能

(1)巡检业务流程(如图5-36所示)。

巡检引擎业务流程主要包括计划、执行、问题处理、结论分析等几个环节。在问题处理流程里包括复核、整改、审核等子流程,可自行定义。

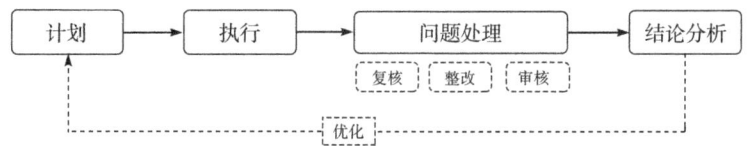

图5-36 巡检业务流程

一般巡检流程首先计划和执行巡检,并通过人工复核、整改和审核,最后实现巡检结论分析的生成,以此完成一次巡检项目的闭环流程。

(2)线下单兵巡检。

在线巡查系统可以根据预先设定的巡查路线,实时记录巡查人员编号、巡查点号、到达时间等。巡查人员配置单兵系统,可通过无线Wi-Fi信号或4G网络随时将音视频、照片等现场的异常情况反馈到监控中心,实现巡查任务目的。管理人员可对每一个巡查的任务记录进行查询和统计。当发现警情时,对于紧急事件可实现现场情况的高清音视频录像,保留现场证据。

(3)线上在线巡检、智能巡检。

线上巡检时可对巡检项进行在线抓图巡检,并勾选巡检结论,下发巡检任务管理,指派、执行巡检任务,依据巡检业务流程进行问题整改、审核。线上智能巡检是通过智能AI分析技术,针对消防通道占用、违规攀爬围墙的行为进行智能判别,自动派发巡检任务。

5.18 大型活动安保系统

随着社会的发展和经济的繁荣,大型活动如体育赛事、演唱会、文化节庆等越来越频繁地出现在公众视野中。这些活动不仅能够提升城市的知名度,促进经济发展,还能丰富市民的文化生活。然而,随着参与人数的增加和活动规模的扩大,活动安全管理的复杂性和挑战性也日益显著。如何有效保障大型活动的安全,保护参与者的生命财产安全,成为各级公共安全管理部门亟待解决的重要课题。因此,建设一套科学、高效、智能化的大型活动安保系统,显得尤为重要。

5.18.1 系统功能模块

大型活动安保系统的核心目标是实现对活动全过程的全面监控、实时数据分析和快速应急响应,以最大限度地降低安全风险。为此,本系统将通过数据对接、应用对接、系统对接、用户体系对接、单点登录、数据订阅服务、数据分析模型及App应用融合等多个功能模块,形成一个完整的安全保障体系[120]。

下面将详细阐述大型活动安保系统的建设需求,分析各个功能模块的设计思路和实施策略,以期为系统的开发与应用提供参考。

1. 数据对接模块

(1)大型活动安保系统需要具备实时接入各类数据的能力。这些数据主要包括:

活动相关数据:包括活动的基本信息(如活动时间、地点、参与人数等)、参与者信息(如报名信息、身份验证信息等)、场地资源(如安保人员、医疗急救、交通调度等)。

安保人员安排：实时获取安保人员的部署情况、巡逻路线、值班表等，确保每一位安保人员都能在预定时间和地点履行职责。

监控数据：通过现场监控设备（如摄像头、无人机等）实时获取视频监控数据，确保对活动现场的全面监控，及时发现并处理异常情况。

(2) 为确保数据质量，系统需对接入的数据进行清洗和处理，并将其存储在统一的数据库中。具体措施包括：

数据格式标准化：确保接入的数据格式一致，方便后续处理和分析。不同数据源的数据结构和格式可能存在差异，通过数据预处理技术进行格式统一。

无效数据剔除：去除无效、重复或不完整的数据信息，确保数据的质量和准确性。

入库机制设计：设计合理的数据库结构，以支持高效的数据存取，采用分布式数据库技术来提高系统的并发处理能力和数据存储能力。

(3) 通过对多渠道数据的整合，丰富安保决策所需的信息资源，提升数据的全面性和准确性。具体措施包括：

社交媒体数据整合：分析社交媒体上的公众情绪和反馈，及时了解活动期间可能出现的安全隐患。这可以通过自然语言处理技术对社交媒体信息进行分析，监测舆情变化。

天气与环境数据：获取天气预报、空气质量、交通流量等数据，为安保措施的调整提供依据。例如，恶劣天气可能导致人流量减少，而特定节假日可能导致人流量激增。

历史数据分析：基于以往活动的安全事件数据，进行趋势分析与风险评估，帮助制定更科学的安保计划。这涉及对过往安全事件的分类、分析和总结，以找出安全隐患的潜在原因。

2. 应用对接模块

(1) 在实战平台中建立大型活动安保的统计分析微服务，通过实时数据处理和分析生成各种统计报表，帮助安保人员及时做出决策。具体措施包括：

可视化报表生成：设计友好的可视化界面，实时展示活动进展、人员流动、安保力量部署等信息。利用数据可视化技术，将复杂的数据以直观的图表形式呈现，便于用户理解和操作。

数据汇总与分析：自动汇总各类数据，生成关键指标报告，如人流量变化、安保人员到岗率等，支持决策。通过数据挖掘技术，从海量数据中提取有价值的信息，为安保决策提供数据支持。

(2) 将大型活动安保系统的功能页面嵌入实战平台中，确保安保人员能够在一个平台上进行操作，提升工作效率。具体措施包括：

模块化设计：将各类功能模块进行合理划分，方便安保人员快速找到所需功能。每个功能模块的设计应考虑用户的操作习惯和使用场景，提高用户体验。

用户操作简化：通过统一的操作界面和流程，减少用户的学习成本，提高操作的便利性。实现简化操作流程，例如通过一键式操作实现复杂任务，降低使用难度。

3. 系统对接模块

(1) 为了实现数据的互联互通，系统需与外部如旅馆业治安管理系统、交通管理平台、警综平台、街巡系统等进行对接。具体措施包括：

API接口设计：为各类外部系统设计标准化的API接口，确保数据交换的顺畅。每个接口应具备良好的文档支持，以便于后续的维护和升级。

数据共享机制：建立数据共享机制，各部门可以实时获取相关数据，提升安保工作的协同能力。通过数据共享，消除信息孤岛，实现各部门之间的高效协同。

(2)在进行系统对接的过程中，数据安全至关重要。需采取以下措施保障数据的安全性：

加密传输：确保所有数据在传输过程中的安全性，避免数据被截获或篡改。采用SSL/TLS等加密技术保障数据传输的安全。

访问权限控制：根据用户角色和权限，合理控制对敏感数据的访问，防止数据泄露。系统应支持细粒度的权限控制，为不同的用户配置相应的访问权限。

4.用户体系对接模块

(1)系统应统一使用警综平台的用户体系，确保所有用户身份的有效管理与验证。具体措施包括：

用户信息同步：定期将警综平台的用户信息同步至安保系统，确保用户信息的及时更新。可以设定定时任务自动同步用户信息，避免人工操作带来的错误。

角色定制化管理：根据大型活动安保工作的需要，定制化设计用户角色和权限设置，确保各类用户能够在系统中获得相应的操作权限。例如，安保人员与后勤人员的权限应有所区分，以满足不同岗位的业务需求。

(2)针对新上线的系统，开展用户培训，以提高用户的使用熟练度。具体措施包括：

培训资料准备：编写详细的用户手册和操作指南，帮助用户理解系统功能与操作流程。这些文档应包含操作步骤、常见问题解答等，方便用户查阅。

在线支持服务：提供在线支持服务，及时解答用户在使用过程中遇到的问题。建立用户反馈渠道，收集用户意见，为系统改进提供依据。

5.单点登录模块

为了提高用户体验，系统需实现单点登录功能。具体措施包括：

身份授权机制：通过实战应用平台的身份授权实现单点登录，用户只需登录一次便可访问系统中的所有应用和数据。确保用户在访问时不会频繁输入账号密码，提高工作效率。

安全性保障：在单点登录过程中，确保用户信息的安全与隐私，防止未经授权的访问。采用OAuth2.0等安全协议，确保用户身份的有效性。

6.数据订阅服务模块

为实战平台定制数据消息订阅服务，支持用户根据需求订阅特定数据流。具体措施包括：

自定义订阅设置：用户可以根据自身的需求，自定义数据订阅的类型与频率，确保及时获取相关信息。例如，用户可以选择每天获取某一特定数据的汇总报告。

实时推送功能：系统能够实时推送获取的内外部数据，确保用户在决策时能够获得最新的信息支持。可以采用WebSocket等技术实现数据的实时推送，提高数据更新的时效性。

7.数据分析模型模块

为大型活动安保提供定制化数据分析模型，支持多维度数据分析。具体措施包括：

风险评估模型：建立基于历史数据和实时数据的风险评估模型，帮助安保人员及时发现潜在的安全隐患。通过数据挖掘和机器学习技术，对活动风险进行量化评估，帮助制定应急预案。

数据专题库建设：建立各类分析专题库，支持不同场景下的专项数据分析，为决策提供支持。例如，针对大型活动的人员流动特征进行专题分析，制定相应的安保方案。

8. App应用融合模块

与实战平台App进行业务融合,实现移动端与电脑端的无缝对接。具体措施包括:

功能模块同步:将系统中的功能模块同步到App中,确保用户在移动端也能便捷操作。根据移动端用户的使用习惯,调整功能布局和操作流程,提升用户体验。

移动数据访问:确保用户在移动端能够实时访问相关数据,支持移动办公。利用移动互联网技术,确保用户能够随时随地获取所需信息,提高工作的灵活性。

大型活动安保系统模块如表5-2所示。

表5-2 大型活动安保系统模块

数据对接	实时接入大型活动安保实战数据,进行清洗入库,丰富大数据资源
应用对接	建立大型活动安保的统计分析微服务,在实战平台中实时展示勤务情况、活动情况等汇总数据;将大型活动安保系统的功能页面植入实战平台,通过用户体系的对接实现民警登录实战平台后的直接应用
系统对接	对接外部如旅馆业治安管理系统、交管平台、警综平台、街巡系统等辅助安保工作
用户体系对接	统一使用警综平台的用户体系,定制化大型活动安保涉及的用户、角色
单点登录	通过实战应用平台的身份授权进行单点登录
数据订阅服务	实战平台定制数据消息订阅服务,推送获取的内外部数据
数据分析模型	实战平台的数据中台为大型活动安保提供定制化数据分析模型,建立各类分析专题库
App应用融合	与实战平台App进行业务融合

5.18.2 应用系统整合

(1)根据需求进行系统的开发与实现,确保代码质量与功能符合设计要求。具体措施包括:

模块化开发:将系统功能划分为多个模块,独立开发,提高开发效率。每个模块可由不同的开发团队并行开发,缩短开发周期。

测试阶段:进行多轮测试,包括功能测试、性能测试、安全测试等,确保系统的稳定性与安全性。测试过程中应设计测试用例,覆盖各个功能模块,确保测试的全面性[121]。

系统上线:在确保系统稳定的前提下,进行系统的上线部署,确保安保工作能够顺利开展。上线前需进行预演,模拟实际使用场景,检查系统的功能和性能。

用户培训:开展系统使用培训,确保用户能够熟练掌握系统操作,提高工作效率。培训形式可以多样化,如在线培训、现场培训等,满足不同用户的需求。

(2)系统上线后,需定期进行维护与优化,根据用户反馈和新的需求持续改进系统功能,确保系统的长期有效运行。维护内容包括:

性能监测:定期对系统进行性能监测,确保系统运行稳定。通过监测工具,实时跟踪系统的性能指标,如响应时间、并发用户数等。

用户反馈收集:建立用户反馈机制,收集用户在使用过程中的意见和建议作为后续优化的依据。定期组织用户座谈会,了解用户对系统的满意度和改进建议。

功能迭代:根据用户需求和技术发展,不断迭代系统功能,确保系统的先进性和实用性。通过版本管理系统,对功能迭代进行有效管理,确保新功能的平滑发布。

大型活动安保系统的建设是提升大型活动安全保障能力的重要举措。通过数据对接、应用对接、系统对接、用户管理等多个模块的全面建设,能够有效提升安保工作的效率与准确性,为各类大型活动的顺利进行提供强有力的支持。在实施过程中,需重视需求分析、系统设计、开发测试等各个环节,以确保系统的成功落地与长期运行。

通过以上分析,我们可以看出,大型活动安保系统的建设是一项复杂而系统的工程,涉及多个方面的协调与配合。在实施过程中需要关注每一个细节,确保系统能够真正发挥其作用,为公众的安全保驾护航。同时,随着技术的不断发展,系统也应具备一定的前瞻性,为未来的安保工作提供更为强大的支持。

5.19 娱乐场所和特种行业治安管控系统

随着社会经济的快速发展和城市化进程的加快,娱乐场所和特种行业的数量不断增加。这些场所不仅为市民提供了丰富的娱乐和消费选择,同时也成为治安管理的重点领域。然而,随着人流的增加和场所的复杂性,治安隐患和安全问题逐渐显现。为了有效提升娱乐场所和特种行业的治安管控水平,建设一套科学、高效、智能化的治安管控系统势在必行[122]。

本系统旨在通过数据采集、信息可视化、综合查询、研判分析、统计分析、基础信息管理、视频监控、异常行为、安全与维护、用户反馈与优化等功能模块,实现对娱乐场所和特种行业的全面管控。通过各类数据的实时汇聚与分析,提升对安全风险的识别、预警与应对能力,确保社会治安的稳定和公共安全。

下面将详细阐述娱乐场所和特种行业治安管控系统的建设需求,分析各个功能模块的设计思路和实施策略,以期为系统的开发与应用提供参考。

1. 数据采集汇聚

(1)系统需通过接口与各行业相关系统进行实时对接,获取各类数据。这些数据主要包括:

行业系统数据:如公安、消防、工商、税务等部门的数据,包括行业经营状况、执法记录、从业人员情况等。

场所信息:包括娱乐场所和特种行业的基本信息,如名称、地址、联系方式、营业执照等。

为了确保数据的准确性和时效性,系统应能够支持多种数据格式和协议,包括 API 接口、文件上传等方式,实现无缝对接。数据的实时性对系统的整体效果至关重要,因此在设计时需要考虑网络延迟、数据格式转换等因素,以减少信息更新的滞后性。

(2)为行业协会及特种行业提供数据采集汇聚的 App 功能,使从业人员能够方便地上传信息。具体措施包括:

用户友好界面:设计简单易用的界面,方便从业人员快速录入和提交相关信息。App 应具备良好的用户体验,包括简洁的操作流程和清晰的提示信息,确保用户能够在最短的时间内完成信息上传[123]。

信息采集功能:支持实时信息的采集,包括从业人员信息、轨迹信息、营业活动等,确保数据的及时性与准确性。App 应支持多种信息录入方式,如文本输入、拍照上传等,确保用户能够灵活、方便地提交信息。

2. 信息可视化呈现

(1)系统应具备信息可视化的能力,以便用户快速理解和分析数据。具体措施包括:

通过电子地图查看数据采集摘要信息,帮助用户直观地了解各娱乐场所和特种行业的分布情况。数据采集摘要应包括但不限于以下内容。

场所名称：标识各娱乐场所和特种行业的名称，便于用户识别。

地区名称：展示数据所属的地理区域，以便分析区域内的治安情况。

上传时间：标明数据上传的时间，帮助用户判断信息的时效性。

数据量：显示各场所上传的数据量，以便了解信息的完整性。

（2）除了电子地图，系统还应提供数据仪表盘，展示关键绩效指标（KPI）。仪表盘应包括：

实时警报：显示系统中出现的异常事件或安全隐患，帮助用户快速响应。警报系统应具有灵活的配置功能，允许用户自定义警报条件和通知方式。

趋势图：展示各类数据的变化趋势，如场所的客流量、异常活动次数等。通过趋势分析，用户可以识别潜在的安全隐患，并制定相应的预防措施。

统计分析：提供各类事件的统计数据，帮助用户了解行业动态和发展方向。统计图表应支持导出功能，便于用户进行报告生成和分享。

3. 综合查询

系统需提供强大的综合查询功能，通过关键词与本系统采集汇聚的要素信息进行匹配，实现对所需信息的快速检索。具体措施包括：

关键词搜索：用户可通过输入关键词快速查找相关信息，提升信息检索的效率。支持模糊查询，增加搜索的灵活性。系统可提供多条件组合查询，用户可以根据需求灵活调整查询条件。

信息分类管理：治安要素信息应包括但不限于企业信息、场所信息、从业人员信息、场所涉案事件信息等，便于用户查找与浏览。信息分类应清晰明了，便于用户快速定位所需信息。

历史记录检索：支持对历史数据的查询，用户可以根据时间、地点等条件进行筛选，方便查阅过去的治安信息。历史记录检索应具有良好的用户体验，支持快速检索和结果排序功能[124]。

4. 研判分析

（1）为实现重点地区分析，系统需应用多种模型，帮助用户识别和分析潜在的安全隐患。具体措施包括：

异常活动识别：通过分析重点地区异常人员的活动情况，识别潜在的治安风险。系统需结合实时监控数据、历史记录和行业数据，建立异常活动识别模型。

行为模式识别：运用数据挖掘技术，识别异常人员的行为模式，及时发现可疑活动。系统可利用机器学习算法识别出特定行为模式，并进行标记。

地理信息分析：将异常活动与地理信息结合，识别出高风险区域，为安保工作提供预警信息。通过 GIS 技术，系统可以展示异常活动的热力图，帮助用户直观地了解风险区域。

（2）系统应具备对重点区域内行业场所的综合分布分析能力，以便及时发现潜在的安全隐患。这可以通过地理信息技术进行分析，将各类场所的数据进行空间分析，找出重点区域。

行业聚集度分析：分析某一地区内各类娱乐场所和特种行业的分布情况，发现行业聚集带来的治安风险。系统可基于行业数据，识别潜在的风险区域，并进行预警。

流动人口监测：结合流动人口的数据，分析人流密集区域的安全隐患，提前做好安保准备。系统可集成流动人口的数据，分析其与娱乐场所的关系，识别潜在的安全隐患。

（3）针对重点人员和可疑物品进行专项分析，及时识别与处置潜在的治安问题。例如，系统可监测到某一特定人员在特定时间段内频繁出入某些场所，并发出警报。

重点人员档案管理：建立重点人员的档案，记录其基本信息、活动轨迹、涉案记录等，帮助安保人员进行有效管理。系统可提供对重点人员的跟踪分析功能，帮助安保人员实时掌握其动态。

可疑物品追踪：结合物品信息，对可疑物品进行追踪分析，确保及时发现安全隐患。系统应建立可疑物品的识别机制，通过实时数据进行比对分析，及时发出警报。

5. 统计分析

系统需实现单位基本信息、行业业务管理信息、综合应用案事件信息和感知结构化信息的查询与统计分析。具体措施包括：

信息统计功能：支持对各类信息进行统计分析，生成相关报表，便于用户查看和管理。通过数据分析工具生成统计图表，展示各类数据的变化趋势。

多维度分析：支持对数据的多维度分析，帮助用户全面了解行业内的治安状况及趋势。用户可选择不同的维度进行数据切片，如时间、地区、行业等。系统可自动生成不同维度的分析报告，方便用户参考和做出决策[125]。

6. 基础信息管理

（1）用户能够根据地区查看该地区的场所信息。场所信息应包括但不限于：

场所名称：清晰标识各娱乐场所和特种行业的名称。

场所地址：提供详细的场所地址，方便查找和定位。

联系方式：提供联系方式，便于用户进行沟通与咨询。

经营状态：显示场所的经营状态（如正常营业、停业整改等），帮助安保人员掌握场所的实时情况。

（2）系统应建立从业人员的信息管理模块，包括从业人员的基本信息、身份信息、培训记录等。用户可以根据需要查询和管理相关信息。

从业人员档案：记录从业人员的详细信息，包括姓名、年龄、联系方式、岗位等。系统可支持对从业人员进行分级管理，根据其岗位职责和权限进行信息管理。

培训记录查询：记录从业人员的培训情况，便于安保人员了解其专业能力。系统应提供培训记录的查询功能，帮助安保人员及时掌握从业人员的培训动态。

7. 视频监控应用

（1）系统应支持查看该地区重点视频信息。视频信息应包括但不限于：

视频时长：标明视频的播放时长，帮助用户快速判断视频的完整性。

视频格式：支持多种视频格式的播放，确保用户能够流畅观看监控视频。

归属场所：标明视频来源的场所，以便于用户快速定位相关视频。

播放控制功能：支持正常播放、正常倒放、快速播放、快速倒放、慢速播放等多种播放控制功能，便于用户根据需求查看视频。

（2）系统应支持视频事件的回放功能，帮助用户查看异常事件的发生过程。

AB段标记与循环回放：用户可在视频中标记AB段，实现循环回放，便于重点回顾某些片段。

逐帧进退与暂停功能：支持逐帧进退与暂停功能，帮助用户精准分析可疑活动。

图像抓拍：在视频播放过程中，用户可进行图像抓拍，保存可疑活动的快照，便于后续调查取证。

8. 异常行为监测

（1）系统需具备对行业场所异常行为信息的处理与查询能力，异常行为信息包括但不限于周界入侵、人数超标、人员徘徊等。

周界入侵监测：对场所周边进行监测，及时发现周界入侵事件，并发出警报。系统应集成周界监控技术，通过实时监测周界状态，及时发现异常情况。

人数监测：实时监测场所内的人员数量，超出设定阈值时自动报警，确保场所的安全。系统可结合人流统计设备，获取实时的人数数据，并进行智能分析。

（2）建立异常行为的记录与分析模块，对异常行为进行分类管理，便于后续分析与处理。

行为分类管理：将异常行为进行分类，包括可疑人员行为、违规经营行为等，便于安保人员及时处理。系统应支持对异常行为的评分和评价，帮助用户判断行为的严重性[126]。

历史数据分析：对历史异常行为数据进行分析，识别潜在的规律与趋势，帮助安保人员制定相应的预防措施。

9. 安全与维护

（1）在系统建设过程中，数据安全是至关重要的。为确保数据的安全性和完整性，应采取以下措施：

数据加密：对系统中存储和传输的数据进行加密，确保数据在存储和传输过程中的安全性。使用现代加密技术，如 AES、RSA 等，确保数据的机密性和完整性。

权限管理：建立严格的权限管理机制，确保只有经过授权的人员才能访问和操作系统中的数据。用户权限应基于角色管理，确保用户只能访问其所需的数据和功能。

日志审计：对系统的操作记录进行日志审计，及时发现并处理异常情况。系统应记录用户的操作历史，定期进行审计分析，以便及时发现潜在的安全隐患。

（2）系统投入使用后，应定期进行维护与升级，以确保系统的稳定性和安全性。具体措施包括：

定期巡检：定期对系统进行巡检，检查系统的运行状态和数据完整性，及时发现并处理问题。通过建立巡检记录，确保每次巡检都有据可依。

功能更新：根据用户反馈和技术发展，不断更新系统功能，确保系统的先进性和实用性。系统应具备版本管理功能，支持新版本的平滑升级，减少对用户的影响。

用户培训：定期组织用户培训，提高用户对系统的熟悉度和使用效率。通过线上和线下结合的培训方式，确保用户能够充分掌握系统的使用技巧。

10. 用户反馈与优化

为了持续提升系统的使用体验和功能，建立用户反馈机制是必要的。具体措施包括：

意见收集：通过在线问卷、意见箱等形式收集用户在使用过程中的意见和建议，为后续优化提供依据。系统应支持用户匿名反馈，以鼓励用户提出真实的意见。

用户座谈会：定期组织用户座谈会，了解用户对系统的满意度和改进建议，及时调整系统功能和服务。座谈会应充分记录用户的反馈，便于后续分析和改进。

功能迭代：根据用户需求和技术发展，不断迭代系统功能，确保系统的先进性和实用性。通过版本管理系统，对功能迭代进行有效管理，确保新功能的平滑发布。娱乐场所和特种行业治安管控系统模块如表 5-3 所示。

表 5-3 娱乐场所和特种行业治安管控系统模块

数据采集汇聚	通过接口实时对接各行业系统数据
信息可视化呈现	电子地图查看数据采集摘要信息,数据采集摘要应包括但不限于场所名称、地区名称、上传时间、数据量等
综合查询	通过关键词与系统采集汇聚的要素信息进行匹配,实现对所需信息的快速检索。行业场所治安要素信息应包括但不限于企业信息、场所信息、从业人员信息、场所涉案事件信息、各行业自有业务信息等
研判分析	实现重点地区分析,应用模型包括但不限于重点地区异常人员活动分析、重点区域行业场所综合分布、重点人员分析、重点物品分析等
统计分析	实现单位基本信息、行业业务管理信息、综合应用案事件信息和感知结构化信息的查询
基础信息管理	根据地区查看该地区场所信息,场所信息应包括但不限于场所名称、场所地址、联系方式等
视频监控应用	查看该地区重点视频信息,视频信息应包括但不限于视频时长、视频格式、归属场所等,支持正常播放、正常倒放、快速播放、快速倒放、慢速播放、AB段标记并循环回放、逐帧进退、画面暂停、图像抓拍等
异常行为监测	实现行业场所异常行为信息处理、查询,异常行为信息包括但不限于周界入侵、人数超标、人员徘徊等
安全与维护	支持定期维护与升级,确保系统的稳定性和安全性
用户反馈与优化	持续提升系统的使用体验和功能

娱乐场所和特种行业治安管控系统的建设是提升社会治安管理能力的重要举措。通过数据采集汇聚、信息可视化、综合查询、研判分析等多个模块的全面建设,能够有效提升治安工作的效率与准确性,为各类娱乐场所和特种行业的安全管理提供强有力的支持。在实施过程中,需重视需求分析、系统设计、开发测试等各个环节,以确保系统的成功落地与长期运行。

通过以上分析,我们可以看出,娱乐场所和特种行业治安管控系统的建设是一项复杂而系统的工程,涉及多个方面的协调与配合。在实施过程中,需要关注每一个细节,确保系统能够真正发挥其作用,为社会的安全保驾护航。同时,随着技术的不断发展,系统也应具备一定的前瞻性,为未来的治安管理工作提供更为强大的支持。

5.20 备份和运维系统

5.20.1 备份系统建设方案

5.20.1.1 备份系统概述

1. 备份系统的目的和组成

备份系统的核心目的是保障区域治安防控平台在面临数据丢失、系统故障或灾难事件时,能够迅速恢复关键数据和业务功能,从而确保服务的连续性和数据的完整性。这一系统的设计以最高标准的数据处理和保护为基础,旨在为平台提供一个可靠、可扩展且高效的数据备份解决方案。

备份系统包括数据捕获、数据存储、数据管理和数据恢复四个主要部分。数据捕获涉及从原始数据自动或手动地获取数据。数据存储则涉及将捕获的数据安全地保存在本地或云端存储介质中,通常采用三副本或更高级的冗余策略以提高数据的耐久性。数据管理是指对备份数据进行维护、监控和测试,确保数据的完整性和可恢复性。数据恢复是指在数据丢失或系统故障时,能够迅速将数据恢复到一个或多个指定的恢复点。

2. 备份系统与现有的平台架构协同工作

备份系统与现有的区域治安防控平台架构协同工作的方式是通过无缝集成和自动化流程。首先,备份系统需要与平台的数据库和应用程序接口兼容,以确保数据的一致性和完整性。通过自动化的备份策略,备份系统可以在不影响正常业务操作的情况下,定期或根据特定事件触发备份操作。此外,备份系统应能够与平台的监控和告警系统集成,以便在备份过程中出现任何问题时能够及时通知运维团队。例如,如果备份失败或数据损坏,系统应能自动发送告警,并提供必要的日志和诊断信息以帮助快速解决问题。

备份系统还应支持灾难恢复计划,与平台的业务连续性策略保持一致。这意味着在发生灾难事件时,备份系统能够快速启动恢复流程,将数据和应用程序恢复到最近的可用状态,或恢复到一个预先定义的灾难恢复站点。

通过这种方式,备份系统不仅保护了平台的数据资产,还增强了平台对各种潜在风险的抵御能力,确保了关键业务服务的持续可用性。

5.20.1.2 备份策略实施

1. 自动备份和手动备份策略

备份策略是数据保护计划的核心,它定义了数据备份的频率、类型和存储位置。自动备份策略应设计为在不影响正常业务操作的情况下,定期执行备份任务。例如,可以配置自动备份在夜间或系统负载较低的时段运行,以减少对业务的影响。自动备份策略应包括对关键数据的完全备份和增量备份,以确保数据的完整性和可恢复性。手动备份则作为自动备份的补充,允许用户在特定情况下,如在进行重大系统变更前,主动触发备份操作。

2. 备份数据的类型、范围和频率

备份数据的类型应涵盖所有关键数据,包括操作系统、应用程序、配置文件和用户数据。备份范围可能包括整个系统、特定的文件或数据库。备份的频率应根据数据的变化速度和业务需求来确定。对于频繁变更的数据,可能需要每天甚至每小时备份一次,而对于相对静态的数据,则可以每周或每月备份一次。例如,可以使用快照技术每 5 分钟对共享文件夹进行一次快照备份,每 15 分钟对 iSC-SILUN 进行一次快照备份,以实现快速的数据保护。

3. 备份数据的存储位置和安全性措施

备份数据的存储位置应选择在物理上与原数据分离的地方,以防止单点故障导致数据的永久丢失。备份数据可以存储在本地服务器、外部硬盘、网络附加存储(NAS)或云存储服务中。为了提高数据的安全性,备份数据应进行加密,并在传输过程中使用安全协议,如 SSL/TLS。此外,备份数据的访问应受到严格控制,只有授权人员才能访问和恢复数据。可以采用"3-2-1 原则"进行备份,即至少保留三份数据副本,存储在两种不同的物理媒介上,并将其中一份副本存储在异地,以最大限度提高数据恢复的可能性。"3-2-1 原则"备份原理如图 5-37 所示。

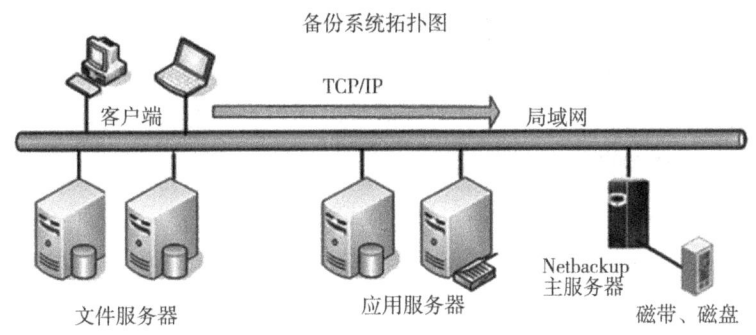

图 5-37 "3-2-1 原则"备份原理

4. 快照备份技术

快照备份技术提供了一种高效且对生产环境影响小的数据保护方式。它能够迅速创建数据的静态映像,便于在需要时恢复到特定时间点的状态。快照特别适用于数据恢复、测试和开发以及合规性审计等场景。在数据因误操作或攻击而损坏时,可以利用之前创建的快照快速恢复数据至安全状态。此外,快照也常用于开发环境中,创建数据的临时副本,以供测试使用,而不会影响到生产环境的数据。

5.20.2 运维系统建设方案

5.20.2.1 运维系统概述

1. 运维系统目的和组成

运维系统是区域治安防控平台的核心部件之一,其核心目的是确保平台的高可用性、稳定性和安全性。它负责监控平台的运行状态,快速响应和处理各种故障,以及进行定期的维护工作,从而保障平台能够持续、安全、高效地运行。运维系统基本架构如图 5-38 所示。

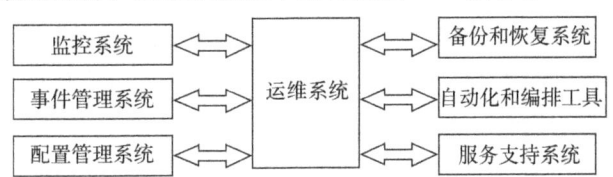

图 5-38 运维系统基本架构

通常包括以下几个关键组件:

(1)监控系统:实时监控平台的硬件状态、系统性能、网络流量和应用服务,确保所有组件正常运行。

(2)事件管理系统:收集和分析系统日志、告警信息和用户反馈,以便及时发现和响应潜在的问题。

(3)配置管理系统:维护和更新系统配置,确保系统设置符合最佳实践和安全策略。

(4)备份和恢复系统:定期备份关键数据,确保在数据丢失或损坏时能够快速恢复。

(5)自动化和编排工具:自动化常规的运维任务,提高效率,减少人为错误。

(6)服务支持系统:提供用户支持和帮助,包括故障报告、服务请求和技术咨询。

2. 运维系统的日常响应和维护

运维系统通过自动化和标准化的流程,支持日常操作的高效执行。自动化的监控和告警系统可以实时检测到性能瓶颈或系统异常,并自动触发相应的响应措施,如重启服务或扩展资源。这样可以在问题影响用户体验之前得到快速解决。

对于长期维护，运维系统提供了配置管理和变更管理的功能。通过维护最新的系统配置和变更历史，运维团队可以跟踪系统的变化，评估变更的影响，并在必要时回滚到之前的稳定状态。此外，定期的系统评估和性能调优可以确保平台随着业务需求的增长持续提供高质量的服务。

5.20.2.2 运维系统关键工具和技术

在现代运维管理中，一系列高效的工具和技术被广泛利用以提升运维工作的监控、报告和自动化水平。监控工具如 Zabbix、Prometheus 和 Nagios 等，能够实时收集服务器和网络设备的关键性能指标，帮助运维团队及时发现并解决潜在问题。这些工具通常具备数据可视化功能，能够将复杂的数据以图表或仪表盘的形式呈现，使得运维人员可以直观地了解系统的当前状态；报告工具则侧重于收集和分析系统日志、告警信息和性能数据，为运维团队提供决策支持；自动化工具如 Ansible、Puppet 和 Chef 等，能够自动化常规的运维任务，如软件部署、配置管理和补丁更新，从而提高效率，减少人为错误。

人工智能和机器学习技术在运维领域的应用，即所谓的智能运维（AIOps），正逐渐成为提升运维效率的关键技术。AIOps 平台能够整合大数据和机器学习能力，分析海量的 IT 数据，包括日志、监控信息和应用性能数据，以解决自动化运维无法解决的复杂问题。通过机器学习算法，AIOps 可以从历史数据中学习，自动识别故障模式和异常行为，实现故障的早期预测和快速定位。

此外，人工智能和机器学习技术还能够实现自动化的故障恢复。在某些情况下，人工智能可以在检测到异常时自动触发预定义的修复操作，无须人工干预即可解决问题。这种自动化处理不仅减轻了运维人员的工作负担，还显著提高了处理效率。随着人工智能和机器学习技术的不断进步，智能化运维将成为未来运维管理的重要趋势。

5.20.2.3 运维管理与合规性

1. 运维技术要求与培训

运维团队的技术要求随着技术的发展而不断变化。运维人员需要具备云计算和自动化技能，熟悉各种云平台的操作和管理，如腾讯云、阿里云、华为云、AWS 等，并能够利用云服务提供的资源和功能，实现业务系统的快速部署、扩展和迁移。同时，掌握自动化工具和平台，如 Ansible、Puppet、SaltStack 等，以实现基础设施、配置、部署、测试、监控等环节的自动化，提高运维效率和质量。运维人员还需了解 DevOps 和敏捷开发的理念和方法，与开发人员紧密协作，实现快速迭代和反馈，提升软件交付速度和质量。这包括掌握版本控制（Git）、持续集成（Jenkins）、代码审查（CodeReview）、单元测试（UnitTest）等开发相关技能。

培训计划应包括基础知识培训，如网络基础、操作系统基础、数据库基础、安全基础等，以及运维工具和技术培训，介绍运维常用工具的使用方法、运维技术的应用和实践经验。还应包括故障处理和应急响应培训，通过案例分析的方式，介绍运维故障处理和应急响应的流程和方法，提升故障处理和应急响应能力。

2. 安全运维管理

安全运维是保障区域治安防控平台不受外部威胁和内部误操作影响的重要环节。这包括但不限于建立安全保密管理制度，涵盖日常安全维护规范、人员保密管理规范、密码管理规范、漏洞管理规范和信息资料安全管理制度。同时，需要建立故障处理记录制度，记录故障报警原因、处理经过和结果，保存故障记录至少一年。此外，建立应急机制，包括预案、演练、处置和总结，以应对可能的系统突发故障。

3. 合规性与审计

运维活动需要遵循相关的法律法规和行业标准,确保数据处理和系统运行的合规性。这涉及对系统内应用软件和服务资源运行状态的监测与维护,符合安全保密要求。同时,定期进行资产信息维护更新,制定系统账号口令安全管理策略,并定期开展口令安全检测。此外,需要对系统进行定期的风险评估,包括网络安全、信息安全、业务流程安全等,并提供系统风险评估记录。

5.20.2.4 运维优化与升级

1. 持续优化

运维系统不是一成不变的,需要根据技术发展和业务需求进行持续优化。这可能包括引入新的监控工具、自动化更多的流程、升级硬件设施或优化现有软件的性能。优化的目标是提高运维效率、降低成本、提升系统稳定性和增强安全防护能力。

2. 系统升级策略

系统升级是确保区域治安防控平台能够利用最新技术提高性能和安全性的重要措施。升级策略应包括对现有系统的评估、新系统的测试、数据迁移计划和回滚策略。升级过程中,需要确保业务连续性和数据完整性,降低对用户的影响。同时,升级后需要进行彻底的测试,确保新系统满足所有业务需求,并提供必要的培训给运维团队和最终用户。

5.21 系统对接

按照公安部对接技术规范要求,结合城市实际需求,开展与各类支撑系统、有关业务系统的对接工作。

5.21.1 平台定位

一村(格)一警及社会治安防控体系架构如图 5-39 所示。

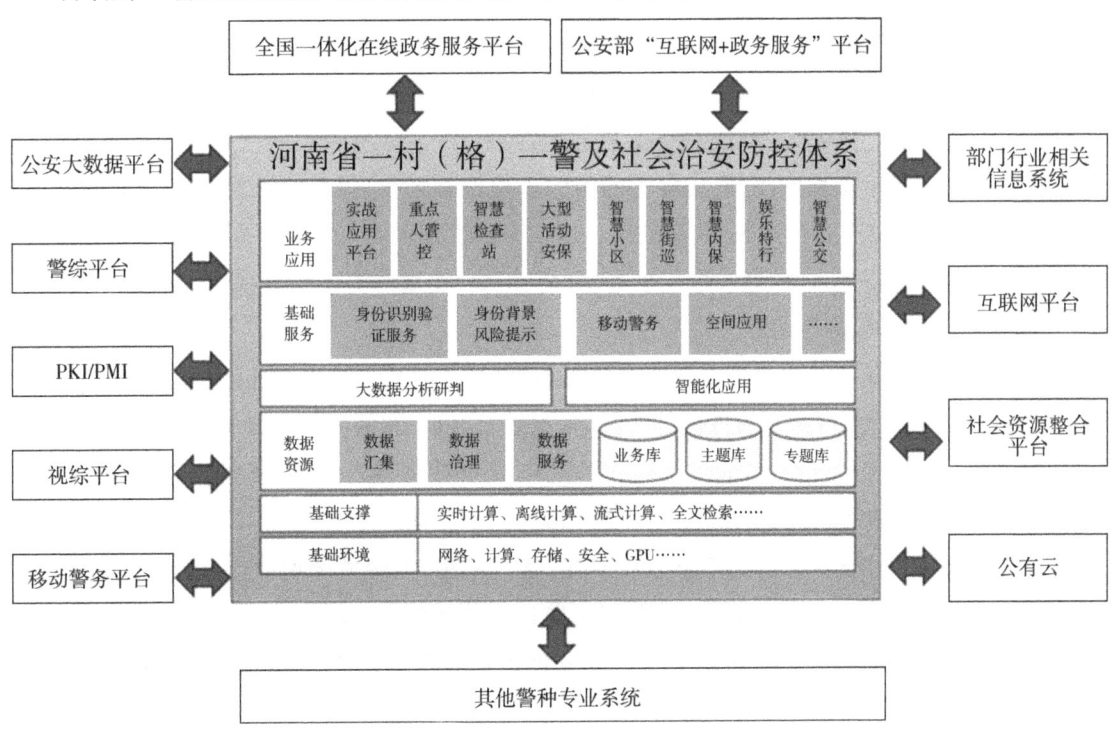

图 5-39 一村(格)一警及社会治安防控体系架构

(1)为公安大数据提供数据资源,获取公安大数据的基础服务。

(2)实现治安业务应用集成、用户授权访问管理,以及治安与其他警种之间的业务协同。

(3)依托公安信息网身份认证及授权访问系统建立用户统一授权和身份核验管理。

(4)开展视频调用和视频结构化查询、分析等综合应用;通过人像比对网关或比对网关集群对接AI云服务。

(5)依托移动警务平台基础环境,开展治安防控移动警务应用。

(6)提供身份识别验证、身份背景风险提示、标准地址等基础服务,汇聚新业态行业治安监管数据;开展政府部门之间数据安全碰撞比对和情报线索分析挖掘。

(7)为平台"互联网+"管理服务提供应用入口;为互联网平台开展"互联网+"治安管理城市服务提供数据和服务支撑。

(8)依托互联网建设社会资源整合平台汇聚内部、特行、小区感知及业务数据。

(9)依托公有云实现物联感知终端接入;对接公有云的新业态平台企业系统,实现社会信息汇聚服务。

5.21.2 平台及子系统业务数据及应用的对接

一村(格)一警及社会治安防控实战应用平台,通过与各个子系统的数据与应用的对接,实现对社会治安防控工作情况的整体呈现,以及各个子系统的单点登录、集中应用。

(1)通过防空圈(智慧检查站)子系统对接,结合人员信息采集、车辆信息采集、物品检查、移动终端特征采集等智能感知设备,实现对公安检查站运行状态和人、车、物过检数据的自动监测,并进行数据汇聚、统计分析、预警研判、决策和智慧控制。

(2)与智慧街面巡防系统对接,通过移动终端、无人机、巡逻机器人、一键紧急报警、视频监控共享平台、视频监控联网平台、视频图像分析、人像、卡口、电子信息、GIS服务等设备/系统,对街面安全态势进行监测,并进行识疑查危和数据汇聚、统计分析、预警研判与指挥调度。

(3)对接智慧安防小区管控系统,通过整合视频监控、智能门禁、车辆/人脸识别、小区登记及其他业务数据,汇聚小区内的基础数据及视频监控数据。

(4)对接智慧内保信息系统,汇聚其提供的内保单位信息采集、报表统计及视频数据,进行研判分析、预警通告、行业态势、布控预警、预警处置、人脸/车辆识别以及人车轨迹分析、异常行为监测等。

(5)对接公交智慧防控系统,通过数据采集、分析、汇聚,实现治安态势可视化、感知预警、指挥辅助、分析研判、重点人员布控等功能。

(6)对接娱乐场所和特种行业治安管控系统,通过其接入功能、应用功能及管理功能,汇聚娱乐场所和特种行业相关数据,并进行视频图像分析、信息综合查询、智能分析研判等。

(7)与重大活动安保系统对接,通过票务数据接入、证件数据接入、语音数据接入、视频数据接入等功能,实现重大活动的活动管理、态势感知、业务协同的信息化。

(8)与危爆物品立体化溯源管控信息系统对接,通过采集、汇聚危爆物品流向信息,实现对危爆物品进行基础信息管理、流向信息管理、标识管理、监督管理、信息管理等。

(9)与易制枪物品图形比对系统对接,支持对易制枪物品识别设备和安检系统接入,可以对图像和视频进行分析比对,识别携带的易制枪物品。

(10)通过对接重点人管理子系统,运用业务中台向各个子系统提供重点人的录入、审批、人员详情查看、预警查看等功能,方便用户通过子系统进行重点人管理。重点人的轨迹和预警数据同步到治安防控实战平台的消息总线,提供给街面巡防、防空圈(智慧检查站)、智慧小区等子系统。增强对重点人的管控能力,扩大管控范围。

5.21.3 平台及子系统与外部平台的对接

5.21.3.1 治安防控体系数据中台与外部系统的对接

依托一村(格)一警及社会治安防控体系数据中台的 ETL 数据抽取工具,提取外部系统的基础数据,并通过数据服务总线,向各子系统提供数据服务。

(1)与人口基础库对接,通过调用人口基础库提供的接口,一是复用人口基础库中最新的人口基础信息,减少平台中的重复采集工作;二是将平台中更新后的最新信息以共享服务的方式提供给人口基础库,供其他业务系统使用。

(2)与警员信息管理系统对接,实现与警员信息管理系统的数据共享和业务协同。将警员信息进行集成,采用数据服务接口调用方式,对数据进行调用及问题处理,并建立警员的关联关系。

(3)与 PGIS 系统对接,升级与 PGIS 系统对接改造工作。在平台上调取警用地理信息系统的有关服务,实现标准地址的统一管理,警情、案件等位置信息的上图标注,基于空间位置的信息查询等功能。同时能够实现定位到图层13层,可以展现到村,便于民警地图查看标注位置。在采集坐标之前,打开地图,默认定位到辖区中心点。

(4)与视频图像信息联网平台对接,警综平台通过页面代理方式嵌入视频图像信息联网平台的视频播放页面,实现视频资源播放功能。通过页面代理集成,实现对视频图像信息联网平台的案发现场视频记录、嫌疑人识别、车辆视频监控记录等资源读取,警综平台提供警情、案件、人员等信息的单项流转。

(5)与六超系统对接,在警综平台提供六超系统的链接按钮,用数字证书登录警综平台验证一次后不需要再单独验证,可直接打开相应的页面,通过人员的身份证号实现对超级轨迹、超级人像等信息的查询;在警综平台违法嫌疑人页面可直接打开"超级人员档案",通过身份证号码实现对人员档案信息的查询。

(6)与人像比对系统对接,在警综平台内进行笔录制作、人员信息采集比对等业务场景中,通过与人像比对系统对接,调用人像比对服务,实现对人员身份的确认、识别。

(7)与部组织机构代码管理系统对接,实现省级组织机构代码信息与公安部组织机构代码系统的信息同步。

(8)与电子印章系统移动端对接,通过在移动端发起电子签章请求,实现在移动警务端的身份认证、电子签章。

5.21.3.2 重点人子系统的外部对接

(1)对接省级大数据平台,获取省内宾/旅馆业、网吧、身份证明、人像卡口、人证核验、铁路订票、民航订票、车辆卡口等16大类高频数据。通过对数据的整理、分析、计算,结合实战应用平台的数据服务总线,提供给各个子系统及其他业务系统使用。提高管控民警对重点人员位置信息的感知能力,有效协助管控民警对重点人员的管控。

(2)对接 PGIS,使用 PGIS 提供的地图服务 API,获取省级地理位置信息,通过预警数据在地图上的标注来刻画、展示重点人的行动轨迹。

(3)对接省级资源服务平台常住人口数据库数据,提供一键同步人员基础数据的功能,减轻用户采录工作量,实现便捷化管理。

(4)对接布控平台,对列管进入系统的重点人员,从多个属性维度进行常态化布控。整合对接全省宾/旅馆业、网吧、机场值机、人证核验、铁路订票、民航订票、车辆卡口等16大类高频数据。通过对数据的整理、分析、计算,提高管控民警对重点人员位置信息的感知能力,有效协助管控民警对重点人员的管控。

(5)对接人像比对平台,在公安网内发起重点人人像的布控,人像通过视图库同步到视频专网人像比对平台进行布控。各前端感知设备抓拍的人像比中重点人人像后,传输到公安网治安防控实战平台的消息总线。重点人管控系统从消息总线获取数据,并进行轨迹展示和分析研判。

5.21.3.3 智慧街面巡防子系统的外部对接

(1)对接公安网的视频联网平台、视频专网的视频监控平台以及公安网与视频专网之间的边界,实现对界面探头、人像卡口探头的实时视频、云台控制、录像回放进行实时预览和调阅,实现对整个街面进行整体了解、为特巡警的巡查工作提供大数据支持。

同时实现移动设备的点位上报,方便各资源一图展示。也可实时调阅移动设备的实时视频,了解现场情况。对接的移动设备包括车载探头、铁骑探头、4G执法仪、智能眼镜、无人机等。

(2)对接联网平台、4G执法仪,实现语音对讲功能,对接公安网的视频联网平台、视频专网的视频监控平台以及公安网与视频专网之间的边界、4G执法仪,实现PC端与4G执法仪之间的语音对讲功能。

(3)对接和对讲平台、互联网与视频专网边界、视频专网与公安网边界,实现和对讲设备位置上报,方便警员上图。

(4)对接PGIS定位系统,实现警务通手机定位功能。警务通手机实现位置上报,警务通手机与警员绑定,实现警员上图。

(5)对接PGIS系统,实现一图展示资源,包括预警、警情、警员、警车、无人机、铁骑、警务站、检查站、重点部位等,方便警员直接在地图上查看对应资源。

(6)对接DS系统,实时同步110警情,实现警情下发,警情处置闭环。方便特巡警、民警、交警实时了解街面110警情,可直接接收110指挥中心下发的警情,并及时处理。

(7)对接DS系统,实现110警情归档,通过手机、平板、PC端可实现警情归档,上报警综平台。

(8)对接融合通信系统,实现扁平化指挥调度,可实现点对点音视频对讲,视频会议方式群呼。通过融合通信,方便实现4G执法仪、手机、PC后台等设备的音视频调用,方便扁平化指挥调度。

(9)对接查人、查车(人像静态比对)系统,实现街面对人员、车辆的盘查,在特巡警街面盘查时,可通过警务通、PAD等设备对街面人车进行盘查。

(10)对接人号互查系统,可实现通过手机号码查询人员信息,也可通过人员信息查询人员手机信息。

(11)对接省厅大数据资源,实现便民服务,通过对接省厅大数据资源,包括身份证办理进度、车辆违法查询、出入境办理进度、全省同名查询、一键挪车、驾驶证信息、出入证件查询、临时身份证证明等相关资源,实现便民服务。

5.21.3.4 防空圈(智慧检查站)系统的外部对接

防空圈(智慧检查站)系统的外部对接如表5-4所示。

表5-4 防空圈(智慧检查站)系统的外部对接

序号	对接的系统	网络	实现的功能
1	省级-被盗抢车辆库	公安网	抓拍的车牌与被盗抢车辆库数据比对,做车辆预警
2	市级警务云 kafka	公安网	视频专网比对中的人员 ID 到重点人系统中进行订阅查询,并反馈人员类型
3	省级-静态人像比对系统	公安网	检查站 App 做人员核查时识别人员身份
4	市级-边界系统	公安网-视频专网	视频和人车图片可以推送到公安网,公安网预警信息可以返回到视频专网
5	市级-监控系统	公安网	检查站地图监控资源上图,点击可浏览视频
6	市级-融合通信	公安网	基于融合通信平台现有视频会议系统、和对讲、手机固话、4G 执法记录仪、哨兵等,建立语音或视频对讲功能,并能对各个检查站执勤人员进行调度
7	市级-视图库	视频专网	实现人车图片向视图库的推送
8	市级协同平台	公安网	检查站 App 抓拍的人脸照片发送到协同平台做比对
9	市级-车辆卡口系统	视频专网	完成抓拍的车辆图片传送到检查站子系统
10	市级-公安警务一体化工作平台	公安网	统一门户,统一登录

5.21.3.5 与人像比对平台的关系

平台在公安网与省级静态人像库对接,在各个子系统中实现获取人像身份信息的功能;在视频专网与动态人像比对平台对接,为各个子系统提供重点比对的功能需求。

5.21.3.6 与政府其他部门数据交换及数据服务

根据公安部社会治安防控体系建设规划,平台对外部数据有大量的对接需求,平台将建立统一的 kafka 数据订阅服务接口,通过建成的社会资源汇聚平台共享平台、与政务网的数据安全边界、获取社会单位的数据,如小区的物业数据,大数据局的各个政府职能单位的如水、电、气、医疗、交通、金融数据等,同时向大数据局提供实战平台采集的各类非涉密数据以及相关数据比对服务。

5.21.3.7 预留接口

根据公安部社会治安防控体系建设规划需求,一村(格)一警及社会治安防控实战应用平台在下一步的建设中将按照相关要求考虑与公安部其他外部支撑应用或系统对接,为各项公安业务的开展提供更加便捷的支撑。

5.22 信息资源共享开放

5.22.1 各部门共享需求

各部门以及各行业针对公共安全视频监控方面的应用功能有较大的共通性,主要包含以下几个方面。

1. 实时视频调阅

实时视频调阅功能在安全监控、交通管理、商业管理等多个领域发挥着重要作用。它允许用户通过视频监控系统进行实时监控，及时发现异常情况，并根据需要进行视频回放和分析。这一功能的核心在于能够对视频流进行高效的管理和控制，以实现对特定监控点的精确调阅、多画面的分屏显示以及定时或条件触发的轮巡监控。

(1)指定点调阅。

指定点调阅允许用户选择并调阅特定监控点的实时视频流。这在需要关注特定区域或目标时非常有用，如安全监控中的入口、出口或特定设施。用户可以通过客户端软件或设备，输入监控点的标识符或地址，系统便会将该点的视频流实时传输给用户。这种方式在紧急情况或特定事件调查中尤为重要，因为它可以快速提供特定位置的实时情况。

(2)分屏功能。

分屏功能允许用户在同一屏幕上同时查看多个监控点的视频流。这通过将屏幕分割成多个区域来实现，每个区域显示不同监控点的画面。分屏功能特别适合需要同时监控多个位置的情况，如交通监控中心或安全监控室。用户可以通过软件界面的操作，将不同的视频流拖放到屏幕上的特定区域，实现多画面的同步监控。

(3)轮巡功能。

轮巡功能是一种自动化的视频调阅方式，它按照预设的时间间隔或条件自动切换不同监控点的视频流。这对于需要连续监控大量监控点的情况非常有用，如小区保安室夜间守护或商场电子巡逻。轮巡可以是单窗口的，即一个窗口依次显示不同监控点的画面；也可以是多窗口的，即多个窗口同时显示不同监控点的画面，并按照设定的时间间隔进行切换。这种方式可以确保用户不会错过任何重要事件，同时减少因为频繁手动切换监控点而可能错过的信息。

实时视频调阅系统的设计需要考虑网络带宽、优先级管理、网络监控和故障排除等因素，以确保视频数据的传输和调阅的实时性和稳定性。此外，云存储和云调阅服务的使用可以提供更高的带宽和弹性扩展能力，以更好地处理网络连接和带宽问题。

2. 视频录像调阅

视频录像调阅是一项关键的技术，它允许用户根据不同的需求检索和查看录制的视频内容。这项功能在安全监控、交通管理、法律调查等多个领域都有着广泛的应用。

(1)按点位调阅。

按点位调阅是指用户可以根据摄像头的位置或编号来检索和查看视频录像。这种方式适用于用户已经知道具体事件发生地点的情况，可以快速定位到相关摄像头录制的视频内容。例如，在安全监控系统中，如果知道某个入口或特定区域发生了事件，可以直接调阅该区域摄像头的视频录像进行分析。

(2)按时间调阅。

按时间调阅允许用户根据特定的日期和时间来检索视频录像。这种方式适合于用户需要回顾某个特定时间段内的所有活动。例如，调查一个特定时间点发生的事故或事件。用户可以通过设置时间范围，快速找到并回放那段时间内的视频内容。

(3)按事件调阅。

按事件调阅是指系统能够根据预设的事件类型或触发条件自动标记和存储视频录像，用户可以根据这些事件标签来快速检索和查看相关视频。这种方式适用于需要对特定事件进行快速响应和分析的场景,如安防监控中的异常行为检测或交通监控中的事故检测。

在技术实现方面,视频录像调阅系统通常需要具备高效的数据存储和管理能力,以确保能够处理和存储大量的视频数据。此外,数据压缩和编码技术也被广泛应用于减小视频文件的大小,提高存储和传输效率。分布式存储和处理架构可以提高数据处理速度和吞吐量,而数据索引和搜索技术则能够加快视频片段的定位和检索。自动化和智能分析工具,如人工智能和机器学习,可以提高视频数据的处理和分析速度。

在应用场景方面,视频录像调阅不仅在安全监控和法律调查中发挥作用,还在交通监控、商业管理、教育和培训等领域有着广泛的应用。例如,在交通监控中,视频调阅可以帮助调查交通事故或违规行为;在商业管理中,可以监控员工活动,防止盗窃和保护财产安全。

综上所述,视频录像调阅通过不同的调阅方式为用户提供了灵活的视频数据检索和分析能力,支持多种应用场景,并通过不断的技术创新提高了其效率和准确性。

3. 监控点云台控制

监控点云台控制技术是视频监控系统中重要组成部分,它提供了对摄像头进行远程操作的能力,以实现对监控区域的全方位覆盖和监控。监控点云台控制的主要功能有以下几个方面。

(1)方向控制。

方向控制功能允许用户通过远程操作来调整摄像头的方位角和俯仰角,包括水平旋转和垂直旋转。这种控制方式使得摄像头可以覆盖更广的监控区域,并且能够快速对准特定的监控目标。例如,在安全监控领域,云台摄像机可以应用于公共场所、商业建筑等,实现对监控区域的全方位覆盖和监控,提高安全性。

(2)镜头伸缩。

镜头伸缩功能允许用户远程调整摄像头的焦距,从而实现对监控目标的拉近或推远。这种功能在需要观察细节时非常有用,比如识别远处的车牌号码或面部特征。通过云台控制,用户可以在视频画面上通过鼠标来控制云台,实现便捷的操作。

(3)预置点。

预置点功能允许用户保存摄像头的特定位置和焦距设置,以便在需要时快速返回到这些预设状态。这对于经常需要监控特定区域的场景非常有用,如交通监控中的特定路口或安全监控中的特定入口。用户可以随时收集感兴趣的监控点,以便后续查看。

(4)巡航。

巡航功能允许摄像头按照预设的路径自动移动,无须人工干预。这在需要连续监控多个区域的场景中非常有用,如交通流量监控或工业园区的安全监控。系统具备视频自动巡视功能,在可设定的间隔时间内对全网的监控点进行图像巡检,参与轮巡的对象可以任意设定,轮巡间隔时间可设置。

(5)红外和激光。

红外和激光功能可以在低光照或完全黑暗的环境中增强摄像头的监控能力。红外照明可以使摄像头在夜间或光线不足的环境中继续工作,而激光可以用来指示或照亮特定的监控目标。随着技术的发展,云台产品引入 AR 技术、黑光技术,其使用场景得到极大地拓宽。

4. 视频图像抓拍

视频图像抓拍是视频监控系统中的一项关键技术,它能够在特定条件下快速捕捉并保存关键图像,为事后的调查和分析提供重要依据。

(1)手动抓拍。

手动抓拍是由操作人员根据实时监控画面,通过手动控制来触发的图像抓拍。这种方式适用于需要即时反映的情况,如发现可疑行为或特定事件时,工作人员可以立即进行图像捕捉。手动抓拍依赖于操作人员的警觉性和判断力,因此,它通常与实时监控系统配合使用,以确保关键时刻的快速响应。

(2)告警触发抓拍。

告警触发抓拍是指系统在检测到特定告警信号时自动进行的图像抓拍。这些告警信号可能来自运动检测、入侵检测、烟雾检测等不同类型的传感器。当告警条件被触发时,系统会自动捕捉并保存相关图像,以便后续分析和处理。这种方式大大提高了监控系统的自动化程度,减少了对人工监控的依赖。

(3)智能分析触发抓拍。

智能分析触发抓拍利用视频分析技术,如人脸识别、行为分析等,对监控画面进行实时分析。当系统通过智能分析识别出特定目标或异常行为时,会自动触发图像抓拍。这种方式可以极大地提高监控效率,尤其是在人流密集或需要对特定事件进行快速响应的场景中。智能分析技术的发展,使得图像抓拍更加精准和高效,为视频监控系统带来了更高的应用价值。

视频图像抓拍技术的发展,不仅提高了监控系统的响应速度和准确性,也为后续的图像处理和分析提供了更多可能。随着人工智能和大数据技术的应用,视频图像抓拍正变得越来越智能化和自动化,为公共安全、交通管理等领域提供了强有力的技术支持。

5. 监控点告警设置

监控点告警设置是视频监控系统中的一个关键功能,它允许系统在特定条件下自动触发警报,以便于及时响应潜在的安全威胁或异常情况。

(1)移动侦测。

移动侦测功能能够识别监控画面中的移动物体。当监控区域内出现移动时,系统会捕捉这一变化并触发告警。这种功能对于入侵检测非常有效,能够及时通知安保人员或系统管理员。例如,一些智能摄像头能够通过移动侦测来节省存储空间,只在检测到移动时才开启录像功能,并推送报警信息到用户的移动设备上。

(2)遮挡告警。

遮挡告警功能可以检测摄像头视野是否被遮挡,这对于确保监控系统的完整性和可靠性至关重要。如果摄像头被异物遮挡,系统会识别出画面的变化并发出告警,提示监控人员检查摄像头的状态。这种功能在防止故意破坏或意外遮挡摄像头时非常有用。

(3)模糊侦测。

模糊侦测功能可以识别监控画面是否变得模糊不清,这可能是由于摄像头镜头被弄脏、天气条件变化或其他因素导致。当系统检测到画面质量下降时会触发告警,以便监控人员及时采取措施恢复监控画面的清晰度。

(4)输入/输出信号量。

输入/输出信号量的告警设置可以监控摄像头的信号强度和质量。如果信号量低于预设阈值,系统会发出告警,提示可能存在的技术问题或干扰。这对于维护视频监控系统的稳定性和数据的完整性非常重要。

这些告警设置功能的综合应用,使得视频监控系统更加智能化和自动化,提高了对异常情况的响应速度和准确性。随着人工智能和机器学习技术的发展,未来的监控系统将能够提供更加精准和高效的告警服务。

6. 监控点智能视频分析设置

智能视频分析设置在现代监控系统中的作用日益凸显,它通过将人工智能和机器学习技术融入视频监控,极大地提升了监控系统的自动化水平和响应能力。

(1)周界智能。

周界智能功能通过在视频监控画面中设定虚拟的警戒线或警戒区域,能够实现对特定区域的入侵检测。当有物体越过警戒线或进入警戒区域时,系统会自动触发告警。这种功能对于防止未授权的进入、保护敏感区域或监控重要设施非常有用。例如,工业园区、机场围界或重要基础设施的周界安全防范,都可以通过这种智能分析技术实现自动化的监控和预警。

(2)目标跟踪。

目标跟踪功能允许系统在视频序列中持续跟踪特定目标,如人或车辆。系统可以在第一帧中识别并标记目标,然后在后续帧中继续跟踪目标的位置,即使目标移动、暂时被遮挡或在场景中变化其外观。这种跟踪可以用于分析人员行为,如徘徊、移走或出现等,对于公共安全和人流监控具有重要价值。例如,通过目标跟踪可以对重点监控对象进行持续的定位和轨迹重建。

(3)目标识别。

目标识别功能通过使用先进的图像识别技术,如深度学习算法,来识别和分类监控画面中的目标。这包括车辆、人脸以及其他重要的物体或行为。目标识别可以用于多种应用,如交通监控中的车牌识别、安全监控中的人脸匹配或特定物品的检测。这种智能分析能够提供快速准确的识别结果,帮助监控系统实现自动化的事件响应和决策支持。

这些智能视频分析设置不仅提高了监控系统的效率和准确性,还为用户提供了更深层次的洞察和控制能力,使得监控系统能够更加智能化和自动化地响应各种情况。

7. 视频和前端告警联动

视频和前端告警联动是区域治安防控系统中的重要组成部分,它通过集成多种传感器和监控设备,实现了对异常情况的快速响应和自动化处理。

(1)传感器告警联动。

传感器告警联动功能通过集成各种环境传感器(如烟雾传感器、温度传感器等)与视频监控系统,实现对环境异常的实时监测。当传感器检测到异常情况时,如烟雾浓度超标或温度异常升高,系统会自动触发告警,并联动相关的视频监控设备,对准报警区域进行实时监控和录像,以便快速确认警情并采取相应措施。这种联动机制大大提高了对突发事件的响应速度和处理效率。

(2)告警主机/系统联动。

告警主机或系统联动是指将视频监控系统与消防报警系统、安全报警系统等其他安防系统集成,实现跨系统的协同工作。例如,当消防控制系统检测到火灾信号时,会自动向视频监控系统发送联动信号,视频系统随即调整摄像头方向,聚焦到报警区域,并启动录像功能。同时,系统还可以根据预设的预案,自动执行其他应急措施,如开启疏散照明、释放防火门等,以确保人员安全和财产保护。

(3)手动报警联动。

手动报警联动功能允许安保人员在发现紧急情况时,通过手动方式触发报警。例如,当安保人员通过监控画面发现可疑行为时,可以立即触发手动报警,系统会立即响应,联动相关的视频监控设备对准报警区域,并启动录像功能。同时,系统还可以通过声光报警器、短信、邮件等方式,将报警信息及时通知给其他安保人员或管理人员,确保快速响应和处理。

(4)视频告警联动。

视频告警联动是通过视频智能分析技术实现的。系统可以对视频画面进行实时分析,识别出异常行为或事件,如越界、入侵、物品遗留等。当智能分析系统检测到这些异常情况时,会自动触发告警,并联动相关的视频监控设备进行跟踪监控和录像。这种联动方式不仅提高了报警的准确性,还减少了误报和漏报的可能性,提高了安防系统的智能化水平。

这些联动功能的实现,依赖于先进的视频分析技术、传感器技术以及系统集成技术,它们共同构成了一个高效、智能的安防监控网络,为保障人们的安全和财产提供了强有力的技术支持。

5.22.2 信息交换部署

根据《公共安全视频监控联网系统信息传输、交换、控制技术要求》(GB/T 28181—2022)要求,各级平台应包含信令网关、中心管理服务器、流媒体服务器和联网网关等实体单元。其中,信令网关负责信令的转发、信息传递以及安全认证等;中心管理服务器负责信令的处理;流媒体服务器负责实时流媒体的转发以及历史图像的调阅、点播等;联网网关负责将非标信令、非标码流转换成标准信令、标准码流。

视频图像信息共享平台在上下级联时,上级信令网关根据信令路由路径直接连接下级信令网关控制信令网关;上级流媒体服务器在信令控制下与下级或平级流媒体服务器进行连接,接收或转发媒体流。

1. 标准平台与标准平台级联

上级平台信令网关直接连接下级平台信令网关控制信令的路由;上级平台流媒体服务器在信令网关的控制下与下级平台流媒体服务器直接连接,接收或转发媒体流。

2. 标准平台与非标准平台级联

由于非标准平台在上下级平台联网时控制信令和媒体流与标准协议不一致,必须进行协议转换。下级非标准平台通过联网网关连接上级标准平台信令网关;上级平台媒体流服务器在信令网关的控制下通过联网网关与下级平台流媒体服务器连接,接收或转发媒体流。

5.22.3 政府共享服务建设

通过信息资源交换共享总平台开放服务接口,推进与公安、教育等政府职能部门的共享服务应用建设,发挥视频图像信息在公共安全、社区便民服务、市政设施管理等工作中的作用,提升城市管理整体效能。

1. 分类管理,分类应用

各类公共安全视频监控图像资源可按行业属性类型的不同进行分类管理,并依据政府职能部门分工和管辖范围的不同分类共享给各部门,便于各部门根据自身需求进行视频应用。

2. 多部门联动,资源共享

视频监控图像资源全面联网整合后,可进行政府多部门资源共享,实现跨区域、跨单位的资源共享访问,确保多部门互相协同作战的能力,从而有效提升政府部门的管理效率。

3. 应急指挥,快速反应

存量巨大的视频监控图像资源,能够为各类紧急事件的快速反应、科学决策和集中处理提供重要手段,对要求时效性的政府部门实现实时联动也有重大意义。

第6章 区域治安事件应急响应与处置

6.1 区域治安风险感知与预警

在社会治理体系中,区域治安防控是维护社会稳定、保障人民安居乐业的关键环节。随着社会环境的日益复杂,区域治安风险的感知与预警变得愈发重要。本部分将深入探讨区域治安风险感知与预警的理论基础、方法策略,以及相关的实践路径和管理策略,并详细阐述统一指挥调度在其中的核心作用,力求构建一个全面、系统且具有实践指导意义的知识体系。

区域治安防控体系作为区域社会治理的重要内容,需要有坚实的理论依归。国内有些学者将风险感知称为"风险认知"(risk perception)。Paul Slovic[127]将个体通过直觉对各种有风险的事物进行评估称为风险感知。我国学者谢晓非将风险感知定义为"人们对某一特定风险事件发生概率的主观评估以及对其造成后果关注的程度"。区域治安风险感知与预警是指通过各种技术和方法识别与理解特定区域内的安全风险[128]。它涉及对犯罪活动、潜在威胁和环境变化的监测与分析,以便及时预警和采取适当的安全措施。我们可以通过一些方法来提高对区域内安全风险的感知和预警能力,比如使用摄像头、声音传感器等实时监控区域内的异常情况,分析犯罪记录、社会经济数据等,识别风险模式和趋势,以及应用机器学习和预测模型,提前发现潜在的安全威胁等。

以Paul Slovic为首的研究者们提出的心理测量范式也是被广泛借鉴和运用的,这种范式表明个体的风险感知是可以用列出该研究领域存在的风险、列出影响因素、问卷设计调研、结果分析合理、恰当的工具和方法定性研究或定量测量的。该方法分为四个主要步骤:列出该研究领域存在的风险、列出影响因素、问卷设计调研、结果分析。而这种方法也完全适用我们进行区域治安风险感知与预警。

6.1.1 区域治安风险感知的理论重构

传统治安风险感知长期受限于"经验驱动型"认知模式,其理论缺陷集中体现在三个维度。

1. 空间静态性

以纽约市20世纪70年代为例,警方依赖纸质地图标注犯罪热点,更新周期长达3个月。1982年中央公园抢劫案爆发时,实际犯罪热点已向纽约市北部的哈莱姆区转移,但地图数据仍显示原区域为高风险区,导致警力部署严重错位。

2. 主体单一性

以我国某市的调研为例,在2015年87%的治安决策依赖民警个人经验,社区群众参与度不足12%。这种单向认知导致两类偏差:第一个是民警对新型网络犯罪识别能力滞后(如2016年P2P非法集资案误判率达63%);第二个是外来务工人员安全诉求在城中村改造中被系统性忽略。

3. 时间滞后性

传统"报案—处置"模式存在三重延迟:案件发生到报案平均间隔2.7小时(某市2020数据)、警情录入系统需人工处理,高峰期延误达4.5小时、风险预警依赖季度统计报告,时效性以月为单位。

而对于传统理论的突破使现在产生了以下两种理论。

1. 空间动态认知理论

引入地理时空立方体(Space-Time Cube)模型,实现犯罪热点的动态追踪,每15分钟更新500 m × 500 m网格风险指数,融合手机信令(人口流动)、共享单车轨迹(活动强度)、夜间灯光(经济活跃度)等12类动态数据,以此来完成数据层的任务,而对于算法层,采用改进的KDE-STP核密度估计模型:

$$\hat{f}(s,t) = \frac{1}{n}\sum_{i=1}^{n}\frac{1}{h_s^2 h_t}K\left(\frac{s-s_i}{h_s}\right)K\left(\frac{t-t_i}{h_t}\right)$$

其中时空带宽参数$h_s = 200$ m,$h_t = 2$h,通过交叉验证优化,较传统模型预测精度提升41%以上,可以完成算法层的任务。某市某区应用该模型后,盗窃类案件热点预测准确率从58%提升至82%,警力巡逻效率提高3.2倍。

2. 多元主体协同理论

构建"政府—市场—社会"三元认知网络。首先可以美团外卖骑手以及滴滴司机为基点,美团外卖骑手轨迹数据用于识别传销窝点(日均分析12万条轨迹),滴滴出行夜间订单热力图辅助定位酒驾高发路段。其次开发"风险众包"App,实现三阶激励:基础层是线索上传获积分(1条有效线索 = 50积分),进阶层是参与风险地图标注(准确标注奖励200积分),而专家层则是退休民警在线指导风险评估(时薪兑换制度),这种理论在某市试点显示,多元协同使风险识别完整度从67%提升至89%,预警响应速度缩短42%。

但是对于这些理论的创新也是有实践挑战的,第一个是数据理论困境,比如某区通过Wi-Fi探针采集商场客流数据,引发侵犯隐私争议,而解决方案则是开发差分隐私处理模块,确保个体的不可识别性;第二个是技术落地障碍,比如西部某县指挥中心日均处理能力仅3 000条数据,无法承载省级模型。

6.1.2 区域治安风险感知的利器——110热线

110接处警工作作为区域治安防控体系的重要一环,通过快速响应公众报警、求助和投诉,及时收集区域内各类治安风险信息。依据《110接处警工作规则(修订稿)》和《110接处警工作规则》,110报警服务台全天24小时受理各类警情,涵盖刑事、治安、道路交通等多个领域,为区域治安风险感知提供了大量一手数据。城市和县(旗)区公安局110报警服务台集中统一接警,确保信息收集的全面性和准确性。同时,地方公安机关与行业公安机关建立的110接处警联勤联动机制,以及与12345便民服务热线等政府公共服务平台的社会联动,进一步拓宽了风险信息来源渠道,增强了对区域治安风险的感知能力。在风险预警方面,110接处警工作依据警情性质、紧急程度等因素,快速下达处警指令,实现对治安风险的及时响应和处置,在一定程度上起到了预警和防范风险扩大的作用。

6.1.3 区域治安风险感知与应对政策:基于多维度协同的实践路径

区域治安风险感知与有效应对是维护社会稳定、保障人民群众生命财产安全的关键所在。在复杂多变的社会环境下,精准感知治安风险并迅速采取恰当策略至关重要,这不仅关系到公众的安全感,更影响着社会的和谐发展。以下将从数据收集与分析、预警机制、响应措施、技术工具与案例分析等多个维度,深入探讨区域治安风险的感知与应对策略,同时融入相关文档的实践经验。感知和预警特定区域的治安风险涉及多个步骤和技术手段。以下是一个系统化的方法,涵盖数据收集、分析、预警和响应等方面。

数据收集是风险感知的基础。依据相关规定,110报警服务台成为关键的数据采集点,24小时不间断受理刑事、治安、道路交通等各类警情,详细记录事件发生的时间、地点、性质以及报警人信息等,为治安风险分析提供了丰富的一手资料。同时,社会经济数据也不可或缺,涵盖区域内人口密度、流动情况、经济发展水平、就业状况等信息,这些因素与治安风险紧密相关。传感器和监控数据借助分布在社会区域的摄像头、声音传感器等设备,实时捕捉人员活动、异常声响等信息,实现对区域动态的持续监测。社交媒体数据作为新兴来源,能反映公众对治安问题的看法、讨论热点以及潜在风险线索,拓宽了风险感知的视野。

数据分析是发现治安风险模式和趋势的核心步骤。通过趋势分析,运用统计方法对历史警情数据进行梳理,能够识别犯罪高峰期和低谷期,以及犯罪类型随时间的变化趋势。空间分析借助地理信息系统,直观展示犯罪热点区域,帮助警方明确治安防控的重点地段,合理部署警力。机器学习算法的应用则进一步提升了风险预测能力,基于大量历史数据和相关因素进行训练,构建风险预测模型,预判潜在的犯罪风险,为预防工作提供有力支持。比如,通过对某地区一段时间内的警情数据进行分析,发现某类犯罪在特定季节和地点的发生频率较高,可提前采取针对性的防控措施。

预警机制的建立是及时防范风险的重要保障。实时预警系统依托先进的技术手段,对监控数据和报警信息进行实时监测和分析,一旦发现异常行为或紧急警情,立即自动通知相关单位。风险评估报告定期生成,综合分析当前治安风险水平,明确高风险区域、潜在威胁,并提出针对性的改进建议和防控措施。社区预警系统通过社区警务系统、智能手机应用等渠道,向居民发布犯罪活动和可疑行为等预警信息,提高居民的防范意识,鼓励公众积极参与治安防控。如在某社区,通过社区预警系统及时发布盗窃案件预警信息,居民加强防范,使得该社区盗窃案件发生率明显下降。

响应措施是降低风险危害的关键环节。资源调配根据风险评估结果进行,在高风险区域增加巡逻频率、合理分配警力,确保在关键地点和时段有足够的力量应对突发情况。干预措施包括开展社区安全活动、加强犯罪预防宣传、推动警民合作计划等,从源头上减少风险发生的可能性。反馈机制至关重要,通过收集和分析干预措施的实施效果,评估其对治安风险的实际影响,及时调整和优化后续的防控策略,形成闭环管理。在实际操作中,严格按照相关规定执行,确保处警民警依法妥善处置警情,保障公众安全。例如,在接到某小区发生盗窃警情后,迅速调配附近警力前往现场,同时开展社区防盗宣传活动,提高居民的防范意识,并根据后续反馈调整巡逻计划。

技术工具和平台的运用显著提升了治安风险防控的智能化和精准化水平。地理信息系统不仅可以直观展示治安状况,还能辅助制定巡逻路线、规划警力部署,实现对治安资源的科学调配。人工智能和机器学习技术可对海量数据进行快速处理和深度挖掘,精准预测犯罪风险,为决策提供科学依据。社交媒体分析工具用于监测公众舆论,及时发现潜在的治安问题和风险隐患,为治安管理提供参考。这些技术与110接处警系统紧密结合,实现了信息的快速传递和共享,提高了风险感知和预警的效率。比如,利用人工智能技术对监控视频进行分析,能够自动识别异常行为并及时发出警报。

案例分析是不断完善治安风险防控体系的重要途径。分析成功案例,如某城市通过数据分析和AI技术有效降低犯罪率,深入剖析其在数据运用、预警机制、响应措施等方面的创新做法和协同模式,总结可借鉴的经验。对于失败案例,如因数据不准确导致预警失误或响应措施不力的情况,深入查找问题根源,如数据质量问题、部门协作不畅等,针对性地提出改进措施,避免类似问题再次发生,持续优化社会区域治安风险防控策略。通过上述步骤,可以系统地评估和预警特定区域的治安风险,帮助相关部门和社区采取有效的措施来保障安全。

6.1.4 区域治安风险管理与策略

区域治安管理策略旨在维护公共安全、预防犯罪和提升居民的生活质量，涵盖风险管理策略、政策与法规以及未来发展趋势等多个方面。这些策略相互配合，共同构建一个全面、系统的治安管理体系，为社会的安全稳定提供坚实保障。

政府和公共部门在风险管理中发挥着主导作用。根据相关要求，政府需要进行系统的风险评估，识别潜在威胁，并制定相应的政策和法规，如应急预案、灾害管理条例和公共安全标准等，建立起规范和指导风险管理活动的法律框架；确保政策与法规的有效实施，通过监管机构对相关部门和企业进行合规检查和执法。在资源分配与资金支持方面，政府为风险管理活动和应急响应提供必要的财政支持，包括灾害应对、基础设施建设和公共卫生等领域，在危机发生时，迅速调配人力、物资和技术资源，支持救援和恢复工作。应急准备与响应也是政府的重要职责，制定详细的应急预案，组织定期的应急演练和培训，提高应急响应能力和协调效率。在发生重大事件时，政府负责协调各方资源和行动，确保有效应对和恢复。此外，政府还承担着公众沟通与信息传播的责任，及时向公众传达风险信息、应急措施和避险指南，开展风险管理和安全教育活动，提高公众对风险的认识和自我保护能力。在恢复与重建阶段，政府制定和实施灾后恢复和重建计划，包括基础设施重建、经济支持和社区恢复，并提供必要的援助和补偿。

社区参与和合作是区域治安风险管理的重要补充。在区域治安风险管理中，可以采用以下措施：建立跨部门、跨组织的合作网络，定期举行合作会议和研讨会，促进信息交流和共同制定策略。在制定风险管理计划时，主动征求社区成员的意见和建议，利用调查问卷、焦点小组讨论等方法收集社区反馈，并确保反馈机制的透明性和可操作性；为社区成员提供风险管理相关的教育培训，帮助他们了解潜在风险及其应对措施，提升社区成员的技能，使其能够在风险发生时更有效地参与应对和恢复；定期向社区通报风险评估结果和风险管理计划，通过社区会议、新闻简报、社交媒体等方式公开透明地沟通风险信息，增强社区的信任和参与度；与社区共同制定和演练应急计划，明确社区成员的角色和责任，确保在风险事件发生时各方能够快速、有效地协同应对；促进社区内外资源的共享，建立资源库或平台，方便社区获取和分配应急物资、专家支持、财政援助等资源，并在风险管理过程中提供持续的支持和跟进；定期评估社区参与和合作的效果，根据评估结果和社区反馈不断优化风险管理策略和合作机制。

风险管理策略包括预防措施和应急响应措施两个关键组成部分。预防措施旨在通过降低风险发生的可能性或减轻风险影响来避免潜在问题，具体实施措施如加强社区治安巡逻、开展法制宣传教育活动、改善社区环境等。应急响应措施则是在风险发生时，迅速、有效地进行应对，降低损失和影响，包括制定科学合理的应急响应预案、明确各部门人员的职责分工、确保在突发事件发生时能够迅速启动应急机制，有序开展救援、处置和恢复工作。

以北京市为例，其区域治安风险管理与策略的政策与法规涵盖了从公共安全到具体犯罪预防的广泛内容。政策框架包括北京市公共安全工作政策、反恐工作政策、应急管理政策等；具体法规有《北京市治安管理处罚条例》《北京市刑事案件侦查工作条例》《北京市反恐怖工作条例》等。在策略与实施方面，社区警务工作推动建立以社区为基础的治安管理体系，社区民警与居民密切合作，提升社区治安管理水平。智能监控：利用现代科技手段，在重点区域、繁华商业区和公共场所布设视频监控系统，进行治安监控和风险评估；治安巡逻：在人流密集、易发生犯罪的区域加强力度，保障治安稳定;公众参与:通过开展公众安全教育活动,增强市民的安全意识和自我防范能力,设立投诉和举报机制,鼓励公众参与治安管理。在技术支持方面,利用大数据技术对治安风险进行分析,预测犯罪趋势,优化资源配置,推进治安管理的信息化建设,引入先进的科技手段,如人脸识别、智能分析等,提高治安管理的精准度和有效性。在法律与法规执行方面,加强执法监督,确保法律法规得到有效实施,积极宣传相关法律法规,提高公众对法律的认知和遵守程度。如图6-1所示为某市火车站警务站。

图6-1 某市火车站警务站

区域治安管理策略的未来发展受科技、社会变革和全球化等多重因素影响。科技驱动的智能化管理将利用人工智能和大数据分析提升治安管理的精确度和效率,实现对治安状况的实时监测和预警,提高公共安全防控的能力。综合治理与社区参与将更加注重社区参与,整合各方力量,共同应对复杂的治安挑战,推动治安管理与社会治理的综合模式。跨界合作与全球化将使各国和地区之间在面对跨国犯罪、恐怖主义等全球性挑战时,加强信息共享、联合行动和技术援助等合作,同时吸收和应用国际治安管理标准与最佳实践,提升本地治安管理水平。数据隐私与伦理考量将促使未来的治安管理在提升效率和保护隐私之间找到平衡点,确保治安管理技术和策略符合伦理标准,建立明确的伦理规范和监督机制。

6.2 治安事件应急预案的制定与演练

在社会发展进程中,各类突发事件对人民群众的生命财产安全和社会稳定构成了重大威胁。近年来,我国虽在应急管理方面取得一定成效,但仍面临诸多挑战。以治安事件为例,因人员非正常死亡引发家属极端维权事件多发,严重扰乱社会秩序。此外,各类违法犯罪活动也时有发生,影响社会安宁。提升应急管理能力,制定并有效实施应急预案,成为维护社会稳定的关键所在。应急预案作为应对突发事件的重要手段,其制定与演练至关重要。它不仅能为应急处置提供指导框架,还能通过演练检验和完善预案,提高应对突发事件的能力。

本小节将围绕应急预案的制定过程、演练的重要性以及如何通过案例分析提升应急管理水平展开探讨。一旦发生事故,会造成惨重的生命财产损失,由于人为、技术、设备等原因,不可能完全避免事故的发生[129]。进行事故救援,首先要制定应急预案。应急预案是预先制定的应对突发事件的方案。制定应急预案的目的是在发生紧急事件时,能及时有序地实施救援,尽快控制事态发展,降低紧急事件造成的危害,减少事故损失[130]。在应急预案指导下的救援工作能否切实有效,主要取决于对既定预案的演练。因此,对于突发事件的控制,应急预案的制定和演练十分必要。

公安部对地方应急指挥信息网建设提出了多方面要求,主要包括以下内容。

1. 通信能力方面

（1）数字化通信：加快从传统模拟通信向数字通信转变，如在"十三五"期间，要求全国所有地市全面建设PDT无线数字集群系统，实现公安无线专网的全国联网、自动漫游，全面建成公安数字无线应急指挥"一张网"。

（2）多媒体通信：具备语音调度、数据调度、高速数据查询、图像实时采集、现场视频监控等多种业务协同的融合调度能力，使治安管理应急指挥过程中不仅能"听得到"，还能"看得见""看得清"。

（3）安全防护通信：设计具有多个安全等级的分级服务机制，提供机密性、鉴权、身份认证、审计、过滤等安全功能，防止公安部门的指挥调度通信被窃听。

（4）快速组网通信：要具备全机动运输方式所要求的条件，系统具有自主组网和快速配置功能，节点能灵活设置，覆盖范围可大可小，针对不同类型的突发事件可以配置不同的业务功能。

（5）互联互通通信：要能与政府多个部门以及公安、武警、消防等多警种的专用通信系统实现互联互通，确保在紧急情况下的有效协调和统一指挥调度。

2. 系统功能与应用方面

（1）整合与集成：将公安局110、119、122三个报警台进行整合，以有线、无线通信系统和公安计算机网络为纽带，把公安业务信息系统、安防监控系统等有机地组成一个整体，实现接警、指挥、调度、反馈、查询、存档为一体的综合指挥平台。

（2）智能化与信息化：利用现代通信及计算机网络技术，最大限度地实现资源整合、系统集成、信息共享，建立立足公安、面向社会，集公安指挥、交通控制、消防扑救于一身的多功能、现代化、智能化指挥中心。

（3）可靠性与稳定性：作为汇接全市报警求助的大型通信指挥系统，需具备高可靠性，确保在各种复杂情况下都能稳定运行，技术路线的选择要充分考虑业务需要和实际情况。

3. 网络覆盖与设备配备方面

（1）全面覆盖：推进无线数字集群系统建设，要求网络覆盖率在城镇主城区达到100%，国道、省道沿线平均达到95%以上，郊区、农村平均达到70%以上。

（2）设备到位：提高一线民警的PDT电台等相关设备配备率，地市一线民警的PDT电台配备率平均达到90%，确保民警在执行任务时能够及时、有效地进行通信和指挥调度。

6.2.1 应急预案的制定

应急预案的制定是一项系统且复杂的工作，涵盖多个关键步骤，各步骤紧密关联，共同构成一个有机整体，旨在确保面对突发事件，能够迅速、有序、高效地做出响应，最大程度降低损失，分为以下六步。

第一步就是需求分析。需求分析是制定应急预案的首要步骤，核心在于全面识别和深入分析社会区域潜在的治安风险。组织需对所处的社会环境进行详细考察，明确可能影响区域治安的各类因素。这些因素包括但不限于违法犯罪活动（如盗窃、抢劫、暴力伤害等）、群体性事件（如非法集会、罢工、大规模上访等）、公共安全事件（如公共场所骚乱、恐怖袭击等）以及因社会矛盾引发的冲突等。获取信息的途径多种多样，可通过访谈当地居民、社区工作人员、执法人员，了解区域内常见的治安问题；发放调查问卷（如图6-2所示），收集公众对治安风险的认知和感受；咨询治安管理、社会学等领域专家，获取专业意见。此外，还应充分利用大数据分析，挖掘社交媒体、新闻报道等渠道中的治安相关信息，确保对所有可能的治安风险有全面、深入的认识。

图 6-2　工作人员向居民发放调查问卷

第二步则是数据收集与分析。数据收集与分析是需求分析的关键环节,能帮助组织更透彻地了解潜在治安风险的特征。历史数据分析是重要方法之一,收集区域内过去的治安事件记录、案件报告、警情数据等,对这些数据进行分类整理,如按照案件类型、发生时间、地点等进行分类。统计各类治安事件的发生频率、影响范围、造成的损失等,通过时间序列分析,找出事件发生的规律和趋势,例如特定季节、时间段或地点是否更容易发生某些类型的案件。深入分析典型案例,总结事件发生的原因、应对过程中的经验教训,为后续风险评估提供有力支撑。专家访谈与问卷调查也是获取信息的有效方式。邀请治安管理专家、法律专家、应急管理专家等进行访谈,设计涵盖风险识别、应急响应、改进建议等方面的问题,通过面对面交流或电话访谈,获取专家对潜在治安风险的看法和专业建议,并进行汇总分析。设计科学合理的调查问卷,面向社区居民、企业员工、相关部门工作人员等发放,确保调查对象具有代表性。问卷内容包括对常见治安风险的认知、自身经历的治安事件、对当前治安状况的评价以及对应急措施的建议等。对收集到的数据进行统计分析,运用图表展示结果,找出公众普遍关注的治安风险点和改进方向。此外,还可利用风险矩阵、SWOT 分析等工具和模型,辅助风险识别和评估,综合多种方法全面深入地了解潜在治安风险。

第三步是风险评估。风险评估是应急预案制定的核心环节,通过定性和定量的方法,对识别出的治安风险进行系统分析,明确其发生概率和可能造成的影响,为制定应对策略提供科学依据。定性评估主要依靠专业知识和经验,邀请治安领域专家,根据其丰富的实践经验和专业知识,对各类治安风险进行评价,采用打分或评级的方式对风险进行排序。运用风险矩阵,将风险的发生概率分为高、中、低三个等级,影响程度也分为严重、较大、一般三个级别,将两者结合形成矩阵,直观地判断风险的优先级。组织相关部门人员、社区代表等进行小组讨论,共同识别和评估风险,通过充分的交流和讨论,形成共识性的风险评估结果。定量评估则借助统计学和数学模型,对风险进行数字化分析。通过对历史数据和相关统计资料的分析,计算特定治安事件发生的概率。结合经济数据、人员伤亡统计等,对潜在治安风险可能造成的经济损失、人员伤亡数量、社会秩序混乱程度等进行量化评估。运用计算机模拟技术,建立风险模型,设定不同的情景,预测在各种情况下治安风险可能产生的后果。根据风险评估结果,将风险分为高、中、低三个等级。对于高风险事件,需优先制定应对措施,集中资源进行重点防控;中风险事件则需密切关注,适时采取措施;低风险事件也不能忽视,要做好日常防范工作。根据风险优先级,合理配置人力、物力和财力资源。例如,在高风险区域增加巡逻警力、配备先进的监控设备,为应对高风险事件预留充足的应急资金等。建立持续监测机制,定期收集和分析治安数据,根据社会环境变化、治安形势发展等因素,及时更新风险评估,确保风险优先级与实际情况相符。

第四步是方案设计。方案设计是将风险评估结果转化为具体应急响应措施的关键环节,旨在构建一个科学、高效的应急体系,确保在突发事件发生时能够迅速、有序地开展应对工作。

建立完善的应急指挥体系至关重要。指定具备丰富应急管理经验和决策能力的人员担任指挥官,全面负责应急决策和指挥工作,确保应急响应的有效性和协调性。由安全管理、治安执法、后勤保障、宣传公关、技术支持等相关部门负责人组成应急指挥小组,明确各成员在应急方案制定过程中的具体职责,如信息收集与分析、现场指挥、资源调配、对外沟通等。

建立信息通报机制,确保指挥小组能够及时获取准确、全面的现场信息,以便做出科学决策。同时,保证各部门之间信息传递畅通,能够迅速接受指令并反馈执行情况。明确各部门在应急响应中的职责,安全管理部门负责现场安全保障和秩序维护,制定安全防护措施,排查安全隐患;治安执法部门承担打击违法犯罪、控制事态发展的任务,依法处置各类治安事件;后勤保障部门负责应急物资的储备、调配和供应,确保应急物资及时到位;宣传公关部门负责对外信息发布和舆论引导,及时、准确地向公众通报事件情况,避免谣言传播;技术支持部门提供技术保障,确保通信设备、监控系统等正常运行。

应急响应流程应与组织结构紧密结合。通过建立高效的监测和报告机制,及时发现突发事件的发生。相关人员发现异常情况后,迅速向应急指挥中心报告,报告内容包括事件性质、发生地点、影响范围等关键信息。指挥官接到报告后,立即召集应急指挥小组召开紧急会议,对事件进行初步评估和分析。各部门迅速收集现场详细信息,评估事件的性质、严重程度和可能的发展趋势,并及时向指挥小组反馈。指挥小组根据各部门反馈的信息,制定针对性的应对策略和详细的行动计划,明确各部门的任务和行动步骤。各部门按照应对策略和行动计划,协同开展应急响应工作。在实施过程中,持续监测事件发展动态,根据实际情况及时调整策略,确保应急行动的有效性。事件处理结束后,组织内部进行全面评估,总结经验教训,针对存在的问题对应急预案进行更新和完善。

制定具体的应急措施是应对突发事件的关键,可设置专用热线、即时通信群组、应急管理 App 等紧急通信渠道,确保在突发事件发生时信息能够迅速传达。制定标准化的信息通报模板,内容涵盖事件性质、发生地点、危害程度、已采取的措施以及后续行动建议等,保证信息清晰、简洁。综合运用电话、短信、社交媒体、广播等多种方式进行信息传递,确保不同人群都能及时收到信息。在事件发生期间,定期更新信息,向公众、相关部门和利益相关者通报事件进展和应对情况,保持信息透明。根据区域布局和人员分布,设计科学合理的疏散路线,并在关键位置设置明显的疏散标识和指示牌,如在建筑物楼道、公共场所等设置荧光指示牌。

定期组织人员疏散演练,让居民、工作人员熟悉疏散流程和集合地点,提高应急反应速度和自我保护能力。在演练中,融入识别紧急情况、使用消防设备、急救知识等培训内容,提升人员的应急处置能力。制定详细的应急物资清单,包括防护装备、警械器材、通信设备、急救药品、食品和饮用水等。建立应急物资管理系统,定期检查物资的储备数量、质量和有效期,确保物资随时可调用。设立专门的应急基金,保障在突发事件发生时能够迅速调配资金,用于采购应急物资、支付救援费用等。建立严格的资金使用监管机制,确保资金使用透明、合规,事后进行审计和总结,为后续应急资金管理提供参考。事件结束后,迅速组织专业人员对现场进行损失评估,包括人员伤亡、财产损失、社会秩序破坏等方面的情况,并详细记录,为后续恢复工作提供数据支持。根据损失评估结果,制定全面的恢复计划,明确恢复工作的目标、任务、责任人和时间节点,尽快恢复正常的社会秩序和生产生活。组织召开事后总结会议,邀请参与应急响应的各部门人员、专家、利益相关者等参加,对应急响应的全过程进行评估,总结成功经验和存在的不足之处。根据总结结果,对应急预案进行针对性的更新和完善,提高应急预案的科学性和实用性。

第五步是资源配置,资源配置是确保应急预案能够有效实施的重要保障。根据风险评估和应急响应需求,合理调配人力、物力和财力资源。组建专业的应急团队,包括警察、消防员、应急救援人员、医护人员等,根据各自的专业技能和经验进行合理分工,明确各岗位在应急过程中的职责和任务。提前储备充足的应急物资(如图6-3所示),如防护装备、警械器材、灭火设备、急救药品、食品和饮用水等,并建立物资储备库,进行分类管理和定期维护。安排专项应急资金,用于应急物资采购、设备维护、人员培训、应急演练等方面。建立资金预算和使用管理制度,确保资金合理分配和有效使用,在紧急情况下能够迅速调配资金,满足应急需求。

图6-3 应急资源仓库

第六步是评估与改进,应急预案并非一成不变,需根据实际情况定期进行评估与改进。通过对历史治安事件的复盘分析,总结事件发生的原因、应对过程中的经验教训,找出应急预案中存在的不足。收集参与应急演练和实际应急响应人员的反馈意见,了解他们在执行过程中遇到的问题和困难,以及对预案的改进建议。根据评估和反馈结果,对应急预案进行针对性的调整和完善。优化应急响应流程,使其更加科学合理;补充或更新应急物资,确保满足实际需求;加强人员培训,提高人员应急处置能力;改进指挥协调机制,增强各部门之间的协同作战能力。将改进后的应急预案应用于后续的演练和实际应急工作中,持续检验其有效性,形成不断优化的良性循环。

6.2.2 应急演练的组织与实施

应急演练是检验和提升应急预案有效性的重要手段,通过模拟真实场景,能够发现应急预案中的问题,提高人员的应急响应能力和协同配合能力,确保在实际突发事件发生时能够迅速、有效地进行应对。

6.2.2.1 演练准备

制定详细的演练计划,明确演练的目的,如检验应急预案的可行性、提高各部门之间的协同配合能力、增强人员的应急意识和操作熟练度等。根据演练目的选择合适的演练类型,如桌面演练,通过模拟讨论的方式检验预案的逻辑和流程;现场演练,在实际场景中模拟突发事件,检验人员和设备的实战能力;全要素演练,涵盖所有应急响应环节和相关部门,检验整体应急能力。确定演练的时间、地点、参与人员和参演单位,确保演练的可操作性和有效性。组建演练组织架构,由各相关部门负责人组成演练领导小组,负责演练的整体策划、组织和协调工作。明确各参与部门和人员在演练中的职责,包括策划组负责演练方案的制定和筹备、实施组负责演练的现场执行、评估组负责对演练过程和结果进行评估。制定详细的演练方案,包括演练场景的设定、事件发展的流程、各部门的任务和行动步骤、预期结果、资源配置情况以及参与人员的具体职责等。对演练过程中可能出现的潜在风险进行评估,制定相应的应对措施,确保演练安全进行。对参与演练的人员进行培训,使其熟悉演练的目的、流程、各自的任务和相关操作规范,掌握必要的应急技能。准备演练所需的设备、材料和场地,如模拟突发事件的道具、通信设备、防护装备、医疗急救设备等,确保设备完好、材料齐全。按照演练场景的要求布置场地,设置模拟事故现场、指挥中心等。为增强演练的真实性和紧迫感,可以模拟紧急情况的各种细节,如模拟火灾场景中的烟雾、警报声等。提前进行预演,检查演练方案的可行性和各环节的衔接情况,及时发现并解决潜在问题。对演练现场进行风险评估,确保演练活动符合安全标准,避免在演练过程中发生意外事故。

6.2.2.2 演练实施

演练开始时,通过预设的警报、通知或模拟事件触发机制,启动模拟的紧急情况,确保所有参与者迅速进入应急状态。应急指挥中心负责全面监督演练进展,按照预定的演练方案,指挥各部门开展应急响应行动,确保各项程序有序执行。工作人员按照职责分工,引导参与者进行疏散、救援、现场处置等操作,严格遵循预先制定的流程和规范。在演练过程中,设置各种突发情况和问题,如通信故障、设备损坏、人员受伤等,考验各部门和人员的应急处置能力和协同配合能力。各部门紧密配合,根据实际情况灵活应对突发问题,及时调整应急措施,确保演练顺利进行。安排观察员和评估人员,实时记录演练过程中的各个环节,包括人员的行动表现、应急设备的使用情况、各部门之间的协调配合情况以及出现的问题和偏差等。观察和记录的内容将作为后续评估和改进的重要依据。演练结束后,组织所有参与人员集合,进行简要的现场总结,收集参与者的初步反馈意见。随后召开总结会议,全面分析演练结果,讨论演练过程中的成功经验和存在的问题,如应急响应速度、人员操作熟练度、部门间协调配合等方面的情况。

6.2.2.3 评估与反馈

演练结束后,收集参与者的反馈意见,通过问卷调查、现场访谈等方式,了解他们对演练过程的感受、对自身任务的理解和执行情况、对演练组织和协调的评价以及改进应急预案的建议等。整理观察记录和评估数据,对演练的效果进行全面评估,包括应急响应的及时性、准确性,人员的应急技能掌握程度,各部门之间的协同配合能力,应急设备的性能和适用性等方面。根据评估结果,找出应急预案中存在的不足之处,如应急流程不清晰、部门职责不明确、人员培训不到位、设备配备不合理等问题。针对演练中发现的问题,制定具体的改进措施,如优化应急响应流程,明确各部门职责,加强人员培训,更新或补充应急设备等。引入新的应急策略或工具,以提升应急管理水平。将改进措施纳入应急预案,对预案进行修订和完善,并在后续的演练和实际应急工作中进行验证,持续提高应急预案的实用性和有效性。定期组织应急演练,根据实际情况调整演练的内容和方式,不断强化人员的应急意识和应对能力,确保在面对真实的社会区域治安风险时,他们能够迅速、有效地进行处置。

6.2.3 案例分析与经验借鉴

通过实际案例分析,可以更加直观地理解应急预案制定与演练在社会区域治安风险应对中的重要性和实际应用效果,从中总结经验教训,为进一步优化应急预案提供参考。

6.2.3.1 成功案例分析

某市对社会治安事件采用分级响应和多部门协同处置机制。在举办大型商贸活动时,借鉴了类似的高效应急模式。在活动筹备前期,相关部门依据过往大型活动的警情数据以及活动场地周边的治安特点,运用历史数据分析和专家访谈等方法,全面识别出可能出现的治安风险,如人员过度聚集引发的拥挤踩踏、扒窃等违法犯罪行为以及因活动纠纷导致的群体性冲突等。随后,依据《110接处警工作规则(修订稿)》和《110接处警工作规则》中对警情处理的规范要求,制定了详尽的应急预案。明确了各部门职责,例如公安机关责现场秩序维护和违法犯罪打击,交通部门保障周边交通顺畅,应急管理部门协调各方资源等。同时,构建完善的指挥体系,设立专门的应急指挥中心,确保信息传递及时、指挥调度高效。在应急措施方面,参照相关文档中对人员疏散和现场处置的要求,规划了多条清晰明确的疏散路线,并在活动场地各处设置了明显的疏散标识;准备了充足的应急物资,包括防护装备、通信设备、急救药品等,并安排专人定期检查维护。此外,还与110报警服务台建立了紧密的联系,确保一旦发生警情,能够迅速响应、妥善处置。在活动举办前,组织了多次不同场景的实战演练,涵盖了模拟盗窃、突发疾病、人员冲突等多种可能出现的情况。演练过程严格按照《公安机关现场执法视音频记录工作规定》进行记录,以便后续总结分析。通过演练,不仅检验了应急预案的可行性,还提高了各部门之间的协同配合能力,确保在面对实际突发状况时,各部门能够迅速按照预案要求开展工作。活动期间,某区域突发小规模人员冲突,现场安保人员迅速按照预案进行处理,及时控制住局面,并将相关情况上报指挥中心,指挥中心迅速调度附近警力和医疗急救人员前往支援,整个过程有条不紊,未造成较大影响,成功保障了活动的顺利进行。该案例成功的关键在于充分借鉴了过往经验和相关规范要求,进行全面的风险评估、完善的应急预案制定以及充分的演练,确保了在面对复杂的社会区域治安风险时能够迅速、有效地应对。

6.2.3.2 失败案例分析

某社区在处理一起因物业管理纠纷引发的居民聚集事件时,由于缺乏有效的应急预案和协调机制,导致局面一度失控。该社区未按照《关于社会治安事件的应急处置预案》中的要求对可能出现的不稳定因素进行全面排查和风险评估,对居民间的矛盾纠纷重视不足,未能提前制定针对性的应对方案。在事件初期,物业管理人员未能及时准确地将情况报告给相关部门,错过了最佳的处理时机。当局面逐渐失控时,社区工作人员和当地公安机关之间信息沟通不畅,职责划分不明确,就像《关于明确首问负责制,进一步加强110接处警工作的通知》中提到的推诿现象一样,各部门之间相互等待指示,未能迅速采取有效的控制措施。同时,由于工作人员对应急流程不熟悉,在现场处置过程中出现混乱,无法有效地安抚居民情绪、解决问题,导致事件持续时间较长,造成了一定的社会负面影响。这一案例深刻反映了应急预案不完善、信息沟通不畅以及缺乏演练在社会区域治安风险应对中的严重后果,警示各地区和部门必须重视应急预案的科学性和有效性,并通过演练不断优化。

6.2.3.3 经验总结与借鉴

从上述案例可以看出,充分借鉴过往案例经验和相关文档中的规范要求进行风险评估是制定有效应急预案的基础。只有深入了解区域内可能存在的治安风险,结合实际情况制定出的措施才具有针对性和可操作性。明确各部门职责并建立高效的协同配合机制至关重要。各部门应在应急过程中紧密协作,避免出现职责不清、推诿扯皮的现象,确保各项应急措施能够迅速有效地执行。畅通的信息通报机制是关键,应建立多渠道、及时准确的信息传递体系,确保公众、基层工作人员和相关部门能够及时获取信息,做出正确反应。同时,要严格按照相关规定进行信息的收集、整理和上报,保证信息的真实性和可靠性。

应急演练是检验和完善应急预案的重要手段。通过演练,不仅可以发现预案中存在的问题,还能提高人员的应急反应能力和部门间的协作水平。演练应涵盖多种可能出现的情况,模拟真实场景,并按照相关规范进行记录和总结分析。此外,应建立应急预案的动态更新机制,根据实际情况和演练反馈,及时调整和优化预案内容,以适应不断变化的区域治安形势。同时,加强对工作人员的培训,使其熟悉应急预案和相关工作规范,提高应急处理能力。

应急预案的制定与演练在区域治安风险防控中起着十分重要的作用。通过科学合理地制定预案、严谨有序地组织演练,并不断从实际案例中总结经验教训,持续优化应急预案,能够显著提升区域应对治安风险的能力,切实保障人民群众的生命财产安全和社会的稳定和谐。未来,随着社会环境的不断变化和治安形势的日益复杂,应急预案的制定与演练工作需要持续加强和改进,以更好地适应新形势下的治安管理需求。

6.3 快速响应与应急处置

6.3.1 快速响应机制

快速响应是一种针对紧急情况和治安问题的快速反应机制。它旨在通过迅速部署执法人员和资源来应对突发的治安事件,以保护公众的安全和维护社会秩序。这种响应机制通常由当地执法机构、警察部门和相关机构负责执行。当发生紧急情况或犯罪活动时,区域治安快速响应可以迅速调动执法人员、巡逻车辆和其他必要资源到达现场,并采取适当的行动,例如逮捕嫌疑人、提供急救或救援等。这有助于提高治安和公共安全水平,减少犯罪行为对社会的负面影响。然而,区域治安快速响应也需要充分的规划、培训和协调,以确保应对能力的有效。同时,公众的配合和参与也是应对有效的重要因素。有关区域治安快速响应的详细信息可能因国家和地区而异,因此建议与当地执法机构或相关部门联系以获取更准确和具体的信息。

6.3.1.1 快速响应等级

快速响应等级是根据突发事件的严重程度、影响范围以及紧急情况的不同,划分的不同响应级别,旨在确保应急处置资源能够合理分配,并在最短时间内采取最有效的措施。一级响应适用于特别重大事件,如恐怖袭击、大规模群体性事件等,需立即启动最高级别应急预案。二级响应适用于重大事件,如重大事故、局部群体性事件等,需启动高级别应急预案。三级响应适用于较大事件,如较大规模的治安事件等,需启动中级应急预案。四级响应适用于一般事件,如小型治安事件等,需启动一般应急预案。此外,根据事件的发展态势和处置进展,响应等级可以动态调整,例如事件升级时从低级响应提升为高级响应,事件得到有效控制时从高级响应降为低级响应。

例如,某市制定了一系列社会治安事件的快速响应的警情等级和范围,根据社会治安事件的性质、类别、危害程度及其对社会政治稳定和治安秩序可能造成的影响,公安机关将警情划分为特别重大、重大、较大和一般四个等级,并分别启动一级响应、二级响应、三级响应和四级响应。特别重大社会治安事件包括以下情况:一次参与人数5 000人以上,严重影响社会稳定的事件;参与人员对抗性特征突出,已发生大规模打、砸、抢、烧等违法犯罪行为;阻断铁路繁忙干线、国道、高速公路和重要交通枢纽、城市交通8小时以上停运,或阻挠、妨碍国家重点建设工程施工,造成24小时以上停工事件;造成10人以上死亡或30人以上受伤,严重危害社会稳定的事件;高校内聚集事件失控,并未经批准走出校门进行大规模游行、集会、绝食、静坐、请愿等行为,引发不同地区连锁反应,严重影响社会稳定;参与人数500人以上,或造成重大人员伤亡的群体性械斗、冲突事件;出现全国范围或跨省(区、市)或跨行业的严重影响社会稳定的互动性连锁反应;其他视情况需要作为特别重大社会治安事件对待的事件。重大社会治安事件包括以下情况:参与人数在1 000人以上、5 000人以下,影响较大的非法聚会游行示威、上访请愿、聚众闹事、罢工等;造成3人以上、10人以下死亡,或10人以上、30人以下受伤的群体性事件;高校校园网出现大范围串联、煽动和蛊惑信息,校内聚集规模迅速扩大并出现多校串联聚集趋势,学校正常教育教学秩序受到严重影响甚至瘫痪,或因高校统一招生试题泄密引发的群体性事件;阻挠、妨碍省级重点建设工程施工,造成24小时以上的停工事件;参与人数200以上、500人以下,或造成较大人员伤亡的群体性械斗、冲突事件;涉及境内外宗教组织背景的大型非法宗教活动,或因民族宗教问题引发的严重影响民族团结的群体性事件;因土地、矿产、水资源、森林、草原、水域等权属争议和环境污染、生态破坏引发并造成严重后果的群体性事件;已出现跨省(区、市)或行业的影响社会稳定的连锁反应,或已造成较严重的危害和损失且事态仍可能进一步扩大和升级;其他视情况需要作为重大群体性事件对待的事件。较大社会治安事件包括以下情况:参与人数在200人以上、1000人以下,影响社会稳定的群体性事件;在重要场所、重点地区聚集人数在10人以上、100人以下,参与人员有明显过激行为的群体性事件;已引发跨地区、跨行业的影响社会稳定的连锁反应;造成人员伤亡,但死亡人员在3人以下、受伤人数在10人以下的群体性事件;其他视情况需要作为较大群体性事件对待的事件。一般群体性事件则是指诱发事件原因单纯、参与人数较少、社会危害程度较小、事态容易控制的群体性事件。通过这种分级响应机制,公安机关能够根据事件的不同等级,迅速调配资源,采取相应的应急处置措施,确保社会治安秩序的稳定。

针对不同等级的警情,公安机关采取相应的快速响应措施:一级响应(特别重大事件)需立即启动最高级别应急预案,成立应急指挥部,调动所有可用资源(警力、消防、医疗、交通等)投入应急处置,实行区域封锁,疏散群众,控制事态蔓延,并向上级政府和国家相关部门报告,请求支援,同时通过媒体向社会发布权威信息,避免谣言传播。二级响应(重大事件)需启动高级别应急预案,成立现场指挥部,调动区域内主要应急资源进行处置,对事件现场进行封控,疏散受影响群众,向上级政府报告,必要时请求跨区域支援,并及时向社会发布事件进展信息。三级响应(较大事件)需启动中级应急预案,成立现场指挥小组,调动区域内部分应急资源进行处置,对事件现场进行管控,防止事态扩大,向上级部门报告,视情况请求支援,并向公众通报事件情况,避免恐慌。四级响应(一般事件)需启动一般应急预案,由属地部门负责处置,调动局部应急资源(如社区警力、物业管理人员等)进行处置,对事件现场进行初步控制,防止事态升级,向上级部门报告事件情况,并向公众提供必要的信息提示。此外,根据事件的发展态势和处置进展,响应等级可以动态调整,例如事件升级时由低级响应提升为高级响应,事件得到有效控制时由高级响应降为低级响应。

快速响应等级的核心要素包括时间要求(一级响应1分钟内到达现场,二级响应3分钟内到达现场,三级响应5分钟内到达现场,四级响应10分钟内到达现场)、资源调配(根据响应等级合理调配人力、物力和技术支持)以及信息通报(及时向上级报告事件进展,并向公众发布权威信息)。通过分级响应、动态调整和资源优化配置,快速响应等级能够确保在突发事件中迅速采取有效措施,最大限度地减少损失,保障公共安全和社会稳定。

6.3.1.2 快速响应的关键要素

区域治安的快速响应是指在发生治安事件或接到相关报警后,公安机关能够迅速调集警力、资源和装备,以最短的时间赶到现场,并采取有效措施控制事态、保护现场、救助伤员、抓捕犯罪嫌疑人等。以某市公安局为例,该局通过建设天地一体、云网融合的智能化基础设施,升级市、区级一体化运行平台,构建起防控预警更精准、应急响应更快速、社会治理更扎实的立体治安防控体系。在接到报警后,该局能够迅速调集警力资源赶到现场进行处置。例如,在某市某区一个社区的电信营业厅门口,曾发生的一起盗窃案中,犯罪嫌疑人龚某刚一进入营业厅就触发了报警系统,附近夜巡的民警闻讯而至,迅速将龚某人赃并获。快速响应对于减少损失、保护人民生命财产安全、维护社会稳定具有重要意义。快速响应的关键要素如图6-4所示。

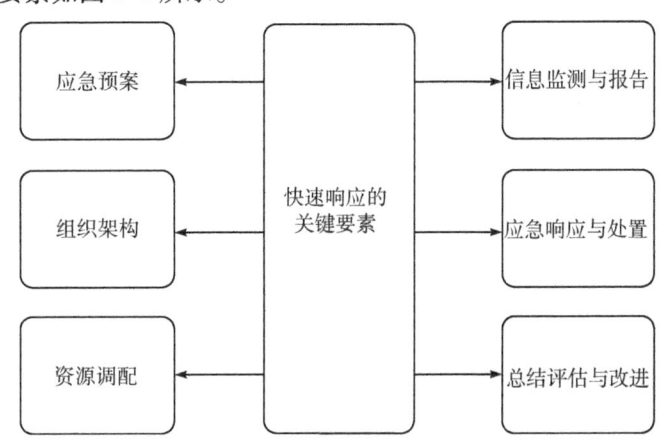

图6-4　快速响应的关键要素

1. 应急预案

为有效预防和及时控制区域内可能发生的治安突发事件,保障人民群众生命财产安全,维护社会稳定,制定详细的安全应急预案,明确各类突发事件的应对流程和措施。预案应涵盖多个方面,确保全面性和针对性,同时具有科学性、实用性、系统性、灵活性、协作性等特点。把保障公众健康和生命财产安全作为首要任务,是为了减少突发事件带来的危害和损失,保障人民生命财产安全。

2. 组织架构

成立由区域领导牵头的指挥机构,负责全面指挥、协调区域安全响应工作。通常是一个多层次、多部门协同合作的体系,旨在确保地区的社会稳定、公共安全以及公共秩序正常。设立多个工作组(如现场处置组、信息报送组、后勤保障组等),明确各组职责和分工。同时,为了更有效地应对复杂多变的治安形势,区域治安组织架构中还包括跨部门协作机制。通过建立联席会议制度、信息共享平台等方式,加强公安、消防、卫生等部门之间的沟通与协作,形成工作合力,共同维护地区的社会稳定和安全。

3. 资源调配

这是复杂而关键的一环,它涉及人力资源、物质资源和信息资源的合理配置,以确保治安工作的有效性和高效性。在特定情境下,要根据实际需求对有限资源进行科学、合理的分配和使用。建立资源调配机制,能够确保在紧急情况下迅速调配所需资源,对于提高资源利用效率、保障任务顺利完成以及促进经济和社会发展具有重要意义。

4. 信息监测与报告

这一环节涉及多个方面,包括信息来源、监测手段、报告流程以及后续处理等。目前可检测与掌握的信息有以下几个方面的来源:通过公安机关自身的信息系统,如警务信息平台、指挥中心等,收集和分析各类治安信息;鼓励公众通过热线电话、网络平台等方式提供违法犯罪线索;利用视频监控、人脸识别、大数据分析等现代信息技术手段,对重点区域、重点人群进行实时监测和预警。检测手段主要有定点监测、流动巡逻、情报分析、风险评估等方式。报告的具体流程为各级公安机关定期汇总本区域内的治安信息,包括案件数量、类型、发生地点等,再对汇总的信息进行分析研判,找出治安问题的规律和特点,评估治安形势,根据分析研判结果,撰写治安情况报告。情况报告内容包括基本情况、存在问题、原因分析、对策建议等,最后将报告上报给上级公安机关和当地政府,并适时向社会通报治安情况,提高公众的防范意识和参与度。

5. 应急响应与处置

区域治安的应急响应与处置是维护社会稳定、保障人民生命财产安全的重要环节。一旦发现治安事件,应立即启动应急响应程序。在突发区域安全事件时,能够迅速启动应急预案,调动应急队伍和资源,采取有效措施进行应对和处置。根据事态发展及时调整策略,确保控制事态并减少损失。

6. 总结评估与改进

对应急处置过程进行总结评估,分析经验和教训。根据评估结果对应急预案和响应机制进行持续改进和优化。通过建立健全的快速响应体系,加强信息监测与报告,提高处置能力,进而实现对治安事件的快速响应和有效处置。

6.3.1.3　建立完善的快速响应机制

设计完善的快速响应流程意味着必须明确各个阶段的响应程序、责任主体和信息传递机制,以确保在突发事件发生时能够迅速、有序地启动响应,最大限度地减少损失。这种流程设计应该覆盖从事件发生初期到后续处置和恢复阶段的所有关键步骤,确保各方能够迅速做出反应并协调行动。

建立多层次、多领域的资源调配机制,包括建立资源库,明确不同治安情况下资源的优先调配原则和调配渠道,确保在危险发生时能够迅速调动各类紧急救助力量,从而提高区域治安情况处置的效率和成功率。

建立灵活的资源调配网络,使得各方能够快速响应并协调合作,以最大限度地减少事故造成的损失。

建立完善的演练与评估体系,通过定期组织演练检验快速响应机制的可行性和有效性,及时发现和解决存在的问题。这种演练不仅能够提高各级响应人员的应对能力和协作水平,还能够为灾害发生时的紧急情况做好充分准备,建立科学的评估体系,对响应演练进行评估和总结,为进一步完善快速响应机制提供参考和指导。综合采取完善的响应流程设计、多层次的资源调配机制和有效的演练与评估体系,可以提升工程建设安全的快速响应能力,能够有效地应对各类突发事件和灾害,最大限度地保障人员的生命安全和财产安全,这不仅有助于减少事故的发生和扩大,还能够提高工程建设的整体安全水平,为行业的健康发展提供坚实保障。

6.3.1.4　强化人员培训与意识教育

强化人员培训与意识教育是提升工程建设安全管理水平的重要措施,通过制定详细的安全培训计划,明确不同岗位和职责的培训内容和频率,确保全员覆盖了解和掌握相关安全知识和技能。建立标准化的培训评估机制,对培训效果进行定期检查和评估,确保培训的实效性和持续性,提高员工安全意识的有效手段需得到重视;通过多种形式的宣传教育、培训课程以及实际案例分析等手段,加强员工安全意识的培养和提高,强调事故案例的教训,让员工深刻理解安全工作的重要性,形成主动遵守安全规章制度和严谨操作的习惯;建立安全文化激励机制,通过建立奖惩机制激励员工参与安全培训和积极宣传安全知识,同时对违反安全规定的行为进行严肃处理,形成厚重的安全文化氛围,定期开展安全文化活动、安全知识竞赛等,增强员工对安全的认知和参与度,推动安全文化在企业内部的深度融合,全面提升员工的安全素养,使其在工程建设中始终保持高度的警觉性和责任感,从而有效减少安全事故的发生。

6.3.2 应急处置机制

治安事件应急处置是指在发生治安事件时,相关部门和人员迅速采取行动,控制事态发展,保障公共安全和人民生命财产安全的过程。高效、统一的城市应急处置技术是保障城市安全的现实需要和迫切诉求。依托现有应急处置机制,采用5G、融合通信等技术手段,研究解决区域中各部门指挥中心之间信息共享、辅助决策、指挥调度、协同处置,打造城市综合性软硬件集成平台,对系统架构进行利弊分析,整合作用各部门视频监控资源、人力、物力、通信手段,完成智慧城市各区域安全监控系统的大联网、各种安防设备和功能的大集成,数据、信息、情报的高度共享,各类安全事件的协同处置,构建覆盖区域应急的预防到救援的全程管理体系,从而实现各个区域的安全运行,保障人民生命财产安全。在实际操作中,一些地区通过建立健全的指挥调度机制,成功应对了各类治安事件。例如,通过建设集监控、通信、指挥等功能于一体的指挥中心,实现对治安事件的实时监控和快速响应;通过跨部门协同作战,有效整合各方资源,提高处置效率;通过定期评估和反馈机制,不断完善指挥调度流程和方法,提升整体工作水平。总之,区域治安中的应急处置机制是确保治安稳定的重要保障。通过建立健全的指挥体系、加强信息监测与预警、明确决策与指挥流程、强化资源调配与保障以及建立有效的监督与评估机制等措施,可以显著提升区域治安管理水平。

6.3.2.1 突发事件应急处置

区域治安防控各种应急处置流程主要包括以下几个方面。

首先,针对各类小区的突发事件应急处置程序和方法,物业管理人员应及时到达现场,了解事件始末,慎重决定是否参与调解。如纠纷无违反治安管理行为或犯罪行为,则积极劝说平息事态;如有违反治安管理行为或犯罪行为,则及时向110指挥中心报警,求助警方处理,同时疏散围观人员,维持管理区域正常生活、治安秩序。对于不听从劝阻、不执行规定的情况,物业服务人员纠正违章时需态度和蔼、以理服人;对不听劝告者,查清姓名、单位,及时向有关部门汇报处理,发生纠纷时注意把握政策、区别情况、灵活处理。关于酒醉者闹事,对外来酒醉者闹事,全力劝阻或阻拦,必要时报警求助警方处理;业主或来访客人酒醉行为失态时,通知物业客户服务中心,查明身份、住所,设法让其亲友劝说并带其回家。对于精神病人,密切关注其行为,防止其动武伤人,其发病行凶、毁物时,采取强制性约束措施并报警求助警方,通知精神病人家属将其领回,并做好监护工作;对于陌生人,在物业管理区域内发现陌生人,需加强警戒,严查可疑人员和物品,发现异常情况或可疑人员、可疑物品要及时报告上级。

其次,校园治安防控措施包括成立校园治安综合治理领导小组,院长负总责,签订安全工作责任状,开展群防群治活动,实施综合治理工作计划。在全体师生及工作人员中开展法制观念与法律知识教育、安全知识与防范技能教育,增强全体师生及工作人员抵御犯罪与自我保护能力。建立健全校园门卫和巡逻制度,严格控制外来车辆和闲杂人员进入校园,加强校园昼夜巡逻,及时发现和妥善处置可疑的人和事。加强内部治安防控网络建设,建立人防、技防、设施防的"三防"立体联动机制,确保情况互通。

再次,社会治安防控措施包括重点人员或其他群众的预防,通过信息网络收集和了解可能引发事件的信息,积极劝解并报告上级党政领导或通知有关单位。针对重点时间的预防,在大型政治、经济、文化、外事活动期间和人、财、物流动集中的高峰期作重点预防,掌握信息动态,消除隐患。对于重点空间和事件的预防,协调、召集参战人员,重点预防和及时处理公共场所、重要设施及党政机关等高风险区域的治安事件。

最后,应急状态下的具体操作流程包括立即报告并报警,护卫队员听到紧急集合信号后,按规定携带器械赶到出事地点,听从现场指挥人员的指挥,中控室值班员注意观察、报告小区内各区域情况。加强警戒和封锁,关闭小区大门,加强警戒,对出门人员、车辆进行严格盘查、记录,发现可疑人员或物品及时报告上级。积极协助警方保护好现场,禁止无关人员进入,防止现场物品被破坏,如有人受伤,及时拨打120急救。应急状态结束后,整理有关记录以备查案时参考用。通过以上措施和流程,可以有效预防和应对区域内的治安突发事件,确保人员和财产的安全。

6.3.2.2 智能指挥调度

区域综合应急智能指挥调度系统主要作用于应急响应阶段,以提高应急响应能力[131]。区域综合应急智能指挥调度系统的依据就是"一案三制",即"预案、体制、机制、法制"[132]。智能指挥调度系统通过可视化、信息化等手段,对各个专业部门的系统进行整合,实现各个专业应急指挥处置部门之间的信息互通,通过智慧专网实现数据共享[133]。智能指挥调度系统,以相关数据库为信息基础,以辅助决策预案生成为决策助手,以协同指挥调度为目的,以监控随动和处置力量送达为目标,将各业务应用系统、大屏显示系统、辅助决策支持系统、应急通信调度系统、视频会商系统、视频服务系统、移动指挥系统等集成为一个有机的整体,为区域应急联动处置提供视频监控、视频会商、可视对讲、应急资源共享等技术支撑[134]。其智能指挥调度体系目标是建设以区域综合应急指挥中心为核心,各部门、基层应急指挥中心为节点,"上下贯通、左右衔接"的综合应急平台。例如,某市为加强区域社会治理能力,自主开发区域社会治理智能指挥平台并上线了某区区域社会治理智能指挥调度平台。该平台依托大数据、人工智能等先进技术,实时监测社会动态,将各类信息资源汇聚共享,实现人、事、地、情、物、组织等管理要素的智能化管理,及时发现并解决各类社会问题,提高居民生活幸福感,并推动社会治理创新。该平台通过接收来自网格员、12345热线、110非警务等多源事件报告,利用大数据分析和智能算法对事件进行快速研判,明确事件性质、规模和可能的发展趋势。相关部门和警力资源根据调度指令迅速到达现场进行处置,并通过平台实时反馈处置情况,同时待事件处置完毕后,通过平台收集反馈意见并进行评估总结,为今后类似事件的处置提供参考。

6.3.2.3 指挥调度保障措施

指挥调度的保障措施是多方面的,旨在确保任务或活动能够高效、有序、安全地进行。以下是一些关键的指挥调度保障措施。

(1)制度建设与预案制定。在区域治安防控中,制度建设与预案制定是确保区域治安稳定、有效应对突发事件的重要基石。制度建设是区域治安工作的基础,旨在通过规范的行为准则和管理机制,确保区域治安工作的有序进行。做法:建立健全与区域治安相关的法律法规体系,为区域治安工作提供法律保障。这些法律法规应明确治安管理的职责、权限、程序及法律责任等,确保区域治安工作有法可依、有章可循。制定和完善内部管理制度,如治安巡逻制度、值班备勤制度、信息报告制度等。这些制度应明确工作职责、操作流程和考核标准,确保区域治安工作的规范化和精细化。预案制定是应对突发事件的重要措施,它有助于在紧急情况下迅速启动应急响应机制,有效控制事态发展。针对不同类型的区域治安突发事件,制定详细的应急预案。预案应包括事件定义、等级划分、责任分工、处置流程、资源调配等内容,确保在紧急情况下能够迅速启动并有效执行。

(2)增加人员配备与培训。在区域治安防控中,增加人员配备与培训是提升防控能力和效率的重要手段。做法:组建一支专业、高效的指挥调度团队,团队成员需具备丰富的专业知识和实战经验,提高应对突发事件的能力和水平。演练内容应贴近实际工作情况,模拟各种可能出现的治安事件场景,让人员在模拟环境中得到锻炼和提升。加强法律法规教育,提高人员的法治意识和法律素养,通过讲解法律法规知识、分析典型案例等方式,让人员了解法律的重要性和严肃性,确保在执法过程中严格遵守法律法规。合理增加人员配备、优化人员结构、拓宽招聘渠道以及制定详细的培训计划、分层分类培训、实战演练与模拟训练等措施的实施,可以显著提升治安防控工作的整体水平和实施效果。

(3)完善资源储备与调配机制。在区域治安防控中,完善资源储备与调配机制是确保快速、有效应对各类治安事件的重要保障。做法:建立资源储备库,确保关键物资、设备和人员的充足储备。确保治安防控所需资源的多元化储备,包括但不限于警力、装备、物资、技术等。这要求根据不同治安事件的特点和需求,制定详细的资源储备清单,并定期检查和更新。针对高发、易发的治安事件类型,要进行重点资源储备。例如,在人员密集区域增加警力部署,在交通要道配备快速响应车辆等。制定明确的资源调配流程,包括申请、审批、执行等环节,确保在调配过程中,各部门之间能够高效协作,减少沟通成本和延误时间。加强信息共享机制建设,确保各部门之间能够及时获取治安事件信息和资源储备情况。通过信息共享实现资源的优化配置和高效利用,使在紧急情况下,也同样能够快速调配资源,满足指挥调度的需求。

(4)制定安全保障与风险管理机制。在区域治安防控中,制定安全保障与风险管理机制是至关重要的,它旨在预防和减少治安事件的发生,确保公共安全和社会稳定。做法:对区域内可能存在的治安风险进行全面评估,包括历史治安事件分析、当前社会动态、人员流动情况等多方面因素,明确识别出各类潜在治安风险,如盗窃、抢劫、恐怖袭击、群体性事件等,以及这些风险可能发生的地点、时间和方式。加强公共区域的监控摄像头布局,确保关键区域无死角监控,提升围栏、门禁等物理隔离设施的安全性,防止非法入侵等。同时建立风险评估与调整机制。定期对区域内治安风险进行重新评估,根据评估结果及时调整安全保障措施和应急预案对历次治安事件进行总结分析,不断完善风险管理机制。针对不同类型的治安风险,制定详细的应急预案。预案应明确应急响应流程、责任分工、资源调配等内容,确保在紧急情况下能够迅速启动并有效执行。通过全面评估风险、制定安全保障措施、建立风险管理机制、加强跨部门协作与信息共享以及公众参与和教育等多方面努力,共同构建一个安全、稳定、和谐的社会环境。

(5)进行监督与评估。区域治安防控中的监督与评估工作是确保防控措施有效实施、提高防控工作效能、增强公众信任与支持的重要手段。各级公安机关应高度重视并认真开展监督与评估工作,为构建平安和谐社会贡献力量。做法:建立健全监督与检查机制,对指挥调度工作的各个环节进行定期或不定期的检查与评估,确保各项保障措施得到有效落实。对指挥调度工作的绩效进行全面评估,包括任务完成情况、资源利用效率、团队协作效果等方面。根据评估结果,及时总结经验教训,提出改进措施和建议。

6.4 应急救援与恢复机制

6.4.1 应急救援

治安应急救援是指在突发事件或紧急情况下,为维护公共安全、保障人民生命财产安全而采取的紧急行动。区域治安应急救援活动的主要任务是在突发事件发生后,立即启动应急预案,迅速进行响应,赶赴现场,对受伤人员进行紧急救治,对受困人员进行搜救和疏散。对突发事件现场进行有效控制,防止事态扩大,保护现场证据,为后续调查处理提供条件。同时根据突发事件的实际需要,合理调配人力、物力、财力等资源,确保救援工作的顺利进行。还要及时、准确地向公众发布突发事件信息,引导公众正确应对,避免恐慌和谣言的传播。

6.4.1.1 应急救援的基本原则

区域治安应急救援的基本原则是确保在突发事件中能够快速、高效、科学地开展应急处置工作，最大限度地减少人员伤亡和财产损失，保障公共安全和社会稳定。第一，快速响应是应急救援的首要原则，要求重点区域1分钟内到达现场、重点区域外3分钟内到达现场、一般区域5分钟内到达现场，迅速控制事态蔓延，防止事件升级。第二，以人为本是应急救援的根本出发点，优先保障人员安全，及时救助受伤人员，确保群众的生命安全。第三，强调多部门协作，公安、消防、医疗、交通等部门需形成合力，信息共享，行动一致，确保应急处置高效有序。第四，要求根据事件的性质和规模，采取合理、有效的措施，避免因处置不当引发次生灾害或扩大事态。第五，信息公开是维护社会稳定的重要手段，及时向公众通报事件进展，避免谣言传播，增强公众的信任感和安全感。第六，预防为主，强调通过日常的风险评估、隐患排查和应急演练，提升区域治安防控能力，减少突发事件的发生概率。第七，资源优化配置，要求根据事件的不同等级和需求，合理调配人力、物力和技术支持，确保应急资源的高效利用。第八，持续改进，是应急救援工作不断提升的关键，通过对每次应急处置行动的总结评估，找出不足，优化预案和流程，增强整体应急处置能力。这些基本原则共同构成了区域治安应急救援的指导框架，确保在突发事件中能够迅速、科学、有效地开展救援行动，维护社会秩序和公共安全。

6.4.1.2 应急救援的体系建设

区域治安防控中应急救援的体系建设是为了在突发事件中能够迅速、高效、科学地开展应急处置工作，最大限度地减少人员伤亡和财产损失，保障公共安全和社会稳定。该体系建设涵盖组织架构、预案制定、资源配置、技术支持、培训演练、公众参与等多个方面，旨在构建一个全方位、多层次、立体化的应急救援网络。第一，在组织架构建设方面，成立区域应急指挥中心，负责统一指挥、协调和调度应急救援工作，并建立公安、消防、医疗、交通、通信等多部门协同作战机制，明确各部门职责和分工，同时根据事件的严重程度和影响范围，建立分级响应机制，确保资源合理调配。第二，在应急预案制定方面，制定覆盖各类突发事件的综合应急预案和针对特定事件的专项应急预案，明确应急处置流程、责任分工和资源配置，并通过动态更新机制，定期修订和完善预案，确保其科学性和可操作性。第三，在资源配置与保障方面，组建专业的应急救援队伍和志愿者队伍，建立应急物资储备库，储备必要的救援设备，并设立专项应急资金，确保物资和资金的充足供应。第四，在技术支持与信息化建设方面，利用视频监控、通信系统、大数据分析和无人机等智能设备，提升应急救援的效率和精准度。第五，在培训与演练方面，定期开展应急救援技能培训和模拟演练，检验预案的可操作性，并通过公众教育活动提高公众的安全意识和自救能力。第六，在公众参与与社会动员方面，建立公众举报平台，鼓励群众提供可疑线索，招募和培训志愿者参与应急救援工作，并通过媒体和社区活动普及治安防控知识。第七，在跨区域协作与资源共享方面，建立跨区域协作机制，实现资源共享和信息互通，并在重大事件中协调周边区域的应急力量进行支援。通过构建科学、高效的应急救援体系，能够确保在突发事件中迅速、有效地开展应急处置工作，最大限度地减少损失，保障公共安全和社会稳定。

6.4.1.3 应急救援的现场处置

应急救援的现场处置是区域治安防控的必要环节，旨在迅速控制事态发展，减少人员伤亡和财产损失，恢复社会秩序。

第一，在治安事件发生后，快速响应与到达现场，并根据事件等级迅速调动警力、消防、医疗等应急资源，确保救援人员携带必要的装备（如防护设备、急救包、通信设备等）。同时，应急指挥中心需实时监控事件动态，确保指挥调度的高效性和精准性。第二，在现场封控与秩序维护方面，迅速划定警戒区域,设置警戒线,防止无关人员进入,并对重要出入口进行管控,确保现场安全;同时有序疏散围观群众,避免拥挤和踩踏事件,并对受影响的居民或群众进行临时安置,提供必要的生活保障;此外,对事件周边道路实施交通管制,确保救援车辆畅通无阻,引导社会车辆绕行,避免交通拥堵。第三,在人员救助与医疗支援方面,对受伤人员实施紧急救助,必要时拨打120请求医疗支援,对重伤员进行初步处理后迅速将其送往医院。第四,在事件控制与处置方面,对犯罪嫌疑人采取强制措施,防止其逃脱或继续作案,对暴力行为进行制止,必要时使用非致命性武器(如催泪瓦斯、电击枪等);对群体性事件,采取劝导、疏散等措施,避免冲突升级,对煽动者或暴力分子进行控制,依法处理。第五,在信息收集与上报方面,通过监控系统、无人机、现场人员反馈等渠道,实时掌握事件动态,记录事件发生的时间、地点,事件的性质、规模以及伤亡情况等信息,并及时上报应急指挥中心,确保信息畅通,必要时向上级部门请求支援。第六,在保护现场与证据固定方面,对事件现场进行保护,禁止无关人员进入,防止证据被破坏,对重要物证进行标记和封存,并通过拍照、录像、笔录等方式固定现场证据,对目击者进行询问,获取相关证言。第七,在联动协作与支援方面,公安、消防、医疗、交通等部门协同作战,确保处置高效有序;在重大事件中,协调周边区域的应急力量进行支援,实现资源共享和信息互通。第八,在公众沟通与信息发布方面,通过媒体、社交平台等渠道及时向公众通报事件进展,发布权威信息,避免谣言传播,并对受事件影响的群众进行沟通,解答其疑问,缓解恐慌情绪。此外,还需加强公众教育和应急培训,通过社区活动、宣传手册、应急演练等形式,提高公众的安全意识和自救能力,形成全民参与的治安防控氛围。通过科学、高效的现场处置,迅速控制事态发展,减少损失,保障公共安全和社会稳定。

6.4.1.4 应急救援的技术支持

在区域治安防控体系中,应急救援的技术支持作用不容忽视。它不仅能够提高应急响应的速度和效率,还能增强现场处置的准确性和科学性,从而最大限度地减少人员伤亡和财产损失。

利用信息化手段,通过现代信息技术提高应急救援效率。目前,多地公安机关通过建设智慧安防系统,实现对重点区域、关键场所的全方位、全天候监控。这些系统集成了视频监控、人脸识别、大数据分析等先进技术,能够自动识别异常行为、预警潜在风险,并实时推送信息给指挥中心,为应急救援活动的快速响应和有效处置提供有力支持。同时,部分地区公安机关依托信息化手段,推行社会面防控网格化管理。将辖区划分为若干网格,每个网格配备专职或兼职的网格员,利用移动终端等设备采集网格内的治安信息,并上传至指挥中心进行统一处理。同时,指挥中心也通过信息化手段向网格员推送工作任务和指令,实现上下联动、信息共享。

通过信息化手段进行区域治安防控已经成为当前社会治安工作的重要趋势。通过智慧安防系统、智能指挥调度系统以及社会面防控网格化管理等信息化手段的应用,可以显著提升治安防控的智能化水平,增强公共安全能力,保障人民群众的生命财产安全。

6.4.1.5 治安应急救援保障

治安应急救援治理结构的保障要素包括治安应急资金、应急装备存储运输、智能作战指挥平台、治安应急大数据、治安应急技能培训等内容。除此之外,某些情形下的主体和制度也为基层治安应急治理提供了保障。

治安应急救援资金属于资金类保障。基层治安应急救援治理活动需要充足的经费支持,保障基层治安应急救援活动的顺利开展。当前暂时缺乏专项划拨的治安救援资金,绝大多数的公安派出所依托于财政整体拨款进行实际上的治安救援活动。

基层治安救援治理对应急装备有很高的要求,涉及应急装备存储运输的治安应急装备类保障。当前常见的治安应急保障装备包括路障、伸缩警棍、执法记录仪、手铐、强光手电筒、盾牌、钢叉、便携式催泪驱散器以及警用车辆,等等。在基层治安应急救援治理中,要确保治安应急保障装备的充足配备,保证在突发事件发生时,各种警用装备能正常使用,为治安应急活动提供保障。同时,基层治安应急活动中,由于风险的不确定性,有时遇到特殊情形,治安应急物资需求会超出公安派出所日常储备的范围,此时就需要进行治安应急物资配送。

智能作战指挥平台和治安应急大数据属于科技类保障。智能作战指挥平台建立在派出所"两队一室"的综合指挥室中,可以起到应急警务指挥中枢的作用。当前有些地方正在尝试将科技融合到基层治安应急救援治理的指挥作战中,建立前端突发事件感知、民警勤务应急调度、视频巡查、突发警情研判等内容的平台。同时,公安派出所在基层治安应急救援治理活动中需要一定的数据,通过治安应急大数据,运用科技信息化手段,与县级、市级公安机关等有数据权限的单位相连,受到上层数据支撑,调配多警种予以支援。科技类保障通过畅通智能化、数据化的渠道,服务基层治安应急救援实战,例如在群体聚集现场,公安派出所欲查询闹事人员的相关信息,或者是在溺水救助的治安应急救援场景下,当事人尚处于意识模糊阶段,民警无法获取联系本人及其家属的信息,此时需要上级公安机关在数据权限上进行支持;也有地方通过数据分析现场情况,如附近交通情况、人群聚集情况、视频图像数据,这对后续采取何种治安应急措施,如何进行治安应急决策处置,起到支撑作用。

治安应急技能培训属于技能类保障。治安应急技能一般包括两类,一是应急救助类技能,二是应急技战术类技能。在基层,民众陷入危难紧急求助、治安灾害事故是最常见的治安应急事件,公安机关是守护人民生命财产安全的队伍,派出所民警先于专业医疗应急力量到达现场时,面对受到生命威胁的民众,应主动挽救生命、争取抢救时机;同时,在个人极端、群殴械斗、暴恐骚扰等治安应急事件中,违法犯罪分子通常具有一定的暴力性、危险性,很可能会伴随一定的暴力对抗行为,民警会采取一定的技战术应急技能,以保障自己与民众的人身安全。当前各地积极开展现场应急技能培训,一般由市级或者县级公安局统筹开展,也有下放到公安派出所进行组织,有的地方会将其纳入在岗民警辅警的培训计划,有的地方依托县局的会议场地邀请医院急救人员进行统一授课,有的地方抽调警务实战小组到各个基层公安派出所进行警务技能培训。培训内容通常包括在刀斧砍杀、开车撞击、爆炸、纵火等模拟警情中的单警装备使用与协同战术策略,以及在溺水、创伤、触电等突发意外场景中的心肺复苏、AED自动体外除颤仪的使用、止血、伤口包扎、气道异物梗阻急救等内容[135]。

6.4.2 恢复机制

恢复机制是区域治安防控中的重要环节,旨在尽快恢复社会秩序,减轻突发事件对社会物质方面和精神方面的冲击,消除其短期、中期和长期影响的过程[136],减少事件对公众生活和经济活动的影响,并为未来的治安防控工作提供经验教训。

6.4.2.1 恢复机制的要素

恢复工作不仅包括现场的受损设施修复,还涉及社会秩序重建、心理疏导等多个方面。

1. 受损设施修复

在治安事件发生后,相关部门需立即组织专业人员对受损区域进行全面勘查,确定受损设施的种类、数量和损坏程度。对受损设施进行风险评估,判断其对公共安全、社会秩序以及城市功能的影响程度,为后续修复工作提供依据。组建专业施工队伍,按照修复方案和施工图纸进行现场施工,注意施工安全和环境保护。在修复过程中,要严格遵守施工规范和技术要求,确保修复质量。在修复工作完成后,组织专业人员对修复效果进行评估,检查修复质量是否达到设计要求,是否消除安全隐患。验收合格后,方可交付使用。

2. 社会秩序重建

增加警力投入,加强巡逻防控力度,特别是在重点区域、重点时段,要进行高密度巡逻,提高见警率,增强群众安全感。同时,依法严厉打击发生违法犯罪活动,特别是针对影响群众安全感的案件,要及时侦破并公开处理结果,以震慑犯罪分子,维护社会治安秩序稳定。并深入排查因突发事件引发的各类矛盾纠纷,及时进行调解和化解,防止矛盾激化。

3. 心理干预与安抚

这是为了帮助受影响的个人克服心理创伤,重建心理健康和社会凝聚力而采取的一系列措施。社会心理恢复是治安事件恢复工作的重要组成部分,其目标在于促进健康心理的恢复,支持区域的心理重建,以及增强区域的韧性。对事件中的受害者及其家属进行安抚,提供必要的经济补偿和心理支持。对受伤人员进行长期的医疗跟踪和心理辅导,帮助其恢复身心健康。同时,对受事件影响的公众进行心理疏导,缓解大众紧张和恐慌情绪。通过社区活动、心理咨询热线等方式,提供心理支持服务,提高群众的心理承受能力和自我调节能力。

6.4.2.2 隐患排查与整改

对事件发生区域及周边地区进行全面隐患排查,特别是针对类似事件可能再次发生的薄弱环节进行重点检查。

1. 突出源头性排查

要坚持属地排查与系统排查相结合,严格落实区域负责、岗位负责和专业负责制,对影响区域治安安全稳定的隐患,实施全方位、无缝隙、滚动式排查,切实扩大覆盖面和提高精准度。要坚持定期排查与集中排查相结合,每个单位、部门都要设计好规定动作,定期定量开展源头性排查梳理,实现常态化、规范化运作。同时要根据形势任务需要和重要节点,集中开展全面排查和专项整治,及时发现和处置各类治安隐患进行要坚持上下联动排查,进一步落实专业部门、所队、警务区和岗位四级联动排查机制,对排查出的各类问题和隐患进行分类分级,统一入库,跟进管控。确保各类治安隐患及源头因素全部纳入工作视线。

2. 推进前端化管理

要加强风险评估,找准隐患发生的原因,预想隐患可能带来的危害,在既有条件下积极疏导引导,最大限度地使之处于受控状态。要加强预警提示,根据分析评估的结果,及时发布风险预警,做到未雨绸缪,有备而战。如对危险人的卡控,要加强基础工作,强化信息采集,做到底数清,情况明,并依托实名制数据资源,实行标签预警、积分预警,确保动态监控、有力查控。要加强应急处置,立足可能出事、可能出大事的假设,充分预想可能出现的危害结果,不断健全完善各类应急处置预案,跟进构建可视化、扁平化的指挥体系,实现快速联动响应、及时高效处置。

3. 落实闭环式整治

要区分不同性质、不同类别的隐患,立足"零瑕疵、零漏洞",善于举一反三、触类旁通,有意识地扩大隐患源头的搜索范围,推动源头治理措施的强化升级。要找准隐患所在的区域、领域和时间节点,研究细化工作方案,做到因人、因情、因事施策,在源头上进行定向干预和治理,集中力量攻坚,确保实效。要善于从不同的隐患中查找共同的本质属性和诱因,开展"并案"治理,提高工作效率。要落实复查核实,开展定期回访、跟踪盯控,及时对源头情况予以销号,并在政策规定、制度规范上寻求支持实现常态管控、加固升级。同时,针对排查出的隐患制定整改措施并督促落实,确保类似事件不再发生。

6.4.2.3 结论与展望

在治安事件发生后,必须立即启动应急预案,迅速调集相关力量到达现场,控制事态发展,防止事态扩大。这一环节是恢复社会秩序的前提和基础。以重庆市南岸区公安分局为例,该局在治安防控体系建设中,通过"警民联防点"、临摊守护等一系列群防群治工作举措,有效提升了区域治安防控能力。在事件发生后,该局能够迅速启动应急预案,组织警力赶赴现场处置,并通过"情指行"一体化平台提升对风险隐患的自动识别、敏锐感知和预测预警预防能力。这些措施为区域治安防控事件发生后的恢复工作提供了有力支持。区域治安防控事件发生后的恢复机制是一个多环节、多部门协同作战的过程,需要政府、社会、公众等各方面的共同努力和配合。通过借助现代科技手段,如智能化综合应用平台、大数据分析等,提升社会治安防控的智能化水平,实现对各类风险隐患的自动识别、敏锐感知和防范能力的提升。在实施过程中,需要不断完善应急预案、加强应急演练、提升应急能力,才可以更有效地应对各类治安防控事件,保障人民生命财产安全和社会稳定。同时,要及时对受损的公共设施、建筑物等进行修复,确保基础设施的正常运行,这有助于恢复居民的正常生活和企业的正常生产经营,降低因事件带来的负面影响。

随着社会的不断发展和治安形势的变化,区域治安事件后的恢复机制也需要不断完善和创新。(1)建立健全跨部门协作机制,实现信息共享、资源互补和协同作战,有助于提升应对复杂治安事件的能力和效率。(2)继续加大科技投入,推动智能化防控体系的建设和应用,通过引入更多高科技手段,如人工智能、物联网等,提升治安防控的智能化水平和精准度。(3)加强基层警力配置和基础设施建设,提升基层治安防控能力,通过加强基层警务工作、完善社区警务室等措施,实现治安防控工作的全覆盖和精细化。(4)积极引导和鼓励社会力量参与治安防控工作,形成全社会共治共享的良好局面。通过加强宣传教育、提高公众安全意识等方式,增强社会力量的参与度和责任感。(5)加强法律法规建设,完善相关法律法规体系。通过制定和完善相关法律法规,为治安防控工作提供有力法律保障和支持。

区域治安事件恢复机制是一个复杂而系统的工程,需要政府、社会、公众等各方面的共同努力和配合。通过不断完善和创新恢复机制,我们可以更好地应对各类治安事件挑战,维护社会稳定和公众安全。

第7章 区域治安防控的发展趋势

7.1 新技术在治安防控中的应用前景

7.1.1 区块链技术的深度应用

区块链这一融合了去中心化、数据不可篡改等特性的新兴技术,正逐步渗透到治安防控领域的各个角落,为其带来革命性的变革。它不仅重新定义了数据的安全性与透明度,还为执法机构提供了前所未有的工具,以更有效地打击犯罪,维护社会安全。区块链系统结构如图7-1所示。

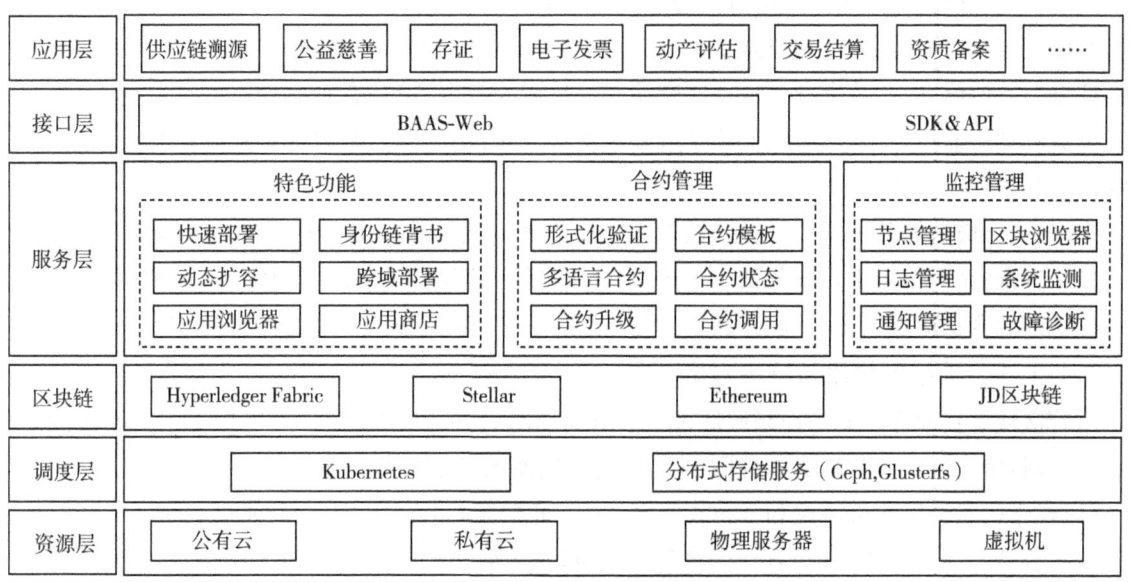

图7-1 区块链系统结构

7.1.1.1 证据保全的新纪元

在传统司法体系中,电子证据的收集、存储和验证一直是难题。由于电子数据易被篡改且难以追踪其修改历史,导致其在法庭上往往难以作为有效证据使用。区块链技术的引入为这一问题提供了创新的解决方案[137]。将电子证据存储在区块链上,使每一份证据都被赋予了一个独一无二的时间戳,并且任何对数据的修改都会被记录在链上,形成一条完整的证据链。这种设计确保了电子证据的真实性、完整性和可追溯性,使其在法律上具有更强的证明力。

具体案例中,某公安机关在处理一起网络诈骗案件时,通过区块链技术记录了诈骗分子的交易记录、聊天记录等关键证据。这些证据在区块链上得到了不可篡改的保存,并在后续的司法程序中发挥了关键作用。此外,区块链技术还使得跨区域、跨国界的证据共享变得更加便捷和安全,极大地提高了打击跨地域犯罪的效率和准确性。

7.1.1.2 身份认证与访问控制的安全升级

身份认证和访问控制是治安防控中的关键环节。传统的身份认证方式往往依赖于中心化的数据库或第三方认证机构,存在被黑客攻击或内部人员篡改的风险。区块链技术通过构建去中心化的身份管理系统,为身份认证和访问控制提供了更高的安全性。

在这个系统中,每个用户的身份信息都被加密存储在区块链上,并通过私钥进行访问控制。当用户需要进行身份认证或访问特定资源时,只需提供自己的私钥即可完成验证过程。由于私钥的唯一性和不可复制性,这种认证方式极大地提高了系统的安全性。同时,区块链技术还可以与其他生物识别技术(如指纹、虹膜识别等)相结合,进一步增强身份认证的可靠性。

7.1.1.3　供应链安全筑基:区块链赋能全链溯源与民生治理

供应链安全是社会治安防控体系保障经济秩序与公共安全的关键底座,区块链技术通过分布式账本与数据不可篡改特性,重构了从原材料开采到终端交付的全链条透明化治理范式。

在风险管控层面,区块链以去中心化节点实时记录供应链各环节核心数据(如汽车零部件供应商资质、物流温湿度),形成可追溯信息闭环,一旦发现安全隐患,监管部门可依托链上数据,24小时内精准定位问题源头并启动召回,将风险扩散率降低70%以上,倒逼企业强化全流程安全管理,从源头遏制假冒伪劣商品流通引发的消费纠纷与群体性事件。

在民生保障层面,区块链溯源体系已成为药品疫苗质量、食品安全的"技术护城河"——通过加密存证疫苗冷链温度、药品生产批号及农产品农药残留等数据,消费者扫码即可验证真伪,监管部门实现全流程动态监控。某省试点后,药品造假案发率下降58%、农产品投诉率降低63%,显著提升了公众对市场秩序的信任度。

未来,需突破数据共享壁垒,构建"监管链+行业链"双层架构,由政府搭建基础信任平台并制定统一接口标准,企业按需接入细分领域子链,结合零知识证明与侧链技术优化隐私保护与系统性能,推动区块链成为供应链安全治理的底层支撑,为经济安全与社会长治久安筑牢技术根基。

7.1.1.4　面临的挑战与解决方案

尽管区块链技术在治安防控领域展现出了巨大的潜力,但其在实际应用中仍面临一些挑战。首先,区块链技术的复杂性和高成本性限制了其在大规模场景下的应用。为了降低部署成本,提高效率,可以探索轻量级区块链协议和分布式账本技术(DLT)的应用。其次,区块链的去中心化特性使得监管变得复杂。为了平衡去中心化与监管需求之间的关系,可以建立基于区块链的监管沙盒机制或采用多链架构来实现不同业务场景下的灵活监管。

此外,隐私保护也是区块链技术应用中需要重点关注的问题。虽然区块链技术本身具有一定的匿名性特点,但在某些场景下(如个人身份认证)可能需要保护用户的隐私信息。为此,可以采用零知识证明、同态加密等隐私保护技术来确保用户数据的安全性。

综上所述,区块链技术以其独特的优势为治安防控领域带来了革命性的变化。通过不断探索和应用新技术手段来优化传统流程和提高效率,我们有理由相信,未来的治安防控体系将更加智能、高效和可靠。

7.1.2　5G技术革新治安防控:引领智能化转型

随着全球5G技术的快速发展与商用化,其在区域治安防控领域展现出了巨大潜力。5G技术不仅推动了物联网(IoT)设备的普及,还凭借其超高速率、低延时和大容量的网络特性[138],逐渐重塑了传统治安防控体系,推动其向智能化、实时化和高效化方向转型。在这一进程中,5G技术通过提升监控能力、数据处理效率、应急响应速度等手段,为建设更安全、更智能的社会环境提供了有力支撑。如图7-2所示为5G技术与智慧城市的融合应用场景。

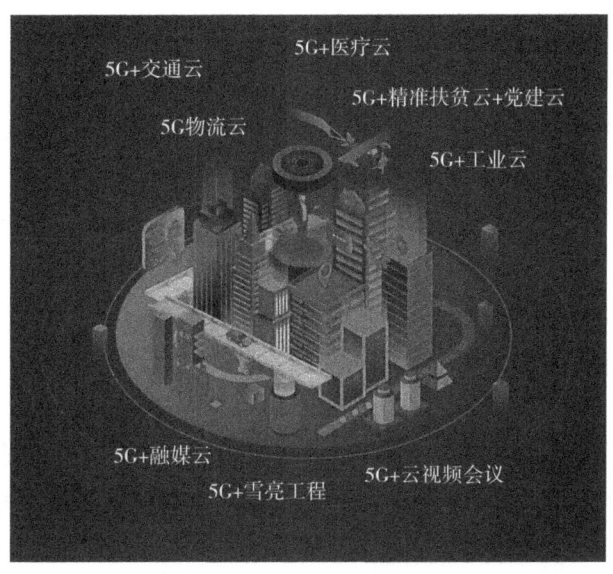

图 7-2　5G 技术与智慧城市的融合应用场景

图 7-2 展示了 5G 技术与各行业的广泛融合,尤其是在交通、医疗、精准扶贫、工业等关键领域中,5G 网络通过"云平台"的支持,实现了设备的互联互通、数据的实时传输与处理。这些应用模式不仅推动了智慧城市的建设,还在治安防控中发挥了巨大的作用。例如,通过"5G + 云视频会议"的方式,指挥中心能够实时远程与现场警力保持联系,迅速做出决策并调度资源,提升了应急响应的效率。

7.1.2.1　5G 技术赋能实时高清监控:构建全方位安全防线

传统的监控系统在视频传输和画质方面往往受到带宽和延迟的限制,难以满足现代安防需求。而 5G 技术的引入,大幅提升了视频监控的清晰度和实时性,使得高清、超高清摄像头能够被广泛部署在城市各个关键位置,提供无死角、全天候的监控支持。通过 5G 网络,监控数据可以实时传输至指挥中心,有效提升了对城市治安环境的监控效率[139]。

如图 7-3 所示为 5G 在通信网络中的核心组件及其关键功能模块。这些模块包括超密集网络、高频通信、D2D 通信、M2M 增强、低延时高可靠通信和频谱共享等,展示了 5G 技术在支持高速率、大容量、低延时和高可靠性通信中的核心作用。在治安防控领域,低延时高可靠通信可以保证高清摄像头、传感器、无人机等设备的稳定通信和实时数据传输,使警方能够实时掌握现场状况并快速做出反应。

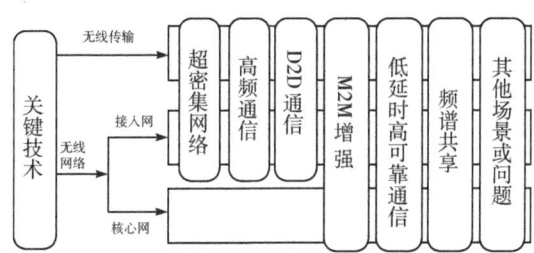

图 7-3　5G 在通信网络中的核心组件及其关键功能模块

此外,5G 技术还支持智能分析功能的集成,通过结合人工智能(AI)算法,系统能够自动识别异常行为、车辆信息以及人脸特征,并及时发出预警。这种方式不仅减轻了人工监控的压力,还显著提升了对潜在威胁的反应速度。例如,在大型集会或人流密集的公共场所,5G 网络支持的智能监控系统可以通过实时数据分析,帮助警方提前发现潜在的安全风险,并及时采取应对措施。

通过这些 5G 技术赋能的高清监控和智能分析系统,治安防控不仅实现了全覆盖的安全防线,还为警方的决策提供了精准可靠的信息依据,确保了对犯罪和突发事件的快速反应。

7.1.2.2　5G 技术促进多源数据融合与智能分析:构建精准决策系统

随着信息化时代的来临,治安防控面临的数据量成倍增长,如何高效收集、处理并分析这些多源数据成为一大挑战。而 5G 技术为数据的实时融合与处理提供了强大的支持,使警方能够迅速获取来自物联网设备、视频监控系统、车辆数据以及社交媒体的海量信息。这些数据通过 5G 网络快速汇集,借助大数据和人工智能技术进行深度分析,从而为警方提供精准的决策依据。

5G 与大数据、云计算的结合,为治安防控的数据处理带来了全新契机。通过云平台的实时计算和存储能力,警方可以将来自各个传感器、摄像头、无人机等设备的海量数据进行整合,并通过机器学习和 AI 算法进行分析。例如,针对城市中的可疑人员或车辆,系统可以通过数据分析得出行为模式,并预测潜在的威胁。此外,基于历史数据的深度挖掘,警方能够快速找出犯罪热点区域,并提前部署警力,防范犯罪行为的发生。

在具体的应用案例中,某城市警方利用 5G 网络和大数据技术,构建了一个智能决策支持系统。该系统能够实时收集并分析来自多个监控点的图像和传感数据,系统在检测到异常行为时会自动触发预警机制并通知警力进行处理。这不仅可以有效提升警方的响应速度,也能够增强对潜在威胁的预测能力,从而提高城市治安的整体防控水平。

7.1.2.3　5G 技术推动移动警务与远程指挥:提升应急响应能力

传统的警务系统往往受限于通信条件和地理位置,难以快速应对突发事件。而 5G 技术为移动警务和远程指挥带来了革命性变化,使得警方能够随时随地与指挥中心保持实时连接。通过 5G 网络,警方可以利用移动设备接入指挥中心,实时获取最新指令,并通过视频会议、数据共享等方式进行远程协作,大大提升了应急响应的灵活性和效率。

同时,5G 网络支持的无人机、无人驾驶车等智能设备的远程操控能力,也为警方在应急情况下提供了新的手段。例如,当某一地区发生紧急事件时,警方可以通过 5G 无人机快速到达现场,对现场进行侦察,实时传回画面帮助指挥中心制定行动计划。在自然灾害或紧急追捕犯罪嫌疑人时,5G 无人驾驶车可以通过精准定位和远程指挥系统,对复杂环境中的犯罪嫌疑人进行实时追踪,从而大幅提高追捕效率。

7.1.2.4　5G 技术助力智慧安防生态:推动安防产业创新发展

随着 5G 技术的普及,智慧安防生态正在逐渐形成。以 5G 网络为核心,结合物联网、大数据、云计算和人工智能等前沿技术,智慧安防系统具备了更高效的数据处理和设备协同能力。5G 技术不仅为这些设备提供了稳定的网络支持,还大大提升了实时数据共享与智能分析的能力。

智慧安防生态的构建体现在多个方面:首先,5G 技术支持的物联网设备能够更高效地进行数据共享,实现了安防设备之间的互联互通;其次,大数据分析平台可以通过整合和分析来自不同设备的数据,形成一个全方位的监控体系;最后,云计算平台可以通过高效的数据存储和处理能力,帮助警方快速响应突发事件。此外,5G 技术还支持与其他行业的融合创新,推动安防系统与智能交通、智慧社区等领域的协同发展,进一步提高了安防工作的整体效率。

例如,在智慧社区中,5G 技术可以实现智能门禁、智能监控等多种应用,通过将居民的安全管理与社区服务相结合,提升社区的安全性和生活便利性;在智能交通领域,5G 可以支持车联网和自动驾驶技术的广泛应用,帮助城市交通管理更加智能化,减少交通事故的发生,为治安防控提供新的手段。

综上所述，5G 技术正在深刻改变区域治安防控的模式，通过提升监控能力、数据分析效率、应急响应速度等方面，推动着安防体系的智能化转型。同时，随着 5G 在治安防控中的应用不断深入，我们也应关注其面临的技术挑战与安全隐患，确保 5G 技术在未来治安防控中发挥更大的作用。

7.1.3 人工智能与大模型的持续进化：治安防控领域的智能革命

在科技飞速发展的今天，人工智能（AI）与大模型技术的结合正以惊人的速度深入各个领域，尤其是在治安防控中展现出极大的应用潜力[140]。DeepSeek 是一家专注通用人工智能（AGI）的中国科技公司，主攻大模型研发与应用。DeepSeek-R1 是其开源的推理模型，擅长处理复杂任务且可免费商用。DeepSeek-R1 具有多个显著优点，包括卓越的推理能力、高性价比、开源特性、强化学习的应用、极致的低延迟和满血版 MoE 架构等，已在世界各地掀起巨大影响，获得全球广泛赞誉。借助算法的不断优化和计算能力的跨越式提升，AI 技术已经超越了传统的数据处理范畴，能够深入挖掘和分析海量信息，为警方提供前所未有的洞察力和智能决策支持。本部分将深入探讨 AI 与大模型在治安防控中的具体应用场景、面临的挑战以及应对方案，展示这一智能革命如何重塑未来的治安防控体系。

如图 7-4 所示为大模型技术的层次结构，资源层、应用层、模型层和算力层形成了完整的大模型应用生态系统。在治安防控的具体应用中，各个层级的功能相辅相成：应用层支持 AI 算法的开发与实训，模型层提供强大的大模型支持，而算力层则通过高性能硬件确保计算任务的高效执行。

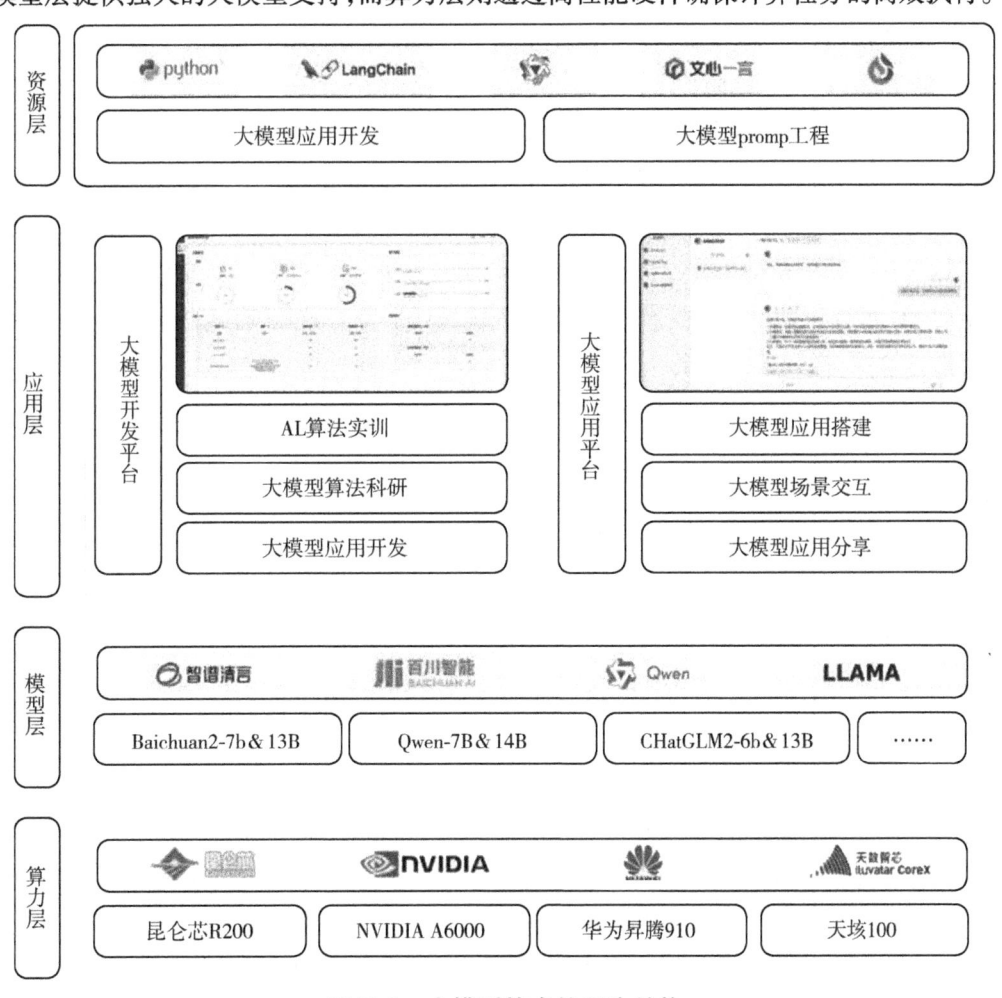

图 7-4　大模型技术的层次结构

7.1.3.1 人工智能与大模型在治安防控中的具体应用

1. 智能监控分析

可实时对监控视频进行分析,识别出人员的异常行为,如奔跑、摔倒、聚集等,并及时发出警报。同时,还能对车辆的行驶轨迹、速度、违规行为等进行标注和分析,为交通管理和安全防范提供支持,让安防人员更快速地了解监控场景中的情况,及时发现安全隐患。

2. 人脸识别与身份验证

在门禁系统、身份验证等应用中,DeepSeek 的人脸识别标注技术能够快速准确地识别人员身份,提高门禁管理的安全性和便捷性。在刑侦领域,还可以帮助警方从海量的监控视频中快速识别犯罪嫌疑人,为案件侦破提供重要线索。

3. 强化数据分析,赋能警情研判

通过对接数据服务平台,运用其强大的数据分析、逻辑推理能力,对警情进行多维度、精细化的研判,快速、自动生成警情分析报告,为情指中心和各派出所指挥室提供有效的决策依据,极大提升警情研判工作效率。

4. 强化线索挖掘,赋能侦查打击

以 DeepSeek 大模型为基础,通过刑事侦查知识库的强化学习,根据公安大数据快速智能挖掘违法犯罪活动的相关情报线索,为公安机关精准打击违法犯罪活动提供有力的情报支撑。

5. 强化预测预警,赋能风险防控

利用其深度推理能力,结合多源数据资源,构建精准的风险预测体系,实现风险事件的早发现、快处置、妥安置,提升警务工作的预见性和主动性,为维护社会稳定和公共安全提供有力保障。大模型技术通过分析历史犯罪数据、社会经济指标和环境因素等多维度数据,帮助预测未来的犯罪趋势和可能的风险区域。这一预测模型为警方提前部署资源、制定预防措施提供了科学依据。通过对历史数据的深度学习,AI 可以识别出犯罪模式,从而在高危区域增加警力布控,有效减少犯罪事件的发生。

6. 强化数据碰撞,提升安保精度

在大型活动安保工作中,通过接入各类多样化数据,获取准确的情报支持,提升安保工作精准度,有效预防和控制潜在的安全风险。

7. 强化推演分析,赋能应急处置

在突发事件处置工作中,通过智能分析与预测,警方能够精准识别潜在风险点,优化警力资源配置,缩短应急响应时间,提升整体处置效率。

8. 辅助执法审查

综合运用 OCR 识别技术和 DeepSeek 强大的语义分析和逻辑推理能力,辅助法制工作人员对执法办案材料进行规范性审查,提升执法规范化水平。

9. 基于大模型的对话式 AI 民警解决方案

在基层警务工作中,基于大模型的对话式 AI 技术已经逐渐应用于解决社区治安问题。通过大模型,AI 系统能够自动处理如纠纷报告、反诈骗宣传等各类文本信息,并迅速提取出有价值的线索和情报。这种智能化的分析工具极大提高了工作效率,降低了人为误判的可能性。目前,该技术已经在浙江、广东、天津等地区的公安系统中成功落地,显著提升了公共服务的响应速度和处理质量。

10. 多模态数据融合与智能分析

大模型的多模态融合能力使得 AI 不仅能够处理文本数据,还可以处理并理解包括图像、音频在内的多种数据类型。例如,AI能够通过监控视频分析可疑行为,通过语音分析记录进行情报挖掘,进而提高整体情报的准确性和效率。这种多模态数据的融合处理能力,使得AI在治安防控中发挥了更加全面和深度的作用,帮助警方从不同数据源中提取有效信息并做出快速决策。

7.1.3.2 人工智能与大模型技术在治安防控中面临的挑战

尽管人工智能与大模型技术在治安防控中展示了巨大的潜力,但在实际应用中也面临着一系列挑战,主要包括以下几个方面。

1. 数据隐私与安全问题

AI技术依赖于大量的数据支持,而这些数据通常涉及个人隐私和敏感信息。如何确保数据在收集、存储、处理和使用中的安全性和隐私保护,成为技术发展的重要难题之一。任何不当的数据处理行为,都可能引发严重的法律和社会问题,甚至影响公众对警务系统的信任。

2. 算法偏见与公平性

人工智能的决策高度依赖于其训练数据的质量和多样性,然而,现实世界中的数据常常带有偏见,这种偏见会被算法继承并放大,进而导致不公平的决策结果。例如,某些群体可能会因历史数据中的不均衡性而受到过多的监控或资源分配不公。因此,如何减少算法中的偏见,确保技术的公平性,成为治安防控中AI应用的一大挑战。

3. 伦理与道德问题

AI技术在治安防控中的应用不可避免地引发了伦理和道德问题。例如,当AI系统预测某个区域可能会发生犯罪时,警方是否有权提前干预,限制该区域居民的自由活动?这种基于预测的干预措施是否合理?又如,当AI系统的判断出错时,应该由谁来承担相应的责任?这些问题要求我们在技术应用的同时,深入探讨并建立适当的伦理规范和责任机制。

7.1.3.3 解决方案与展望

针对上述挑战,以下几个方面的解决方案可进一步推动AI技术在治安防控中的健康发展。

1. 加强数据保护与隐私安全

确保数据隐私和安全是AI技术成功应用的基础。政府和企业应共同致力于建立健全的数据保护机制,制定并执行严格的法律法规,规范数据的收集、存储和使用过程。同时,技术方面也需要采用更为先进的保护手段,如数据加密、匿名化处理和访问控制等,以确保数据在各个环节中的安全性和隐私性。

2. 优化算法设计与公平性评估

为了减少算法中的偏见和不公平现象,AI系统的设计需要在数据多样性和代表性方面加大投入。在算法设计阶段,可以引入对抗性训练、正则化等技术手段,以减少数据中的偏见;在应用阶段,需要建立算法公平性评估机制,监控系统的决策结果,及时发现并纠正可能存在的不公平问题。

3. 建立伦理规范与责任机制

针对AI技术在治安防控中的伦理和道德问题,迫切需要建立合理的伦理规范和责任机制。政府、企业和学术界应联合制定明确的AI使用准则,确定AI技术的应用范围、限制条件以及责任归属。同时,公众教育也是关键,社会需要提高对AI技术的认知和理解,确保在其发展过程中,技术进步与社会伦理并行不悖。

综上所述,人工智能与大模型技术的持续进化,正在深刻变革治安防控领域的工作方式。通过展示多个具体应用案例,并对技术面临的挑战和应对方案进行探讨,可以看出这一智能革命的巨大潜力与发展空间。未来,随着技术的不断进步,我们有理由相信,AI 将在治安防控中发挥更加重要的作用,为维护社会安全与稳定做出更大的贡献。

7.1.4 量子计算的未来展望:治安防控领域的新曙光

随着科技的飞速发展,量子计算这一前沿技术正逐渐从理论走向实践,其对现有计算体系的潜在颠覆性影响引起了全球范围内的广泛关注。尽管量子计算目前仍处于起步阶段,但其展现出的巨大算力与独特优势,预示着其在未来治安防控领域将发挥不可估量的作用。本部分将深入探讨量子计算的基本原理与发展现状,以及在治安防控领域的潜在应用场景与优势,同时分析其在实际应用中可能面临的挑战及解决方案。

7.1.4.1 量子计算的基本原理与发展现状

量子计算是一种基于量子力学原理的新型计算模式,它利用量子比特(qubit)作为信息的基本单位,通过量子叠加态和纠缠态等特性实现信息的并行处理。与经典计算机使用二进制位(bit)不同,量子比特可以同时处于 0 和 1 的叠加态,这种特性使得量子计算机在处理某些特定问题时具有指数级的速度优势。

近年来,量子计算技术取得了显著进展。全球范围内的科研机构和企业纷纷加大投入,推动量子硬件和算法的研发。目前,已经有多款量子计算机原型机问世,虽然它们的量子比特数量还相对较少,但已经能够执行一些简单的量子算法,展示了量子计算的巨大潜力。

7.1.4.2 量子计算在治安防控领域的潜在应用场景与优势

大规模数据分析加速:在治安防控中,大数据分析是核心环节之一。然而,随着数据量的爆炸式增长,传统计算机在处理大规模数据集时显得力不从心。量子计算凭借其强大的并行处理能力,能够显著加速大规模数据分析过程,帮助警方更快地发现安全隐患和犯罪线索。

智能算法优化:治安防控中广泛应用的智能算法,如机器学习、深度学习等,需要大量的计算资源来优化模型参数和训练过程。量子计算可以通过量子退火、变分量子本征求解器等量子算法,以更快的速度找到全局最优解,从而优化智能算法的性能,提高警方的决策支持能力。

量子加密与安全通信:量子加密技术利用量子力学的不可克隆定理和不确定性原理,实现了理论上绝对安全的信息传输。在治安防控领域,量子加密可以保护关键数据在传输和存储过程中的安全性,防止敏感信息被窃取或篡改,为警方提供更加可靠的通信保障。

7.1.4.3 量子计算技术在实际应用中可能面临的挑战及解决方案

尽管量子计算在治安防控领域展现出巨大的潜力,但其实际应用仍面临诸多挑战。

技术成熟度不足:目前量子计算技术仍处于发展初期,量子比特的稳定性、纠错能力等方面尚需进一步提升。为解决这一问题,需要持续加大研发投入,推动量子硬件和算法的不断优化和完善。

量子软件与算法开发滞后:与经典计算机相比,量子计算机的编程语言和算法设计更加复杂。为了充分发挥量子计算的潜力,需要加快量子软件与算法的开发步伐,建立完善的量子计算生态体系。

成本高昂:量子计算硬件的制造和维护成本较高,限制了其在治安防控等领域的广泛应用。为降低成本,可以通过政府资助、企业合作等方式形成合力,共同推动量子计算技术的商业化进程。

安全与隐私保护:量子计算的发展也带来了新的安全挑战。例如,量子计算机可能破解现有的一些加密算法。为此,需要研究新的量子安全协议和算法,确保量子计算环境下的数据安全与隐私保护。

综上所述,量子计算作为未来科技的重要发展方向之一,其在治安防控领域的应用前景广阔。通过不断探索和创新,我们有理由相信量子计算将为治安防控带来革命性的变革,为维护社会稳定和公共安全做出重要贡献。面对量子计算技术的挑战与机遇,我们需要保持开放的心态和前瞻的视角,积极拥抱这一新兴技术带来的无限可能。

7.2 治安防控体系的未来发展方向

7.2.1 智能化升级的全面推进:治安防控的未来图景

在科技日新月异的今天,智能化已成为推动社会进步的重要力量。对于治安防控领域而言,智能化升级不仅是提升警务效能的关键途径,更是适应新时代社会治理需求的必然选择。未来,治安防控体系将全面推进智能化升级,通过构建一系列智能化系统,实现对各类安全风险的全面感知、精准研判和快速响应。本部分将从智能化升级的具体实践案例、成效、面临的问题及解决方案等方面进行深入探讨[141]。

7.2.1.1 智能化升级在治安防控中的具体实践案例

1. 智能视频监控系统的广泛应用

智能视频监控系统是治安防控智能化升级的重要成果之一。该系统利用先进的图像处理技术和人工智能算法,实现对监控画面的自动分析、异常行为检测和报警功能。与传统监控系统相比,智能视频监控系统具有更高的实时性、准确性和自动化程度。

在某市公安部门的应用案例中,智能视频监控系统成功帮助他们破获了一起系列盗窃案。通过部署在城市主要街道、商业区和居民区的智能摄像头,系统实时监测并分析了大量监控画面,成功锁定了一名多次作案的嫌疑人。系统不仅自动识别了嫌疑人的面部特征,还通过行为分析算法预测了其可能的逃窜路线。警方根据系统提供的线索迅速布控,最终成功将嫌疑人抓捕归案。

2. 智能警用装备的研发与应用

智能警用装备是提升警方实战能力的重要工具。近年来,随着科技的进步和警务需求的不断变化,智能警用装备的种类和功能日益丰富。这些装备不仅提高了警方的作业效率,还增强了警员的安全保障。

例如,智能执法记录仪集高清摄像、语音识别、数据分析等多种功能于一体。它不仅能够实时记录执法过程中的音、视频资料作为证据使用,还能通过人脸识别、车牌识别等技术辅助警方进行嫌疑人追踪和车辆核查。此外,一些智能警用装备还具备远程通信、实时定位等功能,为警方提供了更加便捷、高效的指挥调度手段。

7.2.1.2 智能化升级的成效

智能化升级在治安防控中取得了显著成效。

首先,它大大提高了警务工作的效率和精准度。通过智能化系统的辅助分析和预警功能,警方能够更快速地发现安全隐患和犯罪线索,并采取有效措施进行处置。这不仅缩短了响应时间还提高了处置效果。

其次,智能化升级还增强了警方的实战能力和应对突发事件的能力。智能警用装备的研发和应用为警方提供了更加先进、可靠的作战工具,使得他们在执行任务时能够更加从容应对各种复杂情况。

最后,智能化升级还促进了警务工作的透明化和规范化。通过智能视频监控系统和执法记录仪等设备的应用,警方能够更加客观、全面地记录执法过程,有效减少了执法过程中的争议和纠纷。

7.2.1.3 智能化升级过程中可能遇到的问题及解决方案

尽管智能化升级在治安防控中取得了显著成效,但其过程中也面临着一些问题亟待解决。

1. 数据安全与隐私保护问题

随着智能化系统的广泛应用,大量敏感数据被收集和分析。如何确保这些数据的安全性和隐私性成了一个重要问题。一旦数据泄露或被滥用,将对个人权益和社会稳定造成严重影响。

为解决这一问题,需要建立健全的数据安全保护机制,加强数据加密、访问控制和审计等安全措施,确保数据在传输、存储和处理过程中的安全性。同时还需要加强对数据使用人员的培训和监管,提高他们的数据保护意识和能力。

2. 技术融合与系统集成问题

治安防控领域的智能化升级涉及多个系统和技术的融合与集成。然而由于不同系统和技术的标准、接口和协议存在差异,导致在实际应用中难以实现无缝对接和协同工作。这不仅影响了警务工作的效率和精准度,还增加了系统的复杂性和维护成本。

为解决这一问题,需要加强技术标准的制定和推广,促进不同系统和技术的兼容性和互操作性。同时,还需要加强系统集成能力的建设,提高系统之间的协同工作能力和整体效能。

3. 人才短缺与培训问题

智能化升级对警务人员的素质和能力提出了更高的要求。然而目前许多警务人员在智能化技术方面存在知识盲区和技能短板,难以胜任智能化系统的操作和维护工作。这在一定程度上制约了智能化升级在治安防控中的应用效果。

为解决这一问题,需要加强警务人员的培训和教育工作,提高他们的智能化技术知识水平和应用能力。同时还需要加强与高校、科研机构等单位的合作,引进和培养一批具备高素质、高技能的智能化技术人才,为治安防控领域的智能化升级提供有力的人才保障。

综上所述,智能化升级是未来治安防控体系发展的重要方向之一。通过构建智能分析平台、智能预警系统、智能指挥调度系统等智能化系统,并加强智能装备的研发和应用,可以实现对各类安全风险的全面感知、精准研判和快速响应。然而,在实际应用中还需要注意解决数据安全与隐私保护、技术融合与系统集成以及人才短缺与培训等问题,以确保智能化升级的顺利实施和取得实效。

7.2.2 协同化作战的深化发展:构建全方位治安防控体系

在当今复杂多变的治安环境下,单一部门或区域的防控措施已难以满足有效打击犯罪、维护社会稳定的需求。因此,协同化作战作为一种高效、全面的治安防控策略,正逐步成为应对复杂治安挑战的重要趋势。通过跨部门、跨区域的紧密合作,以及广泛动员社会各界力量参与,协同化作战不仅增强了打击犯罪的力度,还促进了社会治理的多元化和精细化。本部分将从协同化作战的具体实践案例、成效分析以及完善机制等方面进行深入探讨。

7.2.2.1 协同化作战在治安防控中的具体实践案例

1. 跨区域联合执法行动

跨区域犯罪活动的日益猖獗对传统的属地管辖模式提出了严峻挑战。为此,各地公安机关积极探索跨区域联合执法机制,通过信息共享、联合侦查、协同抓捕等方式,有效打击了流窜作案、团伙犯罪等跨区域犯罪活动。

以某省为例,该省公安机关针对长期活跃在该省及周边地区的盗窃团伙,发起了一场跨区域联合执法行动。行动中,各地公安机关打破地域界限,建立了情报共享平台,实现了对犯罪嫌疑人的精准追踪和定位,通过多次联合抓捕行动,成功捣毁了多个盗窃团伙,有效遏制了跨区域盗窃案件的频发态势。

2. 警民联防联控机制

警民联防联控是协同化作战的重要组成部分。它通过广泛动员社区居民、企事业单位等社会各界力量参与治安防控工作,形成警民携手共筑平安防线的良好局面。

在某城市社区,警方与社区居委会、物业公司等紧密合作,建立了警民联防联控机制。社区内设置了多个治安岗亭和监控探头,实现了对重点区域的全天候监控。同时,社区居民积极参与巡逻防范工作,发现可疑情况及时报警并协助警方处置。此外,警方还定期在社区内开展法制宣传和安全教育活动,提高了居民的安全防范意识和自我保护能力。

7.2.2.2 协同化作战的成效分析

1. 打击犯罪力度显著增强

通过跨区域联合执法和警民联防联控等协同化作战方式,公安机关有效整合了各地资源,发挥了整体作战优势。这不仅提高了打击犯罪的精准度和时效性,还增强了对犯罪分子的震慑力。跨区域联合执法行动的成功实施,使得犯罪分子难以逃避法律制裁;而警民联防联控机制的建立,则让犯罪分子无处遁形。

2. 社会治理水平不断提升

协同化作战不仅局限于打击犯罪本身,还促进了社会治理水平的提升。通过加强与社会各界的合作与沟通,公安机关能够更准确地了解社情民意和治安动态,为制定科学合理的防控策略提供有力支撑。同时,社会各界的广泛参与也增强了公众对公安工作的理解和支持度,为构建和谐社会奠定了坚实基础。

7.2.2.3 完善协同化作战机制的建议

1. 加强信息共享与协作平台建设

信息共享是协同化作战的基础,应进一步完善信息共享机制和技术手段建设,确保各部门、各地区之间能够实时、准确地交换情报信息和工作经验。同时加强协作平台建设,为跨区域联合执法等行动提供便捷、高效的指挥调度和沟通协调渠道。

2. 强化法律法规支撑与保障

协同化作战需要法律法规的支撑与保障,应加强对相关法律法规的研究和制定工作,明确各部门、各地区在协同作战中的职责分工和权利义务关系。同时加大对违法违规行为的惩处力度,确保协同作战的顺利进行和取得实效。

3. 推动社会力量广泛参与

社会治理需要全社会的共同参与和努力,应继续加强与社会各界的沟通与合作机制建设,广泛动员社区居民、企事业单位等社会力量参与治安防控工作。通过宣传教育、志愿服务等方式提高公众的安全防范意识和参与度;同时加强对社会力量的培训和管理工作,确保其在协同作战中发挥积极作用。

4. 优化资源配置与利用

在协同化作战过程中应注重资源配置与利用的优化工作,根据实际需求合理调配警力资源和其他社会资源;同时加强对资源的整合与共享工作,避免重复建设和资源浪费现象的发生。此外还应加强对新技术、新手段的研究与应用工作,提高协同作战的科技含量和智能化水平。

综上所述,协同化作战作为应对复杂治安挑战的重要策略之一,在打击犯罪、提升社会治理水平等方面发挥了重要作用,并取得了显著成效。未来应继续加强信息共享与协作平台建设,强化法律法规支撑与保障,推动社会力量广泛参与以及优化资源配置与利用等方面的工作,不断完善协同化作战机制,提高协同作战的效率和效果,为构建和谐社会贡献更大力量!

7.2.3　法治化保障的加强完善:构建坚实的治安防控法治基石

在探讨治安防控体系的未来发展时,法治化保障无疑是其稳固基石。随着社会的不断进步和犯罪形态的日益复杂,加强法治化建设,完善相关法律法规体系,提升执法规范化水平,以及普及公民法治教育,已成为提升治安防控效能、维护社会稳定的关键所在。本部分将从法律法规的完善、执法规范化建设以及公民法治教育三个方面进行深入探讨。

7.2.3.1　法律法规的完善:构建全面覆盖的治安防控法律体系

1. 加强个人信息保护立法

在数字化时代,个人信息泄露问题日益严峻,给个人隐私安全带来巨大威胁。因此,加强个人信息保护立法显得尤为迫切。未来,应出台更加严格、细致的个人信息保护法,明确个人信息收集、使用、处理的边界和条件,加大对违法收集、滥用个人信息的惩处力度。同时,推动建立个人信息保护监管体系,确保法律法规得到有效执行。

2. 完善网络安全法律体系

网络安全是国家安全的重要组成部分,也是治安防控的重要领域。针对网络犯罪日益猖獗的现状,应加快完善网络安全法律体系,明确网络空间的行为规范和责任追究机制。这包括制定网络犯罪预防、打击、惩治等方面的专项法规,以及加强跨境网络犯罪的国际合作立法,形成内外联动的网络安全防护网。

3. 强化反恐防暴法律框架

面对恐怖主义和极端主义的威胁,加强反恐防暴法律框架建设势在必行,应完善反恐法律法规体系,明确恐怖主义行为的定义、惩治措施及国际合作机制。同时,加强对重点区域、重点人群的监控和管理,建立健全反恐预警和应急响应机制,确保在恐怖事件发生时能够迅速、有效地进行处置。

4. 协调法律体系,形成合力

在完善各项法律法规的同时,还应注重法律体系内部的协调与统一。通过立法审查、司法解释等方式,确保新出台的法律法规与现有法律体系相协调、不冲突。同时,加强跨部门、跨领域的法律协作机制建设,形成合力共同应对治安防控中的复杂问题。

7.2.3.2　执法规范化建设:提升执法公信力和效率

1. 规范执法程序

当前执法过程中存在的程序不规范问题严重影响了执法的公信力。因此,应加强对执法程序的规范化建设,明确执法各个环节的标准和要求。通过建立执法标准化流程、完善执法文书制作规范等方式,确保执法活动严格依法进行、程序正当。

2. 建立执法监督机制

为了有效遏制执法过程中的滥用职权、侵犯人权等问题,应建立健全执法监督机制。这包括设立独立的执法监督机构、畅通群众举报投诉渠道、加强内部监督和外部监督相结合的方式等。通过全方位、多层次的监督体系,确保执法活动在阳光下运行。

3.加强执法培训

执法人员的法律素养和业务能力直接关系到执法效果的好坏。因此,应加强对执法人员的培训工作,提升其法律专业知识、实战技能和职业道德水平。通过定期组织培训、考核和评估等方式,确保执法人员能够熟练掌握法律法规和执法技能,有效应对复杂多变的治安形势。

4.提高执法透明度

执法透明度是提升执法公信力的关键所在。应推动执法信息公开制度的建设和完善,及时向社会公布执法依据、程序和结果等信息。同时,加强媒体和公众对执法活动的监督力度,形成全社会共同关注和支持执法的良好氛围。

7.2.3.3 公民法治教育:培养全社会的法治意识

1.普及法律知识

加强公民法治教育的首要任务是普及法律知识。通过学校教育、社区宣传、媒体传播等多种渠道和方式,向广大公民普及宪法等基本知识以及与他们日常生活密切相关的法律法规内容,让公民了解法律赋予他们的权利和义务以及违法行为的后果和代价,从而增强他们的法律意识和守法自觉性。

2.提升公民参与意识

法治社会的建设离不开公民的积极参与和支持。因此,在普及法律知识的同时还应注重提升公民的参与意识,引导他们积极投身到法治社会的建设中来。通过组织志愿者活动、开展法律咨询和援助等方式,鼓励公民参与法治实践,为法治社会的建设贡献自己的力量。

3.营造法治文化氛围

法治文化氛围是培育公民法治意识的重要土壤。应通过多种方式营造浓厚的法治文化氛围,如举办法治讲座、展览和演出等活动;推广优秀法治文艺作品;建立法治教育基地等,让公民在潜移默化中接受法治文化的熏陶和感染,从而增强他们的法治信仰和认同感。

综上所述,法治化保障是治安防控体系的重要基石。通过完善法律法规体系、加强执法规范化建设以及普及公民法治教育等措施,可以构建起一个全面覆盖、规范有序、公众参与的治安防控法治环境,为社会的和谐稳定提供有力保障。

7.2.4 精准化防控的深度实施:构建高效、智能的治安防控新体系

在治安防控领域,精准化已成为不可逆转的发展趋势。面对日益复杂多变的犯罪形势,传统的"一刀切"防控模式已难以满足实际需求。精准化防控强调通过科学的方法和先进的技术手段实现对犯罪活动的精准识别、预判和应对,从而提高防控的针对性和有效性。本部分将从大数据分析的应用、风险评估与预警以及差异化防控策略三个方面,深入探讨精准化防控的深度实施策略。

7.2.4.1 大数据分析的应用:洞察犯罪规律,预测未来趋势

1.大数据分析在治安防控中的应用场景

大数据分析作为精准化防控的核心驱动力,其在治安防控中的应用场景极为广泛。

首先,通过收集和分析历史犯罪数据,可以揭示犯罪活动的时空分布规律、作案手法特征等信息。例如,警方利用大数据分析技术,对近年来的盗窃案件进行统计分析,发现盗窃案件多发于夜间、周末以及人口密集的商业区等特征。这些信息为警方部署警力、加强巡逻提供了重要依据。

其次,大数据分析还能帮助预测犯罪热点区域和时段。通过对犯罪数据的深入挖掘和关联分析,可以识别出潜在的犯罪高风险区域和时段,从而为警方提前制定预防措施提供科学依据。例如,在节假日或大型活动期间,通过分析历史数据可以预测出人流密集区域可能发生的扒窃、诈骗等案件类型

及其发案特点,进而有针对性地加强防范。

此外,大数据分析还能用于评估犯罪风险。通过建立犯罪风险评估模型,综合考虑犯罪历史、社会环境、经济条件等多种因素,对特定区域或人群的犯罪风险进行量化评估。这种评估结果不仅有助于警方合理分配警力资源,还能为政府决策提供有力支持。

2. 加强大数据共享与融合

然而,要充分发挥大数据分析在治安防控中的作用,必须打破信息孤岛,实现数据的共享与融合。当前,各部门间数据孤岛现象依然严重,导致大量有价值的数据资源无法得到有效利用。为此,应推动建立跨部门数据共享机制,明确数据共享的范围、方式和责任主体,确保数据在合法、安全的前提下实现高效流通。

同时,还应加强数据融合技术的应用。通过数据融合技术,可以将来自不同源、不同类型的数据进行整合处理,形成更加全面、准确的信息视图。例如,将公安、交通、民政等部门的数据进行融合分析,可以更加精准地掌握人员流动情况、车辆行驶轨迹等信息,为打击流窜作案、跨区域犯罪等提供有力支持。

7.2.4.2　风险评估与预警:科学量化风险,提前介入干预

1. 风险评估的基本原理与方法

风险评估是精准化防控的重要环节之一。其基本原理在于通过对潜在威胁因素进行全面梳理和分析,评估其对目标对象可能造成的危害程度,并据此制定相应的防控措施。在治安防控领域,风险评估主要关注犯罪活动对公共安全、社会秩序以及人民群众生命财产安全等方面的影响。

风险评估的方法多种多样,包括但不限于德尔菲法、层次分析法、模糊综合评价法等。这些方法各有优缺点,适用于不同类型的风险评估任务。例如,德尔菲法通过专家咨询和意见征询来收集信息并达成共识;层次分析法则将复杂问题分解为若干层次和因素进行逐一比较和排序;模糊综合评价法则利用模糊数学理论对模糊信息进行量化处理并得出综合评价结果。

2. 风险评估在治安防控中的应用

在治安防控中,风险评估被广泛应用于识别潜在的安全隐患和犯罪风险点。通过构建风险评估模型并输入相关数据参数(如犯罪历史数据、人口统计数据、社会经济指标等),可以对特定区域或人群进行风险量化评估。评估结果不仅有助于警方了解当前治安形势的严峻程度和发展趋势,还能为制定差异化的防控策略和措施提供科学依据。

同时,风险评估还能与预警机制相结合形成更加完善的防控体系。设定风险阈值和预警规则,当评估结果超过阈值时,系统自动触发预警信号提醒相关部门及时介入干预。这种预警机制有助于警方提前发现潜在的安全隐患,并采取有效措施加以防范,从而减少或避免犯罪活动的发生。

7.2.4.3　差异化防控策略:因地制宜因时制宜

1. 针对不同区域制定差异化防控策略

由于不同区域的治安状况、犯罪类型和特点存在较大差异,因此,应因地制宜地制定差异化防控策略。例如,在城市中心区域,由于商业活动频繁、人口密集,因此应重点加强巡逻防控和视频监控力度,确保一旦发生紧急情况,能够迅速响应并有效处置;而在城乡接合部或偏远农村地区,由于基础设施相对薄弱,且人员流动性大,因此应更加注重加强基层治安组织建设,提高群众自防自治能力。

2. 针对不同类型犯罪制定差异化防控措施

除了区域差异外,不同类型犯罪也需要采取不同的防控措施以实现精准打击和有效遏制的目的。

例如,针对暴力犯罪,应强化警力部署和快速反应机制,确保能够在最短时间内控制事态发展;针对经济犯罪,则应加强金融监管和审计力度,提高违法成本并加大惩处力度;针对网络犯罪,则应加强网络安全防护和技术手段研发,提高网络安全防御能力和应急处置水平;针对电信诈骗等新型犯罪手段,则应加强宣传教育,提高公众防范意识和自我保护能力,并建立健全跨部门协作机制,形成打击合力。

综上所述,精准化防控是未来治安防控体系的重要发展方向之一。通过大数据分析的应用、风险评估与预警机制的建立以及差异化防控策略的制定和实施可以实现对犯罪活动的精准识别、预判和应对,从而提高防控的针对性和有效性,为构建和谐社会提供有力保障。在未来的发展中,我们还需要不断探索和创新,不断完善精准化防控体系,以适应日益复杂多变的治安形势和社会需求。

7.2.5　国际化合作的深化拓展:共筑跨国犯罪防控的全球防线

在全球化日益加深的今天,跨国犯罪、网络犯罪等新型犯罪形态层出不穷,给全球安全稳定带来了前所未有的挑战。面对这些复杂多变的威胁,加强国际警务合作已成为维护国际和平与安全的重要途径。未来治安防控体系将更加注重国际化合作的深化拓展,通过构建更加紧密、高效的国际警务合作机制,共同应对跨国犯罪的挑战[142]。

7.2.5.1　国际警务合作机制:搭建跨国犯罪的联合防线

1. 国际警务合作的主要机制和平台

国际警务合作是打击跨国犯罪的重要基石。当前,全球范围内已建立了多个旨在促进国际警务交流与合作的机制和平台,其中最具代表性的包括国际刑警组织(Interpol)和联合国毒品和犯罪问题办公室(UNODC)。

国际刑警组织作为全球最大的警察合作组织,拥有近200个成员国,其职责涵盖打击跨国犯罪、追逃追赃、提供技术援助等多个方面。通过其庞大的信息网络和数据共享平台,国际刑警组织能够迅速响应各国警方的协查请求,为跨国犯罪侦查提供有力支持。同时,该组织还定期举办各类培训、研讨会等活动,促进成员国之间的经验交流与合作。

联合国毒品和犯罪问题办公室则专注于打击毒品犯罪、有组织犯罪及腐败等跨国犯罪活动。该机构通过提供政策指导、技术支持和资金援助等方式,帮助各国政府加强本国刑事司法体系的建设和完善。此外,联合国毒品和犯罪问题办公室还积极推动国际合作项目的实施,促进各国在打击跨国犯罪方面的协同作战。

2. 国际警务合作机制的作用与成效

国际警务合作机制在打击跨国犯罪方面发挥了重要作用。通过加强情报交流、联合侦查和联合执法等手段,有效地提升了各国警方应对跨国犯罪的能力。例如,在打击恐怖主义方面,国际刑警组织与各国警方紧密合作,通过共享恐怖分子的身份信息、活动轨迹等关键情报,为反恐行动提供了有力支持;在打击网络犯罪方面,各国警方通过国际合作机制共同追踪黑客攻击来源、打击网络诈骗等行为,维护了网络空间的安全与稳定。

7.2.5.2　跨国犯罪打击:协同作战,共克时艰

1. 跨国犯罪的特点与趋势

跨国犯罪具有组织严密、手段隐蔽、涉及面广等特点,给打击工作带来了巨大挑战。当前,跨国犯罪呈现出一些新的趋势:一是犯罪手段不断翻新,如网络诈骗、勒索软件等新兴犯罪形式层出不穷;二是犯罪组织跨境活动日益频繁,形成了复杂的犯罪网络;三是犯罪活动与经济全球化紧密相连,涉及金融、贸易等多个领域。

2. 加强跨国犯罪打击的协作与配合

针对跨国犯罪的特点和趋势,加强协作与配合成为打击跨国犯罪的关键。首先,各国警方应加强情报交流工作,建立快速响应机制,确保关键情报的及时传递和共享;其次,在联合侦查方面,各国警方应明确各自职责分工,形成优势互补的侦查合力;最后,在联合执法方面,各国应加强跨境追捕、资产冻结等合作措施的实施力度,确保犯罪分子无处遁形。

以打击恐怖主义为例,各国警方应紧密合作,共同应对恐怖主义威胁。通过加强情报共享和联合行动等手段有效遏制恐怖主义活动的蔓延势头。同时针对网络犯罪等新兴犯罪形式,各国警方也应加强技术交流和合作,共同提升打击网络犯罪的能力水平。

7.2.5.3 国际警务能力建设:提升话语权与影响力

1. 加强国际警务能力建设的重要性

加强国际警务能力建设是提升我国在国际警务合作中话语权和影响力的关键所在。随着全球化进程的加速推进,跨国犯罪问题日益突出,加强国际警务合作已成为各国警方的共识。然而由于各国警方的执法理念、技术手段等方面存在差异,导致国际合作中难免出现沟通不畅、协作不力等问题。因此,加强国际警务能力建设不仅有助于提升我国警方的执法水平和专业素养,还能增强我国在国际警务合作中的话语权和影响力,促进国际合作机制的顺畅运行。

2. 参与国际警务培训与交流

参与国际警务培训与交流是加强国际警务能力建设的重要途径之一。通过参加国际刑警组织、联合国毒品和犯罪问题办公室等机构举办的各类培训活动,我国警方可以学习到先进的执法理念和技术手段,提升自身执法水平和专业素养。同时,我国警方还可以积极组织或参与国际警务交流活动,分享打击跨国犯罪的成功经验和做法,增进与其他国家警方的相互了解和信任,为未来的合作奠定坚实基础。

3. 提升我国在国际警务合作中的影响力

提升我国在国际警务合作中的影响力需要多方面的努力。首先,我国警方应积极参与国际警务合作机制的建设和完善,为机制的顺畅运行贡献智慧和力量;其次,我国警方还应加强与其他国家警方的友好往来和务实合作,共同应对跨国犯罪的挑战;最后,我国警方还应积极宣传和推广我国的执法理念和成功经验,吸引更多国家关注和支持我国的警务工作,提升我国在国际警务合作中的地位和影响力。

综上所述,加强国际化合作的深化拓展是未来治安防控体系的重要发展方向之一。具体做法包括:通过构建更加紧密、高效的国际警务合作机制,共同打击跨国犯罪活动;加强跨国犯罪打击的协作与配合,形成打击合力;加强国际警务能力建设,提升我国在国际警务合作中的话语权和影响力,我们将能够共同筑起一道坚不可摧的跨国犯罪防控防线,为维护全球和平与安全做出积极贡献。

总结而言,面对日新月异的科技变革与社会发展的深刻影响,区域治安防控体系正站在新的历史起点上,既迎来了前所未有的机遇,也面对着复杂多变的挑战。为了应对这些挑战并抓住机遇,我们必须紧跟时代步伐,不断创新治理模式。通过积极融入新兴技术,如人工智能、大数据、云计算等,推动治安防控体系的智能化升级;同时,深化跨部门、跨区域乃至跨国界的协同作战机制,形成合力;并进一步强化法治化建设,确保执法活动严格依法进行,切实保障公民权益。此外,实施精准化防控策略,针对不同区域、不同类型的犯罪特点制定差异化措施,提高防控效能。最后,深化国际化合作,共同应对跨国犯罪等全球性挑战,展现大国责任与担当。通过这些努力,我们将构建起一个更加完善、高效、智能的治安防控体系,为社会的和谐稳定与人民的安居乐业提供坚实保障。

参考文献

[1] 胡业勋.区域治安防控体系的谱系推衍与进路演化[J].甘肃行政学院学报,2022(3):41-54,125-126.

[2] 王焱.试论中国社会治安防控体系的演变与趋势[J].江苏警官学院学报,2013,28(3):64-70.

[3] 闫一博.大型大学园区网络化治安防控优化研究:以S大学园区为例[D].上海:上海师范大学,2022.

[4] 陈金鞠.论我国社区警务与社会治安防控体系建设[D].重庆:西南政法大学,2012.

[5] 张小兵.论我国社会治安防控体系建设存在的问题[J].中国人民公安大学学报(社会科学版),2017,33(3):127-132.

[6] 林家熠.人工智能技术在治安防控中的应用研究[J].通讯世界,2024,31(05):169-171.

[7] 刘跃,陈建梅,古磊,等.治安防控体系中大数据技术的应用[J].警察技术,2023(04):43-46.

[8] 钟小伶,朱东平.警用无人机天地连线"空地联勤"立体化作战[N].广西法治日报,2023-11-30(B01).

[9] 金红华.加强公共场所日常治安检查新思路探析[J].法制与社会,2017(32):174-175.

[10] 颜硕.旅游景区治安治理研究[D].武汉:中南财经政法大学,2021.

[11] 张雪筠,王志强.法治化:社会治安综合治理的必然走向[J].天津市政法管理干部学院学报,2000(04):45-47.

[12] 吴功宜,吴英.物联网工程导论[M].北京:机械工业出版社,2012.

[13] 张传武.物联网技术[M].成都:电子科学技术大学出版社,2021.

[14] 姚珺.大区域报警的物联网管理平台[D].杭州:浙江大学,2012.

[15] 游洋,周旭,刘阳杰,等.物联网技术应用教程:ESP8266物联网开发与智能家居安装调试[M].成都:西南交通大学出版社,2020.

[16] 麻俊.人工智能与边缘计算在治安防控管理中的应用[J].中国安防,2023(03):37-41.

[17] 贾靖仪.计算机大数据与云计算技术的应用[J].电子技术,2022,51(12):172-173.

[18] 易晓珊.基于AI的非接触式视频监控技术及标准研究[J].中国自动识别技术,2023(05):54-58.

[19] 周悦芝,张迪.近端云计算:后云计算时代的机遇与挑战[J].计算机学报,2019,42(04):677-700.

[20] 黄韬,谈沙,唐琴琴,等.面向分布式云的广域超融合网络:愿景与关键技术[J].北京邮电大学学报,2023,46(02):1-8,28.

[21] 陈黎煊.面向边缘云计算的访问控制加密方案研究[D].北京:北京邮电大学,2023.

[22] 徐子伟,张陈斌,陈宗海.大数据技术概述[C]//第15届中国系统仿真技术及其应用学术会议论文集.2014:403-409.

[23] 高伟博.大数据视阈下的智慧警务研究[J].产业与科技论坛,2023,22(22):76-80.

[24] 张慧媛,李晓峰,杨放春,等.移动互联网与WAP技术[M].北京:电子工业出版社,2002.

[25] 梁春丽,李晓娟.移动安全,如何安全移动?[J].金融科技时代,2013(1):39-46.

[26] 罗军舟,吴文甲,杨明.移动互联网:终端,网络与服务[J].计算机学报,2011,34(11):2029-2051.

[27] 吴大鹏,欧阳春,迟蕾,等.移动互联网关键技术与应用[M].北京:电子工业出版社,2015.

[28] 姚灿辉.浅谈移动互联网技术架构简述[J].无线互联科技,2014(04):53.

[29] 闫世继.浅谈移动互联网技术及相关业务的发展[J].中小企业管理与科技(上旬刊),2013(08):297.

[30] 夏俊梅,赵只增.面向移动互联网的政务服务电子网络安全体系构建与优化[J].网络安全和信息化,2024(06):141-143.

[31] 张伯超.基于NFV和SDN的移动互联网关键技术及其应用[J].中国新通信,2019,21(06):127.

[32] 刘革平,刘玉娟,夏菊镁,等.面向青少年认知发展的互联网教育应用立体化分类[J].现代远程教育研究,2024,36(02):3-11.

[33] 曾治安,姚树友,郑晓玲,等.基于移动互联网技术的继电保护设备智能运维管理模式探讨[J].电力系统保护与控制,2019,47(16):80-86.

[34] 张爱华.移动互联网技术及应用热点浅析[J].数字通信世界,2016(3):71.

[35] 麻俊.人工智能与边缘计算在治安防控管理中的应用[J].中国安防,2023(03):37-41.

[36] 程哲林.基于时空分析的社会治安防控优化路径[J].网络安全技术与应用,2022(03):139-142.

[37] 甘胜江,王永涛,邱小莲.人工智能[M].哈尔滨:哈尔滨工程大学出版社,2021.

[38] 何泽奇,韩芳,曾辉.人工智能[M].北京:航空工业出版社,2021.

[39] 彭涛,刘畅.人工智能概论[M].北京:清华大学出版社,2023.

[40] 袁红春,梅海彬.人工智能应用与开发[M].上海:上海交通大学出版社,2022.

[41] 谷宇.人工智能基础[M].北京:机械工业出版社,2022.

[42] 王春林.人工智能[M].西安:西安电子科技大学出版社,2020.

[43] GRIEVES M. W. Product lifecycle management: The new paradigm for enterprises[J]. International Journal of Product Development, 2005, 2(1/2), 71-84.

[44]张玉良,张佳朋,王小丹,等.面向航天器在轨装配的数字孪生技术[J].导航与控制,2018,17(3):75-82.

[45]GLAESSGEN E,STARGEL D. The digital twin paradigm for future NASA and U. S. Air Force vehicles[C]. In 53rd AIAA/ASME/ASC/AHS/ASC Structures, Structural Dynamics, and Materials Conference,2012.

[46]GRIEVES M,VICKERS J. Digital twin: Mitigating unpredictable, undesirable emergent behavior in complex systems[M]. Switzerland: Springer,2017.

[47]TAO F,CHENG J,QI Q,et al. Digital twin-driven product design, manufacturing and service with big data[J]. The International Journal of Advanced Manufacturing Technology, 2018, 94(9-12):3563-3576.

[48]HAAG S,ANDERL R. Digital twin—proof of concept[J]. Manufacturing Letters,2018(15):64-66.

[49]苏新瑞,徐晓飞,卫诗嘉,等.数字孪生技术关键应用及方法研究[J].中国仪器仪表,2019(07):47-53.

[50]杨林瑶,陈思远,王晓,等.数字孪生与平行系统:发展现状、对比及展望[J].自动化学报,2019,45(11):2001-2031.

[51]刘大同,郭凯,王本宽,等.数字孪生技术综述与展望[J].仪器仪表学报,2018,39(11):1-10.

[52]黎作鹏,张天驰,张菁.信息物理融合系统(CPS)研究综述[J].计算机科学,2011,38(09):25-31.

[53]聂蓉梅,周潇雅,肖进,等.数字孪生技术综述分析与发展展望[J].宇航总体技术,2022,6(01):1-6.

[54]PARKE F I. Computer generated animation of faces[C]//Proceedings of the ACM annual conference - Volume 1. 1972:451-457.

[55]苏雪平.生物特征识别技术及应用[M].北京:北京大学出版社,2022.

[56]黄惠芳,胡广书.虹膜识别算法的研究及实现[J].红外与激光工程,2002(05):404-409.

[57]BREIMAN L. Random forests[J]. Machine learning, 2001, 45:5-32.

[58]马晗,唐柔冰,张义,等.语音识别研究综述[J].计算机系统应用,2022,31(01):1-10.

[59]岳峰,左旺孟,张大鹏.掌纹识别算法综述[J].自动化学报,2010,36(03):353-365.

[60]LYON D. Surveillance Studies: An Overview[M]. Polity: Cambridge, 2007.

[61]NAVNEET D, TRIGGS B. Histograms of oriented gradients for human detection[C]. 2005 IEEE computer society conference on computer vision and pattern recognition (CVPR-05). Vol.1. Ieee, 2005.

[62] LOWE D G. Distinctive image features from scale-invariant keypoints[J]. International Journal of Computer Vision, 2004, 60: 91-110.

[63] BAY H. SURF: Speed up robust features[J]. Computer Vision and Image Understanding, 2008, 110: 346-359.

[64] 胡昌振. 网络入侵检测原理与技术[M]. 北京:北京理工大学出版社,2010.

[65] 薛静锋,祝烈煌. 入侵检测技术(第2版)[M]. 北京:人民邮电出版社,2016.

[66] 邓淼磊,阚雨培,孙川川,等. 基于深度学习的网络入侵检测系统综述[J]. 计算机应用,2025,45(02):453-466.

[67] 赵杨洋. 智能交通管理系统项目建设后评价[D]. 南京:东南大学,2017.

[68] 王涛,刘静静,张志国. 大数据技术在智能交通中的应用分析[J]. 决策探索(中),2019(11):74.

[69] OLUWATOBI A N, ARULOGUN O T, ARO T O, et al. The design of a vehicle detector and counter system using inductive loop technology[J]. Procedia Computer Science, 2021, 183(1):493-503.

[70] ZHANG W, LI N, ZHA H, et al. A software-adaptive 77GHz radar sensor for traffic applications[C]//IEEE MTT-S International Wireless Symposium,2021.

[71] 崔方明,时宏伟. 交通大数据智能化探讨[J]. 福建质量管理,2018(22):274.

[72] 陈家旭,赵永进,宋志洪. 基于路口相位方案优化设计的城市道路交通信号迭代学习控制方法研究[J]. 软件,2021(01):86-91.

[73] 陈金鹰,陈倪,陈冰海. 人工智能在交通指挥中的应用研究[J]. 计算机测量与控制,2005,13(1):36-38.

[74] 陈涛. 车辆导航系统中大区域路径规划算法的设计与实现[D]. 郑州:中国人民解放军信息工程大学,2005.

[75] 陈晓林. 无人驾驶汽车对现行法律的挑战及应对[J]. 理论学刊,2016(1):124-131.

[76] 赵昱,吴健宇,陈可馨. 大数据背景下的商标犯罪研究[J]. 法制与社会,2020(19):30-31.

[77] 韩诚刚. 我国社区警务建设研究[D]. 大连:大连理工大学,2024.

[78] 马仲雄. 浅谈电气自动化控制中的人工智能技术[J]. 电子技术与软件工程,2014(11):2.

[79] 王亚南. 基于RPN网络的行人检测方法研究[D]. 西安:西安电子科技大学,2020.

[80] 盛玉娇. 基于卷积神经网络的车辆与行人检测[D]. 哈尔滨:哈尔滨工程大学,2017.

[81] 张泽苗,霍欢,赵逢禹. 深层卷积神经网络的目标检测算法综述[J]. 小型微型计算机系统,2019,40(9):7.

[82] 鲍烈,王曼韬,刘江川,等.基于SSD目标检测框架的乌龟常见病症识别方法[J].沈阳农业大学学报,2020,51(2):7.

[83] 易小倩,曹大有,冉欣茹,等.航空卫星图像中的目标检测[J].数码设计,2023(3):28-32.

[84] 王正友.图像特征融合在人脸识别中的应用研究[J].电视技术,2013,37(15):4.

[85] 李胜广,王冠,李攀.虹膜识别技术在公安智慧监管中的应用[J].中国安防,2020(11):6.

[86] 张利民,辛然.浅谈指纹自动识别系统的日常管理和应用[J].科学技术创新,2015(26):23.

[87] 张强,李嘉锋,卓力.车辆识别技术综述[J].北京工业大学学报,2018,44(3):11.

[88] 宋晨晖.民用无人机应用进展[J].机电工程技术,2018,47(11):149-152.

[89] 周俊飞.一本书读懂无人机物流[M].北京:机械工业出版社,2018.

[90] 房余龙.无人机技术与应用[M].苏州:苏州大学出版社,2021.

[91] 文雯.四川省警用无人机在社会治安防控中的问题与对策研究[D].成都:四川大学,2023.

[92] 杨馨宇,孙宝明.无人机在安防行业应用的机遇与挑战[J].中国安防,2022(12):19-22.

[93] 刘振华,沙之阳.无人机在风景区社会治安防控中的应用[J].河南警察学院学报,2021,30(06):99-105.

[94] 钟小伶,朱东平.警用无人机天地连线"空地联勤"立体化作战[N].广西法治日报,2023-11-30(B01).

[95] 唐冬源.基于Android的公安移动警务系统的设计与实现[D].长春:吉林大学,2015.

[96] 王永刚.铁路公安移动警务建设研究[J].铁道警察学院学报,2023,33(06):5-11.

[97] 赵远洋.移动警务融合人工智能赋能公安基层实战的场景和挑战[J].警察技术,2024(02):39-41.

[98] 邓祥展.5G时代社会治安面临的挑战与防控对策[J].公安研究,2021(7):17-23,63.

[99] 王爱文.智慧警务背景下甘肃省森林公安内部执法监督优化研究[D].兰州:兰州大学,2023.

[100] 周志强.大数据时代计算机网络安全维护与管理措施研究[J].大众标准化,2023(12):161-163.

[101] 胡道元,闵京华,邹忠岿.网络安全[M].北京:清华大学出版社,2008.

[102] 徐恪,凌思通,李琦,等.基于区块链的网络安全体系结构与关键技术研究进展[J].计算机学报,2021,44(1):55-83.

[103] 张钹,朱军,苏航.迈向第三代人工智能[J].中国科学:信息科学,2020,50(9):1281-1302.

[104] 王厚奎.人工智能和物联网应用的网络安全管理方法[J].石河子科技,2023(01):44-45.

[105] 朱鹏,胡剑,吕宋皓,等.基于区块链的社交网络隐私数据保护方法研究[J].情报科学,2021,39(3):94-100.

[106] 冯蓉.机器学习算法在数据挖掘中的应用[J].中国高新科技,2022(20):30-32.

[107]李明,周杰.智能监控技术在社会治安中的应用研究[J].安全与环境工程,2023,30(4):68-75.

[108]刘洋.娱乐场所安全管理系统设计与应用[J].计算机与信息技术,2021,29(2):56-61.

[109]高伟,孙婷.特种行业安全监管研究[J].中国安全生产,2020,38(7):45-50.

[110]陈志强.现代信息技术在治安管理中的应用[J].信息系统工程,2022,24(1):22-29.

[111]郭杰,何平.基于大数据的娱乐场所风险评估模型[J].管理科学,2019,36(9):100-107.

[112]国家安全生产监督管理总局.企业安全生产标准化基本规范[S].北京:国家安全生产监督管理总局,2017.

[113]周星,李玲.跨部门信息共享与协同管理研究[J].公共管理,2021,25(6):88-95.

[114]张静,吴刚.现代社会治安管理体系探讨[J].法治与社会发展,2023,20(2):14-21.

[115]陈浩.视频监控技术在公共安全中的应用研究[J].电子技术应用,2022,48(3):19-23.

[116]苏海海.基于化工自动化的工业园区智慧管控平台设计[J].中国石油和化工标准与质量,2024,44(11):109-111.

[117]雷正川.电子信息化管理模式在工业园区档案管理中的应用研究[J].办公自动化,2024,29(18):81-83.

[118]张娴,刘征,赵丽.智慧安防小区建设应用研究[J].河北公安警察职业学院学报,2024,24(01):24-27.

[119]杜小燕.基于智慧社区的数字监控设计研究[J].城市建设理论研究(电子版),2023(03):164-166.

[120]朱晨.娱乐行业安全风险评估与管理[J].安全与风险管理,2019,6(4):88-95.

[121]周明,张伟.特种行业治安管理的智能化探索[J].现代安全技术,2022,5(3):45-53.

[122]刘小平,魏强.安全防范技术在娱乐场所的应用探讨[J].安全与防范,2021,12(2):78-83.

[123]陈玉,冯涛.基于数据分析的娱乐场所安全管理研究[J].信息技术与安全,2023,28(1):26-33.

[124]邓伟,蔡志强.大数据时代的社会治安风险监测[J].信息与管理科学,2019,36(5):21-27.

[125]赵旭,胡丽.大数据驱动的公共安全决策研究[J].决策科学,2021,19(2):80-87.

[126]张帆.公共安全治理中的信息共享机制研究[J].中国公共政策,2021,14(1):44-52.

[127]SLOVIC P,FISCHHOFF B,LICHTENSTEIN S. Rating the Risks[J]. Environment:Science and Policy for Sustainable Development,1979,21(3):14.

[128]谢晓非,徐联仓.风险认知研究概况及理论框架[J].心理学动态,1995,13(002):17-22.

[129]刘向光.应急预案制定和演练的必要性[J].品牌与标准化,2012(08):44-45.

[130]衡量.应急预案生成系统的设计与实现[D].西安:西安电子科技大学,2012.

[131]李成亮.突发事件下政府部门应急联动机制研究[D].合肥:安徽大学,2016.

[132]钱刚毅,佘廉,张凯.重大公共安全事件的预警及应急管理:现实挑战与发展建议[J].科技进步与对策,2009,26(12):25-28.

[133]王莹.城市应急管理协同模式及其实现:基于协同治理理论[C].第二届浙江减灾之路学术研讨会论文集.2016:18-21.

[134]刘行国.城市综合管理和应急联动系统软件构架的设计与实现[J].计算机应用与软件,2018(5):35-38.

[135]徐雅珂.基层治安应急治理结构研究[D].北京:中国人民公安大学,2023.

[136]姜明.线路治安风险等级滚动管理的实践与反思:以杭州铁路公安处为例[J].铁道警察学院学报,2015(2):3.

[137]EZZEDDINE Y, BAYERL P S, GIBSON H. Citizen perspectives on necessary safeguards to the use of AI by law enforcement agencies[J]. Transactions on Computational Science & Computational Intelligence, 2023,18(3):45-58.

[138]ZOUFAL D, COXON S, LEWIN J, et al. Advancing policing through AI: insights from the global law enforcement community[J]. Journal of Police Science and Management, 2023,15(4):101-117.

[139]LEV I, BELIKOW A. AI in law enforcement: balancing efficiency and human rights[J]. International Journal of Police Science & Management, 2022,14(2):89-104.

[140]NGUYEN T H, TRAN Q T. Predictive policing with AI: opportunities and ethical challenges[J]. Computers in Human Behavior Reports, 2021:3.

[141]BERTOLINI A, KARAISKOU A. The AI act and its implications for law enforcement in the EU[J]. European Law Journal, 2023,29(1):29-43.

[142]GIBBS, C, PRANDINI M. AI and policing: public perceptions and trust[J]. Journal of Public Administration and Governance, 2022,12(3):87-101.

附录　区域治安防控相关政策法规和标准

区域治安防控体系是维护社会稳定和居民安宁的重要基石。它要求严格遵循国家及地方的相关法律法规,如《中华人民共和国治安管理处罚法》等,确保每一项防控措施都有法可依、有章可循。同时,各地还需结合实际情况,制定更具针对性的政策与标准,以应对复杂多变的治安形势。在科技日新月异的今天,治安防控还需充分利用大数据、人工智能等现代信息技术,提升智能化水平,提高防控效率和精准度。此外,还需强化社会共治,鼓励政府、社会、企业和公众等多方力量共同参与,形成联防联控的良好局面,共同守护社会的和谐与安宁。

附录 A　治安防控相关政策法规

1. 《中华人民共和国网络安全法》
2. 《关于加强社会治安防控体系建设的意见》
3. 《中华人民共和国数据安全法》
4. 《中华人民共和国密码法》
5. 《中华人民共和国个人信息保护法》
6. 《公共安全视频图像信息系统管理条例》
7. 《中华人民共和国反恐怖主义法》
8. 《中华人民共和国治安管理处罚法》
9. 《国务院关于加强数字政府建设的指导意见》(国发〔2022〕14 号)
10. 《物联网新型基础设施建设三年行动计划(2021—2023 年)》(工信部联科〔2021〕130 号)
11. 《国务院关于加快推进"互联网 + 政务服务"工作的指导意见》(国发〔2016〕55 号)
12. 《政务信息资源共享管理暂行办法》(国发〔2016〕51 号)
13. 《加快推进落实〈政务信息系统整合共享实施方案〉工作方案》(发改高技〔2017〕1529 号)
14. 《关于促进"互联网 + 社会服务"发展的意见》(发改高技〔2019〕1903 号)
15. 《关于组织开展新型智慧城市评价工作　务实推动新型智慧城市健康快速发展的通知》(发改办高技〔2016〕2476 号)
16. 《关于推进社会治安综合治理信息化建设的若干意见》(中综办〔2014〕27 号)
17. 《关于加强社会治安防控体系建设的意见》(中办发〔2015〕12 号)

18.《关于印发加强公共安全视频监控建设联网应用工作方案(2015—2020年)的通知》(发改办高技〔2015〕2056号)
19.《关于加强公共安全视频监控建设联网应用工作的若干意见》(发改高技〔2015〕996号)
20.《公安视频图像智能化建设应用指南》(公科信〔2020〕48号)
21.《国家信息化发展战略纲要》(2016年7月)
22. 中共中央办公厅、国务院办公厅下发的《关于加强社会治安防控体系建设的意见》的通知(中办发〔2015〕69号)
23. 公安部关于《进一步加强社会治安防控体系建设的指导意见》(公通字〔2019〕37号)
24.《全国公安机关加快社会治安防控体系建设行动计划》(公通字〔2019〕14号)
25. 关于印发《全国公安机关社会治安防控体系建设指南》的通知(公治安〔2019〕963号)
26.《关于加强公共安全视频监控建设联网应用工作的若干意见》(发改高技〔2015〕996号)
27.《全国公安机关社会治安防控体系建设指南》
28.《河南省公共安全技术防范管理条例》
29.《住宅小区安全防范系统技术规范》(DB41/T 1514—2017)
30.《公安云计算平台框架指南》(公科信〔2018〕9号)
31. 2016年河南省公安厅下发了《关于深化"一村(格)一警"工作构建网格化公共安全管理体系的实施方案》

附录B 安全防控相关标准规范

1.《新型智慧城市评价指标》(GB/T 33356—2022)
2.《面向智慧城市的物联网技术应用指南》(GB/T 36620—2018)
3.《智慧安居信息服务资源分类与编码规则》(GB/T 36554—2018)
4.《智慧城市 技术参考模型》(GB/T 34678—2017)
5.《智慧城市 术语》(GB/T 37043—2018)
6.《智慧城市 顶层设计指南》(GB/T 36333—2018)
7.《智慧城市 软件服务预算管理规范》(GB/T 36334—2018)
8.《智慧城市 SOA标准应用指南》(GB/T 36445—2018)
9.《智慧城市 信息技术运营指南》(GB/T 36621—2025)
10.《智慧城市 领域知识模型核心概念模型》(GB/T 36332—2018)
11.《智慧城市 评价模型及基础评价指标体系 第1部分:总体框架及分项评价指标制定的要求》(GB/T 34680.1—2017)

12.《智慧城市　评价模型及基础评价指标体系　第2部分:信息基础设施》(GB/T 34680.2—2021)

13.《智慧城市　评价模型及基础评价指标体系　第3部分:信息资源》(GB/T 34680.3—2017)

14.《智慧城市　评价模型及基础评价指标体系　第4部分:建设管理》(GB/T 34680.4—2018)

15.《智慧城市　公共信息与服务支撑平台　第1部分:总体要求》(GB/T 36622.1—2018)

16.《智慧城市　公共信息与服务支撑平台　第2部分:目录管理与服务要求》(GB/T 36622.2—2018)

17.《智慧城市　公共信息与服务支撑平台　第3部分:测试要求》(GB/T 36622.3—2018)

18.《智慧城市　数据融合　第1部分:概念模型》(GB/T 36625.1—2018)

19.《智慧城市　数据融合　第2部分:数据编码规范》(GB/T 36625.2—2018)

20.《智慧城市　数据融合　第3部分:数据采集规范》(GB/T 36625.3—2021)

21.《智慧城市　数据融合　第4部分:开放共享要求》(GB/T 36625.4—2021)

22.《智慧城市　数据融合　第5部分:市政基础设施数据元素》(GB/T 36625.5—2019)

23.《智慧城市　运营中心　第1部分:总体要求》(GB/T 40656.1—2021)

24.《智慧城市　设备联接管理与服务平台技术要求》(GB/T 40689—2021)

25.《智慧城市　智慧多功能杆服务功能与运行管理规范》(GB/T 40994—2021)

26.《智慧城市时空基础设施　评价指标体系》(GB/T 35775—2017)

27.《智慧城市时空基础设施　基本规定》(GB/T 35776—2017)

28.《城市和社区可持续发展　可持续城市建立智慧城市运行模型指南》(GB/T 41150—2021)

29.《公共安全视频监控联网信息安全技术要求》(GB 35114—2017)

30.《公共安全视频监控联网系统信息传输、交换、控制技术要求》(GB/T 28181—2022)

31.《公共安全视频监控数字视音频编解码技术要求》(GB/T 25724—2017)

32.《公共安全重点区域视频图像信息采集规范》(GB 37300—2018)

33.《信息安全技术　信息系统通用安全技术要求》(GB/T 20271—2006)

34.《信息安全技术　数据库管理系统安全技术要求》(GB/T 20273—2019)

35.《信息安全技术　信息安全风险评估方法》(GB/T 20984—2022)

36.《信息安全技术　网络安全等级保护基本要求》(GB/T 22239—2019)

37.《信息安全技术　网络安全等级保护定级指南》(GB/T 22240—2020)

38.《信息安全技术　网络安全等级保护安全设计技术要求》(GB/T 25070—2019)

39.《信息安全技术　密码模块安全要求》(GB/T 37092—2018)

40.《信息安全技术　智慧城市安全体系框架》(GB/T 37971—2019)

41.《信息安全技术　智慧城市建设信息安全保障指南》(GB/Z 38649—2020)

42.《信息安全技术　信息系统密码应用基本要求》(GB/T 39786—2021)

43.《信息安全技术　信息系统等级保护安全设计技术要求》(GB/T 25070—2019)

44.《信息安全技术　云计算服务安全指南》(GB/T 31167—2014)

45.《住宅小区安全防范系统通用技术要求》(GB/T 21741—2021)

46.《民用闭路监视电视系统工程技术规范》(GB 50198—2011)

47.《视频安防监控系统工程设计规范》(GB 50395—2007)

48.《视频安防监控数字录像设备》(GB 20815—2006)

49.《视频显示系统工程技术规范》(GB 50464—2008)

50.《安全防范工程技术标准》(GB 50348—2018)

51.《安全防范工程通用规范》(GB 55029—2022)

52.《安全防范系统通用图形符号》(GA/T 74—2017)

53.《计算机信息系统安全保护等级划分准则》(GB 17859—1999)

54.《信息系统安全管理要求》(GB/T 20269—2006)

55.《信息系统安全等级保护定级指南》(GB/T 22240—2020)

56.《建筑物防雷设计规范》(GB 50057—2010)

57.《城市道路交通设施设计规范》(GB 50688—2011)

58.《道路交通信号灯设置与安装规范》(GB 14886—2016)

59.《道路车辆智能监测记录系统通用技术条件》(GA/T 497—2016)

60.《公安视频图像信息应用系统》系列标准(GA/T 1400—2017)

61.《公安视频图像分析系统》系列标准(GA/T 1399—2017)

62.《公安视频图像信息系统安全技术要求》(GA/T 1788—2021)

63.《机动车号牌图像自动识别技术规范》(GA/T 833—2016)

64.《城市监控报警联网系统　技术标准》(GA/T 669—2008)

65.《城市监控报警联网系统　管理标准》(GA/T 792—2008)

66.《城市监控报警联网系统　合格评定》(GA/T 793—2008)

67.《公安视频图像信息系统安全技术要求　第1部分：通用要求》(GA/T 1788.1—2021)

68.《公安视频图像信息系统安全技术要求　第2部分：前端设备》(GA/T 1788.2—2021)

69.《公安视频图像信息系统安全技术要求　第3部分：安全交互要求》(GA/T 1788.3—2021)

70.《公安视频图像信息系统安全技术要求　第4部分：安全管理平台》(GA/T 1788.4—2021)

71.《公安交通管理外场设备基础设施施工通用要求》(GA/T 652—2017)

72.《公共安全社会视频资源安全联网设备技术要求》(GA/T 1781—2021)

73.《安全防范 人脸识别应用 静态人脸图像采集规范》(GA/T 1324—2017)

74.《安全防范 人脸识别应用 视频图像采集规范》(GA/T 1325—2017)

75.《远程视频监控系统的安全技术要求》(YD/T 1666—2007)

76.《视频监控联网系统技术规范》(DB41/T 759—2016)

77.《信息系统密码应用测评要求》(GM/T 0115—2021)

78.《信息系统密码应用测评过程指南》(GM/T 0116—2021)